24.

Durch die De- und Rekonstruktionen der freudianischen Weiblichkeitstheorie werden die Aussagen der Psychoanalyse in historische Kategorien transformiert, um die weibliche Sozialisation in einer entfremdeten, patriarchalischen Kultur darzustellen. Freuds geschlechtsdarwinistischer Blickwinkel wird dabei von der Autorin durch einen feministisch-materialistischen ersetzt. Nimmt man alle Einzelbestandteile der psychoanalytischen Weiblichkeitstheorie beim Wort und schreibt diese in einen anderen geschlechtsphilosophischen Rahmen ein, werden die wichtigen Erkenntnisse über die frühe Mutter-Tochter-Beziehung, die in der freudianischen Theorie bereits enthalten sind, für die Entwicklung einer feministischen Psychoanalyse brauchbar. Die Potentiale, die verdrängt werden mußten, um der Geschlechtscharaktermaske des „anderen Geschlechts" zu entsprechen, können wiederentdeckt und im Kampf gegen das innere Patriarchat eingesetzt werden.

Die Autorin, geboren 1949, lehrt am Institut für Feministische Studien der Odense Universität, Dänemark.

ROTKÄPPCHEN UND ÖDIPUS
PASSAGEN PHILOSOPHIE

Nina Lykke
Rotkäppchen und Ödipus

Zu einer feministischen Psychoanalyse

Passagen Verlag

Titel der Originalausgabe:
Rødhætte og Ødipus
Brikker til en feministik psykoanalyse
Aus dem Dänischen von Margit Sramek
Deutsche Erstausgabe

Gedruckt mit freundlicher Unterstützung des
Bundesministeriums für Wissenschaft und Forschung

CIP-Titelaufnahme der Deutschen Bibliothek
Lykke, Nina:
Rotkäppchen und Ödipus : zu einer feministischen
Psychoanalyse / Nina Lykke. [Aus dem Dän. von Margit
Sramek]. – Dt. Erstausg. – Wien : Passagen-Verl., 1993
  (Passagen Philosophie)
  ISBN 3-85165-073-5

Alle Rechte vorbehalten
ISBN 3-85165-073-5
© der dänischen Ausgabe by Nina Lykke 1989
© 1993 by Passagen Verlag Ges. m. b. H., Wien
Graphische Konzept: Ecke Bonk
Satz: SRZ
Druck: MANZ

Die Geschichte von Rotkäppchen und Ödipus

(Frei – und doch nicht ganz so frei – nach den *Gebrüdern Grimm* und *Sophokles*)

Es war einmal ein süßes kleines Mädchen, das alle, die es sahen, ins Herz schlossen. Aber am meisten wurde es von *seiner Mutter, Jokaste*, geliebt. Es gab nichts, was sie ihrer kleinen Antigone nicht gerne gegeben hätte. So schenkte sie ihr einmal ein kleines, rotes Käppchen, und da es Antigone so gut stand, und sie keine anderen Käppchen tragen wollte, wurde sie *Rotkäppchen* genannt.

...

Jokaste wohnte draußen im Wald, eine halbe Stunde vom Dorf. Als Antigone mit dem kleinen roten Käppchen eines Tages unterwegs zu Jokastes Haus war, traf sie ihren *Vater, Ödipus*, doch sie wußte noch nicht, was er mit Jokaste Finsteres vorhatte.

...

Wenn ich Jokaste einen frischen Blumenstrauß mitbrächte, würde sie sich bestimmt freuen, dachte Antigone. Ich habe ja viel Zeit. So lief sie vom Weg ab und begann, im Wald Blumen zu pflücken. Jedes Mal, wenn sie eine gepflückt hatte, sah sie ein Stück weiter weg eine andere, die ihr viel schöner erschien, eilte dorthin und gelangte auf diese Weise immer tiefer in Jokastes Wald.

...

Doch Ödipus ging den direkten Weg zu Jokastes Haus und klopfte an...

Dank an ...

Frauen haben mich zu diesem Buch über die verwunderlichen Wege der Weiblichkeit inspiriert. Ich danke euch, die ihr mich befruchtet habt:
- meiner Mutter, in deren Schoß alles begann,
- der Frauenbewegung, die mich wiedergeboren hat,
- und am allermeisten meiner langjährigen Freundin, Mette Bryld. Ohne dein Interesse, wissenschaftlichen und persönlichen Respons, Mette, wäre dieses Buch nie zustandegekommen. Du hast mir den Mut, die Kraft, die Vision gegeben, die meine Arbeit an *Rotkäppchen und Ödipus* getragen haben.

Für die Unterstützung und Ermutigung in Verbindung mit der österreichischen Ausgabe des Buches möchte ich Prof. Dr. Herta Nagl, Institut für Philosophie der Universität Wien, danken, und für die große Arbeit mit der Übersetzung herzlichen Dank an Margit Sramek.

Inhalt

Vorwort 11

1. Teil
Die Bedeutungen des Geschlechtsunterschieds
Geschlechtsphilosophischer Auftakt 17

Das Gold-Lexikon 19

Kapitel I
Die Jagd nach dem Geschlecht 21
1. Ein Dialog zwischen X und Y 21
2. Ein kleines Spiel mit vielen Bedeutungen 24

Kapitel II
Das Urteil des Spiegels: „Dein Geschlecht ist dein Schicksal!" 33
1. Die geschlechtsphilosophischen Ausgangspunkte
   der Psychoanalyse 34
2. Theorien über die Bisexualität des Menschen 35
3. Die Frage nach dem Geschlecht der Libido 39
4. Die Kategorien männlich-weiblich 44
5. Freuds Kulturtheorie 46

Kapitel III
Hinter den historischen Spiegel des Patriarchats zu „sehen" 51
1. Der Patriarchatsfetischismus 53
2. „Sehen" oder nicht „sehen" 56
3. Die Einschreibung der Psychoanalyse in eine dialektisch-materialistische Geschlechtsphilosophie 61
4. Eine historisch-materialistische Theorie über die patriarchalische Objektivität 64

Kapitel IV
Die (phallischen) Rätsel der Weiblichkeit
Eine unabgeschlossene Debatte 69
1. Der historische Hintergrund der psychoanalytischen Weiblichkeitsdebatte 1918–33 70

2. Das (mangelnde) historische Bewußtsein der Diskutanten 74
3. Geschlechtsphilosophische Vorgänger – die Mannweibtheorien ... 77
4. Ist das Mädchen eine kleine Frau oder ein kleiner Mann?
   Positionen in der Weiblichkeitsdebatte 79

2. Teil
Die psychosexuelle Entfremdung der Weiblichkeit
Kritischer Wiedergebrauch der freudianischen Weiblichkeitstheorie .. 93

Einleitung 95

Kapitel V
Die Kastration oder die Geschichte von Antigones Tod und der psychosexuellen Machtübernahme des Patriarchats 97
1. Die „Erinnerung" an das Kastrationserlebnis der Kindheit 97
2. Die Entwicklung des Mädchens – eine asymmetrische Geschichte . 100
3. Von biologischem zu historischem Kontext 108
4. Von entfremdetem zu Entfremdungs-begreifendem
   (verfremdetem) Diskurs 118
5. Das asymmetrische Entwicklungsmodell – in neuem Licht 141
6. Die Antigonephase 144

Kapitel VI
Wie das kleine Rotkäppchen lernt, daß es im Wald keine Blumen für Großmutter pflücken darf 153
1. Psychoanalytische Interpretation von Märchen 155
2. Rotkäppchens Weg vom suchenden zum leidenden Held oder
   Opfer 162
3. Vom Mutterraum zu Vaterraum 172

Kapitel VII
Die Kastration der Mutter oder die Geschichte, wie ein archaisches Matriarchat in Trümmer fällt 197
1. Unsere inneren Bilder der „phallischen" und der „kastrierten"
   Mutter 197
2. Wie erscheint Jokaste vor Antigone? Das erste antigonale Mutterimago 202
   Eine phallische Mutter. (Antwort) 202
   Eine aktive, potente und klitorisgenitale Mutter. (Gegenantwort) 206
3. Wie verwandelt die „Kastration" Antigones Mutterbilder? Die Produktion des zweiten und letzten antigonalen Mutterimagos 215
   Zuerst verwandelt die Kastration das Mutterbild des Mädchens
   nicht entscheidend. (Antwort) 216

  Die aktive Klitorismutter nimmt die entfremdete Gestalt der
  phallischen Mutter an. (Gegenantwort) 219
  Die nachphallische oder passiv antigonale Phase 225
4. Wie erlebt Antigone die phallische Jokaste?
  Die fremde und gefährlich sexuelle Mutter der nachphallischen
  oder passiv antigonalen Phase 232
  Das Mädchen gibt der Mutter die Schuld an seiner
  Penislosigkeit. (Antwort) 233
  Antigones Verliebtheit in Jokaste wird ihr fremd und
  unerkennbar. (Gegenantwort) 253
5. Warum muß Antigone sterben? Warum verlassen wir Jokaste?
  Die Bildung des Imagos der kastrierten und un-liebens-werten
  Mutter 280
  „Ihre Liebe hatte der phallischen Mutter gegolten..."
  (Freud) 281
  „Niemand kann in dieser Gesellschaft eine Frau lieben, ohne
  vorher die patriarchalischen Herrschaftsverhältnisse
  grundlegend in Frage gestellt zu haben." (Carol Hagemann-
  White) 290
6. Abschied vom Reich der archaischen Mutter 305

Kapitel VIII
Der „Fall" der Mutter – ein patriarchatshistorisches Drama 307
1. Die nachphallische Phase und die fetischierte Bewußtwerdung über
  das Patriarchat 312
2. Die antithetischen Mutterbilder und ihr patriarchatshistorischer
  Kontext 317

Kapitel IX
Wie die schwarze, sexuelle Mutter weiß und rein wird 327
1. Eine gehorsame und leidende Heldin 328
2. Von der schwarzen Mutter besessen und verfolgt und von der
  weißen belohnt zu werden 331

Nachwort 349

Appendix A
Märchenreferate 355

Appendix B
Über die freudianische Auffassung des paranoiden Abwehrmechanismus 359

Verzeichnis über Figuren 365

Einige Psychoanalytiker-Biographien 367

Anmerkungen 369

Literatur (Auswahl) 421

Vorwort

Seit ich im Jahr 1972 sowohl Freuds Psychoanalyse als auch den Feminismus von innen kennengelernt habe, war ich von beiden fasziniert und habe gefühlt, daß ein innerer Zusammenhang zwischen den Triebkräften bestand, die sie je für sich in mir erweckten. In meiner Erinnerung sind das Lesen des Abschnitts über die „Angst" in Freuds *Vorlesungen zur Einführung in die Psychoanalyse*[1] deutlich mit dem Erlebnis verbunden, als ich die erste (schwedische) Schallplatte mit Frauenliedern hörte, *Sanger om kvinnor* ('Lieder über Frauen', *A. d. Ü.*), produziert in der schwedischen Frauenbewegung unter der Regie von Gruppe 8 im Jahr 1971. Besonders berührt hat mich einerseits Freuds Unterscheiden zwischen der Realangst und der neurotischen Angst und andererseits das Lied *„Vi måste höja våra röster"* („Wir müssen unsere Stimmen erheben", *A. d. Ü.*), wo im Refrain ständig die Botschaft an alle ängstlichen Frauen wiederholt wird, ihre Stimme zu erheben und gehört zu werden anstatt stumm und still und unterdrückt dazusitzen. Das Gefühl „Unglaublich, phantastisch, erstaunlich ... das hier handelt von mir, von meinem Inneren und erzählt noch dazu, wie es vielleicht möglich wäre, die inneren Barrieren gegen befreiendes Handeln zu verstehen und sich von ihnen zu befreien!" knüpft sich ungeheuer stark an beide Erinnerungen.

Durch Freud fand ich heraus, daß sich die Angst vielleicht nicht notwendigerweise um das dreht, wofür sie sich ausgibt. Durch den Feminismus lernte ich, meine inneren Barrieren zu verstehen (zum Beispiel die Angst, öffentlich die Stimme zu erheben). Ich begann, sie als ein kleines Stück eines globalen Zusammenhangs sehen zu können: die historische Entfremdung von Frauen – daß wir in einer jahrtausendlangen Gesellschaftsentwicklung mit Simone de Beauvoirs Worten zu dem „anderen Geschlecht" gemacht worden sind. Von Freud habe ich gelernt, daß die Angst und die anderen inneren psychischen Feinde begriffen und durchgearbeitet werden können. Gleichzeitig zeigte mir der Feminismus, warum das scheinbar „Natürliche" – zum Beispiel die Stummheit der Frauen – eine historische Un-Natur ist. Diese beiden Lehren verschmolzen zu der Erkenntnis, daß es sowohl möglich als auch notwendig war, all das zu tun, wovor ich, wir, viele Frauen Angst hatten.

Lernen, das zu tun, was man sich nicht traut, – zu tun, was in einem in der dänischen Frauenbewegung berühmten Lied *„Kvinde, kend dit eget værd"* („Frau, kenne deinen eigenen Wert", *A. d. Ü.*) steht: „wir müssen jeden Tag das tun, was wir uns nicht trauen" – das ist natürlich ein langer und schwerer Prozeß. Aber mit dem Erleben dessen, daß es überhaupt möglich ist, das Unmögliche zu tun, und daß es nicht natürlich ist, mit der Unterdrückung zu leben, beginnt wohl jede Befreiungsbewegung. Ob sie sich nun um die Befreiung des Individuums von den inneren Feinden dreht, oder um den globalen Kampf eines unterdrückten Geschlechts, einer unterdrückten Klasse, einer unterdrückten ethnischen Gruppe oder sexuellen Minderheitengruppe gegen die äußeren Feinde.

So hat es auch für mich begonnen, und in diesem Zusammenhang habe ich also Freud als einen Helfer kennengelernt. Aber ... Es gab auch viele „aber" bei Freuds Psychoanalyse. Wie in der langen Debatte zwischen dem Feminismus und der Psychoanalyse heftig diskutiert und jedes Mal hervorgehoben wurde, die seit Beginn der Frauenbewegung Anfang der 1970er Jahre stattgefunden hat, ist der Blick Freuds und der damaligen Psychoanalyse auf die Frauen nicht gerade erbaulich. Hier wird bestimmt kein Reich der Freiheit und der unendlichen Möglichkeiten verkündet. Frauen sind in letzter Instanz einem grimmigen, anatomischen Schicksal unterworfen, das ihren Entfaltungsmöglichkeiten seine natürlichen Grenzen setzt, sagt Freud. Er spricht sich mit der bedauernden Generosität aus, die den kennzeichnet, der sich seiner Sache sicher glaubt, und der im übrigen fühlt, daß er sich im Trockenen befindet.

Als ich Anfang der 1970er Jahre Freuds Schriften über die Weiblichkeit zum ersten Mal las, wurde ich wie so viele andere Teilnehmerinnen an der feministischen Freud-Debatte wütend. Ich habe die Freud-Ausgaben immer noch, die ich damals benutzt habe. Wenn ich in ihnen lese, sehe ich meine vielen aufgebrachten Rufzeichen am Rand. Sie stehen an all den Stellen, wo Freud von der Sexualität des kleinen Mädchens als „männlich/phallisch" spricht, und darüber, wie es später – wenn es den Penis gesehen hat – „Kastrations"-Gefühlen und „Penisneid" verfällt, weil sich sein ‚Minipenis' (Klitoris) ‚natürlich' nicht mit dem ‚richtigen' Organ messen kann!

Lange Zeit beließ ich es vor diesem Hintergrund bei den Rufzeichen. Ich betrachtete die Weiblichkeitstheorie als unbrauchbar und konzentrierte mich auf andere Teile von Freuds Begriffsgebäude. Und ich fand es zwar schon enorm spannend, daß die englische Frauenforscherin Juliet Mitchell in ihrem großen Buch *Psychoanalysis and Feminism*[2] aus dem Jahr 1974 versucht hat, einen feministischen Blickwinkel auf Freud aufzuzeigen, aber ich fand, daß sie zu viel über den Ödipuskomplex schrieb – jenen Zeitpunkt, wo der Kastrationskomplex des Mädchens Freud zufolge eintritt.

Nun habe ich jedoch ein Buch geschrieben, dem ich den Titel *Rotkäppchen und Ödipus* gab. Ein Buch, das genau von dieser famosen, freudianischen Weiblichkeitstheorie handelt. Warum diese Haltungsänderung? Weil ich entdeckte, daß ohne einen Begriff der Weiblichkeit mit der Psychoanalyse in einer feministischen Forschungsperspektive nicht weiterzukommen war.

Weil ich außerdem im Anschluß an die feministische Freud-Debatte und an ein besseres Verständnis meinerselbst begonnen habe, die „Kastration", den „Penisneid" und so weiter als Ausdrücke zu begreifen, die vielleich präzise die Art und Weise widergeben, wie wir unsere historische Entfremdung als Frauen erleben müssen. Weil ich ebenfalls herausfand, daß die freudianische Weiblichkeitstheorie von anderem und mehr handelt als von dem, wovon unsere indignierten Blicke unmittelbar gefangen werden müssen. Wenn auch in einer entfremdeten Form hat sie eine radikalere Botschaft als jede andere psychoanalytische Theorie. Eine Botschaft über unsere aktive sexuelle Vorgeschichte: unser frühes Zusammenleben mit einer archaischen Mutterfigur, die mächtig ist, faszinierend und noch nicht als jemand abgestempelt, der dem „anderen Geschlecht" angehört. Und nicht zuletzt, weil ich über einen anderen Weg (durch die Arbeit an der Entwicklung einer historisch materialistischen Patriarchatstheorie und einer allgemeinen feministischen Erkenntnistheorie) nach und nach eine Theorie und eine Methode fand, die die absurden, biologistischen Aussagen der Psychoanalyse über „Kastration", ‚richtige' und ‚unrichtige' Sexualorgane und so weiter auflösen konnte. Das heißt, die Aussagen der Psychoanalyse in sinnvolle, historische Kategorien transformieren konnte, die von Frauensozialisation in einer entfremdenden patriarchalischen Kultur handeln.

Ich möchte in *Rotkäppchen und Ödipus* zeigen, wie diese Kategorieauflösung und Transformation vor sich geht. Ich möchte aufzeigen, wie es möglich ist, die Weiblichkeitstheorie der freudianischen Psychoanalyse genau beim Wort zu nehmen – und gleichzeitig zu einer radikalen Theorie darüber zu kommen, wie sich die Entfremdung in unserer Selbstauffassung zu einem Zeitpunkt in unserem Leben durchsetzt, wo wir uns unseres Geschlechts und des Geschlechtsunterschieds bewußt werden. Und schließlich will ich damit versuchen, auf eine Theorie darüber hinzudeuten, wie wir die inneren destruktiven Wirkungen der Entfremdung durchbrechen können. Darüber, wie wir die inneren Feinde, das innere Patriarchat, die psychische Seite der Unterdrückung bekämpfen können. Wenn man einerseits den Begriff der Weiblichkeit der freudianischen Psychoanalyse minutiös beim Wort nimmt und andererseits den biologistischen Inhalt dieses ‚Wortes' in historische Kategorien auflöst, dann zeigt sich nämlich, daß die Weiblichkeitstheorie nicht nur dazu verwendet werden kann, etwas darüber zu sagen, wie wir als Frauen uns eine entfremdete Geschlechtsidentität bilden, wenn wir in einer Gesellschaft aufwachsen, wo wir als „das andere Geschlecht" gesetzt werden. Noch etwas anderes wird sichtbar: die Potentiale, die wir verdrängen müssen, um lernen zu können, uns selbst als „das andere Geschlecht" zu verstehen. Wir werden ja nicht mit diesem Selbstverständnis geboren. Also muß es eine frühe Periode in unserem Leben gegeben haben, wo wir uns noch nicht so erlebten, und wo wir daher ein nicht-entfremdetes Verhältnis zu unserem Körper und dessen vielfältigen Möglichkeiten gehabt haben müssen. Welche Gefühle, Erlebnisse und Erfahrungsbildungen in dieser frühen Periode liegen, darüber erzählt die freudianische Weiblichkeitstheorie merkwürdige, frauenfeindliche Dinge. Aber wenn ihre Aussagen transformiert werden, wird das Erzählte mit einem Schlag zu einer ganz anderen Geschichte – über eine Tochter, die noch nicht weder sich noch ihre Mutter als un-liebens-werte „Wesen-des-anderen-Geschlechts" sieht. Der Zweck des Transformationsprozesses in *Rotkäppchen und Ödipus* ist vor diesem Hintergrund, die wichtigen Erkenntnisse über die Potentiale der frühen Mutter-Tochter-Beziehung, die in der freudianischen Weiblichkeitstheorie enthalten sind, für die Entwicklung feministischer Psychoanalyse brauchbar zu machen.

Aber was ist nun die empirische Grundlage des Weiblichkeitsbegriffs, zu dem uns der Transformationsprozeß führt? Ja, so wie meine Theorie und Methode gestaltet sind, bleibt die empirische Verankerung genau dort, wo sie die ganze Zeit gewesen ist. Nämlich in all den Analysanden-Berichten, auf denen die freudianischen Psychoanalytiker gebaut haben, als sie ihre Weiblichkeitstheorie formulierten. Was ich im folgenden mache, ist nämlich keine Anfechtung der Aussagen der Analysanden-Geschichten über „Kastrations"-Gefühle, „Penisneid" und so weiter, und auch nicht des Deutungs- und Theoretisierungsvermögens der Analytiker. Sondern es werden die Aussagen der Empirie und deren Deutungen in einen ganz anderen geschlechtsphilosophischen Verständnisrahmen eingeschrieben werden als jenen, über den Freud & Co. verfügten. So einfach und doch – wie wir sehen werden – so gewaltig und radikal verändernd! Die freudianische Weiblichkeitsanalyse kann uns an sich nur die Hoffnung geben, daß wir zu resignieren oder unseren anatomischen ‚Mangel' eines ‚richtig' ausübenden Sexualorgans zu kompensieren lernen. Eine transformierte feministische Psychoanalyse, die sich in eine historisch materialistische Patriarchats- und Sozialisationstheorie einfügen läßt, öffnet dagegen einen weiten Ausblick auf Wege zur Überschreitung der so destruktiven psychoaktiven Folgen der Entfremdung: Stummheit, Angst, Unterdrückung von Begehren und so weiter.

So liegt mein Projekt bis zu einem gewissen Grad in der Verlängerung derer von feministischen Forscherinnen wie Juliet Mitchell, Luce Irigaray, Nancy Chodorow, Carol Hagemann-White und Renate Schlesier.[3] Wie ich versuchen auch sie, die freudianische Weiblichkeitstheorie in einen historisierenden Rahmen einzusetzen, der den Charakter der frauenfeindlichen Begriffe von Universalität und Ewiggültigkeit entfernt. Die patriarchatstheoretische und feministisch erkenntnistheoretische Grundlage, auf deren Basis ich arbeite, ist jedoch eine andere als jene dieser Forscherinnen. Daher wird die Einschreibung und ihre Resultate ebenfalls anders.

In *Rotkäppchen und Ödipus* habe ich mich entschieden, mich besonders auf die Transformation der freudianischen Weiblichkeitsanalyse zu konzentrieren. Diese findet im *2. Teil* des Buches statt (in den *Kapiteln V, VII* und

VIII). Um die Darstellung so klar wie möglich zu machen, beschreibe ich hier zuerst, was die freudianische Weiblichkeitstheorie auf dem Niveau ihres eigenen Selbstverständnisses sagt – bevor ich die Transformationen der Kategorien formuliere. Das Ziel ist, ganz klar zu machen, mit welchen freudianischen Aussagen und Begriffen der Transformationsprozeß arbeitet. Um die Begriffe außerdem zu beleben, illustriere ich sie mit Märchenanalysen – von *Rotkäppchen* aus Grimms Märchen *(Kapitel VI)* und *Bei der schwarzen Frau* aus einer Sammlung von Volksmärchen aus den Donauländern *(Kapitel IX)*. Mein Gebrauch des Märchenstoffes soll auf einer Linie mit Freuds Verwendung des Ödipusmythos verstanden werden. Nämlich als eine didaktisch veranschaulichende Metapher für etwas Aktuelles, nicht als ein Stoff, der in diesem Zusammenhang in seinem ursprünglichen kulturhistorischen Kontext betrachtet werden soll.

Obwohl auf diese Weise die Transformation des freudianischen Diskurses über die Weiblichkeit die Hauptsache in *Rotkäppchen und Ödipus* ist, entbehrt das Buch jedoch keineswegs historischer Reflexionen. Erstens gehen diese nämlich als ein wichtiger Teil des Transformationsprozesses in den 2. Teil ein. Jener läuft ja gerade darauf hinaus, die freudianischen Kategorien in einen historischen Kontext einzuschreiben – sie nicht als Ausdruck biologischer Natur zu interpretieren, sondern als historische Entfremdung. (Die historische Seite der Einschreibung wird speziell in *Kapitel V.3 und VIII* behandelt. Zweitens diskutiert der *1. (vorbereitende) Teil* auf verschiedene Art und Weise den historischen Rahmen der Weiblichkeitstheorie. In *Kapitel IV* beschreibe ich den historischen Kontext, vor dessen Hintergrund Freud seine Hauptschriften über die Weiblichkeit formulierte. Hier werden kurz die historischen Veränderungen der Situation der Frau nach dem 1. Weltkrieg und die Weiblichkeitsdebatte behandelt, die in der internationalen psychoanalytischen Bewegung in der Periode 1918–33 stattgefunden hat. Eine Debatte, die der unmittelbare Anlaß dafür wurde, daß Freud seine Ansichten über die weibliche psychosexuelle Entwicklung explizierte. In *Kapitel III* führe ich einen anderen Teil des historischen Zusammenhangs an, dem sowohl der freudianische als auch der transformierte Weiblichkeitsbegriff angehört. Nämlich dem, was ich als allgemeine Konstitutionsbedingungen in der entfremdenden, patriarchalisch geschlechterpolarisierten Gesellschaft betrachte, wozu die jetzige bürgerlich-kapitalistische meiner Auffassung nach zählt. Hier im dritten Kapitel wird also der Begriffsrahmen präsentiert, auf dem der ganze zentrale Tansformationsprozeß im 2. Teil basiert. Da eine vollständige Präsentation des patriarchatstheoretischen Fundaments, auf das ich baue, jedoch ein eigenes Buch füllen würde, ist eine solche nicht machbar. Worauf *Kapitel III* abzielt, ist ein kleineres Projekt: eine brauchbare Alternative zu Freuds eigener geschlechtsphilosophischer Grundlage aufzuzeigen, die übrigens in *Kapitel II* dargelegt wird. Wie aus der Analyse von Freuds geschlechtsphilosophischer Position im zweiten Kapitel hervorgeht, ist eine solche Alternative nötig. Bereits aus dem Grund, weil Freuds geschlechtsphilosophisches Fundament voller Widersprüche ist – Widersprüche, die er aber einem guten Wissenschaftler entsprechend als offene Fragen stehenließ, statt sie ideologisch zu verschleiern zu versuchen.

Schließlich stellt auch der Auftakt des Buches, *Kapitel I*, eine historische Frage. Das erste Kapitel ist eine Analyse des Rollenspiels *Das Gold-Lexikon*, das im Jahre 1981 von einigen 11–12jährigen Mädchen einer fünften Klasse an einer ganz gewöhnlichen dänischen Schule aus Anlaß eines ganz gewöhnlichen Weihnachtsschlußfestes für Schüler, Eltern und Klassenlehrer gemacht wurde. In diesem Auftakt zeige ich, daß der Erkenntniswert der freudianischen Weiblichkeitsanalyse vielleicht nicht nur für die historische Periode Gültigkeit besitzt, in der sie entstanden ist (1892–1933)[4]. Ist unsere Geschlechtsbewußtseinsbildung entfremdet wie zur Zeit Freuds? Spielt der Gegensatz „phallisch-kastriert" immer noch eine Rolle? frage ich mit der Analyse des *Gold-Lexikons* in *Kapitel I*.

Allgemein war es meine Absicht, *Rotkäppchen und Ödipus* so zu komponieren, daß die Fragen, der Zweifel, das Mißtrauen, das wir als Frauen der Freudschen Weiblichkeitstheorie gegenüber erheben müssen, zu Wort kommen. Das mache ich auf die Weise, daß ich sozusagen keine Teile der Weiblichkeitsanalyse als gegeben hinnehme, bevor es möglich ist, sie in einen historisierenden Begriffsrahmen einzusetzen. Mein Ausgangspunkt ist der Aussichtsposten, wo das „Natürliche" nicht mehr ohne weiteres als solches akzeptiert wird. Näher bestimmt: jener Aussichtsposten, den der deutsche sozialistische Autor Bertolt Brecht als „verfremdet" bezeichnet hat. Das heißt, „entfremdet" in der Bedeutung „fremd gemacht dem falschen Schein der Entfremdung gegenüber, schlecht und recht einen universellen und natürlichen Gesellschaftszustand zu repräsentieren".

1. Teil
Die Bedeutungen des Geschlechtsunterschieds
Geschlechtsphilosophischer Auftakt

Das „Gold-Lexikon"

Schauspiel einiger 11–12jähriger Mädchen der 5. Klasse, Dezember 1981. In den Rollen: sieben Mädchen und ein Knabe (Der Knabe spielt Herrn Steinreich und den Arzt).

Die Personen:

Herr und Frau Steinreich
Ein Dieb mit roter Perücke
Kriminalkommissar Andersen
Kriminalassistent Hansen
Kriminalassistent Pedersen
Frau Sekretärin Jacobsen
Detektiv Björn
Seine Assistentin = seine Frau, Frau Björn
Ein Arzt

Bekleidung: Andersen trägt eine blaue Krawatte und Hosen wie alle anderen außer der Sekretärin, die einen grauen Rock trägt und Frau Steinreich, die ein langes Nachthemd trägt. Detektiv Björn hat einen kohlschwarzen Oberlippenbart, der in der Form einem Fahrradlenker ähnelt.

Die Handlung

Ein rothaariger Dieb schleicht sich bei dem schlafenden Ehepaar, Herr und Frau Steinreich, ein und stiehlt ein Gold-Lexikon. Das Ehepaar wacht auf, und Herr Steinreich stürzt Hals über Kopf zur Polizei.
 Die drei Polizisten sitzen zusammen an einem Tisch, lesen Zeitung, langweilen sich. Als Herr Steinreich kommt, um den Diebstahl zu melden, verweisen sie ihn nur darauf, das Lexikon von der Versicherung gedeckt zu bekommen. Als Herr Steinreich dagegen behauptet, daß es unersätzlich sei, ersuchen sie ihn, sich an die Abteilung für Diebstahl zu wenden, da sie selbst nur Mordsachen behandeln.

Herr Steinreich verirrt sich. Statt in der Abteilung für Diebstahl landet er auf der Toilette des Polizeipräsidiums und – wird vom rothaarigen Dieb ermordet.

Im Zimmer der Mordkommission sitzen die drei Polizisten noch immer am Tisch. Die Sekretärin, Frau Jacobsen, kommt atemlos herein, setzt sich. Auf die Frage des Kommissars, warum sie so spät komme, antwortet sie, daß „sie die ganze Zeit dagewesen sei". Dann wird ihr aufgetragen, den Polizisten Tee und anderes zu servieren, und sie wird überhaupt ordentlich herumkommandiert.

Kurz darauf finden sie Herr Steinreichs Leiche auf dem WC. Da sie dort ja nicht einfach liegen bleiben kann, geben sie sie schnell in den Container, wo zwar schon 40 andere Leichen liegen, aber – wie sie sagen – „eine paßt leicht noch hinein".

Gemeinsam mit Detektiv Björn und seiner Assistentin, Frau Björn, die gerufen wurden, um sich des Diebstahls des Gold-Lexikons anzunehmen, untersuchen sie den Tatort am Polizeipräsidium. Der Detektiv wird plötzlich von einem Messer am Rücken verletzt. Die Wunde schmerzt fürchterlich, aber er will kein Pflaster, weil „er ja kein Muttersöhnchen ist".

Bei den Nachforschungen finden sie Fußspuren, die sich plötzlich als identisch mit denen der Sekretärin, Frau Jacobsen, herausstellen. Zugleich zeigt es sich, daß in ihrer Haarspange ein rotes Haarbüschel steckt. Darum wird sie gefragt, ob sie Perücken besitzt. „Ja, ich habe so viele hübsche Perücken gehabt. Aber jetzt habe ich nur mehr eine, die rote hier, – ist sie nicht schön?"

Der Kommissar zieht die Pistole: „Sie sind verhaftet, Frau Jacobsen." „Ha", – antwortet sie, – „ich bin überhaupt keine Frau, ich bin ein Mann!"

Da die Polizisten meinen, daß sie total verrückt sei, wird sie zum Arzt gebracht. Nach einer Untersuchung kann der Arzt jedoch feststellen, daß sie tatsächlich ein Mann ist. „Ja dann können wir ruhig härter zugreifen," sagen die Polizisten und schleppen „ihn" fort.

Die Polizisten feiern, – schenken Wein in die Gläser, rufen die gesamte Mannschaft herbei, indem der Alarm ausgelöst wird und sprechen einen Toast aus: „Lang lebe die Polizei!"

Frau Steinreich trinkt Kaffee.

Kapitel I
Die Jagd nach dem Geschlecht

Würden Sie sich wundern, wenn Ihre 11–12jährige Tochter gemeinsam mit ihren Schulfreundinnen das „Gold-Lexikon" für einen gemütlichen Abend in der Schule für Eltern, Schüler und Lehrer gemacht und aufgeführt hätte? Ist das „Gold-Lexikon" nicht nur ein Rollenspiel, das sich um ein ganz banales und traditionelles Krimi-Schema dreht? Mit den Zutaten: 1) Diebstahl – Bruch mit der herrschenden sozialen und ökonomischen Ordnung; 2) Mord, um die Entlarvung des Diebes zu verhindern; 3) Mordversuch an dem Detektiv, der sich jedoch als dem Dieb/Mörder überlegen erweist; 4) Wiederherstellung des bedrohten Gesetzes und der Ordnung – Festnahme des Diebes/Mörders. Ein Verlauf, der die Kinder unzählige Male am Fernsehbildschirm verfolgen konnten. Ein Verlauf, der nicht darauf angelegt ist, sich mit ihm näher zu befassen. Oder enthält dieses kleine Spiel nicht trotzdem etwas, das der gewöhnlichen Inszenierung des selbstbestätigenden Kampfes der sozialen Ordnung gegen und Sieg über den Gesetzesbrecher zuwiderläuft?

1. Ein Dialog zwischen X und Y

Zwei Betrachtungen des „Gold-Lexikons"

X: Ja, da ist etwas in dem Spiel, das die gewohnten Vorstellungen durcheinanderbringt. Diese 11–12jährigen Mädchen, die als Männer verkleidet sind! Das Geschlecht der Schauspieler und der Rollen paßt überhaupt nicht zusammen.

Y: Aber hat das etwas mit der Fiktion zu tun? Selbst wenn das Stück trotz seiner vielen Männerrollen von sieben Mädchen und nur einem Knaben gespielt wird, ist das Geschlecht der Akteure auf der Rollenliste ja noch immer nach den stereotypsten Regeln der Normalität verteilt. Der bestohlene Eigentumsbesitzer, das übergeordnete Personal der Ordnungsmacht, der Arzt, der Gesetzesbrecher sind Männer. Die Frauen in dem Spiel sind Ehefrauen und untergeordnetes Personal. Ist die Tatsache, daß es Mädchen sind, die Detektiv, Kriminalkommissar, Kriminalassistenten, Gesetzesbrecher spielen, nicht nur ein an sich uninteresanter Ausdruck dafür, daß in dieser Spielgruppe zufällig nur ein Knabe dabei war? In Ermangelung eines besseren mußte die Gruppe wohl einen Teil der Männerrollen des Spiels mit Mädchen besetzen, die als Knaben verkleidet sind, nicht wahr?

X: Daß das Geschlecht des Schauspielers als Person nicht dasselbe ist wie das der Rolle, hat unter allen Umständen – beabsichtigt oder nicht – eine bedeutungsschaffende Funktion. Wenn klassische Schauspiel- und Opernautoren Hosenrollen für weibliche Schauspieler schrieben, geschah das eben deshalb, um einen bestimmten Effekt hervorzurufen, zum Beispiel um anzudeuten, daß sich die geschlechtlichen Qualitäten des Pagen, des jünglinghaften Liebhabers in der Mitte zwischen den Polen Männlichkeit und Weiblichkeit befinden. Mit diesen klassischen Hosenrollen werden Assoziationen rund um den gleichzeitig eindeutigen wie zweideutigen Charakter des Geschlechts geweckt. Oder mit anderen Worten: der Geschlechtsunterschied ist in unserer Gesellschaft mit einer solchen symbolischen Bedeutungsfülle geladen, daß weibliche und männliche Schauspieler nicht ohne weiteres substituierbar sind.

Y: Gewiß, da hast du natürlich recht. Aber wäre es nicht eine Überinterpretation von Dimensionen, diesem sehr einfachen Krimi-Text eine tiefere Ebene zuzuschreiben, worin die geschlechtlichen Zweideutigkeiten, die aufgrund des Geschlechts der Schauspieler entstehen, eine entscheidende bedeutungsdeterminierende Rolle spielen sollten? Ist die Tatsache, daß einige der Mädchen Männer spielen, nicht bloß ein unbedeutsames Element in diesem primitiven Text – ein Bedeutungselement, das in keinem inneren Zusammenhang mit dem Bedeutungsuniversum des Spiels als solchem steht?

X: Ich bin nicht sicher, ob du da recht hast. Erinnere dich daran, daß die Mädchen nicht bloß als Schauspieler auftreten. Sie sind auch (gemeinsam mit dem einen Knaben) die Verfasser des Stückes. Warum beschließt eine Mädchengruppe wie diese überhaupt, ein Rollenspiel zu machen, in dem die primär agierenden und aktiven Personen Männer sind? Ist dieser Entschluß nicht ein Indiz dafür, daß das Geschlecht eine integrierte Rolle im Bedeutungsuniversum des „Gold-Lexikons" spielt?

Y: Betrachtet man die Krimi-Vorlagen, in denen die Spielgruppe ihre Inspiration gefunden hat, ist es wohl nicht sehr schwer zu beantworten, warum Mädchen, die ein Krimi-Spiel machen wollen, eine geschlechtlich stereotype Personengalerie auf die Rollenliste setzen – die handlungstragenden Personen Männer sein lassen. Gewiß ist die Geschlechterpolarisierung in der modernen Gesellschaft im Verschwinden begriffen, aber es gibt einen ideologischen Nachholbedarf, den man zum Beispiel eben genau in der Trivialliteratur typischerweise antrifft, aus deren Vorstellungswelt das Rollenspiel ja deutlich seine Inspiration geholt hat. Ich kann jedoch beim besten Willen nicht sehen, daß einerseits zwischen den Aussagen, die in der Anwendung eines trivialen Geschlechtsrollenschemas im Rollenspiel, und andererseits dem peripheren Bedeutungselement, welches das Agieren der Mädchen in Männerrollen erzeugt, eine integrierte Bedeutungsrelation bestehen soll. Der Effekt, der daraus entsteht, daß die fünf Männerrollen im „Gold-Lexikon" von Mädchen gespielt werden, ist und bleibt eines dieser unbeabsichtigten, bedeutungsmäßig isolierten Elemente, die sich in der Regel in jede Art von Dillettantenkomödie einschleichen. Hier handelt es sich nur um eine Unvollkommenheit der Inszenierung beziehungsweise Realisierung.

X: Wenn du die Bedeutungsrelation zwischen dem „trivialen Geschlechtsschema" und den Mädchen in den Männerrollen nicht „sehen" kannst, kommt das daher, weil du überhaupt in einem allzu hohen Grad die scheinbaren Nennwerte der Geschlechter für gegeben und natürlich hältst. Du sagst, daß, obwohl das Geschlecht der Rollen gewaltig von dem der agierenden Schauspieler abweicht, Mädchen, die ein Krimi-Spiel machen, automatisch eine geschlechtlich stereotype Personengalerie auf die Rollenliste setzen werden – nur aufgrund des ideologischen Nachholbedarfs in den existierenden Krimi-Vorlagen. Hier kann ich dir erstens darin nicht zustimmen, daß die patriarchalische Geschlechterpolarisierung nur etwas Gewesenes ist. Die Manifestation der Geschlechtsstereotypie, zum Beispiel in der Trivialliteratur, ist nicht einfach Ausdruck eines ideologischen Nachholbedarfs. Das „Gold-Lexikon" zeigt meiner Meinung nach, daß die 11–12jährigen Mädchen, die es gemacht haben, in dieser Beziehung im Grunde feinfühliger sind als du. Außerdem glaube ich nicht, daß du all jene Dimensionen siehst, die in meiner Frage liegen. Daß die Mädchen ausgerechnet ein Spiel über ein Kriminalrätsel machen, nimmst du als eine gegebene Tatsache hin, die keine besondere Aufmerksamkeit verdient. Du bemerkst überhaupt nicht die Dimension in der Frage, die sich darum dreht, warum die Mädchen, die von der Lehrerin freie Hand bekommen hatten, zu spielen was sie wollten, ausgerechnet mit einem Kriminalrätsel beginnen. Das heißt, damit, ein traditionell männliches Universum zu inszenieren, anstatt einen Stoff aufzugreifen, der sich mit Mädchen/Frauen beschäftigt. In der Wahl des Stoffes, die die Mädchen vorgenommen haben, geben sich indessen einige Begehren zu erkennen, die bestimmt eine Diskussion wert sind. Drittens betrachtest du es als eine ohne weiteres gegebene und selbstverständliche Angelegenheit, daß das stereotype Geschlechtsschema des „Gold-Lexikons" einzig und allein als blinde Reproduktion der traditionellen Geschlechter-Klischees des Krimi-Genres interpretiert werden kann. So eindimensional muß die Erklärung dafür, warum die Mädchen nicht von Natur aus die Geschlechter-Klischees des Genres durchbrechen – warum sie, wenn sie nun offenbar ihre eigenen Motive haben, ausgerechnet einen Krimi zu machen, nicht einfach einen mit agierenden Personen inszenieren, deren Geschlecht ihrem eigenen entspricht, jedoch nicht sein. Es ist ja heute möglich, als Frau sowohl Polizeikommissarin als auch Ärztin und so weiter zu werden. (Und Dieb konnte man ja immer schon werden unbeachtet des Geschlechts.) Die Vorstellung, daß die handlungstragenden Personen im Spiel Frauen sein könnten, müßte vielleicht nicht so fern liegen – besonders dann nicht, *wenn* die patriarchalische Geschlechterpolarisierung und damit auch die inneren Barrieren, die aus ihr entsprungen sind, im Verschwinden begriffen sind, wie du behauptest...

2. Ein kleines Spiel mit vielen Bedeutungen

Brechen wir die Diskussion zwischen X und Y hier ab und gehen wir zum Text selbst über, um zu prüfen, ob X's Behauptung von den zentralen bedeutungsschaffenden Effekten des Geschlechtsunterschieds stichhaltig ist.

Der Diskurs des Krimis – Die Oberfläche des Textes[1]

Den Verlauf des „Gold-Lexikons" kann man wie die meisten Krimis in *drei Phasen* einteilen, jede mit ihrem dominierenden handlungstragenden Subjekt. In der *ersten Phase*, dem *Gesetzesbruch*, ist der Verbrecher das beherrschende Subjekt des Handlungsverlaufs. Diese wird von der zweiten Phase, der *Nachforschung*, abgelöst, an derjenigen Stelle im „Gold-Lexikon", wo Detektiv Björn in Aktion tritt. Bis zu dieser Stelle des Verlaufs hat der Dieb/Mörder freies Spiel gehabt aufgrund der Passivität und bürokratischen Ineffektivität der Polizei. (Vergleiche die Haltung der Mordabteilung, die Herr Steinreich das Leben kostet: „Diebstahl ist nicht unsere Angelegenheit.") Erst als Detektiv Björn die Sache in die Hand nimmt, wird der freie Entfaltungsraum des Diebes/Mörders angetastet. Symbolisch kommt das dadurch zum Ausdruck, daß der Anschlag auf Björns Leben mißlingt. Das Resultat ist eine vorläufige Doppelmacht-Situation. Das handlungsdominierende Subjekt ist hier in der zweiten Phase einerseits immer noch der Dieb/Mörder, der versucht, den Machtraum wiederherzustellen, der die erste Phase gekennzeichnet hat. Aber auf der anderen Seite ist nun auch Detektiv Björn in

Aktion getreten, und seine bedrohliche Aktivität kann nicht mit dem Mittel außer Kraft gesetzt werden, das dem Dieb/Mörder zur Verfügung steht, und das zuvor durchaus effektiv war. Während der Dieb/Mörder ohne Probleme Herrn Steinreich aus dem Weg räumen konnte, reichen seine/ihre Kräfte gegenüber dem männlichen Detektiv Björn nicht aus. Er/sie kann Björn verletzen – hat also noch eine gewisse Macht. Doch da der Detektiv „kein Muttersöhnchen ist", kann er nicht definitiv aus der Welt geschafft werden. Hiermit wird der Weg geebnet für die Ablösung der Doppelmacht-Situation durch die *dritte Phase*, die *Aufklärung*, in der die Ordnungsmacht durch die Verhaftung des Diebes/Mörders seine Herrschaft wiedererlangt, welche die Gesetzeslosigkeit der ersten Phase momentan außer Kraft gesetzt hatte. Der Kommissar, der sich in der ersten Phase bereitwillig von „Frau Jacobsens" demütiger Sekretärinnen-Maske – „ihrem" stichfesten Alibi -, irreführen ließ, kann nun als Einleitung der dritten Phase mit einem Schlag seine Pistole laden, „Frau Jacobsen" entlarven und entwaffnen.

Übergeordnet betrachtet bilden diese drei Hauptphasen ein einfaches, traditionelles Krimimodell. Betrachten wir die letzte Phase des Verlaufs näher, gibt sich jedoch eine überraschende Komplexität im Text zu erkennen. Das Spiel ist mit der Entlarvung und Entwaffnung des Gesetzesbrechers nicht beendet. Es gibt nicht eine, sondern zwei Clous. Die entlarvte „Frau Jacobsen" hat eine scheinbar absurde, aber offenbar nicht minder effektvolle Trumpfkarte in der Hand: daß sie ein Mann ist.

Durch diesen letzten Trumpf auf der Seite des Diebes/Mörders wird eine Art verlaufsmäßige Wiederholung derjenigen Momente erzeugt, welche die drei Hauptphasen als solche charakterisiert haben. Die dritte Phase im gesamten Verlauf des Spiels kann in *drei Unterphasen* unterteilt werden, die in gewisser Weise zu den drei Hauptphasen parallel sind. Indem sie ihre scheinbare Weiblichkeit in Frage stellt, gelingt es „Frau Jacobsen" noch einmal, sich selbst in eine Position zu bringen, in der sie/er die Polizei lächerlich machen kann – sie machtlos dastehen lassen kann. Indem sie sie/ihn für verrückt halt, läßt sie sich genauso wie in der ersten Hauptphase blind von dem Scheinbaren an der Nase herumführen, von „Frau Jacobsens" äußerem Schein von Weiblichkeit. Eine neue Phase der Nachforschung ist deshalb notwendig. Ein weiterer machtvoll agierender Mann, der Arzt, muß (parallel zu Björn in der zweiten Hauptphase) in Aktion treten, bevor der Augenblick der Aufklärung definitiv eintreten kann. Erst mit der Bestätigung von „Frau Jacobsens" männlichem Geschlecht durch den Arzt ist der Sieg der Ordnungsmacht endgültig besiegelt.

Ein zweiter Diskurs tritt in Erscheinung – Die Öffnung der weiteren Bedeutungsschichten des Textes

„Frau Jacobsens" letzter Trumpf ist eindeutig effektvoll und handlungsproduzierend. Vom Diskurszusammenhang des Krimis aus betrachtet, ist es jedoch absurd, daß ihre/seine Enthüllung nach der Festnahme diese folgenträchtige Trumpffunktion erhält. Das Gesetz, das den Zugriff Unbefugter auf privates Eigentum verbietet, unterscheidet ja nicht, ob der Gesetzesbrecher eine Frau oder ein Mann ist. Die erste Entlarvung – die Feststellung, daß „Frau Jacobsen" mit dem Dieb/Mörder identisch ist, – genügt an sich vollkommen, um den Krimi-Verlauf abzuschließen. Sie bewahrt daher auch trotz des Nachspiels ihren Charakter als ein Moment, das den Verlauf abschließt. Die zweite Entlarvung (des männlichen Geschlechts von „Frau Jacobsen") bringt ja nichts neues in bezug auf die Aufklärung des Gesetzesbruches als solchem.

Durch diese anscheinend absurde Effektfülle in Form einer handlungsproduzierenden Funktion, die das „Gold-Lexikon" dem Verhältnis zwischen „Frau Jacobsens" weiblicher Maske und männlicher Geschlechtsnatur zuschreibt, legt der Text eine bis dahin versteckte Seite von sich selbst frei. Eine Bedeutungsschicht, die nicht dem Krimi angehört. Hat nämlich der triumphierende Ausruf: „Ha, ich bin überhaupt keine Frau, ich bin ein Mann!" im Universum des Krimis keine Bedeutung, dann hat er es hingegen in hohem Maße in einem anderen Bedeutungszusammenhang. Ein Zusammenhang, dessen Anwesenheit im Text sich hiermit offenbart. Dieser andere Bedeutungszusammenhang, der hier plötzlich offen zutage tritt, scheint die Konfrontation mit dem ödipalen[2] Vaterimago[3] zu sein, die nach der freudianischen Psychoanalyse die psychosexuellen Wege der beiden Geschlechter trennt.

Nach der klassischen, freudianischen Psychoanalyse verläuft die psychosexuelle Entwicklung bei Mädchen und Knaben auf parallelen Bahnen bis zum Beginn der Ödipusphase. Für beide Geschlechter ist die Mutter das erste Liebes- und Sexualobjekt, dasjenige Objekt, um welches sich die ersten Onaniephantasien des Kindesalters drehen. Diese Entwicklung erfährt für beide Geschlechter gleichermaßen ein drastisches Ende. Das Kind – Mädchen wie Knabe – erlebt, daß der Vater sein alleiniges Recht auf sexuellen Besitz der Mutter unter Androhung der Kastration handhabt. An diesem Punkt enden jedoch die gemeinsamen Erlebnisse. Die Konfrontation mit dem drohenden ödipalen Vater ist für die beiden Geschlechter qualitativ verschieden, sagt der klassische Freudianismus. Wenn sich der Knabe in der Konkurrenz um die Mutter mit dem Vater mißt, versteht er unbewußt, daß er den Besitzanspruch auf sein Objekt aufgeben muß, da der Vater ein ihm überlegener Rivale ist. Aber gleichzeitig registriert der Knabe, daß sein Geschlecht das gleiche wie das des Vaters ist, und wird dadurch, noch immer unbewußt, sich klar darüber, daß er mit der Zeit „groß genug" werden wird, um die phallisch machtvolle Position des *Vaters* einzunehmen.

Für das Mädchen bekommt das Erlebnis des drohenden Vater-Rivalen hingegen einen ganz anderen Charakter. Wenn es den unbewußten Vergleich zwischen dem Geschlecht des Vaters und seinem eigenen Geschlecht vornimmt, gibt es den Raum des Vaters – das heißt, den des Objektbesitzes und der Potenz – als unerreichbar auf. Das geschieht in dem Augenblick, wo es registriert, daß sein Geschlecht von dem des *Vaters* qualitativ verschieden ist. Die Drohung der Kastration, mit welcher das Imago des *Vaters* für beide Geschlechter verbunden ist, wird im Unbewußten des Mädchens in die Vorstellung umgebildet, *der Kastration ausgesetzt worden zu sein*. Da das Erlebnis der bereits vollzogenen Strafe natürlich ganz andere Vorstellungen und Affekte hervorruft als eine Strafe, der man sich noch entziehen kann, gehen die psychosexuellen Entwicklungswege der Geschlechter nach der Konfrontation mit dem ödipalen *Vater* in verschiedene Richtungen. Das Mädchen verläßt die Situation der Konfrontation mit einem fundamental negativen Erlebnis seines eigenen Geschlechts. Umgekehrt wird der Knabe in den positiven und potent machtvollen Qualitäten seines Geschlechts bestätigt.

Natürlich läßt sich darüber streiten, ob es überhaupt der Mühe wert ist, sich in einer feministischen Wissenschaft mit einer so extrem frauenfeindlichen Theorie wie der freudianischen zu beschäftigen, die das Erlebnis der Kastration bei Mädchen/Frauen als anatomisches Schicksal erklärt. Diese Frage möchte ich aber für ein späteres Kapitel aufheben. Begnügen wir uns an dieser Stelle damit, die eventuellen ödipalen Bedeutungselemente im „Gold-Lexikon" zu betrachten.

Wir nehmen versuchsweise an, daß die freudianische Theorie stichhaltig ist. Wir gehen davon aus, daß im psychosexuellen Entwicklungsverlauf der Kinder ein Punkt auftritt, an dem eine Konfrontation mit dem *Vater* stattfindet. Diese zieht einen Symbolisierungsprozeß nach sich, der für beide Geschlechter die Form einer Verschmelzung von Penis, Potenz und positivem = phallischem Wert einerseits, und von Klitoris, Mangel an Potenz und negativem = kastriertem Wert andererseits annimmt. Wenn dies zutrifft, muß hier die Rede von einem Punkt in der Entwicklung sein, an dem es von entscheidender Bedeutung ist, ausrufen zu können: „Ha, ich bin ein Knabe/Mann!" Derjenige, der sich als kastriert erlebt, kann bei der Konfrontation mit dem ödipalen *Vater* keine Gegendrohung äußern. Derjenige, der sich im Besitz einer – wenn auch bedrohten – Potenz erlebt, kann dagegen auch selbst dem ödipalen Vater drohen: „Ha, ich bin faktisch genau wie du, warte nur, bis ich groß genug bin . . ." Innerhalb des ödipalen Bedeutungszusammenhangs ergibt daher „Frau Jacobsens" triumphierender Hinweis auf ihr wahres, männliches Geschlecht unmittelbar einen Sinn. „Sie" gibt damit gegenüber Björn/Andersen – die mit schwarzem männlichen Bart, einem nach großer physischer Stärke klingenden Namen, männlichen Attitüden („er ist ja kein Muttersöhnchen") und einer potent gesetzeshütenden Pistole eine Reihe der Qualifikationen des phallisch-mächtigen *Vaters* haben – zu erkennen, daß sie sich trotz all dieser phallischen Attribute nicht allzu sicher fühlen sollen.

Wenn das „Gold-Lexikon" auf diese Weise den Krimi-Diskurs im Moment der Aufklärung zugunsten einer offenen Bloßlegung eines ödipalen Diskurses ganz in den Hintergrund treten läßt, läge es natürlich nahe zu untersuchen, ob dieser „andere" Diskurs nicht in anderen Elementen des Textes auftritt. Und das tut er tatsächlich.

Steinreich und Björn/Andersen können als zwei Seiten des Imagos des ödipalen Vaters gedeutet werden. Zu den physischen Qualifikationen von Björn/Andersen lassen sich diejenigen von Steinreich hinzufügen: Gold = Geld, Lexikon = Wissen/die gesammelten Resultate und Potentiale der Kultur. Und da tritt die Inkarnation des phallischen *Vaters* in Erscheinung.

Der Diebstahl des Gold-Lexikons und der darauffolgende Mord an Steinreich können ödipal als der Vatermord interpretiert werden, auf den die Geschichte von Ödipus baut.[4] Als Ödipus seinen Vater tötete, war der Weg frei, um die machtvolle Position des Vaters einzunehmen. Nun konnte er König und Gatte seiner Mutter werden. In der ersten Phase des „Gold-Lexikons" kommt das am meisten tabuisierte sexuelle Thema (der Mutterinzest) nicht zum Ausdruck. Aber die beiden anderen Themen (der Vatermord und die Übernahme der phallischen Machtattribute des *Vaters*) werden durchgespielt, wenn auch in umgekehrter Reihenfolge.[5] Eine besonders wollüstige narzissistische Pointe stellen die einundvierzig Leichen im Container dar. Der Vatermord bestätigt selbstverständlich die potente Machtvollkommenheit des Sohnes. Im „Gold-Lexikon" werden die Dimensionen dieser Bestätigung bis ins Groteske vergrößert. Nach dem Vatermord gibt es nicht eine, sondern ganze einundvierzig Leichen!

Während Steinreich den ermordeten *Vater* repräsentiert, den vollzogenen Tötungswunsch, ist der in letzter Instanz siegreiche Björn/Andersen im ödipalen Bedeutungszusammenhang hingegen Ausdruck für die phallische Übermacht des *Vaters*. Ödipus' Agieren in der Rolle des *Vaters* kann nicht als permanenter Zustand aufrechterhalten werden. Das Schicksal holt ihn ein. Es sorgt dafür, daß er seine Strafe erhält. Gleichermaßen ist die Machtposition des Diebes/Mörders in der ersten Phase des „Gold-Lexikons" ebenfalls nur vorübergehend. Gegenüber Björn/Andersen reichen seine phallischen Qualitäten nicht aus. An Björn lassen sich die Tötungswünsche nicht verwirklichen. Andersens Pistole ist außerdem potenter als das Messer von „Frau Jacobsen". Kurz gesagt: der *Vater* ist stärker und potenter als der Sohn.

Im dritten Hauptabschnitt fügt sich der Arzt zu Steinreichs und Björn/Andersens Funktionen als verschiedene Aspekte des ödipalen *Vaters*. Seine Rolle im Spiel ist es, das Geschlecht des Gesetzesbrechers festzustellen. Im ödipalen Diskurs ist dies ein Ausdruck für das Monopol des *Vaters* auf Distribution von Potenz. Der *Vaters* bringt in der Ödipussituation die Werte „phallisch"/„kastriert" in die Welt des Kindes und bestätigt oder spricht damit das rechtmäßige Verhältnis dessen Geschlechts zu Potenz und Objektbesitz ab. Indem der Arzt die Zugehörigkeit des Gesetzesbrechers zum „nichtkastrierten" Geschlecht bezeugt, gesteht der Arzt-*Vater* im „Gold-Lexikon" dem Gesetzesbrecher-Kind die positive = „phallische" Position des Sohnes zu. Was diese mit sich bringt, manifestiert sich zwar negativ: eine gröbere Behandlung. Im strengeren Auftreten des *Vaters* gegenüber dem Sohn als gegenüber der Tochter liegt jedoch immer ein klares Moment der Bestätigung der Männlichkeit des Sohnes. Er hält das aus. Er ist dem *Vater* ähnlich. Er ist, genau wie dieser, kein Muttersöhnchen. Oder mit anderen Worten: „Wenn er groß genug ist, dann . . ."

Liest man das „Gold-Lexikon" auf diese Weise als ödipalen Sohn-*Vater* Diskurs, strukturiert es sich als ein Verlauf, der aus den drei folgenden Momenten besteht: 1. Der Sohn übertritt das Gesetz des *Vaters*: Raub der Machtattribute des *Vaters* + *Vater*-Mord. 2. Der *Vater* manifestiert seine Übermacht. 3. Der *Vater* bestätigt die phallische Position des Sohnes.

Ein dritter Diskurs – die „phallische" Tochter

Die Aufdeckung des im Verlauf agierenden ödipalen Sohn-Diskurses verwandelt „Frau Jacobsens" offenbar absurde letzte Trumpfkarte in eine sinnvolle Aussage. Was unmittelbar als mystische Bruchfläche im Text erschien, erwies sich als das Zurücktreten des Krimi-Diskurses zugunsten eines auch im übrigen Textverlauf vorhandenen ödipalen Diskurses. Nach der Aufdeckung des ödipalen Sohn-Diskurses gibt es im Text als solchen keine unerklärlichen Handlungsmomente mehr. Allerdings steht das von X vorgebrachte Problem rund um das Fiktionsuniversum der Textinszenierung noch offen. Ist die Bruchfläche, die sich darin zeigt, daß einige Männerrollen von Mädchen gespielt werden, nur Ausdruck einer unvollkommenen Textrealisierung? Oder handelt es sich auch hier um eine Bruchfläche, die auf eine zusammenhängende Bedeutungsebene im Fiktionsuniversum des Spiels hinweist. Das heißt, auf eine Bedeutungsebene, die das Phänomen: phallische Weiblichkeit thematisiert?

Wie X erläutert hat, ist das letztere der Fall. Durch seine Brüche zwischen dem Geschlecht der Schauspieler als Personen und dem Geschlecht der Rollen verrät die Inszenierung des Textes eine dritte Bedeutungsebene. Es findet sich nämlich ein Diskurs, der phallische Weiblichkeit beinhaltet, und dessen Momente sich im Verlauf des „Gold-Lexikons" identifizieren lassen. Jener Diskurs, von dem hier die Rede ist, ist derjenige, welcher der freudianischen Psychoanalyse zufolge von der Konfrontation nicht des Sohnes, sondern der Tochter mit dem ödipalen *Vater* herrührt.

Wie schon erwähnt, betrachtet der Freudianismus die psychosexuelle Entwicklung von Mädchen und Knaben als parallel bis zur Konfrontation mit dem ödipalen *Vater*. Das bedeutet nach der freudianischen Theorie auch, daß das Mädchen, genauso wie der Knabe, unmittelbar vor der ödipalen Konfrontation mit dem *Vater* eine sogenannte „phallische" Phase durchläuft. Eine Phase, in der es eine aktive Sexualität in Form von Klitorisonanie in Verbindung mit Phantasien, die Mutter als Sexualobjekt zu besitzen, entfaltet. Beim Erlebnis der Kastration, das durch die Konfrontation mit dem ödipalen *Vater* entsteht, werden die aktiven Komponenten in der Sexualität des Mädchens aufgegeben. Es verzichtet auf das Objekt Mutter, und, insofern sich das Mädchen „normal-weiblich" entwickelt, identifiziert es sich mit der passiv-kastrierten Position. Es besetzt diese mit masochistischen Lustqualitäten und richtet seine sexuellen Erwartungen auf den phallisch-potenten *Vater*. So kann die ödipale Entwicklung des Mädchens freudianisch als eine Bewegung aus einer „phallischen" in eine „kastrierte" Position beschrieben werden. Zwischen diesen zwei Positionen liegt das Kastrationserlebnis, das selbstverständlich einen so traumatischen Charakter für das Mädchen hat, daß es eine sehr starke und undurchdringliche Mauer der Verdrängung um ihre „phallische Vorzeit" errichten wird.

Wir müssen natürlich mißtrauisch fragen, ob es, wie die freudianische Theorie behauptet, sinnvoll ist zu sagen, daß Mädchen/Frauen generell eine solche „phallische Vorzeit" in ihren individuellen Lebensgeschichten versteckt haben. Dieses Problem möchte ich jedoch – genauso wie die Frage von der Gültigkeit der gesamten freudianischen Weiblichkeitstheorie – für ein späteres Kapitel aufheben. Hier wollen wir nur untersuchen, wie sich die Momente dieser freudianisch gesehen „normal-weiblichen" Entwicklungsgeschichte im „Gold-Lexikon" manifestieren.

Interpretieren wir dieses kleine Spiel im Licht dieser Entwicklungsgeschichte, dann zeigt sich, daß es sich um nichts weniger als um ein töchterlich-ödipales Durchspielen einer Bewegung handelt, die hinter und wieder zurück über die Verdrängungsmauer führt, welche die phallische Vorzeit umgibt.

Als Moment in einem ödipalen Tochter-Diskurs schlägt der erste Clou des „Gold-Lexikons" („Frau Jacobsens" Entlarvung als der Gesetzesbrecher) geradezu die Türen zum Raum der verdrängten Vorzeit auf. Die graue, demütige Frau Jacobsen, die untertänig Tee serviert und gehorsam das Los des Kastrierten akzeptiert: nach Lust und Laune ihrer männlichen Vorgesetzten gehunzt zu werden, ist dieselbe Person wie der mächtige Dieb. Jener Dieb, der, mit phallischen Attributen ausgestattet (dem Messer und der roten Perücke)[6], die väterlichen Machtpositionen antastet. Mit dieser Entlarvung wird ein überraschendes, ja beinahe schockierendes Gleichheitszeichen zwischen der „kastrierten" und der „phallischen" Frau gesetzt. Der erste Clou des Stückes besteht tatsächlich so sehr in diesem verblüffenden Gleichheitszeichen wie in der Auflösung des etwas banalen Kriminalrätsels.

Die Offenbarung der ganz unglaublichen phallischen Potenz (der Raub des essentiellen Machtsymbols des *Vaters*, des Gold-Lexikons, die 41 (Vater-) Morde, die ernsthaft bedrohten väterlichen Positionen), die sich hinter der äußeren, extrem weiblich-kastrierten Maske verbirgt, ist wirklich ein Clou von Dimensionen. Es ist eine Inszenierung eines gewaltsamen Bruches der Verdrängungsbarriere. Die Vorstellungen und Affekte der phallischen Vorzeit tauchen mit einem Mal auf, sprengen die übergelagerte „normal-weibliche" Identität in Stücke, degradieren sie zur leeren Hülle, Maske, Alibi. Unter dem Deckmantel der harmlosen Sekretärinnenmaske hat die phallisch potente Frau ihre lichtscheuen Anschläge auf die Macht des *Vaters* verübt.

Ebenso stark und unbändig, wie dieser Traum der Inbesitznahme der phallischen Macht des *Vaters* den Teil des Verlaufs beherrscht, der an der Oberfläche den eigentlichen Krimi-Verlauf ausmacht, ebenso gewaltsam wird dagegen die Existenz dieses Traumes
im abschließenden Teil des Spielverlaufs dementiert. Die „phallische Frau" erweist sich als Mann! Das, was sich beim ersten Clou als ein ödipaler Tochter-Diskurs mit rückwärtigen Öffnungen zur phallischen Vorzeit zeigte, schiebt sich beim zweiten Clou ganz unter den ödipalen Sohn-Diskurs. Der ödipale Tochter-Diskurs verwischt seine Spuren mit dem zweiten Clou, der laut verkünden läßt, daß das, was hinter der Maske der kastrierten Frau zum Vorschein kam, wahrlich *nicht* ihre phallische Vorzeit war. „Nein, nein, was ihr gesehen habt, als die Maske fiel, war einfach ein Mann! Hier gibt es nichts, das der Normalität widerstrebt." verkündet der zweite Clou.

Eine so lautstarke und demonstrative Verneinung muß natürlich das Mißtrauen des Analytikers erwecken. Einer der Wege, derer sich der Inhalt des Unbewußten[7] bei dem Versuch, die Verdrängungsbarriere zu umgehen bedient, ist laut Freud gerade die Verneinung.[8] Durch die sprachliche Verneinung wird nämlich gleichzeitig unweigerlich das Verneinte zur Sprache gebracht. Daher ist die Verneinung zweideutig. Einerseits bringt sie das Verdrängte zur Sprache. Das bedeutet, daß die intellektuelle Dimension der Verdrängung aufgehoben wird. Aber andererseits findet keine Anerkennung des Verdrängten statt. Die affektiven Dimensionen der verdrängten Vorstellungen müssen daher weiterhin unbewußt bleiben. Das Interessante an der Verneinung ist, daß sie bei ihrer Zweideutigkeit ihren Ursprung in genau jener Vorstellung klar offenbart, für die sie so kräftig jede Verantwortung ablehnt. Die Verneinung als psychischer Abwehrmechanismus[9] ist wie ein Herkunftszertifikat, so wie ein „Made in Germany" auf der Ware, sagt Freud.

Betrachten wir „Frau Jacobsens" triumphierenden, aber äußerst auffälligen Ausruf nach der Verhaftung unter diesem Aspekt, erfährt „ihre" eifrige Verneinung jeglicher Zugehörigkeit zum weiblichen Geschlecht eine neue Dimension. Da erweist sie sich eben gerade als eine Formulierung ihrer Zugehörigkeit zum weiblichen Geschlecht. Aber auch als eine Aussage über diese Verbindung, die gleichzeitig angibt, daß ihr phallisches Vorgehen absolut inakzeptabel ist. Der letzte Teil des Verlaufs bestätigt damit die Existenz der phallisch weiblichen Vorzeit, die sich beim ersten Clou zu erkennen gab. *Aber* gleichzeitig verdrängt er die Affekte, die diese archaischen, phallischen Tochter-Positionen beinhalteten. Die abschließende Aussage des Textes ist, daß die affektiven Inhalte im Wunsch, den *Vater* zu töten und seine Machtposition einzunehmen, im ödipalen Tochter-Diskurs nicht zugelassen sind. Um diese Wünsche zu formulieren, muß er sich unter den ödipalen Sohn-Diskurs schieben, diesen als Deckdiskurs verwenden.

Eine nähere Analyse des „Gold-Lexikons" bringt also außer dem Oberflächendiskurs, der Kriminalgeschichte, zwei weitere Diskurse ans Tageslicht. Als eine tieferliegende psychodynamische[10] Strömung werden sowohl Momente in einem Sohn-*Vater*, als auch in einem Tochter-*Vater*-Diskurs durchgespielt, die sich beide aus den freudianischen Modellen vom männlichen beziehungsweise weiblichen Ödipuskomplex interpretieren lassen. Obwohl die freudianische Theorie über die Weiblichkeit insofern frauenfeindlich ist, als sie behauptet, daß es in letzter Instanz die Anatomie der Geschlechter ist, die sie in die Wertehierarchie phallisch-kastriert einschreibt, scheint sie nichts desto weniger auf aktuelle Bewußtseins- und Kulturäußerungen analytisch anwendbar zu sein. Eine ganz gewöhnliche Gruppe 11–12jähriger Schulmädchen anno 1981 scheint einen extravaganten Traum von machtvollem Agieren zu träumen, von einem Agieren, das so mächtig ist, daß es nur unter dem Deckmantel einer Verneinung, nur unter dem Deckmantel des offiziellen Stempels „hier war ein *Mann* am Werk", nur verdeckt und im Verborgenen ihrem eigenen weiblichen Geschlecht zugeschrieben werden kann. „Phallisch oder kastriert, männlich oder weiblich?" Die symbolische Zu- und Absprechung von Werten seitens der patriarchalischen Geschlechterpolarisierung lebt im Bewußtsein dieser Mädchen in voller Blüte. Das muß nachdenklich stimmen ... Nur indem wir diese Bewußtseinsformen ernst nehmen, können wir uns als Frauen vom inneren Patriarchat, von der Prägung unseres Körpers und unserer Psyche durch das Patriarchat, befreien.

Kapitel II
Das Urteil des Spiegels:
„Dein Geschlecht ist dein Schicksal!"

In einer Analyse des Märchens vom Schneewittchen machen die zwei amerikanischen Frauenliteraturforscherinnen Sandra Gilbert und Susan Gubar[1] auf die bemerkenswerte Tatsache aufmerksam, daß der König – Gatte der bösen Königin und Vater Schneewittchens – anscheinend in der Geschichte nicht vorkommt. Da die zwei weiblichen Gegenpole – die machtvoll agierende Königin und ihr wehrloses Opfer (ihre Stieftochter) – auf derjenigen Ebene der Erzählung, die ich im vorangegangenen die Ebene des anderen Diskurses genannt habe, in einen ödipalen Konflikt darüber involviert sind, wer das attraktivste Objekt sei, erscheint die Abwesenheit des *Vaters* unmittelbar als ein Bruch in der Logik des Diskurses. Der ödipale Mutter-Tochter-Konflikt beruht nämlich auf der Anwesenheit des *Vaters* als bemächtigendes-auswählendes Subjekt.

Bei näherer Betrachtung handelt es sich hier jedoch nicht um eine Bruchfläche im Text. Der König-*Vater* ist anwesend, trotz seiner Abwesenheit im Oberflächendiskurs. Wie die beiden Frauenliteraturforscherinnen zeigen, ist es nämlich *seine* urteilfällende Stimme, die die Königin eigentlich hört, wenn sie den Spiegel fragt, ob sie selbst oder Schneewittchen die Schönste sei. Genau gesehen dreht sich die Frage darum, wer das ästhetisch-moralische Frauenbild des ödipalen *Vaters*, das heißt, des Patriarchats am besten widerspiegelt, und die Antwort des Spiegels muß daher in letzter Instanz vom König kommen.

Die Pointe in diesem Teil der *Schneewittchen*-Interpretation von Gilbert und Gubar ist es, die Aussage des Textes darüber bloßzulegen, daß die manifeste Anwesenheit des Königs-des *Vaters* bei weitem nicht notwendig ist für die Ausübung seiner Richterfunktion. Ist seine Position als Richter erst einmal für die Frau festgelegt, so spricht seine Stimme danach für immer in ihr und wird in derart hohem Grad eins mit ihr, daß es sich anhört, als käme sie von ihr selbst. Das ist nach Gilbert und Gubar die Botschaft des Märchens.[2] Als eine ganz spontane Reaktion läßt ja die Königin sich durch ihr eigenes Spiegelbild verhöhnen, um nicht so schön wie Schneewittchen zu sein, also um den Forderungen des Patriarchats nach passiver Attraktivität nicht so vollkommen zu entsprechen wie Schneewittchen. Die Richterfunktion von König-*Vater*-Patriarchat ist mit anderen Worten laut dieser Interpretation des Märchens als verinnerlichte, unbewußte Instanz in der Königin zugegen.

Wie es *Schneewittchen* im symbolischen Bild des sprechenden Spiegels darstellt, und wie wir es auch an den 11–12jährigen Urheberinnen des „Gold-Lexikons" gesehen haben, die die Wertehierarchie „phallisch-kastriert" vollständig verinnerlicht hatten, wird also das urteilfällende Wort des Patriarchats in hohem Grad ein Teil von uns, von unserer weiblichen Geschlechtsidentität. Das bedeutet, daß eine bloße Abweisung der und moralischer Protest gegen die Rede des *Richters* dasselbe ist wie eine Verdrängung der Wirklichkeit, mit der wir leben. Und nachdem eine Verdrängung psychoanalytisch gesehen dasselbe bedeutet wie sich in die Gewalt des Verdrängten zu begeben, wollen wir nun, anstatt die Ohren vor dem Wort des *Richters* zu verschließen, zuhören, und seine Urteilsprämissen analysieren.

1. Die geschlechtsphilosophischen Ausgangspunkte der Psychoanalyse

Wie wir im ersten Kapitel gesehen haben, läuft das „Urteil", das die klassische freudianische Psychoanalyse über den Geschlechtsunterschied fällt, darauf hinaus, daß dessen psychische Dimensionen von der anatomischen Möglichkeit, beziehungsweise vom Fehlen der Möglichkeit, sich mit dem Imago des phallisch-ödipalen *Vaters* zu identifizieren, konstituiert werden. Nach Freud ist die Anatomie Schicksal. Psychosexualität und Charakterbildung beruhen in letzter Instanz darauf, ob du Träger des Phallus bist oder nicht.

Mit diesem Urteil schreibt sich die freudianische Psychoanalyse geschlechtsphilosophisch in eine alte und ruhmreiche, abendländische patriarchale Tradition ein, deren Wurzeln bis zur klassisch-griechischen beziehungsweise alt-jüdischen Kultur zurückreichen. Weiters liegt hier der Freudianismus auch auf der Linie der spezifisch naturwissenschaftlichen Formulierung, die das Ideenset der allgemeinen patriarchalischen Tradition ab zirka 1860 bekam, als unter anderem Darwins einflußreiche Ausgabe desselben ausgeformt wurde.[3]

Während die Beschreibung des determinierten Verhältnisses zwischen dem biologischen Geschlecht des Menschen und seinem Charakter für Darwin relativ unproblematisch war, hatte Freud mit wesentlichem geschlechtsphilosophischem Kopfzerbrechen zu kämpfen. Darwin betrachtete primär das Verhalten des einzelnen weiblichen beziehungsweise männlichen Individuums in dessen ontogenetisch fertigentwickeltem Stadium und typischem Normalzustand. Dadurch analysierte er die Plazierung der Individuen in einer phylogenetischen Entwicklungsdynamik.[4] Freuds zentrales Untersuchungsobjekt war hingegen die ontogenetische Entwicklungsdynamik. Hier schien – im Gegensatz zum fertigentwickelten Stadium – bei weitem kein eindeutiges Verhältnis zwischen Geschlecht und Charakter zu bestehen. Zwar schien sich in der psychosexuell determinierenden Bedeutung des anatomischen Geschlechtsunterschieds ein apriorischer Ausgangspunkt empirisch schon bestätigen zu lassen, wenn das Objekt der Analyse die entwickelten, erwachsenen Identitätsanteile des normalen männlichen oder weiblichen Individuums waren. Aber sobald man die Analyse der neurotischen, perversen und infantilen Bewußtseinsstrukturen (das eigentliche Gegenstandsfeld der Psychoanalyse) in Angriff nahm, öffnete sich ein reines Chaos widerstrebender Botschaften über das Verhältnis zwischen Geschlecht und Charakter. Auf dem psychosexuellen Entwicklungsweg hin zur normalen erwachsenen Identität waren allerhand Abweichungen zu finden. Abweichungen, die noch dazu das Individuum im Erwachsenenleben oft fortgesetzt dominierten, trotz dessen bewußter Huldigung des scheinbar einfachen und geschlechtsphilosophisch erprobten Prinzips der Normalität, daß ein Mann ein *Mann* ist und eine Frau eine *Frau*.

2. Theorien über die Bisexualität des Menschen

Auf der Basis des Urchaos der Perversitäten, der Promiskuität und des Inzests, das vor dem Blick des Analytikers zutage tritt, wenn sich der Analysand auf die Couch legt und seine Kontrollinstanzen abkoppelt, nimmt Freud (explizit ab zirka 1905) in seine Geschlechtsreflexionen eine Theorie über die generelle psychosexuelle Bisexualität des Menschen auf. Die Theorie wurde später untrennbar mit Freuds Namen verknüpft. In Wirklichkeit hatte sie allerdings breitere Wurzeln in der damaligen Zeit.[5]
Unmmittelbar sollte man annehmen, daß eine Theorie über die Bisexualität des Menschen eine Revision der Vorstellung von den charakterbestimmenden Qualitäten des biologischen Geschlechts erzwingen mußte – daß sie einen Bruch mit den Dogmen der patriarchalischen Geschlechtsphilosophie herausfordern mußte. So verhält es sich hingegen nur bei oberflächlicher Betrachtung. Tatsächlich gibt es keine Probleme bei einer Vereinigung der Geschlechts-Charakter-Theorie mit einer Bisexualitätstheorie, solange es sich nur um das Verhältnis zur Anatomie dreht. (Die Schwierigkeiten entstehen erst, wenn die Annahme der psychosexuellen Bisexualität des Menschen mit anderen Teilen des empirischen Materials, die die psychoanalytischen Studien ans Tageslicht gebracht hatten, in ein Verhältnis gebracht werden soll.)

Die Bisexualitätstheorie hat naturwissenschaftliche Wurzeln bis zurück zu Darwin. 1871 hatte er bei beiden Geschlechtern das rudimentäre Vorhandensein der Charakteristika des gegensätzlichen Geschlechts als einen normalen Zustand beschrieben, der seine ganz und gar natürliche Erklärung im Begriff der Kreuzvererbung hatte.[6] Auf dieser naturwissenschaftlichen Grundlage konnte ohne weiteres ein Begriff der psychischen Bisexualität aufgestellt werden, der geschlechtsphilosophisch mit der Theorie über das determinierte Verhältnis zwischen biologischem Geschlecht und psychischem Charakter vollkommen vereinbar war. Vor diesem Hintergrund konnte man in hundertprozentiger Übereinstimmung mit einer naturwissenschaftlich fundierten Logik behaupten, daß die rudimentären weiblichen Geschlechtszüge beim Mann, unter anderem die Brustwarzen, und die gleicherweise rudimentären männlichen Züge bei der Frau, zum Beispiel die Klitoris, in psychischen Triebregungen von Weiblichkeit beim Mann und von Männlichkeit bei der Frau Entsprechung fanden. Außerdem konnte man ebenfalls ohne Schwierigkeiten geltend machen, daß sich normalerweise diese gegengeschlechtlichen Impulse als Folge ihrer rudimentären Entwicklungsbasis als Strömung unter dem dominierenden männlichen beziehungsweise weiblichen Geschlechtscharakter manifestieren müßten.

Eine Theorie dieses Typs formulierte 1906 Freuds früherer inspirierender Freund Wilhelm Fliess.[7] Im Anschluß an den Verdrängungsbegriff Freuds stellte Fliess die These auf, daß das Verdrängte bei beiden Geschlechtern mehr oder weniger aus psychischen Impulsen zu gegengeschlechtlichem Verhalten bestehe.

Freud schienen die Probleme jedoch komplizierter zu sein. Das empirische Material, welches seine psychoanalytische Praxis bot, ließ sich nicht in eine so relativ simple Modifikation/Erweiterung der Grundtheorie der patriarchalischen Geschlechtsphilosophie über die natürliche Produktion polarer Geschlechtscharaktere – Männlichkeit gegenüber Weiblichkeit – einfügen. In seinem Artikel von 1908 über das Verhältnis von hysterischen Symptomen zu Bisexualität[8] kann Freud dementsprechend zum Beispiel die Entdeckung mitteilen, daß sich bei der Hysterie in der Regel sowohl eine männliche als auch eine weibliche unbewußte Phantasie als Symptomproduzent geltend macht. Als Illustration beschreibt er eine Hysteriepatientin, die in einem hysterischen Anfall ihre eine Hand – weiblich agierend – beschützend an den Körper presste, und gleichzeitig mit der anderen Hand – männlich – versuchte, das Kleid herunterzureißen.

In seinen direkten Kommentaren zu Fliess' Theorie[9] nennt Freud daher die größere Komplexität, die die klinische Empirie manifestiert, als Gegenargument. Es ist eben gerade nicht nur so, daß das Verdrängende bei den Analysanden die Gefühlsregungen sind, die mit deren biologischem Geschlecht übereinstimmen, während das Verdrängte das Gegengeschlechtliche ist. Das klinische Bild kann auch umgekehrt aussehen. Oder die männlichen und weiblichen Impulse können sowohl auf dem Niveau des Verdrängenden als auch auf dem des Verdrängten vermischt sein. Betrachtet man zum Beispiel die bei Kindern gewöhnliche Phantasie, vom *Vater* geschlagen zu werden, sagt Freud in einem Artikel aus dem Jahre 1919[10], dann scheint Fliess' Theorie sich offenbar zu bestätigen, wenn man das Verhältnis des Knaben zur Phantasie ins Auge faßt. Bei der Produktion der Phantasie ist ein passivfemininer Triebimpuls tätig. Wenn die Phantasie verdrängt wird, geschieht also eine Abweisung des Gegengeschlechtlichen. Die „Bestätigung" hält allerdings nur solange, bis man gesehen hat, was beim Mädchen geschieht. Wenn es die Schläge-Phantasie verdrängt, handelt es sich nämlich auch um eine

Verdrängung einer passiv-femininen Triebregung. Das heißt, eines Impulses, von dem man nach Fliess' These erwarten müßte, daß er ohne weiteres einer Verdrängung entgehen würde, da ja hier nicht die Rede von etwas abseits des biologischen Geschlechts Gelegenen sein sollte.

In seinem Artikel über die endliche und die unendliche Analyse[11] kommt Freud einer Übereinstimmung mit Fliess' Gesichtspunkt am nächsten. Hier hebt er den weiblichen beziehungsweise männlichen Kastrationskomplex (das heißt: den Penisneid bei der Frau und die Weigerung des Mannes, eine passiv-weibliche Position gegenüber einem anderen Mann einzunehmen) als zentrale unbewußte Themen bei den Geschlechtern hervor. Themen, die in jeder Psychoanalyse regelmäßig auftauchen. Da in den zwei geschlechtsspezifisch unterschiedlichen Kastrationskomplexen einerseits ein verdrängter Männlichkeitswunsch (bei der Frau) und andererseits ein verdrängter Weiblichkeitswunsch (beim Mann) tätig ist, könnte man dazu verleitet sein, mit Fliess zu sagen, daß es ganz einfach das Gegengeschlechtliche ist, das bei beiden Geschlechtern verdrängt wird. Nach Freud ist hingegen eine solche geschlechtsphilosophische Formalisierung des Inhalts der Kastrationskomplexe verkürzt und reduktionistisch. Oberflächlich betrachtet scheint sie zwar mit einigen faktischen Verhältnissen übereinzustimmen. Aber sie läßt das Entscheidende außer Betracht: daß es bei den zwei Geschlechtern keinen symmetrischen und geschlechtlich spiegelverkehrten Verdrängungsinhalt gibt. Der springende Punkt bei der Verdrängung und dem neurotisch Wirksamen ist laut Freud bei beiden Geschlechtern: eine Ablehnung der Weiblichkeit.

Freud stellte seine Bisexualitätstheorie nicht als ein gesammeltes Ganzes dar. Sie findet sich in Form von Kommentaren, die über sein gesamtes Werk verstreut sind. An und für sich ist das ein ausgezeichnetes Zeugnis von dem Kopfzerbrechen, das ihm eine theoretische Auflösung des rätselhaften Chaos der gegengeschlechtlichen Impulse in rationale und logisch zusammenhängende geschlechtsphilosophische Kategorien bereitete. Nicht einmal gegen Ende seiner Verfasserschaft und seines Wirkens erschien ihm die Lösung dieser geschlechtsphilosophischen Rätsel auf irgendeine Weise innerhalb erkenntnismäßiger Reichweite zu liegen. So heißt es mit charakteristischer Unbestimmtheit in *Das Unbehagen in der Kultur*:

Auch der Mensch ist ein Tierwesen von unzweideutig bisexueller Anlage. Das Individuum entspricht einer Verschmelzung zweier symmetrischer Hälften, von denen nach Ansicht mancher Forscher die eine rein männlich, die andere weiblich ist. Ebensowohl ist es möglich, daß jede Hälfte ursprünglich hermaphroditisch war. Die Geschlechtlichkeit ist eine biologische Tatsache, die, obwohl von außerordentlicher Bedeutung für das Seelenleben, psychologisch schwer zu erfassen ist. Wir sind gewohnt zu sagen: jeder Mensch zeige sowohl männliche als weibliche Triebregungen, Bedürfnisse, Eigenschaften, aber den Charakter des Männlichen und Weiblichen kann zwar die Anatomie, aber nicht die Psychologie aufzeigen. Für sie verblaßt der geschlechtliche

Gegensatz zu dem von Aktivität und Passivität, wobei wir allzu unbedenklich die Aktivität mit der Männlichkeit, die Passivität mit der Weiblichkeit zusammenfallen lassen, was sich in der Tierreihe keineswegs ausnahmslos bestätigt. *Die Lehre von der Bisexualität liegt noch sehr im Dunkeln, und daß sie noch keine Verknüpfung mit der Trieblehre gefunden hat, müssen wir in der Psychoanalyse als schwere Störung verspüren.** (Freud 1930a, 465–466) (Meine Hervorhebung, A. d. A.)

Auf so nacktem Grund, wie hier der Eindruck erweckt wird, stand Freud in der Bisexualitätsfrage jedoch nicht. Das Zitat bringt ein für ihn unlösbares geschlechtsphilosophisches Rätsel zum Ausdruck. Aber es ist auch ein Beispiel für seinen charakteristischen – „untertreibenden" – wissenschaftlichen Stil. Auf der einen Seite konnte Freud die Frage der biologisch-triebhaften Verankerung der mannigfaltigen und komplexen Ausdrücke, die sich die Bisexualität in der menschlichen Psychosexualität gab, nicht durchschauen. Auf der anderen Seite ist er sich hier im Jahr 1930 sehrwohl darüber im Klaren, wie man die psychosexuellen Effekte der Bisexualität, die er aufgrund seiner Beobachtungen als angeborene Anlage bei allen Menschen annimmt, zusammenhängend kategorisieren kann.

Bei beiden Geschlechtern kommt die Bisexualität bei der Objektwahl in der Ödipussituation zum vollen ontogenetischen Durchschlag, meint Freud. Sein Begriff dessen, was er den vollständigen Ödipuskomplex nennt, birgt eine Erklärung dafür, wie die ödipalen Identifikationen und Objektwahlen die vermutlichen bisexuellen Anlagen zu so kräftiger Entfaltung bringen, daß das spätere Leben der Bisexualität im Unbewußten notwendigerweise die zügellose und aufdringliche Form annehmen muß, die vor seinem patriarchalisch geschlechtsphilosophisch geschulten Blick fürs Erste als ein gesetzloses Urchaos erscheinen mußte.[12] In diesem geschlechtlich offenbar a-logischen Raum fand Freud nämlich eine Logik, indem er seine Ödipustheorie erweiterte. Demnach ist bei den einzelnen – männlichen und weiblichen – Individuen nicht nur die Rede von einem einfachen sogenannten „positiven" Ödipuskomplex, sondern darüberhinaus auch von einem geschlechtlich spiegelverkehrten, sogenannten „negativen" Komplex.[13] Im ersten Kapitel haben wir diesen „negativen" oder „aktiven" Ödipuskomplex in bezug auf die Mädchen berührt, wo sie sich in die Mutter verlieben und dem Vater gegenüber Rivalitätshaß empfinden. Bei den Knaben macht sich laut Freud gleichermaßen ein „negativer" oder „passiver" Ödipuskomplex geltend, wo sie den Vater zum Liebesobjekt nehmen und gegenüber der Mutter feindliche und eifersüchtige Gefühle zum Ausdruck bringen.

Freud betont nachdrücklich die Bedeutung dieses vollständigen Ödipuskomplexes[14] und unterstreicht damit den psychischen Einfluß der Bisexualität:

Man gewinnt ... den Eindruck, daß der einfache Ödipuskomplex überhaupt nicht das häufigste ist, sondern einer Vereinfachung oder Schematisierung entspricht, die allerdings oft genug praktisch gerechtfertigt bleibt. Eingehendere Untersuchung deckt zumeist den *vollständigeren* Ödipuskomplex auf, der ein zweifacher ist, ein positiver und ein negativer, abhängig von der ursprünglichen Bisexualität des Kindes, das heißt, der Knabe hat nicht nur eine ambivalente Einstellung zum Vater und eine zärtliche Objektwahl für die Mutter, sondern er benimmt sich auch gleichzeitig wie ein Mädchen, er zeigt die zärtliche feminine Einstellung zum Vater und die ihr entsprechende eifersüchtig-feindselige gegen die Mutter.* (Freud 1923b, 261)

Man muß also gewöhnlich nicht zwei, sondern vier ödipale Bestrebungen erwarten:

1) Sexuelle Wünsche gegenüber demjenigen Elternteil, dessen Geschlecht dem des Kindes entgegengesetzt ist.
2) Rivalitätshaß gegen und Wunsch nach Identifikation mit demjenigen Elternteil, dessen Geschlecht mit dem des Kindes übereinstimmt.
3) Sexuelle Wünsche gegenüber demjenigen Elternteil, dessen Geschlecht mit dem des Kindes übereinstimmt.
4) Rivalitätshaß gegen und Wunsch nach Identifikation mit demjenigen Elternteil, dessen Geschlecht dem des Kindes entgegengesetzt ist.

1) und 2) machen zusammen den „positiven" Komplex aus, während 3) und 4) den „negativen" bestimmen.

Es findet also normalerweise sowohl eine homo- als auch eine heterosexuelle Objektwahl in der Ödipussituation statt. Oder mit anderen Worten: Die Bisexualität gibt sich in diesen doppelten ödipalen Objektwahlen mit den daraus abgeleiteten feindlichen Gefühlen unzweideutig zu erkennen.

3. Die Frage nach dem Geschlecht der Libido

Wie Freud selbst betont,[15] liegt eines seiner geschlechtsphilosophischen Probleme in der Vereinigung der Bisexualitätstheorie mit der Trieblehre. Gehen wir daher dazu über, die geschlechtsphilosophischen Probleme aus dem Blickwinkel der letzteren zu betrachten, und beginnen wir mit der Frage, welches Geschlecht die Libido hat.

Genau wie das Problem des Verhältnisses zwischen Geschlecht und Charakter, scheint auch die Frage vom Geschlecht der Libido relativ harmlos und unproblematisch zu sein, solange sich das Beobachtungsfeld auf die normalen und typischen Oberflächenphänomene der erwachsenen Sexualpraxis beschränkt. Wie Freud im letzten seiner wichtigsten Artikel über die Weiblichkeit sagt,[16] sind ja die Verhaltensmuster des Sexuallebens von der Polarität männlich-weiblich bestimmt. Daher sollte man unmittelbar erwarten, daß die Libido – das heißt, der dynamische Ausdruck des Sexualtriebes im Seelenleben,[17] und damit die Energie, die sich in der sexuellen Praxis der einzelnen männlichen und weiblichen Individuen manifestiert, – bei Mann und Frau unterschiedlichen Charakter besitzt.

Allerdings entstehen genau wie vorher auch hier Komplikationen, wenn wir uns auf den Wegen der Psychoanalyse hinter die simplen Oberflächen der Normalität begeben und den Blick auf den dunklen Ursprung der Libido in der infantilen Sexualität werfen, wo sie sich wollüstig mit allerlei polymorph-perversen[18] Erfindungen präsentiert. Im Universum der präödipalen und prägenitalen Partialtriebe,[19] das heißt, an der ‚Stelle' in der Ontogenese, wo sich die Libido beim Individuum zum ersten Mal formuliert, beim Mädchen wie beim Knabe, existiert psychisch gesehen kein Geschlechtsunterschied. In diesem Stadium ist der Gegensatz männlich-weiblich bedeutungslos, sagt Freud.[20] Einzig der Unterschied zwischen aktiver und passiver Befriedigung der Triebziele[21] macht sich hier bemerkbar. In Übereinstimmung mit seiner These, daß die normale erwachsene Sexualität aus der kindlichen hervorgegangen ist, muß Freud aufgrund der betonten Gleichgültigkeit dem Geschlechtsunterschied gegenüber die Libido ebenfalls als in ihrem Wesen geschlechtsunabhängig bestimmen. Man kann über Sexualtriebe mit aktivem beziehungsweise passivem Ziel sprechen, über libidinöse Wünsche, deren Objekt entweder männlich oder weiblich, entweder hetero- oder homosexuell ist. Aber die Libido selbst ist nach Freud qualitativ dasgleiche Phänomen, ob Ziel und Objekt den einen oder den anderen Charakter haben.

Nicht nur stimmt die Theorie der geschlechtsungebundenen Natur der Libido wenig überein mit der gesellschaftlich beobachtbaren, geschlechtspolarisierten, erwachsenen Sexualpraxis oder der traditionellen geschlechtsphilosophischen Annahme, daß der biologische Geschlechtsunterschied entscheidenden Einfluß auf die gesamte psychische Struktur der Individuen hat; sie steht darüberhinaus in einem Mißverhältnis zu Freuds Auffassung der Bisexualität. Von ihr ausgehend müßte man erwarten, daß die Libido bei jedem einzelnen männlichen oder weiblichen Individuum sowohl männlicher als auch weiblicher Natur sei. Diese Erwartung ist hingegen nicht stichhaltig. Im Gegenteil: weiß die Libido in ihrem Ursprung nämlich nicht von einem Geschlechtsunterschied, ist ihre ‚Kenntnis' der Bisexualität auf diesem Niveau ihres innersten Wesens ebenfalls ausgeschlossen. Die Kategorie Bisexualität muß nämlich die Existenz von männlich und weiblich als etwas qualitativ Verschiedenes voraussetzen. Oder mit anderen Worten: wenn die Libido erst bei den ödipalen Objektwahlen den Geschlechtsunterschied und damit die logischen Prämissen der Bisexualität kennenlernt, dann harmoniert das nicht mit der These von den angeborenen bisexuellen Anlagen. Warum, muß man fragen, geben sich diese nicht im Ursprung der Libido zu erkennen?

Eine weitere Verschärfung der umrissenen geschlechtsphilosophischen Paradoxien erfährt die Frage vom Geschlecht der Libido in Freuds Reflexionen über die weibliche Psychosexualität. Hier scheint sich eine Antwort abzuzeichnen, die sowohl von dem verschieden ist, was man von der Bisexualitätstheorie aus erwarten sollte, als auch von dem, was in der Libidotheorie enthalten ist.

Das Problem besteht für Freud darin, daß ihm die psychoanalytische Praxis unzweideutige Zeugnisse von einem markant geschlechtsspezifischen Intensitätsunterschied in den Äußerungen der Libido zu liefern scheint. So kann er bereits in seinen frühen Neurosestudien zu dem Schluß kommen, daß Frauen generell zu neurotischen Störungen eher veranlagt sind, indem sie viel leichter als Männer von den sexuellen Bedürfnissen ihres Körpers entfremdet werden: „Die Herstellung einer *Entfremdung* zwischen dem Somatischen und dem Psychischen im Ablauf der Sexualerregung erfolgt beim Weibe rascher und ist schwerer zu beseitigen als beim Manne."* (Freud 1895b, 337)

Im Abschnitt über die Geschlechtsdifferenzierung im dritten Kapitel der *Drei Abhandlungen zur Sexualtheorie*[22] generalisiert Freud seine Erfahrungen über die geschlechtsspezifischen Intensitätsunterschiede in der Sprache der Libido. Die weibliche Entfremdung von der Sexualität habe, sagt er nun, nicht nur bei der Neurose ihre Gültigkeit; sie konstituiere auch die weibliche Normalität:

Männliche und weibliche Anlage sind ... schon im Kindesalter gut ken lich, ic Entwicklung der Sexualhemmungen (Scham, Ekel, Mitleid usw.) erfolgt beim kleinen Mädchen frühzeitiger und gegen geringeren Widerstand als beim Knaben; die Neigung zur Sexualverdrängung erscheint überhaupt größer; wo sich Partialtriebe der Sexualität bemerkbar machen, bevorzugen sie die passive Form.* (Freud 1905d, 88)

Die weibliche Libido läßt sich mit anderen Worten leichter vom Kurs abbringen – sie insistiert nicht so heftig, energisch und direkt auf Befriedigung wie die männliche. Vor diesem Hintergrund sollte man nicht eine geschlechtsungebundene, nicht eine männliche beziehungsweise weibliche, sondern ganz einfach eine männliche Libido erwarten.

Blickt man zurück zu Darwin, hatte die Vorstellung, daß die Sexualenergie der Frauen kleiner und schwächer sei als die der Männer, ja auch ‚naturwissenschaftlichen' Boden unter den Füßen. Nach Darwin war die männliche Libido als solche überhaupt eine der primären Triebkräfte der Evolutionsgeschichte. Sie war eine wesentliche Dimension der Dynamik, die auch dem Aufkommen der menschlichen Kultur und Zivilisation zugrunde lag. Außer dem Prinzip der natürlichen Auswahl, die auf dem Existenzkampf zwischen den Arten beruht, hat die Entwicklungsgeschichte noch ein Grundprinzip: die sogenannte sexuelle Auswahl. Dieses Prinzip der Auswahl bestand laut Darwin darin, daß die am besten ausgerüsteten Männchen bei den Paarungskämpfen um die Weibchen stets den Sieg davontrugen, um hiernach ihre guten Eigenschaften an die Nachkommen zu vererben – besonders an die Söhne. Gemeinsam mit der Theorie über den Ursprung und die Entwicklung der Arten führte dieser Begriff der sexuellen Auswahl Darwin dahin, den Anfang der Menschheitsgeschichte in einem affenähnlichen Vorfahren zu lokalisieren, der nicht wie Gott der Herr Inbegriff männlichen Geistes war, sondern gleichzeitig entgegengesetzt und parallel die inkarnierte virile Libido. Mit diesem Vorfahren wurde eine lange Entwicklungsgeschichte gekrönt, in der sich die männlichen Individuen kraft der Prüfungen der Paarungskämpfe (und via Kreuzvererbung auch die Individuen weiblichen Geschlechts, wenn auch in nicht annähernd so raschem Tempo)[23] weit über das primitive Stadium des organischen Lebens hinaus entwickelt hatten. Die Grundlage der Entwicklungsgeschichte war also die männliche Libido. Oder mit anderen Worten: der Charakter der gesamten Evolution war nach Darwin ein Zeugnis davon, daß die weibliche Libido weit schwächer als die männliche war.

Freud war in seiner Ödipustheorie stark inspiriert von der darwinistischen Theorie über den natürlichen Ursprung des Patriarchats aus der männlichen Libido. Das geht aus seiner Beschreibung der Herkunftsgeschichte des Komplexes unter anderem in *Totem und Tabu*[24] hervor. Er scheint auch nicht im Zweifel darüber zu sein, daß ein Quantitätsunterschied zwischen der Libido des Männchens und des Weibchens die Regel ist: „Die Aktivität und ihre Nebenäußerungen, stärkere Muskelentwicklung, Aggression, größere Intensität der Libido, sind in der Regel mit der biologischen Männlichkeit verlötet ..."* (Freud 1905d, 89).

Aber kommt hier nicht auch ein qualitativer Unterschied zum Ausdruck? fragt sich Freud mehrmals nachdrücklich. Kann man sich vorstellen, daß ein entscheidender Unterschied in der Quantität nicht in einer qualitativen Differenz ihre Entsprechung findet? Und müßte man sich nicht eher, anstatt von zwei getrennten Qualitäten der Libido zu sprechen, einen Unterschied zwischen dem Besitzen beziehungsweise Nicht-Besitzen von Libido denken? Freud ist sehr im Zweifel. Auf der einen Seite steht das Hauptprinzip der Libidotheorie: „Es gibt nur eine geschlechtsungebundene Libido!" Auf der anderen Seite befindet sich die empirisch beobachtbare Neigung der Frauen dazu, von den unmittelbaren Bedürfnissen der Libido entfremdet zu werden. Eine Neigung, die sich scheinbar bis jedenfalls zum größten Teil der Phylogenese zurückverfolgen läßt, die daher biologische Ursachen zu haben scheint, und die sich folglich auch teleologisch-funktonalistisch[25] aus einer „natürlichen" Arbeitsteilung der Fortpflanzung anscheinend erklären läßt, wo die Empfängnis in der Verantwortung des Mannes, des sexuell Aggressiven, liegt. So lauten Freuds Überlegungen zu dieser Fülle von Widersprüchen zum Beispiel im letzten seiner drei wichtigsten Artikel über die Weiblichkeit:

Es gibt nur eine Libido, die in den Dienst der männlichen wie weiblichen Sexualfunktion gestellt wird. Wir können ihr selbst kein Geschlecht geben; ... Immerhin, die Zusammenstellung „weibliche Libido" läßt jede Rechtfertigung vermissen. Es ist dann unser Eindruck, daß der Libido mehr Zwang angetan wurde, wenn sie in den Dienst der weiblichen Funktion gepresst ist, und daß – um teleologisch zu reden – die Natur ihren Ansprüchen weniger sorgfältig Rechnung trägt als im Falle der Männlichkeit. Und das mag – wiederum teleologisch gedacht – seinen Grund darin haben, daß die Durchsetzung des biologischen Ziels der Aggression des Mannes anvertraut und von der Zustimmung des Weibes einigermaßen unabhängig gemacht worden ist.* (Freud 1933a, 107)

In dieser Dimension der Paradoxie leistet die Bisexualitätstheorie eine gewisse Hilfe. Durch sie kann sich Freud nämlich erklären, daß Frauen überhaupt Libido besitzen trotz deren scheinbar „unweiblichen" Natur. Ist die Libido nämlich nicht-weiblich, also männlich, ja, dann muß ihre Existenz bei den Frauen logischerweise auf ihren männlichen Anlagen beruhen, auf ihrer Bisexualität. Dieser Gesichtspunkt läßt sich anatomisch leicht begründen – in der Theorie über die Grundlagen der Bisexualität in den gegengeschlechtlichen Rudimenten. Das heißt, in der Theorie darüber, daß die Frauen zum Beispiel in der Klitoris ein Stück rudimentäre Männlichkeit besitzen. Oder, wie es bereits in den ersten Reflexionen über die Rätsel der Weiblichkeit lautet:

Mit Rücksicht auf die autoerotischen und masturbatorischen Sexualäußerungen könnte man den Satz aufstellen, die Sexualität der kleinen Mädchen habe durchaus männlichen Charakter. Ja, wüßte man den Begriffen „männlich und weiblich" einen bestimmten Inhalt zu geben, so ließe sich auch die Behauptung vertreten, die Libido sei regelmäßig und gesetzmäßig männlicher Natur, ob sie nun beim Manne oder beim Weibe vorkomme und abgesehen von ihrem Objekt, mag dies der Mann oder das Weib sein.
Seitdem ich mit dem Gesichtspunkte der Bisexualität bekannt geworden bin, halte ich dieses Moment für das hier maßgebende und meine, ohne der Bisexualität Rechnung zu tragen, wird man kaum zum Verständnis der tatsächlich zu beobachtenden Sexualäußerungen von Mann und Weib gelangen können.* (Freud 1905d, 88–89)

Im Anschluß an diesen Gesichtspunkt wird der Beitrag, den die Psychoanalyse laut Freud zur Lösung der dunklen Rätsel der Weiblichkeit leisten kann, die Erklärung „wie sich das Weib aus dem bisexuell veranlagten Kind entwickelt"*.[26] Oder mit anderen Worten: Wie sich das kleine Mädchen von einem männlich-libidinösen Zustand hin zu einer Entfaltung der Libido entwickelt, nach den so merkwürdig entsagungs- und ablenkungswilligen, scheinbar eher alibidimischen[27] Prämissen der Weiblichkeit.

Wie ich früher schon erwähnt habe, plaziert Freud die psychosexuelle Erklärung dieses Problems im Begriff des geschlechtsspezifisch verschiedenen Kastrationskomplexes. Wenn das Mädchen in seiner sogenannten „phallischen Phase" den potenten Penis sieht, wird es gezwungen, sein „anatomisches Schicksal" zu erkennen: daß es als Basis für die Weiterführung seiner bisherigen libidinösen Aktivität nur ein Rudiment zur Verfügung hat, ein verkrüppeltes Organ. Ein Organ, mit dem es „natürlich" niemals weit kommen können wird.

Eine Lösung des geschlechtsphilosophischen Problems vom Geschlecht der Libido und der Bedeutung der Begriffe männlich-weiblich steht hingegen für Freud immer noch an. Infolge der Libidotheorie sollte die polymorph perverse Vergangenheit des kleinen Mädchens – wie auch des kleinen Knaben – eine Entfaltungsperiode der geschlechtsungebundenen Libido sein. Vom Blickwinkel der Weiblichkeitstheorie aus betrachtet, muß man allerdings mit paradoxalen Transformationen in den libidinösen Qualitäten rechnen, die diese Vergangenheit kennzeichnen. Wenn das kleine Mädchen in seiner polymorphen Perversität den Weg zu seiner Klitoris findet, ist seine Libido nicht länger geschlechtsungebunden, sondern mit einem Griff bisexuell in der Bedeutung: dem Geschlecht verschrieben zu sein, das nur rudimentär sein eigenes ist. Unwillkürlich muß man fragen, wie es der rücksichtslos lustsuchenden, geschlechtsungebundenen Libido einfallen kann, sich dem Geschlecht auf eine so eklatant selbstdestruktive Art zu verschreiben, wie sie es in der „normalen" weiblichen Entwicklung tut. Und ebenso muß man fragen, wie dieser bisexuelle Griff zur Klitoris überhaupt mit der These der Libidotheorie übereinstimmt, daß die Libido das Geschlecht erst bei der späteren ödipalen Objektwahl kennenlernt. Hier verhält sich der kleine Knabe anscheinend viel logischer. Er verwirklicht erst dann seine Bisexualität, wenn er in seinem negativen Ödipuskomplex von seinem Vater sexuell fasziniert wird.

Als der gute Wissenschaftler, der er war, läßt Freud diese Paradoxien offen stehen, anstatt verkürzte Schlüsse zu ziehen. Offenbar könnte eine theoretische Übereinstimmung nur dann erreicht werden, wenn man den empirischen Grundlagen Gewalt antäte, die zu Libidotheorie beziehungsweise Bisexualitätstheorie und Weiblichkeitstheorie führten. Darum ließ Freud diese drei in ihrer Unvereinbarkeit stehen.

4. Die Kategorien männlich-weiblich

Wie aus dem bisher Gesagten hervorgegangen sein sollte, sind es diese beiden Kategorien, die den zentralen gordischen Knoten der beschriebenen paradoxen Probleme bilden. Denjenigen Knoten, zu dem Freud durch die Jahre mehrmals bemerkt, daß er ihn nicht lösen kann. So heißt es zum Beispiel in einer Fußnote (die viele Jahre später angefügt wurde[28]) zum Abschnitt über die Geschlechtsdifferenzierung in den *Drei Abhandlungen zur Sexualtheorie:* „Es ist unerläßlich, sich klar zu machen, daß die Begriffe ‚männlich' und ‚weiblich', deren Inhalt der gewöhnlichen Meinung so unzweideutig erscheint, in der Wissenschaft zu den verworrensten gehören ..."*

(Freud 1905d, 89). Die größtmögliche Annäherung an eine Lösung besteht für Freud in einer analytischen Aufteilung der Problematik in drei Dimensionen. Diese werden im Anschluß an das Zitierte präsentiert. Wie er es auch an anderer Stelle tut,[29] unterscheidet er hier zunächst das biologische und das psychologische Niveau. Was sich auf dem biologischen Niveau als männlich (durch Vorhandensein von Samenzellen im Körper) beziehungsweise weiblich (durch Vorhandensein von Eizellen im Körper) abgrenzen läßt, findet, wie Freud hervorhebt, keine Entsprechung auf dem psychologischen Niveau. Auf dem letztgenannten kann man, sagt er, nur zwischen Aktivität und Passivität unterscheiden. Zu diesen zwei Niveaus kommt allerdings noch eines hinzu, das Freud das soziologische nennt. Diese soziologische Dimension ist implizit auch in anderen Reflexionen Freuds über diese Problematik enthalten. Die Verdeutlichung in der genannten Fußnote verdient jedoch besondere Beachtung, da sie präzisiert, worin Freuds Verständnis des soziologischen Niveaus besteht:

Die dritte, soziologische Bedeutung erhält ihren Inhalt durch die Beobachtung der wirklich existierenden männlichen und weiblichen Individuen. Diese ergibt für den Menschen, daß weder im psychologischen noch im biologischen Sinne eine reine Männlichkeit oder Weiblichkeit gefunden wird. Jede Einzelperson weist vielmehr eine Vermengung ihres biologischen Geschlechtcharakters mit biologischen Zügen des anderen Geschlechts und eine Vereinigung von Aktivität und Passivität auf, sowohl insofern diese psychischen Charakterzüge von den biologischen abhängen als auch insoweit sie unabhängig von ihnen sind.* (Freud 1905d, 89)

Es wird deutlich, daß Freud auf dem soziologischen Niveau nur das sieht, was ich als die Oberfläche der Erscheinungsformen bezeichnen würde.[30] Seine wissenschaftstheoretischen Vorstellungen über den Zugang zum soziologischen Niveau sind eindeutig positivistisch. Mit diesem methodischen Ausgangspunkt universalisiert er das aktuell Seiende, die historischen Erscheinungsformen so, daß sie falscherweise als ewiggültige Natur erscheinen. Deshalb muß er notwendigerweise mit den überschreitenden Erkenntnissen in Konflikt geraten, die in der Theorie über die geschlechtsungebundene Libido enthalten sind. Meiner Ansicht nach kann man erst vor dem Hintergrund einer historisch- und dialektisch-materialistischen Geschlechtsphilosophie begreifen, wie es der rücksichtslos lustsuchenden Libido einfallen kann, sich den masochistisch-abgelenkten Wegen zu verschreiben, die dem weiblichen Geschlecht als „natürliche" Entwicklungsperspektive vorgeschrieben werden. Wege, die die Libido „natürlich" nur unter extremem historisch-gesellschaftlichem Zwang beschreiten ‚will'.

Aus Gründen, auf die ich im nächsten Kapitel zurückkommen werde, lag eine solche Geschlechtsphilosophie außerhalb Freuds erkenntnismäßiger Reichweite. Deshalb konnte er den Gegensatz männlich-weiblich nicht begreifen, sondern nur die Niveaus der Analyse unterscheiden und die genannten Paradoxien formulieren. Methodisch bestand seine übergeordnete Lösung der paradoxen Probleme einfach darin, den gordischen Knoten zu durchschlagen, indem er den Gegensatz männlich-weiblich als apriorisch gegeben behandelte: „Aber das Wesen dessen, was man im konventionellen oder im biologischen Sinne 'männlich' und 'weiblich' nennt, kann die Psychoanalyse nicht aufklären, sie übernimmt die beiden Begriffe und legt sie ihren Arbeiten zugrunde."* (Freud 1920a, 301).

5. Freuds Kulturtheorie

In seiner Kulturtheorie,[31] deren doppelte Aussage darin besteht, die subjektiven Voraussetzungen für das Entstehen der Kultur anzugeben und ihr triebversagendes Vorgehen zu kritisieren, geht Freud einen Schritt über die erwähnte positivistische Anschauung des soziologischen Niveaus hinaus.

Von Freuds Entdeckung des sexuellen Grundes der Neurosen, von deren Ursprung in einer generellen psychischen Entfremdung von den Lüsten und Forderungen des Körpers geht eine Reflexionsbewegung aus in Richtung einer Kritik der bürgerlichen Kultur. Obwohl diese Bewegung bei weitem nicht in ihren eigentlichen emanzipationstheoretischen Konsequenzen ausgeführt wird, öffnet sie – Freuds Konservatismus zum Trotz – nichts desto weniger eine weitreichende kulturkritische und psychorevolutionäre Perspektive. Freud zufolge ist das Unbehagen, das die Kultur und Zivilisation bei den Individuen in der Gesellschaft auslöst, zwar in weitem Umfang unumgänglich, außer man wollte die Kultur gänzlich abschaffen. Aber wie eine Reihe sozialistischer Freud-Interpretationen[32] demonstrieren, ist es begrifflich kein weiter Weg von Freuds Beschreibung des aktuellen Unbehagens in der Kultur zu kritischen Begriffen über den Zwang, der in den Charaktermasken der bürgerlichen Gesellschaft eingebaut ist.

In dieser kulturkritischen Reflexionsbewegung bei Freud haben auch die Frauen ihren – bescheidenen – Platz. In verstreuten Kommentaren wird die besonders starke „Kulturverkrümmung"[33] beschrieben, der die Frauen unterliegen. An einer Stelle – derjenigen, wo Freud in seinem geschlechtsphilosophischen Diskurs den Positivismus am unmittelbarsten überschreitet – in dem Artikel über die kulturelle Sexualmoral und die moderne Nervosität,[34] werden zum Beispiel die äußerst destruktiven Wirkungen der Blokkierung der Sexualforschung aufgezeigt, der die bürgerliche Moral und Erziehung Mädchen und Frauen unterwirft:

Das sexuelle Verhalten eines Menschen ist oft *vorbildlich* für seine ganze sonstige Reaktionsweise in der Welt ... Eine spezielle Anwendung dieses Satzes von der Vorbildlichkeit des Sexuallebens für andere Funktionen kann man leicht am ganzen Geschlechte der Frau konstatieren. Die Erziehung versagt ihnen die intellektuelle Beschäftigung mit den Sexualproblemen, für die sie doch die größte Wißbegierde mitbringen, schreckt sie mit der Verurteilung, daß solche Wißbegierde unweiblich und Zeichen sündiger Veranlagung sei. Damit sind sie vom Denken überhaupt abgeschreckt, wird das Wissen für sie entwertet.* (Freud 1908d, 134–135)

Wenn es der „Kultur" gelingt, die Frauen einem größeren Triebverzicht zu unterwerfen als die Männer, liegt der Grund nach Freud allerdings immer noch in der schwächeren weiblichen Libido. Beispielsweise wird an derselben Stelle der Unterschied zwischen den Reaktionen von Männern und Frauen auf die repressive „kulturelle Sexualmoral" folgendermaßen kommentiert: „Recht häufig ist von Geschwistern der Bruder ein sexueller Perverser, die Schwester, die mit dem schwächeren Sexualtrieb als Weib ausgestattet ist, eine Neurotika, deren Symptome aber dieselben Neigungen ausdrücken wie die Perversionen des sexuell aktiveren Bruders ..."* (Freud 1908d, 129).

Es wird deutlich, daß der Überschreitungsansatz in Freuds Kulturtheorie vor allem in der Beschreibung des *generellen* Zwanges liegt, den „die Kultur" sowohl für Männer als auch für Frauen mit sich bringt. Der zusätzliche Zwang, dem Frauen unterworfen werden, ist nach Freud in seinem innersten Wesen nicht in besonderen kulturellen Strukuren begründet, sondern dagegen in einem naturgegebenen, universellen und phylogenetisch konstanten Umstand: dem tendentiellen Alibidimi der Frauen.

Gewiß unterstreicht Freud, daß die Beschreibung des Verhältnisses zwischen Weiblichkeit und Anatomie nicht die Sache der psychoanalytischen Wissenschaft sei, nimmt man zum Beispiel den letzten der wichtigen Artikel über die Weiblichkeit: „Der Eigenart der Psychoanalyse entspricht es dann, daß sie nicht beschreiben will, was das Weib ist, – das wäre eine für sie kaum lösbare Aufgabe, – sondern untersucht, wie es wird, wie sich das Weib aus dem bisexuell veranlagten Kind entwickelt."* (Freud 1933a, 95).

Auch wenn Freud auf diese Weise die Frage nach der Anatomie wissenschaftstheoretisch ausgrenzt, verleugnet sich seine geschlechtsdarwinistische Denkrichtung nicht. Eine solche wissenschaftstheoretische Abgrenzung ist nichts anderes als eine methodische Hilfsveranstaltung. Objektiv bleibt die Frage nach dem Verhältnis zur Anatomie natürlich weiterhin bestehen, obwohl sie definitorisch in den Bereich einer anderen Wissenschaft verlegt wird. Wissenschaftstheoretisch kommt man bei diesem Verlegungsverfahren schwerlich umhin, die Fragen an einen bestimmten Adressat zu richten, ihn zu einem bestimmten anderen Wissenschaftszweig zu senden. Und hier ist Freuds Adressat eindeutig die geschlechtsdarwinistische Forschung. Wie er zum Beispiel am Ende der früher zitierten Stelle im letzten Artikel über die Weiblichkeit[35] formuliert, ist er der Meinung, daß die Erklärung für das tendentielle Alibidimi bei Frauen im unterschiedlichen Verhältnis der Geschlechter zur Durchführung des Fortpflanzungszweckes zu suchen ist.

Das heißt darin, „daß die Durchsetzung des biologischen Ziels der Aggression des Mannes anvertraut und von der Zustimmung des Weibes einigermaßen unabhängig gemacht worden ist".*

Zwar bringt Freud an einigen wenigen Stellen geschlechtsphilosophische Überlegungen zum Ausdruck, die teilweise in eine andere Richtung als der des Geschlechtsdarwinismus deuten. In einer Diskussion der Frage nach der weiblichen Passivität und Masochismus heißt es zum Beispiel: „Dabei müssen wir aber achthaben, den Einfluß der sozialen Ordnungen nicht zu unterschätzen, die das Weib gleichfalls in passive Situationen drängen. Das ist alles noch sehr ungeklärt."* (Freud 1933a, 94).

Gleichzeitig sagt er allerdings, daß es sich hier – abgesehen von eventuellen gesellschaftsmäßigen Einflüssen – unter allen Umständen auch um den Effekt eines stets konstanten Verhältnisses zwischen Weiblichkeit und Triebleben handelt. Es kann höchstens von einem Zusammenspiel zwischen konstitutionellen und sozialen Faktoren die Rede sein: „Eine besonders konstante Beziehung zwischen Weiblichkeit und Triebleben wollen wir nicht übersehen. Die dem Weib konstitutionell vorgeschriebene und sozial auferlegte Unterdrückung seiner Aggression begünstigt die Ausbildung starker masochistischer Regungen ..."* (Freud 1933a, 94).

Freuds geschlechtsphilosophischer Hauptadressat, was die Frage nach dem Hintergrund des tendentiellen weiblichen Alibidimi angeht, ist und bleibt der Geschlechtsdarwinismus. Genauer gesagt seine entwicklungsgeschichtliche Beschreibung dessen, wie der biologische Fortpflanzungszweck bestimmte getrennte und in ständig höherem Grad polarisierte Geschlechtscharaktere erschafft – wie die Durchführung dieses Zwecks mehr und mehr auf einer Arbeitsteilung zwischen den Geschlechtern beruht, wo die aggressiv erobernde Männlichkeit die passive (wenn auch aktiv auswählende)[36] Weiblichkeit ergreift und befruchtet.

So stimmen die geschlechtsdarwinistischen Bemerkungen in der Weiblichkeitstheorie auch genau mit einer der Hauptpointen der Kulturtheorie überein. Außer der Theorie über den triebunterdrückenden Charakter der Kultur formuliert Freud in seinen kulturkritischen Schriften auch die These, daß die Entwicklungsgeschichte der menschlichen Kultur als eine auf ständig höheren Niveaus stattfindende Wiederholung eines sozialen Kampfes zwischen den Grundfiguren der darwinistischen Urhorde, dem *Vater*-Tyrannen und dem gleichzeitig unterdrückten und aufrührerischen Bruderklan beschrieben werden kann. Von der Urhorde, die Darwin (und im Anschluß an ihn unter anderem der Anthropologe J. J. Atkinson)[37] bei verschiedenen höheren Säugetieren findet und sich für die menschliche Urgesellschaft konstituierend vorstellt, sieht Freud sich eine Linie abzeichnen bis zum entwikkelten Stadium der Kultur und der Zivilisation. In einer beständigen Dialektik zwischen Vatermord und der Wiedereinführung eines Gesetzes des Vaters[38] werden immer höhere Kulturformen geschaffen, deren Ursprung und Inhalt in letzter Instanz die männliche Libido beziehungsweise deren sublimierter Ausdruck ist.

Wir haben nun lange genug den geschlechtsphilosophischen Urteilsprämissen der freudianischen Psychoanalyse zugehört. Wir können sehen, daß diesen zufolge das Urteil notwendigerweise so ausfallen muß, wie es zum Beispiel in den folgenden Worten zum Ausdruck kommt: „. . . für das Psychische spielt das Biologische wirklich die Rolle des zugrundeliegenden gewachsenen Felsens. Die Ablehnung der Weiblichkeit (bei beiden Geschlechtern, A. d. A.) kann ja nichts anderes sein als eine biologische Tatsache, ein Stück jenes großen Rätsels der Geschlechtlichkeit."* (Freud 1937c, 99).

Aber wir haben auch gesehen, daß die Prämissen nicht auf einer widerspruchsfreien Grundlage aufgestellt werden konnten. Während des Prozesses kamen verschiedene, einander widersprechende Zeugnisse zum Ausdruck – die der Bisexualitätstheorie, die der Libidotheorie, und die der Auffassung der Weiblichkeit. Dem Richter war nichts anderes möglich, als diese Widersprüche zur Kenntnis zu nehmen. Im nächsten Kapitel werden wir eine Grundlage aufstellen, die diese widersprüchlichen geschlechtsphilosophischen Prämissen auflösen kann und den Grund dafür angeben, warum die feministische Forschung imstande ist, weiter als diese zu „sehen".

Kapitel III
Hinter den historischen Spiegel des Patriarchats zu „sehen"

Im Jahr 1981 erschien in Dänemark ein Buch zur Debatte über physische und psychische Gewalt gegen Frauen und Kinder. Der Titel des Buches *Knap gylpen Freud*[1] stammt von einem Gedicht der Schriftstellerin Anna Lisa Bäckmann, das folgendermaßen lautet:

> Mach' das Hosentürl zu Freud
> verrückter Kerl
> der glaubt daß nur er
> einen hat
>
> Mach' das Hosentürl zu Freud
> und schau die Alte an
> deren Scheitel endlich
> kahl geworden ist
>
> Mach' das Hosentürl zu Freud
> sperr' deine Klarinette ein.
> Jetzt wollen wir auf die
> Trommel schlagen und
> Verstand mit Verstand messen.
> Ja, jetzt wollen wir auf die
> Trommel schlagen und
> Verstand mit Verstand messen.
> (Meine Übers., *A. d. Ü.*)[2]

In der neuen Frauenbewegung war es eine verbreitete Tendenz, der Anrede des patriarchalischen Schneewittchen-Spiegels auf jene Weise zu antworten, indem Freud als *DAS* SYMBOL für den Phallozentrismus und Unterdrückung der Frauen in der abendländischen Kultur hingestellt wurde. Von großen Teilen der Frauenbewegung ist Freud einfach zu *DEM* FEIND erklärt worden. Nicht zuletzt in den USA wurden von feministischer Seite scharfe Aufforderungen an den symbolischen *Vater* Freud gerichtet, „das Hosentürl zuzumachen", sich von seiner *väterlich*-definierenden Position zu schleichen, mit seiner wissenschaftlichen Vergewaltigung des weiblichen Geschlechts aufzuhören. „Frauen sind keine kastrierten Männer! Schluß mit denen, die das behaupten."

Ein Teil der feministischen Freud-Kritik ist hingegen in eine andere Richtung gegangen, als in die einer rein ideologiekritisch begründeten Abweisung. Ein gemeinsamer Ausgangspunkt einer langen Reihe von – übrigens sehr unterschiedlichen – feministischen Freud-Interpretationen[3] war folgende alternative ‚Antwort': Gerade dadurch, daß Freuds Weiblichkeitstheorie die symbolische Rede des abendländischen Patriarchats zusammenfaßt, die der Spiegel an uns richtet, in dem wir uns – wie die böse Königin in Schneewittchen – spiegeln, liefert sie ohne es zu wissen eine historische Beschreibung des Körperbewußtseins von Frauen in der phallischen Kultur, in der wir leben. Eine Beschreibung dessen, wie sich die entfremdete Position der Frauen als das „andere Geschlecht" in unserer Psychosexualität niederschlägt. Natürlich ist es Ausdruck einer gewaltsam reduktionistischen Auffassung unserer menschlichen Potentiale, uns als kastrierte Männer zu beschreiben, wie es die freudianische Psychoanalyse tut. Aber, sagen die erwähnten feministischen Freud-Interpreten des weiteren, wenn wir in eine phallische Kultur hineingeboren werden, werden wir von der Entwicklung unserer Potentiale entfremdet. Wie können Mädchen und Frauen etwas anderes als ein im besten Fall stark ambivalentes Erleben ihres Körpers und dessen Möglichkeiten erfahren, wenn sie in einer Kultur aufwachsen, in der ständig das Aktive, Kulturschaffende, Revolutionierende mit dem Phallischen gleichgesetzt wird? Die gewaltsame Reduktion unserer Möglichkeiten kommt nicht von Freud oder anderen patriarchalischen Theorien, sondern von den historischen Bedingungen. Durch die Beschreibung der beschnittenen Möglichkeiten der Frauen formulieren die patriarchalischen Theorien, wie zum Beispiel die Freudsche, Wahrheiten, die sie selbst zwar falscherweise als *biologisch* ansehen, die dagegen aber als *historische* Aussagen Gültigkeit besitzen.

Von der Erkenntnis, daß in Freuds Weiblichkeitstheorie ein Kern historischer und kritisch brauchbarer Wahrheiten über das subjektive Erlebnis, zum „anderen Geschlecht" zu gehören, liegt, zu einer eigentlichen Anwendung dieser in einer befreienden Theorie und Praxis, führt allerdings kein gerader Weg. Und bestimmt keine Schleichwege des Typs: „Jetzt beschreiben wir den äußeren historischen Rahmen – die patriarchalischen und kapitalistischen Verhältnisse in Familie und Gesellschaft –, und danach können wir ohne weiteres die psychoanalytischen Kategorien gebrauchen." Im Gegenteil ist eine durchgreifende De- und Rekunstruktion des gesamten Gebäudes der psychoanalytischen Weiblichkeitstheorie auf der Grundlage einer historischen und dialektisch-materialistischen Geschlechtsphilosophie notwendig. Das heißt, einer Geschlechtsphilosophie, in der das marxistische Verständnis des Kapitalismus mit den Einsichten des Feminismus in die patriarchalischen Herrschaftsverhältnisse der Gesellschaft verbunden sind.

Dieser wissenschaftliche Umbruch ist selbstverständlich eine umfangreiche Angelegenheit. Die Reihe feministischer Psychoanalyse-Interpretationen zeugt davon. Das Ziel, welches die feministische Psychoanalyse-Kritik als Gesamtheit – von vielen Unterschiedlichkeiten abgesehen – anstrebt, ist allerdings auch groß. Es geht darum, die inneren Dimensionen der Entfremdung, in die uns die phallische Kultur versetzt, zu verstehen und dazu beizutragen, sie zu durchbrechen, und zu den unbegrenzten menschlichen Potentialen unserer weiblichen Körper zu finden.

Wie einleitend erwähnt, hatte ich – mit wechselnder Intensität – diesen De- und Rekonstruktionsprozeß, dem der Feminismus in den 1970er Jahren die Psychoanalyse unterworfen hat, in Körper und Geist, seit ich 1972 sowohl Freud als auch den Feminismus von innen kennenlernte. Im folgenden werde ich jene wissenschaftstheoretische Grundlage darstellen, welche mich dieser Prozeß gelehrt hat als diejenige anzusehen, auf der eine feministisch-befreiende Psychoanalyse etabliert werden muß.

1. Der Patriarchatsfetischismus[4]

Wie nicht zuletzt die französische feministische Psychoanalyse-Interpretation[5] hervorgehoben hat, muß die Psychoanalyse wissenschaftstheoretisch als ein Teilelement der gesamten abendländischen patriarchalischen Geschlechtsphilosophie und Denkweise betrachtet werden. Metaphorisch ausgedrückt ist die Psychoanalyse ein Zimmer in einem ganzen geschlechtsphilosophischen Gebäude. Der De- und Rekonstruktionsprozeß, der erforderlich ist, damit die Psychoanalyse einen eigentlich frauenbefreienden Inhalt bieten kann, muß daher als ein Glied in einem Umbruch des gesamten phallozentristischen Gebäudekomplexes verstanden werden. Im speziellen natürlich diejenige Ausgabe desselben, die sich mit der Grundlegung der modernen Natur- und Sozialwissenschaften in der zweiten Hälfte des 19. Jahrhunderts durchgesetzt hat, und die den wissenschaftlichen Diskurs ausmachte, in den sich Freud unmittelbar einschrieb, obwohl er ihn auch überschritten hat.

Analysiert man die Geschlechtsphilosophie in den langen Reihen wissenschaftlicher Werke,[6] die ab zirka 1860 und danach versuchte, den natürlichen Ursprung des Menschen, der Gesellschaft und der Kultur zu bestimmen, um davon ausgehend den Schlüssel zum Verständnis des Wesens der Zivilisation zu liefern, dann treten zwei geschlechtsphilosophische Hauptthesen hervor:[7]

1) daß es ein von Natur aus determiniertes Verhältnis zwischen biologischem Geschlecht und Charakter gibt, das sich umso deutlicher zeigt, in je weiter entwickelten Stadien der Evolutionsgeschichte wir uns befinden; und

2) daß die Zivilisation ein Produkt des besonderen biologisch verankerten

Vorwärtsstrebens des männlichen Geschlechtscharakters ist, oder mit anderen Worten: des Patriarchats.

Wie wir im vorangegangenen Kapitel gesehen haben, werden diese beiden geschlechtsphilosophischen Thesen in Freuds Theoriengebäude reflektiert.

Eine dialektisch-materialistische Geschlechtsphilosophie kann meiner Auffassung nach so entwickelt werden, daß man an die patriarchalischen Kategorien, die von diesen zwei Thesen abgeleitet werden können, auf eine Weise herangeht, die zu Marx' Zugang zur bürgerlichen Nationalökonomie und Philosophie analog ist.[8]

Marx zufolge war die bürgerliche Ökonomie und Philosophie von einer fundamentalen Doppeltheit falschen und wahren Gesellschaftsverständnisses gekennzeichnet. Einerseits waren die Kategorien, in denen die bürgerlichen Ökonomen und Philosophen die Gesellschaft beschrieben, falsch, sagte Marx. Blind für das Fortschreiten der Geschichte durch verschiedene Produktionsweisen machten sie die speziellen Phänomene der bürgerlichen Gesellschaft zu universellen Phänomenen, die immer in der Gesellschaft existiert haben und immer existieren werden. Das heißt, Phänomene, die mit dem Vorhandensein der menschlichen Gesellschaft als solcher gegeben waren. Andereseis jedoch hatten diese Kategorien Marx zufolge einen gewissen Wahrheitswert. Trotz ihres fehlenden Blicks für die historischen Entwicklungsprozesse konnten die bürgerlichen Ökonomen und Philosophen bis zu einem gewissen Grad die Phänomene der bürgerlichen Gesellschaft beschreiben, wie sie sich in der Tat auf der unmittelbar wahrnehmbaren Oberfläche der Gesellschaft zeigten. Aufgrund dieses Wahrheitswertes konnte man Marx zufolge deren kritischen Wiedergebrauch[9] in Angriff nehmen. Wenn diese Kategorien von ihren statischen und ahistorischen Dimensionen befreit würden, wären sie brauchbar bei der Entwicklung eines historisch- und dialektisch-materialistisch korrekten Begriffs der bürgerlichen Gesellschaft. So beruht Marx' Kritik an der politischen Ökonomie auf einer historischen und dialektisch-materialistischen Aufhebung[10] des ahistorischen Begriffsinventars der bürgerlichen Nationalökonomie und Philosophie. Das heißt, auf einer Transformierung dessen zu einem geordneten Ganzen, das die gegebene ökonomische Entwicklungsstufe in ihrer Spezifität darstellt, und das genau unterscheidet zwischen einerseits den historisch besonderen, und andererseits den allgemeinen[11] Bestandteilen der Kategorien, die in die strukturelle Totalität eingehen.

Nehmen wir die Kategorie der Ware in der bürgerlichen Nationalökonomie als Beispiel, so hat Marx sie wiederverwertet. Aber erstens unterschied er einerseits zwischen ihrer allgemeinen, in allen Gesellschaften gegebenen Dimension, dem Gebrauchswert, und andererseits ihrer besonderen historischen Formbestimmtheit als Tauschwert. Zweitens verwies er auch den Begriff der Ware an seinen logischen Platz als Ausgangspunkt für die Darstellung der Dialektik des Kapitals.

Zur Bestimmung der fundamentalen Doppeltheit von wahr und falsch in den bürgerlichen, ökonomischen Kategorien führt Marx den Begriff *Fetischismus* ein. Dieser Begriff bezeichnet die Bewußtseinsform, die den halb blinden und halb sehenden Blick der bürgerlichen Ökonomen und Philosophen auf das ökonomische Leben in der Gesellschaft charakterisiert. Gleichermaßen bezeichnet der Begriff auch die Verschleierung des historischen Wesens der ökonomischen Phänomene, die in diesen selbst stattfindet. Das heißt, jene Verschleierung, die der Grund dafür ist, daß die Individuen der Gesellschaft, die die Oberfläche der Dinge betrachten, dazu verleitet werden zu glauben, daß es sich um universelle Phänomene handelt, die sich hier bewegen. Wenn zum Beispiel der Tauschwert in der Gestalt eines Gebrauchswertes auftritt, dann sieht er so aus wie etwas, das dem Körper des betreffenden Gebrauchswertes von Natur aus innewohnt. Daß dieser Tauschwert in Wirklichkeit ein historisches Phänomen ist, das an eine bestimmte ökonomische Organisation der Gesellschaft geknüpft ist, kann man seinem sichtbaren Träger, dem Körper des Gebrauchswertes, nicht „ansehen". Daß der Tauschwert ein soziales Verhältnis zwischen Menschen in einer arbeitsteiligen Gesellschaft mit privatem Eigentumsrecht zum Ausdruck bringt, in der man auf einem Markt kaufen und verkaufen muß, um die vielen verschiedenen Gebrauchswerte zu erhalten, die man zur Aufrechterhaltung des Lebens benötigt, wird dabei verdeckt.

Was für die bürgerliche Nationalökonomie und Philosophie im allgemeinen gilt, kann auch auf die bürgerliche Geschlechtsphilosophie übertragen werden. Diese ist ebenso entscheidend von einem Blickwinkel geprägt, der als fetischistisch bestimmt werden kann. Auch dieser schafft wirklichkeitsbeschreibende Kategorien, die grundlegend eine wahre und eine falsche Dimension besitzen.

Wenn die bürgerliche Geschlechtsphilosophie behauptet, daß zwischen biologischem Geschlecht und Charakter ein determiniertes Verhältnis besteht, dann enthält diese Aussage ein Körnchen Wahrheit, da die Arbeitsteilung, die in der bürgerlichen Gesellschaft besteht, unter anderem auf einer essentiellen historisch-gesellschaftlichen Differenzierung der Individuen nach Geschlecht beruht. Insofern die Individuen weiblichen und männlichen Geschlechts einer historischen Tendenz zu patriarchalischer Geschlechterpolarisierung unterzogen werden – von dieser als weiblich-mütterliche beziehungsweise männlich-väterliche Geschlechtscharaktermasken[13] formbestimmt[14] werden, stimmt es mit der Wahrheit überein, wenn die Geschlechtsphilosophie einen Zusammenhang zwischen Geschlecht und Charakter beobachtet. Gleichzeitig hat die geschlechtsphilosophische Aussage über die charakterdeterminierende Eigenschaft des Geschlechtsunterschieds allerdings auch eine falsche Dimension, weil sie universalisiert wird. Sie wird zu etwas gemacht, das von der unterschiedlichen Natur der Geschlechter handelt: das Ewig-Weibliche gegenüber dem Ewig-Männlichen.

Wenn die Geschlechtsphilosophie gleichermaßen behauptet, daß der männliche Geschlechtscharakter, was „zivilisationsschaffende Potentiale" betrifft, dem weiblichen überlegen ist, dann kann man auch hier auf entsprechende Weise von einer Doppeltheit von universell falsch und historisch wahr sprechen. Geht man davon aus, daß das Wesen der menschlichen Gattungskräfte und Gattungspotentiale[14] geschlechtsunabhängig ist, muß man die herrschende patriarchalische Kultur als einen Zustand historischer Entfremdung des weiblichen Geschlechts betrachten. Daß Frauen nur Zugang zu den Produktionsmitteln dieser patriarchalischen Kultur erhalten, insofern sie sich gewisse „männliche" Züge angeeignet haben, „Mannweiber" geworden sind,[15] ist einer der vielen Ausdrücke dieser Entfremdung. Die bürgerliche Geschlechtsphilosophie begreift selbstverständlich die Entfremdung nicht, wenn sie vom Patriarchat und von der Kultur als von zwei Seiten derselben Sache spricht. Auf ihre eigene einäugige Facon hat sie allerdings den Blick dafür, daß in unserer Gesellschaft ein enger Zusammenhang zwischen Kulturschaffen und Phallizität besteht.

Analog zu Marx' Begriff des Waren-Geld-Kapitalfetischismus,[16] der kritisch aufzeigt, wie die Ware, das Geld und das Kapital erscheinen, als ob sie keine historisch besonderen, sondern universelle ökonomische Kategorien wären, kann man die beschriebene Dimension in der bürgerlichen Geschlechtsphilosophie als *Patriarchatsfetischismus* bestimmen. Indem sie von Geschlechtscharakteren statt von Geschlechtscharaktermasken spricht, indem sie ein universell gültiges Gleichheitszeichen zwischen Patriarchat und Kultur setzt, fetischiert die bürgerliche Geschlechtsphilosophie das Patriarchat.[17] Das heißt, sie läßt sich von dem Schein, den der „männliche" Mann und die „weibliche" Frau von sich werfen, bezaubern und faszinieren. Jener Schein, der vorgibt, nicht nur eine historische, sondern im Gegenteil eine universelle Wahrheit über die Natur der Geschlechter und über ihre entscheidend unterschiedlichen (potenten oder impotenten) Beziehungen zu den menschlichen Gattungspotentialen zu erzählen.

Als Element der bürgerlichen Geschlechtsphilosophie kann auch die Psychoanalyse durch diesen Begriff des Patriarchatsfetischismus von ihren mystifizierten Inhalten befreit werden.

2. „Sehen" oder nicht „sehen"

Wie im vorigen Kapitel erwähnt wurde, ist der entscheidende gordisch-rätselhafte Punkt für Freud das soziologische Niveau. Hier kann er dem Zauber, den der Schein, die Oberfläche der Dinge und der Geschlechtscharaktere ausübt, nicht entkommen. Die Arbeit mit den tieferen psychischen Schichten hat ihn darüber belehrt, daß der Schein oft trügt. Nichts desto weniger läßt er sich trotzdem von der verlockenden Aussage des Scheins über unveränderliche und biologische Stabilität verleiten, wenn er sich vom psychologischen zum soziologischen Erklärungsniveau bewegt.[18]

Wenn Freud empirisch feststellen muß, daß die Geschlechtscharaktere männlich-weiblich bei den soziologisch beobachtbaren Individuen nur selten anzutreffen sind, schließt er: „Bisexualität". Damit sucht er Schutz in einer Kategorie, die den psychosexuellen Gegensatz männlich-weiblich zur biologischen Wahrheit erhebt. Wenn auch mit der besonderen Pikanterie, daß sich dieser Gegensatz nun innerhalb ein und desselben Individuums abspielt. Daß dadurch ein Paradox entsteht, ein Widerspruch zur Trieblehre, die von Männlichkeit oder Weiblichkeit im Ursprung des Triebes nichts weiß, veranlaßt Freud nicht dazu, die offenbar allgemein-ahistorischen Aussagen der soziologischen Oberfläche über die Verbindung von Geschlecht und Charakter in Frage zu stellen. – Oder: wenn Freud empirisch Mädchen und Frauen auf dem soziologischen Niveau beobachtet und sieht, daß sie generell mehr als Knaben und Männer zu libidinöser Resignation zu neigen scheinen, dann wundert er sich. Denn die Natur der Libido ist ja laut seiner anderen Reflektionen vermeintlich geschlechtsunabhängig. Aber er wendet sich trotzdem ohne zu zögern mit den Punkten, die seine Verwunderung hervorrufen, an die Biologie: „Habe ich mich geirrt, ist die Natur der Libido etwa trotzdem geschlechtsbestimmt – männlich?" fragt er. Auch hier veranlaßt die Paradoxikalität – auf der einen Seite die Geschlechtsunabhängigkeit der hemmungslos lustsuchenden Libido und auf der anderen Seite ihre offenbar mehr männliche als weibliche Natur – Freud nicht dazu, die Oberfläche der Gesellschaft dahingehend zu befragen, inwiefern ihr soziologischer Schein nun auch als ihr scheinbar natürlicher Nennwert verstanden werden kann, als eine ewig gültige Wahrheit über die zwei geschlechtlichen Hälften der Menschenart.

Das Prekäre am Fetischismus ist, wie Marx sagte, daß die Dinge als das erscheinen, was sie sind.[19] Wären die Erscheinungsformen nur eindeutig falsch, so würde man natürlich nicht ihren verlockenden Aussagen über unveränderliche Stabilität verfallen. Mit ihrer wahren Dimension hingegen verblenden sie uns, außer uns wurden besondere Voraussetzungen zuteil, um zu „sehen".

Marx fand die besonderen Bedingungen, um den wahren Zusammenhang der Dinge zu durchschauen, um durch den Ware-Geld-Kapital-Fetischismus hindurch zu „sehen", bei der unterdrückten Klasse, in der Klassencharaktermaske des Arbeiters.[20] Analog dazu kann man beim unterdrückten Geschlecht eine materielle Basis für die Überschreitung der Verlockungen des Patriarchatsfetischismus' finden, in der weiblichen Geschlechtscharaktermaske. Näher bestimmt in der Geschlechtscharaktermaske der *lohnarbeitenden* Frau. Die Geschlechtscharaktermasken können als ein Ausdruck für eine historisch-gesellschaftliche Tendenz zu patriarchalischer Geschlechterpolarisierung verstanden werden, die unter anderem dem Kapitalismus innewohnt.[21] Die politisch-ökonomischen Sphären der Gesellschaft[22] nehmen hier die Form eines Universums der Männlichkeit an. Die Weiblichkeit wird in die Intimsphäre verwiesen, in einen Raum, der vom dämonisch-dinglichen Aktivitätsraum des menschlichen Gattungswesens abgesondert ist. Das heißt, von dem Raum, in dem sich die ständige Selbstzeugung und Selbstverwertung des prozessierenden Kapitals[23] abspielt. Über die Tendenz zur Geschlechterpolarisierung hinaus macht sich im Kapitalismus allerdings des weiteren eine Tendenz zur Gleichstellung von Männern und Frauen unter den Bedingungen der Lohnarbeit geltend.[24] Frauen werden in ständig steigendem Ausmaß in die Lohnarbeit miteinbezogen. Das heißt, in jene Sphäre, welche die Tendenz zur Geschlechterpolarisierung als die der Männlichkeit formbestimmt hat. Die lohnarbeitende Frau erhält dadurch ein historisch doppeltes Wesen – eine Geschlechtscharaktermaske, die sowohl in der „weiblichen" als auch in der „männlichen" Sphäre der Gesellschaft wurzelt. Und was kann wohl besser geeignet sein als Aussichtsposten auf die historische Veränderlichkeit der Geschlechtscharaktermasken (und damit auf ihr wirkliches Wesen: historisch entfremdende Charaktermaske und nicht Natur) als genau eine solche doppelte, zugleich weibliche und männliche Position? Eine Position, die einen Überblick über die sonst getrennten „weiblichen" und „männlichen" Sphären der Gesellschaft bietet.

Hiermit sei nicht gesagt, daß die lohnarbeitende Frau ohne weiteres den Patriarchatsfetischismus durchschaut. Wie beim Arbeiter liegt in ihrer Charaktermaske ein Potential, das ihr einerseits einige einzigartige Überschreitungsmöglichkeiten bietet, die aber andererseits nur unter bestimmten historischen Umständen realisiert werden.

Von der individuellen Position der einzelnen weiblichen Lohnarbeitercharaktermaske aus erfährt man nämlich nur einen kleinen Ausschnitt der gesellschaftlichen Ganzheit, in der die Geschlechtscharaktermasken ihre Veränderlichkeit ausleben. Die einzelne weibliche Lohnarbeiterin erhält damit nicht die Möglichkeit, die verwunderliche „Androgynität"[25] ihrer Charaktermaske in einer gesellschaftlichen Ganzheitsperspektive zu begreifen, und kann daher die Entfremdung als Entfremdung nicht „sehen". Erst bei einer Addition der vielen individuellen Erfahrungen von einer zwiespältigen Aussicht – von sowohl einem „weiblichen" als auch einem „männlichen" Universum aus – zeichnen sich Konturen einer nicht bloß individuellen und zufälligen Doppelsichtigkeit ab, sondern im Gegenteil einer generellen Doppeltheit. Eine Doppeltheit, die den Mythos des „Ewig-Weiblichen" absolut unhaltbar macht, und gleichzeitig eine Entfremdung von enormen Dimensionen aufzeigt. Wenn Frauen „Männer" sein können in der Bedeutung, an der Ausübung der „männlichen" produktiven Funktionen teilzunehmen, dann sind sie nicht von Natur aus von diesen ausgeschlossen. Daher muß die faktische historische Ausgrenzung der Frauen auf einer historischen Entfremdung beruhen. Die Bedingungen für eine solche Addition ist die Kollektivität, die Entwicklung eines feministischen „Wir", Frauenbewegung in der einen oder anderen Form – genau wie die Arbeiter sich selbst auch erst als die produktive Basis der Gesellschaft „sehen" können, wenn der Aussichtspunkt die kollektive Bewegung ist. Mit den Frauenbewegungen um die Jahrhundertwende und in den 1970er Jahren, die beide aus einer intensivierten Einbeziehung der Frauen in die Lohnarbeit hervorgegangen sind, fand genau eine solche kollektive Zusammenfassung der Erfahrungen statt. Eine Zusammenfassung der Erfahrungen, die zum Bruch mit dem Patriarchatsfetischismus ansetzte. Um die Jahrhundertwende – wie in den 1970er Jahren – gab die Frauenbewegung den Anstoß dazu, daß Frauen begannen, durch die Bilder des „Ewig-Weiblichen" hindurch zu „sehen", die das Patriarchat spiegelnd hochhielt. Die Parallelität in den Formulierungen des Entfremdungsbewußtseins in den zwei Perioden ist oft sehr auffällig.

In dem aphoristisch-essayistischen Buch *Das Rätsel: Weib* aus dem Jahr 1911 spricht die deutsche radikale Feministin, Käthe Schirmacher,[26] zum Beispiel davon, wie Frauen als Geschlecht aus der herrschenden Kultur ausgeschlossen und von ihr entfremdet wurden:

Nie hat die Frau als Geschlecht sich frei entfaltet, nie der Welt ihren Stempel aufgedrückt, nie sich gegeben, wie sie ist ... Der Mann war der *Mensch* schlechtweg, das Menschenwesen, wie es sein soll, die Norm; das Weib war *anders*, nicht die Norm, nicht das dem Normalmenschen Gemäße, Gleiche, Bekannte und Vertraute. Das Weib war anders, also befremdlich, seltsam, unheimlich, vor allem *inferior*, denn es konnte, es durfte ja nicht, was der Mann konnte und durfte, er, der die Norm und das Mass und die Krone der Schöpfung war.* (Schirmacher 1911, 15-16)

Weiter unten im Buch beschreibt Käthe Schirmacher, wie diese äußere Entfremdung von einer inneren ergänzt wird, und daß ihre Überschreitung nichts weniger als soziale Exkommunikation zur Folge hat:

Überall und immer trug und trägt sie (die Frau, A. d. A.) Geschlechtslivrée: das Hergebrachte, Anerzogene, Aufgedrungene ... Die Frau als Geschlecht trägt eine Maske. Man zwingt sie ihr auf. Die wahren Züge kennt noch niemand. – Die Wenigen aber, die was davon erkannt, die töricht genug ihr volles Herz nicht wahrten, hat man von je gekreuzigt und verbrannt.* (Schirmacher 1911, 139-140)

Ein ähnliches Bewußtsein von einer Unterdrückung, die so fundamental ist, daß sie alle Lebenssphären und das kulturhistorische Bewußtsein der Gesellschaft durchdringt, und die grundlegend auch die eigenen Vorstellungen der Frauen über ihr Geschlecht geprägt hat, kommt auch im Feminismus der 1970er Jahre zum Ausdruck. In der Einleitung zu einem der Klassiker dieser zweiten feministischen Welle, Shulamith Firestones[26] Buch aus dem Jahr 1970 *The Dialectic of Sex*, werden die kulturhistorischen, sozialen und bewußtseinsmäßigen Tiefenwirkungen des Patriarchats zum Beispiel so beschrieben:

Sex class is so deep as to be invisible ... No matter how many levels of consciousness one reaches, the problem always goes deeper. It is everywhere. The division yin and yang pervades all culture, history, economics, nature itself; modern Western versions of sex discrimination are only the most recent layer. To so heighten one's sensitivity to sexism presents problems far worse than the black militant's new awareness of racism: Feminists have to question, not just all of *Western* culture, but the organization of culture itself, and, further, even the very organization of nature. (Firestone 1970, 1-2)

Oder wie es in der ersten Strophe eines der Lieder heißt, dem „matriarchats-blues", auf einer deutschen Frauenplatte aus der Mitte der 1970er Jahre:

>wir sind eine million jahre alt
>doch was haben wir daraus gelernt?
>wir durften nie wir selber sein
>die zeit vergeht, wir sind uns noch so fern*[28]

Als eine Verknüpfung des Entfremdungsbewußtseins des Feminismus der 1970er Jahre mit dem der Vormütter, des Feminismus der Jahrhundertwende, wurde der „matriarchats-blues" unter dem Pseudonym Emily Pankhurst[29] geschrieben.

Daß der äußeren Entfremdung eine innere gegenübersteht, spiegelte sich in den 1970er Jahren darin, daß „Bewußtmachung" („consciousness raising"), eines der politischen Schlüsselwörter der Bewegung war: die Auseinandersetzung mit den inneren Feinden. Firestone beschreibt zum Beispiel diese innere Auseinandersetzung mit der Entfremdung als einen Prozeß, in dem es darum geht, zu „resensitize a fractured consciousness".[30] Auf derselben Platte, auf welcher der „matriachats-blues" zu finden ist, gibt es auch das Lied „shake it off". Es wurde wie der „matriarchats-blues" im Namen von Emily Pankhurst geschrieben. Hier heißt es über die innere Entfremdung:

>it does house in us
>it eats us
>...
>
>it blocks us in
>it locks us off
>...[31]

Von der Beherrschung durch die Entfremdung als dem namenlosen „it" vollzieht sich in „shake it off" eine Bewegung in die Richtung, „sehend" zu werden, das Du, die andere Frau, das heißt, das Geschlecht ohne die fetischistischen Verblendungen sehen zu können. Mit einem jubelnden „I can see you, you" schließt die zweite Strophe. Auf diese Weise beschreibt das Lied symbolisch einen Bewußtmachungs- oder Defetischierungsprozeß.[32] Die Entfremdung zu „sehen" ist jedoch nicht dasselbe wie sie zu „begreifen". Die Einsichten, die der Feminismus der Jahrhundertwende und der 1970er Jahre historisch produziert hat, können allerdings als Vorformen einer historisch- und dialektisch-materialistischen Geschlechtsphilosophie betrachtet werden. Wenn sich der feministische Freudianismus, der sich im Laufe der 1970er Jahre entwickelt hat, einer Auflösung der Knoten nähern konnte, die für Freud gordisch waren, hat dies seine materielle Ursache in der kollektiven Entwicklung einer „sehenden" Position in der Frauenbewegung. Das heißt, einer Position, die wissenschaftstheoretisch die Fragen über die zugleich eindeutigen und zweideutigen Charaktere der Geschlechter nicht, wie Freud es tat, an die Naturwissenschaft, sondern an eine historisch- und dialektisch- materialistische Geschlechtsphilosophie adressiert.

3. Die Einschreibung der Psychoanalyse in eine dialektisch-materialistische Geschlechtsphilosophie

Mit ihrer wissenschaftstheoretischen Umadressierung der „soziologischen" Fragen der Psychoanalyse von der Naturwissenschaft an eine materialistische Geschichtsphilosophie, muß der feministische Freudianismus eine Bewegung vollziehen, die bis zu einem gewissen Grad zu jener parallel ist, auf welche die materialistische Sozialisationstheorie[33] abzielt.

Von einem sozialisationstheoretischen Ausgangspunkt betrachtet, kann die freudianische Psychoanalyse als eine nicht-subjektivistische Wissenschaft über die subjektiven Strukturen aufgefaßt werden. Das heißt, eine Wissenschaft, die präzisiert, wie der objektive kapitalistische Gesellschaftszwang subjektiv erlebt wird und in den Individuen verarbeitet wird: „Der Beitrag, den die Psychoanalyse als kritische Theorie des Subjekts zum historischen Materialismus leisten kann, wiederum besteht in der wissenschaftlichen Präzisierung der subjektiven Strukturen und ihrer Bildungsprozesse."* (Lorenzer 1973a, 15).

Die Psychoanalyse füllt, mit einem von dem deutschen Sozialpsychologen Peter Brückner geprägten Begriff, eine „Leerstelle"[34] im historischen Materialismus aus. Jene Leerstelle, die die kapitalistische Formbestimmung der inneren Natur betrifft. Das heißt, die inneren Auswirkungen jener Charaktermasken, welchen das gesellschaftliche Agieren der Individuen in der kapitalistischen Gesellschaft unterworfen ist. Oder anders ausgedrückt: die Psychoanalyse beschreibt, ohne es zu wissen, den Niederschlag der äußeren kapitalistischen Entfremdung in den Individuen als inneres psychisches Triebschicksal.

Bei der wissenschaftstheoretischen Einschreibung der Psychoanalyse in den historischen Materialismus ist es erstens notwendig, wie in dem Werk *Die Wahrheit der psychoanalytischen Erkenntnis*[35] des deutschen Sozialisationsforschers Alfred Lorenzer entfaltet wird, die Psychoanalyse, verstanden als Analyse subjektiver Struktur, mit der Analyse der objektiven Strukturen der Gesellschaft durch eine Bedingungsanalyse zu verbinden. Das heißt, eine Analyse dessen, wie die objektive Struktur die subjektive bedingt. Zweitens ist es gleichzeitig notwendig, die subjektiven Strukturen als ein Gebiet mit einer eigenen Logik zu behandeln. Diese zwei Dimensionen der Analyse sind graphisch in der *Figur A* dargestellt, die eine vereinfachte Ausgabe dessen ist, wie Lorenzer sie illustriert:[36]

Figur A
Einschreibung von Psychoanalyse in eine Gesellschaftsanalyse:
Das Verhältnis zwischen Objektivitäts- und Subjektivitätsanalyse

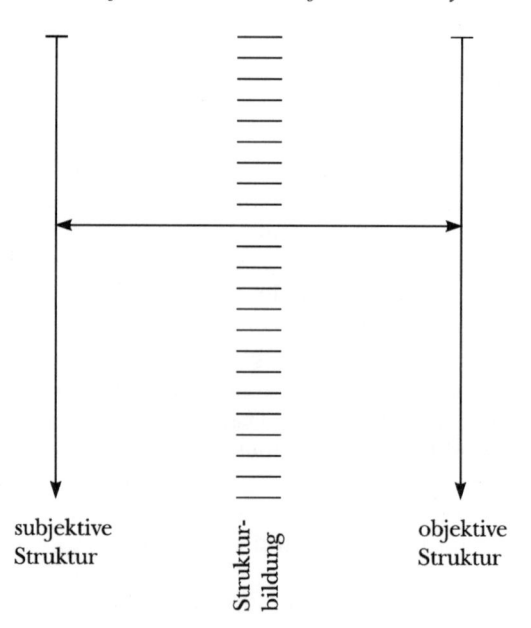

subjektive Struktur — Strukturbildung — objektive Struktur

Senkrecht: Strukturanalyse
Waagrecht: Bedingungsanalyse

Vom Blickwinkel der Psychoanalyse aus betrachtet stellt sich hier teils eine externe, teils eine interne Methodenfrage. Der Einschreibungsprozeß muß nämlich erstens darin bestehen, die Vermittlungspunkte zwischen der objektiven Gesellschaftsanalyse und der Psychoanalyse aufzuzeigen und zu bestimmen. Ein Vorhaben, das methodisch seinen Ausgangspunkt jenseits der Psychoanalyse in einer objektiven Strukturanalyse nimmt. Zweitens muß man die Eigenlogik des subjektiven Konstitutionsprozesses bestimmen. Hier bewegt man sich einerseits intern auf dem eigenen Boden der Psychoanalyse, aber andererseits muß man gleichzeitig die falsche Universalisierung besonderer historischer Subjektivität sowohl der einzelnen Kategorien als auch der kategorialen Ganzheit kritisch aufheben. Das heißt, man muß eine Uminterpretierung der Kategorien der Psychoanalyse vornehmen, sodaß zwischen ihrem *allgemeinen* und ihrem *besonderen historischen* Inhalt klar unterschieden wird. Die Psychoanalyse kann zum Beispiel nach Lorenzer allgemein als eine Theorie über Interaktion[37] in der primären Sozialisation[38] betrachtet werden. Aber gleichzeitig ist sie, sagt er, auch eine Analyse der besonderen oder „bestimmten" Interaktionsformen, die die primäre Sozialisation in der bürgerlichen Gesellschaft kennzeichnen. Das heißt, Interaktionsformen, welche systematische Beschädigungen der Subjektivität der Individuen mit sich führen.

Meiner Meinung nach muß diejenige Geschlechtsphilosophie, in die ein feministischer Freudianismus die Psychoanalyse einschreiben soll, dem historischen Materialismus verpflichtet sein. Nur so wird sie imstande sein, die subjektiven Konsequenzen der patriarchalischen Herrschaftsverhältnisse auf einer realen Grundlage festzuhalten. Zu Beginn kann man daher die Psychoanalyse so bestimmen, wie es die materialistische Sozialisationstheorie tut. Nämlich als eine Wissenschaft, die die subjektive Verarbeitung der historischen Objektivität beschreibt, und deren wissenschaftstheoretische Einschreibung die erwähnten externen und internen methodischen Forderungen stellt.

Die historische Objektivität, in die der feministische Freudianismus die Psychoanalyse einschreibt, ist allerdings nicht einfach eine kapitalistische, sondern hingegen eine patriarchalisch-kapitalistische Objektivität. Die Bestimmungen der „Leerstelle", die die Psychoanalyse der materialistischen Sozialisationstheorie zufolge ausfüllt, müssen daher erweitert werden. Wir müssen hinzufügen, daß die Psychoanalyse auch die patriarchalische Formbestimmung der inneren Natur beschreibt. Das heißt, die inneren Auswirkungen jener Geschlechtscharaktermasken, welchen das gesellschaftliche Agieren der Individuen von der patriarchalischen Geschlechterpolarisierungstendenz unterworfen wird, die unter anderem die kapitalistische Gesellschaft kennzeichnet. Über die Formung der Psyche durch den Kapitalismus hinaus, beschreibt die Psychoanalyse auch (ohne es zu wissen) den entfremdenden Niederschlag des äußeren Patriarchats in die psychischen Triebschicksale der Individuen.

Die externen methodischen Forderungen, welche die Einschreibung stellt, müssen also ihren Ausgangspunkt in einer historisch- und dialektisch-materialistischen Patriarchatstheorie nehmen. Intern ist eine historisierende De- und Rekonstruktion desjenigen Teils des Freudschen Begriffsgebäudes angesagt, der die Bildung des Geschlechtsbewußtseins und die psychischen Repräsentanten des Geschlechts in dem Bewußtsein sowohl des infantilen als auch des erwachsenen Individuums betrifft. Vor allem bedeutet das: eine historisch-sozialisationstheoretische Um-Lesung der Ödipustheorie. Eine solche wird im 2. Teil vorgenommen werden, was den weiblichen Ödipuskomplex betrifft.

4. Eine historisch-materialistische Theorie über die patriarchalische Objektivität

Auf dem extern methodischen Niveau sind die wissenschaftstheoretischen Probleme des feministischen Freudianismus im Verhältnis zu jenen der materialistischen Sozialisationstheorie verschärft. Die letztgenannte „schreibt" in eine relativ entwickelte objektive Strukturanalyse „ein" – in die Marxsche Analyse der kapitalistischen Gesellschaft. Der feministische Freudianismus befindet sich hingegen in der Situation, daß die Objektivitätsanalyse, die notwendig ist, erst in den 1970er Jahren zu entwickeln begonnen wurde. Es wurde in der Feminismus-Marxismus-Diskussion,[39] die im Zuge der neuen Frauenbewegung stattfand, oftmals darauf hingewiesen, daß die klassische marxistische Frauenbefreiungstheorie nie jene Forderungen erfüllt hat, welche die herrschende Entfremdung des weiblichen Geschlechts an diejenigen richtet, die sie analysieren wollen. Auch nicht der Begriff der Geschlechtsrolle,[40] der seine Wurzeln in einer bürgerlich-positivistischen Soziologie nicht verleugnet, kann für sich beanspruchen, die objektive Strukturanalyse zu repräsentieren, in die sich ein feministischer Freudianismus einschreiben läßt.

Die eigentliche Entfaltung der objektiven Strukturanalyse ist ein größeres Projekt. Zu groß, um in diesem Buch Platz zu finden, dessen Gegenstand die De- und Rekonstruktion der subjektiven Strukturanalyse ist. Ich werde hier allerdings kurz die wissenschaftstheoretischen Rahmen skizzieren, die meiner Meinung nach der objektiven Strukturanalyse zu geben sind.

Die Entfaltung einer historisch- und dialektisch-materialistischen Patriarchatstheorie muß als eine Ausfüllung einer zweiten „Leerstelle" in der marxistischen Theorie verlaufen. Diese „zweite Leerstelle" betrifft die (patriarchalischen) Gesetzmäßigkeiten, welche die kapitalistische „Menschenproduktion"[41] bestimmen. Auch seine Ausfüllung kann über eine Bearbeitung der bürgerlichen Geschlechtsphilosophie vor sich gehen.

Unter dem Blickwinkel des *Patriarchatsfetischismus* kann man, wie ich früher erwähnt habe, der bürgerlichen Geschlechtsphilosophie generell Kategorien abgewinnen, die durch einen kritischen Wiedergebrauch, das heißt, befreit von ihrem ahistorischen, universellen Charakter, für die Entwicklung einer historischen Theorie über das Patriarchat verwendbar sind. Das gilt für ihre subjektive Seite, was die folgende Analyse der orthodox-freudianischen Theorie über den weiblichen Ödipuskomplex zeigen wird. Aber auch die objektive Seite des Patriarchats wird in der bürgerlichen Geschlechtsphilosophie in einer fetischistischen Form reflektiert. Die beiden bürgerlich-patriarchalischen Grundkategorien, auf die ich in meiner Darstellung des Patriarchatsfetischismus hingewiesen habe, (die Begriffe von dem determinierten Verhältnis zwischen Geschlecht/Charakter und Kultur-Zivilisation/Patriarchat) zeigen beide in die Richtung einer Objektivitätsanalyse.

Die beiden Kategorien knüpfen, wie skizziert wurde, an die Begriffe der Geschlechtscharaktermaske und der historischen Entfaltung des menschlichen Gattungswesens in einem sozialen Raum der Männlichkeit an. Sie sind als fetischierte bürgerliche Vorformen des historischen Verständnisses zu betrachten, wie unsere entmystifizierten Kategorien repräsentieren. Auf diese Weise liefern sie – ihrem Fetischismus zum Trotz – einen Schlüssel zur Ausfüllung der „Leerstelle", der Leerstelle der Patriarchatstheorie im historischen Materialismus.

Der Ausgangspunkt für die beiden Begriffe ist die generelle Verkehrung des Verhältnisses zwischen Subjekt und Objekt,[42] welche die kapitalistische Produktionsweise kennzeichnet, und die deren besondere Formen der Entfremdung grundlegend bedingt. Wenn das menschliche Gattungswesen seinen Produzenten gegenüber in der quasi-lebendigen und dämonischen Erscheinung des Kapitals als ein dingliches Subjekt auftritt, welche die Produzenten zu Objekten macht, wird deren gesellschaftliches Agieren von äußerem Zwang bestimmt. Sie werden zu Charaktermasken, zu bloßen personifizierten Trägern ökonomischer Kategorien.

Es geschieht allerdings noch etwas anderes, womit sich die Marxsche Theorie nur sporadisch beschäftigt. In derselben Bewegung wird die Individuelle Reproduktion, darunter die Reproduktion der Gattung, entfremdet und aus den Sphären des menschlichen Gattungswesens ausgegrenzt. So heißt es in einer von Marx' Jugendschriften:

Es kömmt daher zum Resultat, daß der Mensch (der Arbeiter) nur mehr in seinen tierischen Funktionen, Essen, Trinken und Zeugen, höchstens noch Wohnung, Schmuck etc., sich als freitätig fühlt, und in seinen menschlichen Funktionen nur mehr als Tier. Das Tierische wird das Menschliche und das Menschliche das Tierische.
Essen, Trinken und Zeugen etc. sind zwar auch echt menschliche Funktionen. In der Abstraktion aber, die sie von dem übrigen Umkreis menschlicher Tätigkeit trennt und zu letzten und alleinigen Endzwecken macht, sind sie tierisch.* (Marx 1844a, 79)

Gleichzeitig damit, daß die individuelle Reproduktion und die Gattungsreproduktion entfremdet werden, werden sie jedoch auch ein ökonomisch notwendiges Glied im Kreislauf der verdinglichten Gattungswesens (das heißt:

des prozessierenden Kapitals). Das bedeutet, daß auch die individuelle Reproduktion und Gattungsreproduktion zu einem Gebiet werden, wo die Individuen bloße Träger von ökonomischen Kategorien sind, von Charaktermasken. Genau wie die Warenproduktion zwei fundamental antagonistische Charaktermasken erschafft: die Klassencharaktermasken (Kapitalist-Lohnarbeiter), produziert die patriarchalisch-kapitalistische Menschenproduktion zwei entschieden getrennte Charaktermasken: die männlich-väterliche gegenüber der weiblich-mütterlichen Geschlechtscharaktermaske.

Wie die Produktion werden also auch die individuelle Reproduktion und Gattungsreproduktion von Entfremdung und dem Zwang geprägt, nach den Prämissen der Charaktermasken zu agieren. Allerdings ist die Art und Weise, wie die Entfremdung und der Zwang Frauen und Männer betrifft, sehr verschieden. Da ja die Frauen biologisch die zentrale Rolle in der Gattungsreproduktion spielen, werden sie nicht nur in einer momentanen Körperfunktion entfremdet, der Empfängnis, sondern in einem umfassenden Prozeß: Empfängnis, Gravidität, Geburt, Stillen. Dieser Prozeß ist gleichzeitig die ökonomische Kernfunktion der individuellen Reproduktion, die als solche kapitalistisch und patriarchalisch gesehen gesellschaftlicher Kontrolle und Steuerung unterworfen werden muß. Insgesamt bedeuten diese Verhältnisse, daß die weiblich-mütterliche Charaktermaske zum Ausgegrenzten und Gattungswesensfremden *par excellence* wird, während umgekehrt die männlich-väterliche Charaktermaske die Form dessen annimmt, was das Gattungswesen als solches repräsentiert.

Alle Produktionsweisen, die auf einer Trennung von Produktionsmitteln und unmittelbarem Produzent beruhen, erschaffen antagonistische Klassencharaktermasken. Auf entsprechende Weise werden bei all jenen Produktionsweisen, welche die individuelle Reproduktion vom menschlichen Gattungswesen abspalten, die Mutterschaft entfremden und ihre Formbestimmung von jener der Vaterschaft unterschieden etablieren, patriarchalische Herrschaftsverhältnisse und getrennte Geschlechtscharaktermasken produziert werden.

Klassen- und Geschlechtscharaktermaske müssen vor dem skizzierten Hintergrund als ein Verhältnis der Koexistenz verstanden werden. Die Individuen sind den Gesetzmäßigkeiten beider unterworfen.

Für die männlich-väterlichen Geschlechtscharaktermasken bedeutet das, daß sie sich nach Klassen unterscheiden – in die Charaktermaske des bürgerlichen Vaters und des Lohnarbeitervaters. Nachdem der Erstgenannte Träger der Interessen des Kapitals ist, wird er auch der eigentliche Patriarch-Vater. Das heißt, der eigentliche Träger der patriarchalischen Interessen an der Organisation der individuellen Reproduktion, und speziell der Gattungsreproduktion, unter den Bedingungen der Geschlechtscharaktermasken. Dieses Interesse erfährt seinen gesammelten Ausdruck in der staatlichen Bevölkerungspolitik,[43] indem der Staat die gesamte Summe der Interessen sowohl der Einzelkapitale als auch der einzelnen bürgerlichen Vatercharaktermasken zusammenfaßt. Der Staat agiert als Totalkapital und Totalvater.[44] Der Lohnarbeitervater hat als Charaktermaske allerdings auch eine Aktie bei der Aufrechterhaltung der patriarchalischen Reproduktionsorganisation. Gewiß hat er kein ökonomisches Interesse an der Gattungsreproduktion. Das ist alleine dem Patriarch-Vater vorbehalten, der Kapitalerben und neue Generationen von Arbeitskräften benötigt. Als personifizierter Träger der ökonomischen Interessen des Totalvaters an der Gattungsreproduktion erhält der Lohnarbeitervater hingegen einen gewissen Anteil der generellen väterlichen Privilegien: das Recht, sich den Körper der Frau anzueignen und ihn als kostenlose Arbeitskraft für reproduktive Arbeit zu beschlagnahmen.

Für die weiblich-mütterlichen Charaktermasken besteht ein Zusammenfall der Auswirkungen der Klassen- und der Geschlechtscharaktermaske, wenn die Frau keine eigene Lohnarbeit hat. Für die weiblichen Lohnarbeiter ergibt sich jedoch eine spezielle Situation. Die Klassencharaktermaske, der sie durch ihre Lohnarbeit unterworfen sind, verschafft ihnen eine männliche Geschlechtscharaktermaske, aber gleichzeitig unterstehen sie noch immer den Bedingungen der weiblichen Geschlechtscharaktermaske.

Kapitel IV
Die (phallischen) Rätsel der Weiblichkeit

Eine unabgeschlossene Debatte

Jacques Lacan – 1958:
„Es bleibt, daß die nunmehr eingeschlafene Diskussion über die phallische Phase, wenn man die übriggebliebenen Texte aus den Jahren 1928–1932 wieder liest, uns erfrischt durch das Beispiel einer theoretischen Leidenschaft, der der inzwischen eingetretene Verfall der Psychoanalyse als Folge ihrer Transplantation nach Amerika einen Hauch von Nostalgie hinzufügt." (Lacan 1958)[1]

Janine Chasseguet-Smirgel – 1964:
„Seit das letzte Echo auf die Diskussion über die weibliche Sexualität verhallt ist, sind etwa dreißig Jahre vergangen; die Analytiker haben weiterhin Frauen analysiert; das Material, über das die Protagonisten der Auseinandersetzung seinerzeit verfügten, wurde durch reichhaltige klinische Erfahrungen erweitert – dennoch sind die Beiträge zum Problem der weiblichen Sexualität immer seltener, sporadischer, fragmentarischer geworden." (Chasseguet-Smirgel 1964)[2]

Von zirka 1918 bis 1933 war die Frage der psychosexuellen Entstehung der Weiblichkeit einer der Kardinalpunkte in der internationalen psychoanalytischen Bewegung.[3] Später versiegte die Debatte der Psychoanalytiker über die Weiblichkeit, um – wie von einem verdrängten, unbewußten Ort – erst um 1960 in das Bewußtsein der psychoanalytischen Wissenschaft zurückzukehren.[4] Es gab natürlich auch in der dazwischenliegenden Periode Analytiker, die über die rätselhaften Wege der Libido bei der Frau reflektierten. Nämlich Analytikerinnen wie Helene Deutsch, Marie Bonaparte, Ruth Mack Brunswick, Annie Reich, Edith Jacobson, Phyllis Greenacre, Karen Horney und Clara Thompson.[5] Das eine ist allerdings die Arbeit einzelner Analytiker, etwas anderes eine lebendige internationale Debatte. Was die letztgenannte betrifft, hatte die Frage von der Weiblichkeit die Bühne verlassen – ohne irgendeine fertige Lösung gefunden zu haben.

Der historische Hintergrund dieses Verschwindens von der psychoanalytischen Diskussions-Bühne ist in der geschlechtsideologischen und sexualpolitischen Restauration zu suchen, die der Vormarsch des Nazismus in Europa und die Stalinisierung der kommunistischen Weltbewegung mit sich führte. Eine Restauration, die auch in der Periode des kalten Krieges nach dem zweiten Weltkrieg fortsetzte. Im Laufe der 1930er Jahre wird die psychoanalytische Diskussion allgemein verwässert. Der Schwerpunkt der Bewegung wird in die USA verlegt, wohin viele Psychoanalytiker wegen der nazistischen Verfolgung flüchten. Parallel dazu treten jene kritischen Potentiale in den Hintergrund, welche die klassische Analyse enthält – ihren bürgerlichen Borniertheiten und patriarchatsfetischistischen Verblendungen zum Trotz. Die Psychoanalyse amerikanischer Ausgabe nimmt in hohem Grad den Charakter eines eindeutigen Anpassungsinstruments an.

Aber ein Verschwinden setzt ein Eintreten voraus. Warum hatte die Weiblichkeitsdebatte überhaupt begonnen? Oder sollte man vielleicht eher fragen: warum ausgerechnet 1918, warum zum Beispiel nicht früher?

1. Der historische Hintergrund der psychoanalytischen Weiblichkeitsdebatte 1918–33

Verfolgt man die Entwicklungsgeschichte der Psychoanalyse zurück bis zu Freuds Grundlegung der neuen Wissenschaft in den 1890er Jahren, scheint es lange vor 1918 reichlich Stoff für eine Weiblichkeitsdebatte gegeben zu haben. Lange Zeit davor war die Weiblichkeit nämlich – implizit – ein zentraler Gegenstand der psychoanalytischen Theoriebildung. Bei der Entwicklung der psychoanalytischen Theorie und Methode nahm Freud seinen Ausgangspunkt in der Analyse des Traumes und der Hysterie. Als eine in hohem Grad frauenspezifische Neuroseform kann die Hysterie nicht analysiert werden, ohne daß sich die Frage der Weiblichkeit – reflektiert oder unreflektiert – in der Analyse stellt. Abgesehen von sehr sporadischen Kommentaren,[6] bleiben die Studien der Hysterie allerdings *implizite Weiblichkeitsanalyse*. Erst im Laufe der 1920er Jahre und Anfang der 1930er Jahre entfaltet Freud einen eigentlichen Begriff über die psychosexuelle Entwicklung der Frauen. Und was hier über Freud gesagt wird, gilt im Prinzip auch für den übrigen nicht-idealistischen Zweig der psychoanalytischen Bewegung.[7] Eigentliche, *explizite Weiblichkeitsbegriffe* werden erst in der Periode 1918–33 entwickelt. Warum dieser relativ späte, wenn auch umso nachdrücklicher markierte Eintritt?

Wie Lacans und Chasseguet-Smirgels Versuch – um 1960 –, die abgerissenen Fäden wieder zu verknüpfen und die Weiblichkeitsdebatte der 1920er und 1930er Jahre wiederzubeleben, nicht zu einem zufälligen historischen Zeitpunkt einsetzt, kann auch das Aufflammen der klassischen Debatte mit der damaligen Situation der Frau klar in Zusammenhang gebracht werden. Anfang der 1960er Jahre befand sich die westliche, industrialisierte Welt in einer Periode der Hochkonjunktur, die überall eine gewaltige Zunahme der Anzahl lohnarbeitender Frauen mit sich brachte, und damit größeres

Gewicht auf die „männlichen" Seiten der Geschlechtscharaktermasken von Frauen legte. Dementsprechend ist auch der Beginn der 1920er Jahre von umfassenden Verschiebungen in den weiblichen Charaktermasken in Richtung der „männlichen" Seiten gekennzeichnet. Das heißt, derjenigen Seiten, die an die Lohnarbeit und an die Öffentlichkeit geknüpft sind.

Ungeachtet der vielen nationalen Entwicklungsunterschiede bedeutete der erste Weltkrieg einen entschiedenen Einschnitt für die Frauenkulturgeschichte der bürgerlichen Gesellschaft. Ab zirka 1880 bis zum Ende des Weltkrieges kommt es in den kapitalistischen Industrieländern zu einer akzentuierten Einbeziehung von Frauen in den Arbeitsmarkt. Diese wird von einer markanten Tendenz bei den Frauen begleitet, sich zu organisieren. Sowohl die feministische als auch die sozialistische Frauenbewegung erfährt hier eine erste breite Entfaltungsperiode. Eine internationale Welle von Frauenliteratur über die „Frau im Umbruch" (jener Frauentyp, der zwischen dem familiengebundenen Leben der „alten Frau" und dem selbständigen Leben der „neuen Frau" steht) erblickt auch zwischen 1880 und 1920 das Licht der Welt.[8] Alles in allem können diese verschiedenen frauenhistorischen Tendenzen jener Periode dahingehend zusammengefaßt werden, daß ein weiblicher, proletarischer und Mittelschichtslohnarbeiter in Entstehung begriffen war, der dies nicht nur als objektive Charaktermaske war, sondern sich selbst auch subjektiv als solche verstand. Mit anderen Worten entwickelte sich ein neuer Frauentyp, dessen soziale Identität zu einem größeren oder kleineren Teil in einer veränderten Lebensform gründete, die von selbständiger Lohnarbeit bestimmt war.[9] Mit der Umstellung auf Kriegsökonomie während des ersten Weltkrieges erreicht diese Entwicklung – im guten und im schlechten – einen vorläufigen Kulminationspunkt. Zum Beispiel mußten breite Schichten von Frauen der Arbeiterklasse in den kriegführenden Ländern während des Krieges teils die alleinige Verantwortung für die Versorgung der Familie übernehmen, während der Mann abwesend war, teils in den Fabriken auf Arbeitsgebieten einspringen, die bis dahin männlichen Arbeitern vorbehalten gewesen waren. Man kann von einer „Kriegsemanzipation" sprechen, die, wie zum Beispiel die deutsche Frauenhistorikerin Silvia Kontos[10] bemerkt, zwar von den Frauen wahrscheinlich stark ambivalent erlebt wurde, weil sie auf den Prämissen einer sehr intensivierten Ausbeutung und Not basierte. Gleichzeitig handelte es sich nichts desto weniger auch um eine breite, reale – sowohl objektive, als auch subjektive – Akzentuierung der „männlichen" Seite der Charaktermaske:

Sie (die „Kriegsemanzipation", A. d. A.) brachte das Eindringen der Frauen in traditionell männliche Industriezweige (Metall, Maschinenbau, Elektro, Chemie), d. h. eine deutliche Ausweitung der industriellen Fähigkeiten von Frauen verbunden mit dem Nachweis, daß es eigentlich kaum eine Arbeit gibt, die Frauen, wenn sie entsprechend angelernt werden, nicht leisten können. Das neugewonnene „Produktionsbewußtsein" der Frauen wurde unterstützt von der gesellschaftlichen Anerkennung, die den

Frauen als den „Soldaten der Produktionsschlacht" zwangsläufig gezollt wurde.*
(Kontos 1979, 27)

Politisch fand diese Änderung darin Ausdruck, daß das Frauenwahlrecht in einer Reihe von Ländern (zum Beispiel in Dänemark) während des Krieges oder in Verlängerung des Kriegsendes (zum Beispiel in Deutschland) eingeführt wurde. Damit wurde eine jahrzehntelange Forderung der Frauenbewegungen endlich erfüllt.

Die Änderungen in der Situation der Frau, die in der Fußspur des Krieges folgten, wurden jedoch in keiner Weise zu einem Wendepunkt in Übereinstimmung mit den Visionen, für deren Verwirklichung die feministischen und sozialistischen Frauenbewegungen in der Periode vor und während des Weltkrieges arbeiteten. Die „neue Frau" brach nicht befreit aus der Larve der gespaltenen „Frau im Umbruch" hervor. Das Stimmrecht verschaffte den Frauen keinen entscheidenden Einfluß auf die Gesellschaft, sondern bloß eine größere Wählermasse für die immer noch von rechts nach links männlich dominierten Parteien. Die Frauenarbeitslosigkeit war nach dem Krieg an vielen Orten groß, da die Frauen den Männern Platz machen mußten, als sie vom Krieg heimkamen. Zwar bedeutete der Sieg der Revolution in der Sowjetunion für die Frauen einen Fortschritt, jedoch keineswegs einen Bruch mit den Geschlechtscharaktermasken. Die besondere patriarchalische Rationalität, welche die 2. Internationale inklusive ihres linken Flügels gekennzeichnet hatte, verleugnete sich in dem jungen Sowjetstaat nicht, und schlug überhaupt tief in der kommunistischen Weltbewegung ihre Wurzeln.

Trotz der ausbleibenden Realisierung der Visionen kann man nichts desto weniger in den 1920er Jahren die Auswirkungen eines Einschnitts mit wichtigen kulturhistorischen Konsequenzen beobachten. Qualitativ blieb die weibliche Lohnarbeitercharaktermaske unverändert. Aber im Zuge der Gewichtsverlagerung, die zwischen ihren beiden Momenten stattfand, geschieht etwas, das man als Änderung der Geschlechtsrolle bezeichnen kann – wenn man unter „Geschlechtsrolle" die inneren, ideologischen Bilder und äußeren sozialen Erwartungen/Normen versteht, als welche die Geschlechtscharaktermaske den Individuen der Gesellschaft erscheint.[11] Einer der wenigen historisch orientierten Psychoanalytiker der Periode, Gregory Zilboorg, beschreibt diesen Umbruch des Lebensstils von seinem männlichen Blickwinkel aus betrachtet auf folgende Weise:

Der erste Weltkrieg hat plötzlich unsere traditionellen Vorstellungen über das Weibliche erschüttert. Da, wo früher nur Männer zu sehen waren, tauchten Frauen auf; sie übernahmen häufig die Jobs von Straßenbahnfahrern, Taxichauffeuren und Liftboys. Sie fingen an, Zigaretten zu rauchen, was vorher ein fast ausschließliches Vorrecht der Männer gewesen war ... Während der letzten Kriegsjahre und im Jahrzehnt danach veränderte sich auch allgemein das Aussehen der Frauen beträchtlich. Der Bubikopf oder überhaupt kurzes Haar waren allgemein verbreitet; der Typ der rauhbeinigen, eckigen, flachbrüstigen Frau war so häufig, daß sie nicht mehr auffiel. Der knielange Rock, das männliche Tailleur oder Straßenkostüm und der Verzicht auf das vor dem Krieg übliche Korsett setzten die Frau der Nachkriegsjahre den männlichen Blicken aus, denen sie mit provozierender Unabhängigkeit, selbstbewußter Initiative und geradezu selbstgefälliger Herausforderung zu begegnen wußte.* (Zilboorg 1944, 183)

Obwohl die Psychoanalytiker im allgemeinen die Geschichte nicht mitreflektieren, besteht kein Zweifel, daß die Weiblichkeitsdebatte als Begleiterscheinung dieser Veränderungen des weiblichen Lebensstils und der verbreiteten Annahme gewisser „männlicher" Züge zu betrachten ist. Wie wir sehen werden, spielt gerade die Frage des weiblichen „Männlichkeitskomplexes" eine große Rolle in der Weiblichkeitsdebatte. Das ist ein Indikator dafür, daß das plötzlich entflammte psychoanalytische Interesse für die Frage, wie „man" psychosexuell eine Frau wird, von den „Normalitätsbrüchen" provoziert wurde, welche die historische Entwicklung mit sich gebracht hatte. Die „normale Weiblichkeit" war nicht länger das, was sie von einem traditionellen bürgerlichen Blickwinkel aus betrachtet gewesen war. Was war sie dann? Das mußte sich jeder gute Patriarchatsfetischist fragen, nicht zuletzt wenn er oder sie Psychoanalytiker und der Wirklichkeit des individuellen weiblichen Analysanden empirisch verpflichtet war. Die äußerst sporadischen, historischen Reflektionen, die man in der Debatte finden kann, zeigen auch in dieselbe Richtung: eine fetischistische Registrierung der erwähnten Verschiebung in den weiblichen Geschlechtscharaktermasken. Zum Beispiel diskutiert die Psychoanalytikerin Helene Deutsch das Verschwinden der harmonischen *Mutter*, das heißt, der „alten" Frau, von der Bühne der Geschichte, und zeigt, wie das neurotische Mannweib als Folge einer sozialen Entwicklung an ihre Stelle trat. So spricht sie davon, daß derjenige Frauentyp, der seine ganze Sexuallust in mütterliches Fürsorgefühl verschiebt und den Orgasmus als etwas Fremdes, das nur Männer angeht, empfindet, im Aussterben begriffen ist. Sie begründet die historische Veränderung mit einem – fetischistisch verstandenen – „Vermännlichungsprozeß" in der Gesellschaft:

Dieser Frauentypus (die *„Mutterfrau"*, A. d. A.) ist im Absterben, und es scheint, daß die moderne Frau neurotisch ist, wenn sie frigid ist. Ihre Sublimierungen sind triebentfernter und deshalb einerseits den direkten Triebzielen weniger gefährlich, andererseits aber auch weniger geeignet, die Triebansprüche auf indirektem Wege zu befriedigen. Ich glaube, daß diese psychologische Umstellung gleichsinnig ist mit den sozialen Entwicklungen, und daß sie mit einer Vermännlichung der Frau einhergeht.* (Deutsch 1930, 184)

Außer den verschärften Widersprüchen zwischen „männlichen" und „weiblichen" Zügen in den weiblichen Geschlechtscharaktermasken spielte übrigens ein weiterer Umstand eine wesentliche Rolle dabei, daß die Diskussion über die Weiblichkeit eine der zentralsten Fragen in der psychoanalytischen Bewegung der 1920er Jahre und Anfang der 1930er Jahre wurde. Zu diesem Zeitpunkt waren bereits eine Reihe weiblicher Analytiker ausgebildet worden. Nicht unerwartet nahmen gerade diese energisch an der Weiblichkeitsdiskussion teil, die ja auch für sie persönlich große Bedeutung hatte. Sie sind selbst „Frauen im Umbruch", die mit dem einen Bein in den weiblichen, mit dem anderen in den männlichen Lebenszusammenhängen stehen. Liest man zum Beispiel Helene Deutsch' Autobiographie,[12] dann treten einem die ideologischen Dimensionen der Widersprüche der „Frau im Umbruch" sozusagen in Leuchtschrift vor die Augen. Einerseits ist die *weibliche* und *mütterliche Frau* für Deutsch die erstrebenswerte und faszinierende Weiblichkeitsnorm. Nur die Frau, die psychosexuell diesen Typ der Weiblichkeit zu realisieren vermag, ist in Übereinstimmung mit ihrer innersten Natur. Helene Deutsch ist sehr verliebt in die *weibliche* Frau, ist aber andererseits selbst auf vielerlei Art ein *Mannweib*. Ihre „männlichen" Züge sind die psychosexuelle Triebkraft ihrer Arbeitsidentität. Diese war am Werk, als sie sich zur Ärztin ausbildete, Karriere als Psychoanalytikerin machte, und sich sowohl praktisch, als auch theoretisch eine Position innerhalb der stark *Vater*-dominierten psychoanalytischen Bewegung verschaffte.

2. Das (mangelnde) historische Bewußtsein der Diskutanten

Eine Sache ist es, die historischen Prozesse aufzuzeigen, vor deren Hintergrund die Weiblichkeitsdebatte entstand. Eine andere, den diskursiven Horizont der Diskutanten abzuzeichnen.

Im allgemeinen betrachten die Analytiker die Männlichkeitswünsche (Penisneid, Kastrationskomplex, Männlichkeitskomplex), welche sie bei ihren weiblichen Analysanden finden, entweder als biologisch in ihrem Ursprung (vergleiche unter anderem Freud), oder darüberhinaus auch teilweise als Resultate einer abstrakten patriarchalischen Kultur (vergleiche unter anderem die „Kulturistin" Karen Horney)[13]. So nimmt Freud zum Beispiel biologistisch die Bisexualitätstheorie in seinem letzten Artikel über die Weiblichkeit zu Hilfe, um die historische Spaltung der „Frau im Umbruch" in eine „weibliche" und eine „männliche" Seite zu verstehen. Er überlegt, ob man darin nicht vielleicht sogar eine Antwort auf die „ewige" Frage der Männer sehen kann, warum das „Ewig-Weibliche" so bedauerlich selten in „reiner" Form bei den Frauen zu finden ist:

...; in manchen (weiblichen, *A. d. A.*) Lebensläufen kommt es zu einem wiederholten Alternieren von Zeiten, in denen die Männlichkeit oder die Weiblichkeit die Oberhand gewonnen hat. Ein Stück dessen, was wir Männer das „Rätsel des Weibes" heißen, leitet sich vielleicht von diesem Ausdruck der Bisexualität im weiblichen Leben ab.* (Freud 1933a, 107)

Nach Karen Horney sind die weiblichen Männlichkeitswünsche vor allem Reaktionen auf ein spezifisches biologisch-weibliches Begehren (den Penis des Vaters zu inkorporieren). Ein Begehren, welches das kleine Mädchen hingegen aus Angst, durch den allzu großen Penis physisch Schaden zu nehmen, verdrängt. Diese „natürliche" Erklärung der Männlichkeitswünsche bei Frauen ist für Karen Horney die grundlegende. Als ein Überbau dieses biologischen Erklärungsfundaments gibt es bei Horney allerdings eine weitere Begründungsdimension. Das sind die destruktiven Auswirkungen eines Patriarchats, welches jedoch abstrakt, historisch ganz unspezifisch, verstanden wird:

Diese aus dem Ödipuskomplex stammenden typischen Motive zu einer Flucht in die männliche Rolle (das heißt, das Motiv: Reaktionsbildung[14] auf das verdrängte Begehren nach dem väterlichen Penis, A. d. A.) werden nun verstärkt und unterhalten durch die tatsächliche Benachteiligung der Frau im sozialen Leben. Es ist natürlich gar nicht zu verkennen, daß die aus dieser letzten Quelle stammenden Männlichkeitswünsche sehr geeignet sind, jene unbewußten Motive zu rationalisieren. Aber wir dürfen nicht vergessen, daß diese Benachteiligung doch eben ein Stück Realität ist, und daß sie sogar unendlich viel größer ist, als den meisten Frauen bewußt ist ...
Tatsächlich steht das Mädchen von seiner Geburt an unter einer – ob gröberen oder feineren, aber unausweichlichen – Suggestion seiner Inferiorität, die den Männlichkeitskomplex dauernd speisen muß.* (Horney 1926, 373)

Sowohl für „Biologisten" als auch für „Kulturisten" unter den Teilnehmern der Weiblichkeitsdebatte gilt, daß ihnen (abgesehen von ganz sporadischen Kommentaren) jegliches Verständnis für die spezifischen historischen Dimensionen des Gegenstands, über den sie debattieren, fehlt. Diese fehlende Mitreflexion der historischen Veränderungsprozesse hängt natürlich mit der bürgerlichen Borniertheit zusammen, in der die Psychoanalyse, von verschiedenen Ansätzen zur Überschreitung abgesehen,[15] überhaupt gefangen ist. Die Psychoanalyse fetischiert, daß es für die psychische Entwicklung eine eigene Logik gibt. Die Eigenlogik verleitet die Psychoanalyse generell dazu, die subjektiven Strukturen als universelle Phänomene aufzufassen. Hier allerdings, wo es um das Verhältnis zwischen Weiblichkeit und weiblichem Geschlecht geht, handelt es sich um eine intensivierte Mystifikation. Einerseits bringt die historische Entwicklung die Doppeltheit „männlich"/ „weiblich" in der weiblichen Lohnarbeitercharaktermaske besonders deutlich zum Vorschein, was den Psychoanalytikern schwerlich entgehen kann. Die Doppeltheit nimmt auf der subjektiven Ebene oft die Form einer Identitätsspaltung an und wird sich daher, je markanter deren Existenz als gesellschaftliche Tendenz ist, in desto höherem Grad auch auf der Couch des Psychoanalytikers zurechtlegen. Andererseits ist der grundlegende Verständnisrahmen, von dem sowohl „Biologisten", als auch „Kulturisten" in der psychoanalytischen Bewegung wissenschaftstheoretisch ausgehen, die Geschlechtscharaktertheorie, der Horney allerdings einen abstrakten, patriarchatskritischen Überbau aufsetzt. Und zwischen der Geschlechtscharaktertheorie und der Doppeltheit der weiblichen Lohnarbeitercharaktermaske besteht wahrhaftig ein Widerspruch. Denn wenn der biologische Geschlechtsunterschied die Charaktere der zwei Geschlechter als polare Phänomene determiniert, wie kann man dann die „männlichen" Züge von Frauen erklären? Beides zu behaupten produziert einen inneren Widerspruch im Diskurs. Die klassische Psychoanalyse befindet sich allerdings wissenschaftstheoretisch in einer Situation, die es unmöglich macht, diesem Widerspruch zu entgehen. Sie ist zu blind, um über die Geschlechtscharaktertheorie hinaus zu „sehen". Gleichzeitig kann sie mit der Analyse der weiblichen Analysanden nicht weiterkommen, die den Gegensatz Männlichkeit-Weiblichkeit mit auf die Couch bringt, ohne die tatsächliche empirische Existenz dieser Doppeltheit zur Kenntnis zu nehmen.

Wenn ein eigentliches historisches materialistisches Verständnis ausgeschlossen ist, teils aufgrund der generellen bürgerlichen Borniertheit der Psychoanalyse, teils speziell in diesem Zusammenhang als Folge der Verankerung in der Geschlechtscharaktertheorie, gibt es im Prinzip auch nur eine logische „Lösungs"-Möglichkeit: die „männlichen" Züge zu fetischieren.[16] Was die Psychoanalyse macht, ist die Einschreibung in einen phallischen Diskurs zu universalisieren,[17] in der die Aneignung des Geschlechtsbewußtseins in unserer Gesellschaft im allgemeinen besteht. Eine Einschreibung, die umso widersprüchlichere Auswirkungen bekommt, umso mehr die Gesellschaftsentwicklung die Doppeltheit von „männlichen" und „weiblichen" Lebensbedingungen zu allgemeinem weiblichen Lebenszusammenhang macht.

Bei dieser Fetischierung wird allerdings eine sehr intensive und auffällige Mystifikation produziert. Von der Geschlechtscharaktertheorie ausgehend, können die „männlichen" Züge der Übergangsfrau nur als Fremdkörper in ihrem Charakter verstanden werden. Die Aufgabe, die sich der psychoanalytische Diskurs aufgrund seiner fehlenden historischen Erkenntnismöglichkeiten stellt, ist eine Erklärung dafür zu finden, wie sich der fremde Körper, der Penis, im Diskurs der weiblichen Analysanden als zugleich völlig fremder und trotzdem nicht 100%ig fremder Körper manifestiert. Wahrlich ein schwieriges und paradoxes Vorhaben!

3. Geschlechtsphilosophische Vorgänger – die Mannweibtheorien

Die geschlechtsphilosophische Formulierung des beschriebenen Paradoxes – die „männlichen" Züge der Übergangsfrau *versus* Geschlechtscharaktertheorie – war an sich kein Phänomen der 1920er Jahre, so wie es die besondere Ausformung dieser Theorie durch die Psychoanalyse war. So entsteht ab zirka 1880 eine Reihe „naturwissenschaftlich" begründeter Mannweibtheorien. Von wissenschaftlichen Koryphäen – wie zum Beispiel R. v. Krafft-Ebing, C. Lombroso, O. Weininger, P. J. Möbius und anderen[18] – wird hier „festgestellt", daß Frauen mit „männlichen" Zügen biologische Mißgeburten sein müssen. Man war der Meinung, daß der psychischen „Männlichkeit" eine physiologische entsprechen müsse. Zum Beispiel wurden die Geschlechtsorgane von weiblichen Kriminellen untersucht. Durch ihren Gesetzesbruch hatten sie ein aggressives und damit „nicht-weibliches" Verhalten an den Tag gelegt. Daher war es wohl „natürlich", bei diesen Frauen körperliche Zeichen von Männlichkeit zu erwarten – eine besonders lange Klitoris oder Änliches!

Das Auftauchen dieser „naturwissenschaftlichen" Mannweibtheorien am Ende des 19. Jahrhunderts hängt klar mit der Veränderung der weiblichen Geschlechtscharaktermasken zusammen – mit der Entstehung des sich selbst bewußten weiblichen Lohnarbeiters.[19] Das heißt, mit der Einleitung jenes Prozesses, welcher um 1920 kulminierte, und der zu diesem Zeitpunkt den Anstoß zur psychoanalytischen Weiblichkeitsdebatte gab.

Wie die psychoanalytische Reflexion der „männlichen" Züge bei den Frauen, sind auch die „naturwissenschaftlichen" Mannweibtheorien auf ihrer eigenen diskursiven Grundlage gleichzeitig logisch und paradox. Wenn die Kategorien „Männlichkeit"/„Weiblichkeit" als in der Biologie der beiden Geschlechter verankert aufgefaßt werden, dann muß das Vorkommen von zum Beispiel „männlichen" Zügen bei Frauen (oder umgekehrt „Weiblichkeit" bei Männern) in einem naturwissenschaftlichen Erklärungszusammenhang als ein Zeichen für physiologischen Hermaphroditismus erscheinen. Die historische Doppeltbestimmtheit[20] der weiblichen Lohnarbeitercharaktermaske wird – fetischistisch in einen physiologischen Diskurs eingeschrieben – zur biologischen Zweigeschlechtlichkeit des Hermaphroditen. Eine Zweigeschlechtlichkeit, die einerseits als logisch verständlich, und andererseits als paradox erscheint, als ein Bruch in der Ordnung der Natur.

Trotz dieser prinzipiell analogen Struktur im ‚naturwissenschaftlichen' und im psychoanalytischen Diskurs, unterscheidet sich der Patriarchatsfetischismus der psychoanalytischen Theorie von den physiologischen Mannweibtheorien in einem wichtigen Punkt. In jenem Punkt, der die Psychoanalyse als die fortschrittlichste bürgerlich-patriarchalische Theorie über die geschlechtliche Entstehung des Subjekts konstituiert. Die Psychoanalyse gerät sozusagen weniger auf Abwege, weil ihr Objekt nicht der physiologische Ausdruck der Geschlechter ist, sondern die psychischen Repräsentanten der Physiologie. Es ist sinnlos, die Länge der Klitoris zu messen. Hingegen kann man sehrwohl eine ganze Menge erfahren, wenn man das symbolische Leben der Klitoris in dem historisch-phallischen Diskurs untersucht, der den Penis als den psychischen Repräsentanten der Klitoris konstituiert.

Außer seiner Verankerung in diesem strukturellen wissenschaftstheoretischen Unterschied – das mehr implizite und vermittelte Verhältnis der Psychoanalyse zu den „Naturen" der Geschlechter –, kann der weniger platte Patriarchatsfetischismus der Psychoanalyse auch als ein Produkt der historischen Entwicklung betrachtet werden. Die Psychoanalyse bekam es erst mit den subjektiven Widersprüchen in der zugleich „männlichen" und „weiblichen" Identität der Übergangsfrau zu tun, als sie gesellschaftlich sehr auffällig wurden. Offenbar wurden sie spät in jenen gesellschaftlichen Schichten sichtbar, die den primären Grundstock an Patienten der Psychoanalyse ausmachten. Gewiß hatte die Verwandlung gewisser bürgerlichen Frauenschichten in eine lohnarbeitende Frauenmittelschicht bereits gegen Ende des 19. Jahrhunderts begonnen. Das spiegelt sich in demjenigen Teil der Mannweibtheorien, der sich mit dem Verhältnis der Frau zu Kunst und Wissenschaft beschäftigt. Man muß allerdings damit rechnen, daß diese früh „deklassierten"[21] bürgerlichen Frauenschichten, die eine große Rolle bei der Entwicklung der bürgerlichen Frauenbewegung und Frauenliteratur spielten, zwar schon den gleichen Hintergrund wie Freuds Hysteriepatienten in der Grundlegungsperiode der Analyse hatten, daß sich aber gleichzeitig nichts desto weniger qualitative Unterschiede geltend machten. Die Frauen, die zur Analyse kamen, waren oft diejenigen, denen es nicht gelang, sich eine zufriedenstellende Arbeit oder identitätsgebende künstlerische oder politische Praxis zu schaffen. Das heißt, jene Frauen, die am Lebensstil der „alten Frau" ‚festhingen', obwohl dessen materielle Basis unter ihren Füßen verschwand. Die späte Beschäftigung der Psychoanalyse mit dem „Männlichkeitskomplex" zeugt davon, daß eine allgemeine Änderung der Lebensstils in den bürgerlichen Frauenschichten erst mit dem Kulminationspunkt eintrat, den das Kriegsende generell für die Frauen darstellte. Erst hier scheint die „alte Frau" ihre Bastionen in der Bürgerschaft aufzugeben.

4. Ist das Mädchen eine kleine Frau oder ein kleiner Mann? Positionen in der Weiblichkeitsdebatte

Der Beginn der Debatte – Freud, v. Ophuijsen, Abraham

In seinem Artikel über „Charaktertypen aus der psychoanalytischen Arbeit"[22] parallelisiert Freud in einer Nebenbemerkung die Forderung der Frauen nach Privilegien und Befreiung mit Shakespeares Richard III. Die Frauen sind wie diese Mißgeburt, die – von der Natur benachteiligt – sich als Ausnahme-Mensch betrachtet und sich dazu berechtigt fühlt, sich als Kompensation für ihr körperliches Mißgeschick über allgemeine „menschliche" Moral hinwegzusetzen. Wenn die Frauen Emanzipationsforderungen stellen, dann beruht das, sagt Freud, dementsprechend psychisch auf einer Reaktionsbildung gegen ihre starken Gefühle, Stiefkinder der Natur zu sein:

Wir wollen aber die „Ausnahmen" nicht verlassen, ohne zu bedenken, daß der Anspruch der Frauen auf Vorrechte und Befreiung von soviel Nötigungen des Lebens auf demselben Grunde ruht. Wie wir aus der psychoanalytischen Arbeit erfahren, betrachten sich die Frauen als infantil geschädigt, ohne ihre Schuld um ein Stück verkürzt und zurückgesetzt, und die Erbitterung so mancher Tochter gegen ihre Mutter hat zur letzten Wurzel den Vorwurf, daß sie sie als Weib anstatt als Mann zur Welt gebracht hat.* (Freud 1916d, 369-70)

Mit einem Hinweis auf diese Passage bei Freud leitet der Psychoanalytiker J. H. W. van Ophuijsen 1917 seinen Vortrag über den „Männlichkeitskomplex der Frau"[23] in der holländischen psychoanalytischen Vereinigung ein. Es ist seine Absicht, einen Überbegriff für die gewöhnlichen weiblichen Gefühle von Kastriertheit und Penisneid zu prägen. Gefühle, welche die Psychoanalyse viele Jahre hindurch[24] gekannt hatte, ohne daß dies jedoch besonderes Interesse geweckt hätte. v. Ophuijsen schlägt einen Begriff des „Männlichkeitskomplexes" vor, der sowohl Fälle einschließt, bei denen die Verbitterung über den fehlenden Penis mit dem Gefühl vermischt ist, daß die Benachteiligung in einer Strafe für eine selbstverschuldete Handlung begründet ist, als auch andere Fälle, bei denen das resignierende Moment des Schuldgefühls und der Selbstverschuldung fehlt. Mit seinem Begriff möchte v. Ophuijsen den Vorstellungskomplex beschreiben, der den Glauben von Frauen betrifft, einen Penis besitzen zu können. Das heißt, ihren verbissenen, rasenden, Richard III-ähnlichen Gauben, Kompensation erzwingen zu können – phallische Macht und Potenz – obwohl die Natur sie zu Potenzlosigkeit und Verkrüppelung verurteilt hat.

Im selben Jahr (1917) schreibt Freud seinen ersten Artikel mit einem frauenspezifischen Komplex als explizites Hauptthema – nämlich das sogenannte „Jungfräulichkeitstabu".[25] Das Thema sind auch hier weibliche Verbitterungs- und Feindlichkeitsgefühle gegenüber dem männlichen Geschlecht. Näher bestimmt diejenigen, die Freud zufolge Frauen oft dazu bringen, starke Kastrationswünsche gegenüber jenem Mann zu nähren, der sie entjungfert. Die psychosexuelle Ursache dafür ist, sagt Freud, im weiblichen Kastrationskomplex zu finden, in der narzißtischen Kränkung, die aus der Entdeckung des kleinen Mädchens folgt, daß es nicht, was es in seiner frühen Kindheit eine Zeit lang glaubte, einen Penis besitzt. Die Kastrationswünsche gegenüber dem deflorierenden Mann sind als Rache der Frau für die Kastration der Kindheit zu verstehen – für die Konfrontation mit dem Faktum, daß sie keinen Penis hat.

Die fundamentale Feindlichkeit, die nach Freud aus dem weiblichen Kastrationskomplex erwächst, greift der Psychoanalytiker Karl Abraham auf dem 6. internationalen psychoanalytischen Kongreß in Haag 1920 auf.[26] Sein Beitrag ist explizit als eine Vertiefung von Freuds Artikel über das Jungfräulichkeitstabu formuliert, und nimmt – wie v. Ophuijsens Schrift – in Freuds lakonischer Bemerkung (in dem Artikel über Charaktertypen)[27] darin seinen

79

Ausgangspunkt, daß Frauen so oft damit unzufrieden sind, daß sie als Frauen geboren wurden. Abrahams Intention ist es eindeutig, das Allgemeine in Freuds Beschreibung der weiblichen Feindlichkeit gegenüber dem Penis und seinem Besitzer hervorzuheben. So baut sein Beitrag, wie er sagt, auf einem „umfangreichen klinischen Beobachtungsmaterial"*, und er meint, daß man aufgrund dessen die These aufstellen kann, daß der Wunsch, ein Mann zu sein, „eine allgemeine sämtlichen weiblichen Wesen zukommende Wunschrichtung"* ist.[28] Dieses unerfüllbare Begehren kann, sagt Abraham, in der normalen weiblichen Entwicklung in den – erfüllbaren – Wunsch nach einem Kind transformiert werden. Aber das „Unnormale", daß der Kastrationskomplex unvermittelt, untransformiert weiterbesteht, scheint häufiger zu sein als das „Normale". „Die tägliche Beobachtung lehrt uns aber, wie häufig dieses normale Endziel der Entwicklung nicht erreicht wird"*, stellt Abraham fest.[29] Bei all diesen „unnormalen" Frauen kann man nun Abraham zufolge zwei typische, unterschiedliche Reaktionen beobachten. Ein Frauentyp – der „Wunscherfüllungstyp" – ist von dem unbewußten Wunsch dominiert, die männliche Rolle zu übernehmen, sowie von Phantasien, tatsächlich einen Penis zu besitzen. Abraham präzisiert hier die Frau mit dem Männlichkeitskomplex, wie v. Ohuijsen sie beschrieb. Bei einem anderen Frauentyp – dem „Rachetyp" – (jenem Typ, den Freud primär im Artikel über das „Jungfräulichkeitstabu" beschrieb), liegt das Gewicht im Unbewußten auf einer Abweisung der Frauenrolle und auf dem verdrängten Begehren, sich für die Kastration zu rächen, der sich die Frau ausgesetzt fühlt. Ähnlich wie Freud unterstreicht Abraham, daß es sich um ein Erlebnis von „Kastration" handelt – obwohl diese Bezeichnung unzweideutig auf einen männlichen Kontext hinweist. Man kann nicht schlechthin von einem „Genitalkomplex" sprechen, denn was die weiblichen Analysanden zum Ausdruck bringen, ist tatsächlich das Erlebnis, einen Penis besessen zu haben, der ihnen genommen wurde. Also haben wir es, sagt Abraham, mit einem Komplex zu tun, der, so merkwürdig es auch klingen mag, parallel zu dem ist, was bei den männlichen Neurotikern – mit mehr Grundlage in der Biologie – „Kastrationskomplex" genannt worden ist.

Mit diesen drei Schriften – teils v. Ophuijsens und Freuds, die beide 1918 veröffentlicht wurden, teils Abrahams, die 1921 publiziert wurde – wird der Startschuß für eine Weiblichkeitsdebatte gegeben, die erst zirka 15 Jahre später versiegt. Während Freuds erste Hinweise auf den Penisneid bei kleinen Mädchen und ihre Wünsche, Knaben zu sein, einige Jahre davor[30] anscheinend keine besondere Aufmerksamkeit erregten, löst das Problem hier in der Nachkriegszeit eine intensive Diskussion aus. Eine der Folgen davon ist, daß Freud selbst die Gesichtspunkte formuliert, die danach sozusagen als die kanonisierte freudianische Weiblichkeitstheorie gelten sollten.

In den drei Schriften ist das Hauptthema für die Debatte intoniert. Betrachtet man diese als Ganzes, kann sie nämlich wie gesagt als fetischierte

Diskussion darüber beschrieben werden, wie es dazu kommt, daß sich die psychosexuelle Entwicklung von Frauen in einen phallischen Diskurs einschreibt. Oder in der fetischierten Sprache der Diskutanten ausgedrückt: eine Diskussion über die Frage, wie es kommt, daß der Besitz oder Nicht-Besitz des Penis eine zentrale Rolle in der Bewußtwerdung von Mädchen/Frauen über ihr eigenes Geschlecht spielt.

Als Lösung dieses Problems kristallisieren sich in der Debatte zwei stark voneinander abweichende Antworten heraus, die man mit einem Nein beziehungsweise einem Ja auf die Frage zusammenfassen kann, ob das kleine Mädchen ein kleiner Mann ist, bevor es sich seine weibliche Geschlechtsidentität aneignet. Darüberhinaus kann man die Debatte zeitlich in zwei Phasen aufteilen, wobei die Aufzeigung des aktiven Ödipuskomplexes und der Bedeutung des frühen und grundlegenden verliebten Verhältnisses des Mädchens zur Mutter durch die holländische Analytikerin Jeanne Lampl-de Groot im Jahr 1927[31] den Schnittpunkt bildet. Bis 1927 wird vor allem die Objektrelation zum Vater reflektiert, nicht die Phase der Mutterbindung, die jener vorausgeht.

Ist das kleine Mädchen zuerst ein kleiner Mann? Durchleben Mädchen, wie Freud unter anderem sagt, eine Phase in ihrer frühen Kindheit, in der sie sich als glückliche Besitzer eines Penis erleben? Wie wir später sehen werden, berührt diese Frage einen Lebensnerv des Patriarchatsfetischismus' – einen seiner zentralen, mystifizierenden Mechanismen. Sehen wir inzwischen, bevor wir zur Auflösung der Mystifikationen schreiten, das fetischierte Für und Wider der Diskutanten etwas näher an.

Karen Horney und andere erwidern: „Das kleine Mädchen ist ein kleines Mädchen!"

Auf dem 7. internationalen psychoanalytischen Kongreß in Berlin im Jahr 1922 ergreift Karen Horney, die nun gemeinsam mit anderen Analytikerinnen begonnen hat, in der Bewegung hervorzutreten, das Wort gegen Abraham, Freud und v. Ophuijsen.[32] Sie spottet darüber, daß es ihnen in ihrem männlichen Narzißmus nicht einfällt zu fragen, *warum* sich Frauen genital benachteiligt fühlen. Daß Frauen dafür Ausdruck geben, sich einen Penis zu wünschen, ist für sie ein ganz natürliches und unmittelbar verständliches Phänomen. Wenn sie damit behaupten, daß die Hälfte der Menschheit mit ihrer Geschlechtsrolle unzufrieden ist, und sich trotzdem zu keinen tieferen Überlegungen veranlaßt fühlen, sagen sie allerdings mehr über sich selbst aus, als über das Objekt der Analyse, welches sie behandeln. Sie sind, sagt Horney, in ihrem einseitigen männlichen Blickwinkel gefangen, Mit einem Hinweis auf „eine(r) langjährige(n) Praxis am ganz vorwiegend weiblichen Patienten mit durchweg sehr ausgesprochenem Kastrationskomplex"*³³ macht Horney sich daher zur Sprecherin für eine Gegen-Erklärung des Penisneids und der ihn begleitenden Komplexe. Eine Gegen-Erklärung, die der weiblichen Sexualität einen Eigenwert zuerkennt, anstatt ihr biologisch selbständige Ausdrucksformen abzusprechen.

In einer Reihe von Artikeln – publiziert zwischen 1923 und 1933[34] – erweitert Horney den Inhalt ihrer Gegen-Erklärung und Argumentation in die Richtung, wie das fehlerhafte Denken Freuds und anderer ihrer Meinung nach entstanden ist.

Beim Aufbau ihres alternativen Weiblichkeitsbegriffs nimmt Karen Horney ihren Ausgangspunkt in einer Suche nach etwas authentisch Weiblichem. Ihr zufolge muß es eine Reaktionsbildung und etwas Sekundäres sein, daß das Mädchen zu einem Zeitpunkt in seiner Entwicklung beginnt, seine Sexualität in der Sprache eines phallischen Begehrens zu formulieren. Das Primäre muß eine authentische weibliche Sexualität sein. Diese meint Horney in einem Begehren nach dem eindringenden Penis des Vaters finden zu können. Ein Begehren, von dem sie Spuren in den Phantasien ihrer Analysanden aufspürt, und von dem sie annimmt, daß es auf eine primäre Identifikation mit der Mutter zurückzuführen ist, derer sich der Vater bemächtigt. Es gibt, sagt Horney, einen frühen, primären Penisneid bei Mädchen. Sie beneiden die Knaben, weil deren Genital sichtbar ist im Gegensatz zu ihrem eigenen. Dieser Penisneid ist allerdings nicht von besonders großer Bedeutung, meint Horney. Die eigentliche, wichtige Reaktionsbildung, der Penisneid, bekommt nach Horney erst viel später in der Entwicklung des Mädchens eine Bedeutung. Nämlich dann, wenn das ursprüngliche, weibliche Begehren verdrängt werden muß, weil daß Mädchen entdeckt, daß der Penis des Vaters so groß ist, daß er sie zerreißen würde, wenn er wirklich in ihre Scheide eindringen würde.

Horney streitet zu keinem Zeitpunkt ab, daß das, was der Analytiker sehr oft bei Mädchen/Frauen antrifft, phallisch definierte Komplexe, wie Kastrationskomplex, Männlichkeitskomplex und andere sind. Die Frage, warum die Reaktion auf die erwähnte Angst vor genitaler Verletzung ausgerechnet in einer phallischen Terminologie formuliert wird, beantwortet Horney in Übereinstimmung damit. Als Reaktion auf die ödipale Enttäuschung, die darin besteht, daß der Vater die Mutter wählt, und auf die Angst vor der genitalen Verletzung, die der große Penis des Vaters verursachen würde, regrediert[35] das Mädchen zurück zum primären Penisneid. Dieser war, meint Horney, wie gesagt ursprünglich eine unwesentliche Erscheinung, wird aber nun bedeutungsvoll, weil alle Enttäuschungen der dazwischenliegenden ödipalen Phase auf ihn geschoben werden. Das heißt, die Enttäuschungen darüber, daß der Vater dem Mädchen zugunsten der Mutter einen Korb gab – daß er den brennenden Wunsch des Mädchens, von ihm ein Kind zu bekommen, nicht erfüllt hat. Eine weitere Erklärung dafür, warum die „Flucht aus der Weiblichkeit"[36] ausgerechnet den Weg über die Männlichkeit nimmt, ist, meint Horney, erstens ein „Krankheitsgewinn".[37] Der beste „Beweis", den das Mädchen liefern kann, keine vaginalen Wünsche nach Penetration zu haben, ist die Formulierung des genau entgegengesetzten phallischen Begehrens – selbst zu penetrieren. Dazu kommt zweitens der „Gewinn", daß die Identifikation mit dem Vater, um die die phallischen Wünsche aufgebaut werden, gleichzeitig eine Loslösung, Desexualisierung des Verhältnisses zum Vater bedeutet.[38]

Was Horney macht, ist also gewisserweise, die Entwicklungsauffassung der Freudianer auf den Kopf zu stellen. Während die Freudianer die ödipale Vaterbindung als Schlußpunkt des weiblichen Entwicklungsprozesses ansehen, ist sie umgekehrt für Horney der zentrale Ausgangspunkt. Während hingegen die Freudianer die phallischen Aktivitäten und Wünsche als primär betrachten, sind sie nach Horney sekundär,[39] abgeleitet: Reaktionen auf die primäre, ödipale Vaterbindung. Diese Umkehrung dient einem Versuch, die Entwicklung des Knaben und des Mädchens als symmetrisch zu formulieren – gleich, aber verschieden, bestimmt von ihren spezifischen sexuellen Wünschen nach Penetration beziehungsweise Rezeption.

Außer der Deutschen Karen Horney und anderen Analytikerinnen (wie zum Beispiel der ebenfalls Deutschen Josine Müller und der Ungarin Fanny Hann-Kende)[40] ergreift auch die sogenannte Londoner Schule[41] Partei gegen die freudianische Auffassung von der primären Männlichkeit des kleinen Mädchens. Diesen Standpunkten liegt im Prinzip derselbe Typ des Umkehrens der freudianischen Entwicklungsauffassung zugrunde, wie jener, der sich bei Horney findet. Die weibliche Angezogenheit des kleinen Mädchens vom Penis des Vaters ist primär, während seine phallische Aktivität sekundär und neurotisch bestimmt ist. Oder mit anderen Worten: das kleine Mädchen ist ein kleines Mädchen.

Zum Teil im Anschluß an Horneys Analysen und in hohem Grad an die der Kinderanalytikerin Melanie Klein stellt sich nicht zuletzt der Londoner Analytiker Ernest Jones eifrig den orthodoxen Freudianern entgegen. Nachdem er auf mehreren der internationalen Psychoanalysekongresse und Treffen[42] versucht, die beiden wesentlichsten Gesichtspunkte der Debatte zusammenzufassen, wird sie oft die Freud-Jones-Diskussion genannt. Das ist allerdings irreführend, da es die zentrale Bedeutung der weiblichen Analytiker auf der freudianischen wie auf der anti-freudianischen Seite verschleiert. Gemeinsam mit Horney steht Jones jedoch im Zentrum des Versuchs, die ursprüngliche und authentische Feminität des kleinen Mädchens festzuhalten. Bei einem Treffen in der psychoanalytischen Vereinigung in Wien im Jahr 1935 formuliert er diese auf folgende Weise (in einem Vortrag, wo er gebeten wurde, die Gegensätze zwischen Wien und London zu erklären – von einem Londoner Gesichtspunkt aus betrachtet, und wo er ausgerechnet die Weiblichkeitsproblematik als illustratives Beispiel gewählt hat):

Daß ich gerade das vorliegende Thema (die frühen Stadien in der weiblichen Sexualentwicklung, *A. d. A.*) zur Diskussion mit ihnen gewählt habe, scheint mir natürlich. Schon auf dem Innsbrucker Kongreß vor acht Jahren legte ich eine Darstellung der weiblichen Sexualentwicklung vor, die nicht ganz mit der allgemein akzeptierten übereinstimmte, und auf dem Wiesbadener Kongreß vor drei Jahren erweiterte ich meine Schlußfolgerungen und wandte sie auf die Probleme der männlichen Sexualität an. Einfach gesagt, war mein wesentlichster Punkt der, daß das junge Mädchen mehr Femininität hat, als Analytiker ihr gewöhnlich zugestehen, und daß die männliche Phase, durch welche sie oft geht, in ihrer Motivierung viel komplizierter ist als man gewöhnlich annimmt; mir schien diese Phase sowohl eine Reaktion auf die Angst vor der Femininität als auch als etwas Primäres.* (Jones 1935, 332)

Oder mit anderen Worten: jahrelang ist Ernest Jones wie der Ritter auf dem weißen Pferd über die Bühnen der psychoanalytischen Kongresse galoppiert, um die authentische, eigene Femininität des kleinen Mädchens, der Prinzessin, zu verteidigen.

Und wovon träumt denn die Prinzessin laut Jones und der Londoner Schule? Tut sie wirklich das Häßliche, was die Freudianer ihr unterstellen? Konzentriert sie sich in ihren frühesten sexuellen Ausdrücken „auf ein einziges Objekt, die Mutter"?[43] Hat sie in dieser frühen Lebensphase wirklich „eine männliche Einstellung, wie die Klitoris-Masturbation anzudeuten scheint"?[44] Nein, sagt Jones, in London denkt man wahrlich anders:

Im Gegensatz dazu haben wir in London eine ganz andere Ansicht ... Wir halten dafür, daß die Einstellung des Mädchens von Anfang an mehr feminin als maskulin ist, typisch rezeptiv und akquisitiv. Sie beschäftigt sich mehr mit dem Inneren des Körpers als mit seinem Äußeren. Ihre Mutter betrachtet sie nicht wie ein Mann eine Frau betrachtet, als ein Geschöpf, dessen Wünsche, zu empfangen, er mit Vergnügen erfüllt.* (Jones 1935, 333)

Aber wenn die Prinzessin nicht von der Mutter träumt, wohin gehen dann ihre Sehnsüchte? Den für ihr Geschlecht „natürlichen" Weg, antwortet Jones. Im Anschluß an Melanie Klein meint Jones, daß das Mädchen, wie der Knabe, bereits am Ende des ersten und zu Beginn des zweiten Lebensjahres in eine ödipale Erlebnisphase eintreten. Der Ödipuskomplex spielt sich bereits im prägenitalen Stadium ab, so lautet eine Hauptthese der Londoner Schule, die mit „Ödipuskomplex" gleichzeitig eindeutig die heterosexuelle Anziehung des gegengeschlechtlichen Elternteils versteht, verbunden mit Rivalitätshaß auf jenen Elternteil, der dasselbe Geschlecht wie das Kind hat. Freuds Theorie von der Bisexualität und deren Ausläufer in den vollständigen Ödipuskomplex steht man in London sehr skeptisch gegenüber. Der Penisneid der Prinzessin, ihre Männlichkeitswünsche und ihre libidinöse Anziehung der Mutter werden daher wie bei Horney als abgeleitete Phänomene betrachtet. Sie sind Abwehrmaßnahmen, die in verschiedenen Blockierungen der „normalen" Femininität wurzeln, der rezeptiven

Wünsche, den Penis des Vaters in sich aufzunehmen und ihn in ein Kind zu verwandeln.

Parallel zu Horney bestreitet die Londoner Schule also nicht die Existenz der Männlichkeitswünsche, sondern weist ihnen wie sie einen anderen und weniger zentralen Platz zu als Freud & Co. Betrachten wir ihre Erklärung dafür etwas näher.

Wie zuerst von Melanie Klein gezeigt wurde, werden die ödipalen Tendenzen bei Knaben und Mädchen durch die traumatisch erlebte Entwöhnung von der Mutterbrust ausgelöst. Zusammen mit den analen Frustrationen des Reinlichkeitstrainings ruft die abweisende und böse Mutterbrust bei beiden Geschlechtern starke Wutgefühle gegen die Mutter aus, sagt Melanie Klein. Für die Mädchen sind die Konsequenzen jedoch am katastrophalsten. Zwar kommen sie bald darauf, daß es einen anderen Gegenstand gibt, an dem sie viel lieber saugen wollen als an der Brust. Sie werden nämlich, Melanie Klein zufolge, den Wunsch nach der unbefriedigenden Brustwarze mit dem Begehren nach dem Penis austauschen, nach „einem mehr adäkvaten penisartigen Gegenstand"*, wie Jones es formuliert.[45] Aber die Probleme häufen sich, weil die Mädchen mit diesem ödipalen Wunsch zu dem Konfliktstoff, der von vornherein in den oralen und analen Frustrationen liegt, noch eine ernsthafte Auseinandersetzung mit der Mutter hinzufügen. Und das ist gefährlich, da die Mädchen (wie die Knaben) ja gleichzeitig von der Mutter als Fürsorge- und Nahrungsspenderin materiell abhängig sind. Der Knabe ist in diesem Punkt weit besser gestellt, sagt die Londoner Schule. Sein ödipaler Rivalitätshaß richtet sich gegen den entfernteren Vater, der in keinem konkreten Verhältnis zu Nahrung und Fürsorge steht, und von dem man daher auch keine Sanktionen auf diesen Gebieten erwarten wird. Gleichzeitig wird der Haß des Knaben über den oralen und analen Triebverzicht, den die Mutter ihm zufügt, durch sein ödipal-libidinöses Interesse an ihr modifiziert.

Wenn die Wut auf die Mutter und die damit zusammenhängenden sadistischen Wünsche, in ihren Körper einzudringen und die guten Stoffe herauszuholen, welche die Mutter nach dem Erleben des Kindes ihm vorenthält, so gefährlich ist, liegt das nach der Londoner Schule an dem Vergeltungsprinzip, von dem das Kind erwartet, daß es die Mutter ihm gegenüber anwenden wird. Aug um Aug, oder: „Wenn ich in dich eindringen will, Mama, dann willst du wohl genau dasselbe mit mir machen!" So fühlt das Kind, und es wird in dieser Auffassung unter anderem durch das Reinlichkeitstraining bestätigt, das vom Kind als gewaltsames Stoffe-Herausholen/ Beraubung des Kindes durch die Mutter erlebt wird, sagt die Londoner Schule.

Die eindeutige und ödipal verstärkte Wut, die das Mädchen im Gegensatz zum Knaben auf die Mutter hat, ist wegen der Angst vor dieser Vergeltung extrem gefährlich. Vergleiche die Logik: je stärker die Wut, desto größer die

Vergeltung. Allerdings kommt hier die Phantasie, daß die Klitoris ein Penis ist, als Abwehrmechanismus auf mehreren Ebenen sehr zu Hilfe, meint die Londoner Schule.

Wie Horney sagt man in London, daß eine Form von primärem Penisneid existiert, der davon kommt, daß der Knabe unmittelbar sein Organ sehen und es berühren kann, wenn er uriniert. Der eigentliche komplexerzeugende Penisneid ist hingegen ein anderer, sagt ebenfalls die Londoner Schule. Er ist eine neurotische Abwehr gegen die heterosexuell ödipalen Wünsche. Im Gegensatz zu Horney legt die Londoner Schule das Gewicht aber nicht auf die Rolle des Vaters, sondern auf die der Mutter als frustrations- und traumaerzeugende. Horney betont, daß das Mädchen wegen der Angst vor und Enttäuschung über den Vater, der die Wahl trifft, die Mutter, und nicht das Mädchen zu schwängern, in die Männlichkeitsphantasien flüchtet. Der Londoner Schule zufolge werden dagegen die phallischen Abwehrphantasien beim Mädchen aus Angst vor der Mutter und durch jene sadistischen Wünsche produziert, die auf sie aus oralen, analen und ödipalen Gründen gerichtet werden. Die Phallusphantasien können auf mehrere Arten dem Mädchen als Abwehr des sadistischen Mutterimagos und des eigenen Sadismus des Mädchens dienen. Der Penis ist erstens eine Waffe, die sich für Angriffe auf die Mutter eignet – das Mädchen erlebt ja, daß der Vater ihn dazu gebraucht, sagt Jones in der letzten seiner Zusammenfassungen der Gesichtspunkte der Londoner Schule.[46] Zweitens, sagt er, wird der Penis auch als gut erlebt. Er hat wie gesagt die Rolle der guten Mutterbrust übernommen, nachdem die Mutterbrust selbst böse und abweisend geworden war. In seiner guten Dimension kann der Penis vom Mädchen unter anderem dazu benutzt werden, um die Mutter zu besänftigen. Hat man einen Penis, kann man der Mutter den Penis zurückgeben, den man ihr bei seinem gewaltsamen Eindringen in sie geraubt haben muß. Hat man (auf der Ebene der Phantasie) einen sichtbaren und intakten „guten Penis", kann er Jones zufolge auch als Beruhigungsmittel verwendet werden. Seine Existenz kann die inneren (Kastrations-) Ängste davor lindern, daß die Mutter in einen eingedrungen ist und einem nach dem Vergeltungsprinzip den Vaterpenis geraubt hat, den man ihr zu Unrecht weggenommen hat.

Oder mit anderen Worten: die phallisch-sexuelle Aktivität des Mädchens gegenüber der Mutter wird in der Konzeption der Londoner Schule alleine vom Bedürfnis nach neurotischer Abwehr gegen die oral, anal und ödipal böse erlebte Mutter diktiert. Nur beim Knaben ist die phallische Aktivität gegenüber der Mutter spontan libidinös. Bei Mädchen ist sie neurotisch und als solche eine eindeutige Blockierung für eine positive sexuelle Entwicklung. Eine der Konsequenzen der phallischen, neurotischen Abwehr ist daher zum Beispiel, daß das Mädchen den Neid und die Verbitterung auf den Vater verschiebt, die eigentlich der Mutter gelten. Damit ist es von einem guten Verhältnis zu ihm abgeschnitten. In Wirklichkeit, schließt

Jones, leidet das Mädchen nicht so sehr unter dem Penisneid wie unter dem Neid auf die Mutter, weil *sie* den Vater als Sexualpartner hat. Aber leider verschiebt das Mädchen oft seine Gefühle der Verbitterung auf den Vater: „Sie (das Mädchen, *A. d. A.*) fühlt viel mehr Neid und Eifersucht der Mutter als dem Vater gegenüber, und vieles von dem Gefühl, das wir klinisch als gegen den Vater gerichtet bemerken, ist tatsächlich von der Mutter auf ihn verschoben."* (Jones 1935, 338)

Nach Horney, Jones, Klein und anderen kann man also nicht sagen, daß das kleine Mädchen ein kleiner Mann ist, bevor es zur Frau wird. Es wird als Frau geboren. Wenn es seine Sexualität in einem phallischen Diskurs formuliert – Männlichkeitskomplex, Kastrationskomplex, Penisneid –, handelt es sich um neurotische Abwehrmechanismen. Es sind keine natürlichen Reaktionen auf die Enttäuschung, nicht als Mann geboren worden zu sein. Wie Jones zusammenfaßt: „Kurz gesagt, ich sehe die Frau als ein geborenes Weibchen und nicht – wie die Feministen es tun – als *un homme manqué*, als ein ewig enttäuschtes Geschöpf, das sich mit sekundären Surrogaten zu trösten sucht, die ihrer wahren Natur fremd sind. Die letzte Frage ist also, ob man zur Frau geboren oder gemacht wird."* (Jones 1935, 341).

Können wir uns von diesen Argumenten überzeugen lassen? Klingen sie nicht unmittelbar glaubwürdiger als die Freudschen, die dem Frauenkörper mehr oder weniger vollständig eigene Lustpotentiale absprechen? Ja, wenn es nur jene beiden Antworten gäbe, welche die Freudianer auf der einen Seite und Horney-Jones-Klein und andere auf der anderen Seite geben. Aber es gibt eine dritte Antwort. Mit dem Begriff des Patriarchatsfetischismus können wir den phallischen Diskurs von einem entfremdenden in einen Kategorienzusammenhang verwandeln, der die Entfremdung begreifen läßt. Und mit dieser Perspektive vor Augen werden die Horney-Jones-Kleinschen Argumentationsrichtungen zu einem höchst problematischen Ausgangspunkt.

Wo ist erstens die polymorph perverse Libido, die Freud hervorhob, bei Horney, Jones und Klein geblieben? Sie ist mehr oder weniger verschwunden. In ihren Auffassungen über die Entwicklung ist die Libido stromlinienförmig und artig ungefähr vom Beginn des Lebens des Kindes ganz in Übereinstimmung mit ihrer Fortpflanzungsverantwortung. „Den Schwanz in die Möse – nicht zu viele polymorph-perverse Abweichungen!" Sollte die Libido etwa auf die Geschlechtsideologien der bürgerlich-patriarchalischen Gesellschaft gehört haben? Und wo ist zweitens in der Entwicklung des Mädchens Platz für die genital-libidinöse Phase der Verliebtheit in die Mutter, die erst von Jeanne Lampl-de Groot markant formuliert wird,[47] und die eine der wichtigsten Entdeckungen der Freudianer ist? Das heißt, jene Phase, deren tatsächliche Existenz in einer historischen Perspektive betrachtet als sehr wahrscheinlich vorkommen muß, da die Mutter ja in allen patriarchalischen Gesellschaften, die jetzige eingeschlossen, gesellschaftlich als erste und wichtigste Fürsorge- und Pflegeperson des Kindes gesetzt ist. Wenn man nicht a priori davon ausgeht, daß die Sexualität eindeutig fortpflanzungsbestimmt ist, dann ist es unwahrscheinlich, daß es nur der Knabe sein soll, der sich von der pflegenden, fürsorgespendenden – und damit sexuell verführenden – Mutter genital-libidinös angezogen fühlt.

Sowohl Horney als auch die Londoner Schule bleiben prinzipiell innerhalb des Rahmens eines fetischierten Verständnisses. Sie stellen ganz einfach eine Gegen-Biologie auf, die, genauer betrachtet, ärmer an Perspektiven und mehr bürgerlich-patriarchalisch borniert als die freudianische ist.

Auf eine gewisse Weise nimmt Horney jedoch eine Sonderstellung in diesem Zusammenhang ein. In ihrer Analyse dessen, wie die systematischen Fehler im Denken Freuds & Co. entstanden sind, befindet sie sich nämlich als die einzige der klassischen Psychoanalytiker auf dem Weg, den Patriarchatsfetischismus zu überschreiten, – ohne ihn jedoch endgültig durchschauen zu können. Vom Soziologen Georg Simmel[48] und der feministischen Psychologin Mathilde Vaerting[49] inspiriert, weist sie darauf hin, daß die Kultur – Staat, Gesetze, Moral, Religion – männlich ist, und daß der männliche Gesichtspunkt, in der Wissenschaft wie anderswo, einfach als objektiv und universell gültig wird.[50] Auch die Psychoanalyse – die ja von einem „männlichen Genie" geschaffen wurde – scheint den männlichen Gesichtspunkt zu ihrer apriorischen und unreflektierten Grundlage gemacht zu haben, sagt Horney. Dies versucht sie plausibel zu machen, indem sie die „frappierende Ähnlichkeit" aufzeigt, die zwischen den Vorstellungen des Knaben über Mädchen als dem „kastrierten Geschlecht" und der Auffassung der Psychoanalyse über die weibliche psychosexuelle Entwicklung besteht. Sie zeigt, daß es eine auffallende Übereinstimmung zwischen einerseits den infantilen Sexualtheorien, die man bei Knaben antrifft, und andererseits der Weiblichkeitsauffassung der Psychoanalyse gibt. Ist die Psychoanalyse in ihrem Verständnis von Frauen nicht einfach im phallusfetischierten Stadium des kleinen Knaben steckengeblieben? fragt Horney damit indirekt.

Horney hält in diesen „kulturistischen" Reflexionen deutlich fest, daß der Blick der Psychoanalyse auf Frauen patriarchatsfetischiert ist – daß sie falscherweise die Alleinherrschaft des Phallus in den sexuellen Diskursen universalisiert. Im Namen ihres Geschlechts ist sie wütend und sieht, daß es nicht natürlich, sondern im Gegenteil entfremdend ist, die Sexualität von Frauen in phallischen Thermen zu beschreiben.

Das, was ich im vorigen Kapitel als die wahre Seite des Patriarchatsfetischismus bezeichnet habe, versteht Horney hingegen nicht. Deshalb bleibt ihre Kritik auf demdelben Niveau wie jene der Londoner Schule. Sie kann die konsequenten Schlüsse ihrer Einsicht in die Entfremdung nicht ziehen. Sie kann sie nur ideologiekritisch-abweisend, nicht dialektisch-materialistisch synthetisierend anwenden.

Horney und die Londoner Schule haben daher in letzter Instanz die erwähnte fetischierte Gegen-Biologie gemein, die ärmer an Perspektiven ist, und die außerdem den freudianischen Patriarchatsfetischismus teilweise bekräftigt, und obendrein gleichzeitig die teilweise Erkenntnis der Entfremdung verflüchtigt, die Horney erlangt hat.

So setzen sich zum Beispiel sowohl Horney als auch die Londoner Schule auf der konkreten, physiologischen Ebene für die infantil-onanistische Bedeutung der Scheide ein, während Freud umgekehrt meint, daß kleine Mädchen primär an der Klitoris onanieren, und daß die Scheide bis zur Pubertät (von beiden Geschlechtern) unentdeckt bleibt. Mit seiner vaginalen Sexualität und im Anschluß daran dem Wunsch, mit dem Vater Kinder zu haben, konstituiert das kleine Mädchen seine authentische Weiblichkeit, meinen Horney und die Londoner Schule und ... geben damit Freud implizit darin recht, daß die Klitoris von Natur aus männlich ist! Negativ konstituiert sich die Weiblichkeit zum Beispiel schon durch Penisneid, aber dem entspricht symmetrisch beim Knaben ein Gebärmutterneid, heben Horney und die Londoner Schule hervor, und ... verflüchtigen damit jeglichen Ansatz zu einem Entfremdungsbegriff. Jedes Geschlecht wird nach Horney-Jones-Klein und anderen von eigenen genitalen Begehren positiv bestimmt, die von seiner Rolle in der biologischen Fortpflanzung abgeleitet sind, und darüberhinaus negativ bestimmt von einem gewissen Neid auf die genitalen Eigenschaften des gegensätzlichen Geschlechts. Bei Nicht-Neurotischen wird dieser Neid jedoch vollkommen von der Freude über die eigenen positiven Funktionen aufgewogen, sagen Horney-Jones-Klein. Die Fixierung auf den Penisneid aufzuheben, Frauen zu ihrem Geschlecht zurückzuführen, ist danach nur mehr eine Frage der Aufhebung einer neurotischen Formation, einer Ausgeburt der Phantasie. Daß die Entfremdung objektiv existiert, daß man sich der Wertehierarchie phallisch-kastriert nicht nur durch Psychoanalyse – individuelle Leidensdurcharbeitung – entziehen kann, weil sie zugleich mit der patriarchalischen Geschlechterpolarität der Gesellschaft gegeben sind, verschwindet damit aus der Reichweite der Erkenntnis.

Jeanne Lampl-de Groot: „Bevor das kleine Mädchen zur Frau wird, wirbt es um die Mutter wie ein Mann!"

Ist Horney auch die erste Frau, die das Wort in der Weiblichkeitsdebatte ergreift, dann ist sie aber bei weitem nicht die einzige. So sehen wir, wie erwähnt, zum Beispiel auch Josine Müller, Fanny Hann-Kende und Melanie Klein auf der Freud-kritischen Seite der Debatte. Eine Reihe anderer Analytikerinnen rückt ebenfalls die Frauenperspektive in den Mittelpunkt, aber im Gegensatz zu Horney und anderen auf einer orthodox-freudianischen Grundlage. So gibt die Freudianerin Helene Deutsch im Jahre 1925 das erste ganze Buch über die *Psychoanalyse der weiblichen Sexualfunktion*[51] heraus. In der Einleitung hebt sie hervor, wie das psychoanalytische Verständnis der weiblichen Psychosexualität (speziell die Mutterschaft, die Deutsch zufolge der zentrale Punkt ist) die ganze Zeit über mangelhaft war verglichen mit der Einsicht in die männliche Entwicklung:

Aber auch die Tiefenpsychologie ist in der Erkenntnis der Seelenvorgänge beim Weibe einen Schritt gegen die beim Manne zurückgeblieben. Besonders sind es die generativen Vorgänge, denen – obzwar sie den Mittelpunkt im psychischen Leben des geschlechtsreifen Weibes bilden – auch analytisch noch wenig Beachtung geschenkt worden ist. Das Kantsche Wort: „Die Frau verrät ihr Geheimnis nicht", behielt auch hier seine Gültigkeit. Sichtlich waren dem Manne die verborgenen Seeleninhalte des Mannes zugänglicher, weil wesensverwandter.* (Deutsch 1925, 4)

Auch Jeanne Lampl-de Groot, die wie Deutsch orthodoxe Freudianerin ist, hebt in ihrem neue Wege erschließenden Artikel über den weiblichen Ödipuskomplex aus dem Jahr 1927 die Mangelhaftigkeiten im damaligen psychoanalytischen Weiblichkeitsverständnis hervor:

Eine der frühesten Entdeckungen der Psychoanalyse war die der Existenz des Ödipuskomplexes ... Auffallend war es jedoch, wie viele dunkle und ungeklärte Probleme durch viele Jahre hindurch bestehen blieben ... Ein besonders wichtiger Faktor schien der Zusammenhang von Ödipuskomplex mit Kastrationskomplex zu sein, welcher viele Unklarheiten mit sich brachte. Auch war das Verständnis für die Vorgänge beim männlichen Kinde immer etwas weitgehender gediehen als für die analogen beim weiblichen Individuum.* (Lampl-de Groot 1927, 269–270)

Daß Deutsch, de Groot und die dritte Analytikerin, die wir in den folgenden Kapiteln behandeln werden, Ruth Mack Brunswick, Freudianerinnen sind, bedeutet zuerst einmal, daß sie im Gegensatz zu Horney und der Londoner Schule den weiblichen Männlichkeitswünschen – Penisneid, Kastrationskomplex und ähnliches mehr – die entscheidende Bedeutung für die psychosexuelle Entwicklung von Frauen zuschreiben. Beim zweiten Anlauf kann man aber auch sagen, daß Freud Deutschianer, Grootianer, Brunswickianer ist. Diese weiblichen Analytiker rücken nämlich den entscheidenden Stein in der freudianischen Beschreibung der Psychogenese der Weiblichkeit auf seinen Platz. Wie Freud selbst in seinem Weiblichkeitsartikel von 1931[52] bemerkt, verstand er die primäre Mutterbindungsphase in der weiblichen Entwicklung nicht, bevor die Analytikerinnen ihm den Weg gezeigt hatten. Freud vergleicht den schwierigen und überraschenden Weg zur Einsicht in dieses ontogenetische Matriarchat mit den Problemen, die sich bei der Erforschung matriarchalischer Reste in der Phylogenese stellen – mit der „Aufdeckung der minoisch-mykenischen Kultur hinter der griechischen"*.[53] Außerdem betont er, daß er, bevor die weiblichen Analytiker hinzukamen, eigentlich nur die Vaterbindung verstand, das heißt, die späteren Entwicklungsstufen in der weiblichen Phylogenese. Die frühe Mutterbindungsphase hat er selbst nie ganz durchschauen können:

Alles auf dem Gebiet dieser ersten Mutterbindung erschien mir so schwer analytisch zu erfassen, so altersgrau, schattenhaft, kaum wiederbelebbar, als ob es einer besonders unerbittlichen Verdrängung erlegen wäre. Vielleicht kam dieser Eindruck aber davon, daß die Frauen in der Analyse bei mir an der nämlichen Vaterbindung festhalten konnten, zu der sie sich aus der in Rede stehenden Vorzeit geflüchtet hatten. Es scheint wirklich, daß weibliche Analytiker, wie Jeanne *Lampl-de Groot* und Helene *Deutsch*, diese Tatbestände leichter und deutlicher wahrnehmen konnten, weil ihnen bei ihren Gewährspersonen die Übertragung auf einen geeigneten Mutterersatz zu Hilfe kam. Ich habe es auch nicht dahin gebracht, einen Fall vollkommen zu durchschauen ...* (Freud 1931b, 170)

Wie gesagt ist es Jeanne Lampl-de Groot, die den entscheidenden Schritt in das Reich der archaischen Mutter macht. Daß in der weiblichen psychosexuellen Entwicklung ein früher Objektwechsel von der Mutter zum Vater stattfindet, stellt Freud bereits im Jahr 1925 fest. Dies tut er in dem ersten aus einer Serie von drei Artikeln,[54] in welchen er seinen Weiblichkeitsbegriff eigentlich festlegt. Jeanne Lampl-de Groot ist jedoch die erste, worauf ich im nächsten Kapitel zurückkommen werde, die die losen Bande um diesen Objektwechsel wirklich verknüpfen kann (im Artikel von 1927) – Mutterbindung, Kastrationskomplex und Objektwechsel zu einem begrifflichen Ganzen zusammensetzen kann. Dafür zollt ihr Freud auf folgende Weise auch Anerkennung (im Jahr 1931):

In die eigentlich noch unübertroffene Schilderung *Abrahams* der „Äußerungsformen des weiblichen Kastrationskomplexes' (Internat. Zeitschr. f. PsA., VII, 1921) möchte man gerne das Moment der anfänglich ausschließlichen Mutterbindung eingefügt wissen. Der wichtigen Arbeit von Jeanne *Lampl-de Groot* muß ich in den wesentlichen Punkten zustimmen. Hier wird die volle Identität der präödipalen Phase bei Knaben und Mädchen erkannt, die sexuelle (phallische) Aktivität des Mädchens gegen die Mutter behauptet und durch Beobachtungen erwiesen.* (Freud 1931b, 184)

Was Jeanne Lampl-de Groot macht ist, Freuds Begriff vom vollständigen Ödipuskomplex auf die weibliche Entwicklung anzuwenden. Freuds Beschreibung desselben enthält implizit,[55] daß er auch für Frauen Gültigkeit besitzt. Jeanne Lampl-de Groot zieht jedoch den Schluß. Sie analysiert das Problem und erklärt, wie der Begriff des vollständigen Ödipuskomplexes in die weibliche Psychogenese eingeht. Das Mädchen durchläuft, sagt sie, einen aktiven oder negativen, auf die Mutter ausgerichteten Ödipuskomplex, bevor es dem Kastrationskomplex unterworfen wird, und bevor es in seinen passiven oder positiven, auf den Vater ausgerichteten Ödipuskomplex eintritt. Der Kastrationskomplex entsteht nicht, wie Freud es in dem ersten seiner drei wichtigsten Artikel über die Weiblichkeit behauptet,[56] durch den bloßen Anblick des Penis als isoliertes Ereignis. Das, was ihn hervorruft, ist vor allem der Objektverlust, den die Aufgabe der aktiv ödipalen Verhältnisse zur Mutter bedeutet.

Mit diesem Gesichtspunkt lenkt Lampl-de Groot die Aufmerksamkeit auf das Mutter-Tochter-Verhältnis auf eine Weise, die es möglich macht, konkrete Perspektiven in die Richtung einer Überschreitung des Fetischismus zu eröffnen. Allerdings handelt es sich dabei um Perspektiven, die sie selbst überhaupt nicht sehen kann. Ihre geschlechtsphilosophische Grundlage ist auf genau dieselbe Weise fetischiert wie jene Freuds: „Das kleine Mädchen ist, bevor es zur Frau wird, ein kleiner Mann": „Letzteres (das heißt: das Mädchen, A. d. A.) benimmt sich in den ersten Jahren seiner individuellen Entwicklung (...) nicht nur hinsichtlich der Onanie, sondern auch in seinem Seelenleben genau so wie der Knabe, es ist in seinem Liebensstreben und seiner Objektwahl ein kleiner Mann."* (Lampl-de Groot 1927, 274–275).

Was diesem „männlichen" Verhalten bei Mädchen zugrunde liegt, werden wir im folgenden Kapitel näher betrachten. Dort werden wir uns damit beschäftigen, wie Jeanne Lampl-de Groot dazu kommt, mit ihrer Hervorhebung des aktiven Ödipuskomplexes des Mädchens eine besonders radikale Ausgabe der freudianischen Theorie über die weibliche „Männlichkeit" zu formulieren.

2. Teil
Die psychosexuelle Entfremdung der Weiblichkeit
Ein kritischer Wiedergebrauch der freudianischen Weiblichkeitstheorie

Einleitung

In *Kapitel III* haben wir gesehen, daß die wissenschaftstheoretische Einschreibung der Psychoanalyse in den historischen Materialismus aus zwei Teilen besteht: 1) der Bedingungsanalyse, das heißt, der Analyse dessen, wie die Objektivität die Subjektivität bedingt, und 2) der Untersuchung der Eigenlogik der subjektiven Strukturen. Hier habe ich ebenfalls die Probleme behandelt, die sich bei der Einschreibung der Weiblichkeitstheorie (und übrigens auch der Theorie über die männliche Psychogenese) in einen Gesellschaftskontext stellen. Nämlich das Fehlen einer entwickelten materialistischen Patriarchatstheorie. Mit dieser Skizze zur Analyse der patriarchalischen Objektivität, die innerhalb des Rahmens dieses Buches möglich ist, habe ich aber teils auf die Begriffe der Geschlechtscharaktermasken, teils des Patriarchatsfetischismus' gedeutet. In diesen liegen meiner Meinung nach zentrale Anknüpfungspunkte für die Bedingungsanalyse.

In *Kapitel IV* haben wir den historischen Kontext und Zusammenhang der Debatten betrachtet, in denen die explizite freudianische Weiblichkeitstheorie entwickelt wurde. Wir werden uns nun in die internen De- und Rekonstruktionsprozesse hineinbegeben, die eine historisch-materialistische Bedingungsanalyse wie jene, die in *Kapitel III* skizziert wurde, in Bezug auf die Bedingungsanalyse mit sich bringt. Es wird also die Rede von einer Bewegung durch die eigenlogischen Dimensionen des freudianischen Weiblichkeitsbegriffs sein, die auf einer bedingungsanalytisch veränderten Grundlage durchgeführt wird. Eine Bewegung, die damit die Form eines De- und Rekonstruktionsprozesses annimmt.

Wie in *Kapitel III* vorausgeschickt wurde, handelt es sich in erster Linie um eine historisch-sozialisationstheoretische Neulesung des Begriffs vom weiblichen Ödipuskomplex, einschließlich dessen Ursprungs und Konsequenzen. Wie in der freudianischen Theorie beschrieben ist, zieht die ödipale Phase ja generell die Aufmerksamkeit als diejenige Entwicklungsstufe auf sich, von der es heißt, daß das Bewußtsein über den Geschlechtsunterschied bei Mädchen und Knaben etabliert wird, und auf der die psychosexuellen Wege der Geschlechter entschieden getrennt werden sollen. In einer fetischierten (falscherweise universalisierenden) Form formuliert hier die orthodox-freudianische Analyse der weiblichen beziehungsweise männlichen Ödipalentwicklung meiner Ansicht nach einen Begriff über die bestimmten subjektiven Reaktionen auf die besonderen Interaktionsstrukturen, welche formbestimmend für die Bildung des Geschlechtsbewußtseins in den unterschiedlichen ökonomischen Produktionsweisen mit patriarchalischer Geschlechterpolarisierung sind. Die freudianische Theorie über die weibliche und die männliche Psychogenese kann zu Begriffen darüber um-gelesen werden, wie sich der Patriarchatsfetischismus in den Triebschicksalen einerseits der weiblichen, andererseits der männlichen Geschlechtscharaktermasken lebensgeschichtlich durchsetzt. Was die weibliche Entwicklung betrifft, werde ich zeigen, auf welche Weise

Strukturell kann man die freudianische Weiblichkeitstheorie in ein *Grundmoment*, die Kastrationstheorie, und einen *Überbau*[1] einteilen. Der Überbau umfaßt drei typische, weibliche Triebschicksale,[2] die Freud zufolge im Anschluß an das Kastrationstrauma[3] entstehen. Nämlich „Sexualhemmung/Neurose", „Männlichkeitskomplex" und „normale Weiblichkeit". So wird das Verhältnis zwischen Kastrationserlebnis und weiterer Entwicklung des Triebschicksals folgendermaßen beschrieben: „Die Entdeckung der Kastration ist ein Wendepunkt in der Entwicklung des Mädchens. Drei Entwicklungsrichtungen gehen von ihr aus; die eine führt zur Sexualhemmung oder zur Neurose, die nächste zur Charakterveränderung im Sinne eines Männlichkeitskomplexes, die letzte endlich zur normalen Weiblichkeit."* (Freud 1933a, 103).

Das Kastrationstrauma ist also in der inneren Logik des Weiblichkeitsbegriffs der entscheidende Wendepunkt. Es ist auch jenes Moment, das der freudianischen Theorie zufolge die Weiblichkeit konstituiert. Daher muß ein kritisch entmystifizierendes Lesen natürlich hier seinen Ausgangspunkt nehmen. Die Kategorien des Überbaus haben, wie Freud sie beschreibt, die Kastration zur Grundlage. Sie sind Reaktionen auf das Kastrationstrauma. Eine kritische Durchleuchtung der fetischierten Dimensionen dieser Kategorien kann daher erst vorgenommen werden, nachdem der Begriff der Kastration von seinen Mystifikationen befreit wurde.

Das Kastrationstrauma selbst muß in zwei Teilmomente aufgeteilt werden. Zuerst deutet das Mädchen die Kastration als individuelles Schicksal. Aber nach einiger Zeit wird es die Definition „kastriert" auch auf die Mutter ausdehnen (und damit auf das ganze weibliche Geschlecht). Das bedeutet, daß es notwendig ist, die mystifikationsaufhebende Darstellung dessen in zwei Teile zu teilen. Ich möchte daher im folgenden zuerst fragen: worin besteht das, was Freud & Co. als „Kastration" (*Kapitel V–VI*) bestimmt? Danach möchte ich analysieren, worin die Entdeckung des Mädchens, daß „die Mutter kastriert ist", besteht (*Kapitel VII–IX*).[4]

Dagegen wird innerhalb des Rahmens dieses Buches kein Platz sein, um die Frage zu behandeln, wie sich die Kategorien des Überbaus im Licht der um-interpretierten Kastrationstheorie ändern werden.

Kapitel V
Die Kastration oder die Geschichte von Antigones Tod und der psychosexuellen Machtübernahme des Patriarchats

„Ich hab' einen –
du hast keinen . . ."
(heiterer Gesang eines dreieinhalbjährigen Knaben
gegenüber seiner sechsjährigen Schwester.)[1]

1. Die „Erinnerung" an das Kastrationserlebnis der Kindheit

Die These, die im folgenden aufgestellt werden wird, läuft darauf hinaus, daß die Theorie über den weiblichen Kastrationskomplex, der den orthodox-freudianischen Psychoanalytikern zufolge unser Erleben, dem weiblichen Geschlecht anzugehören, fundamental prägt, auf der Grundlage einer historisch und dialektisch materialistischen Geschlechtsphilosophie uminterpretiert werden kann. Das heißt, sie kann in einen Begriff darüber transformiert werden, wie es dazu kommt, daß der Patriarchatsfetischismus die Bildung unseres Geschlechtsbewußtseins nach den historischen Zwangsbedingungen der weiblichen Geschlechtscharaktermaske bestimmt – wie wir in der herrschenden Kultur ein fundamental entfremdetes Bewußtsein unseres weiblichen Geschlechts bekommen. Das Erlebnis der Kastrationstraumen vollzieht sich jedoch zu einem lebensgeschichtlich frühen Zeitpunkt. Das heißt, zu einem Zeitpunkt, dessen Erlebnisqualitäten dem Bewußtsein des Erwachsenen fern und archaisch unverständlich vorkommen werden, wenn sie überhaupt aus der undurchdringlichen Dunkelheit der Verdrängung hervorgeholt werden können. Daher möchte ich mit einem Zeitpunkt in der Lebensgeschichte beginnen, welcher der Erinnerung leichter zugänglich ist. Nämlich mit der Pubertät und zwei Zitaten:

einmal war da etwas,
jetzt gibt es nur noch Leere
. . .

In der ganzen Unterstufe und im Gymnasium kam ich oft mit einem Mädchen aus meiner Klasse zusammen. Wir machten eine Menge verschieder Dinge gemeinsam: im Sommer ritten wir auf Ponys im Tierpark (Dyrehaven), und im Winter liefen wir Schi,

im Frühling – solange es noch ein bißchen Schnee gab – liefen wir mit bloßen Füßen im Park (Fælledparken) herum, um unsere Füße abzuhärten. Wir kannten alle guten Kletterbäume in den Parks, und wir ritzten mit unseren Messern heimliche Zeichen in die Bäume. Es gab einen ständigen Kampf zwischen dem Gärtner und uns, wir verurteilten ihn hart, obwohl er sich gutmütig damit abfand, uns unendlich oft aus Büschen und von Rasenflächen zu vertreiben, die nicht betreten werden durften. Wir bauten Höhlen und schnitzten Bögen und Pfeile, mit denen wir schossen . . . Einmal vermischten wir unser Blut und schworen uns ewige Freundschaft . . .
Knaben wurden erst in dem Jahr eine Realität, als wir in die sechste Klasse kamen . . . Meine Freundin und ich kletterten weiterhin auf Bäume – aber nicht so oft wie früher, und wenn wir im Wipfel unseres Lieblingsbaumes saßen, diskutierten wir nicht mehr darüber, wer das Lasso am weitesten werfen konnte, oder wie wir die Steuerfedern an unseren Pfeilen befestigen sollten. Jetzt diskutierten wir darüber, ob Bo oder Gert am süßesten war, oder ob Anitas Brüste größer waren als unsere. Wir waren immer noch Freundinnen, aber die Probleme, die wir nun teilten, betrafen nicht mehr bestimmte Vorhaben, sondern immer unser Verhältnis zur Umwelt – unser Verhältnis zu Knaben. Scheinbar waren wir immer noch miteinander solidarisch . . ., aber wir fingen an, Gedanken zu hegen, von denen wir einander nichts erzählten: der Neid, wenn die andere eine hübsche Art gefunden hatte, ihr Haar zu frisieren, oder ein neues Kleid, das wir gerne selbst gehabt hätten. Wir begannen – beinahe unbewußt – uns anzulügen, wenn wir gute Ratschläge bezüglich Aussehen und Benehmen geben sollten.

Das erste (kurze) Zitat stammt aus der Einleitung eines Tagebuchs mit Pubertäts-deprimierten Gedichten, das ich als fünfzehnjährige begann. Das zweite (lange) Zitat stammt aus einer der ersten Schriften der dänischen „Rødstrømpe"-Bewegung – dem Diskussionsbuch *Med søsterlig hilsen*.[2] Beide Zitate kennzeichnen weibliche Erlebnisse der Pubertät als Verkündigung eines „Jetzt", dessen Qualitäten in einem scharfen Gegensatz zu einem aktiveren und von Selbstverwirklichung erfülltem „Früher" stehen.

Jener Teil der Frauenforschung, der sich sozialpsychologisch mit der Pubertät von Mädchen beschäftigt, hat oft gezeigt, wie die Forderungen und Erwartungen, die in der weiblichen Geschlechtsrolle liegen, gerade in der Pubertät kräftig intensiviert werden. Hier wird der Zwangszusammenhang der Geschlechtscharaktermaske gewaltig akzentuiert. Die Geschlechtsreife unter den zwangsmäßigen Bedingungen der weiblichen Geschlechtscharaktermaske wird zu einem stark ambivalenten Erlebnis. Folgendermaßen wird die Pubertät zum Beispiel von den deutschen Sozialpädagoginnen und Frauenforscherinnen Monika Savier und Carola Wildt beschrieben:

Im Alter der Pubertät verstärkt sich die Konfrontation mit gesellschaftlich definierten weiblichen Rollenanforderungen. Die dabei auftretenden Konflikte betreffen verstärkt Sexualitätsprobleme. Der Konfirmitätsdruck löst Verunsicherung und gleichzeitig noch Auflehnung gegen die neuen Anforderungen aus. In der Kindheit wurde ihre Sexualität weitgehend unterdrückt. In der Zeit der Pubertät – also mit Erlangung der Geschlechtsreife – sollen Mädchen mit dem Erwachsenwerden gleichzeitig auch die weiblichen sexuellen Normen übernehmen, um als Frau in dieser Gesellschaft ihre

Rolle erfüllen zu können. Daß dieser Prozeß auch hier die weitgehende Unterdrückung ihrer sexuellen Bedürfnisse und Wünsche bedeutet, wollen wir in diesem Buch zeigen.* (Savier, Wildt, 1978, 9)

Vor dem Hintergrund der intensivierten Triebunterdrückung ist es nicht verwunderlich, wenn pubertierende Mädchen in unserer Kultur gewöhnlich einen „Früher/Jetzt"-Gegensatz erleben. Tun sie das, kann man dies jedoch als eine Wiederholung einer infantilen Erfahrung betrachten. Einer Erfahrung, deren Analyse ich nun auf einigen – nach dieser kleinen Introduktion für das Erwachsenenbewußtsein leichter wiedererkennbaren – Gebieten in Angriff nehmen werde.

Wie zum Beispiel Helene Deutsch es darstellt,[3] enthält die Pubertät oft eine Wiederbelebung des Konfliktstoffes, der den Übergang von der präödipalen zur ödipalen Phase in der kindlichen Sexualität gekennzeichnet hat. Wollen wir vor diesem Hintergrund versuchen, ein infantiles Korrelat zu den beschriebenen „Früher/Jetzt"-Erlebnissen zu finden, wird uns sofort auf den Weg verholfen, wenn wir die Weiblichkeitsdebatte der klassischen Psychoanalyse lesen. Von Beginn an wird die „Kastration" als eine Erfahrung genau dieser Art festgemacht. So stellt Abraham in seinem ersten zentralen Beitrag zur Weiblichkeitsdebatte zum Beispiel fest, daß der weibliche Kastrationskomplex eben gerade auf dem Erlebnis eines „Früher" versus einem „Jetzt" beruht.[4] Vor dem Hintergrund seines „umfangreichen klinischen Beobachtungsmaterials" konstatiert er, daß Mädchen/Frauen normalerweise den primären, natürlichen Charakter ihrer Benachteiligung nicht anerkennen können. Sie entwickeln daher, sagt er, in der Regel die Vorstellung, ursprünglich einen Penis gehabt zu haben, der jedoch durch Kastration entfernt wurde. Im Anschluß an diese Vorstellung betrachtet die Frau ihre Genitalien als eine *Wunde*, die symbolisch „Kastration" signalisiert, sagt Abraham.[5]

Daß der weibliche Kastrationskomplex auf diese Weise auf einer Vorstellung von „Kastration" beruht, die im Gegensatz zu „Kastriertheit" semantisch auf einen Einschnitt zwischen einem „Früher" und einem „Jetzt" hinweist, wird in der Debatte zu keinem Zeitpunkt bestritten. Das kann vermutlich als einer jener Punkte angesehen werden, über die vollkommene Übereinstimmung herrscht. Unmittelbar muß diese Kastrationsvorstellung aber Anlaß zu einer doppelten Verwunderung geben. Warum deutet das kleine Mädchen seine Sexualität in phallischen Termen? Und: warum faßt es nicht, abgesehen von der Terminologie, seine genitalen Qualitäten als konstant auf? Woher kommt diese sonderbare Vorstellung eines Wechsels vom männlichen zum weiblichen Geschlecht, von „phallisch" zu „kastriert"?

Wie wir in *Kapitel IV* gesehen haben, antworten hier Horney und die Londoner Schule, daß das kleine Mädchen den phallischen Diskurs nur als Abwehrmechanismus verwendet. Sein eigentliches, authentisches Selbstverständnis ist weiblich und konstant. – Im freudianischen Verständniszusammenhang sind die Antworten auf diese Fragen in der Auffassung verankert, daß sich die Klitoris ihrer Natur zufolge zugleich männlich verhalten, das heißt, phallische Lüste hervorrufen muß, und diese gleichzeitig unbefriedigt lassen muß, wenn sie einen gewissen Intensitätsgrad erreichen. Eine verkrüppelte männliche Genitalität kann „natür"-lich nur eine unvollkommene phallische Befriedigung bieten!

Es versteht sich von selbst, daß keine dieser Antworten in einer kritischen, materialistischen Theorie über die Entstehungsbedingungen der weiblichen Geschlechtscharaktermasken unmittelbar brauchbar sind. Ich werde allerdings eine dritte Antwort auf die phallischen Rätsel der Weiblichkeit geben. Eine Antwort, die einerseits die freudianische Auffassung als eine korrekte Erscheinungsbeschreibung beim Wort nimmt, deren Fehler andererseits darin besteht, daß sie dem fetischistischen Schein von universeller Natur der Erscheinungsformen erliegt, anstatt zu einem Begriff über ihr historisches Wesen vorzudringen. Betrachten wir jedoch zuerst des Überblicks wegen die Knotenpunkte in der freudianischen Weiblichkeitsanalyse unter den Prämissen ihres eigenen Selbstverständnisses.

2. Die Entwicklung des Mädchens – eine asymmetrische Geschichte

Die phallische Phase

Im Jahr 1923 veröffentlicht Freud unter dem Titel *Die infantile Genitalorganisation*[6] eine wichtige Korrektur zur Bestimmung des Verhältnisses zwischen der infantilen und der pubertären Sexualorganisation. Als *Drei Abhandlungen zur Sexualtheorie* im Jahr 1905 erschien, schreibt Freud im Jahre 1923, hatte er gemeint, daß in der infantilen Periode nicht die Rede von einer Etablierung eines Primats der Genitalität sein könne. Diese würde erst mit der Pubertät eintreffen. Das infantile Individuum käme dort an eine erwachsene Sexualorganisation am dichtesten heran, wo es eine Objektwahl vornahm, das heißt, sämtliche sexuellen Bestrebungen auf eine Person in der Umwelt richtete. Aber diese entwickelte Organisierung, was die Objektbeziehung betrifft, fände in der Libidoorganisation keine Entsprechung. In dieser dominierten die Partialtriebe normalerweise die ganze infantile Lebensgeschichte. An diesem Punkt bringt Freud 1923 eine Korrektur an. Es gibt, sagt er nun, bereits beim infantilen Individuum eine Sammlung und Koordinierung der Libidoorganisation. Das ist jedoch wohlgemerkt eine Koordinierung, die sich gleichzeitig radikal und sonderbar von der erwachsenen unterscheidet:

Mit dem Satz, das Primat der Genitalien sei in der frühinfantilen Periode nicht oder nur sehr unvollkommen durchgeführt, würde ich mich heute nicht mehr zufrieden geben. Die Annäherung des kindlichen Sexuallebens an das der Erwachsenen geht viel weiter und bezieht sich nicht nur auf das Zustandekommen einer Objektwahl. Wenn es auch nicht zu einer richtigen Zusammenfassung der Partialtriebe unter das Primat der Genitalien kommt, so gewinnt doch auf der Höhe des Entwicklungsvorganges der infantilen Sexualität das Interesse an den Genitalien und die Genitalbetätigung eine dominierende Bedeutung, die hinter der in der Reifezeit wenig zurücksteht. Der Hauptcharakter dieser ‚*infantilen Genitalorganisation*' ist zugleich ihr Unterschied von der endgültigen Genitalorganisation der Erwachsenen. Er liegt darin, daß für beide Geschlechter nur *ein Genitale*, das männliche, eine Rolle spielt. Es besteht also nicht ein Genitalprimat, sondern ein Primat des *Phallus*.* (Freud 1923e, 155)

Wie Freud explizit angibt, handelt es sich hier um ein bedeutungsvolles, neues Moment in der Sexualtheorie. Gleichzeitig bezeichnet die Heranziehung einer „Phase des Phallusprimats"*[7] aber auch einen noch entscheidenderen Einschnitt auf einem anderen Gebiet. Was Freud mit dem Begriff der phallischen Phase als Kulmination der infantilen Sexualität sowohl beim Knaben als auch beim Mädchen implizit verkündigt, wird nämlich der zentrale Wendepunkt in seiner Auffassung der Weiblichkeit. Oder korrekter formuliert: der Startschuß für seine erste eigentliche, durchgearbeitete Analyse des Triebschicksals Weiblichkeit.

Gewiß zieht Freud die Schlüsse bezüglich der weiblichen Psychogenese[8] erst zwei Jahre später (im Jahr 1925) – in dem ersten seiner drei Hauptartikel über die Weiblichkeit mit dem berühmt-berüchtigten Titel *Einige psychische Folgen des anatomischen Geschlechtsunterschieds*.[9] Im Artikel von 1923 ist der Blickwinkel in erster Linie der des Knaben – so heißt es: „Leider können wir diese Verhältnisse nur für das männliche Kind beschreiben, in die entsprechenden Vorgänge beim kleinen Mädchen fehlt uns die Einsicht."* (Freud 1923e, 155).

Wenn Freud in späteren Schriften seinen Weiblichkeitsbegriff entwickelt, bleibt jedoch seine Grundbestimmung des Bewußtseins über den Geschlechtsunterschied, der sich in der phallischen Phase sowohl beim Knaben als auch beim Mädchen entfalten soll, in Übereinstimmung mit der Beschreibung in *Die infantile Genitalorganisation*. Danach hält er fest, daß in der phallischen Phase „es zwar ein *männlich*, aber kein *weiblich* (gibt); der Gegensatz (zwischen den Geschlechtern, A. d. A.) lautet hier *männliches Genitale* oder *kastriert*."* (Freud 1923e, 158).

Doch worin liegt das Neue in diesen für das kleine Mädchen so schicksalsschwangeren Worten? Hatte Freud nicht bereits zum Beispiel in den *Drei Abhandlungen zur Sexualtheorie* davon gesprochen, daß den onanistischen Aktivitäten des kleinen Mädchens etwas anhaftete, das schwerlich als etwas anderes als ein männlicher Charakter beschrieben werden könne?[10] Hatte er nicht auch im Artikel von 1918 über das Jungfräulichkeitstabu die Existenz einer frühen „männlichen Phase" in der weiblichen Psychogenese aufgezeigt?[11] Doch, aber gleichzeitig mit diesen verstreuten Bemerkungen über die männlichen Lüste des kleinen Mädchens hatte Freud angenommen, daß es möglich sein müßte, die Entwicklung des Mädchens im großen und ganzen als geschlechtliche Spiegelverkehrung derjenigen des Knaben zu beschreiben.

Die Entwicklung des Mädchens und des Knaben war, meinte er damals, symmetrisch, jedenfalls was die Objektbeziehung betreffe. Erst als Freud um die Mitte der 1920er Jahre unter dem Einfluß der Weiblichkeitsdebatte und der historischen Geschlechtsrollenänderungen anfängt, die Sache konsequent durchzudenken, beginnen sich die verstreuten Bemerkungen zu einer Ganzheitsauffassung zu sammeln, die mit der Symmetrievorstellung bricht. So schließt Freud in seiner ersten Veröffentlichung der Ödipustheorie in der *Traumdeutung*[12] im Jahr 1900 ohne zu zögern von einem simplen, positiven, männlichen Ödipuskomplex auf einen symmetrisch verstandenen weiblichen. Während der Knabe die Mutter liebt und gegenüber dem Vater Haß empfindet, ist die Liebe des Mädchens auf den Vater, und der Haß auf die Mutter gerichtet. Und so spät wie bei der Einführung des Begriffs vom vollständigen Ödipuskomplex (in *Das Ich und das Es* 1923) ist der Blickwinkel, unter dem Freud das Mädchen zu verstehen versucht, immer noch primär die Symmetrie.[13]

Der symmetrische Gesichtspunkt stimmt allerdings schlecht mit der Assymetrie überein, welche die freudsche Vorstellung von einer männlichen Phase in der weiblichen Entwicklung signalisiert. Mit einem Begriff dessen, daß der Knabe parallel zur männlichen Phase des Mädchens in eine weibliche Phase eintritt, könnte der Symmetriegesichtspunkt beibehalten werden. Es ist dieser Weg, den zum Beispiel Melanie Klein sehr explizit beschreitet. Was Freud dagegen in *Die infantile Genitalorganisation* (1923) als Reaktion auf die sich ständig mehr aufdrängenden Vorstellungen von einer männlichen Phase in der Entwicklung des Mädchens unternimmt, ist jedoch genau das Gegenteil der Einführung einer weiblichen Phase in die Entwicklung des Knaben. Mit allem Nachdruck stellt er fest, daß die infantile Genitalorganisation phallisch ist. Dadurch bricht er radikal mit den Tendenzen zu einem Symmetriegesichtspunkt, die er früher in Anknüpfung an die Ödipustheorie formuliert hatte. Die Konsequenzen dieses Bruchs werden, was den männlichen Ödipuskomplex betrifft, im Jahr darauf (1924) in *Der Untergang des Ödipuskomplexes*[14] gezogen. Was den weiblichen Ödipuskomplex betrifft, werden die Folgen wie gesagt zwei Jahre später (1925) in *Einige psychische Folgen . . .*[15] erklärt.

In Hinblick auf das Vorkommen weiblicher Dimensionen und Wünsche in der männlichen Psychogenese gibt Freud (in *Der Untergang des Ödipuskomplexes*) zu erkennen, daß diese seiner Meinung nach typischerweise vorkommen.[16] Die ödipalen Vorstellungen des Knaben sind sowohl aktiv auf die Mutter, als auch passiv auf den Vater gerichtet, sagt Freud.[17] *Aber* diese „männlichen" beziehungsweise „weiblichen" Triebregungen existieren Seite an Seite beim Knaben. Es ist nicht von einer gesonderten Phase die Rede, in der nur die passiven, „weiblichen", auf den Vater gerichteten Wünsche zum Ausdruck kommen. – Anders mit den männlichen Lüsten des Mädchens. In der phallischen Phase, sagt Freud (in *Einige psychische Folgen . . .*) ist das Mädchen ein kleiner Mann in dem Sinn, daß es an seinem ‚Minipenis‘,[18] der Klitoris, onaniert, bis es deren fatalen Mangel an Konkurrenzfähigkeit verglichen mit der ‚richtigen‘ Genitalausrüstung: dem Penis, entdeckt. Erst nachdem es seine phallischen Lüste aufgegeben hat, tritt das kleine Mädchen in seinen passiv-weiblichen, auf den Vater gerichteten Ödipuskomplex ein. – Mit anderen Worten: der Knabe hat keine exklusiv weibliche Phase, wogegen umgekehrt das Mädchen ein gesondertes männliches Entwicklungsstadium durchlebt. Einen Symmetriegesichtspunkt an die erste, infantile Genitalorganisation der beiden Geschlechter anzulegen ist daher unmöglich.

Wenn Freud erst zu einem relativ späten Zeitpunkt seiner wissenschaftlichen Karriere diese asymmetrische Auffassung anerkennt, liegt das zweifellos nicht an einem eigentlich veränderten Verständnis des Verhältnisses zwischen den Geschlechtern. Der Grund ist deutlich jener, daß er die weibliche Psychogenese davor nicht als gesondertes Phänomen durchgearbeitet hatte. Daß es bis in die 1920er Jahre nur das männliche Individuum ist, das Freud zum Gegenstand seiner eigentlichen zusammenhängenden Überlegungen macht, wenn die Fragen über das Geschlechtsbewußtsein an der Tagesordnung stehen, verheimlicht er nicht. So heißt es zum Beispiel charakterkritischerweise im Jahr 1908: „Infolge der Ungunst äußerer wie innerer Verhältnisse haben die nachstehenden Mitteilungen vorwiegend nur auf die Sexualentwicklung des einen Geschlechtes, des männlichen nämlich, Bezug."* (Freud 1908c, 142).

Und retrospektiv schreibt er 1925 in *Einige psychische Folgen . . .* Folgendes über seine früher mangelhafte Reflexion über die weibliche Entwicklung:

Wenn wir die ersten psychischen Gestaltungen des Sexuallebens beim Kinde untersuchten, nahmen wir regelmäßig das männliche Kind, den kleinen Knaben, zum Objekt. Beim kleinen Mädchen, meinten wir, müsse es ähnlich zugehen, aber doch in irgendeiner Weise anders. An welcher Stelle des Entwicklungsganges diese Verschiedenheit zu finden ist, das wollte sich nicht klar ergeben.* (Freud 1925j, 160)

Die Konfrontation mit dem Penis

Es handelt sich also bei Freuds Formulierungen des asymmetrischen Gesichtspunktes über das Verhältnis der Geschlechter zueinander aus dem Jahr 1923 und danach[19] nicht eigentlich um eine geänderte Auffassung. Es dreht sich eher um eine Durcharbeitung des Themas: Geschlechtsbewußtseinsbildung, wobei die Weiblichkeit zum ersten Mal konsequent als gesondertes Triebschicksal betrachtet wird. Nichts desto weniger bekommt diese Durcharbeitung jedoch wesentliche Folgen für den Begriff des weiblichen Ödipuskomplexes.

Zuerst einmal stellt Freud in *Einige psychische Folgen . . .*[20] fest, daß der Kastrationskomplex des Mädchens zwar auf seinem Werben um den Vater und der Feindlichkeit gegenüber der Mutter beruht, daß er aber gleichzeitig qualitativ anders als beim Knaben ist. Im Gegensatz zu dem seinigen ist er das Produkt eines traumatischen Erlebnisses von „Kastration". Dazu kommt, sagt Freud, daß der auf den Vater gerichtete Ödipuskomplex des Mädchens (von dem hier alleine die Rede ist) sowohl auf dem Genitalzonenwechsel[21] von der Klitoris zur Vagina beruht, der bereits in *Drei Abhandlungen zur Sexualtheorie*[22] beschrieben wird – und außerdem auch auf einem Objektwechsel von der Mutter zum Vater.

Freud erkennt also im Jahr 1925, daß die ödipale Entwicklung beim Mädchen in vielerlei Hinsicht ein viel komplizierteres Phänomen als beim Knaben ist, der bei dem Eintritt in den Ödipuskomplex sowohl das Objekt, als auch die Genitalzone unverändert beibehält. Der volle Zusammenhang zwischen der Einführung der phallischen Phase in die weibliche Entwicklung und der ödipalen Struktur, welche die Mutterbindung des Mädchens unmittelbar vor dem Ojektwechsel annimmt, wird jedoch erst von Lampl-de Groot in ihrem wichtigen Artikel von 1927 erklärt. Daher werde ich zuerst jene Dimension des weiblichen Ödipuskomplexes behandeln, in der Freud 1925 primär die Asymmetrie ihren Ausgangspunkt nehmen sieht. Das heißt, die Reaktion des Mädchens auf die Konfrontation mit dem Penis.

Für den Knaben bedeutet das beginnende Genitalinteresse ein problemlos gleitender Eintritt in die ödipale Verliebtheit in die Mutter. Was das Mädchen betrifft, wird umgekehrt in seiner phallischen Phase ein drastischer Schlußstrich unter seine glücklichen, onanistischen Entfaltungen gezogen, bevor es ihm überhaupt gelingt, eine ödipale Objektbesetzung zu erreichen. Dies beschreibt Freud in malenden, fetischierenden Wendungen:

Kurz, die Genitalzone wird irgendeinmal entdeckt und es scheint unberechtigt, den ersten Betätigungen an ihr einen psychischen Inhalt unterzulegen. Der nächste Schritt in der so beginnenden phallischen Phase ist aber nicht die Verknüpfung dieser Onanie mit den Objekzbesetzungen des Ödipus-Komplexes, sondern eine folgenschwere Entdeckung, die dem kleinen Mädchen beschieden ist. Es bemerkt den auffällig sichtbaren, groß angelegten Penis eines Bruders oder Gespielen, erkennt ihn sofort als überlegenes Gegenstück seines eigenen, kleinen und versteckten Organs und ist von da an dem Penisneid verfallen.* (Freud 1925j, 162)

Beim Knaben ist der Kastrationskomplex, sagt Freud, eine sekundäre Bildung. Er beruht auf der Kastrationsdrohung, die er im Anschluß an sein Begehren nach der Mutter erlebt. Der Ödipuskomplex ist für ihn das Primäre und lebensgeschichtlich Erste. Beim Mädchen ist das umgekehrt, sagt Freud 1925. Bevor es seine ödipale Liebesbeziehung zum Vater entwickelt, mußte es „die Tatsache ihrer Kastration"*[23] erkennen. Eine Erkenntnis, deren negative Bedeutung für die weibliche Psychogenese Freud zufolge kaum überbewertet werden kann.

Zu dieser Asymmetrie, daß der Ödipuskomplex, und nicht die positiv ödipale Beziehung das psychogenetisch Primäre und lebensgeschichtlich Erste ist, kommt noch ein anderer entscheidender Unterschied hinzu. Der Kastrationskomplex des Knaben beruht nur darauf, daß er sich von Kastration bedroht fühlt. Das Kastrationserlebnis des Mädchens besteht dagegen in der Erkenntnis der vollendeten Tatsache: das Bewußtwerden einer katastrophalen anatomischen Mangelhaftigkeit. Hier erkennt das Mädchen, daß es, wenn es um Onanie und damit um Potenz, um Objekteroberung geht „es ... doch nicht mit dem Knaben aufnehmen kann und darum die Konkurrenz mit ihm am besten unterläßt."* (Freud 1925j, 166). Oder mit anderen Worten: Ehe das Mädchen in seinen auf den Vater gerichteten Ödipuskomplex eintritt, wird es im Gegensatz zum Knaben des Gefühls beraubt, aktive potente Qualitäten zu besitzen. Seine ödipale Liebe zum Vater baut auf Trieben mit dem passivem Ziel, „geliebt zu werden".

Schließlich fügt sich eine dritte Asymmetrie an diese Kette qualitativ verschiedener gegenseitiger Verhältnisse zwischen Ödipuskomplex und Kastrationskomplex bei Knaben beziehungsweise Mädchen. Beim Knaben, sagt Freud, ist die Kastrationsangst eine Triebkraft in der Abwicklung des Ödipuskomplexes und bei der Entwicklung eines Überichs im Bild des Vaters. Für das Mädchen, das ja kastriert IST, besteht kein Grund, die Vaterbindung des Ödipuskomplexes zu verlassen, wenn es sie erst einmal erreicht hat. Seine Überich-Bildung ist daher schwach. Es bleibt passiv-libidinös an den Vater gebunden.

Der Objektwechsel

Im Jahr 1925 stellt Freud wie gesagt noch etwas Neues und die Asymmetrie Bekräftigendes fest, nämlich, daß (neben dem Genitalzonenwechsel von der Klitoris zur Vagina und dem Kastrationstrauma) auch ein Objektwechsel von der Mutter zum Vater vor sich geht, bevor das Mädchen in seine ödipale Vaterbindung eintreten kann. Ich habe aber auch mehrmals darauf hingewiesen, daß sein Begriff von dieser „Vorgeschichte" des auf den Vater gerichteten Ödipuskomplexes des Mädchens hier im Jahr 1925 erst im Entstehen begriffen ist. Es ist wie gesagt erst Jeanne Lampl-de Groots Artikel von 1927, der in diesem Zusammenhang den entscheidenden Stein auf seinen Platz rückt. Wie Freud es in *Einige psychische Folgen ...* im Jahr 1925 beschreibt, schwebt das kleine Mädchen in seiner phallischen Phase auf der einen Seite in einem objektlosen Vakuum – vergleiche die früher zitierte zentrale Stelle: „... es scheint unberechtigt, den ersten Betätigungen an ihr (der Genitalzone, *A. d. A.*) einen psychischen Inhalt unterzulegen ... usw."* (Freud 1925j, 162). Auf der anderen Seite findet laut *Einige psychische Folgen ...* eben genau im Anschluß an die phallische Phase und das Kastrationserlebnis ein Objektwechsel statt. Logisch deutet das darauf hin, daß die phallische Phase *nicht* objektlos ist, sondern daß sie im Gegenteil dasselbe Objekt hat, wie die früheren Phasen (die orale und die anale): die Mutter.[24] Freud widerspricht sich also gewissermaßen selbst.

Mit Lampl-de Groots Einführung des aktiven Ödipuskomplexes wird dieser Widerspruch jedoch aufgelöst. Das Mädchen hat ihr zufolge genau wie der Knabe in der phallischen Phase weiterhin die Mutter zum Objekt. Auch das Mädchen verbindet seine ersten genitalen Empfindungen mit der Lust auf die Mutter, sagt Lampl-de Groot. Ein Gesichtspunkt, den Freud wie erwähnt annimmt, nachdem ihn Lampl-de Groot vorgebracht hat. Auch wenn er, wie wir sehen werden, lieber begriffliche Inkonsequenz in Kauf nehmen will, als den letzten logischen Schluß zu ziehen und den Begriff „negativer oder aktiver Ödipuskomplex" auf das Phänomen anzuwenden.

Mit Lampl-de Groots Präzisierung der Objektverhältnisse in der phallischen Phase des Mädchens wird die Asymmetrie auf die Spitze getrieben. Nicht genug damit, daß das kleine Mädchen keine weibliche Libidoorganisierung besitzt. Seine Objektwahlen sind ebenfalls „phallisch". Wo sind wir? Sind „wir", insofern wir Frauen sind, überhaupt an irgendeinem Ort in dieser Asymmetrie-Beschreibung? Wird uns unsere Weiblichkeit nicht total genommen in Lampl-de Groots Versuch, uns, ihr eigenes Geschlecht, zu begreifen? Unsere erste genitale Entwicklung ist phallisch, unsere erste Objektwahl ist phallisch, wenn wir endlich „weiblich" wählen, geschieht das nicht so sehr aus Lust, als aus Notwendigkeit – weil uns das Kastrationserlebnis dazu zwingt?

Wie wir sehen werden, befinden wir uns hier an einem der dialektischen Orte, wo die extremste Entfremdung mit einem einzigartigen revolutionären Potential konvergiert. Wir befinden uns an einem Ort, wo „wir", Frauen, einerseits überhaupt nicht in dem fetischierenden und fetischierten Diskurs Lampl-de Groots, Freuds et cetera vorhanden sind. Aber gleichzeitig werden wir andererseits in allerhöchstem Maß unmittelbar anwesend, wenn die fetischierten Aussagen von ihren Mystifikationen befreit werden. Das ganz Besondere an diesem „Ort", an dem wir uns nun befinden, kann durch einen Hinweis, eine Analogie beschrieben werden. Im Kapital ist der Arbeiter einerseits überhaupt nicht vorhanden, und andererseits ist das Kapital nichts anderes als die menschliche Arbeit der Arbeiter. In der Phase, wo sich die Libidoorganisation und die Objektwünsche des kleinen Mädchens in den psychoanalytischen Diskursen, von denen wir sprechen, als phallisch zu erkennen geben, ist das „Weibliche" auf der einen Seite vollständig abwesend. Aber auf der anderen Seite ist nichts anderes als eben genau weibliches vorhanden. Was hier vor sich geht ist nämlich eine intensive, sexuelle Interaktion zwischen Mutter und Tochter. Wir wollen jedoch nicht vorgreifen. Vervollständigen wir die Asymmetrie-Beschreibung auf dem Niveau des Selbstverständnisses der freudianischen Theorie, bevor wir zur eigentlichen Mystifikationsauflösung schreiten.

Bei der Einführung des Begriffs von der vollen Identität zwischen der Entwicklung des Knaben und des Mädchens bis einschließlich der ersten, genital koordinierten = „phallischen" Objektbesetzung der Mutter, erreicht der psychoanalytische Diskurs also einen absoluten Höhepunkt in seiner Feststellung, daß das Verhältnis zwischen den Geschlechtern asymmetrisch ist. Dem Mädchen werden in der phallischen Phase weder eine Libido noch ein Objekt nach eigenen Prämissen zugestanden. Dazu kommt, daß die Beschreibung der Folgen für die weitere Entwicklung des Mädchens eine Intensivierung der Asymmetrie mit sich bringt.

Im Jahr 1925 beschreibt Freud, wie wir gesehen haben, die Asymmetrie, die darin lag, daß das Mädchen ein Kastrationserlebnis durchmachen sollte, ehe es in seinen auf den Vater gerichteten Ödipuskomplex eintrat. Durch die Ausweitung des Begriffs von der phallischen Phase des Mädchens mit den Dimensionen der Verliebtheit in die Mutter und dem Rivalitätshaß gegenüber dem Vater (Dimensionen, die Freud 1931[25] von Lampl-de Groot übernimmt, obgleich er sie nicht ödipal nennen möchte), werden dem Begriff von der Kastration des Mädchens und dem Objektwechsel weitere zentrale traumatische Qualitäten zugeschrieben.

Betrachten wir zuerst das Kastrationstrauma. Das Kastrationserlebnis, welches das Mädchen im Gegensatz zum Knaben durchmachen muß, bevor es eine „normale" Frau werden kann, hat nicht nur für sein Selbstverständnis Konsequenzen (mangelhafte Potenz). Das Erlebnis enthält auch, nach Lampl-de Groots Begriffsentwicklung, einen unwiderruflichen Objekt*verlust*, dessen schmerzlicher Charakter kaum überschätzt werden kann. Es ist der unwiederbringliche Verlust der Mutter als Sexualobjekt. Die Bedeutung des Verlustes muß vor dem Hintergrund betrachtet werden, daß es hier die erste und heiß Geliebte ist, die definitiv verloren wird. Es ist der Verlust desjenigen Sexualobjekts, das mit nährender und pflegender Fürsorge dem Mädchen den Weg zu körperlicher Liebe gezeigt hat. Es ist der Verlust desjenigen Objekts, welches *DAS* LIEBESOBJEKT gewesen ist, seitdem das Mädchen überhaupt imstande war, eine Objektwahl vorzunehmen. Und ein Verlust, den es im Gegensatz zum Knaben ertragen muß, ohne die Aussicht zu haben, jemals das Verlorene wiedergewinnen zu können. In Lampl-de Groots Beschreibung bekommt der Objektverlust des Mädchens Dimensionen à la Romeo und Julia. Es ist die Rede von etwas, das ganz anders schmerzlich und schicksalsschwanger ist als beim Knaben. Wenn der Knabe erfährt, daß der ödipale *Vater* die Mutter sexuell besitzt und demjenigen, der versucht, sie zu erobern, mit Kastration droht, dann gibt er zwar auch unmittelbar sein Begehren nach der Mutter auf. Aber für ihn, sagt Lampl-de Groot, „bleibt . . . der Weg offen, einmal später erfolgreicher mit dem Vater kämpfen zu können und zu dem ersten Liebesobjekt, besser gesagt, zu seiner Ersatzperson zurückzukehren."* (Lampl-de Groot 1927, 271). Für das Mädchen dagegen „ist die Kastration eine vollzogene Tatsache, an der nichts zu ändern ist, deren Anerkennung aber das Kind dazu zwingt, endgültig auf sein erstes Liebesobjekt zu

verzichten und den Schmerz des Objektverlustes voll auszukosten."*
(Lampl-de Groot 1927, 274).

Und die Konsequenzen dieses schmerzlichen Verlustes? Davon, ein für allemal dazu gezwungen zu sein, die Mutter als Liebesobjekt aufzugeben?

Nach Entdeckung und völliger Akzeptierung der vollzogenen Kastration muß das Mädchen notgedrungen ein für allemal auf die Mutter als Liebesobjekt verzichten und somit die aktive erobernde Tendenz des Liebesstrebens sowie die Onanie an der Klitoris aufgeben. Vielleicht liegt auch hier die Erklärung für die seit langem bekannte Tatsache, daß die vollweibliche Frau keine Objektliebe im wahren Sinne des Wortes kennt, sich nur „lieben lassen kann". Den seelischen Begleiterscheinungen der phallischen Onanie ist es also zuzuschreiben, daß das kleine Mädchen dieselbe normalerweise viel intensiver verdrängt und einen viel stärkeren Abwehrkampf gegen sie führen muß als der Knabe; muß es doch mit derselben die erste Liebesenttäuschung, den Schmerz des ersten Objektverlustes vergessen.* (Lampl-de Groot 1927, 275)

Wir sehen also, daß die Betonung der traumatischen Qualitäten der Kastration von Lampl-de Groots Begriffsvertiefung intensiviert wird. Aber damit wurde auch derjenige Aspekt der Asymmetrie, der darauf hinausläuft, daß das Mädchen im Unterschied zum Knaben das Objekt im Laufe seiner infantilen Entwicklung wechseln muß, implizit als Trauma beleuchtet. Bei Lampl-de Groots Präzisierung der Objektverhältnisse in der phallischen Phase wird dem Begriff des Objektwechsels des Mädchens die Dimension zugeschrieben: Objektverlust. Doch damit nicht genug. Noch eine traumatische Konsequenz ist in der These, daß die phallische Phase des Mädchens vollkommen parallel zu der des Knaben ist, enthalten. Mit der Bestimmung: aktiver Ödipuskomplex möchte Lampl-de Groot das Vorkommen des Rivalitätshasses gegenüber dem Vater auch bei dem kleinen Mädchen aufzeigen. Der Vater ist für seine phallische Tochter nichts anderes als „ein lästiger Rivale"*, wie Freud es im Anschluß an Lampl-de Groot formuliert.[26] Was bedeutet das für die Qualitäten des Objektwechsels? Daß der frühere Rivale zum Liebesobjekt gemacht werden soll – daß die Rede von einem Prozeß ist, bei dem „der Feind zum Geliebten gemacht wird"*, wie Lampl-de Groot malerisch schreibt.[27]

3. Von biologischem zu historischem Kontext

Wir haben die grundlegenden Züge jener Asymmetrie betrachtet, welche die orthodoxe freudianische Analyse dem Verhältnis zwischen den infantilen Psychogenesen der beiden Geschlechter zuschreibt. Nun wollen wir die beschriebenen Knotenpunkte im Entwicklungsverlauf des Mädchens neuerlich unter die Lupe nehmen im Hinblick auf die Herstellung eines möglichen alternativen – historischen und nicht biologischen – bedingungsanalytischen Kontexts. Wir werden mit anderen Worten das Verhältnis zwischen Sublektivitätsanalyse und Objektivitätsanalyse behandeln.

Als Auftakt werden wir jedoch zuerst generell festhalten, daß sowohl die Anhänger als auch die Gegner der freudianischen Gesichtspunkte meinen, daß der phallische Diskurs eine wichtige Rolle in der weiblichen Psychogenese spielt. Die Uneinigkeit betrifft *nicht* die Frage, ob in der Entwicklung des Mädchens Männlichkeitswünsche, Kastrationsgefühle, Penisneid und so weiter vorkommen. Die Meinungen gehen nicht darüber auseinander, inwieweit dieser Diskurs in die weibliche Geschlechtsidentitätsbildung eingeht, sondern nur in bezug auf die Beurteilung der Ursache dafür, daß er es tatsächlich tut. Das bedeutet, daß in der psychoanalytischen Literatur im Überfluß empirisches Material gesammelt wurde, welches dafür spricht, daß der phallische Diskurs die eine oder andere Rolle in den herrschenden weiblichen Entwicklungsmustern spielen muß. Dies sollen die folgenden Hinweise auf die klinische Praxis illustrieren.

Nehmen wir zum Beispiel zuerst Karen Horney, so leitet sie ihren Feldzug gegen Abraham und Freud ausgerechnet mit einem Hinweis auf „eine(r) langjährige(n) Praxis, am ganz vorwiegend weiblichen Patienten mit durchweg ausgesprochenem Kastrationskomplex"[28] ein. Ein anderes unmittelbares *memento* über die empirische Existenz und den Umfang des Problems bekommen wir zum Beispiel von Freuds Bilanz über ein langes Leben psychoanalytischer Praxis aus dem Jahr 1937 in dem Artikel *Die endliche und die unendliche Analyse.*[29] Der Penisneid bei der Frau und der Widerstand beim Mann, eine passiv-feminine Position einzunehmen werden hier als Phänomene beschrieben, die regelmäßig vorkommen und mit denen außerdem in der analytischen Situation sehr schwer umzugehen ist:

In therapeutischen ebenso wie in Charakteranalysen wird man auf die Tatsache aufmerksam, daß zwei Themen sich besonders hervortun und dem Analytiker ungewöhnlich viel zu schaffen machen. Man kann das Gesetzmäßige, das sich darin äußert, nicht lange verkennen . . . Zu keiner Zeit der analytischen Arbeit leidet man mehr unter dem bedrückenden Gefühl erfolglos wiederholter Anstrengung, unter dem Verdacht, daß man „Fischpredigten" abhält, als wenn man die Frauen bewegen will, ihren Peniswunsch als undurchsetzbar aufzugeben, und wenn man die Männer überzeugen möchte, daß eine passive Einstellung zum Mann nicht immer die Bedeutung einer Kastration hat und in vielen Lebensbeziehungen unerläßlich ist . . . Man hat oft den Eindruck, mit dem Peniswunsch und dem männlichen Protest sei man durch alle psychologische Schichtung hindurch zum „gewachsenen Fels" durchgedrungen und so am Ende seiner Tätigkeit.* (Freud 1937c, 96–99)

Oder wir können einem der neueren Freud-revisionistischen[30] Analytiker zuhören, der Franzosin Maria Torok. Sie beginnt ihren Artikel über *Die Bedeutung des ‚Penisneids' bei der Frau* auf folgende Weise: „Dans toutes les analyses de femmes survient nécessairement und période au cours de laquelle une convoi-

109

tise envieuse à l'endroit du membre viril et de ses équivalents symboliques fait son apparition. Épisodiques chez les unes, l','envie du pénis' constitue, chez d'autres, le centre même de la cure." (Torok 1964, 203).

Mit diesen Hinweisen auf die empirische Grundlage der Psychoanalyse *in mente*, werden wir nun den ersten Schritt in die eigentliche, kritische Rekonstruktion der freudianischen Beschreibung der weiblichen Psychogenese machen. Vor dem Hintergrund der Doppeltheit von wahr und falsch, auf welche der Begriff des Patriarchatsfetischismus hinweist, werden wir von der Annahme ausgehen, daß die freudianischen Beschreibungen neben dem mehr offensichtlich falschen Reden von der anatomischen Benachteiligung der Frauen auch eine wahre Dimension enthalten. Das heißt, wir gehen davon aus, daß die freudianischen Begriffe teilweise als Formulierungen real vorkommender Phänomene beim Wort genommen werden können. (Ein Gesichtspunkt, der also auch durch einen Blick auf die klinische Empirie unterstützt wird.)

Die phallische Phase und die Konfrontation des Mädchens mit dem PENIS

Stellen wir auf dieser Grundlage zuerst die Frage, ob im Vorkommen der sonderbaren Phase, in der „nur *ein Genitale*, das männliche, eine Rolle spielt", eine historische Rationalität liegen kann. Jene Phase, in welcher der Geschlechtsunterschied als der Gegensatz „phallisch-kastriert" und – wie man hinzufügen kann – „potent-impotent" erlebt wird. Die Antwort muß daher in die Richtung gehen, daß wir es hier mit einer lebensgeschichtlichen Periode zu tun haben, in der die patriarchalischen Herrschaftsstrukturen ihren subjektiven Niederschlag in dem individuellen Bewußtsein finden. So können wir versuchsweise die phallische Phase umdefinieren als eine historische Formbestimmung desjenigen Entwicklungsstadiums, in dem sich das Kind seines eigenen biologischen Geschlechts und des Geschlechtunterschieds bewußt wird. Das heißt, als eine Bestimmung der besonderen, historischen Form, welche die infantile Geschlechtsbewußtseinsbildung in einer phallischen Kultur, in einer patriarchalisch geschlechterpolarisierten Gesellschaft annimmt. Die freudianische phallische Phase kann vor dem Hintergrund dieser Definition als ein Begriff verstanden werden, der in fetischierter Form wiedergibt, wie sich Kinder in einer patriarchalischen Gesellschaft ihre Geschlechtsidentität bilden. Ein Begriff dessen, wie Kinder ihr Geschlecht und den Geschlechtsunterschied durch eine ebenso fetischierte Erfahrung über ihren Platz in der gesellschaftlichen Geschlechterhierarchie kennenlernen. Ein Begriff dessen, wie sie aufgrund des Patriarchatsfetischismus dazu kommen, diese Plazierung nicht als historisch und von der Gesellschaft geschaffen, sondern als biologisches Schicksal erleben.

So kann man die phallische Phase, wie sie von Freud 1923 in *Die infantile*

Genitalorganisation (mit dem Knaben als Paradigma) beschrieben wird, umdefinieren. Bevor wir weitergehen, müssen wir aber schnell eine kleinere Korrektur vornehmen. Betrachten wir Freuds Auffassung von der Phase, was die weibliche Psychogenese betrifft, findet nämlich eine gewisse Verschiebung in seiner Definition statt. Beim Knaben, dem Paradigma, geht die Symbolisierung des Geschlechtsunterschieds im Laufe der phallischen Phase vor sich. Für das Mädchen bedeutet derselbe Prozeß (wie er in *Einige psychische Folgen . . .* im Jahr 1925 beschrieben wird) hingegen, daß unter seinen phallischem Prozeß der *Schlußstrich* gezogen wird.[31] Oder auf der nicht-fetischierten Grundlage der Umdefinierung formuliert: Der Knabe wird körperlich bestätigt, wenn er sich seines Geschlechts und des Geschlechtsunterschieds unter den gegebenen historischen Prämissen bewußt wird. Dem Mädchen dagegen wird eine positive Geschlechtsidentität durch das fetischierte Erlebnis dessen, wie es in der patriarchalischen Geschlechterhierarchie plaziert ist, verweigert. Die Bewußtwerdung dessen wird daher für das Mädchen im Gegensatz zum Knaben zu einem Punktum, einem eindeutig negativen Einschnitt.

Wir bestimmen also die phallische Phase (für den Knaben) und deren Schlußpunkt (für das Mädchen) als den „Ort" einer fetischierten Bewußtwerdung der Geschlechterpolarisierung der patriarchalischen Gesellschaft. Doch damit ist keineswegs gesagt, daß die zwangsmäßige Prägung der Individuen durch die Geschlechtscharaktermasken erst in dieser Periode der infantlilen Lebensgeschichte einsetzt. Wie zum Beispiel Lorenzer minutiös darstellt,[32] ist die gesellschaftliche Formbestimmung im Individuum von Geburt an wirksam, ja sogar schon während des intrauterinen[33] Daseins. Bis zu den späteren Jahren, wenn es möglich geworden ist, das Geschlecht des Fötus zu bestimmen, muß man damit rechnen, daß sich die Folgen der *Geschlechts*charaktermaske erst *ab* der Geburt selbst geltend gemacht haben, aber ab da eindeutig. Eine hervorragende soziologisch-empirische Beschreibung der sehr unterschiedlichen Reaktionen, denen Mädchen und Knaben bereits im Alter von 0–3 Jahren begegnen – bevor sie in die phallische Phase eintreten – findet sich zum Beispiel in dem 1973 erschienenen Buch *Della parte delle bambine* der italienischen Montessori-Pädagogin Elena Gianini Belotti.[34]

Es ist jedoch auch kein Widerspruch, *sowohl* zu sagen, daß die Geschlechtscharaktermaske von Geburt an im Individuum wirksam ist, *als auch*, daß sich die psychosexuellen Wege der beiden Geschlechter erst trennen, wenn die phallische Phase den Weg für das für beide Geschlechter entscheidende und schokkierende Erlebnis des Gegensatzes geebnet hat, der zwischen dem Besitzen des körperlichen Symbols für phallische Macht und der Aberkennung desselben durch die Ungunst des „anatomischen" Schicksals besteht. Freud hat mit dem Begriff der „Nachträglichkeit"* einen allgemeinen Mechanismus der Psyche aufgezeigt, der darin besteht, daß Erinnerungsspuren, alte Eindrücke, plötzlich einen „Sinn" für das Individuum bekommen können, indem sie in einen neuen Kontext gebracht werden. In den *Studien über Hysterie*[35] berichtet

Freud zum Beispiel von einem Mädchen, das auf traumatische Weise Zeugin eines Geschlechtsverkehrs war, dessen Bedeutung es erst später versteht. Seine hysterischen Symptome, die Reaktionen auf das Erlebte sind, treten nicht auf, bevor ihm der „Sinn" – unbewußt – klar geworden ist. Das heißt, lange nach dem traumatischen Erlebnis. Parallel dazu kann man sagen, daß die Erfahrung des Geschlechtsunterschieds unter den Prämissen der phallischen Phase, die fetischierte Bewußtwerdung der Geschlechterhierarchie, außer auf ihren aktuellen Dimensionen auch auf Nachträglichkeit beruht. Die bisher unverstandenen und unverständlichen geschlechtlich-körperlichen Erfahrungen, die der Knabe einerseits und das Mädchen andererseits von Geburt an gemacht haben, werden mit der Geschlechtsbewußtseinsbildung in der phallischen Phase plötzlich in eine logisch zusammenhängende „Aha"-Perspektive eingefügt: „Geschlechtsunterschied". Oder mit anderen Worten: man kann sich vorstellen, daß die geschlechtsspezifischen Erlebnisse von Unterdrückung, denen das Mädchen *vor* dem Kastrationstrauma ausgesetzt gewesen ist, erst *in Verbindung mit* diesem interpretiert werden. Wir können annehmen, daß sie, bis dieser Kontext etabliert ist, keinen traumatischen Effekt haben, daß sie dafür aber verstärkt auf das Kastrationserlebnis einwirken.

Der Ödipuskomplex und die Bildung des Geschlechtsbewußtseins

Durch die freudianischen Konkretisierungen des Charakters der phallischen Phase in der männlichen beziehungsweise weiblichen Psychogenese wird jenes Moment näher bestimmt, das die fetischierte, kindliche Erfahrung der gesellschaftlichen Geschlechterhierarchie vermittelt. In *Untergang des Ödipuskomplexes* (1924)[36] erfahren wir, daß die Bewußtwerdung der Werte phallischkastriert beim Knaben eng mit seinem Ödipuskomplex zusammenhängt, der ja Freud zufolge mit seiner phallischen Phase zusammenfällt. So hören wir ebenfalls in *Einige psychische Folgen . . .* (1925),[37] daß die Annahme der Terme beim Mädchen in Beziehung zu seinem auf den Vater gerichteten Ödipuskomplex steht. Es nimmt diese ja, sagt Freud, beim Übergang von der phallischen Phase zu jenem an. Und, wie wir gesehen haben, wird ab Lampl-de Groots Artikel aus dem Jahr 1927 eine noch explizitere Verbindung zwischen dem ödipalen Verhältnis des Mädchens zu den Eltern und seiner Bewußtwerdung der phallischen Geschlechtsunterschiedssymbolik geknüpft. Dieser Bewußtwerdungsprozeß ist teils verbunden mit der Konfrontation des Mädchens mit dem phallischen *Vater*, teils mit dem definitiven Verlust der Mutter als Liebesobjekt. Der Ödipuskomplex spielt der freudianischen Theorie zufolge deutlich eine zentrale Rolle bei der Bildung des Geschlechtsbewußtseins. Das wird auch explizit von Lampl-de Groot betont, die unter anderem hervorhebt, daß der Anblick der Genitalität des entgegengesetzten

Geschlechts erst in Zusammenhang mit dem Ödipuskomplex Bedeutung gewinnt. In der *präö*dipalen Phase der Entwicklung des Kindes hat er jedoch *keine* Folgen. Über den Knaben heißt es zuerst:

> Es ist nicht unmöglich, ja, sogar wahrscheinlich, daß der Knabe auch vor Erreichung der phallischen Phase und der damit zusammenfallenden Ödipuseinstellung den Geschlechtsunterschied bei der Schwester oder bei einer Gespielin einmal gesehen hat; wir nehmen jedoch an, daß diese Wahrnehmung für ihn keine weitere Bedeutung hat. Erfolgt eine solche, wenn das Kind sich schon in der Ödipuseinstellung befindet und die Möglichkeit der Kastration als drohende Strafe anerkannt hat, dann wissen wir, wie groß die psychische Bedeutung dieser Wahrnehmung sein kann.* (Lampl-de Groot 1927, 273)

Für das Mädchen sieht es genauso aus: „Bis dahin (das heißt, bis zur phallischen Phase und dem aktiven Ödipuskomplex des Mädchens, *A. d. A.*) mag auch eine zufällige Beobachtung des Geschlechtsunterschiedes ohne Bedeutung gewesen sein, jetzt aber muß eine solche für das kleine Mädchen folgenschwer werden."* (Lampl-de Groot 1927, 273).

So ist der Ödipuskomplex der freudianischen Theorie zufolge ein entscheidendes Moment bei der Bildung des Geschlechtsbewußtseins. Daher werden wir jetzt auch ihn auf der Grundlage der Objektivitätsanalyse umdefinieren, die in *Kapitel III* skizziert wurde.

Wie der Ödipuskomplex von Freud beschrieben wird, kann er in drei Interaktionsbeziehungen aufgelöst werden: 1) Kind-Mutter, 2) Kind-Vater und 3) Vater-Mutter.[38] Graphisch kann dies als drei Achsen dargestellt werden:

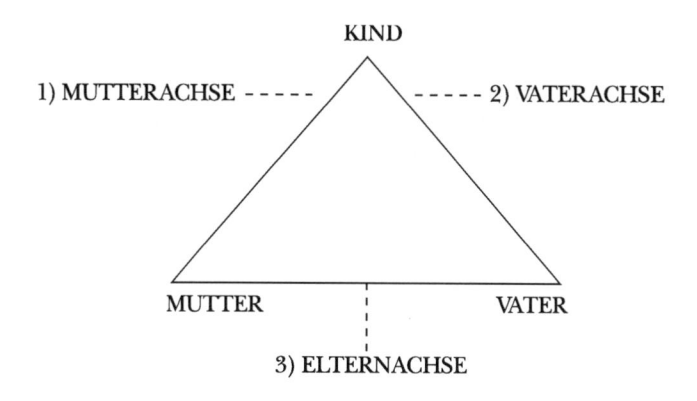

```
                    KIND
1) MUTTERACHSE -----/\----- 2) VATERACHSE
                   /  \
                  /    \
                 /      \
                /_____\
            MUTTER    :    VATER
                      :
                3) ELTERNACHSE
```

Mit dem Ausgangspunkt in dieser Interpretation des Ödipuskomplexes als eines Sets von Interaktionsbeziehungen können wir ihn zu einer historischen Formbestimmung einiger sexueller Interaktionsbeziehungen zwischen dem Kind und seinen erwachsenen Bezugspersonen und zwischen den letztgenannten untereinander umdefinieren. Man muß hier einerseits zwischen dem universellen und allgemeinen Moment: daß eine sexuelle Interaktion zwischen Kindern und ihren erwachsenen Bezugspersonen vor sich geht, und andererseits dem historisch spezifischen Umstand, daß diese Interaktion ausgerechnet die Form des Ödipuskomplexes annimmt, unterscheiden.

Um diese Umdefinierung zu präzisieren, werden wir nun die einzelnen Achsen des ödipalen Dreiecks näher betrachten.

Die Elternachse
Hier können wir zuerst festhalten, daß diese dritte Interaktionsbeziehung die dominierende ist. Sie determiniert den Charakter der beiden anderen. Betrachten wir beispielsweise den von der Verliebtheit in die Mutter gekennzeichneten – aktiven – Ödipuskomplex bei Mädchen und Knaben. In diesem Zusammenhang haben wir gesehen, daß sich die Dominanz der Elternachse darin zeigt, daß es der sexuelle Besitz der Mutter durch den phallischen *Vater* ist (Achse 3), der über die Kastrationsdrohung/-strafe (Achse 2) das Kind dazu bringt, das Mutterobjekt aufzugeben (Achse 1). Außerdem können wir festhalten, daß es im freudianischen Ödipusbegriff eine eindeu tige Asymmetrie nicht nur in der Beschreibung des Verhältnisses zwischen Tochter und Sohn gibt, sondern auch in den Positionen der Eltern. So ist auch bei den von der Verliebtheit in den Vater gekennzeichneten – passiven – Ödipalbeziehungen sowohl beim Knaben als auch beim Mädchen davon die Rede, daß die Interaktion auf der Elternachse vom Vater dominiert ist, den Charakter
hat.

„Vater"
―――――
„Mutter"

Während bei der von der Verliebtheit in die Mutter gekennzeichneten Ödipuskonstellation die Rede von einem aktiven Rivalitätsverhältnis zwischen Kind und Vater ist, ist bei dem von der Verliebtheit in den Vater gekennzeichneten Ödipuskomplex bei Knaben und Mädchen von einer passiven Rivalität gegenüber der Mutter die Rede, die qualitativ ganz anders ungefährlich als jene gegenüber dem Vater ist. Für den Knaben ist der auf den Vater gerichtete Ödipuskomplex nach Freud zwar ein äußerst risikables Vorhaben. Doch die katastrophalen Perspektiven bei dem Projekt des Knaben, den Vater sexuell zu lieben, liegen darin, daß dies erfordert, daß er die – kastrierte – Position der Mutter einnimmt. Es sind *nicht* Drohungen mit Sanktionen seitens der Mutter-des „Rivalen", die den Knaben veranlassen, die Fühler einzuziehen. Was das Mädchen betrifft, betont Freud, wie beschrieben wurde, daß es keinen besonderen Grund hat, seinen heterosexuellen, auf den Vater gerichteten Ödipuskomplex aufzugeben. Es hat ja bereits von vornherein – bei der früheren Konfrontation mit dem Vater – das Traumatischste von allem erlebt: die Kastration. Indirekt sagt Freud damit, daß er der Ansicht ist, daß die rivalisierende Beziehung zur Mutter unter keinen Umständen als besonders bedrohlich erlebt wird.

Vor dem Hintergrund dieser asymmetrischen und eindeutig patriarchalisch-hierarchischen Beziehung auf der Elternachse in der freudianischen Ödipustriade, können wir die Umdefinierung präzisieren. Die dritte und entscheidende Interaktionsbeziehung in Freuds Begriff kann als eine fetischierte Formulierung dessen betrachtet werden, wie die Geschlechtscharaktermasken „*Vater*" und „*Mutter*" historisch interagieren. Der Ödipuskomplex als ganzer kann damit umdefiniert werden als: Bestimmung einer spezifisch patriarchalischen Form von sexuellem Interaktionsnetzwerk rund um das Kind. Näher bestimmt als diejenige Form, die in einer patriarchalisch geschlechterpolarisierten Gesellschaft zuhause ist.

Hiernach kann die freudianische Verknüpfung von Ödipuskomplex und Annahme der Wertehierarchie phallisch-kastriert als Symbol für den Geschlechtsunterschied als eine patriarchatsfetischierte Formulierung dessen beschrieben werden, daß die Bildung des Geschlechtsbewußtseins bei Kindern in der patriarchalischen Gesellschaft durch das Erlebnis der von den Geschlechtscharaktermasken bestimmten Interaktionsform

$$\frac{\textit{„Vater"}}{\textit{„Mutter"}}$$

vor sich geht.

Ein Erlebnis, das dem Mädchen eine positive Geschlechtsidentität versagt, während es das Umgekehrte für den Knaben bewirkt.

Vaterachse versus Mutterachse
Wie wir bei der Beschreibung der Elternachse besprochen haben, besteht in der freudianischen asymmetrischen Ödipuskonzeption kein Zweifel darüber, daß sich Vater- und Mutterachse qualitativ voneinander unterscheiden. Und das trotz der Symmetrie, die man zum Beispiel von der ersten Bestimmung des vollständigen Ödipuskomplexes her erwarten sollte.[39] Es ist deutlich, daß das Rivalisieren, die ernsthaften Konfrontationen und katastrophenverkündenden Konflikte in der freudianischen Konzeption primär auf der Vaterachse des Kindes plaziert sind. Oder umdefiniert können wir sagen, daß die Vaterachse eine historische Formbestimmung der entscheidenden, ersten Konfrontation mit dem sozio-kulturellen Gesetz ist, das die patriarchalische Gesellschaft kennzeichnet.

Dazu kommt jedoch noch ein weiterer entscheidender Qualitätsunterschied zwischen den zwei Achsen. Bis zu einem gewissen Punkt in der Psychogenese sind die bei weitem am intensivsten und aktivsten sexuellen Begehren auf der Mutterachse zu finden – sowohl beim Knaben als auch beim Mädchen. Erst die Entdeckung, daß die Mutter „kastriert" ist, ruft einen entscheidenden Bruch mit diesem Zustand der Dinge hervor.

So sind, pointiert Freud, „die Urbedingungen der Objektwahl... ja für alle Kinder gleich"*.[40] Die Mutter ist die Nahrung, die Mutter ist die Körperpflege und Fürsorge. Es sind, sagt die freudianische Theorie, unweigerlich Frustrationen in dem Bild desjenigen enthalten, der die Nahrung liefert, und der aber damit auch die Macht hat, den Nahrungsstrom zu unterbrechen (zum Beispiel bei der Entwöhnung von der Brust). Dasselbe gilt für das Bild desjenigen, der den Körper pflegt, und der dabei aber auch verschiedene Arten von körperlichem Zwang durchsetzen will. Nichts desto weniger ist die Mutter diejenige, die die ersten positiven, sinnlichen Erlebnisse vermittelt, und auf dieser Grundlage werden sich sehr starke Liebesgefühle an sie knüpfen: „Der kleine Knabe nimmt als erstes Liebesobjekt, sobald er zu einer Objektbeziehung fähig wird, die ihn nährende und pflegende Mutter." ... Und: „... beim kleinen Mädchen? Auch dieses nimmt sich als erstes Liebesobjekt die nährende und pflegende Mutter."* (Lampl-de Groot 1927, 272–273). Zu diesen Dimensionen kommt noch hinzu, daß die Mutter sozusagen das Kind „verführt". Sie zeigt ihm ja den Weg zu genitalen Lustempfindungen, wenn sie es pflegt, wäscht, Windeln wechselt und so weiter. Die Mutter erscheint oft als die Verführerin in den infantilen Sexualphantasien sowohl von Mädchen als auch von Knaben, was, wie Freud mehrmals unterstreicht, eine Wirklichkeitsgrundlage in der Körperpflege hat. Über das Mädchen und das sexuelle Zusammenspiel zwischen Mutter und Tochter, das von einer traditionellen Erwartungshaltung her noch auffallender als das ist, was zwischen Mutter und Sohn vorgeht, schreibt Freud zum Beispiel folgendes:

Unter den passiven Regungen der phallischen Phase hebt sich hervor, daß das Mädchen regelmäßig die Mutter als Verführerin beschuldigt, weil sie die ersten oder doch die stärksten genitalen Empfindungen bei den Vornahmen der Reinigung und Körperpflege durch die Mutter (oder die sie vertretende Pflegeperson) verspüren mußte. Daß das Kind diese Empfindungen gerne mag und die Mutter auffordert, sie durch wiederholte Berührung und Reibung zu verstärken, ist mir oft von Müttern als Beobachtung an ihren zwei- bis dreijährigen Töchterchen mitgeteilt worden.* (Freud 1931b, 181)

Zwar ist die Mutter diejenige, die vielleicht die ersten Verbote gegen Onanie ausspricht, oder die eventuell auf andere, mehr indirekte Art Mißbilligung gegenüber der infantilen Sexualentfaltung äußert. Aber sie ist der freudianischen Theorie zufolge auch diejenige, die dem Kind die „Einführung ins Geschlechtsleben" vermittelt (ebenda).

Wenn Freud sagt, daß die Bedingungen für die erste Objektwahl aller Kinder die gleichen sind – daß alle Kinder, Knaben wie Mädchen, die Mutter oder ihre weiblichen Substitute (Amme, Kindermädchen) wählen – versteht er das Phänomen von einer patriarchatsfetischistischen Auffassung der patriarchalischen Geschlechterarbeitsteilung her. In Freuds Konzeption ist es der Geschlechtscharakter der Mutter, nicht ihre Geschlechtscharaktermaske, der bewirkt, daß sie DAS OBJEKT für die erste infantile Wahl eines Sexualobjekts wird. Auf der Grundlage der Umdefinierung können wir jedoch sagen, daß diese Dimension der freudianischen Ödipustheorie als eine fetischierte Beschreibung dessen zu betrachten ist, wie die erste Objektwahl als Folge der patriarchalischen Geschlechterarbeitsteilung historisch dazu formbestimmt ist, auf der Mutterachse stattzufinden. Auf gleiche Weise, wie die Vaterachse umgekehrt der historische „Ort" für die erste entscheidende soziale Konfrontation und Konflikt ist.

Man kann schematisch vereinfacht die Qualitäten der Vaterachse als KONFRONTATION und Liebe beschreiben, während die Mutterachse umgekehrt LIEBE und Konfrontation darstellt. Die Mutterachse hat aber darüberhinaus eine eigene Qualität, die kein eigentliches Gegenstück auf der Vaterachse hat. Für das Mädchen, wie auch für den Knaben tritt auf der Mutterachse ein Bruch ein, der den Status der Mutter als Liebesobjekt radikal ändert. Wenn auch mit sehr unterschiedlichen psychosexuellen Konsequenzen, entdecken das Mädchen und der Knabe zu einem Zeitpunkt, daß die Mutter „kastriert" ist. Das bedeutet, daß sie nicht mehr das begehrenswerte Objekt repräsentiert, für welches das kindliche Bewußtsein sie zuerst hielt, sagt die freudianische Theorie. Für das Mädchen wird diese Erkenntnis „normalerweise" der Anlaß für seinen Objektwechsel von der Mutter zum Vater. Für den Knaben bedeutet sie ‚nur' eine Devaluierung des Liebesobjekts.

Daß es sich dei dieser Transformation, die bei der Verwandlung einer positiven, archaischen Mutter in die kastrierte Mutter eintritt, um einen radikalen Bruch im Bewußtsein des Kindes handelt, wird kräftig unterstrichen. Sowohl der Knabe als auch das Mädchen nehmen nur zögernd und widerstrebend das Bild von der kastrierten Mutter an. Als Abwehr gegen dieses bewahren der Knabe und das Mädchen lange eine Phantasie von einer „phallischen Mutter",[41] sagen die Freudianer. Ja, im großen und ganzen identifizieren die Kinder in der ersten Periode, nachdem sie mit der Wertehierarchie phallischkastriert bekannt wurden, nur „unwürdige weibliche Personen" mit der kastrierten Position. Freud weist zum Beispiel auf eine junge Frau hin. Sie hatte keinen Vater, aber lange in die Latenzzeit[42] hinein betrachtete sie ihre Mutter und einige ihrer Tanten so, als wären sie mit einem Penis ausgestattet. Dagegen sah sie eine schwachsinnige Tante und sich selbst (!) als kastriert an.[43] Eine der Qualitäten auf der ursprünglichen Mutterachse, die sich in dem extremen Widerwillen bei Mädchen und Knaben dagegen ausdrückt zu akzeptieren, daß die Mutter dem Lager der „Kastrierten" angehört, ist die Stärke, die Intensität und das, was Lampl-de Groot als „Zähigkeit"[44] der ersten Liebe zur Mutter bezeichnet. Gleichzeitig deutet dieser sehr starke Widerwillen jedoch auch indirekt auf die Dimensionen des qualitativen Transformationsprozesses hin, dem die Mutterachse unterzogen wird, wenn das Bild der kastrierten Mutter die früher extrem begehrenswerten Mutterimagos auflöst. Die freudianische Theorie deutet stark darauf hin, daß das, was vor sich gehen muß, eine gewaltsame Devaluierung ist.

Mit anderen Worten muß die schematische Beschreibung der Mutterachse so erweitert werden, daß die Rede von den Qualitäten: LIEBE, Konfrontation, DEVALUIERUNG ist. Zu unserer Umdefinierung müssen wir daher ein letztes Moment hinzufügen. Ist die erste Objektwahl dazu formbestimmt, in der herrschenden Geschlechterarbeitsteilung auf der Mutterachse vor sich zu gehen, dann haben wir offenbar darüberhinaus auch mit historischen Bedingungen zu tun, die dieses Objekt zur Devaluierung verurteilen. Die Transformation auf der Mutterachse, die Verwandlung der archaischen in die kastrierte Mutter, kann als eine fetischierte Beschreibung dessen betrachtet werden, wie das Eintreten des Kindes in das herrschende phallische Symboluniversum zu diesem oder jenem Zeitpunkt in dessen Entwicklung das Bild des Objekts, das zu wählen das Kind gleichzeitig formbestimmt ist, entscheidend verwandeln muß. Die zwei Formbestimmungen unterscheiden sich radikal voneinander. Die Geschlechtscharaktermaske „Mutter" ist *sowohl* das erste Objekt, *als auch* Partner in der Interaktion

$$\frac{\text{\textit{„Vater"}}}{\text{\textit{„Mutter"}}}$$

Eine Interaktion, welche die Mutter in ein ganz anders negatives Licht stellt als jenes, in dem sie in ihrer Eigenschaft als Objekt der Begehren des Kindes steht.

4. Von entfremdetem zu Entfremdungs-begreifendem (verfremdetem) Diskurs

Der entscheidendste Augenblick im Leben kleiner Mädchen, jener Augenblick, der die grundlegendsten Konsequenzen für deren psychosexuelle Entwicklung hat, ja, für deren gesamte Identitätsbildung, – das ist der freudianischen Theorie zufolge jener Zeitpunkt, zu dem es „die Tatsache ihrer Kastration"*[45] erkennen müssen. Hier wird die fundamentale Asymmetrie zwischen der Entwicklung des Knaben und des Mädchens etabliert. Im vorangegangenen haben wir einige bedingungsanalytische Linien zwischen der patriarchalisch geschlechtspolarisierten Gesellschaft und den Hauptmomenten der freudianischen Analyse der Kastrations- und Ödipuskomplexe gezogen. Durch das Aufzeigen solcher Korrelationen der Ursachen zwischen den herrschenden, objektiven Gesellschaftsstrukturen und den verschiedenen Momenten in der Bildung des Geschlechtsbewußtseins, die von Freud & Co beschrieben werden, wird eine Brücke zwischen dem entfremdeten Diskurs der Psychoanalyse und der Entfremdungs-begreifenden Objektivitätsanalyse, die in *Kapitel III* skizziert wurde, angedeutet.

Damit ist unsere Rekonstruktion der freudianischen Weiblichkeitsanalyse jedoch bei weitem nicht beendet. Die Korrelationen der Ursachen liefern selbst keine Erklärung dafür, wie es auf der subjektiven Ebene dazu kommt, daß der Geschlechtsunterschied im kindlichen Bewußtsein durch die Symbole „phallisch" versus „kastriert" begriffen wird. Einen objektiven Kontext dafür aufzuzeigen, daß Kinder das weibliche Geschlecht abwerten und das männliche aufwerten, ist nicht dasselbe wie die subjektive Genese des Symbolisierungsprozesses darzustellen. Wir haben darauf hingewiesen, daß das kleine Mädchen, das in einer phallischen Kultur aufwächst, ein negatives Erlebnis seiner eigenen Geschlechtsidentität bekommen muß. Aber damit haben wir noch nicht gezeigt, wie sich diese Negativität konkret in der Lebensgeschichte des Mädchens durchsetzt. Wir werden daher nun zur eigentlichen Rekonstruktion des *ersten Moments* in der subjektiven Genese des weiblichen Kastrationstraumas übergehen. Das heißt, zu den Fragen: Wie wird der in Hinsicht auf Erogenität und sexuelle Potenz biologisch betrachtet gleichgültige Geschlechtsunterschied ausgerechnet zum symbolischen Träger eines sexuellen Gegensatzes? Näher bestimmt des Gegensatzes zwischen einer +Erogenität/+Potenz auf der einen (männlichen) Seite und einer Erogenität/Potenz auf der anderen (weiblichen) Seite? Wie verläuft dieser Symbolisierungsprozeß beim Mädchen im Besonderen? Wie vollbringt es das absurde Kunststück, sich selbst eine Erogenität und Potenz abzusprechen, in deren Besitz es sich genauso wie der Knabe erlebt? Wie wird diese ‚Dame-ohne-Unterleib'-Nummer, in welcher der Schneewittchen-Spiegel des Patriarchats das Mädchen sich selbst als Hauptperson auftreten sehen läßt, in Szene gesetzt? Durch die Beantwortung dieser Fragen werden wir uns jener Stelle nähern, von der aus die zwei zusammenhängenden zentralen Mystifikationen, die wir früher skizziert haben, aufgelöst werden können. Jene Mystifikationen, die sich darauf bezogen, daß es sich

1) um eine Einschreibung in einen „phallischen" und (im Verhältnis zum Geschlecht des Mädchens) fremden Diskurs

und

2) um „Kastration", das heißt, einem „Fall" von einer „phallischen" in eine „kastrierte" Position, und nicht um eine geschlechtlich konstante Selbstauffassung handelt.

Welcher traumatischen Beraubung ist das Mädchen ausgesetzt?

Wenn das kleine Mädchen wirklich erwas erlebt, das es veranlaßt, das Symbol „kastriert" an seine eigene geschlechtliche Körperidentität zu knüpfen, dann muß dieses „Etwas" eine extrem traumatische Erfahrung von Beraubung oder Verlust sein. Von einer Beraubung oder einem Verlust, die so beschaffen sind, daß sie symbolisch mit dem Verlust des Penis äquivalent sein müssen. Vor diesem Hintergrund wollen wir zuerst fragen: wird das Mädchen einer Beraubung oder einem Verlust ausgesetzt, von welchen angenommen werden muß, daß sie einen sehr traumatischen Charakter haben?

Suchen wir die Antwort alleine in einer Analyse der Ursachenkorrelationen wie jener, die wir skizziert haben, dann lautet die unvollständige Antwort: „Ja, das Mädchen erlebt eine Beraubung durch die Erfahrung, daß es in einer patriarchalischen Gesellschaft lebt, in welcher die Entfaltungsmöglichkeiten von Mädchen und Frauen beschnitten, begrenzt sind. Eine Gesellschaft, in der sich die Geschlechtscharaktermaske *„Vater"* zur Geschlechtscharaktermaske *„Mutter"* wie

$$\frac{\textit{„Vater"}}{\textit{„Mutter"}}$$

verhält!

Derjenige jedoch, der auf diese Weise unvermittelt die bedingungsanalytische Antwort auf das Gebiet der Subjektivitätsanalyse überführen will, macht sich eines rationalisierenden Idealismus schuldig, welcher für die Entwicklung einer emanzipatorischen Psychoanalyse völlig unbrauchbar ist. Jene Mystifikationen, die die historischen Phänomene mit universalisierendem Schein verschleiern – an den Erscheinungsformen haften –, sind in diesen selbst vorhanden. Gehen wir vom Begriff des Patriarchatsfetischismus aus, dann müssen wir festhalten, daß die falsche Seite der freudianischen Psychoanalyse nicht darin besteht, die fetischierten Bewußtseinsebenen wiederzugeben, auf welchen sich die (bewußten wie unbewußten) Erlebnisse der Analysanden finden. Wie Karen Horney teilweise erfaßt hatte, besteht die Verblendung dagegen in einem begrifflichen Verbleiben an jener Stelle, wo sich auch die mystifizierten und entfremdeten Erfahrungen des kleinen Mädchens und des kleinen Knaben von der Bedeutung des Geschlechtsunterschieds abspielen: auf dem Niveau der Erscheinungsformen.

Aber was ist das für eine mystifizierte Erfahrung einer Beraubung in der Psychogenese des Mädchens, die symbolisch einer Kastration gleichkommt, einer Beraubung des Penis, wenn nicht die Rede davon sein kann, daß das kleine Mädchen „schlecht und recht" nicht-fetischierte Erfahrungen davon macht, daß es und sein Geschlecht von der herrschenden Kultur entfremdet sind?

Betrachten wir zuerst, wie die Beraubung unmittelbar erscheint. Das heißt, betrachten wir die fetischierte Ebene, auf der sich die „Kastrations"-Erlebnisse des kleinen Mädchens vermutlich befinden, insofern die freudianischen Texte sie korrekt wiedergeben. Hier sehen wir zuerst den PENIS. Wenn das Mädchen begonnen hat, genitale Lust zu genießen, SIEHT es, erzählt der freudianische Diskurs, zu diesem oder jenem Zeitpunkt „den groß angelegten Penis eines Bruders oder Gespielen"*.[46] Mit einem Mal wird ihm klar, daß „man es in diesem Punkte doch nicht mit dem Knaben aufnehmen kann"*.[47] Es kann also mit anderen Worten genauso gut sein genitales Interesse, seine Onanie, aufgeben.

Wie unter anderem Elizabeth Janeway[48] und Carol Hagemann-White[49] darauf aufmerksam gemacht haben, weicht Freud in dieser Beschreibung der unmittelbaren „Kastrations"-Erfahrung des Mädchens (durch den ANBLICK DES PENIS) auf gewisse Weise von seinen theoretischen Prinzipien ab. Wie Carol Hagemann-White es ausdrückt, müßte es sich Freuds eigenen theoretischen Ausgangspunkten zufolge um die *psychischen Tatsachen* drehen. Trotzdem bleibt er in seiner Darstellung des Kastrationserlebnisses des Mädchens auf einer äußeren Ebene der Phänomene, wo es im Gegenteil *biologische Tatsachen* sind (das Erleben des Mädchens der „Tatsache ihrer Kastration"*)[50], die auf der Tagesordnung stehen. So ist es Freud zufolge einzig und allein die biologische Quantität des Penis, die eine Rolle spielt. Sie ist es, die das kleine Mädchen verstehen läßt, daß es mit seinem ‚Minipenis', der Klitoris, es nie so weit bringen werden kann wie der Knabe, was sexuelle Lust und Potenzentfaltung betrifft.

Elizabeth Janeway und Carol Hagemann-White wundern sich zurecht über Freud. Daß die Frage nach den psychischen Tatsachen, die sich an den Ablick des Penis knüpfen, tatsächlich innerhalb der orthodox-freudianischen Tradition gestellt wird, schenken sie jedoch keine besondere Beachtung. Als die Frage nach dem *„psychischen Korrelat"* zum Anblick des Penis' formuliert, wird sie von Jeanne Lampl-de Groot gestellt:

Zusammenfassend können wir nun die Meinung äußern: Der Kastrationskomplex des kleinen Mädchens, resp. seine Entdeckung des anatomischen Geschlechtsunterschiedes, welcher nach Freud dessen normale Ödipuseinstellung einleitet und ermöglicht, *hat ebenso wie der des Knaben sein psychisches Korrelat und bekommt erst dadurch die großartige Bedeutung für die seelische Entwicklung des weiblichen Kindes.** (Lampl-de Groot 1927, 274). (Meine Hervorhebung, *A. d. A.*)

Ich werde darauf zurückkommen, wie Jeanne Lampl-de Groot dieses psychische Korrelat versteht. Zuerst soll jedoch unterstrichen werden, daß Lampl-de Groot zwar auf der einen Seite die Frage nach dem psychischen Korrelat zum Anblick des Penis stellt und damit einen Schritt in die Richtung einer Überschreitung des fetischierten, freudianischen Diskurses macht. *Aber* das bedeutet nicht, daß sie nicht gleichzeitig auf der anderen Seite innerhalb des beschränkten Verständnishorizonts des Fetischismus bleibt. Ganz parallel zu Freud bleibt es jedoch auch bei ihr letztendlich der schicksalsschwangere Anblick des Penis, der mit biologischer Notwendigkeit die infantilen Lustträume des Mädchens total zum Scheitern bringt:

Dasselbe (das Mädchen, *A. d. A.*) will sich die Mutter erobern und den Vater beseitigen. Bis dahin mag auch eine zufällige Beobachtung des Geschlechtsunterschiedes ohne Bedeutung gewesen sein, jetzt aber muß eine solche für das kleine Mädchen folgenschwer werden. Es fällt dem Kinde dabei auf, daß der Geschlechtsteil des Knaben größer, mächtiger, sichtbarer ist als der eigene, daß der Knabe mit demselben zur aktiven Leistung des Urinierens, welches für das Kind eine sexuelle Bedeutung hat, imstande ist. Bei diesem Vergleich muß dem Mädchen das eigene Organ minderwertig vorkommen.* (Lampl-de Groot 1927, 273)

Die Überschreitung des fetischiert-phallischen Diskurses der orthodoxen Freudianer besteht also an sich nicht darin, das psychische Korrelat zum Anblick des Penis' zu finden. Die eigentliche Überschreitung besteht meiner Auffassung nach darin, jenen Begriff des psychischen Korrelats zu entmystifizieren, der sich tatsächlich im freudianischen Diskurs findet. Am ausführlichsten bei Lampl-de Groot, aber implizit in der ganzen orthodoxen freudianischen Weiblichkeitsanalyse. Es versteht sich allerdings von selbst, daß es ein wichtiger Schritt in diesem Prozeß ist, das psychische Korrelat ganz bloßzulegen.

Um diesen erläuternden Schritt zu machen, werden wir Lampl-de Groot in ihrer Bewegung aus der äußeren, fetischierten Ebene der Phänomene folgen, wo alleine die Wahrnehmung der Quantität des Penis die Kastrationserlebnisse des Mädchens hervorruft. Eine Seite vor der eben zitierten Stelle sagt sie mit einem paraphrasierenden Hinweis auf Freuds Artikel von 1925, daß es notwendig ist, dort weiterzugehen, wo er in der Frage des Anblicks des Penis' und der Devaluierung der Klitoris' nur auf der Oberfläche der Probleme bleibt. Mit einer spontanen Verwunderung fragt Lampl-de Groot, warum die Klitoris mit einem Mal für das Mädchen devaluiert wird. Vor dem Hintergrund des sexologischen Wissens über die Bedeutung der Klitoris beim weiblichen Orgasmus betrachtet, welches ab dem *Kinseyrapport* (1953)[51] und danach der sich wundernden patriarchalischen Wissenschaft zu Ohren gekommen ist, können Lampl-de Groots Formulierungen vielleicht anachronistisch erscheinen. So bringt sie nur eine vorsichtige Verwunderung darüber zum Ausdruck, daß das kleine Mädchen viel eher als der kleine Knabe dazu bereit ist, seine Sexualität zu verdrängen. Im Vergleich zu jenem Niveau, auf dem sich die Auffassung der klassischen Weiblichkeitsdiskutanten über die Klitoris im allgemeinen befanden, steht Lampl-de Groot nichts desto weniger in einer exzeptionellen Position, wenn sie folgendermaßen die Klitorisdevaluierung aus der bloßen „natürlichen Minderwertigkeit" heraus befragt, was Erogenität und Potenz betrifft. Hören wir nur:

Das Moment, das diese intensive Auflehnung gegen die phallische Onanie beim kleinen Mädchen erklären soll, sei die mit dem Penisneid verknüpfte narzißtische Kränkung, die Ahnung, daß man es in diesem Punkte doch nicht mit dem Knaben aufnehmen kann und darum die Konkurrenz mit ihm am besten unterläßt. Bei diesem Satz kommt einem unwillkürlich der Gedanke, wieso schätzt das kleine Mädchen diesen Körperteil, den es nie besaß, dessen Wert es also nie aus eigener Erfahrung kannte, so hoch ein? Warum hat die Entdeckung dieses Mangels für dasselbe so weitgehende psychische Folgen, vor allem: warum tritt an einem bestimmten Moment die psychische Wirkung dieser Entdeckung ein, nachdem es wahrscheinlich schon ungezählte Male den körperlichen Unterschied zwischen sich und einem kleinen Knaben ohne psychische Reaktion darauf wahrgenommen hat? Die körperlichen Lustsensationen verschafft sich das Mädchen wahrscheinlich an der Klitoris in ähnlicher Weise und vermutlich auch in ähnlicher Intensität wie der Knabe am Penis, vielleicht außerdem noch in der Vagina, worauf Mitteilungen von Josine *Müller* in der Deutschen Psychoanalytischen Gesellschaft und private von einer mir bekannten Mutter zweier Töchterchen hinweisen würden. Also woher diese psychische Reaktion bei der Entdeckung, das eigene Glied sei kleiner als das des Knaben oder es fehle überhaupt?* (Lampl-de Groot 1927, 272)

Auf diese Frage nach dem psychischen Korrelat zur Klitorisdevaluierung/zum weiblichen Kastrationskomplex antwortet Lampl-de Groot mit einem Hinweis auf die Abwicklung des aktiven Ödipuskomplexes des Mädchens und den traumatischen Verlust der Mutter als Liebesobjekt. Wenn der Kastrationskomplex eine so fundamentale Bedeutung für die psychosexuelle Entwicklung des Mädchens erhält, kommt das daher, weil er sich unter ödipalen Prämissen abspielt. Es handelt sich nicht nur um einen Objektwechsel, sondern um einen Objektverlust von schmerzlichen Ausmaßen. Das, worum es sich dreht, ist ein definitiver „Verzicht auf die Erfüllung der ersten Liebessehnsucht"*, sagt Lampl-de Groot.[52] Und damit hat sie die Frage, ob in der Entwicklungsgeschichte des Mädchens normalerweise eine traumatische Erfahrung einer Beraubung vorkommt, positiv beantwortet.

Der Verlust des Mädchens von der ödipal und genital begehrten Mutter muß nach der Logik des auf die Mutter gerichteten Ödipuskomplexes, der eine aktive Konfrontation mit dem übermächtigen *Vater*-Rivalen beinhaltet, eben genau den Charakter einer Beraubungserfahrung erhalten. Der überlegene Konkurrent, der *Vater*, raubt dem Kind die Mutter, welche es bis zu dieser ödipalen Konfrontations-Situation als „seine" erlebt hat.

Warum diese Beraubung für das Mädchen ein symbolisches Erlebnis von „Kastration" ist, kann Lampl-de Groot nur fetischiert antworten. Hier muß sie zum Anblick des Penis als dasjenige flüchten, was letztendlich erklärt, warum das Mädchen – im Gegensatz zum Knaben – das Objekt für immer aufgibt.[53] Die Mutter oder ihre Äquivalente, andere Frauen, die mit einer Klitoris und nicht mit einem Penis ausgestattet sind, erobern zu wollen, ist nach Lampl-de Groot ein Vorhaben, dessen Naturwidrigkeit und aussichtsloser Charakter mit selbstverständlicher Notwendigkeit jedem normalen, heiß liebenden, *aber weiblichen* Ödipus einleuchten muß. Sein hartes biologisches Schicksal ist es, sich unter den ewig unvollkommenen Bedingungen des Impotenten in Jokaste zu verlieben. So verbleibt Lampl-de Groot innerhalb des entfremdeten Territoriums des Patriarchatsfetischismus. Doch sie beantwortet immerhin die Frage nach dem psychischen Korrelat zum weiblichen Kastrationskomplex. Außerdem besteht sie darauf, daß der Objektwechsel des Mädchens nicht nur durch eine naturgewachsene Automatik stattfindet. Auf diese Weise erläutert sie ohne es zu wissen genau jenen ‚Ort', an welchem der entfremdete Diskurs dialektisch-logisch dazu gebracht werden kann, in ein Begreifen der Entfremdung umzuschlagen.

Bevor wir diese endgültige Entmystifizierung in Angriff nehmen, möchte ich jedoch Lampl-de Groots Erklärung des psychischen Korrelats zum weiblichen Kastrationskomplex konkretisieren. Ich möchte untersuchen, welche sozusagen latenten, halb verdrängten Schichten jene im übrigen freudianischen Diskurs aufdeckt.

Kann das Mädchen ein „eigentlicher Ödipus" sein?

Der gängigen freudianischen Terminologie zufolge kann das Mädchen kein „eigentlicher" Ödipus sein. Das heißt, ein Ödipus, der seine Mutter liebt und seinem Vater den Tod wünscht. Solange sich das Mädchen in seiner Mutterbindungsphase befindet, ist es per Definition als präödipal zu betrachten. In dieser Definitionsweise, die auch von der feministischen Freud-Rezeption unkritisch übernommen wurde, ist eine handfeste Mystifikation enthalten. So verschleiert die Definition „präödipal" die Qualität der sexuellen Dimensionen in der Mutter-Tochter-Beziehung. Dimensionen, die meiner Meinung nach bei der Entwicklung einer befreienden Psychoanalyse zentral sind.

Daß es sich eher um eine Form von terminologischer Verschiebung von ödipal zu präödipal, als um eine adäquate Bestimmung handelt, geht aus einem Vergleich mit der allgemeinen Definition der Terme (wobei der Knabe das Paradigma ist) hervor. „Präödipal" bezieht sich nämlich normalerweise auf die Interaktanten[54] der Mutter-Kind-Dyade. „Ödipal" dagegen weist darauf hin, daß ein weiterer Interaktant, der *Vater*, auf die Interaktionsbühne des Kindes getreten ist. Die präödipale Phase ist ein Zweisamkeitsverhältnis. Die ödipale Phase ist ein Dreiecksdrama. Freuds endgültigem Begriff der weiblichen Psychogenese zufolge (der in den Artikeln von 1931 und 1933 über die Weiblichkeit formuliert wurde)[55] spielt sich jedoch ebenfalls genau ein Dreiecksdrama in der „phallischen Phase" des Mädchens ab. Mit allen für einen paradigmatischen kleinen Ödipus charakteristischen Zeichen signalisiert das Mädchen hier seine Verliebtheit in die Mutter und erlebt den Vater als „einen lästigen Rivalen"*. Der einzige Unterschied, den Freud zwischen dem Mädchen und dem Paradigma in diesem Stück zu finden glaubt, ist von rein quantitativer Art. Die Feindlichkeit des Mädchens gegenüber dem Vater erreicht nicht die gleiche Intensität wie die des Knaben.[56] Daher ist es eine theoretische Inkonsequenz, wenn Freud (und mit ihm die nachfolgende Tradition) sich nach einigem Zögern 1931 dazu entschließt, diese Phase der Mutterbindung beim Mädchen als „präödipal" zu bezeichnen. Was beim Knaben und im Paradigma „ödipal" genannt wird, wird beim Mädchen als „präödipal" bezeichnet. Warum? Wenn ich den freudianischen Diskurs als meinen Analysanden betrachte, würde ich antworten: „Weil die Vorstellung eines homosexuellen Mutterinzests noch mehr tabuisiert ist als die des heterosexuellen, die ja schlimm genug sein kann. Und weil diese aufgrund der geschlechtlichen

Natur der Sache Freud fremd war, im Gegensatz zum heterosexuellen Mutterinzest, für dessen Existenz seine eigenen Träume sprachen."

Mit ihrer Erklärung dessen, wie das Mädchen den vollständigen Ödipuskomplex durchläuft, schafft Jeanne Lampl-de Groot die Grundlage für einen Bruch mit dieser begrifflichen Inkonsequenz. Zur Illustration meiner Behauptung von der Verdrängung im freudianischen Diskurs möchte ich nun betrachten, wie sich Freud ihrer Analyse inhaltlich anschließt, aber die Benennung von ödipal zu präödipal verschiebt.

Lampl-de Groots Artikel von 1927 ist explizit eine Antwort auf *Einige psychische Folgen ...* Das heißt, auf Freuds erste Konkretisierung dessen, was die Einführung der „phallischen Phase" für die weibliche Psychogenese bedeutet. Mit Freuds Hauptpointe in diesem Zusammenhang erklärt sie sich einig. Der Kastrationskomplex beim Mädchen liegt vor dem passiven (positiven) Ödipuskomplex, bereitet diesen vor, im Gegensatz zu dem, was beim Knaben der Fall ist: „Der weibliche (positive) Ödipuskomplex werde durch den Kastrationskomplex ermöglicht und eingeleitet."* (Lampl-de Groot 1927, 277–278). Doch damit ist die ganze weibliche Ödipus-Geschichte nicht ausgeschöpft, wie Freud übrigens annimmt, fährt Lampl-de Groot fort. Der Kastrationskomplex beim Mädchen ist nicht primär, sondern sekundär – genau wie beim Knaben. Dem Kastrationskomplex geht nämlich ein aktiver (oder negativer) Ödipuskomplex voraus. Das heißt, ein Verliebtsein in die Mutter, das qualitativ dem des Knaben entspricht:

Sie (Lampl-de Groots eigene These, A. d. A.) nimmt aber im Gegensatz zu *Freud* an, daß der Kastrationskomplex des weiblichen Kindes schon eine sekundäre Bildung sei und einen Vorläufer finde in der negativen Ödipuseinstellung. Diese letztere verleihe dem Kastrationskomplex erst die große seelische Bedeutung und sei vielleicht imstande, manche späteren Eigentümlichkeiten im Seelenleben des weiblichen Individuums näher zu erklären.* (Lampl-de Groot 1927, Fortsetzung der eben zitierten Stelle)

Bei einer oberflächlichen Betrachtung kann es vielleicht auffällig erscheinen, daß Lampl-de Groot so stark betont, daß ihre These derjenigen Freuds widerspricht. Freud hat ja im Jahr 1925 mit seiner ursprünglichen Symmetrieauffassung gebrochen. Bereits damals wies er darauf hin, daß in der Entwicklung des Mädchens ein Objektwechsel stattfindet, und daß die Mutter also das erste Objekt des Mädchens ist. Wo liegt dann der Unterschied, wenn Freud 1925 ausgerechnet feststellt: „Die Mutter war anfänglich beiden (dem Knaben und dem Mädchen, A. d. A.) das erste Objekt . . ."*?[57]

Der Unterschied – denn Lampl-de Groot hat darin recht, daß zwischen ihren und Freuds Thesen von 1925 ein entscheidender Unterschied besteht – liegt in der Art jener Tochter-Mutter-Beziehung, von der die Rede ist. Die Frage lautet, ob das sexuelle Verhältnis des Mädchens zu seiner Mutter *im Gegensatz zu jenem des Knaben* nur in der Mutter-Kind-Dyade zuhause ist, im *Urraum* der Lebensgeschichte. Oder ob es *parallel zu jenem des Knaben* diesen durch eine Annäherung an eine erwachsene Sexualorganisierung überschreitet – durch eine Objektwahl, die zu Bedingungen stattfindet, unter welchen man zwischen sich selbst und dem Objekt als getrennte Individuen unterscheiden kann, und wo die eigene Libido um das erogene Zentrum des erwachsenen Orgasmus koordiniert ist. *Hat das Mädchen wie der Knabe eine auf diese Weise quasi-erwachsene Sexualphase, bevor es die traumatische Konfrontation mit dem herrschenden phallischen Diskurs erlebt?* Darauf deutet Lampl-de Groot mit ihrem Artikel von 1927. Jenes Mutterobjekt, das Freud im Artikel aus dem Jahr 1925 als beiden Geschlechtern gemeinsam betrachtet, ist die präödipal und prägenital begehrte Mutter: also ganz und gar die Mutter eines Urraumes. Daß das Mädchen einerseits den Weg zu seiner Genitallust findet und gleichzeitig andererseits seine Objektbesetzung der Mutter fortsetzt und entwickelt, wird hier Freuds Auffassung nach anscheinend durch eine naturgewachsene Automatik ausgeschlossen. Betrachten wir zur Illustration noch einmal die früher zitierte Kernstelle aus *Einige psychische Folgen . . .*, wo der Anblick des Penis des Mädchens introduziert wird:

Kurz, die Genitalzone wird irgendeinmal entdeckt und es scheint unberechtigt, den ersten Betätigungen an ihr einen psychischen Inhalt unterzulegen. Der nächste Schritt in der so beginnenden phallischen Phase ist aber *nicht die Verknüpfung dieser Onanie mit den Ojektbesetzungen des Ödipus-Komplexes, sondern eine folgenschwere Entdeckung . . .**
(Freud 1925j, 162) (Meine Hervorhebung, *A. d. A.*)

Demgegenüber sagt Lampl-de Groot:

Wie geht es nun beim kleinen Mädchen? Auch dieses nimmt sich als erstes Liebesobjekt die nährende und pflegende Mutter. Auch das Mädchen behält dieses gleiche Objekt beim Durchschreiten der prägenitalen Entwicklungsstufen bei. Dann tritt auch das weibliche Kind in die phallische Phase der Libidoentwicklung ein. Es hat auch einen dem Penis des Knaben analogen Körperteil, die Klitoris, die ihm bei der Onanie Lust spendet; es benimmt sich in körperlicher Hinsicht genau so wie der kleine Knabe. Wir möchten nun vermuten, daß auch im Psychischen die Kinder beiderlei Geschlechtes sich bis dahin vollkommen gleich entwickeln, d. h. daß *auch das Mädchen beim Erreichen der phallischen Phase in die Ödipuseinstellung eintritt*, und zwar in die für das weibliche Kind negative. Dasselbe will sich die Mutter erobern und den Vater beseitigen.* (Lampl-de Groot 1927, 273) (Meine Hervorhebung, *A. d. A.*)

Lampl-de Groot erweitert mit anderen Worten den Anteil des Mädchens am Reich der archaischen Mutter. Es wird nicht, wie Freud (1925) sagt, vom Anblick des Penis geblendet, bevor es aus dem Urraum austritt und über die Schwelle in das Gelobte Land der infantilen Sexualentwicklung eintritt: in die ödipale Verliebtheit in die Mutter als das genital begehrte Objekt. Der parallele Weg des Mädchens und des Knaben endet erst, *nachdem* die Urmutter die konkret abgegrenzte und anziehende Gestalt Jokastes angenommen hat.[58]

Eva bekam ja auch einen Bissen vom Baum der Erkenntnis vor der Vertreibung aus dem Paradies.

In diesem Neubruch können zwei verschiedene Dimensionen unterschieden werden. Die eine nimmt ihren Ausgangspunkt in der Libidoorganisation, die andere in den Objektverhältnissen. Im Gegensatz zu Freuds Artikel von 1925 stellt Lampl-de Groot fest,
1) daß dem Mädchen gleichzeitig genitale, libidinöse Aktivität und Objektbesetzung der Mutter möglich ist,
und
2) daß die frühe Mutterbindung des Mädchens parallel zu jener des Knaben einen ödipalen Charakter annimmt.

Der ersten dieser Dimensionen des Neubruchs schließt sich Freud in seinem Artikel von 1931 vollständig an: „Der wichtigen Arbeit von Jeanne *Lampl-de Groot* muß ich in den wesentlichen Punkten zustimmen. Hier wird die volle Identität der präödipalen Phase bei Knaben und Mädchen erkannt, die sexuelle (phallische) Aktivität des Mädchens gegen die Mutter behauptet und durch Beobachtungen erwiesen."* (Freud 1931b, 184). Es geschah aber nicht ohne eine vielsagende Verblüffung, daß Freud diese volle Parallelität – auch was die Objektverhältnisse betrifft – der Entwicklung des Knaben und des Mädchens bis einschließlich zum Beginn der phallischen Phase anerkennen mußte: „Die so überraschende sexuelle Aktivität des Mädchens gegen die Mutter äußert sich der Zeitfolge nach in oralen, sadistischen und endlich selbst phallischen, auf die Mutter gerichteten Strebungen."* (Freud 1931b, 180). Ja, Freud ist so überrascht, daß ihm, wie erwähnt, ein Vergleich mit der Entdeckung der minoisch-mykenischen Kultur – einer Kultur mit klaren Spuren matriarchalischer Gesellschaftszustände – unmittelbar einfällt.

Ruft die erste Dimension Verwunderung hervor, so besteht Freuds Reaktion auf die zweite darüberhinaus auch in einem Zögern, das ihn in einen theoretischen Konflikt bringt. Nicht genug, daß es keine naturgewachsene Automatik gibt, die das Mädchen veranlaßt, sein homosexuelles Objekt aufzugeben, wenn es sich des Geschlechtsunterschieds bewußt wird. Nicht einmal das Auftreten des Vaters auf der Bühne ihres Begehrens scheint also eine solche Automatik auszulösen. Das Mädchen tauscht nicht kampflos sein homosexuelles Objekt gegen das potentielle heterosexuelle, den Vater. Wo befinden wir uns? Betrachten wir genauer, was Freuds Artikel von 1931 sagt.

Ein unbekanntes und rätselhaftes Land hat sich vor dem verwunderten Freud entfaltet. Vor dem Hintergrund unter anderem von Lampl-de Groots Arbeit hat nun auch er die genital-sexuellen und quasi-erwachsen organisierten Dimensionen der frühen Mutterbindung beim Mädchen entdeckt. Dimensionen, deren Existenz er früher nicht bemerkt hatte. Zwar hat er „es ... nicht dahingebracht einen Fall vollkommen zu durchschauen"*.[59] Aber es ist ihm jedenfalls vollkommen klar, daß man bei der Beschreibung der weiblichen Psychogenese die Wirkung zweier entscheidender Tatsachen untersu-

chen muß. (Die Integrierung dieser in den Weiblichkeitsbegriff ist das Ziel des Artikels von 1931.) Zweier Tatsachen – nämlich:
1) daß „wo eine besonders intensive Vaterbindung bestand, da hatte es nach dem Zeugnis der Analyse vorher eine Phase von ausschließlicher Mutterbindung gegeben von gleicher Intensität und Leidenschaftlichkeit. Die zweite Phase hatte bis auf den Wechsel des Objekts dem Liebesleben kaum einen neuen Zug hinzugefügt. Die primäre Mutterbindung war sehr reich und vielseitig ausgebaut gewesen."*
Und:
2) daß „man auch die Zeitdauer dieser Mutterbindung stark unterschätzt hatte. Sie reichte in mehreren Fällen bis weit ins vierte, in einem bis ins fünfte Jahr, nahm also den bei weitem längeren Anteil der sexuellen Frühblüte[60] ein."* (Freud 1931b, 169)

Als unmittelbare Reaktion auf dieses Material betrachtet Freud diese Mutterbindungsphase als präödipal. So bedeuten die genannten Tatsachen, wie er sagt, daß „Die präödipale Phase des Weibes ... hiermit zu einer Bedeutung auf(rückt), die wir ihr bisher nicht zugeschrieben haben."* (Freud 1931b, 170). Bei dieser Definition entsteht jedoch für Freud ein Konflikt im Verhältnis zu seiner grundlegenden These: daß der Ödipuskomplex der allgemeine Kern der Neurose ist. Diese „präödipale Phase der Frau" muß ja nämlich jetzt als so lange andauernd betrachtet werden, daß sie „für alle Fixierungen und Verdrängungen Raum ..., auf die wir die Entstehung der Neurosen zurückführen ..."* (Freud 1931b, 170) wird. Und dazu kommt die Inkonsequenz, daß die Bezeichnung „präödipal" beim Mädchen Qualitäten einschließt, die beim Knaben umgekehrt als „ödipal" definiert werden.

Was soll man tun? Ja, entweder muß man die allgemeine Definition des Ödipuskomplexes ändern. Das heißt, die scharfe Unterscheidung zwischen „ödipal" und „präödipal" aufheben. Oder man muß der Frau einen aktiven (negativen) Ödipuskomplex auf jene Weise, wie es Lampl-de Groot tut, zuschreiben, meint Freud: „Einerseits kann man dem Ödipuskomplex den weiteren Inhalt geben, daß er alle Beziehungen des Kindes zu beiden Eltern umfaßt, andererseits kann man den neuen Erfahrungen auch Rechnung tragen, indem man sagt, das Weib gelange zur normalen positiven Ödipussituation erst, nachdem es eine vom negativen Komplex beherrschte Vorzeit überwunden."* (Freud 1931b, 170). Und für das letztere spricht, fügt Freud mit charakteristischer Überraschung hinzu, das Faktum, daß das süße kleine Mädchen vielleicht gar nicht so süß ist. Denn offenbar ist es während dieser langen Mutterbindungsphase gar nicht spontan „Papas Mädchen". Im Gegenteil: je mehr sie ihren Vater betrachtet, desto mehr sieht sie ihn mit den feindlichen Blicken eines kleinen Ödipus' an: „Wirklich ist während dieser Phase der Vater für das Mädchen nicht viel anderes als ein lästiger Rivale, wenngleich die Feindseligkeit gegen ihn nie die für den Knaben charakteristische Höhe erreicht."* (Freud 1931b, 170). So weit, so gut ... Aber hier, wo man glauben sollte, daß eine Begriffsklärung gut begonnen wurde, wird plötzlich ein Punkt gesetzt. Und nach einem kleinen Zwischenspiel mit Polemik gegen den ursprünglich von Jung geprägten Begriff „Elektrakomplex"[61] und gegen die Symmetrieauffassung, die in diesem liegt, wird ein ganz anderer Schluß geltend gemacht. Ein Schluß, der mit den zwei skizzierten Alternativen in keinem Zusammenhang steht: „Die Phase der ausschließlichen Mutterbindung, die *präödipal* genannt werden kann, beansprucht also beim Weib eine weitaus größere Bedeutung, als ihr beim Mann zukommen kann."* (Freud 1931, 174). Oder mit anderen Worten: alle Zeichen des kleinen Mädchens für intensive Verliebtheit in die Mutter und Rivalisieren mit dem Vater sind nun per Definition als „präödipal" bestimmt – trotz deren Parallelität mit jenen Zügen, die den ödipalen Knaben charakterisieren! Nichts desto weniger beschreibt Freud unter dieser Flagge des sogenannten „Präödipalen" eben genau einen weiblichen Ödipus. Er schließt sich inhaltlich klar, aber bestimmt nicht terminologisch an Jeanne Lampl-de Groot an.[62] Das wird durch den Hinweis auf den Vater als Rivalen deutlich illustriert. Und außerdem zum Beispiel von der folgenden Passage, die davon berichtet, was das Material Freud an „absurden" Dingen über die phallischen Wünsche des Mädchens gegenüber der Mutter mitgeteilt hat:

In der phallischen Phase kommen endlich auch intensive aktive Wunschregungen gegen die Mutter zustande. Die Sexualbetätigung dieser Zeit gipfelt in der Masturbation an der Klitoris, dabei wird wahrscheinlich die Mutter vorgestellt, aber ob es das Kind zur Vorstellung eines Sexualziels bringt und welches dies Ziel ist, ist aus meiner Erfahrung nicht zu erraten. Erst wenn alle Interessen des Kindes durch die Ankunft eines Geschwisterchens einen neuen Antrieb erhalten haben, läßt sich ein solches Ziel klar erkennen. Das kleine Mädchen will der Mutter dies neue Kind gemacht haben, ganz so wie der Knabe, und auch seine Reaktion auf dies Ereignis und sein Benehmen gegen das Kind ist dasselbe. Das klingt ja absurd genug, aber vielleicht nur darum, weil es so ungewohnt klingt.* (Freud 1931b, 181–182)[63]

Um Gleichheiten und Unterschiede zwischen den Auffassungen von Freud und Jeanne Lampl-de Groot über die phallische Phase des Mädchens zu veranschaulichen, und außerdem, um jene Entwicklung zu zeigen, die Freuds Ansichten nehmen, nachdem er mit jenen Jeanne Lampl-de Groots im Jahr 1927 Bekanntschaft gemacht hat, habe ich *Figur B* aufgestellt:

Figur B
Übersicht über Gleichheiten und Unterschiede zwischen den Auffassungen Freuds und Jeanne Lampl-de Groots über die Entwicklung des Mädchens bis zum Kastrationskomplex.

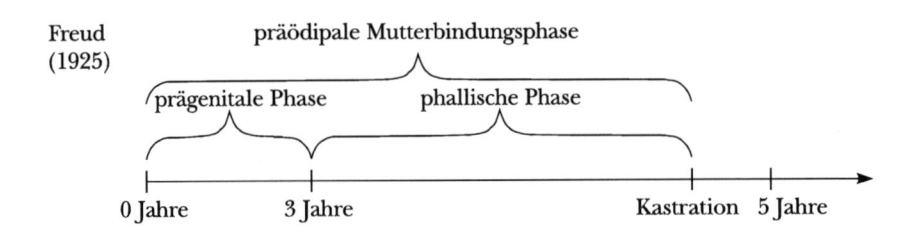

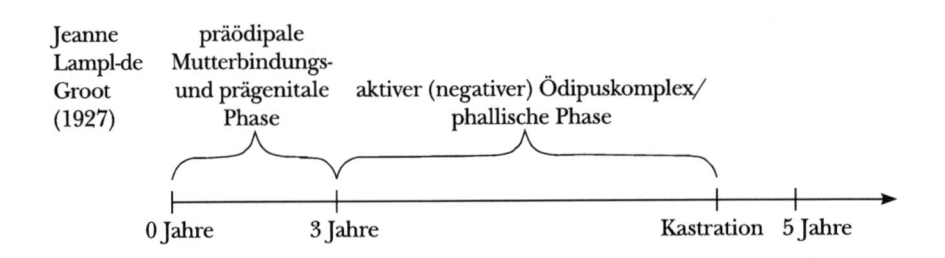

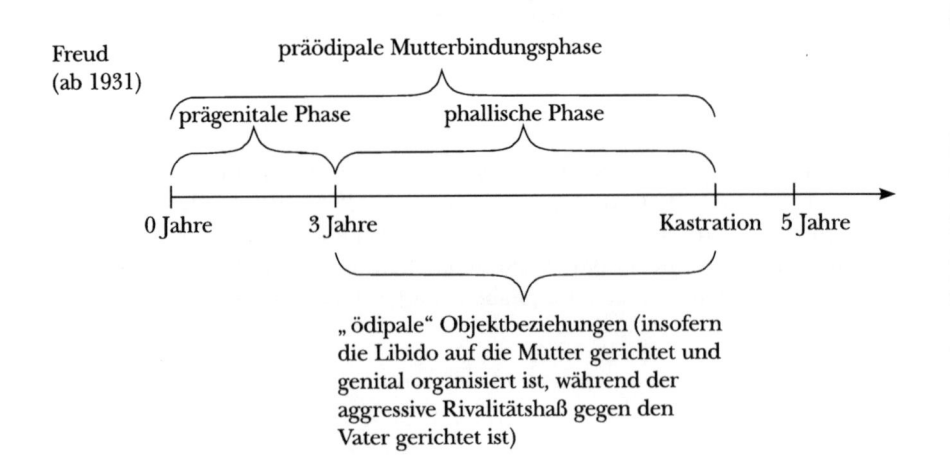

Freud (1925)

präödipale Mutterbindungsphase
prägenitale Phase — phallische Phase

0 Jahre — 3 Jahre — Kastration — 5 Jahre

Jeanne Lampl-de Groot (1927)

präödipale Mutterbindungs- und prägenitale Phase
aktiver (negativer) Ödipuskomplex/ phallische Phase

0 Jahre — 3 Jahre — Kastration — 5 Jahre

Freud (ab 1931)

präödipale Mutterbindungsphase
prägenitale Phase — phallische Phase

0 Jahre — 3 Jahre — Kastration — 5 Jahre

„ödipale" Objektbeziehungen (insofern die Libido auf die Mutter gerichtet und genital organisiert ist, während der aggressive Rivalitätshaß gegen den Vater gerichtet ist)

Warum wird der Verlust des Mutterobjekts für das Mädchen symbolisch äquivalent mit Kastration?

Wir kommen nun zu der entscheidenden Frage – dem Kern der Mystifikationen.
Wir haben im freudianischen Diskurs eine schwere Beraubung in der Psychogenese des Mädchens gefunden. Nicht zuletzt durch Jeanne Lampl-de Groots Darstellung der ödipalen Prämissen, unter welchen sich der Verlust der Mutter als Liebesobjekt abspielt, wurde uns deutlich präzisiert, daß nicht bloß ein naturgewachsener automatischer Objektwechsel stattfindet. Im Gegenteil trifft, bevor der Objektwechsel des Mädchens vor sich geht, eine echte Liebesniederlage gegenüber einem überlegenen Rivalen, dem *Vater*, ein. Eine Niederlage, die als eine Beraubung verstanden werden kann. Weiters haben wir gesehen, daß diese Niederlage für das Mädchen einen ganz anderen Charakter hat als für den Knaben. Wenn der Knabe das Mutterobjekt aufgibt, tut er das ja in der Erwartung, dieses (oder dessen Äquivalenten, andere Frauen) später erobern zu können. Was das Mädchen betrifft, beschrieb der freudianische Diskurs den Verlust dagegen als definitiv. Wenn es sich beim Mädchen solcherart um einen entscheidenden Verlust handelt, und nicht bloß um ein Auswechseln von Objekten, dann muß die Unwiederbringlichkeit, welche der freudianischen Analyse zufolge dem Verlusterlebnis des Mädchens eigen ist, seiner Erfahrung davon einen intensiven traumatischen Charakter geben. Einen traumatischen Charakter, den jene des Knaben nicht erhält. Das Mädchen verliert wie der Knabe sein erstes Liebesobjekt. Aber es muß, sagen Freud & Co., im Gegensatz zu ihm seinen Abschied vom Objekt als einen „Abschied für immer" betrachten.
Wir haben jedoch auch gesehen, daß genau die Frage nach der Ursache dieses „Abschieds für immer" im freudianischen Diskurs zu kurz kommt. Dort wurde er in seinen Erklärungen fetischiert. Früher oder später wurde der bloße Anblick des Penis als eigentlich gültiger Grund herangezogen. Auch Lampl-de Groot, die doch einen Spatenstich tiefer kam und die Frage nach dem psychischen Korrelat zur Klitorisdevaluierung stellte, machte trotzdem den Anblick des Penis zu dem letztendlich Entscheidenden. Durch die Überlegungen Lampl-de Groots wurde uns gezeigt, daß das katastrophale Beraubungserlebnis in der Psychogenese des Mädchens der traumatische Verlust der Mutter sein kann, die Niederlage gegenüber dem ödipalen *Vater*-Berauber. Aber deshalb müssen wir trotzdem immer noch fragen: Wie kommt es, daß diese Erfahrung in einen phallischen Diskurs hineininterpretiert wird? Wie kommt es, daß der Verlust symbolisch mit einer Kastration äquivaliert wird?
Wir wollen davon ausgehen, daß in den mannigfaltigen Hinweisen der Psychoanalyse auf den Anblick des Penis beim Mädchen eine patriarchatsfetischistische Wahrheit verborgen ist. Das heißt, wir wollen davon ausgehen,

daß der Anblick des Penis auf irgendeine Art und Weise bei der Interpretation des Mädchens von seinem Objektverlust eine Rolle spielt. Wir wollen versuchsweise annehmen, daß der Anblick des Penis vermittelt, daß jener unter den Prämissen eines phallischen Diskurses vor sich geht. Beginnen wir diese endgültige Entmystifizierung damit, noch einmal nach dem psychischen Korrelat zu diesem Anblick des Penis zu fragen.

Wie es im freudianischen Diskurs beschrieben wird, handelt es sich um einen „zufälligen Penis" – den des Bruders, den eines männlichen Spielkameraden ...[64] Hätten Freud & Co. hingegen den ödipalen Kontext, in dem der Anblick des Penis mehr oder weniger explizit angesiedelt ist, beim Wort genommen, wäre es naheliegend gewesen, von der Vorstellung der weiblichen Analysanden über diesen „zufälligen Penis" zu einem „bestimmten Penis" weiterzugehen. Analysiert man diese aktive Ödipusszenerie konsequent (wogegen es also im freudianischen Diskurs einige Barrieren gibt), liegt es nahe anzunehmen, daß die Vorstellung von dem „zufälligen Penis" (die ja bestimmt nicht zu einem zufälligen Zeitpunkt(!) entsteht), das Resultat einer Verschiebung ist.[65] Einer Verschiebung zu dem „zufälligen Penis" von dem Eigentlichen: der Vorstellung von „dem Penis des *Vaters*, welcher sich der Mutter bemächtigt" – und damit von der Vorstellung jener Rolle, die der Penis des *Vaters* in der sadomasochistischen Urszenephantasie[66] spielt. Gibt es eine qualitative Parallelität zwischen dem Erleben des Vaters als „lästiger Rivale"* bei Knaben und Mädchen, und geht das Mädchen in seinen die Mutter begehrenden Phantasien so weit, wie wir es bei den Beschreibungen von Lampl-de Groot und Freud (von 1931) gesehen haben, dann muß es auch wie der Knabe den Penis des *Vaters* als jenes Werkzeug erleben, das es konkret von der Bühne verdrängt.

Aber, aber ... der Knabe wird ja auch bei der Konkurrenz mit dem ödipalen *Vater* von diesem besiegt. Das Erleben des Penis des Vaters als dem beraubenden Gegenstand ist beiden Geschlechtern gemeinsam. Wir haben noch immer keine zufriedenstellende Erklärung dafür, warum das Mädchen – im Gegensatz zum Knaben – dieses biologisch betrachtet absurde Kastrationserlebnis hat, wenn es seines Liebesobjekts beraubt wird.

Nun sind wir jedoch nahe dran, denn was geschieht im Bewußtsein der Kinder in der Situation, wo es im ödipalen Wettbewerb geschlagen wird. Dem freudianischen Diskurs zufolge nehmen die Kinder einen *Geschlechtervergleich* vor. Der Knabe vergleicht sein Geschlecht mit dem des Vaters und stellt fest, daß es das gleiche ist, auch wenn sein Penis noch keine erwachsene Größe erreicht hat. Das Mädchen vergleicht ebenfalls sich selbst mit dem „zufälligen Penis", den wir als eine verschobene Vorstellung vom Penis des *Vaters* betrachten wollen. Und vor diesem Hintergrund muß es erkennen, daß sein Geschlecht anders ist. Die Kinder vergleichen ihr Geschlecht auch mit jenem der Mutter und kommen dabei natürlich zu den umgekehrten Schlüssen. Der Knabe erkennt seine Andersartigkeit und das Mädchen seine

Gleichheit mit der Mutter. (Jedoch werden diese Erkenntnisse etwas widerstrebend gemacht – vergleiche die Weigerung, die Mutter als „kastriert" aufzufassen, die, wie gesagt, sich sowohl beim Knaben als auch beim Mädchen geltend macht.)

Was „sehen" die Kinder bei diesen Geschlechtervergleichen? Machen wir hier, bevor wir dem Blick der Kinder auf die Eltern folgen, eine kurze Unterbrechung und greifen wir auf die bedingungsanalytischen Schlüsse zurück, die wir früher gezogen haben. Durch diese können wir nämlich zusammenfassen, was die Kinder „nicht sehen", das heißt, was der Fetischismus sie nicht sehen läßt, obwohl es sich direkt vor ihren Augen abspielt. Als wir den bedingungsanalytischen Kontext skizzierten, haben wir betrachtet, was das historische Wesen hinter den scheinbar natürlichen Erscheinungsformen ist, welche die Kinder „sehen", – hinter der hierarchischen Interaktion auf der Elternachse, deren am meisten zugespitztes Symbol die Vorstellung von der sadomasochistischen Urszene ist. Insofern unsere bedingungsanalytischen Umdefinierungen stichhaltig sind, können wir sagen, daß das, was die Kinder im ödipalen Prozeß des Geschlechtervergleichs *anschauen, ohne es zu sehen*,[67] die Interaktion der Geschlechtscharaktermasken „*Vater*" und „*Mutter*" in der patriarchalisch geschlechterpolarisierten Gesellschaft – als

$$\frac{\text{„}Vater\text{"}}{\text{„}Mutter\text{"}}$$

ist.

Aber wenn die Kinder diese historischen, sozialen Verhältnisse nicht sehen, was sehen sie dann? Hier wollen wir, wie gesagt, Freud & Co. beim Wort nehmen und antworten: „Sie sehen Körper – Frauen- und Männerkörper." Diese Körper sind zwar Träger sozialer Verhältnisse, von Geschlechtscharaktermasken, aber genauso wie der Gebrauchswert der Ware lassen sie diesen gesellschaftlichen Inhalt nicht erkennen. Ich möchte dies in einem Modell präzisieren (*Figuren C und D*), das ich mit dem Ausgangspunkt in der Analogie zwischen dem Begriff des Patriarchatsfetischismus und dem Begriff der marxistischen Bewußtseinstheorie vom Waren–, Geld- und Kapitalfetischismus aufgestellt habe.[68]

Figur C
Die Bildung des Geschlechtsbewußtseins unter den Bedingungen der phallischen Kultur – I. Die Kastration.

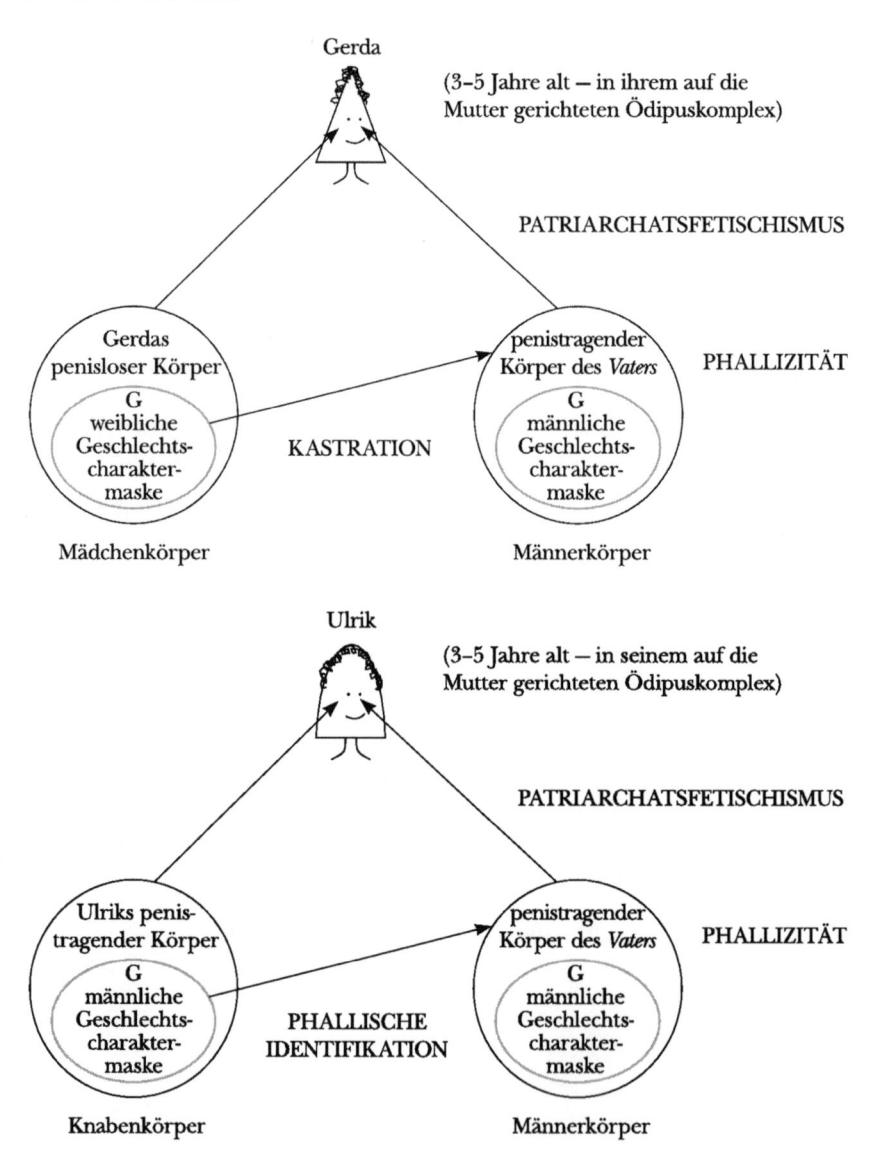

Gerda

(3–5 Jahre alt – in ihrem auf die Mutter gerichteten Ödipuskomplex)

PATRIARCHATSFETISCHISMUS

Gerdas penisloser Körper
G weibliche Geschlechtscharaktermaske

KASTRATION

penistragender Körper des *Vaters*
G männliche Geschlechtscharaktermaske

PHALLIZITÄT

Mädchenkörper   Männerkörper

Ulrik

(3–5 Jahre alt – in seinem auf die Mutter gerichteten Ödipuskomplex)

PATRIARCHATSFETISCHISMUS

Ulriks penistragender Körper
G männliche Geschlechtscharaktermaske

PHALLISCHE IDENTIFIKATION

penistragender Körper des *Vaters*
G männliche Geschlechtscharaktermaske

PHALLIZITÄT

Knabenkörper   Männerkörper

G/Geschlechtscharaktermaske – das verborgene soziale Wesen

Figur D
Die Bildung des Geschlechtsbewußtseins unter den Bedingungen der phallischen Kultur – II. Die Kastration der Mutter.

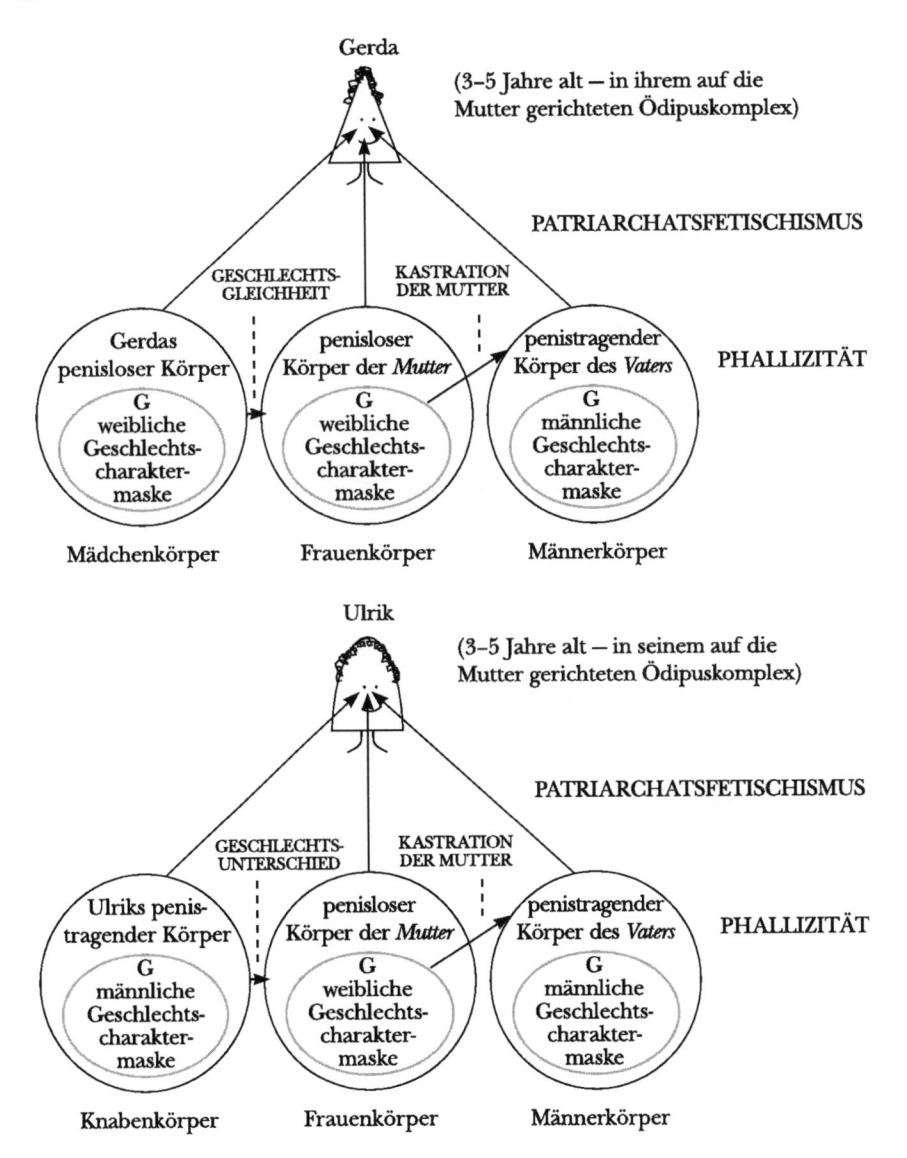

Gerda (3–5 Jahre alt – in ihrem auf die Mutter gerichteten Ödipuskomplex)

PATRIARCHATSFETISCHISMUS

GESCHLECHTS-GLEICHHEIT | KASTRATION DER MUTTER

Gerdas penisloser Körper — penisloser Körper der *Mutter* — penistragender Körper des *Vaters* — PHALLIZITÄT

G weibliche Geschlechtscharaktermaske | G weibliche Geschlechtscharaktermaske | G männliche Geschlechtscharaktermaske

Mädchenkörper | Frauenkörper | Männerkörper

Ulrik (3–5 Jahre alt – in seinem auf die Mutter gerichteten Ödipuskomplex)

PATRIARCHATSFETISCHISMUS

GESCHLECHTS-UNTERSCHIED | KASTRATION DER MUTTER

Ulriks penistragender Körper — penisloser Körper der *Mutter* — penistragender Körper des *Vaters* — PHALLIZITÄT

G männliche Geschlechtscharaktermaske | G weibliche Geschlechtscharaktermaske | G männliche Geschlechtscharaktermaske

Knabenkörper | Frauenkörper | Männerkörper

G/Geschlechtscharaktermaske – das verborgene soziale Wesen

Die Figuren C und D zeigen, worauf jene Mystifikation beruht, welcher die Kinder unterworfen werden, wenn sie in der „phallischen Phase" beginnen, sich für Genitalität zu interessieren, und außerdem in ihren auf die Mutter gerichteten Ödipuskomplex eintreten, wo der Vater ihr Rivale ist. Sie illustrieren, wie die Kinder nur die Erscheinungsformen der Geschlechtscharaktermasken sehen können: die hierarchisch agierenden Körper. Die Kinder sehen die Interaktionsformen der Eltern und phantasieren sich auf deren Grundlage zu der sadodomasochistischen Vorstellung von der Urszene weiter, zu deren

„*Männerkörper*"
„*Frauenkörper*"

Indem die Geschlechtscharaktermasken „*Vater*" und „*Mutter*" durch die biologischen Körper, *Männerkörper* und *Frauenkörper*, in Erscheinung treten, wird das historische Wesen der Masken verschleiert. Es ist die Geschlechtscharaktermaske des *Vaters*, welche die eigentliche Ursache für seine Plazierung in der aktiven, bemächtigenden, sadistischen Position auf der ödipalen Elternachse ist. Nichts desto weniger wird seine Ausstrahlung von Phallizität als Folge des *verborgenen* sozialen Wesens der Geschlechtscharaktermaske wie eine natürliche Eigenschaft seines Geschlechts, seines Penis, aussehen. In Übereinstimmung mit unserer Definition des Patriarchatsfetischismus handelt es sich bei dem mystifizierten Bewußtsein, das entsteht, weil das historische und soziale Wesen des phallischen *Vaterkörpers* verborgen ist, um eine Doppeltheit von wahr und falsch. Wenn die Kinder die Phallizität des Vaterkörpers erfassen, dann sehen sie insofern korrekt, als der Körper des Vaters ja tatsächlich Träger der *Vater*-Geschlechtscharaktermaske in der patriarchalisch geschlechterpolarisierten Gesellschaft ist. Der ödipale *Vater* ist ein phallisch machtvolles Männerimago. Aber die Auffassung der Kinder von dem Vaterkörper wird auch dadurch falsch, daß die phallische Ausstrahlung und das phallische Agieren nicht als historisches Produkt der Geschlechtscharaktermaske verstanden werden.

Um die Erlebnisse von phallischer Identifikation beim Knaben und von Kastration beim Mädchen zu verstehen, wollen wir die Doppeltheit von wahrem und falschem Bewußtsein konkretisieren, welche die Interaktionsmuster auf der Elternachse des Ödipuskomplexes, speziell die Urszenephantasie, den Kindern vermittelt. Die von der Geschlechtscharaktermaske bestimmte Interaktionsform

Vaterkörper
Mutterkörper

setzt in der Ödipussituation einen patriarchatsfetischistischen Symbolisierungsprozeß im Bewußtsein der Kinder in Gang. Einen Penis zu haben, wie der *Vaterkörper* zu sein, wird entscheidend dafür, ob man im Besitz von

Potenz/sexuellem Bemächtigungsvermögen ist. Phallizität wird das Symbol dafür, ob man das Mutterobjekt (oder dessen Äquivalenten) erobern kann. Auf eine Formel gebracht sieht die Installierung des Penis als DAS Potenzsymbol *par excellence* im Bewußtsein der Kinder folgendermaßen aus:

$$\text{Penisbesitz} \Longleftrightarrow \text{Potenz}$$
$$\text{versus}$$
$$\text{Penismangel} \Longleftrightarrow \text{Potenzmangel}$$

($\Longleftrightarrow$ = „ist gleichbedeutend mit")

Das heißt: „Potenz ist eine natürliche phallische Qualität".

Diese penis- und patriarchatsfetischierte Formel kann in zwei Glieder aufgelöst werden, die einer wahren beziehungsweise falschen Dimension in dem phallischen Symbolbildungsprozeß entsprechen:

1. Die Kinder entdecken in der phallischen Situation, daß der Vater die Mutter und einen Penis besitzt. Hier machen sie – insofern Objektbesitz als das äußere Zeichen für sexuelles Bemächtigungsvermögen, Potenz, gedeutet werden kann – folgende *korrekte* Beobachtung:

$$\text{Penisbesitz des } \textit{Vaters} \Longrightarrow \text{Potenz}$$
($\Longrightarrow$ = „führt mit sich")

2. Die *falsche* Dimension zeigt sich darin, daß auch umgekehrt geschlossen wird. Der Penis des Vaters wird nicht nur als potentes Werkzeug registriert. Er wird gleichzeitig als Voraussetzung par excellence für sexuelles Bemächtigungsvermögen und damit für Objektbesitz gesetzt. Die Prämissen und die Konklusion werden vertauscht:

$$\text{Penisbesitz des } \textit{Vaters} \Longleftarrow \text{Potenz}$$
($\Longleftarrow$ = „setzt voraus")

Durch diese falsche, aber aufgrund des Patriarchatsfetschismus unvermeidliche Vertauschung von Prämissen und Konklusion kann man erklären, warum der Konflikt mit dem ödipalen *Vater* für den Knaben bedeutet, daß er in seiner Geschlechtsidentität *bes*tärkt wird, während das Mädchen dagegen in derselben Situation im Glauben an die Potenz seines Geschlechts geschwächt wird. Die Geschlechts-Gleichheit mit dem Vater, der das Organ besitzt, das anscheinend ein sine qua non für sexuelles Bemächtigungsvermögen ist, wird dem Knaben das Bewußtsein vermitteln, daß seine ödipale Niederlage nur daher kommt, daß er noch zu klein ist, aber er wächst ja ... Umgekehrt wird das Mädchen beim Geschlechtervergleich mit dem Vater genau den entgegengesetzten Schluß ziehen: seine Niederlage bei der Konkurrenz um die Mutter muß daran liegen, daß seinem Geschlecht bemächtigende Potenz überhaupt fehlt; ihm fehlt ja dieses anscheinend unentbehrliche „Organ der Potenz". Die Inszenesetzung der ödipalen Niederlage und des Objektverlusts unter den geschlechterpolarisierten und fetischierten

Bedingungen veranlaßt das kleine Mädchen dazu, sein Geschlecht symbolisch mit einer doppelten und eigentlichen psychosexuellen Besitzlosigkeit gleichzusetzen: sowohl das Liebesobjekt *als auch* die sexuelle Potenz zu entbehren, sich seiner zu bemächtigen.

Die Erlebnisse beider Geschlechter sind, wie sich zeigt, gleichermaßen mystifiziert. Der zentrale Unterschied, der bewirkt, daß sich die psychosexuellen Wege der Geschlechter nach der Konfrontation mit dem phallisch-ödipalen *Vater* trennen, entsteht, weil der Fetischismus die Geschlechtscharaktermaske verbirgt und seine Biologie als das Entscheidende erscheinen läßt.

Damit haben wir eine nicht-fetischierte Erklärung dafür, wie es dazu kommen kann, daß das Mädchen im Gegensatz zum Knaben die ödipale Niederlage, den Verlust des Mutterobjekts, als einen „Abschied für immer" erleben muß. Außerdem haben wir eine Erklärung bekommen, die angibt, wie das kleine Mädchen im Gegensatz zum Knaben dazu kommt, seinem Geschlecht symbolisch potente Qualitäten abzusprechen. Damit sind wir selbstverständlich nahe daran, jene „Kastration" begreifen zu können, von welcher der freudianische Diskurs behauptet, daß sie das Mädchen im Unterschied zum Knaben als ein vollendetes Faktum erlebt. Ein Glied fehlt jedoch, ehe dieses sonderbare „Kastrations"-Erlebnis klar wird – ehe wir sagen können, daß wir eine endgültige Antwort auf die Frage haben, die wir zu Beginn dieses Abschnitts gestellt haben. Wir haben nun erfahren, warum das kleine Mädchen dazu kommt, sich als potenzlos zu erleben. Aber warum interpretiert es diese Potenzlosigkeit in der Sprache eines phallischen Diskurses? Und wieso faßt es diese außerdem nicht als konstant auf, als etwas, das die ganze Zeit über ihr Geschlecht gekennzeichnet hat – nur ohne es das vor diesem bitteren ödipalen Augenblick der Erkenntnis zu wissen? Wie kommt es zu dieser merkwürdigen Vorstellung, einen Penis gehabt zu haben, der ihm durch Kastration genommen wurde? Der freudianische Diskurs schreibt dem Mädchen eindeutig diese absurde Idee zu: „Seinen aktuellen Mangel versteht das weibliche Kind aber nicht als Geschlechtscharakter, sondern erklärt ihn durch die Annahme, daß es früher einmal ein ebenso großes Glied besessen und dann durch Kastration verloren hat."* (Freud 1924d, 400). Sollen wir Freud & Co. beim Wort nehmen, was meine methodische Grundlage ist, dann müssen wir auch für diese am meisten verwunderliche Stelle der ganzen Weiblichkeitsanalyse eine nicht-fetischierte Erklärung geben können.

Der Schlüssel für dieses letzte Problem läßt sich jedoch finden, wenn wir den Blickwinkel des kleinen Mädchens *vor* und *nach* dem „Kastrations"-Erlebnis betrachten, von dem wir also annehmen wollen, daß das Mädchen es erlebt. Das heißt, wenn wir zwischen seinem *prospektiven* und seinem *retrospektiven* Blick auf seine sexuelle Aktivität in der Phase bis zur „Kastration" unterscheiden. In jener Phase, die wir bisher mit dem Begriff des fetischierten freudianischen Diskurses die „phallische Phase" genannt haben.

Zuerst wollen wir mit dem freudianischen Psychoanalytiker, Sandor Rado, feststellen, daß die Bezeichnung „phallische Phase „vom subjektiven Standpunkt des Mädchens nicht einwandfrei ist". Denn: „vor der Penisentdeckung hat ja der Gegensatz Mann-Weib für sie noch keinen genitalen Inhalt."* (Rado 1934, 24). Versuchen wir, Rados logisch richtige, aber fetischierte Feststellung, daß das Mädchen in der „phallischen Phase" nicht prospektiv betrachtet einen „phallischen" Blickwinkel haben kann, in die nicht-fetischierte ‚Sprache' zu ‚übersetzen', welche die vorangegangene Analyse ans Licht gebracht hat. Hier kommen wir zu folgendem Resultat: Bis der fetischierte ANBLICK DES PENIS in der altiv ödipalen Situation jenen Symbolisierungsprozeß ausgelöst hat, bei dem der Besitz des Geschlechts des *Vaters* als entscheidend dafür festgesetzt wird, ob man potent ist, – *bis zu diesem schicksalsschwangeren Zeitpunkt im Leben des Mädchens – kann seine Selbstauffassung nicht phallisch sein.*

Haben wir nun mit dieser Auslöschung der Möglichkeit, in der prospektiven Perspektive von einer „phallischen Phase" zu sprechen, der ganzen freudianischen Theorie und damit der vorangegangenen Darstellung den Boden unter den Füßen entzogen, indem sie diese Theorie bei ihrem fetischierten Wort genommen hat? Nein, keineswegs. Wir können noch immer ohne weiteres an den freudianischen Diskurs glauben, wenn er die Vorstellungen der weiblichen Analysanden davon wiedergibt, „ein ebenso großes Glied besessen zu haben"[69] wie der Knabe/Mann, und dadurch seine Annahmen von einer „phallischen Phase" in der Psychogenese des Mädchens bestätigt sieht. Genauso wie *prospektiv* betrachtet *nicht* die Rede von einer phallischen Selbstauffassung des Mädchens sein kann, genauso unumgänglich logisch ist es, daß die aktiv ödipale Phase vom *retrospektiven* Blickwinkel des Mädchens her *phallisch* aussehen muß. Muß sich das Mädchen in seiner Selbstauffassung in jener Phase potent gefühlt haben, in der es sein aktives Begehren gegenüber der Mutter entwickelt hat? In jener Phase, in der es onanierte und gleichzeitig die gesamte libidinös-verliebte Aktivität entfaltete, für welche der freudianische Diskurs zu seiner eigener Überraschung so mannigfaltige und unzweideutige Zeugnisse gefunden hat? Natürlich. Und ist „potent" nicht, nachdem der phallische Symbolisierungsprozeß in Kraft getreten ist – nachdem das Geschlecht des *Vaters* symbolisch als ein *sine qua non* für sexuelle Bemächtigung gesetzt wurde,– im Bewußtsein des Mädchens gleichbedeutend mit Penisbesitz, mit Phallizität, geworden? Und muß es daher nicht sein eigenes früheres Potenzgefühl und sexuelle Aktivität eben genau als „phallisch" interpretieren?

Was prospektiv – vor der ödipalen Niederlage – aktive Sexualität ist, wird retrospektiv phallische Entfaltung. So muß die Logik in dem patriarchatsfetischistischen Symbolisierungsprozeß notwendigerweise aussehen, über den wir uns einen Begriff gebildet haben, indem wir die freudianische Theorie genau beim Wort genommen haben. Diese Logik gilt sowohl für die Erlebnisse des Mädchens als auch für die des Knaben. Der Schnittpunkt zwischen diesen zwei prospektiven beziehungsweise retrospektiven Blicken ist die Setzung des Penis als Potenzsymbol. Das heißt, die Vertauschung von Prämissen und Konklusion bei der Interpretation der Interaktion auf der ödipalen Elternachse, von dem

$$\frac{\textit{Männerkörper}}{\textit{Frauenkörper}}$$

der Urszene.

Der Knabe wird hier als der phallische Erbe des *Vaters* bestätigt. Für das Mädchen ist der Schnittpunkt hingegen ein Beschneidungspunkt. Prospektiv betrachtet hat es sich selbst nie als phallisch aufgefaßt, sondern als potent. In dem Augenblick, wo es Prämissen und Konklusion vertauscht und sich selbst als potenzlos interpretiert, indem der Penis als Voraussetzung für Potenz gesetzt wird, muß es jedoch all sein Potenzgefühl bis zu jenem Punkt, an dem es sich befindet, als phallisch auffassen. Daher knüpft sich an dieses Moment der „Erkenntnis" nicht nur das Gefühl von Potenzlosigkeit, sondern auch das Erlebnis der Kastration. Das heißt, das Erlebnis, der „Phallizität" beraubt zu werden, in deren Besitz sich das Mädchen in dem retrospektiven Blick erlebt. Das Mädchen schreibt seine vergangene Potenzfülle dem Phallussymbol nach jener Logik zu, der zufolge nur das Phallische potent ist. Nach derselben Logik muß sein aktuelles Potenzlosigkeitsgefühl darauf beruhen, daß jene „Phallizität" abgeschnitten, amputiert wurde, von welcher sein Körper retrospektiv Träger gewesen zu sein scheint. So verursacht der Fetischismus ein selbstverständlich tief traumatisches Kastrationserlebnis beim Mädchen in dem Augenblick, wo es das Mutterobjekt aufgeben, wo es dieses an den phallisch-mächtigen, ödipalen *Vater*-Rivalen abtreten muß.

Wie alles andere, was mit dem Fetischismus zu tun hat, ist das Kastrationserlebnis und damit die anderen Selbstdefinitionen in dem Register des phallischen Diskurses, die ja von der Kastration herrühren, sowohl falsch als auch wahr.

Das Kastrationserlebnis ist falsch, weil der zugrundeliegende historische Ursachenzusammenhang, der Patriarchatsfetischismus und die polarisierte Hierarchie zwischen den Geschlechtscharaktermasken „*Vater*" und „*Mutter*" nicht begriffen werden. Das bewirkt, daß die „Kastration" – trotz ihrer biologischen Absurdität – wie leibhaftige Natur, wie anatomisches Schicksal aussieht. Aber das Kastrationserlebnis ist auch wahr. Insofern die freudianische Bestimmung und der vorangegangene Defetischierungsprozeß stichhaltig sind, ist die „Kastration" eine Erfahrung, die mehr oder weniger alle Frauen in unserer Gesellschaft machen müssen. Sie ist das Trauma, durch das wir uns selbst in unsere entfremdete Position in der herrschenden phallischen Kultur einschreiben müssen.

5. Das asymmetrische Entwicklungsmodell – in neuem Licht

Wie wir gesehen haben, ist es eine grundlegende Pointe der expliziten, freudianischen Weiblichkeitsanalyse, daß die Entwicklung von Mädchen und Knaben asymmetrisch ist. Im Gegensatz zu Horney und der Londoner Schule, die versuchen, einen Begriff der weiblichen Psychogenese so zu formulieren, sodaß Symmetrie im Verhältnis zur männlichen entsteht, wird Freud während der Entwicklung des Weiblichkeitsbegriffs mehr und mehr davon überzeugt, daß sich eine solche unter keinen Umständen aufstellen läßt: „Alle Erwartungen eines glatten Parallelismus zwischen männlicher und weiblicher Sexualentwicklung haben wir ja längst aufgegeben."* (Freud 1931b, 170). Wir haben auch gesehen, wie sich diese Asymmetrie ab einschließlich der „phallischen Phase" durchgesetzt hat, wo das Mädchen als veritabler kleiner Mann aufgefaßt wurde. Nicht zuletzt Lampl-de Groots Bestimmung der ödipalen Strukturierung der Mutterbindung des Mädchens in deren Endphase schildert den Mangel an geschlechtlicher Symmetrie eingehend. Das Mädchen ist „in seinem Liebesstreben und seiner Objektwahl wirklich ein Mann"*,[70] während der Knabe nicht auf dieselbe Weise in Frauengestalt schlüpft. Dazu kommt die entscheidende Asymmetrie rund um den Kastrationskomplex. Das heißt, jene, die sich um den Unterschied zwischen dem Erlebnis der vollstreckten Kastration als unwiderrufliche Tatsache und dem bloßen Gefühl, von Kastration bedroht zu sein, gedreht hat.

Wie sehen diese Asymmetrien vor dem Hintergrund des Defetischierungsprozesses aus, den wir nun vorgenommen haben?

In dem defetischierten Diskurs besteht kein Zweifel darüber, daß zwischen der Psychogenese des Mädchens und des Knaben Asymmetrie besteht. Aber während diese Asymmetrie der freudianischen Analyse zufolge bereits mit der „phallischen Phase" einsetzt, müssen wir auf der Grundlage unserer historisierenden Um-Lesung sagen, daß die Entwicklungsassymetrie der weiblichen und der männlichen Geschlechtscharaktermaske erst bei dem patriarchatsfetischistischen Symbolisierungsprozeß realisiert wird, indem sich der Knabe als phallisch identifiziert, und wo das Mädchen seine Kastration erlebt. Hier drückt die Ungleichheit, welche die Grundbedingung der patriarchalischen Gesellschaft ist, ihren entscheidenden Stempel auf die psychosexuellen Triebschicksale der beiden Geschlechter.

Aber was ist mit der Asymmetrie, die der freudianische Diskurs in der „phallischen Phase" gesehen hat? Sie gilt für den retrospektiven Blickwinkel, aber nicht für den prospektiven. Betrachten wir die Psychogenese der beiden Geschlechter bis zu dem schicksalsschwangeren Augenblick, wo der Patriarchatsfetischismus in ihrem Bewußtsein Wurzeln schlägt, dann müssen wir zu dem Resultat kommen, daß jene weder asymmetrisch (im freudianischen Verstand) noch symmetrisch (nach Horney und der Londoner Schule) ist. Wir müssen sie eher als *kongruent* beschreiben. Beide Geschlechter entdecken ihre Genitalität und die Lustempfindungen, die sie geben kann. Beide Geschlechter nehmen die Mutter zum Liebesobjekt und rivalisieren mit dem Vater.

Eigentlich ist diese Kongruenz-Auffassung im freudianischen Diskurs bereits enthalten. Als darauf hingewiesen wird, daß „nur *ein Genitale*, das männliche, eine Rolle spielt",[71] daß sich sowohl das Mädchen als auch der Knabe wie „kleine Männer" verhalten und wie Jokastes inzestuöser „Sohn" auftreten,[72] handelt es sich, wenn auch in einer entfremdeter Form, um eine Art Kongruenz. Der freudianische Diskurs kann jedoch nur Asymmetrie sehen. (Freuds Zurückweisung eines jeden „glatten Parallelismus" zwischen der Entwicklung des Mädchens und des Knaben steht typischerweise als Kommentar zu der Entdeckung, daß das Mädchen so wie der Knabe den Vater als Rivalen erlebt.) Das liegt daran, daß Freud & Co. vom Penis- und Patriarchatsfetischismus geblendet sind. Die Geschlechtscharaktermasken sind ja für sie Geschlechtscharaktere. Wenn sich das kleine Mädchen „männlich" verhält, hängt das dem freudianischen Diskurs zufolge letztendlich mit seinen „männlichen" Klitorislüsten zusammen, die „natürlich" niemals mit den „authentisch-männlichen" und nicht „verkrüppelten" Penislüsten des Knaben kongruent sein können.

So kann die Kongruenz erst im Defetischierungsprozeß eigentlich hervortreten. Nichts desto weniger wurde die Triebgrundlage, von der aus man jene verstehen muß, von Freud aufgezeigt. Er konnte zwischen Libidotheorie, Bisexualitätstheorie und Weiblichkeitstheorie keine Übereinstimmung herbeiführen. Trotzdem hielt er an der Auffassung fest, daß die primäre Natur der Libido geschlechtsungebunden ist – daß deren höheres Prinzip Sexuallust ist, ohne kleinlich danach zu schielen, welche Sexualobjekte und Ziele die herrschende Gesellschaftsmoral passend oder unpassend findet. Wir können hier feststellen, daß die theoretischen Unvereinbarkeiten, die Freud nicht überwinden kann, eben gerade daher kommen, daß er den angeführten Kongruenzgesichtspunkt nicht formulieren konnte. An der Stelle, wo wir nun stehen, können wir sehen, daß es die asymmetrische freudianische Auffassung der „phallischen Phase" ist, die zu der Frage veranlaßt, ob die Libido nicht trotzdem männlicher Natur sein sollte. Es ist diese Asymmetriekonzeption, die im Verhältnis zur Libidotheorie Widersprüche produziert. Die Bisexualitätstheorie war eine unbefriedigende Notlösung in Freuds begrifflicher Klemme. Sie konnte das Problem um die scheinbar asymmetrisch distribuierte Libido nicht lösen. Wenn wir dagegen den Kongruenzgesichtspunkt auf die prospektive Entwicklung bei den Geschlechtern in der „phallischen" oder (kongruent formuliert) *genitalen Phase* anlegen, kommt die geschlechtsungebundene und anarchistisch lustsuchende Libido auf die am eindeutigsten logische Weise zum Ausdruck.

(Lampl-de Groot war auf dem Weg, diesen libidotheoretisch konsequenten Ausgangspunkt zu nehmen, als sie ihre Frage nach dem psychischen Korrelat zum Anblick des Penis mit dem Hinweis formulierte, daß die Devaluierung der Klitoris nicht alleine auf eine weniger lustspendende Onanie zurückzuführen ist. Als es zu der Frage nach der Abwicklung der ödipalen, mutterinzestuösen Begehren des Mädchens kam, ist Lampl-de Groot, wie wir gesehen haben, doch wieder am Grund des Fetischismus gestrandet.)

Aber was bedeutet nun diese sichtbar gemachte Kongruenz – außer, daß sie die Widersprüche auflösen kann, die in der geschlechtsphilosophischen Grundlage des freudianischen Diskurses liegen?

Halten wir zuerst fest, daß wir nun zu einem Punkt gekommen sind, von dem aus wir das befreiende Potential „sehen" können, auf das ich früher hingewiesen habe. Wenn die Kongruenz im defetischierten Diskurs hervortritt, wird es nämlich klar, wie extreme Entfremdung, die am meisten zugespitzte Abwesenheit von Weiblichkeit, in eine intensive Anwesenheit umschlagen kann. Wie ich erwähnt habe, ist die Weiblichkeit als solche in Freuds, Lampl-de Groots usw. Beschreibung der „phallischen Phase" mit deren „männlicher" Objektwahl überhaupt nicht vorhanden. Aber wenn wir nun den asymmetrischen Blick durch die Kongruenzauffassung ersetzen können, insofern wir die prospektive Entwicklung in der „phallischen Phase" des Mädchens betrachten, dann zeigt es sich plötzlich, daß das Weibliche sexuell intensiv anwesend ist. Kongruent mit der Interaktion zwischen Ödipus und Jokaste finden wir auf der Mutterachse der Tochter ebenfalls ein sexuelles Zusammenspiel. Ein sexuelles Zusammenspiel, das sich in dem entmystifizierten Diskurs als durch ein potentes weibliches Auftreten an beiden Polen der Achse realisiert erweist. Der blinde Fetischismus in der Beschreibung des freudianischen Diskurses von dieser Potenz als „phallisch" reproduziert die reale Entfremdung, auf welcher der retrospektive Blickwinkel des Mädchens beruht. Nach der „Kastration" ist die aktive und potente Vergangenheit als das, was sie war, verdrängt. Das Mädchen kann diese nicht mehr als einen Teil seiner Geschlechtsidentität erleben. Sie erscheint ihm als phallisch, fremd, ohne Zusammenhang mit seinem Geschlecht. Aber gleichzeitig mit der korrekten Wiedergabe der Entfremdung des Mädchens gegenüber seiner eigenen Vergangenheit verschleiert der freudianische Diskurs aufgrund des falschen Aspekts in seinem Fetischismus die Potentiale der prospektiven Erlebnisdimension. Diese bleiben bei Freud & Co. unverstanden, entfremdet. Wenn wir jedoch die fetischistischen Verschleierungen im freudianischen Diskurs demaskieren, werden die Potentiale in unserer aktiven lebensgeschichtlichen Vorzeit sichtbar. Zwar liegen diese hinter der Mauer der Verdrängung, welche das „Kastrations"-Erlebnis in uns errichtet hat. Aber insofern die freudianische Weiblichkeitsanalyse mit dem wirklichen Leben der Geschlechtscharaktermaske übereinstimmt, finden sich Spuren dieser aktiven, sexuellen, potent weiblichen Vergangenheit im Unbewußten aller Frauen.

6. Die Antigonephase

Wir haben des befreiende Potential „gesehen", aber wie sollen wir nun das benennen, was wir „gesehen" haben? Können wir die freudianischen Bezeichnungen „phallisch" und „ödipal" für das Erlebnis potent weiblichen Auftretens an beiden Polen der Mutter-Tochter-Achse verwenden, das wir vor dem „Kastrations"-Erlebnis gefunden haben? Nein, das wäre eine absurde Reproduktion des Fetischismus. Denn beide Bezeichnungen signalisieren Männlichkeit – eine Männlichkeit, deren Abwesenheit wir gerade festgestellt haben. Diese Bezeichnungen entspringen klar der fetischierten Asymmetriekonzeption. Sie sind der Ausdruck eines sozusagen „zu früh" begonnenen phallischen Interpretationsdiskurses. In dem prospektiven Blickwinkel hat der phallische Diskurs keine subjektive Gültigkeit für das Mädchen, bevor der patriarchatsfetischistische Symbolisierungsproze0 stattgefunden hat. Daher können seine Erlebnisse in jener Phase, wo seine Entwicklung mit der des Knaben kongruent verläuft, noch nicht mit Bezeichnungen adäquat beschrieben werden, die sich auf den phallischen Diskurs beziehen, in den es erst später eingeschrieben wird. Um unseren neuen Entdeckungen gerecht zu werden, müssen wir also jene Phase im Leben des Mädchens umbenennen, die seinem Kastrationskomplex vorangeht. Wir müssen die Bezeichnung für die „phallische", oder wie Lampl-de Groot sagte, die „phallische und aktiv ödipale" Phase ändern.

Was die Bezeichnung *„phallisch"* betrifft, kann sie relativ problemlos durch das geschlechtsungebundene Adjektiv *„genital"* ersetzt werden. Das hat zum Beispiel bereits Sandor Rado im Anschluß an seine Diskussion des prospektiven Bicks des Mädchens zur Sprache gebracht.[73] Das heißt, wir können die Bezeichnung *„genitale Phase"* anwenden, wenn wir von der „phallischen Phase" des freudianischen Diskurses in dem prospektiven Blickwinkel sprechen, und den Begriff „phallisch" der *retrospektiven* Beschreibung der Phase vorbehalten, wo er noch am richtigen Platz ist.

Auch was den Knaben betrifft müssen wir feststellen, daß es adäquater ist, die Bezeichnung „genital" statt „phallisch" für die Art und Weise zu verwenden, wie er seine Libido organisiert erlebt, bevor er die Kastrationsdrohung kennengelernt hat. „Phallisch" ist, wie es die Psychoanalyse von männlichen und weiblichen Analysanden gehört hat, bedeutungsmäßig mit seinem Gegenteil „kastriert" verknüpft. Das heißt, die Bezeichnung signalisiert auch in der Entwicklung des Knaben jene Entfremdung, die mit dem Durchbruch des patriarchatsfetischistischen Symbolisierungsprozesses in seinem Bewußtsein eintritt. Vor dieser ‚Stelle' in seiner Lebensgeschichte wird der Begriff „phallisch" daher auch als Beschreibung seiner Libidoorganisation inadäquat sein.

Ändern wir jedoch sowohl für das Mädchen als auch für den Knaben die Bezeichnung für den prospektiven Blick auf die „phallische Phase" (oder genauer auf jenen Teil von ihr, der vor dem Auftreten des Kastrationskomplexes liegt) zu „genitale Phase", dann brauchen wir eine Geschlechtsspezifikation. Nämlich wenn wir angeben wollen, ob es die „genitale Phase" des Mädchens oder des Knaben ist, über die wir sprechen. Um dieser Notwendigkeit einer Geschlechtsspezifikation entgegenzukommen, können wir die Bezeichnungen „*klitorisgenitale Phase*"[74] verwenden, was das Mädchen betrifft, und „*penisgenitale Phase*", was den Knaben betrifft.

Daß es sich jedoch nicht nur um eine terminologische Frage, sondern um ein sprach- und kulturhistorisches Problem von ungeheuren Ausmaßen handelt, wird uns dagegen deutlich vor Augen geführt, wenn wir zu der Bezeichnung „*ödipal*" kommen. Nachdem Ödipus ja in seinem biologischen Geschlecht ein Mann ist, haben wir uns immer noch innerhalb des Rahmens des mystifizierten Diskurses bewegt, wenn wir mit Lampl-de Groot ohne weiteres davon gesprochen haben, daß das Mädchen in seiner „phallischen Phase" wie ein „eigentlicher Ödipus" aufgetreten ist. Auch „ödipal" ist nur ein adäquater Ausdruck, insofern die Rede von dem retrospektiven Blickwinkel des Mädchens/der Frau auf ihr aktives Mutterbegehren ist, wo es/sie dieses fetischistisch als männlich betrachtet. Als Bezeichnung für das prospektive Erlebnisuniversum ist der männliche Name „Ödipus" daher fehl am Platz. Aber wo in der Geschichte unserer Kultur finden wir eine bekannte und kanonisierte mytische oder literarische Gestalt, die diesem prospektiven Gefühlskomplex beim Mädchen ihren Namen leihen kann – seinem Mutterinzest und seinen Todeswünschen gegenüber dem Vater?

Elektra, die Jung als weibliches Gegenstück zu Ödipus herangezogen hat,[75] ist bestimmt nicht jene Gestalt, an die wir hier anknüpfen können. Sie handelte symmetrisch, geschlechtlich spiegelverkehrt zu Ödipus, nicht kongruent mit ihm. Ihre Liebe war auf den Vater gerichtet, und ihre Todeswünsche gegen die Mutter. Wie der Mythos über sie interpretiert werden kann und unter anderem von dem deutschen Matriarchatsforscher J. J. Bachofen[76] interpretiert wurde, spiegelt jener den Bruch zwischen Mutterrecht und Vaterrecht wider, zwischen Matriarchat und Patriarchat, – und im Kampf zwischen diesen steht Elektra auf der Seite des Patriarchats. Aus Liebe zu ihrem Vater und den Prinzipien, für die er steht, stiftet sie ihren Bruder, Orest, zum Muttermord an, dem größten denkbaren Verbrechen innerhalb des Mutterrechts. Ein Verbrechen, das, matriarchalisch betrachtet, eine Schuld mit sich führt, die unsühnbar ist. Elektras Name ist daher als Bezeichnung für die Gefühle unggeignet, die wir auf der Mutter-Tochter-Achse des Mädchens in seiner klitorisgenitalen Phase finden.

Aber können wir überhaupt einen adäquaten Namen finden? Werden wir nicht auf Probleme stoßen – egal ob wir einen androgynen gemeinsamen Namen für den weiblichen und den männlichen „Ödipus" suchen, oder ob wir einen Frauennamen für das Mädchen suchen, das mit dem Knaben „Ödipus" kongruente Gefühle hat? Müssen wir nicht davon ausgehen, daß die patriarchalische Kultur, die den Ödipuskomplex produziert hat, jenen Komplex beim Mädchen gleichzeitig auch mehr oder weniger total verdrängt hat, der mit dem des „eigentlichen Ödipus"' kongruent ist? Diesen jedenfalls aus seinem offiziellen kulturhistorischen Kanon verdrängt hat, sodaß es innerhalb von diesem unmöglich wird, eine bekannte Figur zu finden, die den mutterinzestuösen Gefühlen und Todeswünschen gegen den Vater des Mädchens ihren Namen verleihen kann?

Ja und nein. Suchen wir innerhalb des kulturhistorischen Kanons nach einem vollständigen weiblichen Pendant zu Ödipus, wird unsere Suche nicht belohnt. Eine Sagen- oder Mythenerzählung, die eine solche Geschichte enthielte, wäre allzu subversiv, um in den Kanon aufgenommen zu werden. Daß der Sohn den Vater tötet und mit der Mutter Inzest begeht, wird vom Patriarchat sowohl verurteilt als auch begrüßt. Denn der Sohn soll, patriarchalisch betrachtet, nicht bloß dem Vater gehorchen, sondern sich auch als sein Erbe etablieren – als jener, der die Macht und die Kultur des Vaters weiterträgt. Ist es hingegen die Tochter, die (symbolisch oder real) den Vater tötet und seinen Platz im Ehebett einnimmt, ja, dann sind wir dort, wo die pstriarchalische Kultur ein absolutes „Stop" ausspricht.

Wir könnten natürlich den kulturhistorischen Kanon verlassen bei unserer Suche nach einem Namen für das, was die patriarchalische Kulturgeschichte nicht benennen will. Soll der Name unmittelbar als Gegenstück zu Ödipus verstanden werden können, dann ist aber nichts desto weniger ein solcher Name am besten geeignet, nach dessen Bedeutung man nicht in schwer zugänglichen Quellen suchen muß.

Aber wenn wir innerhalb des kulturhistorischen Kanons nicht nach einem direkten Gegenstück zu Ödipus suchen, aber doch nach einer Figur, deren tragischer Konflikt demjenigen Elektras entgegengesetzt und in gewissem Sinne kongruent mit demjenigen von Ödipus ist, dann finden wir auch, was wir suchen. Nämlich in dem Mythos von *Antigone*,[77] der wie die Geschichte von Ödipus unter anderem von dem griechischen Tragödiendichter Sophokles überliefert ist, von dessen Auslegung des Mythos ich im folgenden ausgehen werde.[78]

Antigone war – interessant genug – die Tochter von Ödipus und dessen Mutter und Hausfrau, Jokaste. Das heißt, eine Frucht des Mutterinzests von Ödipus. Drei weitere Kinder gingen ebebfalls aus dieser Beziehung hervor – nämlich Antigones Schwester, Ismene, und die Brüder Eteokles und Polyneikes. Alle drei spielen eine Rolle in Sophokles' Drama, *Antigone*, das sich rund um Antigones Tod im Kampf für mutterrechtliche Prinzipien abspielt.

Die Handlung der Tragödie spielt nach dem Tod von Ödipus und Jokaste. Eteokles und Polyneikes, die sich die Königsmacht im Stadtstaat, Theben, nach Ödipus teilen sollten, haben sich zerstritten und einander getötet. Kreon, Jokastes Bruder, ist danach König von Theben geworden. Der dramatische Konflikt der Tragödie entsteht um das Verbot Kreons, Polyneikes zu begraben. Dieser hat nach Kreons Weltanschauung Verrat gegen Theben begangen, das heißt, gegen die Gesellschaft, über die Kreon jetzt herrscht. Als der Streit zwischen den zwei Brüdern entstand, vertrieb nämlich Eteokles zuerst Polyneikes aus Theben, um die ganze Macht an sich zu reißen. Polyneikes sammelte inzwischen ein Heer und kam zurück, um die Macht zurückzuerobern. Es kam zu einer Schlacht, in der die beiden Brüder einander töteten. Kreons abstrakter Staatsraison zufolge ist Eteokles nun ein Held, weil er Theben verteidigt hat, während sich Polyneikes zum Verräter machte, indem er Theben angriff.

Von Antigones Bickwinkel sieht die Sache hingegen anders aus. Für sie ist es nicht der Staat, der zählt, sondern das körperliche Band zwischen ihr und Polyneikes, von derselben Mutter geboren worden zu sein. Dieses Band verpflichtet sie dazu, ihn nicht unbegraben liegenzulassen. Täte sie das, würde sie sich im Verhältnis zu den mutterrechtlichen Prinzipien unverzeihlich schuldig machen, die sie als „ungeschriebene, unvergängliche Gesetze" betrachtet, die über jenen Kreons und damit über jenen des Staates stehen. Sie deckt daher Polyneikes Leiche zu – Übertritt also Kreons Gesetz und wird zum Tod verurteilt. Im Gegensatz zur Schwester, Ismene, die nicht den Mut hat, sich gegen Kreon aufzulehnen, fürchtet Antigone weder Kreon noch den Tod. Sie folgt den alten mutterrechtlichen Prinzipien, die sie jedoch nach Kreons Gesetz schuldig machen. Als Strafe wird sie in einer Grabhöhle lebendig begraben, wo sie sich erhängt.

Sophokles' Antigone begeht also weder Vatermord noch Mutterinzest. Trotzdem kann ihr Konflikt in einem gewissen symbolischen Sinn als kongruent mit jenem von Ödipus gedeutet werden.

Elektra begeht einen symbolischen Muttermord, als sie die mutterrechtlichen Prinzipien verhöhnt. Dementsprechend kann man sagen, daß Antigone eine Form von Vatermord begeht, als sie Kreons Gesetz verletzt. Denn Kreons Gesetzgebung kann in Übereinstimmung mit dem Interpretationsrahmen, der sich zum Beispiel bei Bachofen findet, als die Etablierung des Patriarchats in Theben verstanden werden. Das Gesetz setzt das abstrakt geistige Band des Vaterrechts, des Patriarchats – das Verhältnis der Zugehörigkeit zum Staat – an die Stelle der konkret stofflichen Verbundenheit des Mutterrechts durch den Mutterschoß, und Kreons Kampf un die Handhabung des Gesetzes dreht sich gleichzeitig auch darum, jede Form von weiblicher Macht zu unterbinden. „Doch mich beherrscht, solang' ich leb' kein Weib", sagt er solcherart mahnend zu Antigone. Dazu kommt, daß Kreons Gesetz mit dem natürlichen Zyklus bricht, den die matriarchalischen Kulturen vermutlich als heilig angesehen haben. Ein Zyklus, der Leben und Tod organisch verbindet. Der Tod war nicht nur ein Abschluß, sondern zugleich eine Voraussetzung für die Wiedergeburt. Aber damit dieser Zyklus fortsetzen konnte, mußte der Tote symbolisch in den Mutterschoß zurückkehren, von dem sie/er geboren worden war. Ein Mutterschoß, den die Erde in ihrer symbolischen Eigenschaft des weiblichen – mütterlichen – Prinzips mythisch repräsentiert. Vor diesem Hintergrund kann das Gesetz Kreons, das die mutterrechtlichen Prinzipien ablehnt, als das Gesetz des *Vaters*, des Patriarchats betrachtet werden, – und ein Bruch mit jenem als ein symbolischer Vatermord.

In diesem Vatermord ist auch der Mutterinzest symbolisch vorhanden. Mutterinzest kann als eine zu enge Verbindung zum Mutterschoß definiert werden. Und eine solche ist es ja gerade, für die Antigone auf ihre Weise verurteilt wird, als sie ihre stoffliche Verbundenheit mit ihrem Bruder – mit „ihm, den meine eigene Mutter austrug" – über Kreons Gesetz stellt.

In diesem Zusammenhang betrachtet ist auch die Todesart, zu der Kreon Antigone verurteilt, von Bedeutung. Wie Antigone Ismene zu Beginn des Dramas erzählt, ist die Strafe, die Kreon dem angedroht hat, der Polyneikes begräbt, Tod durch Steinigung. Der Tod, den er für Antigone auswählt, ist dagegen, sie lebendig zu begraben. Verstehen wir die Erde als eine Frau und Mutter, dann wird Kreons Strafe besonders raffiniert. Für Antigone ist der Mutterinzest, als das enge Verhältnis zum Mutterschoß verstanden, natürlich. Kreon dagegen kriminalisiert diesen. Aber damit nicht genug. Er will auch Antigones Tod genau durch das mütterliche Element, die Erde, herbeiführen. Er will durch den Tod, den er ihr zudenkt, konkret demonstrieren, daß ihr Verhältnis zum Mutterschoß *zu* eng war, – demonstrieren, daß es tödlich ist, dem Mutterschoß so nahe zu kommen. Der Mutterschoß soll Antigones Grab sein, nicht eine Quelle des Lebens. Daß sowohl Antigone als auch das Volk Thebens auch die sexuelle Dimension in dieser düsteren Botschaft verstanden haben, zeigt der Text, indem er sie Metaphern wie Brautkammer und Brautbett für die Grabhöhle verwenden läßt. „O Grab, mein hochzeitlich Gemach, ..." sagt Antigone. „Dann aber schritten wir zum Grabgemach, in dem das Mädchen Hades ward vermählt", sagt der Bote, der Kreons Frau, Eurydike, von Antigones Tod erzählt. Was Kreon inszenegesetzt hat, ist Antigones Hochzeit mit Mutter Erde. Eine Hochzeit, die zugleich eine Vereinigung mit dem Tod sein soll. Oder mit anderen Worten: Kreon will gleichzeitig Antigone und das mütterliche Prinzip unterwerfen, das zum Beispiel die Erde repräsentiert. Jenes Prinzip, von dem er meint, daß Antigone es zu sehr verehrt hat. Er will dieses seiner Meinung nach zu enge oder auch inzestuöse Band zerreißen, das zwischen Antigone und dem mütterlichen Prinzip besteht, indem er die Erde zu *seinem* Instrument macht – jenem Instrument, das Antigone tötet. In Übereinstimmung mit dieser Interpretation können wir Kreon als den Menschen verstehen, über den der Chor zu einem Zeitpunkt zujubelnd sagt, daß er sich der Natur unterwirft („Und Mutter Erde, die heiligste, sie, die ewige, die ermattet nie, sie muß ihn ertragen, für ihn sich mühn ... mit List und Klugheit auch hat er bezwungen das bergdurchwandelnde Rind und geschlungen um Pferdes

Nacken und flatternde Mähne den Zügel, daß er das Wilde bezähme und zwang den Stier von den Bergeshöhn, den Freien, unter sein Joch zu gehn.")

Daß sich Antigone dem Tod entzieht, den Kreon ihr zugedacht hat, indem sie sich erhängt, anstatt sich von der Erde ersticken zu lassen, kann vor diesem Hintergrund als ihr letztes Aufbegehren betrachtet werden. Sie hindert sozusagen die Erde, den Mutterschoß daran, Kreons Instrument zu werden.

Außer dem symbolischen Vatermord und dem Mutterinzest ist auch ein drittes Thema in *Antigone* in unserem Zusammenhang interessant. Ein Thema, das in engem Zusammenhang mit den beiden behandelten steht. Nämlich Kreons patriarchatsfetischistische Auffassung von Antigone. Kreon ist von Anfang an davon überzeugt, daß alle nach denselben Prinzipien denken und handeln wie er selbst. Das, was zählt, muß die abstrakte Staatsvernunft oder ökonomischer Gewinn sein. Über solche Motive reicht seine Phantasie nicht hinaus. Als er hört, daß sein Gesetz übertreten wurde, vermutet er sofort, daß „Lohn und Geld" zu dem Gesetzesbruch verleitet haben. Als Kreon später bewußt wird, daß der Verbrecher Antigone ist, lehnt er es in Übereinstimmung mit seiner Vernachlässigung des Blutsbandes ab, ihren Gesetzesbruch mild zu beurteilen, nur weil sie die Tochter seiner Schwester ist. Aber dazu kommt, daß er sie auch nicht als Frau auffassen kann. „Ich aber bin kein Mann, sie wär' der Mann, blieb' straflos sie trotz dieser Freveltat", sagt er über sie. Für Kreon ist der Kampf gegen Antigone also eine Frage darüber, wer von ihnen der *Mann*, der Herrscher sein soll. Eine Frau, die sich gegen das Gesetz des *Vaters* auflehnt, muß nach der patriarchatsfetischistischen Denkweise, die Kreon prägt, den Stifter des Patriarchats, „natürlich" ein Mann sein. Aber Antigone war eine Frau ...

Graben wir ein bißchen in Antigones Geschichte, dann finden wir also in dieser genau jene Thematiken, die es möglich machen, sie zu gebrauchen, wenn wir das benennen sollen, was patriarchtsfetischistisch betrachtet ubennennbar ist: daß das Mädchen/die Frau genauso wie Ödipus das Gesetz des *Vaters* brechen kann und seine Macht zu regulieren, wie eng die Verbindungen zum Mutterschoß sein dürfen, bestreiten kann. Ich werde daher von jetzt an Antigones Namen gebrauchen und von einem *Antigonekomplex* als Bezeichnung für den *prospektiven* Blickwinkel des Mädchens auf das sprechen, was bisher sein „aktiver oder negativer Ödipuskomplex" genannt wurde (insofern die Existenz dieses bedeutungsvollen Komplexes nicht von der Bezeichnung „präödipale Mutterbindung" verschleiert wurde). Wollen wir also nicht die Libidoorganisation betonen, sondern dagegen die *Objektverhältnisse* in dem, was wir zuvor die „klitorisgenitale Phase" genannt haben, dann werden wir hiernach von der *Antigonephase* sprechen. Außerdem werden wir parallel zu dem Adjektiv „ödipal" die Bezeichnung „*antigonal*" einführen. Vom prospektiven Blickwinkel betrachtet durchläuft das Mädchen also eine „antigonale" Entwicklung.

Daraus folgt logisch, daß wir, ebenfalls prospektiv betrachtet, aufhören müssen, die Bezeichnung „präödipale Phase" zu verwenden (für jenen Teil der Entwicklung des Mädchens, der vor seinem „aktiven Ödipuskomplex" oder also seinem Antigonekomplex liegt). Dieses „präödipale Stadium" muß nun richtigerweise *„präantigonal"* genannt werden.

Die Bezeichnungen *„Ödipuskomplex"* (und die davon abgeleiteten Adjektive *„ödipal"* und *„präödipal"*) wollen wir hiernach der Beschreibung der Entwicklung des Knaben vorbehalten. Jedoch wollen wir diese darüberhinaus auch als Bezeichnungen für den *retrospektiven Blick* auf die Antigonephase des Mädchens und die präantigonale Phase verwenden, die jener vorausgeht. Im retrospektiven Blickwinkel sind die männlichen Bezeichnungen sinnvoll – vergleiche die Argumentation, die ich rund um den Begriff „phallische Phase" anführte. Schließlich werde ich auch die Bezeichnung *„passiver Ödipuskomplex"* für die libidinöse Bindung zum Vater beibehalten, die in der „normalen" weiblichen Entwicklung auf die Abwicklung des Antigonekomplexes folgt. Dies, da es nicht meine Absicht ist, im Zusammenhang dieses Buches näher auf die De- und Rekonstruktion des freudianischen Diskurses über diesen passiven Komplex einzugehen.

In diesem Zusammenhang soll jedoch erwähnt werden, daß ich mich in *Kapitel VII* mit einem Zwischenstadium zwischen dem aktiven Antigonekomplex und dem passiven weiblichen Ödipuskomplex beschäftigen werde. Einem Zwischenstadium, das ein Glied in der Abwicklung des Antigonekomplexes ist und gleichzeitig in gewisser Hinsicht eine Vorbereitung des passiven, auf den Vater gerichteten Ödipuskomplexes. Ich werde dort unter anderem die Bezeichnung *„passiver Antigonekomplex"* einführen – das heißt, zwischen einem aktiven (ersten) und einem passiven (zweiten) Teil der Antigonephase unterscheiden.

Um diese Änderungen der Bezeichnungen zu veranschaulichen, die ich nun eingeführt habe, und ihre Beziehungen zu jenen, die im freudianischen Diskurs verwendet werden, habe ich in *Figur E* Freuds, Lampl-de Groots und meine eigenen neuen Bezeichnungen für die Stadien in der Entwicklung des Mädchens bis zur „Kastration" angegeben, vom prospektiven Blickwinkel aus betrachtet. In *Figur F* habe ich außerdem die Bezeichnungen zusammengefaßt, die meiner Meinung nach für den retrospektiven Blickwinkel adäquat sind. Dies sind Bezeichnungen, die mit jenen Lampl-de Groots zusammenfallen.

Figur E
Übersicht über die Bezeichnungsänderungen, die der Defetischierungsprozeß bei der Beschreibung der Entwicklung des Mädchens bis zur „Kastration" notwendig macht, in der prospektiven Perspektive betrachtet.

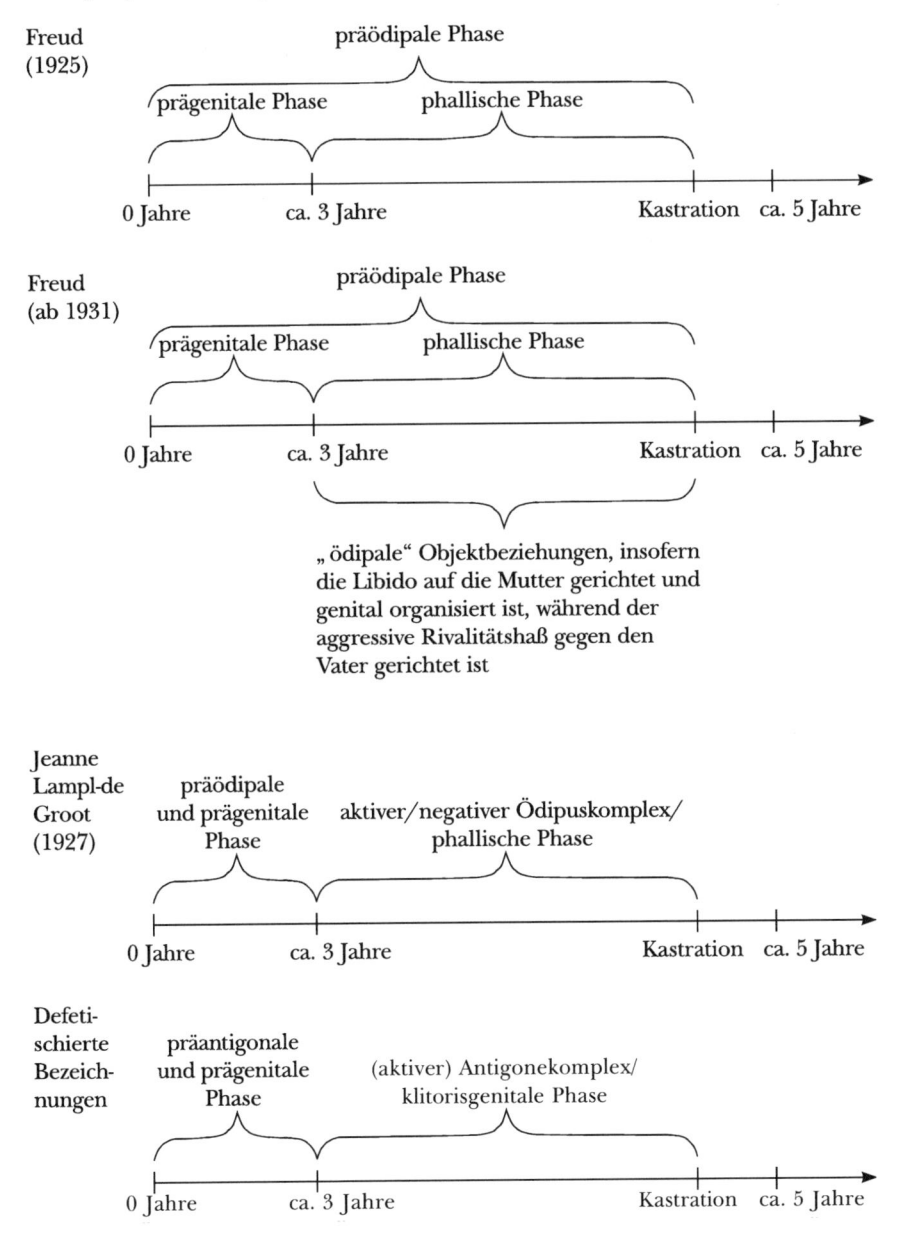

Freud (1925)

präödipale Phase

prägenitale Phase — phallische Phase

0 Jahre — ca. 3 Jahre — Kastration ca. 5 Jahre

Freud (ab 1931)

präödipale Phase

prägenitale Phase — phallische Phase

0 Jahre — ca. 3 Jahre — Kastration ca. 5 Jahre

„ödipale" Objektbeziehungen, insofern die Libido auf die Mutter gerichtet und genital organisiert ist, während der aggressive Rivalitätshaß gegen den Vater gerichtet ist

Jeanne Lampl-de Groot (1927)

präödipale und prägenitale Phase — aktiver/negativer Ödipuskomplex/ phallische Phase

0 Jahre — ca. 3 Jahre — Kastration ca. 5 Jahre

Defetischierte Bezeichnungen

präantigonale und prägenitale Phase — (aktiver) Antigonekomplex/ klitorisgenitale Phase

0 Jahre — ca. 3 Jahre — Kastration ca. 5 Jahre

Figur F
Die Entwicklung des Mädchens bis zur „Kastration", in der retrospektiven – und fetischierten – Perspektive betrachtet.

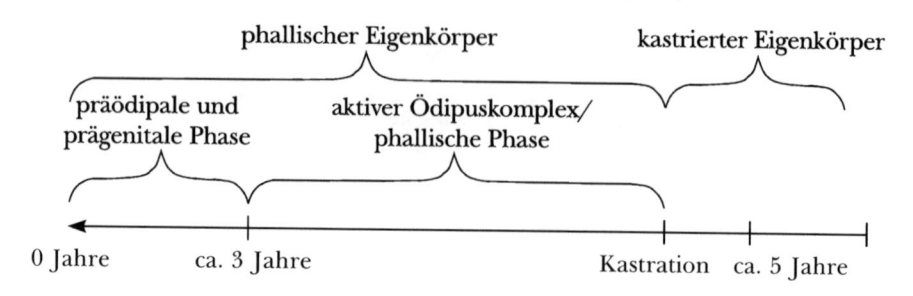

phallischer Eigenkörper   kastrierter Eigenkörper

präödipale und
prägenitale Phase   aktiver Ödipuskomplex/
phallische Phase

0 Jahre   ca. 3 Jahre   Kastration   ca. 5 Jahre

Kapitel VI
Wie das kleine Rotkäppchen lernt, daß es im Wald keine Blumen für Großmutter pflücken darf

Antigone starb, unterlag im Kampf gegen das Vaterrecht, aber unterwarf sich nicht. Daher kann sie als Symbol für unsere potente weibliche Vergangenheit stehen, wie jene aussah, als sie noch keine vergangene Zeit geworden war, sondern spontane und natürliche Gegenwart. Ihr Tod symbolisiert jedoch auch symbolisch korrekt, daß die Verbindung zu dieser Vergangenheit gewaltsam abgebrochen, abgerissen wurde, durch unsere traumatische Konfrontation mit der scheinbar natürlichen phallischen Übermacht des *Vaters*. Antigone erhängte sich und verhinderte dadurch im letzten Augenblick, daß der symbolische Körper der *Mutter*, die Erde, zu einem erstickenden Gefängnis wurde – daß sich der Patriarchatsfetischismus in ihr kastrierend installierte. Sie konnte jedoch nur durch einen gewaltsamen, selbst herbeigeführten Tod entkommen.

Sollen wir an die verschwundene Vergangenheit anknüpfen, ihre verdrängten Potentiale wiederbeleben, können wir das nur durch eine Bearbeitung der retrospektiven Perspektive. Unsere gesellschaftliche Lebensgeschichte hat uns jenseits des Reiches der archaischen *Mutter* gebracht. Um dieses wieder zu öffnen, sind Schlüssel für die patriarchatsfetischistisch versiegelten Türen nötig. Als Symbol für die Sozialisationsbedingungen der weiblichen Geschlechtscharaktermaske als solchen, das heißt, nicht nur für die potente, prä-kastrierte Phase, sondern für den Verlauf sowohl vor als auch nach dem Kastrationserlebnis, werden wir daher nicht Antigone verwenden, sondern eine weibliche Figur, deren Geschichte sowohl ein „Davor" als auch ein „Danach" thematisiert. Eine in diesem Zusammenhang verwendbare Figur finden wir in dem Märchen vom *Rotkäppchen*.[1] (Ein Referat des Märchens findet sich in *Appendix A*.).

Wie Freud im Ödipusmythos eine Metapher für einige bei ihm selbst und seinen Analysanden wirksamen psychodynamischen Kräften fand, so hat nämlich auch *Rotkäppchen* über seinen ursprünglichen prä-bürgerlichen Kontext hinaus einen metaphorischen Wert. Ohne diesen Charakter einer auch allgemeineren Metapher hätte das Märchen meiner Ansicht nach nicht eine so breite und vielfältige bürgerliche Rezeptionsgeschichte erfahren können, die es tatsächlich bekam. *Rotkäppchen* zählt ja (genau wie zum Beispiel *Schneewittchen*) zu jener Gruppe von Volksmärchen, die einen althergebrachten Platz in der bürgerlichen Tradition haben – als klassische Kinderstubenlektüre. Dazu kommt, daß das Rotkäppchenmotiv auch den Weg in die Geschichte der bürgerlichen Erwachsenenlitteratur gefunden hat,[2] und daß das Paar, der Wolf/Rotkäppchen, heute unmittelbar die Konnotation hat: „männlicher Verführer/das unschuldige Mädchen, das verführt wird". Es dürfte ohne weiteres klar sein, daß jene Volksmärchen, welche die bürgerliche Gesellschaft solcherart als Kinderklassiker kanonisiert und generell angenommen hat, diejenigen sein müssen, die in besonderem Maße die Möglichkeit der Einlesung bürgerlicher Sozialisationserfahrungen enthalten. Und eines der Märchen, das alle Bedingungen erfüllt, um als Metapher für die lebensgeschichtlichen Erlebnisuniversen von Mädchen und Frauen in dieser Gesellschaft fungieren zu können, ist eben genau *Rotkäppchen*.

In einen solchen Sozialisationskontext eingelesen, kann das Märchen wohl unmittelbar als eine didaktisch-moralische Geschichte verstanden werden, die (oberflächlich betrachtet) wie folgt paraphrasiert werden kann:

Kleine Mädchen sollen tun, was ihnen gesagt wird, wenn sie vermeiden wollen, „auf die schiefe Bahn" zu kommen – in sexuellen „Morast". Sie können nämlich die sexuellen Gefahren, die sie bedrohen, selbst nicht überblicken. Naiv-vertrauensvoll geht Rotkäppchen ja dem Wolf in die Falle. Ohne Verdacht zu schöpfen erzählt es ihm, wo die Großmutter wohnt, und läßt sich danach von den Blumen immer tiefer in den Wald locken. Erst als es ins Haus der Großmutter/des Wolfes gekommen ist, beginnt es zu ahnen, daß etwas nicht stimmt. Doch der eigentliche Zusammenhang wird ihm viel zu langsam bewußt. Es zu täuschen ist eine leichte Sache für den Wolf. Daraus lernt das Rotkäppchen, mehr auf die Ermahnungen zu hören, die ihm gemacht werden.

Die Moral ist jedoch nicht nur, daß kleine Mädchen den Ver- und Geboten der Autoritäten gehorchen sollen. Eine bürgerlich betrachtet äußerst relevante Pointe in diesem Märchen ist es auch, daß man lernen soll zu gehorchen, ohne zu erfahren, warum. So spricht die Mutter ihr Verbot nicht dagegen aus, daß Rotkäppchen in den Wald geht, indem sie auf den Wolf hinweist. Jene Gefahr, die der expliziten Botschaft der Mutter zufolge droht, besteht nur darin, daß Rotkäppchen – wenn es sich nicht beeilt – in die Mittagshitze geraten kann, und daß es fallen und die Weinflasche zerbrechen kann, sodaß Großmutter nichts bekommt. Mit den sexuellen Untertönen, die das ganze Märchen durchziehen, und die in hohem Maße die Pikanterie ausmachen, die zu seiner bürgerlichen Popularität beigetragen haben, erklingt selbstverständlich eine indirekte Botschaft seitens der Mutter von einer anderen Form von „Hitze", einem anderen „Fallen" und einem andersartigen „in Stücke schlagen" (Jungfräulichkeit, Ruf). In schöner Übereinstimmung mit der Art und Weise, wie von dem kleinen Mädchen im bürgerlichen Kinderzimmer (oder Kindergarten) erwartet wird, diese „andere" Botschaft aufzunehmen – indem es sie annimmt, ohne sie zu verstehen – schließt die Geschichte jedoch damit, daß Rotkäppchen als eine Folge der Bewußtseinstransformation, als welche die Bewegung in und aus dem Magen des

Wolfes gelesen werden kann, die direkte Botschaft aufnimmt, ohne die indirekte Mitteilung zu benennen: „du willst dein Lebtag nicht wieder allein vom Wege ab in den Wald laufen, wenn dirs die Mutter verboten hat."* Die unausgesprochene und indirekte Ebene im Verbot der Mutter – der Inhalt jener Gefahr, der Rotkäppchen ausgesetzt ist, wenn sie dem Verbot nicht gehorcht –, bleibt unbenannt. „Geh' nicht alleine in den Wald" wird der verschobene Klischeeausdruck,[3] der an die Stelle eines konkreten und realen beim-Namen-Nennens des Gefahrenmoments tritt. Rotkäppchen wird im Laufe des Märchens um die Erfahrung reicher, daß der Wolf ein „böses Tier" ist, aber es findet für das Erlebnis keine anderen Worte als die unbestimmten Hinweise auf die „Hitze", das „Fallen" und so weiter, mit denen es zu Beginn ausgestattet wird.

Davon ausgehend, daß *Rotkäppchen* auf diese Weise – seinem prä-bürgerlichen Ursprung zum Trotz – ein bürgerliches Interpretationsmuster zuzulassen scheint, werden wir im folgenden das Märchen als ein Stück *psychoanalytische Didaktik* lesen. So will ich versuchen aufzudecken, was das für ein psychodynamischer Diskurs ist, den das kleine Mädchen in der bürgerlichen Gesellschaft zu hören bekommt, wenn ihm *Rotkäppchen* erzählt wird.

Wie mit der ersten – vorläufigen – obigen Interpretation gezeigt wurde, kann das Märchen offenbar als perfektes metaphorisches Identifikationsmodell für das bürgerliche Mädchen dienen, insofern es mit den traditionellen sexuellen Verboten sozialisiert wird. Wie wir sehen werden, deckt das Verbotsklischee jedoch mehr als eine Bedeutung. Außer dem Assoziationsweg, der von hier zu einer Verschmelzung des Paares Wolf-Rotkäppchen mit den Konnotationen „männlicher Verführer/unschuldiges Mädchen" führt, erschließt der psychodynamische Diskurs des Märchens auch andere, gefährlichere, traumatischere, und daher auch mehr verdrängte psychosexuelle Bedeutungen! Das Märchen kann nämlich, wie ich meine, als Metapher nicht nur für eine sexuelle Tabuisierung, die heutzutage wohl im Abnehmen begriffen ist, sondern überhaupt für die weibliche Geschlechtsbewußtseinsbildung unter den Zwangsbedingungen der Geschlechtscharaktermaske fungieren. Das heißt, für den patriarchatsfetischistischen Symbolisierungsprozeß, den wir durch die Rekonstruktion der freudianischen Weiblichkeitstheorie im vorangegangenen beschrieben haben.

1. Psychoanalytische Interpretation von Märchen
Methodische Vorbemerkung

Mit einem Vorhaben wie dem skizzierten sind verschiedene methodische Probleme verbunden:

Literarische (oder andere künstlerische) Ausdrücke in der psychoanalytischen Didaktik anzuwenden, oder umgekehrt: psychoanalytische Literatur-

oder Kunstanalyse zu betreiben, bringt einerseits oft außerordentlich fruchtbare Inspirationen, birgt aber andererseits auch viele Möglichkeiten für verkürzte Analysen. Ein literarischer Diskurs und die Selbstdarstellung des Analysanden im psychoanalytischen Prozeß ist nicht derselbe Typ von Gegenstand und fordert daher in gewisser Hinsicht ganz unterschiedliche Interpretationsmethoden. Doch gleichzeitig bestehen ja zwischen den beiden Gebieten Affinitäten, und damit die Möglichkeit, methodische Konvergenzpunkte abzuzeichnen. Die schwierige interdisziplinäre Aufgabe, der sich sowohl viele Psychoanalytiker als auch Literaten im Laufe der Zeit gestellt haben – zu gegenseitiger Frustration und Inspiration –, besteht natürlich darin, diese konvergierenden ‚Stellen' zu finden und anzuwenden. Aber wohlgemerkt, ohne dabei weder die Psychoanalyse zu verkürzen (wozu die Literaturwissenschaft neigen würde), noch, die Litteraturwissenschaft zu kurz kommen zu lassen (wozu umgekehrt der Psychoanalytiker leicht verfällt).

Dazu kommt eine besondere Problemebene, wenn das Interpretationsobjekt wie im Folgenden Volksmärchen und nicht Literatur ist (als das Produkt eines/einer individuellen Autors/Autorin), und außerdem aus einem prä-bürgerlichen Lebenszusammenhang stammt. Das heißt, aus einem historischen Kontext, der anders als jener ist, in dem die psychoanalytische Wissenschaft entstand und auf dessen Grundlage sie arbeitete.

Eine eigentliche Diskussion und wissenschaftliche Darstellung dieser – alle sehr umfassenden – Problemkomplexe würde ein eigenes Buch füllen und ist daher hier nicht möglich, wo die Hauptsache eine andere ist: die Rekonstruktion der psychoanalytischen Weiblichkeitstheorie und die Frage, brauchbare und aktuell fungible Metaphern für die geschlechtscharaktermaskenbedingten weiblichen Triebschicksale zu finden. Ich werde mich daher mit einer sehr kurzen Skizze der Probleme und der Lösungsüberlegungen begnügen, auf welchen meine Märchenanalyse baut.

Beginnen wir damit, eine der *Grundlagen* zu betrachten, auf denen psychoanalytische Literaturbetrachtung möglich ist. Im Anschluß an Alfred Lorenzers psychoanalytische Überlegungen[4] möchte ich im Folgenden den Märchentext von dem Blickwinkel aus betrachten, daß jener in gewisser Weise mit dem „Text" homolog ist, den die Selbstdarstellung des Analysanden im psychoanalytischen Prozeß ausmacht. Es kann nämlich, behauptet Lorenzer, gewisserweise eine Homologie zwischen der Erzählung der Lebensgeschichte des Analysanden und einem literarischen Text beobachtet werden. Das ist darauf zurückzuführen, daß es sich in beiden Fällen um die Darstellung eines szenisch strukturierten zwischenmenschlichen Beziehungszusammenhangs handelt. Genau wie die Erzählung des Analysanden über sich selbst kann der literarische Text Lorenzer zufolge als eine Struktur von Interaktionsformen betrachtet werden, die in Szenen konkret sinnlicher Interaktion formuliert wird, worin ein infantiles Problem- oder Traumafeld mitspielt. Die innere Triebkraft kann in beiden „Texten" als ein Streben verstanden werden, Interaktionsformen zur Debatte zu bringen, um dadurch die Klischees aufzulösen – um auf der anderen Seite steif gewordener, rigidverdrängender und bedürfnisunterdrückender, gesellschaftlicher Interaktionsmuster herauszukommen. Es soll jedoch unterstrichen werden, daß es sich um ein Streben handelt, das nicht notwendigerweise gelingen muß. Das demonstriert Lorenzer, was den literarischen Text betrifft, durch seine exemplifizierende Analyse von Dashiel Hammetts *The Maltese Falcon*.[5] Sowohl in der psychoanalytischen Analytiker-Analysand-Dyade[6] als auch in der Literatur kann die Auflösung der Klischees nur momentan sein und in eine vielleicht noch rigidere Interaktionsstruktur münden.

Daß auf diese Weise eine Homologie zwischen den zwei verschiedenen Gegenstandsgebieten – der Literatur und dem selbstdarstellenden „Text" des Analysanden – beobachtet werden kann, bedeutet nicht, daß sie identisch sind. Im Gegenteil besteht zugleich auch ein entscheidender Unterschied zwischen ihnen. So stellt der literarische Text kollektiv-typische Interaktionsformen zur Debatte, während die Selbstdarstellung des Analysanden individuell-privatistische Textproduktion ist, die auf die ganz besondere Lebensgeschichte des spezifischen Individuums abzielt – auf die ganz besondere Ausgabe des historisch und gesellschaftlich Kollektiv-Typischen. Wir können den Unterschied festmachen indem wir sagen, daß die *Literatur* szenische Gestaltung und metaphorische Aufzählung *allgemeiner Züge im subjektiven Leben der Klassen- und Geschlechtscharaktermasken* ist (was selbstverständlich nicht bedeutet, daß sie sich dieses Umstands bewußt ist). Demgegenüber gestaltet die *Selbstdarstellung des Analysanden* die ganz konkrete *Lebensgeschichte des Einzel-Individuums, das individuell-besondere Leben in der Klassen- und Geschlechtscharaktermaske*.

Hält man sich diesen Unterschied vor Augen, dann sollte eine nicht-verkürzende psychoanalytische Literaturbetrachtung möglich sein – als Folge der beschriebenen Homologie. Da ich – wenn auch mit einer Reihe von Vorbehalten, was die Geschlechtsanalyse betrifft, – Lorenzers Psychoanalyse-Kritik und -Rezeption, darunter auch seine Verbindungen zur Literatur- und Sprachtheorie, für den besten existierenden Entwurf einer historisch materialistischen Fundierung dieser Gebiete halte, möchte ich im folgenden von der hier skizzierten Textauffassung als allgemeine Grundlage ausgehen.

Nun besteht ja aber ein Unterschied zwischen Literatur (als das Produkt eines/einer individuellen Autors/Autorin verstanden) und dem Volksmärchen. Daher müssen wir fragen: gilt diese Grundlage für eine psychoanalytische Literaturbetrachtung auch für die Analyse von Volksmärchen? Sehen wir von der Beziehung: Produzent-Werk-Empfänger ab, dann können wir das Märchen ohne weiteres als ein Stück Literatur in Lorenzers Sinn betrachten. Das heißt, als einen Text, welcher der Bestimmung von Literatur als der Darstellung szenischer, zwischenmenschlicher Interaktionszusammenhänge entspricht. Aber betrachten wir auch jene Dimension, in der sich das Volksmärchen von der Literatur unterscheidet, und beginnen wir damit, den Unterschied näher zu definieren.

Mit einem Begriffspaar, das von der Nationalökonomie geliehen ist, haben die Folklore- und Sprachforscher, P. Bogatyrev und R. Jakobsen eine Formel entwickelt, die den Unterschied zwischen der Beziehung des Volksmärchens und der traditionellen bürgerlichen Literatur zu ihren Empfängern beschreiben kann.[7] Diese Formel möchte ich aufgreifen, da sie bestechend kurz die Problematik zusammenfaßt. Während die Literatur eine „Produktion auf Absatz" ist, ist die Folklore dagegen eine „Produktion auf Bestellung", sagen sie. Zwischen dem literarischen Werk und dem Verfasser besteht eine intime Verbindung, während das Verhältnis zu den Lesern/ Empfängern einen abstrakten Charakter hat. Umgekehrt ist die Beziehung zu den Empfängern in der Folklore ganz zentral. Ein Märchen, das bei den Empfängern keinen Anklang fand, konnte seinen Schöpfer nicht überleben. (Dies unter anderem auch aufgrund der mündlichen Überlieferung; das Leben des Märchens war ja von dem aktiven Respons vollkommen abhängig, der darin bestand, daß jemand es weitererzählen wollte.) Das bedeutet, daß man sich vorstellen muß, daß der/die Erschaffer/in des Märchens seine Individualität im Prozeß an einer ganz anderen Stelle plaziert hat als der/die traditionelle (bürgerliche) Autor/in. Mit einer weiteren erläuternden Analogie beschreiben Bogatyrev und Jakobson in diesem Zusammenhang das Verhältnis der Märchennorm zum einzelnen Märchen als parallel zu der Beziehung zwischen dem Sprachsystem und der individuellen Rede (zwischen ‚langue' und ‚parole').[8] Der/die Erschaffer/in des Märchens produziert auf der Grundlage einer sehr festen Norm, eines festen Schemas, (der ‚langue' des Märchens). Dieses entspricht den Erwartungen der Zuhörer (und erleichtert übrigens das Festhalten des Textes, das ja ursprünglich – vor der schriftlichen Aufzeichnung der Märchen, alleine durch die Erinnerung vor sich gehen mußte). Ihre/seine Individualität legt sie/er alleine in die Ausfüllung des Schemas (das auf diese Weise als die ‚parole' des Märchens zu betrachten ist). Die Situation der/des literarischen (bürgerlichen) Autorin/ Autors ist nicht gänzlich anders. Aber die Akzentuierung ist eine andere – auf die Weise, daß er/sie im Verhältnis zur ‚Norm', den literarischen Vorbildern, dem Kanon, größere individuelle ‚Freiheit' hat.

Vergleichen wir nun diese Überlegungen über die Folklore und die Literatur im traditionellen (bürgerlichen) Sinn mit Lorenzers Reflektion über das Verhältnis zwischen dem literarischen Text und dem selbstdarstellenden „Text" des Analysanden, so zeigt es sich, daß wir die drei Texttypen – *das Volksmärchen, das traditionelle literarische Werk und die Selbstdarstellung des Analysanden* – tatsächlich auf eine Linie stellen können, auf welcher der erst- und letztgenannte die Außenpole darstellen. Aus der speziellen Produktionssituation des Volksmärchens können wir nämlich schließen, daß es von den dreien im höchsten Grad kollektiv-typische Gestaltungen des Lebens der Klassen- und Geschlechtscharaktermasken formuliert. Es steht daher am meisten in Kontrast zu der privatistisch-individuellen Version des Analysanden vom Leben in den Masken, während sich die Literatur in einer mittleren Position plaziert.

Unmittelbar könnte man vielleicht denken, daß dieses entferntere Verhältnis des Volksmärchens zum eigentlichen Objekt der Psychoanalyse, dem Analysanden-„Text", es für eine psychoanalytische Betrachtungsweise weniger zugänglich macht als die Literatur. Es macht sich jedoch ein anderer Umstand geltend, der im Gegenteil den Volksmärchen eine engere Beziehung zur Psychoanalyse verschafft, als es beim traditionellen literarischen Text der Fall ist (im Moment von den historischen Unterschieden in den Entstehungskontexten des Märchens und der Psychoanalyse abgesehen). Die Psychoanalyse besteht ja nämlich nicht nur aus Einzelinterpretationen der vielen individuell-empirischen Analysanden-„Texte". Sie ist auch ein wissenschaftlicher Diskurs, von dem gesagt werden kann, daß er gerade die kollektiv-typischen, subjektiven „Masken"-Gestaltungssysteme aufzeigt. In seinen ent-individualisierenden und typologisierenden Schematisierungen bestimmter Interaktionsmuster wie zum Beispiel des ödipalen Dreiecksdramas – indem es als eine Art historischer Psycho-Grammatik[9] verstanden werden kann –, steht dieser Diskurs auf seine Weise den äußerst normtreuen Handlungsinszenierungen und Personenschemen des Volksmärchens näher als der traditionellen (bürgerlichen) Literatur. Man kann darin eventuell eine Erklärung dafür sehen, warum sich die Psychoanalytiker in ihren Textinterpretationsversuchen mit so großem Eifer und Ausdauer auf die Volksmärchen gestürzt haben.[10] Insofern man weder mit den implizierten Problemen der Textinterpretation, noch mit den historisch-kontextlichen Schwierigkeiten verkürzend umgeht (auf die ich später kurz näher eingehen werde), liegt hierin meiner Meinung nach auch eine reelle Begründung dafür, daß Volksmärchen (auf einer Linie mit dem klassischen Mythenstoff – Ödipus, Antigone, Narziß,[11] Elektra ...) eine besondere Anwendbarkeit in der psychoanalytischen Didaktik besitzen.

Nach dieser Skizzierung einer möglichen Grundlage für eine psychoanalytische Märchenbetrachtung möchte ich zu der Frage nach dem *Ziel* einer solchen Analyse und dessen methodischen Implikationen übergehen. Meiner Meinung nach ist es notwendig, zwischen psychoanalytischer Didaktik und psychoanalytischer Literatur-/Kunst-/Märcheninterpretation zu unterscheiden, das heißt, dazwischen, einerseits ein psychoanalytisches und andererseits ein literatur-, kunst- oder folklorewissenschaftliches Ziel zu haben. Eine Textanalyse, die erschöpfend ist, insofern ihr Zweck die Illustration eines psychosexuellen Komplexes im Dienste der psychoanalytischen Didaktik ist, braucht es nicht zu sein, wenn das Ziel der Arbeit mit dem betreffenden Text zum Beispiel umgekehrt die Interpretation dieses bestimmten Stückes Literatur oder dieses bestimmten Märchens ist. Versteht man die konkrete literarische Textmanifestation als ein Zusammenspiel oder Gewebe verschiedener Typen von Triebkräften und bedeutungsgebenden Diskursen, dann hat man natürlich den Text als solchen erst analysiert, wenn dieses Gewebe und dessen Bestandteile so völlständig aufgedeckt wurden, wie es die historisch-gesellschaftliche Interpretationssituation nun zuläßt. Beispielsweise wäre eine Interpretation von Volksmärchen, bei der eine solche Öffnung des Textes im Zentrum steht, nicht möglich, ohne einen kulturhistorischen Blickwinkel anzulegen und ohne die konkreten mythischen Diskurse[12] aufzudecken, die im Märchen vorhanden sind. Wenn ich diesen kulturhistorischen Blickwinkel im folgenden vernachlässige und meine, daß dies methodisch gerechtfertigt ist, dann geschieht das, weil meine Analysenperspektive nicht die Interpretation von Märchen als solchen ist, sondern psychoanalytische Didaktik.

Daß eine psychoanalytisch-didaktische Analyse nicht notwendigerweise in dem Sinne erschöpfend sein muß, daß zum Beispiel der mythische Diskurs des Märchens herausanalysiert wird, bedeutet aber umgekehrt nicht, daß keine anderen Blickwinkel als ein psychoanalytischer benötigt werden. Im Gegenteil. Es ist meiner Ansicht nach auch für eine psychoanalytisch-didaktische Interpretation entscheidend, daß sie (trotz ihres andersartigen Ziels) mit einer Betrachtung des Textes unter seinen eigenen Prämissen (das heißt, in seiner Eigenschaft als zum Beispiel Erzählung) kombiniert wird. Entscheidend ist das genau aufgrund der Nicht-Identität, die zwischen den Gegenständen der Psycho- und Literaturanalyse besteht. Der Großteil der existierenden – sehr reichhaltigen – psychoanalytischen Märcheninterpretation ist (ganz abgesehen von ihrem Patriarchatsfetischismus) sehr verkürzt, da sie vollkommen unliterarisch arbeitet. Die Folge davon ist unter anderem, daß Momente, die zum Beispiel im Verlauf der Märchenerzählung zentral sind, die aber für eine psychoanalytische Betrachtung nicht unmittelbar bedeutsam erscheinen, bei der Interpretation ausgelassen werden. Und das bedeutet, daß der „Text", mit dem gearbeitet wird, literarisch betrachtet amputiert und daher ganz anders als jener ist, den die Analyse zu ihrem Objekt zu haben vorgibt. Um demgegenüber präzise anzugeben, welcher „Text" es ist, mit dem ich psychoanalytisch-didaktisch arbeite, und um sicher zu sein, daß es nicht ein amputiertes und ganz willkürlich gelesenes *Rotkäppchen* ist, das interpretiert wird, werde ich damit beginnen, das Märchen unter den *eigenen, erzähltechnischen Prämissen der Gattung* zu analysieren. Erst in der zweiten Runde werde ich – mit Ausgangspunkt in der narratologischen Analyse[13] – das betrachten, was ich das *psychodynamische Substrat*[14] nennen möchte. Darunter verstehe ich jene Dimension des Textes, die ihn als eine Struktur szenisch dargestellter Interaktionsformen im Sinne Lorenzers konstituiert.

Wir kommen nun zu der letzten der gestellten Methodenfragen. Ist es überhaupt möglich, die *Psychoanalyse* dazu zu verwenden, ein psychodynamisches Substrat aus einem *prä-bürgerlichen* Text herauszuanalysieren? Kann man nicht-bürgerliche Psychosexualitäten, Psychodynamiken, von einer Wissenschaft wie der Psychoanalyse her interpretieren, die auf der Grundlage einer spezifischen bürgerlichen Psycho-Kultur entstanden ist?

Wie einleitend erwähnt wurde, ist es meine Absicht, das zu analysieren, was das kleine Mädchen in der bürgerlichen Gesellschaft in dem Märchen „hört", das heißt, ein spezifisch bürgerliches Phänomen. Hierin liegt ein Teil der Antwort. Es stehen jedoch auch nach dieser Problemabgrenzung noch Fragen offen. Wenn es sich überhaupt machen läßt, von dem Märchen auch als von einem bürgerlichen Phänomen zu sprechen, dann liegt das wie gesagt daran, daß unsere Gesellschaft durch ihre Kanonisierung von Märchen wie *Rotkäppchen* demonstriert hat, daß diese auf die eine oder andere Weise als Metaphern für Sozialisationserfahrungen fungieren können, die über den ursprünglichen, prä-bürgerlichen Kontext hinausreichen. Doch was ist der Grund dafür? Wie kann es sein, daß prä-bürgerliche Texte in einem bürgerlichen Zusammenhang funktionieren und einen so breiten Widerhall gewinnen können, wie es die Volksmärchen getan haben? Das muß daran liegen, daß es sich um Metaphern handelt, die außer ihren spezifisch historischen Dimensionen auch einen allgemeineren Charakter haben. Aber: wie soll diese Allgemeinheit verstanden werden?

Betrachten wir zum Beispiel die jungianische Märchenanalyse,[15] dann werden wir mit einer wilden Fetischierung dieser allgemeinen Züge konfrontiert. Sie werden zu universellen und gänzlich ahistorischen Ausdrücken für ein gemeinmenschliches kollektives Unbewußtes. Jene Form von ‚allgemeinen' sozialisationsmetaphorischen Dimensionen, von welchen ich meine, daß sie in den Märchen enthalten sind, und die als Bedingung für ihre intensive Rezeption in einem ganz anderen historischen Kontext verstanden werden müssen als in jenem, in dem sie entstanden sind, ist von ganz anderer Art. Von Allgemeinheit in historisch-materialistischer Regie zu sprechen bedeutet nicht notwendigerweise, Universalität zu postulieren.[16] Es dreht sich hier nur um Phänomene, von denen behauptet wird, daß sie mehr als einer Produktionsweise gemein sind, über die aber nicht notwendigerweise gesagt wird, daß sie in allen Gesellschaftsformationen und in allen historischen Perioden existieren. Was *Rotkäppchen* betrifft, so beruht das, was ich in diesem Sinne „Allgemeinheit" nennen möchte, – das, was als als Hintergrund für die bürgerliche Rezeption des Märchens verstanden werden muß, – genau auf einem Phänomen, das sich vermutlich (in unterschiedlichen Ausformungen) in allen patriarchalischen Gesellschaftsformationen findet, aber dafür nicht außerhalb von diesen. Wie wir sehen werden, entspringt der Charakter dieses Märchens von einer patriarchalisch-allgemeinen Metapher für den Prozeß der weiblichen Geschlechtsbewußtseinsbildung unter der Regie der Geschlechtscharaktermaske nämlich auf seine Weise der gesellschaftlichen Logik, die auch Freud erlaubte, einen metapho-

161

rischen Ausdruck für seine eigene und die seiner Analysanden infantil konstituierte Lust zu Mutterinzest und Vatermord in einer ganz anderen historischen Zeit zu finden als in jener, in der er lebte. Es ist der Charakter der Ödipus- und Antigonekomplexe von allgemeinen, patriarchalischen Phänomenen, der hier am Werk ist.[17]

Im Anschluß an diese Überlegungen soll das psychodynamische Substrat, das aus *Rotkäppchen* herausanalysiert werden wird, als etwas verstanden werden, das nur in einem Verhältnis zur pstriarchalisch-allgemeinen Dimension in der Psychodynamik des Märchens steht. Das heißt, zu jener Dimension, die der Hintergrund seiner bürgerlichen Rezeption sein muß. Womit wir uns beschäftigen werden, ist eine psychodynamische Triebkraft – ein psychodynamisch-textlicher Prozeß, der von den „Rotkäppchen" im feudalen Milieu anders „gehört" wurde, als von dem kleinen Mädchen in der bürgerlichen Gesellschaft. In beiden historischen Kontexten beruht die Rezeption vermutlich darauf, daß das Märchen eine Metapher für einen typisch weiblichen Entwicklungsprozeß im Patriarchat ist. Aber die historisch-besonderen weiblichen Geschlechtscharakermasken bewirken, daß bestimmte prinzipielle Unterschiede zwischen den konkreten antigonalen Szenarien bestehen, die das feudale beziehungsweise das bürgerliche „Rotkäppchen" zu der Metapher assoziieren wird, wenn es das Märchen hört. Mit dem Folgenden wollen wir nur versuchen, dem Märchen das allgemein-patriarchalische, psychodynamische Substrat abzulauschen, welches das kleine bürgerliche Mädchen „hört", und an das es sein besonderes Erfahrungsuniversum anknüpft.

Für ein solches Projekt kann die psychoanalytische Wissenschaft meiner Ansicht nach verwendet werden, obwohl sie in ihrer derzeitigen Gestalt nur dazu entwickelt ist, bürgerliche Psychodynamiken zu verstehen und zu begreifen. In einem solcherart definierten Projekt überschreitet die Psychoanalyse nämlich nicht ihre ‚Befugnisse', da sich das Objekt der Analyse nicht über die historischen Begrenzungen in dem Gegenstandsgebiet hinausbewegt, zu welchem sie sich zum jetzigen Zeitpunkt verhalten kann.

2. Rotkäppchens Weg vom suchenden zum leidenden Held oder Opfer
Eine narratologische Analyse

In seiner epochemachenden Analyse der *Morphologie des Märchens*[18] zeigt der russische Folklorist Vladimir Propp im Jahr 1928 die Strukturprinzipien auf, welche die Untergattung, das Zaubermärchen, kennzeichnen, in die sich, wie wir im folgenden sehen werden, *Rotkäppchen* narratologisch einschreibt. Propp zufolge war die Grundform des Zaubermärchens das Märchen von dem Helden, der die Prinzessin gewinnt (und das halbe Königs-/Zarenreich), weil er den Drachen besiegt, der sie gefangenhält, um danach von ihrem

Vater, dem König/Zaren belohnt zu werden. Im Unterschied zu seinem strukturalistischen Nachfolger, dem Franzosen A. J. Greimas,[19] der sich nur auf denjenigen Typ von Helden bezieht, den sogenannten „Sucher", dessen Handlungskreis so schön mit dem einer männlichen Geschlechtscharaktermaske übereinstimmt, arbeitet Propp darüberhinaus auch mit einer anderen Form von Helden. Nämlich mit derjenigen, die er den „leidenden Helden" nennt. Ein Heldentypus, dessen Charakteristika mit den typischen Zügen der weiblichen Geschlechtscharaktermaske übereinstimmt. Beiden Arten von Helden ist gemeinsam, daß sie im Verlauf des Märchens in der Regel ihren „Heimatraum"[20] verlassen, in dem ein Mangel oder Schaden entstanden ist, um danach in einem gefährlichen „Außenraum" verschiedene Prüfungen und/oder Kämpfe durchzustehen, die sie dazu qualifizieren, abschließend in einem harmonischen wiederetablierten „Heimatraum" belohnt zu werden. Während der typische suchende Held in die Welt hinauszieht als Folge seines eigenen aktiven Beschlusses, das eine oder andere Böse zu bekämpfen oder irgendeinen Mangel zu beseitigen, ist es das Schicksal des typischen leidenden Helden, in den Außenraum vertrieben zu werden oder auf irgendeine Weise als passives Opfer einer bösen Handlung oder eines eingetretenen schicksalsschwangeren Umstandes dort hinaus zu gelangen.

Propp denkt nicht weiter über das Verhältnis der beiden Heldentypen zum Geschlecht nach. Mit seiner Beschreibung der Grundform gibt er jedoch implizit an, daß der Sucherheld *par excellence* ein Mann ist. Und wie der Sucher in erster Linie männlichen Geschlechts sein wird, so können Untersuchungen von Märchen rasch davon überzeugen, daß der typische leidende Held, der vollkommen passiv und projektlos ist,[21] weiblichen Geschlechts ist – Schneewittchen, Dornröschen ... In den Volksmärchen finden sich jedoch auch weibliche Sucher und leidende Helden männlichen Geschlechts.

Es würde im Zusammenhang dieses Buches zu weit führen, die Gestaltungen der Geschlechtscharaktermasken in den Volksmärchen systematisch zu erläutern. Was uns hier interessiert ist, wie die kleine Heldin mit dem roten Käppchen in Propps Heldentypologisierung hineinpaßt, und wie sich ihr Heldenverhalten in Proppschem Sinne zu dem antigonalen Diskurs verhält, der auf der Ebene des psychodynamischen Substrats aus dem Märchen herausgelesen werden kann. Wir werden ihr daher von der Ausgangssituation und durch die Räume Zuhause-Draußen-Zuhause folgen.[22]

Eine glückliche Ausgangssituation

Die Ausgangssituation in *Rotkäppchen* ist von dem glücklichen Typ, der nach Propp in vielen Märchen dazu dient, die später eintreffende Mangelsituation oder Unglück zu verdeutlichen. Die kleine Hauptperson ist so süß und gut, daß alle sie mögen mußten: „die hatte jedermann lieb, der sie nur ansah"*. Aber am allermeisten wird sie von der Großmutter geliebt, die gar nicht weiß, was sie alles Gutes für Rotkäppchen tun möchte: „die wußte gar nicht, was sie alles dem Kinde geben sollte"*. Als Symbol für das ganz besondere, liebevolle Verhältnis zwischen unseren beiden Interaktanten, *Rotkäppchen und Großmutter*, hat die Großmutter dem Rotkäppchen das kleine rote Käppchen aus feinem, weichen Samt geschenkt, das Rotkäppchen so gerne hat, daß es niemals etwas anderes auf dem Kopf tragen möchte, und das daher sein Name geworden ist, seine Identität: „und weil ihm das (Käppchen, A. d. A.) so wohl stand und es (Rotkäppchen, A. d. A.) nichts anders mehr tragen wollte, hieß es nur das Rotkäppchen"*.

Erster Heimatraum: Das Unglück bahnt sich an, ein Einsatz ist erforderlich!

Beim Übergang von der Ausgangssituation zum eigentlichen Verlauf, dem *ersten Heimatraum*, zerbricht der harmonische Glückszustand. Das Interaktantenpaar, *Rotkäppchen-Großmutter*, wird von dem Paar *Rotkäppchen-Mutter* abgelöst, und die letztgenannte teilt dem Rotkäppchen mit, daß Großmutter krank geworden ist und Kuchen und Wein benötigt, um sich zu stärken. Das heißt, die Mutter tritt als der Sender auf die Bühne, der einen Mangel verkündet mit der Absicht, den Helden hinaus zu senden, um Abhilfe zu schaffen. Diese Aussendung des Helden ist in *Rotkäppchen* mit der Funktion Ver-/Gebot verschmolzen, die hier aus drei Teilen besteht: ein erstes Verbot, sich nicht von der Mittagshitze überraschen zu lassen („Mach dich auf, bevor es heiß wird"*), ein zweites Verbot, nicht den direkten, vorgegebenen Weg zu verlassen („geh hübsch sittsam und lauf nicht vom Weg ab ..."*) und schließlich ein Gebot: zur Großmutter höflich zu sein („Und wenn du in ihre Stube kommst, so vergiß nicht, guten Morgen zu sagen, und guck nicht erst in alle Ecken herum"*).

Durch die Art und Weise, wie Rotkäppchens Bewegung in den Außenraum vor sich geht, können wir es als einen Helden des *suchenden* Typs bestimmen. Es erfüllt – wenn auch auf eine etwas atypische kindliche Weise – die Kriterien, die den aktiven Held kennzeichnen. Es wird mit einer Aufgabe, einem Projekt ausgesandt: einem Mangel abzuhelfen, der Bedarf der kranken Großmutter nach etwas Stärkendem. Es wird nicht vertrieben, entführt, ausgesetzt oder ähnliches, wie die typischen weiblichen oder kindlichen Helden des Märchens. Und es nimmt sich der Aufgabe an, das heißt, involviert sich willensmäßig in den Beschluß, sich auf den Weg zu machen, was Propp zufolge nur der suchende Held tut.[23] „Ich will schon alles gut machen"*, sagt es zur Mutter und gibt ihr heldenhaft das Wort, den ihm zugeteilten Auftrag auszuführen.

Im Außenraum: Glückt das Projekt des Helden?

Aber was geschieht dann mit unserer kleinen Sucherin im *Außenraum*? Kann sie ihr Projekt ausführen, oder macht der Gegenspieler, der sein boshaftes Spiel im Außenraum treibt, ihren Ativitäten ein Ende? Eine scheinbar leichte Frage, die ohne weiteres beantwortet werden kann. Die Geschichte endet ja glücklich. Der Wolf-Gegenspieler wird unschädlich gemacht, und die Großmutter bekommt den Kuchen und den Wein und wird wieder gesund. Von dem Blickwinkel aus betrachtet: Rotkäppchen als aktiver Held, ist die Frage jedoch nicht ganz so einfach. Betrachten wir den Verlauf im Außenraum genauer.

In der *ersten Szene* – mit den Interaktanten *Rotkäppchen-Wolf* – werden fünf der Funktionen durchgespielt, die normalerweise den Einleitungsteil des Zaubermärchens kennzeichnen. *1*. Übertretung des Verbots: das Element „Rotkäppchen läuft vom Weg fort und in den Wald hinein, um Blumen zu pflücken" hat eine morphologische Doppelbedeutung.[24] Es repräsententiert sowohl den definitiven Ungehorsam gegenüber dem Verbot als auch die letzte der Funktionen in der Einleitungsreihe, unfreiwillige Hilfe für den Gegenspieler. Das erklärt die Plazierung des Elements nach – anstatt vor – den Funktionen, die wir nun betrachten (*2–4*). Die Übertretung des Verbots ist jedoch von Beginn der Szene an vertreten, indem Rotkäppchen bereits dadurch, daß es sich auf ein Gespräch mit dem Wolf einläßt, den ersten Teil ihrer Abmachung mit der Mutter vernachlässigt – das Versprechen, sich zu beeilen. *2*. Der Gegenspieler versucht, Informationen einzuholen: Die dreiteilige Befragung Rotkäppchens durch den Wolf – „Wo hinaus so früh, Rotkäppchen?", „Was trägst du unter der Schürze?", „Rotkäppchen, wo wohnt deine Großmutter?"* – geschieht in der Absicht, die Art und den Aufenthaltsort der Beute spezifiziert zu bekommen. *3*. Der Gegenspieler erhält Informationen über sein Opfer: Rotkäppchens ebenfalls dreiteilige Antwort auf die Fragen des Wolfes gibt dem Wolf indirekt alle notwendigen Informationen. Unter anderem eine präzise Angabe dessen, wo das Haus der Großmutter liegt und wie es aussieht: „eine gute Viertelstunde weiter im Wald", „unter den drei großen Eichbäumen", „unten sind die Nußhecken"*. *4*. Der Gegenspieler versucht, das Opfer zu überlisten, um sich seiner oder dessen Eigentums zu bemächtigen: Der Wolf greift zu dem üblichen Gegenspielertrick des Märchens, der Überredungskunst. Er überredet das Rotkäppchen, vom Weg fortzulaufen und sich nicht zu beeilen, um zur Großmutter zu kommen, indem er an bisher unbenutzten Sinne appelliert. Erstens an den Seh- und Tastsinn: die schönen Blumen, die zu Betrachtung und Berührung verlocken. Zweitens an den Gehörsinn: die Vögel, die so schön singen. Die Absicht des Wolfes mit diesem betrügerischen Trick ist es, Zeit zu gewinnen, um das Haus der Großmutter vor Rotkäppchen zu erreichen und damit die Gelegenheit zu bekommen, beide Frauen zu fressen. Eigentlich besteht hier in der Grimmschen Version des Märchens eine Form von logischem Bruch.

Wie Bruno Bettelheim in seiner übrigens ziemlich kritisierbaren Analyse des Märchens[25] darauf hinweist, hätte der Wolf ohne weiteres sein Ziel erreichen können – sowohl Rotkäppchen als auch die Großmutter zu fressen –, auch wenn er das Rotkäppchen schon draußen im Wald gefressen hätte. Außer darauf hinzuweisen, daß sich das Märchen, wie Propp allgemein darauf aufmerksam macht, nicht immer logisch verhält, möchte ich jedoch die Diskussion dieses scheinbaren Bruches auf eineren späteren Zeitpunkt der Analyse verschieben. 5. Das Opfer läßt sich von der betrügerischen Aktivität des Gegenspielers hereinlegen und hilft diesem dadurch unfreiwillig. Wie es im Zaubermärchen üblich ist, läßt sich unsere kleine Heldin von dem bösen Gegenspier verlocken. Sie folgt dem Appell des Wolfes an ihre Sinne („Rotkäppchen schlug die Augen auf..."* und so weiter). Sie bildet sich ein, daß keine eigentliche Übertretung des Verbots der Mutter geschehen würde, und läuft vom Weg fort. Außer die Abmachung mit der Mutter definitiv zu verletzen, sich auf dem Weg zu Großmutter zu beeilen und auf dem direkten, vorgegebenen Weg zu gehen, handelt es sich hier auch darum, daß Rotkäppchen dem Wolf unfreiwillig hilft, der ja nun genug Zeit hat, die Großmutter aufzusuchen und zu fressen, in ihre Kleider zu schlüpfen und sich verkleidet in ihr Bett zu legen, bevor Rotkäppchen kommt.

Wie erwähnt gehören diese fünf Funktionen in Propps Modell in den Einleitungsteil des Märchens, folgen aber hier anscheinend auf jene Funktionen, die die Handlung in Gang setzen (Mangelsituation, Vermittlung/Verkündigung des Mangels an den Helden, Beschluß des Sucherhelden hinauszuziehen, um den Mangel zu beseitigen). Warum? Die Erklärung ist die, daß die fünf Funktionen als Einleitungsteil einer *neuen Sequenz* im Märchen zu betrachten sind. Nach Propp bedeutet jeder neue Mangel oder Schaden, daß eine neue Sequenz in Gng gesetzt wird, und es ist ja deutlich, daß die *zweite Szene* im Außenraum – mit den Interaktanten *Wolf-Großmutter* – eine Schadensstiftung enthält, die eine neue Handlungsingangsetzung zur Folge hat. Daß der Wolf die Großmutter frißt, ist eine Manifestation der Funktion: der böse Gegenspieler fügt einem Mitglied der Familie der Ausgangssituation einen Schaden zu, welcher der Norm zufolge unter anderem Kannibalismus oder Mord sein kann. Wir befinden uns hier auf dem Weg in das zentrale Moment von Konfliktproduktion in dem Märchen. Als eine Kennzeichnung dessen gehört zu diesem kannibalistischen Übergriff seitens des Gegenspielers (außer dem Einleitungsteil, den die erste Szene des Außenraumes ausmacht) ein weiterer Auftakt, in dem die vierte und fünfte der skizzierten Einleitungsfunktionen wiederholt werden. Der Wolf unternimmt ein neues Überlistungsmanöver – durch die Anwendung des der Märchennorm zufolge sehr typischen Mittels des Gegenspielers: eine fremde Gestalt anzunehmen. Der Wolf gibt sich gegenüber der Großmutter als Rotkäppchen aus. Sie fällt darauf herein und leistet ihm dadurch unfreiwillig Hilfe, indem sie sagt, daß die Türe nicht versperrt ist, sodaß er einfach hineingehen kann.

Eine neue Sequenz – ein neuer Held?

Wer ist nun der Träger des Handlungskreises des Helden in dieser neuen Sequenz des Märchens? Insofern man Propps Bestimmung der Zaubermärchennorm folgt, muß man – aufgrund einiger Unklarheiten in jener[26] – zwei Antworten auf diese Frage geben. Da es außerhalb des Projekts dieses Buches liegt, eine eigentliche Kritik und Rekonstruktion von Propps (und Greimas') narratologischem Modell vorzunehmen, und da die beiden Antworten erzähltechnisch wohl verschieden sind, sich aber in unserem Inhaltszusammenhang doch nicht entschieden voneinander unterscheiden, werde ich sie hier nur als gleichgestellt aufstellen.

Der Jäger – ein Sucherheld?
Wir können erstens den Jäger als den Held der neuen Sequenz betrachten. Wie ein richtiger Sucherheld hat er ein Projekt, den Wolf zu überwältigen, und ist deutlich mit der Absicht hinausgezogen, ihn zu töten. Im Märchen findet keine eigentliche Vermittlung/Aussendung von ihm statt. Aber er hat sozusagen per se, qua Charaktermaske die Aufgabe, den Wolf zu bekämpfen und hat vor langer Zeit in einer unbestimmten Vergangenheit den Beschluß gefaßt, dessen „Sünden" (vergleiche sein „Finde ich dich hier, du alter Sünder, ... ich habe dich lange gesucht"*) ein Ende zu bereiten.

Ist der Jäger der Held, können wir ohne weiteres die *dritte Szene* des Außenraumes mit den Interaktanten *Wolf-Rotkäppchen* einfach als eine handlungsingangsetzende Schadensstiftung auf einer Linie mit dem Übergriff auf die Großmutter beschreiben. Dafür spricht die Parallelität, die sich in den beiden Übergriffen findet: kannibalische Morde. Eine Parallelität, die außerdem durch die Wiederholung der Einleitungsfunktionen, dem Überlistungsmanöver seitens des Gegenspielers und der unfreiwilligen Mithilfe des Opfers, mit enger inhaltlicher Ähnlichkeit etabliert wird. Wo sich der Wolf gegenüber der Großmutter als Rotkäppchen ausgibt, verkleidet sich dieser umgekehrt als Großmutter, um Rotkäppchen hereinzulegen. Die Großmutter leistet unfreiwillige Hilfe, da sie glaubt, daß es Rotkäppchen ist, das sie vor der Türe ruft. Parallel dazu glaubt Rotkäppchen zu lange daran, daß es Großmutter ist, die es im Bett liegen sieht. Das Gefühl von Angst, das es überkommt, als es die Stube der Großmutter/des Wolfes betritt, führt zu keinem expliziten Verdacht, veranlaßt es nicht, sich durch Flucht oder ähnliches zu retten. Auch das Rotkäppchen leistet dem Wolf unfreiwillige Hilfe – indem es sich nahe ans Bett stellt, sodaß es eine leichte Sache für ihn ist, es zu fangen. Es läßt sich wie die Großmutter von der weiblichen Erscheinung des Wolfes blind zum Narren halten.

Außer dieser Parallelität in der Manifestation der Überfälle auf die Großmutter und das Rotkäppchen im Verlauf macht sich eine weitere Dimension im Auftakt zum Übergriff des Wolfes auf Rotkäppchen geltend. So wie von morphologischer Doppelbedeutung die Rede war, als Rotkäppchen das Verbot der Mutter übertrat, vom Weg fortzulaufen und es gleichzeitig unwissend dem Wolf – dem Gegenspieler Hilfe leistete, trifft dies auch hier zu. Als es zum Bett geht und dadurch unfreiwillig dem Wolf die Arbeit erleichtert, es zu fangen, befolgt es ja durch dieselbe Handlung ebenso das Gebot der Mutter, sich höflich zu benehmen und nicht übertrieben neugierig zu sein, wenn es zu Großmutters Haus kommt. In Übereinstimmung damit, daß die Befolgung von Geboten im Märchen auf dieselbe Weise wie die Übertretung von Verboten immer mechanisch geschieht und fatale Konsequenzen hat, sagt Rotkäppchen schön „guten Morgen", wie es ihm aufgetragen wurde. Es geht artig zum Bett, ohne sich zuerst „in den Ecken umzuschauen", und geht damit präzise dem Wolf in die Falle. Das Gebot der Mutter wurde zwar davon ausgehend formuliert, daß es ein Großmutter-, und nicht ein Wolfshaus war, zu dem Rotkäppchen kam. Nach der Märchenlogik ist dies jedoch gleichgültig.

Daß Rotkäppchen auf diese Weise doppelt dazu determiniert ist, ein Opfer des Wolfes zu werden, ändert natürlich nichts an der Parallelität, die zwischen den zwei Übergriffen festgestellt werden kann. Gehen wir daher davon aus, daß dieses zweite Zusammentreffen zwischen dem Wolf und Rotkäppchen auf einer Linie mit dem kannibalistischen Übergriff auf die Großmutter interpretiert werden soll, dann kann man diese beiden Schadensstiftungen entweder als eine Verdoppelung innerhalb derselben Sequenz betrachten, oder als Konfliktingangsetzung zweier Sequenzen, die jedoch einen gemeinsamen weiteren Verlauf und Lösung haben: das Eingreifen des Jägers-Helden.

Abgesehen davon, daß keine eigentliche Vermittlung/Aussendung des Jägers vorkommt, realisiert er einen traditionellen Sucherheldenverlauf in den *zwei letzten Szenen* im Außenraum, die auf die Übergriffe auf das Rotkäppchen und die Großmutter folgen. Das heißt, in der vierten und fünften Szene mit den Interaktanten *Jäger-Wolf* und *Jäger/Rotkäppchen/Großmutter-Wolf*. Der Jäger wird geprüft, wenn auch nicht von einem Schenker, so doch von den Umständen, und er reagiert darauf positiv. Er nimmt Abstand von seinem unmittelbaren Gedanken, den Wolf zu erschießen, und erhält dafür die Fähigkeit, als „Geburtshelfer" zu fungieren. Mit einem symbolischen Kaiserschnitt kann er die übernatürliche Rettung Rotkäppchens und der Großmutter vermitteln. Er besiegt den Wolf – ohne Kampf (was jedoch der Märchennorm zufolge völlig ausreicht) – und hebt dadurch die entstandenen Schäden auf. Das Rotkäppchen und die Großmutter steigen vollkommen lebendig aus dem Magen des Wolfes (obwohl es so aussieht, als ob das Leben der Großmutter an einem Faden gehangen ist, da sie starke Atemnot hat). Dann ist der Weg dafür geebnet, daß der böse Gegenspieler seine Strafe erhalten kann. Diese wird nach einem Aug-um-Aug-Prinzip bewerkstelligt. (Daß der Magen des Wolfes mit Steinen gefüllt wird, kann als Strafe für seine kannibalistische Gefräßigkeit verstanden werden; daß ihm das Fell abgezogen wird, kann als Entgeltung für sein unrechtmäßiges Verkleiden in fremde Gestalten betrachtet werden.) Als Abschluß dieser Sequenz/en zieht der Jäger-Held mit seiner Siegestrophäe, dem Wolfsfell, heimwärts.

Rotkäppchen – eine leidende Heldin, nicht bloß Opfer?[27]

Die zweite Antwort darauf, wer der Held in der Sequenz ist, deren Handlung mit dem Übergriff des Wolfes auf die Großmutter in Gang gesetzt wird, lautet: Rotkäppchen. Doch wir können es nun nicht mehr als einen Sucher auffassen. Es hat zwar schon sein ursprüngliches Projekt fortgesetzt, aber dieses hat selbstverständlich seine Bedeutung verloren, solange das neue Unglück (die Verschlingung der Großmutter) nicht aus der Welt geschafft wurde, und das Märchen kann Rotkäppchen deutlicherweise nicht „Mann" sein lassen, um sich dieser Aufgabe anzunehmen. Es findet zwar eine Form von Vermittlung/Unglücksverkündung statt, indem sich Rotkäppchen bei der Befragung des verkleideten Wolfes langsam über den wirklichen Zusammenhang der Angelegenheit klar wird. Indem es nach den drei Sinnen fragt, auf die es der Wolf bei seinem Überlistungsmanöver draußen im Wald hinwies, – nach den „großen Ohren", den „großen Augen" und den „großen Händen" –, wird es logisch weiter zu dem bisher ungenannten, aber von Beginn an anwesenden Geschmackssinn, dem „großen Mund", gebracht. Das heißt, zu dem, was buchstäblich der Ort für die Lösung der Rätsel ist. Durch diesen Mund ist die Großmutter verschwunden, und dieser hat es nun ebenso auf das Rotkäppchen selbst abgesehen. Aber genau in dem Augenblick, wo diese Botschaft Rotkäppchens Bewußtsein erreicht, wird es verschlungen. Die Vermittlung fungiert nicht als Einleitung dazu, daß Rotkäppchen als Sucher fortsetzen und die Befreiung der Großmutter in Angriff nehmen kann. Im Gegenteil wird es, insofern wir es immer noch als Held interpretieren, eindeutig in einen Held des leidenden Typs verwandelt. Vom Wolf gefressen zu werden, kann man zum Beispiel damit parallelisieren, entführt oder geraubt zu werden – einige der üblichen Unglücke, denen der leidende Held ausgesetzt wird.

Interpretieren wir auf diese Weise, dann ist der Jäger als Rotkäppchens Helfer zu betrachten, der einspringt und alle aktiven Heldenfunktionen übernimmt. Wie Propp darauf aufmerksam macht, kann der Helfer in höherem oder niedrigerem Grad als stand-in für den Held fungieren,[28] wenn sich dieser wohlgemerkt dazu qualifiziert hat, mit einem Helfer belohnt zu werden. Jene Prüfung, nach welcher Rotkäppchen der Märchenlogik zufolge einen Helfer verdient hat, können wir in ihrem süßen und freundlichen Auftreten finden. Zwar macht Rotkäppchens Entgegenkommen und Höflichkeit speziell gegenüber dem Wolf dieses ja zum perfekten Vergewaltigungsopfer. Wir können, wie ich früher erläutert habe, diese Verhaltensfunktionen bei Rotkäppchen als Manifestation der Funktion interpretieren: unfreiwillige

Hilfe für den Gegenspieler. Aber es gibt noch eine andere Möglichkeit der Interpretation. Innerhalb der Universums des Märchens ist es nämlich gewöhnlich, daß sich (nicht zuletzt weibliche) Helden für Hilfe und Belohnung durch höfliches, gutes und dazu in allem und jedem passiv-masochistisches, „weibliches" Auftreten qualifizieren. Daß Rotkäppchen, als leidender Held interpretiert, es verdient, mit einem Helfer ausgestattet zu werden, manifestiert sich dann auch im Märchen. Wie ein deus ex machina taucht der Jäger vor dem Haus der Großmutter auf, im selben Augenblick, als der Wolf Rotkäppchen verschlungen hat. Außerdem erfüllt der Wolf – außer Gegenspieler zu sein – eine Art von feindlichgesinnter-Schenker-Funktion.[29] Durch sein lautes Schnarchen macht er den Jäger darauf aufmerksam, daß etwas nicht in Ordnung ist.

Rotkäppchen in der Rolle des leidenden Helden und den Jäger als seinen Helfer zu analysieren ergibt also eine veränderte Interpretation der *Szene mit den Interaktanten Wolf-Rotkäppchen*. Außer als Unglück zu fungieren, das dem Helden zustößt, bekommt sie darüberhinaus den Charakter einer Prüfung. Im Übrigen geschieht nur das, daß die eigentliche Motivierung des Eingreifens seitens des Jägers mit seiner langen Suche nach dem Wolf dazu reduziert wird, was Propp ein Hilfselement[30] nennt, und daß er in seiner übrigen Aktivität – der Prüfung, Besiegung, Eliminierung des entstandenen Schadens, darunter die Rettung des leidenden Helden und so weiter – nicht als von seinem eigenen Projekt geleitet verstanden wird, sondern von der (Wieder-) Errichtung von Glück und Harmonie für den leidenden Helden.

Rotkäppchen – eliminiert als Heldin oder leidende Heldin?
Eines steht fest: aktiv ist es nicht mehr!
Die erwähnten Unklarheiten bei Propp, die es möglich machen, zwei gleichgestellte Analysen von *Rotkäppchens* Mittelsequenz aufzustellen, die beide innerhalb seines Modells über das Zaubermärchen Platz finden können, drehen sich um die Bestimmung des leidenden Helden. Nachdem Propp die Märchen mit suchendem Held als die Grundform betrachtet,[31] wurden seine Definitionen in hohem Grad mit dem Sucher als Norm aufgestellt. Stellt man den leidenden Held ins Zentrum, was aus einleuchtenden Gründen von großer frauenästhetischer Relevanz ist, treten jedoch in den Definitionen Mängel zutage, unter anderem im Umfeld des Verhältnisses zwischen Held und Helfer. Wenn der Sucherheld zurücktritt und seine Arbeit vom Helfer übernommen wird, entsteht kein Zweifel darüber, wer der Held und wer der Helfer ist, weil der Sucherheld ein deutliches Projekt und klare Ziele hat, die eindeutig die seinigen sind. Mit anderen Worten ist der Helfer deswegen ein Helfer, weil er/sie/es für die Vollführung des Projekts des Helden arbeitet. Beim leidenden Held werden die Verhältnisse dagegen immer unklarer, je undeutlicher dieses Projekt oder Ziel ist. Was die Mittelsequenz in *Rotkäpp-*

chen betrifft, kann man daher dem eine Bedeutung zumessen, daß der Jäger ein selbständiges und Sucherhelden-artiges Projekt hat: hinauszuziehen und die schadenstiftenden und drohenden Aktivitäten des Wolfes zu eliminieren. Das spricht für den Jäger als Helden. Wir können uns jedoch auch darauf konzentrieren, daß wir dem Rotkäppchen räumlich durch die Sequenz folgen, indem wir nicht den Jäger hinausziehen sehen, sondern ihm erst vor der Türe von Großmutters Haus begegnen, und sein Projekt darüberhinaus in seinem Ursprung überhaupt nichts mit den Familienmitgliedern der Ausgangssituation zu tun hat. Er wußte nichts vom Überfall des Wolfes auf Großmutter und Rotkäppchen, als er hinauszog, um ihn zu fangen. Sein Projekt ist also nicht die Rettung des Opfers, was beim Sucherheld normalerweise der Fall ist. Diese verschiedenen Umstände deuten in die Richtung, daß Rotkäppchen – das ja noch dazu die Titelperson ist – der Held in beiden Sequenzen des Märchens ist.

Insofern man Propps Definition nicht erweitert – sie näher spezifiziert, was den leidenden Held betrifft –, kann die Frage, ob das Rotkäppchen oder der Jäger der Held ist, nicht eindeutig beantwortet werden. Da eine solche Spezifikation selbstverständlich Analysen nicht nur von einem oder zwei, sondern eines größeren Korpus von Märchen mit verschiedenen Typen von leidenden Helden erfordert, liegt dies, wie gesagt, jenseits des Projekts dieses Buches. Die Pointe der weiteren Analyse ist hier, wo es um Rotkäppchen als Metapher für den psychosexuellen Entstehungsprozeß der weiblichen Geschlechtscharaktermaske geht, jedoch auch nicht davon abhängig, ob das Rotkäppchen erzähltechnisch in der Mittelsequenz als leidender Held zu betrachten ist, oder ob es als Held ganz einfach eliminiert ist. Das Entscheidende im Zusammenhang dieses Buches ist zu sehen, wie der Verlauf des Märchens Rotkäppchen unter allen Umständen von einer aktiven in eine passive Figur transformiert.

Wieder daheim: Ein rudimentäres Projekt wird vollführt

Nur eines ist noch offen, bevor wir zu der Analyse des psychodynamischen Substrats im Märchentext übergehen können. Es ist die Frage nach der Abrundung der ersten Sequenz, die so dramatisch abgebrochen wurde, bevor unser kleiner Sucherheld sein Projekt ausführen konnte. Diese Sequenz wird im abschließenden Raum des Märchenverlaufes wiederaufgenommen, der deutlich als ein wiederetablierter *Heimatraum* zu betrachten ist, in dem nur die *„guten"* Interaktanten – *Rotkäppchen, der Jäger, Großmutter, (die Mutter)* – ihren rechtmäßigen Platz haben. Der Jäger, der die Ehre der (Wieder-) Errichtung zivilisierter, geordneter Zustände hat, geht mit seiner Trophäe heimwärts, dem Beweis für seinen Sieg über die tierische und wilde Natur. Großmutters Haus ist wieder der heimelig-sichere Raum der Großmutter. Es gehört nicht mehr dem Außen- alias Wolfsraum an. Schließlich ist implizit in dem Märchen enthalten, daß Rotkäppchen heim zu seiner Mutter geht, nachdem es der Großmutter den Kuchen und den Wein gegeben hat. In diesem zweiten Heimatraum (ungefähr in der letzten Zeile des Märchens) gelingt die ursprüngliche Mission Rotkäppchens. Jenes Unglück, die Krankheit der Großmutter, das die Handlung in der ersten Sequenz in Gang setzte, und das Rotkäppchen als Sucherheld etablierte, wird eliminiert, indem die Großmutter den Kuchen ißt und den Wein trinkt, die ihr Rotkäppchen mitgebracht hat.

Man kann also davon sprechen, daß in dem Märchen eine Sequenz vorkommt, die sich wie ein Rahmen an beiden Seiten der Mittelsequenz abspielt. Retrospektiv und in seiner Ganzheit betrachtet, ist diese Rahmensequenz jedoch äußerst rudimentär in ihrer Manifestation von Funktionen. Nach den Funktionen, die die Handlung in Gang setzen (1. Mangel, 2. Vermittlung/Verkündigung des Mangels/Aussendung des Helden, 3. Der Held beschließt eine Gegenhandlung und zieht los, um das eingetroffene Unglück zu eliminieren) haben wir nur die Funktion: Aufhebung des Mangels. Alle Prüfungen und Kämpfe des Helden fehlen. Sie sind sozusagen in die Mittelsequenz verschoben, wo Rotkäppchen jedoch als Sucherheld betrachtet vollkommen ausgeschaltet ist. So manifestiert sich die Durchführung seines Projekts als Sucherheld im Märchen als ein bloßes Nebenprodukt der Begebenheiten der Mittelsequenz. Was prospektiv wie der Beginn eines aktiven Heldenverhaltens aussah, wird retrospektiv betrachtet vollständig von dem Schalten und Walten der Mittelsequenz mit Rotkäppchen als passivem Opfer überschattet. Genau wie die antigonale Vorzeit verdrängt wird, von den Kastrationstraumen ausgelöscht wird, so gibt das Märchen vom Rotkäppchen dem kleinen Mädchen in der Kinderstube zu verstehen, daß es die Vorstellungen davon, ein aktiver Held zu sein, gleich aufgeben kann!

3. Von Mutterraum zu Vaterraum
Eine psychodynamische Analyse von Rotkäppchen

Um die psychodynamischen Bewegungen in *Rotkäppchen* aufzudecken, wollen wir nocheinmal auf die einzelnen Teile des szenischen Verlaufes eingehen. Das heißt, Rotkäppchen auf seinem Weg von der Ausgangssituation und durch die Räume folgen: Zuhause/Draußen/Nach Hause.

Als Auftakt werden wir einen weiteren Kommentar zu der Homologie hinzufügen, die wir in der methodischen Vorbemerkung (mit verschiedenen Modifikationen) zwischen Märchen, literarischen Texten und der Selbstdarstellung des Analysanden im psychoanalytischen Prozeß aufgestellt haben. Es macht sich nämlich, was das erst- und letztgenannte betrifft, eine besondere Dimension der Homologie geltend, die für das Folgende von Bedeutung ist.

Genauso wie sich die infantilen Schichten im „Text" des Analysanden um eine Familie drehen – das heißt, um eine Gruppe von Interaktanten, deren Beziehungszusammenhang eine soziale Intimsphäreneinheit ist, – so ist auch das Zentrum der Handlung im Zaubermärchen immer eine Form von familiärem Konflikt. (Das gilt bis zu einem gewissen Grad auch für die traditionelle Literatur, aber auf eine weniger stereotype Art; in dieser Hinsicht muß jene als dem Mythos näher stehend aufgefaßt werden, der definitorisch vom Märchen dadurch unterschieden werden kann, daß er den dramatischen Akzent in einen breiteren Kontext verlegt – daß er ein breiteres Gesellschaftliches Feld als nur den Familienraum thematisiert.)

Im Anschluß daran, daß das Märchen sehr streng genommen ein Familiendrama ist, besteht die Personengalerie in der Ausgangssituation, die normalerweise den Helden-die Hauptperson präsentiert, nach Propp aus Mitgliedern ein und derselben Familie. Die Zaubermärchennorm plaziert an dieser Stelle entweder den Sucherheld mit Familie oder das Opfer/den leidenden Held, ebenfalls mit Familie. Es handelt sich hierbei natürlich um einen Zug der Gattung, der sich sehr dazu anbietet, von der psychoanalytischen Märchenforschung aufgegriffen zu werden, was diese auch getan hat. So hat die jungianische Psychoanalytikerin und Märchenforscherin, Marie-Louise von Franz, in diesem Zusammenhang eine interessante Beobachtung gemacht: das Märchen beginnt oft mit einer unvollständigen Familie, um mit einem vollständigen und geschlossenen Familienkreis zu enden, als eine heterosexuelle Kernfamilie mit Mutter, Vater und eventuellen Kindern verstanden.[32] Der jungianischen Auffassung zufolge ist das ein Ausdruck dafür, daß der Ausgangspunkt des Märchens ein eingetretenes Ungleichgewicht oder Disharmonie zwischen dem weiblichen und dem männlichen Prinzip ist, zwischen anima und animus, und daß die Triebkraft des Verlaufes die (Wieder-) Errichtung des Gleichgewichts ist. Dieser Gesichtspunkt beruht auf der in der jungianischen Theorie eindeutigen Universalisierung der historisch angesetzten patriarchalischen Geschlechterpolarität,[33] welche die Gestaltungen der Geschlechtscharaktermasken im Märchen klar abbilden. Aber es kann auch als eine fetischistische Beobachtung davon betrachtet werden, daß die Psychodynamik des Märchens ein Konflikt in und ein Streben nach (Re-) Etablierung einer vollkommenen patriarchalisch-familiären Interaktionsstruktur ist – daß es mit Lorenzers Begriff einen solchen zur Debatte bringt, um sich abschließend um ihn zu schließen, ihn als universell zu fixieren.

„Es war einmal ein kleines Mädchen, das seine samtweiche und erotisch-rote Klitoris entdeckte..."

Wie wir in der narratologischen Analyse gesehen haben, ist die *Ausgangssituation* in *Rotkäppchen* glücklich und harmonisch. Aber insofern die Norm des Märchens für familiäre Vollständigkeit darauf abzielt, daß die Elterninteraktanten der patriarchalisch-geschlechterpolarisierten Familie repräsentiert sind, müssen wir auch eine Abwesenheit registrieren. Es ist kein VATER anwesend. Als infantile Szenerie betrachtet, ist ein solches zugleich konflikt- und vaterloses Universum als präantigonal zu verstehen;[34] wir befinden uns im Raum der Mutter-Kind-Dyade. Aber dieser Raum erstreckt sich weit. Kann näher präzisiert werden, wo in der Sphäre des Präantigonalen wir uns befinden? Ja, da der Hut ein Penissymbol ist, können wir das Käppchen, das klein sein muß, um auf Rotkäppchens Mädchenkopf zu passen, und das noch dazu samtweich und erotisch-rot ist, als Klitorissymbol interpretieren.[35] Daß die Großmutter dem Rotkäppchen das feine, weiche, rote Käppchen geschenkt hat, wird so ein symbolischer Ausdruck dafür, daß die präantigonale *Mutter* durch ihre pflegenden Berührungen von Körper und Genitalien dem Mädchen den Weg zur Klitoris, zu Genitallust gezeigt hat. Wir müssen uns also an der „Stelle" im präantigonalen Raum befinden, wo die Türe zum nächsten Entwicklungsraum dabei ist, geöffnet zu werden. Das prägenitale Stadium ist im Begriff, von einem genitalen abgelöst zu werden.

„‚Geh' zur Großmutter mit Kuchen und Wein, aber tu' nicht dasselbe wie mein Sohn, Ödipus, der den Versuchungen in meinem blühenden Wald schändlich nachgab,' sagte Jokaste, die Mutter des kleinen Mädchens..."

Gehen wir in den *ersten Heimatraum* und den Ausgangspunkt für den eigentlichen Verlauf, werden wir in der Auffassung bestärkt, daß wir uns im Ausgangsraum des Märchens psychodynamisch auf dem Weg aus dem präantigonalen Raum befinden. Großmutter ist ja krank geworden. So ist das Imago der präantigonalen *Urmutter* im Begriff, seine Farbe, Kraft und Intensität zu verlieren. Außerdem sehen wir, daß sich anstelle des alten *Urmutter*-Repräsentanten (Großmutter) nun ein *Mutterimago* auf der Bühne geltend macht, das eine Generation oder Entwicklungsphase jünger ist. Aber was ist es denn für ein neuer Raum, zu dem das Märchen hier an der Schwelle steht? Um dies herauszufinden, wollen wir die Funktionen der neuen Mutter unter die Lupe nehmen.

Wie wir gesehen haben, tritt sie im Märchen als Sender auf – als derjenige, der durch sein Aufzeigen einer Heldenaufgabe die Grundlage dafür bereitet, daß die latenten Potentiale des aktiven Sucherhelden beginnen können, sich in einer heldenmutigen Handlung zu realisieren. Dadurch erweist sie sich als aktiv-antigonales *Mutterimago* – als Vermittler des ersten, autonomen, libidinösen Versuchs von Objektbesetzung des Kindes. Gewiß ist das altiv-objektgerichtete, libidinöse Streben, das Rotkäppchens Akzeptieren des Heldenauftrags und sein Beschluß, zu der kranken Großmutter zu gehen, symbolisch ausdrückt, nicht auf das neue *Mutterimago* gerichtet. Es ist noch immer die Urmutter, die Großmutter, die der Gegenstand von Rotkäppchens Projekt/libidinösem Vorhaben ist. Außerdem ist dieses in Übereinstimmung mit seinem noch präantigonal konturierten Objekt auch noch immer in einem oralen Register formuliert – Großmutter soll Kuchen und Wein bekommen, etwas Leckeres. Trotz dieser präantigonalen Züge haben wir es jedoch nicht mit einem eigentlichen Urraum zu tun. Wir befinden uns hingegen auf einer Bühne, die von Übergangsphänomenen und Transformationen gekennzeichnet ist. Rotkäppchen ist nicht mehr Empfänger in der oralen *Mutter-Kind*-Interaktion, sondern hat im Gegenteil die aktiv-gebende Position eingenommen – die Subjektposition, die in dem ursprünglichen Urraum die Mutter innehatte. Umgekehrt ist die *Urmutter* vom Subjekt zum Objekt für die orale Aktivität transformiert. Großmutter soll Kuchen und Wein von Rotkäppchen bekommen – das Kind ist auf dem Weg, der *Mutter* zu essen und zu trinken zu geben.

Die Vermittlung von Rotkäppchens Rolle als Projektträger durch die Mutter deutet auf diese Weise darauf hin, daß ihr Auftreten auf der Bühne in dem ersten Heimatraum bezeichnet, daß sich der Verlauf hier auf einen aktiv-antigonalen Raum zubewegt. Das gleiche tut auch die zweite Funktion der Mutter: Ver- oder Gebote zu erlassen, insofern wir diese prospektiv betrachten – in jenem Interaktionszusammenhang, in dem wir sie zuerst verstehen dürfen, wenn wir das Märchen erzählt bekommen. Hier müssen wir die Warnungen der Mutter als in die teils genitale (das rote Käppchen), teils orale (der Kuchen und der Wein) Interaktion zwischen Rotkäppchen und der Großmutter eingeschrieben auffassen. Das heißt, wir müssen sie in ein Verhältnis dazu setzen, daß sich das Märchen in einem äußersten Grenzland der Präantigonalität bewegt und im Begriff ist, die Schwelle zu dem Raum zu überschreiten, wo die archaische *Mutter* ihre *Urmutter*-Rolle ablegt und Jokastes Gestalt annimmt.

Wir wollen vor diesem Hintergrund das erste Glied in den Ermahnungen der Mutter als eine Warnung vor der Hitze/Erregung verstehen, die mit der endgültigen Bewegung der Libido von dem oral-präantigonalen zum genital-antigonalen Register erfolgen wird. Das heißt, mit jener Bewegung, die sich auch symbolisch im Märchen abgezeichnet, indem Rotkäppchen das zweite Verbot der Mutter übertritt – den direkten, vorgegebenen Weg verläßt und in den Wald hineingeht. Denn hier treten ja der Kuchen und der Wein, die oralen Dimensionen in Rotkäppchens Projekt, ganz in den Hintergrund zugunsten der Blumen, die das Symbol *par excellence* für die weibliche Genitalität sind. Daß es sich bei dieser neuen, genital getragenen Faszination, deren Kommen die Ver- und Gebote der Mutter ankündigen, um aktiv-antigonale Qualitäten handelt, signalisiert neben den Blumen auch der Wald. Dieser kann an sich als weibliche Landschaft interpretiert werden und enthält noch dazu sowohl die faszinierenden Blumen, die Rotkäppchen immer tiefer hineinlocken, als auch Großmutters Haus (Körper/Gebärmutter). Ist das Verbot, in den Wald zu gehen, solcherart mit aktiv-antigonaler Symbolik belastet, gilt dies in nicht geringerem Grad für das dritte und letzte Glied der Warnungen der Mutter – das Gebot, zu Großmutter höflich zu sein und es zu unterlassen, sich in allen Ecken neugierig umzusehen. Was Rotkäppchen der Mutter zufolge unterlassen soll ist, das Innere des Hauses = der Großmutter zu erforschen.

Diese aktiv-antigonale Sexualsymbolik macht jedoch nur eine Dimension in den Ermahnungen der Mutter aus. Außer die Frage nach dem latenten, sexuellen Inhalt der Ver-/Gebote prospektiv zu sehen (im Licht des unmittelbaren Kontextes), müssen wir diese nämlich auch retrospektiv betrachten. Das heißt, im Verhältnis zu den im gesamten Handlungsverlauf manifestierten Folgen der Übertretung/Einhaltung des Ver- beziehungsweise Gebots: den zwei gewaltsamen Übergriffen des Wolfes. Tun wir dies, dann werden wir eine vielsagende Doppeldeutigkeit zu sehen bekommen. Die mahnenden Worte der Mutter haben nämlich einen (aktiv-antigonalen) Inhalt, wenn man sie in einem prospektiven Licht sieht, einen anderen (passiv-ödipalen), wenn wir zu einem retrospektiven Blickwinkel überwechseln. Da sich der Charakter des retrospektiv betrachteten Inhalts der Ermahnungen der Mutter nach der Analyse aller Teile des Verlaufes leichter beleuchten läßt, werden wir jedoch die Doppelbödigkeit der Ermahnungen erst als letztes betrachten.

„Draußen im Wald traf das kleine Mädchen, Antigone, seinen Vater, Ödipus, und indem es nun seinem Blick folgte, gingen ihm so richtig die Augen für Jokastes blühende Waldlandschaft auf. Es ahnte daher nicht, daß der Vater seine eigenen finsteren Pläne hatte . . .„

Der erste Heimatraum in *Rotkäppchen* befindet sich also auf dem Übergang zwischen einem präantigonalen und einem aktiv-antigonalen Universum. Schön daran anschließend bezeichnet die Bewegung des Verlaufes in den *Außenraum* hinaus den eigentlichen Eintritt in das letztgenannte. Mit einem Zeugnis davon haben wir uns schon beschäftigt. Als Rotkäppchen in der *ersten Szene* des Außenraumes die Versprechen bricht, sich zu beeilen und auf dem direkten, vorgegebenen Weg zu gehen, die es der Mutter gegeben hat, führt der Spaziergang in den Wald den Blumen folgend seine aktiv auf die Mutter gerichtete Libido von einer oralen zu einer genitalen – und damit eigentlich aktiv-antigonalen – Dimension. Eine andere entscheidende Manifestation dessen, daß wir mit dem Szenenwechsel vom Heimat- zum Außenraum jenen Teil des Reiches der archaischen Mutter betreten haben, wo ein Mutterimago, das symbolisch mit Jokaste äquivalent ist, beginnt, seine sexuelle Anziehung auf das kleine Mädchen auszuüben, ist das Erscheinen des Wolfes auf der Bühne. Wenn wir von der Ursphäre der Mutter-Kind-Dyade zu dem aktiv-antigonalen Universum übergehen, bewegen wir uns ja gleichzeitig auf eine psychische Bühne, wo der *Vater*-der Mann gegenwärtig wird. Zuerst als Konkurrent und dann als phallische Übermacht. Während die präantigonale Phase ein Zweisamkeitsverhältnis ist, ist die antigonale Bühne ein Dreieck. Außer einer Mutterachse wird nun eine Vaterachse und eine Elternachse im Bewußtsein des Kindes etabliert. Das Erscheinen des *Vaters*-des Mannes auf der Bühne, wo es bisher nur zwei Interaktanten gab, bezeichnet daher, daß Antigonalität die Präantigonalität abgelöst hat. Als das *Väterlich*-Männliche in der symbolischen Gestalt des Wolfes im selben Augenblick auftaucht, als sich Rotkäppchen auf den Weg in die weibliche Genitallandschaft macht – den Wald, in dem Großmutters Haus liegt – bekommen wir daher ein weiteres Signal dafür, daß die Bühne, auf der wir uns nun befinden, aktiv-antigonal ist.

Narratologisch kennzeichnet Rotkäppchens Begegnung mit dem Wolf im Märchen die erste Konfrontation mit dem bösen Gegenspieler. Psychodynamisch werden wir daher auch an dieser Stelle erwarten, daß ein Gegenspieler die Bühne betritt, – und ein *Vater*-Imago kann ja auch keine anderen Züge in der aktiv-antigonalen Sphäre haben als eben genau jene des Gegenspielers, des Rivalen. Der narrative und der psychodynamische Diskurs liefern auf diese Weise je ihren Stoff für den Wolf als Feindbild.

Eine besondere Bedeutung ist mit der tierischen Erscheinung unserer Gegenspielers verbunden. In der antigonalen Rivalitätssituation spielt der *Vater* vor allem die Rolle: sexuell bemächtigender und sadistisch beherrschender *Körper*, das heißt, verkörperter „tierischer" Trieb oder genau: antropomorphisierter bissiger Wolf![36]

Das erste, was der Wolf-der Gegenspieler unternimmt, nachdem er die Bühne betreten hat ist, Informationen über seine Opfer zu suchen und zu finden – die er für seine späteren Übergriffe braucht. In Übereinstimmung mit seiner Rolle als aktiv-antigonales *Vater*-Imago markiert sich der Wolf symbolisch als Rotkäppchens *Vater*-Rivale. Erstens entlarvt er ja Rotkäppchens aktiv-antigonalen Auftrag: daß es auf dem Weg zur Großmutter ist. Zweitens lenkt er die Aufmerksamkeit auf „das", was Rotkäppchen unter der Schürze trägt. Nämlich den Kuchen und den Wein, die oralen Genußobjekte, die in Übereinstimmung damit, daß wir auf dem Weg über die Grenze zu einem Genitaluniversum sind, „hinunter" versetzt wurden. Das heißt, in der Nähe der Zonen der neuen Lust und damit nahe an „dem", was der phallischen Logik zufolge, die der Wolf-*Vater* repräsentiert, bald als „Ort des Mangels" entlarvt werden soll. Drittens gibt der Wolf zu erkennen, daß er Rotkäppchens Konkurrent ist. Er möchte ja wie es selbst in das Haus der Großmutter – wenn auch das Eindringen, das er im Sinn führt, einen gewaltsameren Charakter hat.

Die darauffolgende Funktion, die darin besteht, daß Rotkäppchen dem Wolf unfreiwillig Hilfe leistet, wird im narrativen Diskurs dadurch motiviert, daß es von seiner wahren Natur nichts weiß. Denselben Typ von Unwissenheit müssen wir auch im aktiv-antigonalen Raum zu finden erwarten – an dem Pol der Tochter auf der *Vater*-Tochter-Achse. Die Interaktion muß hier auf der prinzipiellen Unkenntnis der Tochter von der phallischen Logik beruhen, die der *Vater* vertritt. Erst durch die „Kastration" wird ja die patriarchatsfetischistische Logik im Bewußtsein der Tochter installiert. Erst durch jene erscheint der *Vater* als der Träger *par excellence* der bemächtigenden, sexuellen Qualitäten. Erst nachträglich[37] wird die aktiv-antigonale Interaktion mit dem *Vater*-Rivalen in seinen phallischen Dimensionen verstanden werden können. So ist das Rotkäppchen-die Tochter auch außerstande, die katastrophalen Folgen ihrer entlarvenden Antworten auf die Fragen des Wolfes zu verstehen, wogegen ihr Interaktionspartner keine Probleme mit der Modalität, dem Wissen, hat.[38] Genau wie der *Vater* auf der aktiv-antigonalen Bühne weiß der Wolf sehr gut, worum es sich dreht!

Eine dunkle Ahnung, daß der Wolf eine Form von „Verhältnis" zur Großmutter hat, tritt allerdings am Pol der Unwissenden auf. Angeblich kennt Rotkäppchen ja den Wolf nicht. Trotzdem läßt das Märchen es eine Form von Wissen über ihn zu erkennen geben – „. . . da steht ihr Haus . . . das wirst du ja wissen"*, sagt es. Der Wolf ist, meint Rotkäppchen, im Wald wohl so bekannt, daß es eigentlich überflüssig ist, ihm zu erzählen, wo das Haus der Großmutter steht. Die Erkenntnis der schicksalsschwangeren Elternachse, deren Existenz eindeutig von dem wissenden Interaktionspartner auf der Bühne, dem Wolf-*Vater* signalisiert wird, ist noch nicht durchgebrochen, aber doch im Begriff, sich auf dem Pol Rotkäppchens-der Tochter den Weg zur Manifestation zu bahnen.

Durch die nächsten narrativen Funktionen – „Der Gegenspieler versucht, sein Opfer zu überlisten" und „Das Opfer fällt auf die betrügerischen Aktivitäten des Gegenspielers herein", wobei sich die letztgenannte zusammen mit der Funktion „Übertretung von Verbot" manifestiert, befördert der Wolf-der *Vater* die Transformation von Rotkäppchens aktiv auf die Mutter gerichteten Libido in ein eigentliches genitales Stadium. Die Methode des Wolfes besteht ja darin, daß er Rotkäppchens Augen, Ohren und Gefühle für bisher unbekannte Genüsse öffnet – der Vögel und nicht zuletzt der Blumen/der weiblichen Genitalität. Auf die Aufforderung des Wolfes „sieht" Rotkäppchen, was es bisher nicht „gesehen" hat, und vergißt, wie gesagt, mehr oder weniger vollständig die oralen zugunsten der genitalen Dimensionen in seinem Projekt/libidinösem Vorhaben. „Rotkäppchen schlug die Augen auf, und als es sah, wie die Sonnenstrahlen durch die Bäume hin- und hertanzten und alles voll schöner Blumen stand, dachte es ‚wenn ich der Großmutter einen frischen Strauß mitbringe, der wird ihr auch Freude machen . . .'".* Es ist deutlich, daß es die Blickrichtung des Wolfes-des *Vaters* ist, von der Rotkäppchen geleitet wird. Symbolisch wird das dadurch unterstrichen, daß es die Blumen entdeckt, indem es den Sonnenstrahlen folgt, die in den Wald und bis hinunter zum blumenbewachsenen Waldboden dringen. Die Sonne ist in der abendländischen, patriarchalischen Kultur ein gewöhnliches Symbol für Phallizität.[39]

Wir können also im Überlistungsmanöver des Wolfes eine Verführung sehen, aber wohlgemerkt hier zuerst einmal *nicht* in dem üblichen heterosexuellen Sinn, den wir mit dem Paar Wolf-Rotkäppchen unmittelbar assoziieren. Die unfreiwillige Hilfe für den Wolf, die ihm Rotkäppchen leistet, indem es in den Wald hineinläuft, und die das Resultat der Überlistung ist, muß im prospektiv betrachteten Kontext aktiv-antigonal verstanden werden – genau wie die Übertretung des Verbots, die sich in demselben Märchenelement manifestiert.

In der narrativen Märchengrammatik gehören sowohl das Überlistungsmanöver als auch die unfreiwillige Hilfe für den Gegenspieler, sowie die Übertretung des Verbots dem Einleitungsteil an. Das heißt, sie sollen als Elemente verstanden werden, welche die Voraussetzung für, aber genau aus diesem Grund nicht identisch mit der schließlichen Katastrophe sind, welche die Handlung in Gang setzt. Dementsprechend ist die Verführung Rotkäppchens zur Genitalität durch den Wolf-den *Vater* im psychodynamischen Substrat auch nicht dasselbe wie dessen/sein eigentliches Ergreifen der sexuellen Macht – nicht dasselbe wie die „eigentliche" Verführung, wie wir sie traditionellerweise verstehen. Zwischen dessen/seiner Überlistung Rotkäppchens einerseits und seiner Verschlingung andererseits liegt Rotkäppchens Spaziergang in den Wald, um Blumen für Großmutter zu pflücken – sein sich Bewegen auf der Spur eines „eigentlichen Ödipus"', das heißt, des Antigonekomplexes.

Im Licht der traditionellen Verführungsassoziation zu dem Paar, ist dies ein überraschendes Moment. Aber vergleichen wir das mit den Resultaten, welche die vorangegangene Nahlesung des freudianischen Diskurses über den Entstehungsprozeß der Weiblichkeit ergeben haben, verschwindet dieser Schein der Ungewöhnlichkeit. Um mit der ‚verblüffenden' psychosexuellen Wirklichkeit der Frau übereinzukommen, war der freudianische Diskurs genötigt, eine entfaltete genitale und auf die Mutter gerichtete Libidophase zwischen der „Präödipalität" (= Präantigonalität) und der Kapitulation vor der Vatermacht im passiven Ödipuskomplex einzuschieben. Auf genau die gleiche Art finden wir auch im Märchen vom Rotkäppchen ein Interregnum, das sich symbolisch betrachtet zwischen einer Sphäre, in der die omnipotente *Urmutter* herrscht einerseits, und einem passiv-ödipalen Patriarchat andererseits befindet. In der weiblichen Genitallandschaft des Waldes ist sowohl die Oberhoheit der *Urmutter* als auch die des Wolfes-des *Vaters* über den Raum, in dem sich Rotkäppchen bewegt, vorübergehend suspendiert. Es befindet sich in einem Raum, der genauso *Gesetz*-los ist wie jener, in dem sich Ödipus nach dem Mord an Laios befand.

Um die Manifestation dieses aktiv-antigonalen Interregnums im Märchentext besser zu verstehen, wollen wir nun den scheinbaren logischen Bruch aufgreifen, den ich früher mit einem Hinweis auf Bettelheim angesprochen habe. Das heißt, die Frage, warum der Wolf das Rotkäppchen in den Wald Blumen pflücken lockt, statt es gleich zu fressen. Hätte er nicht ohne weiteres zuerst Rotkäppchen fressen können und sich danach trotzdem vor Großmutters Tür als jenes ausgeben können?

Abgesehen davon, daß die Frage – wie sie von Bettelheim gestellt wird – nicht-literarisch ist (man kann Texte nicht davon ausgehend diskutieren: „Was wäre gewesen, wenn stattdessen dieses und jenes geschehen wäre . . ."), kann man sehrwohl eine literarisch oder erzähltechnisch begründete Antwort darauf geben. Den narratologischen Normen zufolge, die das Zaubermärchen streng und stereotyp einhält, ist es unmöglich, daß der suchende Held getötet oder auf andere Weise handlungsmäßig aus dem Verkehr gezogen wird, bevor wir in der Funktionsreihe zu dem Punkt gekommen sind, wo der Helfer eingeführt werden kann. Ein Märchenverlauf, der die Handlungsmöglichkeiten des suchenden Helden in unmittelbarem Anschluß an den Einleitungsteil außer Kraft setzen wollte, ließe sich nicht machen. Da es ja sein/ihr aktives Suchen ist, welches das Fortschreiten der Handlung konstituiert, würde der Verlauf unweigerlich ins Stocken geraten, wenn der Sucherheld stürbe oder auf andere Weise passivisiert würde, ehe er/sie sich dazu qualifiziert hätte, einen Helfer zu bekommen. Oder, um dasselbe narratologische Prinzip auf eine andere Weise zu formulieren: Wenn der Held unmittelbar nach der Einleitung zu einer Sequenz aus dem Verkehr gezogen wird, dann haben wir es mit einem leidenden Helden zu tun, einem Helden, dessen „Handlungen" in der Leideform stehen – mit der Passivform der Verben parallelisiert werden kann. Die Folge dieses Prinzips ist die, daß man feststellen kann, daß das Märchen, indem es damit wartet, den Wolf Rotkäppchen fressen zu lassen bis er die Großmutter gefressen hat, erkennen läßt, daß unserer kleinen Heldin mit dem roten Käppchen erst in dem Augenblick ihre Position als suchender Held aberkannt wird, als der Übergriff des Wolfes auf die Großmutter vollzogen wird. In Übereinstimmung damit verliert Rotkäppchens Projekt (dem Bedarf der kranken Großmutter nach etwas Stärkendem) ja auch erst dann seinen Sinn, als das neue Unglück (der Übergriff des Wolfes) die Großmutter getroffen hat. In der ersten Szene des Außenraumes, in der Rotkäppchen vom Wolf verführt wird, und wo sein Spaziergang abseits des vorgegebenen Weges beginnt, ist sein ursprünglicher Heldenauftrag – der Großmutter Kuchen und Wein zu bringen – nicht außer Kraft gesetzt. Es ist nur das geschehen, daß dem Projekt eine neue Dimension zugeschrieben wurde: die Blumen.

Daß Rotkäppchen auf diese Weise einerseits vom Gegenspieler überlistet wird und das Verbot der Mutter definitiv übertritt ohne, daß andererseits zuerst einmal etwas anderes passiert außer, daß sein Projekt und die Sucherheldenfunktion eine neue Dimension erhält, können wir, wie gesagt, als Ausdruck für das Interregnum interpretieren, das die aktiv-antigonale Phase ausmacht. An diese Interpretation anschließend können wir die skizzierte narratologische Beantwortung der Frage des eventuellen logischen Bruches mit einer psychodynamischen Antwort ausbauen, die sich von Bettelheims Überlegungen sehr unterscheidet.

Wie wir in Kürze näher betrachten werden, können wir das Gefressenwerden vom Wolf als symbolisch äquivalent mit der Einnahme einer passiv-masochistischen Position gegenüber dem ödipalen *Vater* setzen. Das heißt, mit jener Position, die der freudianischen Theorie zufolge das „normale" Triebschicksal der Frau ist, der „Hafen",[40] in dem der Trieb der Frauen definitiv vor Anker gehen muß. Entwicklungshistorisch nimmt das Mädchen erst dann diese Position ein, nachdem es durch seine Kastrationstraumen, durch die Unterziehung unter den patriarchalischen Symbolisierungsprozeß, dem weiblichen Geschlecht aktive sexuelle Potentiale aberkannt hat – und darunter auch die Einschreibung der Mutter in die phallische Logik unter der Rubrik „kastriert" wahrgenommen hat. In *Rotkäppchens* psychodynamischem Substrat können wir sehen, wie dieser schicksalsschwangere Einschreibungsprozeß mit dem Übergriff des Wolfes auf die Großmutter in Gang gesetzt wird, welcher mit der Produktion des Imagos der „kastrierten *Mutter"* äquivaliert. Wenn der Wolf-der *Vater* daher das Rotkäppchen nicht bei ihrer ersten Begegnung „nimmt", sondern erst, nachdem er dies mit der Großmutter gemacht hat, dann können wir das erstens als eine Manifestation dessen verstehen, daß sich Rotkäppchen draußen im Wald noch außerhalb der passiv-ödipalen Sphäre befindet, in welcher der *Vater* es sexuell in Besitz nehmen kann. Zweitens können wir hier eine Bekanntgebung der Bedingungen für die Kapitulation vor der Vatermacht finden. Die Voraussetzung ist, sagt das psychodynamische Substrat des Märchens, daß das Bollwerk gefallen ist, welches das Imago der lebenden – noch nicht besessenen und zum Objekt gemachten, kurz gesagt: noch nicht „kastrierten" – Mutter dagegen ausmacht.

„Während sich die kleine Antigone von den Blumen in den Bann ziehen ließ, die sie Jokaste als Beilerbukett bringen wollte, trat Ödipus in Aktion, um sein wildes Begehren, Laios' königlichen Platz in Jokastes Bett einzunehmen, zu stillen . . ."

Wir kommen nun zu der *zweiten Szene des Außenraumes*. Als eine Unterstreichung des Interregnumcharakters des „Waldspazierganges" ist dieser nicht als eigentliche selbständige Szene manifestiert. So verläßt das Märchen Rotkäppchens Blickwinkel in dem Moment, als es vom Weg fort und in den Wald hineinläuft, und greift diesen erst wieder auf, nachdem es die Blumen für Großmutter gepflückt hat. Was sich vor unseren Augen abspielt, während

Rotkäppchen im Blumenuniversum des Waldes umherläuft, ist der Übergriff des Wolfes auf die Großmutter. Es ist dieser Übergriff, und nicht der selbstvergessene Spaziergang Rotkäppchens auf den verbotenen Wegen, der die zweite Szene des Außenraumes ausmacht. Genauso ist es auch diese Schadensstiftung, und nicht die kleine Eskapade unserer Heldin, die sowohl narrativ als auch psychodynamisch die letzte und entscheidende Voraussetzung produziert für Rotkäppchens Transformation im weiteren Verlauf vom suchenden zum leidenden Held oder Opfer ohne Heldenstatus, von aktiv-antigonalem zu kastriertem Interaktanten.

Was bedeutet diese Schadensstiftung? In dem geglückten Überfall des Wolfes auf die Großmutter sehen wir die sadomasochistische Form der Interaktion auf der Elternachse, die Urszene. Charakteristisch findet der Überfall solcherart genau dann statt, als Rotkäppchen in der äußeren Sphäre (dem Wald, den Blumen) der weiblichen Genitalität umherstreift und – wenn auch auf Umwegen – auf dem Weg zu dem inneren Raum ist, dem Haus der Großmutter. Oder mit anderen Worten: wenn sich das kleine Mädchen in seinen sexuellen Phantasien auf dem Weg zu den innersten sexuellen Geheimnissen der *Mutter* befindet, wird das alleinige Recht des *Vaters*-des Patriarchats, diese zu durchdringen, in seiner Gegenwart aufdringlich. Die „Kastration", der patriarchatsfetischistische Symbolisierungsprozeß, wird hier im Interaktionsraum des Mädchens vorbereitet, obwohl jener es noch nicht direkt trifft.

Interpretieren wir den Überfall des Wolfes auf die Großmutter als Ausdruck dafür, daß wir uns an der ‚Stelle' befinden, wo die sadomasochistische Urszenephantasie im Begriff ist, gegenwärtig zu werden, dann besteht natürlich ein Grund zu bemerken, daß sich diese nicht in ihrem ‚eigenen' – genitalen – Register abspielt. Die Urszene ist von der Vergewaltigung zum kannibalistischen Übergriff transponiert worden. Offenbar macht sich eine Nachwirkung des oralen Universums geltend, in dessen Grenzgebieten sich das Märchen von Anfang an bewegte. Wie ich darauf zurückkommen werde, gibt es dem Wolf eine mehrdeutige Symbolbedeutung. Außer seinen *Vater*-Qualitäten erhält er auch eine Dimension von *Mutter*-Imago – von der *Urmutter*, die die Sphäre der oralen Interaktion beherrscht.

„Als die kleine Antigone endlich zu Jokastes Tür kam, war diese bereits geöffnet, und das Bett von Ödipus okkupiert, der noch nicht ganz gesättigt war in seinem dunklen Begehren nach seinen unmäßigen väterlichen Befriedigungen..."

Werden uns in der zweiten Szene des Außenraumes die Prämissen für Rotkäppchens tristes Schicksal zurecht gelegt, so stellt die *dritte Szene* dessen Realisierung dar. Jedoch werden unsere Erwartungen der unabwendbaren Katastrophe über einen Auftakt gespannt: Rotkäppchens Ankunft zu dem, was es zuerst nichtsahnend für ein gewöhnliches ‚Großmutterhaus' hält. Insofern wir die zwei möglichen narratologischen Interpretationen als gleichwertig aufstellen (mit dem Jäger beziehungsweise dem Rotkäppchen als dem Held der Mittelsequenz), haben wir es in diesem Katastrophenauftakt teils mit den Funktionen: Einhaltung des Gebotes/Überlistungsmanöver seitens des Gegenspielers/unfreiwillige Hilfe des Opfers zu tun, teils mit einem Glied in der Prüfung, die zum Empfang eines Helfers qualifiziert. Da die drei erstgenannten Funktionen in ihrer Eigenschaft als eigentliche Einleitungsfunktionen den Auftakt mehr von der Katastrophe getrennt machen, als es die Interpretation „Prüfung" tut, werden wir jene zuerst betrachten. Danach werden wir geschlossen die Katastrophe und die Frage diskutieren, was im psychodynamischen Substrat geschieht, wenn wir die Szene außerdem unter dem Interpretationswinkel „Prüfung" betrachten.

Daß Rotkäppchen das Gebot einhält, wie es sich bei der Ankunft in „Großmutters" Haus zu verhalten hat, kann im Zusammenhang mit der sexuellen Intensivierung verstanden werden, welche die Bewegung von dem ersten zu diesem letzten Glied in der Kette der Ermahnungen der Mutter symbolisiert. Das heißt, die Bewegung von der Erregungshitze als solcher über Beschauung, Berührung und Umherstreifen im äußeren Raum der Schamlippen zum eigentlichen Eindringen in das weibliche Innere. Wie wir gesehen haben, wird eine genitale *Mutter*-Tochter-Achse etabliert, indem Rotkäppchen die ersten Glieder in der Abmachung mit der Mutter übertritt. In der vorangegangenen Analyse des freudianischen Diskurses über die weibliche Entwicklung sahen wir jedoch, daß die aktiv-antigonale Interaktion einer solchen Achse in dem Augenblick abgebrochen werden muß, wo die intensive Libidobesetzung der Tochter im Begriff ist, sich den natürlichen Weg zu Jokastes sexuellen Geheimnissen zu bahnen. So erlebt Rotkäppchen nur die „Hitze", den „Wald" und die „Blumen", aber es schaut sich nie „in allen Ecken von Großmutters Haus" um. Als es zum Haus kommt, spürt es sofort, daß „etwas" nicht stimmt, und wird von seiner Angst und Inanspruchnahme herauszufinden, was es sein kann, so stark gefangen, daß die Lust, sich im Haus umzusehen, gar nicht zur Entfaltung kommt. Außerdem ist das Haus überhaupt kein antigonaler Jokasteraum mehr. Während Rotkäppchen im Wald umherstreifte, wurde das Haus von dem Wolf-dem *Vater* besetzt. Und als ein symbolisches Signal der Veränderung, die mit dem Haus vor sich ging, ist das erste Ungewöhnliche, dem Rotkäppchens verwunderter Blick begegnet, die offenstehende Tür. – In dem äußeren Genitalraum, dem Wald, ist die aktiv-antigonale Interaktion also erlaubt, aber die Bewegung in Jokastes Innere hinein muß blockiert werden, denn hier befinden wir uns auf den „heiligsten" Gebieten des *Vaters*, Ödipus', wo auch Antigone zugrunde gehen mußte. So muß das kleine Mädchen in der Kinderstube die Geschichte von Rotkäppchens einleitenden Gesetzesübertretungen und darauffolgender Einhaltung des dritten Gliedes in dem Gesetz, des Gebotes, hören.

Außer das Gebot einzuhalten leistet Rotkäppchen dem Wolf auch unfreiwillige Hilfe bei dessen bösem Vorhaben, indem es auf seine weibliche Verkleidung hereinfällt. Um den Zeitpunkt der „Kastration" läßt sich das Mädchen in entsprechender Weise „betrügen" – von einer Phantasie über eine phallische Mutter. Wie wir in *Kapitel VII* näher betrachten werden, entwickelt es dem freudianischen Diskurs zufolge das Bild einer Mutter, die mit den phallischen Qualitäten des *Vaters* ausgestattet ist. Diese Phantasie soll als Verteidigung dagegen dienen, die Mutter (und damit das weibliche Geschlecht als solches) als „kastriert" und solcherart für die Rolle als potentes Sexualobjekt ungeeignet zu betrachten. Wenn der Wolf im Märchen das Rotkäppchen zum Narren hält, tut es dies, indem er seine Identität unter Frauenkleidern versteckt. Indem wir ihn als *Vater*-Imago auffassen, wird er – auf diese Weise die Kleider des *Mutter*-Imagos tragend – zu einer phallischen *Mutter*. Das heißt, zu einer „*Mutter*", die den Körper des *Vaters*-des *Mannes* hat, und deren Körperorgane damit „zu groß" sind, die aber nichts desto weniger in den Augen Rotkäppchens „*Mutter*"/„*Frau*" vortäuschen kann, bis ihm die Wahrheit zu spät klar wird.

Dem freudianischen Diskurs zufolge sind es starke sexuelle Gefühle, die die Abwehrphantasie von der phallischen *Mutter* produzieren. Die Stärke in diesem Band auf der aktiv-antigonalen *Mutter*-Tochter-Achse wird in *Rotkäppchen* außer jeden Zweifel. So muß sich der Wolf nicht nur ein Mal, sondern gleich zwei Mal als Interaktant auf dieser Achse ausgeben, bevor er diese definitiv gebrochen hat. Er muß zwei Mal Frau spielen – die Position der Tochter gegenüber der *Mutter* einnehmen (indem er gegenüber der Großmutter vorgibt, Rotkäppchen zu sein), und *vice versa*. Die unfreiwillige Hilfe, die ihm sowohl die Großmutter als auch Rotkäppchen leistet, indem sie sich hereinlegen lassen, wird in diesem Kontext zum Ausdruck für ein fundamentales Paradox in der psychosexuellen Entstehung der weiblichen Geschlechtscharaktermaske: daß es starke sexuelle Gefühle auf der *Mutter*-Tochter-Achse sind, die das Mädchen in die Arme des *Vater*-Rivalen/Feindes werfen.

Betrachten wir den Jäger als Held der Mittelsequenz des Märchens, dann müssen wir, wie in der narratologischen Analyse gesagt wurde, die Befragungs- und Verschlingungsszene nach Rotkäppchens Ankunft in Großmutters Haus einfach als eine Katastrophe verstehen, die die Handlung in Gang setzt, auf einer Linie mit dem Überfall auf die Großmutter. Sehen wir das Rotkäppchen auch hier als Heldin, muß die Szene außerdem als die Prüfung verstanden werden, die den leidenden Held dazu qualifiziert, einen Helfer zu erhalten, die es vor dem sonst sicheren Tod im Magen des Wolfes retten kann. Wir wollen nun wieder die Szene vom Gesichtspunkt beider Interpretationen betrachten, das heißt, fragen: was ist das für eine Katastrophe, und was ist das für eine Prüfung, die sich hier psychodynamisch abspielen? Als ein Glied in der Beantwortung werden wir jedoch zuerst die mögliche psychosexuelle Symbolik in dem Erkenntnisprozeß ins Auge fassen, den die Befragungs- und Verschlingungssituation repräsentiert.

Die Bewußtwerdung, die hier vor sich geht, kann folgenderweise beschrieben werden: Rotkäppchen wird dazu gebracht, das quantitative Verhältnis zwischen der Körper-/Sinnesausstattung des Wolfes und der Großmutter (große versus kleine Ohren, Augen, Hände, Mund) mit dem Macht-Ohnmacht-Verhältnis zusammenzuschmelzen, das zwischen dem Wolf und der Großmutter existiert, was der Übergriff des Wolfes eindeutig erkennen ließ. Schematisch können wir Rotkäppchens Erkenntnis dessen, was passierte, während es im Wald umherlief, als folgende Gleichung (I)[41] formulieren:

$$\frac{\text{große Körper-/Sinnesorgane}}{\text{kleine \quad " \quad "}} \simeq \frac{\text{Wolf}}{\text{Großmutter}} \simeq \frac{\text{Gewaltsamer Angreifer}}{\text{Opfer}}$$

Rotkäppchen konstatiert ja zuerst, daß die Körper- und Sinnesorgane seines im Bett liegenden Interaktionspartners zu groß sind, um der Großmutter gehören zu können. Das heißt, das erste Glied ihrer Erkenntnis beruht auf der Aufstellung des binären Gegensatzes „groß versus klein". Als sich der Wolf danach im Augenblick der Verschlingung zu erkennen gibt, lösen sich erstens die Rätsel um die „zu großen" Organe auf und zweitens das Rätsel, wo Großmutter geblieben ist: die binären Paare „Wolf versus Großmutter" und „gewaltsamer Angreifer versus Opfer" werden mit dem ersten Gegensatzpaar gleichgesetzt.

Suchen wir nun ebenso nach einer analogen Struktur im antigonalen Kontext, ist es nicht schwer zu sehen, daß der patriarchatsfetischistische Symbolisierungsprozeß und darunter das Erlebnis des Mädchens von der sadomasochistischen Form der Interaktion auf der Elternachse in binären Gegensätzen mit einem entsprechenden Inhalt formalisiert werden kann. Dem ersten beziehungsweise zweiten und dritten Glied in der weiter oben stehenden Formalisierung des Bewußtwerdungsprozesses der Befragungsszene entsprechen solcherart folgende drei Gegensatzpaare, die wir auch unmittelbar in einem Vergleich (II) aufstellen können:

$$\frac{\textit{Vaterkörper} \text{ (penistragend)}}{\textit{Mutterkörper} \text{ (klitoristragend)}} \simeq \frac{\textit{Vater}}{\textit{Mutter}} \simeq \frac{\text{phallisch-sadistische Macht}}{\text{kastriert-masochistische Machtlosigkeit}}$$

Genau wie in *Rotkäppchen* ist ja bei der „Kastrations"-Situation in der weiblichen Geschlechtscharaktermaske die Rede davon, daß die „Erkenntnis" über die äußeren quantitativen Körpergegensätze zwischen dem Vater und der

Mutter erfolgt. Der Fetischismus besteht, wie wir gesehen haben, darin, daß der im Hinblick auf Erogenität und Potenz gleichgültige biologische Quantitätsunterschied zwischen Penis und Klitoris zum Symbol für die soziosexuelle Hierarchie zwischen den Geschlechtscharaktermasken *Vater* und *Mutter* wird – jene Hierarchie, deren am meisten zugespitzter Ausdruck die sadomasochistische Urszenephantasie ist.

Stellen wir nun unsere beiden Gleichungen zusammen:

$$I \simeq II$$

dann können wir die Befragungs- und Verschlingungssituation als einen symbolischen Ausdruck für die „Kastration" interpretieren, auch wenn sie als ein präantigonaler Nachholbedarf zur Oralität transponiert ist. Die Befragung ist dann die traumatische Bewußtwerdung des Geschlechtsunterschieds, die das aktiv-antigonale Dreiecksdrama produziert. Die Verschlingung wird mit dem Bewußtseinsverlust äquivalent, der mit der Verdrängung des Traumas erfolgt. Genau wie im Bewußtsein des Mädchens eine Mauer der Verdrängung um die „Kastration" errichtet wird, so kann Rotkäppchen nach der Erkenntnis der „wahren Natur" des Wolfes nicht bei lebendigem Bewußtsein sein, sondern muß einen symbolischen Tod durchmachen.

Wie wir im folgenden Kapitel genauer sehen werden, wird der patriarchatsfetischistische Symbolisierungsprozeß in der weiblichen Geschlechtscharaktermaske durch zwei „Kastrationen" vollzogen, zuerst die der Tochter, dann die der Mutter, was wir auch mit den Figuren C und D illustriert haben. Das Mädchen weigert sich zuerst, die Definition „kastriert" auf die Mutter und damit auf das weibliche Geschlecht als solches auszudehnen, und entwickelt die Abwehrphantasie von der phallischen *Mutter*. Erst wenn das Bild von dieser phallischen *Mutter* zu dem Imago einer kastrierten *Mutter* transformiert wurde, ist die patriarchatsfetischistische Auffassung des Geschlechtsunterschieds im Bewußtsein und im Körper des Mädchens vollständig installiert. In *Rotkäppchen* sind diese zwei Etappen – die „Kastration" und die „Kastration der Mutter" – jedoch zu einem komplexen Ausdruck verdichtet.[42] Wir haben erwähnt, daß der Wolf im Gewand der Großmutter und noch dazu sexuell zentral in ihrem Bett plaziert als das Imago der phallischen *Mutter* verstanden werden kann. Wir haben auch gesehen, wie das Bild der kastrierten *Mutter* in den Vergleich eingeht, auf dem Rotkäppchens Bewußtwerdung beruht. So sind in der Formulierung der „Kastration der Tochter" im Märchen Momente der Begebenheit „Kastration der Mutter" vorhanden. Wie wir nun sehen werden, sind jedoch nicht nur einzelne Momente, sondern die Transformation selbst des *Mutter*-Imagos von „phallisch" zu „kastriert" im Verschlingungs- oder „Kastrations"-Augenblick gegenwärtig.

Außer als phallische Mutter zu erscheinen, repräsentiert der Wolf in der

Befragungssituation nämlich auch die kastrierte *Mutter*, obgleich dies Rotkäppchen zuerst verborgen bleibt. Die verschlungene, entmächtigte Großmutter = die „kastrierte" *Mutter* befindet sich ja während der ganzen Szene im Magen des Wolfes. Das, was in dem Augenblick geschieht, wo Rotkäppchen/die Tochter einsieht, daß sie es nicht mit einer „zu großen" Großmutter (= phallischen *Mutter*) zu tun hat, sondern mit dem Wolf-dem *Vater*, der die gefressene Großmutter (= die kastrierte *Mutter*) im Magen hat, kann folgendermaßen beschrieben werden: Die phallische *Mutter* löst sich vor den Augen der Tochter in zwei getrennte Personen auf, den phallischen *Vater* und die kastrierte *Mutter*. Formalisiert können wir sagen, daß im Bewußtsein Rotkäppchens, des Tochter-Interaktanten, folgende Transformation vor sich geht:[43]

$$ph(M) \rightarrow \frac{ph(V)}{non\ ph(M)}$$

Das heißt: das Imago ph(M) (die phallische *Mutter*) wird verwandelt in das Imago

$$\frac{ph(V)}{non\ ph(M)}$$

(der phallische *Vater versus* die kastrierte *Mutter*). In jenes Imago, das die sadomasochistische Elterninteraktion und Urszenevorstellung formuliert. Oder mit anderen Worten: die Potenz, die Fähigkeit zu sexueller Bemächtigung (die „Phallizität") wird der Mutter nun definitiv abgesprochen. Personen mit dem Geschlecht „M" (*Mutter* = Frau) können nicht mehr mit dem qualifikativen Prädikat „ph" (potent/„phallisch") verbunden werden. Dieses Prädikat kann jetzt nur mehr für Personen mit dem Geschlecht „V" (*Vater* = Mann) verwendet werden.

Nach dieser Interpretation von Rotkäppchens Bewußtwerdungsprozeß können wir nun zu der Frage nach der Bedeutung der Befragungs- und Verschlingungssituation, als Katastrophe/Schadensstiftung und Prüfung betrachtet, zurückkehren. Die narratologische Funktion der Schadensverursachung als Ausdruck für „Kastration" zu sehen, scheint einen unmittelbar vernünftigen Zusammenhang zwischen dem narrativen und dem psychodynamischen Diskurs zu ergeben. Aber wie können die Umstände rund um die „Kastration" in Zusammenhang mit der Funktion der Prüfung verstanden werden?

Ja, insofern die Dynamik des Märchens ein Streben nach einer patriarchalisch-familiären Vollkommenheit ist, ist die Prüfung als das zu verstehen, was den Helden qualifiziert (oder disqualifiziert), darin integriert zu werden. Dementsprechend ist das Akzeptieren des Mädchens der kastrierten Position sozusagen eine Voraussetzung für seine glatte psychosexuelle Integration in die patriarchalische Gesellschaftsordnung. Eine Voraussetzung dafür, daß es als „normal" beurteilt werden kann. Im „normal-weiblichen" Entwicklungsverlauf wechselt das Mädchen das Objekt von der Mutter zum Vater, wenn die Mutter aufgrund des patriarchatsfetischistischen Symbolisierungsprozesses als „kastriert" abgeschrieben werden muß. Inwieweit dieser Objektwechsel glückt, beruht jedoch unter anderem darauf, ob das Mädchen in der sadomasochistischen Urszenephantasie eine Identifikation mit der Mutter vornimmt. Das heißt, darauf, ob es die „Kastration" annimmt und imstande ist, die kastrierten Machtlosigkeitsgefühle und seinen alten Rivalitätshaß zu masochistischer Lust an der Übermacht des phallischen Vaters zu transformieren. Daß Rotkäppchen durch sein masochistisches Auftreten gegenüber dem Wolf im Haus der Großmutter die Heldenprüfung besteht, die das Märchen für es vorgesehen hat, und als Beweis dafür einen Helfer bekommt, den Jäger, kann vor diesem Hintergrund als Ausdruck für das Akzeptieren der kastrierten Position seitens der Tochter verstanden werden, wodurch sie sich verdient gemacht hat, die Liebe und den Schutz des *Vaters* zu empfangen. Als Zeugnis dessen, daß dieses Akzeptieren und diese Identifikation mit der kastrierten *Mutter* stattgefunden hat, wird Rotkäppchen genau wie Großmutter verschlungen. Das heißt, es wird in genau jene Machtlosigkeitsposition versetzt, in der sich die Großmutter bereits im Magen des Wolfes befindet.

„Nachdem er sowohl die Mutter als auch die Tochter seinen väterlichen Begehren unterworfen hatte, schlief Ödipus am Tatort ein: in Jokastes Bett. Mit dieser offensichtlichen Enthüllung seiner dunklen Triebe hatte er sein Schicksal besiegelt. An seine Stelle mußte ein Vater treten, der seine ungehemmten Triebe sublimieren und ein Vaterreich befestigen konnte, das imstande war, das Tageslicht zu ertragen . . ."

Mit der Verschlingung Rotkäppchens befinden wir uns am Wendepunkt des Märchens. Wenn wir nun mit der beginnenden Diskussion des Jägers – als neuer Vaterfigur im Verlauf – dabei sind, uns in die *letzten (vierte und fünfte) Szenen des Außenraumes* zu bewegen, befinden wir uns daher bei einem viel entscheidenderen Szenewechsel als jenen, die wir zwischen den drei vorangegangenen Szenen gesehen haben.

Narrativ fungiert der Augenblick, in dem der Wolf Rotkäppchen frißt, als die endgültige Besiegelung seiner Verwandlung vom suchenden zum leidenden Held oder Opfer ohne Heldenstatus. Wie gesagt wird die Gültigkeit seines ursprünglichen Projekts zwar bereits suspendiert, als der Wolf die Großmutter frißt. Aber wie wir in der narratologischen Analyse besprochen haben, kann man jedoch in der Befragungssituation eine neue Form von Projektvermittlung/Unglücksverkündigung sehen. Das heißt, eine neue

Auflage eines Auftrags für Rotkäppchen in seiner Eigenschaft als suchender Held. Erst als es gefressen wird wie die Großmutter, läßt uns das Märchen verstehen, daß es Rotkäppchen nicht „Mann" sein lassen kann, um den neuen Auftrag auf sich zu nehmen. In einem anderen Typ von Verschlingungsmärchen ist es der Verschlungene selbst, der sich aus dem Magen des gefräßigen Ungeheuers herausschneidet (oder ähnliches),[44] doch diese Möglichkeit zur Befreiung durch eigene Kräfte, durch eigenen aktiven Heldeneinsatz, ist deutlicherweise in *Rotkäppchen* nicht vorhanden. Hier muß die Rettung von außen kommen. Die Großmutter und Rotkäppchen liegen völlig passivisiert – handlungsgelähmt und stumm – im Magen des Wolfes. Sie können nicht einmal (durch Schreie oder ähnliches) um Hilfe rufen. Es ist das Schnarchen des Wolfes, das die Rettungsaktion in Gang setzt. Narrativ gibt es ja nach der Verschlingung Rotkäppchens entweder die Möglichkeit, daß das Märchen hier schließt (was es unter anderem bei Perrault[45] tatsächlich tut), oder daß ein Helfer oder ein neuer Held eingreift.

Psychodynamisch bedeutet diese narrative Passivisierung der weiblichen Figuren, daß jede Interaktion auf der aktiv-antigonalen *Mutter*-Tochter-Achse, um die herum sich die ersten drei Szenen des Außenraumes abspielten, mit den „Kastrationen" zu einem Ende gebracht wurden. Wir befinden uns nun in einem Raum, der von der Distribution des Patriarchatsfetischismus von Potenz und Sexualität bestimmt ist. Das heißt, in einem Raum, wo die Dynamik auf den Interaktionsachsen alleine vom Männlichen, von dem *Vater*, ausgehen kann.

Aber was ist das nun für ein Typ von *Vater*-Raum, in den wir gekommen sind? Wenn der Jäger eine Vaterfigur ist, was hat er dann mit dem Wolf-dem *Vater* zu tun? Werden sie im Märchen nicht gerade als diametrale Gegensätze einander gegenübergestellt – als guter Helfer/neuer Held und böser Gegenspieler? Doch. Zwar erfüllt der Wolf, nachdem er Rotkäppchen gefressen hat, eine positiver valorisierte Funktion. Insofern wir Rotkäppchen als den Helden betrachten, tritt jener als feindlichgesinnter Schenker auf, als er durch sein Schnarchen dem Jäger den Weg zum Tatort verrät. Im psychodynamischen Substrat ist er dementsprechend vom Feind-Rivalen-*Vater* zu sadistischem-Lustschenker-*Vater* durch den verdichteten Augenblick transformiert, der also unter anderem die Identifikation der Tochter mit dem passiv-masochistischen *Mutter*-Imago und ihr Akzeptieren der Kastration signalisiert. Aber die Positivität, die in der Schenker- und Lustvermittlerrolle des Wolfes liegt, ändert nichts an seiner grundlegenden Dimension des Gegenspielers und bekämpfenswerten *Vaters*, was dadurch markiert wird, daß er eine Strafe, einen grausamen Tod verdient. Demgegenüber steht der Jäger, der eindeutig positiv valorisiert ist, und der nach der Meinung des Märchens Anspruch auf Belohnung hat (in Form einer Siegestrophäe, dem Wolfspelz). Ist dieser lobenswerte Retter, Beschützer-*Vater* wirklich ein Repräsentant desselben Typs von passiv-ödipalem *Vater*-Raum, zu welchem sein Antipode, der Wolf-der *Vater*, der Kannibale- oder Sadist-*Vater* den Übergang vermittelte?

Um dieses Problem zu lösen, können wir von Helene Deutsch' Begriff über die Teilung des *Vater*-Imagos in zwei ausgehen – den *Nacht-Vater* und den *Tag-Vater*[46] –, die meiner Ansicht nach einen brauchbaren Ausgangspunkt für die Rekonstruktion dessen enthält, was im Bewußtsein des Mädchens passiert, insofern es „normal" auf die „Kastration" reagiert. Der sadistisch-nachstellende *Nacht-Vater*, jenes *Vater*-Imago, das Träger der passiv-ödipalen masochistischen Sexualphantasien des Mädchens ist, wird verdrängt, sagt Helene Deutsch, und verlegt seine Wirksamkeit ins Unbewußte. Auf der bewußten Ebene kann der *Vater* hiernach in einem Schein der Verklärung als der *Tag-Vater* erscheinen, das heißt, in desexualisierter und sublimierter Gestalt des realitätsbewußten Beschützers, der anscheinend nichts mit dem unheimlichen *Nacht-Vater* und seinen phallisch-sadistischen Trieben zu tun hat. Mit diesem dobbelten *Vater*-Imago erhalten wir eine ausgezeichnete Erklärung dafür, warum die Vaterfigur, der Jäger, der in *Rotkäppchen* nach den Verschlingungen/„Kastrationen" auftaucht, zugleich das Gegenstück zum Wolf und dessen Komplement sein kann. Der gewalttätige Wolf und der rettende Jäger können auf diese Weise als zwei Seiten derselben väterlichen Position in dem passiv ödipalen Tochter-*Mutter-Vater*-Dreieck verstanden werden – als Repräsentanten dessen zweigeteilten *Vater*-Imagos. Ist der Wolf im Verschlingungsaugenblick der *Nacht-Vater*, so hat der Jäger dagegen eindeutig Züge des *Tag-Vaters*.

Als das sublimierte, erklärte und bewußtseinsfähige[47] Komplement des aktiv-bemächtigenden und phallisch-sadistischen *Vaters* zeigt sich der Jäger auf unterschiedliche Weisen. Erstens markiert er sich auf einer Linie mit dem Wolf als Träger aktiv handlungsproduzierender Kraft. Das heißt, als Träger dessen, was der Großmutter und dem Rotkäppchen jetzt fehlt. Gleichgültig, ob wir den Jäger als selbständigen neuen Held oder als den Helfer des leidenden Rotkäppchens interpretieren, ist er eindeutig als der zu betrachten, auf dessen aktivem Einsatz (‚Potenz') der weitere Verlauf beruht, nachdem die Großmutter und das Rotkäppchen von ihrer Lebenskraft selbst und damit von jeglichem Handlungspotential abgeschnitten wurden (‚impotent gemacht wurden'). Der Jäger übernimmt sozusagen die ‚Stafette' vom Wolf, was die Rolle als handlungstragendes Subjekt betrifft. Das Projekt des Wolfes bestimmt den Ausgang der beiden Katastrophenszenen, und anschließend setzt das des Jägers ein. Das Handeln des Wolfes ist böse, wogegen das des Jägers gut ist. Sie sind Antipoden. Aber ihnen ist gemeinsam, daß sie – im Gegensatz zu der Großmutter und zu Rotkäppchen – beide ein Projekt haben, einen Willen und ein Streben, die den Gang der Handlung bestimmen, nachdem die weiblichen Interaktanten passivisiert wurden. – Seine Doppelheit von Gleichheit mit und Gegensatz zu dem Wolf enthüllt der Jäger zweitens durch seine Reaktion auf das, was als Prüfung interpretiert werden kann, insofern wir ihn als Held betrachten. Einerseits ist er im Begriff, die symbolische Handlung vorzunehmen, den Wolf zu erschießen, wodurch es mit der Großmutter und dem Rotkäppchen endgültig vorbei gewesen wäre – was also mit anderen Worten den Übergriff des Wolfes auf sie vollendet hätte. Aber unser Retter hält sich im letzten Augenblick von dieser ungehemmten phallischen Potenzentfaltung zurück, die ihn auf eine Stufe mit dem Wolf gestellt hätte, dem *Nacht-Vater* (dessen „Sünden" er doch offenbar nur allzu gut kennt!). Der Jäger qualifiziert sich damit als *Tag-Vater* – als der ritterliche Beschützer der Schwachen, als der *Vater*, der seine männlichen Triebe zügeln und sie in zivilisierte Ziele kanalisieren kann. – Schließlich qualifiziert sich der Jäger drittens als *Tag-Vater*, indem er auftaucht, unmittelbar nachdem der phallisch-sadistische *Nacht-Vater* seine Verkleidung abgelegt und sein wahres Gesicht gezeigt hat, um daraufhin als seine erste Handlung die Existenz dieses *Nacht-Vaters* auszuradieren. Als *Tag-Vater*-Imago hat der Jäger das Monopol auf den Zugang zu dem Gebiet des Bewußten, und muß unverzüglich an die Stelle des Nacht-Vaters treten, ihn verdrängen, kann aber gleichzeitig auch erst in Aktion treten, nachdem sich sein böses Gegen-Bild (und Komplement!) gezeigt hat.

In Übereinstimmung mit der symbolischen Funktion des Wolfes als *Nacht-Vater*-Imago kann dessen Besiegung, Bestrafung und Tod auf diese Weise als eine Vertreibung aus dem Raum des Bewußten interpretiert werden, als eine Etablierung der Voraussetzung dafür, daß ein *bewußter*, passiv-ödipaler *Vater*-Raum gebildet werden kann. Im Sieg des Jägers über den Wolf und dessen Bestrafung, bei welcher Rotkäppchen eifrig sekundiert, liegt jedoch noch eine weitere Dimension. Der Wolf tritt als *Nacht-Vater* auf – als die verdrängte und dunkle Triebseite des *Tag-Vaters*. Aber er ist auch mit weiblich-mütterlichen Zügen behaftet.[48] Außer der Rolle des Wolfes als *Nacht-Vater* trägt auch diese letztgenannte Dimension dazu bei, sein Todesurteil zu besiegeln.

Die weiblich-mütterlichen Züge des Wolfes sind als eine unterschwellige Strömung unter seinem dominierenden Charakter des *Vater*-Imagos bereits von Beginn an aufgrund der oralen Intentionen vorhanden, die eine Verbindung zu der präantigonalen Sphäre der *Urmutter* knüpfen. Eine manifeste Form beginnt die Weiblichkeit des Wolfes anzunehmen, als er sich als Frau ausgeben muß (gegenüber der Großmutter und Rotkäppchen). Ein eigentlicher Verweiblichungsprozeß setzt jedoch erst nach der Verschlingung Rotkäppchens ein – nachdem die ‚Handlungsstafette' an den Jäger weitergegeben wurde. Hier beschleunigt sich die Entwicklung allerdings. Nachdem der Wolf sein phallisch-sadistisches *Nacht-Vater*-Gesicht im Verschlingungsaugenblick offenbart hat, ist es um sein aktiv-handlungskräftiges Vorgehen geschehen. Erstens kann er sich nun plötzlich nicht mehr aus der Frauen-/Mutterposition befreien, in der er sich plazierte, um Rotkäppchen in seine Falle zu locken: er ist zu „müde" geworden, um Großmutters Haus und Bett zu verlassen, und wird daher auf „unmännliche" Weise besiegt – er wird im im wahrsten Sinne des Wortes im Bett „genommen". Bevor er stirbt, muß er zweitens etwas spezifisch Weibliches durchmachen, nämlich eine Geburt; in Übereinstimmung mit der infantilen Sexualtheorie, daß die Empfängnis durch die Nahrungsaufnahme erfolgt, und daß die Geburt danach durch den Nabel vor sich geht, „gebiert" der Wolf (durch eine Art Kaiserschnitt und mit dem Jäger als „Geburtshelfer") das, was er gefressen hat – Großmutter und Rotkäppchen. Drittens stirbt der Wolf sozusagen im „Wochenbett" – und als Folge von „Schwangerschaft" oder richtiger: einer todbringenden Karikatur davon (die Steine im Magen), die der eine Teil der Strafe sind. Schließlich repräsentiert viertens der zweite Teil der Strafe (die Häutung) Kastration und definitiv schmähliche Verweiblichung, da die Behaarung/der Pelz als Männlichkeitssymbol interpretiert werden kann. Symbolisch ist es auch genau die abgezogene Haut, welche die Siegestrophäe des Jägers und sein Beweis für seine endgültige Unschädlichmachung und Entmachtung des Wolfes wird.

Genau wie die *Nacht-Vater*-Dimension des Wolfes verurteilt ihn auch diese Verweiblichung zu Strafe und Tod hier im passiv-ödipalen *Vater*-Raum. Durch die neue Verankerung im väterlichen Hafen löst der passive Komplex nämlich endlich die alten libidinösen Bande zur Mutter auf, insofern die „Kastrationen" diese nicht schon zerstört haben. Hier liegt Helene Deutsch zufolge eine der wichtigen Funktionen des *Tag-Vaters*. Er unterstützt das Mädchen, wenn es sich von der Mutterbindung „befreien" soll, die nach den Potenzabsprechungen durch die „Kastrationen" nur als drückend, einschränkend und in allem und jedem infantil (in der negativ geladenen Bedeutung dieses Wortes) erscheinen muß. Der Sieg des Jägers über den Wolf und dessen Bestrafung erhält in diesem Kontext den Charakter einer vollendeten Auflösung der *Mutter*-Tochter-Achsen, welche die Interaktion im ersten Teil des Märchens kennzeichnete.

Wenn Rotkäppchen dem Jäger eifrig bei der Bestrafung des Wolfes hilft, können wir das als einen Ausdruck dafür sehen, daß der Prozeß, durch den die Tochter endgültig die Mutter als „kastriert" und „als Liebesobjekt unwürdig" abschreibt, nicht nur einen aktiven Einsatz des *Tag-Vaters* erfordert, sondern auch von der Tochter selbst. Die *Mutter*-Tochter-Achse ist nicht endgültig in ein passiv-ödipales Rivalitätsverhältnis verwandelt, ehe sich die Tochter nicht nur mit ihren libidinösen Erwartungen an den *Vater* gewendet hat, sondern auch aktiv die Mutter verworfen hat. Jener Verweiblichungsprozeß, dem der Wolf unterzogen wird, wenn das, was zuerst eine äußerliche Verkleidung ist, verinnerlicht und existenzielles Schicksal wird, können wir als einen libidinösen Widerstand im psychodynamischen Substrat des Märchens interpretieren, der sich dagegen richtet, die alten *Mutter*-Tochter-Achsen aufzugeben, das Verschwinden der phallischen *Mutter* zu akzeptieren. Gewiß gibt es keine Basis mehr für die Achse in ihrer früheren Form. Indem die Tochter sowohl sich selbst als auch die Mutter als „kastriert" auffaßt, muß sie eine sexuelle Interaktion zwischen ihnen als ausgeschlossen ansehen. Was kann man sich vorstellen, das zwei „Kastrierte" miteinander anfangen könnten? Als Nachholbedarf können sich die alten Interaktionsachsen jedoch sehrwohl nach den „Kastrationen" geltend machen. Der Wolf, der „zu müde" ist, um Großmutters Bett und Haus zu verlassen, kann als ein solcher Nachholbedarf verstanden werden, als ein Rudiment jener Interaktionsachse, auf welcher die phallische *Mutter* aufgetreten ist. Der Wolf hat sein wahres Gesicht gezeigt – hat väterlich die „Kastration" vermittelt, bleibt aber trotzdem liegen, als wäre er noch immer eine phallische *Mutter* und nicht ein phallischer *Vater*, der seine Frau „verschlungen"/unterworfen hat. Schließlich kann dieses Rudiment der vormaligen Interaktionssituation in Jokastes Reich nur durch das Mitwirken der Tochter zum Verschwinden gebracht werden. Es liegt daher eine Konsequenz darin, daß es Rotkäppchen ist, das die Steine holt, die leblosen „Kinder", die ihrer „Mutter" den Tod bringen, und die die Fähigkeit der Frauen zur Mutterschaft verhöhnen und parodieren, indem sie die weibliche Biologie als total kastriert hervorheben, indem sie spöttisch die spezifisch weibliche Potenz abschreiben: Leben hervorzubringen. Auf diese Weise ist es nämlich Rotkäppchen-die Tochter, die den Körper verwirft und tötet, der sie gerade (wieder-)geboren hat, und erst wenn sie dies getan hat, ist der passiv-ödipale *Vater*-Raum gänzlich von jeder Spur der früheren, aktiv mutterinzestuösen Interaktion gereinigt, welche die Stabilität des neuen Raumes bedrohen könnte.

„Für Antigones Projekte gab es im Reich des neuen *Vaters* keinen Platz. Doch ihre passive Schwester, Ismene, die akzeptierte, daß ihr Überleben davon abhing, daß sie die tote Antigone vergaß und außerdem alle Ver- und Gebote der Mutter im Sinne des *Vater*-Gesetzes interpretierte, durfte leben – ob sie wohl heute noch in uns lebt?"

Wenn wir mit dem schmählichen Tod des Wolfes den *Nacht-Vater* ausgetrieben und die libidinös besetzte *Mutter* beseitigt haben, sind die Voraussetzungen gegeben, daß die passiv-ödipale Interaktion zum permanenten Zustand wird. Als einen solchen stabilisierten *Vater*-Raum können wir den abschließenden Heimatraum des Märchens interpretieren, in dem – im Gegensatz zur Ausgangssituation – alle Positionen der patriarchalischen Familientriade besetzt sind, wenn auch noch immer keine regelrechte und normale Rollenbesetzung in den Elternpositionen besteht. So ist der Jäger-*Tag-Vater* ist weder sozial noch biologisch ein ‚authentischer' *Vater*. Doch er ist auf dem Weg „heimwärts", was als Ausdruck dafür interpretiert werden kann, daß er als Imago betrachtet sich in einer Bewegung in Richtung einer solchen väterlichen Authentititätsposition befindet. Außerdem ist es noch immer die *Urmutter*, die Großmutter, die den zentralen Platz auf der *Mutter*-

Achse einnimmt. Jedoch ist hier eine entscheidende Veränderung eingetreten, welche die passiv-ödipale Stabilität der patriarchalischen Ordnung sichert. Rotkäppchen hat seine Lust, auf eigene Faust im Wald nach Blumen für die Großmutter zu suchen, für immer aufgegeben: „Rotkäppchen aber dachte ‚du willst dein Lebtag nicht wieder allein vom Wege ab in den Wald laufen, wenn dies die Mutter verboten hat'."* Der Weg, der in den aktiv-antigonalen Raum des Waldes führt, in das stabilitätsbedrohende Genitalregister, wo die Alleinherrschaft des *Vaters* plötzlich in Gefahr kommen kann, ist nun vollständig blockiert, und das so effektiv, wie man sich überhaupt vorstellen kann. Der mutterinzestuöse Weg ist nämlich nicht nur mit einem Verbot, einem Tabu, belegt worden; seine Existenz wurde ganz einfach in den retrospektiven Blickwinkel verdrängt.

Kehren wir nämlich nun, wo wir den Verlauf vom abschließenden Heimatraum aus betrachten, zu der Frage zurück, deren vollständige Beantwortung wir früher aufgeschoben haben, – die Frage, was es für ein Weg war, vor dem die Ver- und Gebote der Mutter warnten, dann zeichnet sich ein ganz anderes Bild ab als damals, als wir sie ursprünglich stellten. Prospektiv in ihrem unmittelbaren Kontext interpretiert enthielten die Ermahnungen eine Warnung vor dem Übergang zur aktiv-antigonalen und genitalen Interaktion. Wenn wir dagegen jetzt die Ver- und Gebote retrospektiv betrachten, dann wird ihr ursprünglicher Kontextzusammenhang vollständig von Bedeutungen überschattet, die von der Interaktion mit dem sadistisch-nachstellenden Vater stammen. In der zurückblickenden Perspektive ist es dem Rotkäppchen und dem Zuhörer – dem kleinen Mädchen in der Kinderstube – natürlich klar, was der Wolf von seinem ersten Auftauchen an im Sinn hatte. Die „Hitze", vor der die Mutter warnt, wird unter diesem Blickwinkel zu der Erregungshitze, die mit dem „Fall" folgt (der masochistischen Unterwerfung unter den phallisch-sadistischen *Nacht-Vater*, dem Einnehmen der passiv-ödipalen Position) und mit dem sexuellen Akzeptieren seines gewaltsamen, genitalbeschädigenden (die „zerbrochene Flasche") Eindringens.

Durch die Kontextänderung, die zwischen der prospektiven und der retrospektiven Betrachtung der Ermahnungen der Mutter liegt, wird das Bild des aktiven Weges zur *Mutter* total verwandelt. Das, was einmal als die Gefahr aktiver, genitaler Mutterinzestwünsche aussah, erscheint nun so, als ob es sich die ganze Zeit um die passive, vaterinzestuöse Libido gedreht hätte. Daß ein aktiv-antigonales Interregnum existiert hat, in der die Sphäre der *Urmutter* überschritten war, und wo sich die patriarchalische Oberhoheit des Vaters noch nicht stabil in der Interaktion installiert hatte, kann durch die Brillen des retrospektiven Blickwinkels nicht gesehen werden. Und weil die aktiv suchende Antigone auf diese Weise nicht nur tot ist, sondern auch fort – so effektiv begraben, daß man nicht einmal die Grabstätte sehen kann –, kann dem ursprünglich auf die Mutter gerichteten Sucherheldenprojekt (die Interaktion im oralen Register) nun ruhig die Vollendung gestattet werden. Nach der Amputation der aktiv-antigonalen Dimension unter dem retrospektiven Blickwinkel ist nämlich nur ein kleines unschuldiges Mädchen übrig, das mit einem höchst infantilen, harmlosen und an sich überhaupt nicht stabilitätsbedrohenden Auftrag unterwegs ist: der Großmutter etwas Leckeres zu bringen! Ein oraler und präantigonaler Auftrag, der nicht den Anspruch erhebt, in das Gebiet des *Vaters* einzudringen! Ein Auftrag, der in dieser retrospektiven – amputierten – Perspektive überhaupt so rudimentär erscheinen muß, daß dessen kleine Ausführerin wohl kaum die Bezeichnung „suchender Held" verdient ...

Blicken wir nun zurück auf die erste – vorläufige – Interpretation von *Rotkäppchen*, und vergleichen diese mit dem psychodynamischen Diskurs, den wir nun herausanalysiert haben, dann sehen wir, daß wir durch die narratologische Etablierung der vollen Textfläche auf tiefere und viel weitreichendere Dimensionen der Möglichkeiten des Märchens als Identifikationsmodell für das kleine Mädchen in der bürgerlichen Gesellschaft gestoßen sind. Es sollte ja nun klar sein, daß die Transformation vom suchenden zum leidenden Held/Opfer ohne Heldenstatus, die wir durch die narratologische Analyse gesehen haben, als eine Geschichte der Verwandlung interpretiert werden kann, welche unser, der Frauen, historisches Triebschicksal ist. Nämlich der „Fall" von der Position: „phallisch" oder richtiger „aktiv-antigonal" in die Position: „kastriert" und „normal".

In der Dimension des psychodynamischen Substrats des Textes sehen wir, daß das, was in der narratologischen Analyse der Funktionsreihe als *zwei* Sequenzen mit ihrem jeweiligen Typ von Held erschien, als *ein* Verlauf verstanden werden kann: eine Bewegung von einem präantigonalen Raum über ein aktiv-antigonales Interregnum in einen passiv-ödipalen, weiblichen Normalitätsraum. Diese psychodynamische Interpretation bedeutet jedoch nicht, daß jenes Resultat, das die narratologische Analyse gebracht hat: die Unterscheidung zweier Sequenzen, außer Kraft getreten ist. Im Gegenteil. Mit der Aufdeckung der beiden Sequenzen im Märchen wird eine Bruchfläche im Märchentext freigelegt, die präzise einem Einschnitt entspricht und diesen illustriert, den wir in einer Abbildung der Interaktionsstrukturen zu finden erwarten müssen, welche in einem patriarchalischen Kontext den weiblichen Entwicklungsverlauf konstituiert. Jenem Einschnitt nämlich, den die „Kastration", der patriarchatsfetischistische Symbolisierungsprozeß, im weiblichen Bewußtsein produziert. Die „Kastration" muß ja, wie wir gesehen haben, in den Augen des Mädchens wie ein unbegreiflicher Schnittpunkt zwischen einer „phallischen" = „männlichen" und einer „kastrierten" = „weiblichen" Position aussehen. Oder, um in der metaphorischen Sprache des Märchendiskurses zu sprechen: als ein unmittelbarer

Sprung von dem Funktionsuniversum des suchenden Helden zu dem des leidenden Helden oder Opfers. Wenn wir das psychodynamische Substrat betrachten, können wir eine genaue psycho-logische Vermittlung von Szene zu Szene durch den ganzen Verlauf des Märchens sehen. Aber da diese Psycho-Logik auf der „Kastration" und darunter auf einer fundamentalen Spaltung zwischen einem „Vorher"- und „Nachher"-Bewußtsein beruht, muß die narratologische Manifestation eben auch eine dementsprechende Diskontinuität enthalten.

Mit anderen Worten: durch das Zusammenspiel zwischen 1) zwei narratologischen Sequenzen, in welchen das Rotkäppchen als Sucherheld beziehungsweise leidender Held/Opfer angesetzt ist, und wo sich seine Funktionen als Sucherheld erst retrospektiv als rudimentär erweisen, und 2) einem psychodynamischen Substrat, das die Interaktionszusammenhänge formuliert, die das „normale" weibliche Triebschicksal im Patriarchat bestimmen, kann das Märchen als ein Stück exemplarische psychoanalytische Didaktik fungieren. Es bildet metaphorisch ab, wie wir unter den Zwangsbedingungen der Geschlechtscharaktermaske zu „Frauen" gemacht werden.

Kapitel VII
Die Kastration der Mutter oder die Geschichte, wie ein archaisches Matriarchat in Trümmer fällt

> „Nein, mir fällt nichts Besonderes ein, das ich von meiner Mutter geerbt hätte. Wir sind so verschieden."
> (Eine Antwort, die die amerikanische Autorin Nancy Friday in den über 200 Interviews häufig bekam, die sie mit Frauen während der Arbeit an dem Buch *My Mother/My Self – The Daughter's Search for Identity* (1977) machte.)[1]

1. Unsere inneren Bilder der „phallischen" und der „kastrierten Mutter

Erleben wir wirklich unsere Mütter als „kastriert"? Und vollzieht sich tatsächlich ein Wechsel in unserem Erleben von ihnen – der einem „Fall" von einer phallischen in eine kastrierte Position entspricht, worauf der Begriff „Kastration" hindeutet? Sollen wir dem freudianischen Diskurs glauben, dann müssen wir beide Fragen mit ja beantworten. Diesem zufolge ist es gerade dieser Fall der Göttin oder diese Erniedrigung des Matriarchs, die uns veranlaßt, das Objekt zu wechseln, uns von der früher heißgeliebten Mutter abzuwenden und unsere libidinösen Wünsche ausschließlich auf heterosexuelle Ziele zu richten. Folgendermaßen wird zum Beispiel in Freuds letztem Artikel über die Weiblichkeit jener Prozeß beschrieben, der zur Abwendung von der Mutter führt:

Die Abwendung von der Mutter erfolgt wohl nicht mit einem Schlag, denn das Mädchen hält seine Kastration zuerst für ein individuelles Unglück, erst allmählich dehnt sie dieselbe auf andere weibliche Wesen, endlich auch auf die Mutter aus. Ihre Liebe hatte der phallischen Mutter gegolten; mit der Entdeckung, daß die Muter kastriert ist, wird es möglich, sie als Liebesobjekt fallen zu lassen, so daß die lange angesammelten Motive zur Feindseligkeit die Oberhand gewinnen. Das heißt also, daß durch die Entdeckung der Penislosigkeit das Weib dem Mädchen ebenso entwertet wird wie dem Knaben und später vielleicht dem Manne.* (Freud 1933a, 103)

Das sagt Freud. Was sollen wir dazu sagen? „Patriarchatsfetischistische Sprache!"
Bevor wir jedoch mit der Defetischierung des freudianischen Diskurses beginnen, die auch hier notwendig ist, wo wir es mit der Entwicklung

unserer Mutterbilder zu tun haben, werden wir wie in *Kapitel V* vorgehen. Nämlich, zuerst etwas zu betrachten, das dem Bewußtsein des Erwachsenen vermutlich zugänglicher ist als diese sonderbaren Bilder einer „phallischen" und einer „kastrierten" Mutter, noch dazu in ein und derselben Person. Insofern wir den freudianischen Diskurs gutheißen und diesen Vorstellungen reale, wenn auch natürlich patriarchatsfetischierte Gültigkeit zugestehen, müssen wir diese selbstverständlich als unbewußt, verdrängt verstehen. Das Erlebnis der Kastration unserer Mutter ist, – falls es stattfindet – klarerweise äußerst traumatisch und wird, genau wie die Vorstellung unserer eigenen, von dem Territorium des Bewußten verwiesen werden. Wir sollten daher nicht nach direkten Vorstellungen der „Kastration der Mutter" in unseren Erinnerungen und bewußten inneren Bildern von unseren Müttern suchen. Die unmittelbar wiedererkennbaren Abdrücke des Erlebnisses müssen indirekt und verschoben sein.

Wie breite und gefühlsgeladene Debatten innerhalb Frauenbewegung und Frauenforschung über die Mutter-Tochter-Beziehung deutlich enthüllt haben, sind negative Gefühle als solche gegenüber der Mutter für die Töchter keineswegs unerkennbar. Ein Codewort für neue und zentrale Seiten des Kampfes gegen die „inneren Feinde" wurde „Abrechnung mit den Müttern". Eine Abrechnung, zu der unter anderem die Theorien der französischen Psychoanalytikerin, Janine Chasseguet-Smirgel, und ihrer Schule der Frauenbewegung und Frauenforschung in den 1970er und 1980er Jahren Nahrung gaben. Die Mutter war diejenige, die in unseren Körpern saß und deren freie Entfaltung verhinderte – sexuell und überhaupt –, hieß es. Die Mütter hätten die unterdrückenden Grenzen durch ihre Ideale in uns gezogen, daß wir „stille und nette Mädchen" sein sollten. Grenzen, die furchtbar schwer zu überschreiten wären, da die Wut in der Mutter-Tochter-Beziehung verboten sei.

Was ist der Hintergrund all dieser negativen Gefühle? Tja ... Über ihren Ausgangspunkt dafür, über 200 Frauen aus den gesamten USA über die Mutter-Tochter-Beziehung zu interviewen, sagt Nancy Friday unter anderem: „Soweit ich mit zurück erinnern kann, habe ich mir nicht die Form von Leben gewünscht, von der meine Mutter glaubte, sie mir zuweisen zu können."[2] Also eine Begründung, die eben genau mit negativen Gefühlen gegenüber der Mutter, die nur ein Frauenleben hindeuten konnte, das eine Anpassung an und Akzeptieren einer einengenden, begrenzenden und unterdrückenden Geschlechtsrolle mit sich brachte. Durch ihre Interviewarbeit wurde Nancy Friday darin bestätigt, daß sie mit diesem negativen Mutterkomplex absolut nicht alleine war. Im allgemeinen äußerten die interviewten Frauen den Wunsch, um alles in der Welt nicht wie ihre Mütter zu werden. Gleichzeitig hatten sie, wie das Einleitungszitat hier in *Kapitel VII* aussagt, in ihrem eigenen Selbstverständnis auch ein ganz anderes Leben realisiert. Aber, sagt Nancy Friday, die Sache hat mehr Dimensionen als diese unmittelbare Ebene des Selbstverständnisses. Die Replik, nicht wie die

Mutter zu werden, wird „in der Regel mit triumphierender Miene ausgesprochen – als ob sich diejenige, die sich ausspricht, der enormen Versuchung bewußt ist, die darin bestand, es ihrer Mutter nachzumachen, aber meint, der Versuchung widerstanden zu haben."[3] Bei einem weiteren Interview mit der eigenen Tochter der Frau wird jedoch öfters folgende bittere Bemerkung geäußert: „Ich sage immer zu meiner Mutter, daß sie mich auf akkurat dieselbe Weise behandelt, wie sie mir erzählt hat, daß Großmutter sie behandelt hat ... und die sie nicht vetragen konnte!"[4] Ebenso lautet eine übliche Replik, wenn der Ehepartner interviewt wird: „Je länger wir verheiratet sind, desto mehr wird sie ihrer Mutter ähnlich."[5]

Vielleicht besteht eine der Grundlagen für die negativen Gefühle gegenüber der Mutter darin, daß wir ihr einerseits nicht ähnlich sein wollen, und daß wir dies andererseits nicht vermeiden können? Und vielleicht haben wir zugleich mit dieser Doppeltheit auch ein alternatives Wunschbild einer aktiven, potenten, freien, von Selbstverwirklichung erfüllte Mutter? Wir die Redakteurinnen von einem dänischen Debattenbuch über das Mutter-Tochter-Verhältnis zum Beispiel sagen:

... unsere Wut (auf die Mütter, A. d. A.) ist gleichzeitig ein tief empfundenes Bedürfnis, ein anderes Bild unserer Mütter zu bilden, eine gleichgestelltere und nichtunterdrückende Beziehung zu ihnen zu etablieren. Wir möchten sie gerne als Frauen respektieren, auch um Teile von uns selbst respektieren zu können, die wir sonst verachten müssen. Wohl auch, um den verlorenen Teil unserer Identität als Frau einzuholen, den wir uns abgesprochen haben, als wir uns als halberwachsene Mädchen unsere Verachtung gegen sie wandten und uns mit unseren Vätern identifizierten. Aber trotzdem wünschen wir uns natürlich keine unmittelbare Identifikation, wir wollen noch immer nicht unseren Müttern ähneln. (Frastein und Giese, 1980, 16) (Meine Übers., A. d. Ü.)

Weder Nancy Fridays Buch, noch das eben zitierte dänische Debattenbuch erhebt den Anspruch, soziologisch repräsentative oder sozialisationstheoretisch entwickelte Antworten zu geben. Was sie tun ist, Fragen zu stellen, Probleme zur Debatte zu bringen. Hier soll ihre Funktion auch vor allem darin bestehen, einen Auftakt im Register des Bewußten und Wiedererkennbaren zu etablieren – eine Brücke zu der vielleicht sonderbaren und fremden Empirie zu schlagen, den Analysanden-Mitteilungen, auf deren Grundlage das merkwürdige, frauenfeindliche Sprechen der Psychoanalyse über eine „phallische" und eine „kastrierte" Mutter entstanden ist. Denn: erinnert die Spannweite zwischen der aktiv potenten, freien Wunsch-Mutter einerseits und der tatsächlichen Mutter andererseits, der wir um keinen Preis ähneln oder wie sie leben wollen, nämlich nicht auf beunruhigende Weise an die Polarität, die in der freudianischen Beschreibung des Mutterimagos enthalten ist? Und: ist die Ambivalenz, die Nancy Friday aufdeckt, nicht genau die Reaktion, die wir zu finden erwarten mußten, wenn die „kastrierte Mutter" des freudianischen Diskurses etwas mit unserem inneren, unbewußten Mutterbild zu tun hat? Wir wollen um alles in der Welt vermeiden, unseren Müttern zu ähneln, und können uns trotzdem gleichzeitig nicht von der Ähnlichkeit mit ihnen freisprechen, wenn wir hinter unser unmittelbares Selbstverständnis gehen. Das muß zu denken geben.

Meiner Ansicht nach müssen wir beide Fragen mit ja beantworten. Die phallische mutter ist Freud zufolge jene, die wir einmal geliebt haben, – die anziehende, faszinierende, potente Jokaste. Die kastrierte Mutter ist das diametrale Gegenteil dieses ehemaligen Mutterbildes. Zwischen diesen beiden besteht wohl tatsächlich ein genauso extremer Gegensatz wie zwischen den Bildern von der „Wunschmutter" einerseits und der „faktischen Mutter" andererseits, was zum Beispiel das Zitat aus dem dänischen Debattenbuch skizziert. Und: nehmen wir nun an, daß die „faktische Mutter" außerdem wirklich mit dem Bild einer „kastrierten Mutter" in unseren unbewußten Vorstellungsschichten verbunden ist. Müssen wir dann einerseits nicht genau erwarten, daß sich ein großer Wunsch, selbst *nicht* so zu sein, gemeinsam mit dem Bild von dieser Mutter manifestieren wird – gleichzeitig damit, daß wir andererseits unbewußt wissen, daß wir ihr Schicksal teilen, weil ja das Kastrationsbild einen Mangel an ihrem biologischen Geschlecht postuliert, das auch das unsere ist?

Aber selbst wenn wir diese Verbindungslinien von bewußten Bildern zu unbewußten Vorstellungsdimensionen nun anerkennen, können wir natürlich keineswegs den Analysanden-Mitteilungen so unbekümmert gegenüberstehen wie der freudianische Diskurs. In seiner patriarchatsfetischistischen Blindheit betrachtet er ja ganz einfach das Erlebnis der Kastration der Mutter, oder richtiger: die Entdeckung ihrer „Kastriertheit", als eine Erkenntnis einer indiskutablen Ordnung der Natur. Demgegenüber müssen wir uns noch einmal auf einem in brechtschem Sinne ‚verfremdeten'* Aussichtsposten plazieren. Wir müssen diesem neuen, skandalös frauenfeindlichen und biologisch absurden Gedanken Fragen stellen, den der freudianische Diskurs unter der Überschrift „... mit der Entdeckung, daß die Mutter kastriert ist..."*6 formuliert.

Ganz parallel zu der Art und Weise, auf die wir die biologisch betrachtet sonderbare Vorstellung unserer eigenen Kastration befragt haben, müssen wir auch jetzt die beiden zentralen Punkte der Verwunderung aufzeigen, zu welchen der freudianische Begriff der „Kastration der Mutter" veranlassen muß. Nämlich: 1) Warum in aller Welt interpretieren wir den weiblichen Körper und Genitalität unserer Mütter in phallischen Termen? Und: 2) Warum fassen wir nicht, abgesehen von der Terminologie, ihre genitalen und körperlichen Qualitäten als geschlechtlich konstant auf?

Woher kommt diese sonderbare und absurde Vorstellung von einem Wechsel vom männlichen zum weiblichen Geschlecht auch in der Geschlechtsnatur der Mutter, von „phallischer" zu „kastrierter" Mutter?

Wir werden versuchen, diese Fragen zu beantworten, indem wir untersuchen, ob eine Defetischierung im Stil von jener, die wir in *Kapitel V* unternommen haben, auch hier möglich ist, wo unser Anliegen die Mutterbilder sind. Dies werden wir ausgehend von der These tun, daß der ‚Fehler' im freudianischen Diskurs noch immer nicht in einer falschen Wiedergabe der Erscheinungsformen liegt. Das heißt, die Mutterbilder, die wir tatsächlich entwickeln, wenn wir in einer Gesellschaft aufwachsen, in der Frauen das ‚andere Geschlecht' sind. Der ‚Fehler' besteht hingegen in einem fetischistischen Verbleiben auf dem Oberflächenniveau, wo Kinder in einer solchen patriarchalischen geschlechterpolarisierten Gesellschaft das Agieren der Geschlechtscharaktermaske „*Mutter*" gleichzeitig sehen und übersehen. Wie im vorangegangenen muß eine Darstellung des gesamten Defetischierungsprozesses drei verschiedene Niveaus umfassen:

1) Die freudianische Auffassung von der Entwicklung der Mutterbilder auf dem Niveau ihres eigenen Selbstverständnisses (der Ausgangspunkt des Prozesses – *1. Niveau*).

2) Aufzeigen möglicher bedingungsanalytischer Verbindungen zwischen den beschriebenen psychischen Phänomenen und dem historisch-gesellschaftlichen Sozialisationskontext (Hinweise auf den bedingungsanalytischen Rahmen, in den sich die defetischierten Begriffe einschreiben – *2. Niveau*).

3) Die eigentliche Defetischierung des freudianischen Diskurses (*3. Niveau*).

Da das Trauma, auf welches mit dem Begriff der „Kastration der Mutter" hingewiesen wird, als eine Dimension des Kastrationstraumas verstanden werden muß, das wir im vorangegangenen behandelt haben, ist jedoch bereits implizit, auch was dieses zweite Traumamoment betrifft, eine Ganzheitsperspektive auf alle drei Niveaus angelegt. Wie das Erlebnis der „Kastration" des eigenen Körpers kann die „Kastration" der Mutter nämlich durch den Durchbruch der patriarchatsfetischistischen Symbolisierung im Bewußtsein des Mädchens erklärt werden. In diesem Prozeß ist eine eigene innere Logik, die bedeutet, daß sich die Defetischierung der Begriffe von der „phallischen" und der „kastrierten" Mutter im Prinzip von der Prämissen ausgehend vornehmen läßt, die unsere Bearbeitung des freudianischen Diskurses über die „Kastration" etabliert hat. Die Aufgabe, die im folgenden gelöst werden soll, kann daher als eine Konkretisierung der Konsequenzen beschrieben werden, die der Niederschlag der patriarchatsfetischistischen Logik für die Entwicklung der Mutterbilder des Mädchens hat.

Wir werden diese Konkretisierung entfalten, indem wir *vier Fragen* stellen, die bei der freudianischen Beschreibung des zweiten „Kastrationstraumas" oder richtiger: dem zweiten Moment des Kastrationstraumas[7] sukzessive auftreten. Für jede Frage werden wir teils die Ebene des freudianischen Selbstverständnisses beschreiben (1. Niveau), und teils den defetischierten Diskurs formulieren (3. Niveau). Erst nachdem wir die Bewegung durch die vier Fragen vollzogen haben (und damit das 1. und 3. Niveau dargestellt haben), werden wir untersuchen, in wie hohem Grad es notwendig ist, mehr Ursachenkorrelationen aufzuzeigen als jene, auf die im vorangegangenen bereits hingewiesen wurde, und danach das 2. Analysenniveau geschlossen formulieren (in *Kapitel VIII*). Schließlich werden wir (in *Kapitel IX*) noch einmal mit einem psychoanalytisch didaktischen Blick ein Volksmärchen analysieren: das österreichische *Bei der schwarzen Frau*, das als Metapher für die Entwicklung der Mutterbilder unter den Bedingungen des Patriarchatsfetischismus gelesen werden kann.

2. Wie erscheint Jokaste vor Antigone?
Das erste antigonale Mutterimago

Die *erste Frage* handelt von dem Mutterimago, das wir vor der „Kastration" haben – bevor wir dem patriarchatsfetischistischen Symbolisierungsprozeß unterzogen werden. Wie sieht dieses Bild aus dem prospektiven Blickwinkel betrachtet aus? Wie ist es speziell in der (ersten[8]) antigonalen Phase? Das heißt, nachdem wir begonnen haben, unserer Genitalität Aufmerksamkeit zu schenken, aber vor der „Kastration"?

Eine phallische Mutter
(Antwort)

Die Frage der Mutterbilder greift Freud bereits im Jahr 1908 unter der Überschrift *Über infantile Sexualtheorien*[9] auf. Das heißt, die teilweise falschen Vorstellungen, die Kinder über den Charakter von sexuellen Akten entwickeln, über die Organe, mit welchen diese ausgeführt werden, und über die eventuellen Konsequenzen in Form von Schwangerschaft und Geburt. Hier wird als die „erste Theorie" die Vorstellung des Knaben über die penisbesitzende Frau (Mutter) beschrieben: „Die erste dieser Theorien knüpft an die Vernachlässigung der Geschlechtsunterschiede an, die wir eingangs als kennzeichnend für das Kind hervorgehoben haben. Sie besteht darin, *allen Menschen, auch den weiblichen Personen, einen Penis zuzusprechen*, wie ihn der Knabe vom eigenen Körper kennt."* (Freud 1908c, 145). Diese Vorstellung entwickelt der Knabe in jener Phase, sagt Freud, in der sich sein sexuelles Interesse um die Genitalität konzentriert hat, das heißt, in dem, was ab 1923[10] die „phallische Phase" genannt wird. Bevor dem Knaben die Realität der

„Kastration" bewußt wird, kann er sich nicht vorstellen, daß manchen Menschen (das heißt, manchen, die ihm selbst scheinbar so ähnlich sind) dieser ganz zentrale, lustbringende Körperteil fehlen könnte.

Aber wie steht es nun mit den Mädchen? Wie sehen sie ihre Mütter in der Phase, wo sie beginnen, ihre Aufmerksamkeit auf die Genitalität zu konzentrieren? Tja. Über die infantilen Sexualtheorien des kleinen Mädchens heißt es 1908 lakonisch: „Infolge der Ungunst äußerer wie innerer Verhältnisse haben die nachstehenden Mitteilungen vorwiegend nur auf die Sexualentwicklung des einen Geschlechts, des männlichen nämlich, Bezug."* (Freud 1908c, 142)

Was dachte sich eigentlich Antigone über Jokastes Körper? Diese Frage blieb genau wie die übrigen Probleme rund um die weibliche psychosexuelle Entwicklung bis zur Weiblichkeitsdebatte unbeantwortet – und wurde sogar hier erst zu einem späten Zeitpunkt systematisch aufgegriffen. Sie wird in der Debatte lange von der Diskussion über die andere Sexualtheorie des Mädchens/der Frau überschattet – die Vorstellung, selbst einen penistragenden Körper gehabt zu haben. (Freud streift die Frage nur in *Die infantile Genitalorganisation*,[11] wo ja primär der Knabe das Untersuchungsobjekt ist.) Erst im Anschluß an das Interesse, die frühe Mutterbindungsphase zu bestimmen, das Jeanne Lampl-de Groots Artikel von 1927 auslöst, werden auch einige mehr systematische Überlegungen zu den Vorstellungen des Mädchens über die sexuellen Aktionsorgane ihrer Mutter entwickelt. Freuds Bemerkungen zur Verwandlung der phallischen Mutter in die kastrierte Mutter im letzten Weiblichkeits-Artikel[12] gibt die Richtung an, in welche sich diese Überlegungen bewegten. Als diejenige, deren Verdienst es jedoch ist, jene Frage eigentlich in den Brennpunkt gerückt und den freudianischen Diskurs auf diesem Gebiet entwickelt zu haben, soll die Analytikerin Ruth Mack Brunswick klar in den Vordergrund gestellt werden.

Im Jahre 1928 publizierte Ruth Mack Brunswick eine Fallgeschichte über eine Frau mit Eifersuchtswahn.[13] Wie Jeanne Lampl-de Groots Artikel von 1927 bekommt diese Analyse zentrale und entscheidende Bedeutung für Freuds endgültige Ausformung des Weiblichkeits-Begriffes in den Artikeln von 1931 und 1933. So ist es Ruth Mack Brunswick, die in dieser Analyse den Begriff „präödipal" einführt – einen Begriff, den sie allerdings, was das Mädchen betrifft, in der kritisierbaren Bedeutung versteht: „vor dem auf den Vater gerichteten Ödipuskomplex". Hiermit hat sie einerseits die zweifelhafte Funtion, dazu beizutragen, Antigones Grab wieder zuzuschaufeln, das aufzudecken Jeanne Lampl-de Groot im Jahr davor im Begriff gewesen war. Aber sie trägt andererseits mit ihrer Hervorhebung dessen, was *vor* dem „normalen", heterosexuellen und passiven Ödipuskomplex liegt, dazu bei, die frühe Mutterbindungsphase, darunter die Beschreibung der antigonalen Phase, einen wichtigen Schritt weiter zu bringen. So begann Ruth Mack Brunswick mit dem Ausgangspunkt in der Analyse von 1928 im Jahr 1930 in

Zusammenarbeit mit Freud eine nähere Erforschung der „präödipalen Phase" sowohl beim Mädchen als auch beim Knaben. Die Resultate dieser Zusammenarbeit publizierte Ruth Mack Brunswick in einem Artikel von 1940, und darin finden wir eine wirklich entfaltete – wenn auch nicht widerspruchsfreie – Theorie über unter anderem die Entwicklung der Mutterbilder auch beim Mädchen.[14]

Bevor der Geschlechtsunterschied seine Existenz durch die „Kastration" entweder als drohende Möglichkeit (was den Knaben betrifft), oder vollendete Realität (beim Mädchen) zu erkennen gibt, sagt Ruth Mack Brunswick hier, müssen den Vorstellungen der Kinder über die psychosexuellen Qualitäten der Mutter drei Prinzipien zugrunde liegen. Das erste Prinzip beruht darauf, daß das Kind – Mädchen wie Knabe – in dieser frühen Lebensphase den Geschlechtsunterschied noch nicht kenne, sondern nur den Gegensatz aktiv-passiv. Die Mutter wird in ihrer Eigenschaft als primäre Fürsorgeperson des Kindes als *aktiv* erlebt. Die eigenen Aktivitäten des Kindes werden in hohem Grad in einer Nachahmung von und primitiver Identifikation mit dieser aktiven Mutter bestehen. Zu Beginn wird das Kind jedoch vor allem passiv sein in der Bedeutung: genießender Empfänger der Nahrung, Pflege, Fürsorge usw., die ihm die Mutter zukommen läßt. Das zweite Prinzip dreht sich um die Rolle der Mutter im Verhältnis zu dem wachsenden Aktivitätsradius des Kindes. Die Mutter muß notwendigerweise die Aktivitäten des Kindes auf die eine oder andere Weise einschränken; sie kann das Kind daran hindern, dieses oder jenes zu tun, sie kann Verbote und Gebote erlassen. Das bedeutet, daß sie – noch immer den Kindern beiderlei Geschlechts – als *omnipotent* erscheinen wird, als diejenige, die uneingeschränkte Macht hat zu verbieten und zu erlauben.

Schließlich läuft das dritte Prinzip darauf hinaus festzustellen, daß die Kinder, bevor sie den Geschlechtsunterschied kennen, natürlich und spontan ihre ganze körperliche Ausstattung als universell auffassen müssen – als etwas, das alle menschlichen Wesen besitzen:

Previous to this discovery (die Entdeckung des Geschlechtsunterschieds, A. d. A.) the child makes personal but not sexual differentiation between the individuals of its immediate world. It must be remembered that until approximately three years of age, the pregenital zones outweigh the genital in importance. Similarly the boy, judging others by himself, takes for granted the universal possession of the penis, like the mouth, the anus, etc. The girl who has not yet discovered the existence of the penis believes her sexual constitution to be universal. (Mack Brunswick 1940, 297)

Oder mit anderen Worten: So ganz nebenbei introduziert Ruth Mack Brunswick einen für den freudianischen und überhaupt den traditionellen psychoanalytischen Diskurs epochemachenden neuen Gesichtspunkt. Das ausübende Sexualorgan der aktiven Mutter wird in der aktiv-passiven Phase des Kindes erstens als ihre Brust aufgefaßt, sagt Ruth Mack Brunswick. *Aber* genau wie Freud in *Über infantile Sexualtheorien* (1908)[15] angab, daß *der Knabe* seine Mutter als *penistragend* erleben kwird, so kann man, wie es Ruth Mack Brunswick in der eben zitierten Passage tut, konstatieren, daß *das Mädchen* seine Mutter als *klitoristragend* auffassen muß. Wie wir darauf zurückkommen werden, ist diese (richtig betrachtet ziemlich naheliegende und in Wirklichkeit bloß konsequent kongruente) Weiterentwicklung von Freuds Argumentation aus dem Jahr 1908 ein entscheidender neuer Durchbruch. Zwar legt Ruth Mack Brunswick eine Begrenzung auf ihre epochemachende Feststellung, daß das Mädchen in einer frühen Phase seines Lebens ein Mutterbild haben muß, das aktiv, potent und klitoridisch ist. Dieses gilt nur für das Entwicklungsstadium, wo die Genitalität noch keine besonders hervortretende Rolle spielt. Erstens ist jedoch die Argumentationslogik um diese Begrenzung als solche nicht ganz haltbar; und zweitens ist bereits innerhalb der Rahmen von Ruth Mack Brunswicks Abgrenzung ein Sprengstoff mit einem genauso radikalen Charakter enthalten wie jener, den wir bei Jeanne Lampl-de Groot fanden. Das Bild der aktiven, potenten, brust- und klitoristragenden Mutter widerspricht ja nämlich total dem patriarchatsfetischierten Diskurs, dem das Mädchen später unterzogen wird. In jenem sind Aktivität und Potenz untrennbar mit Phallizität verschmolzen. Hier haben wir es dagegen mit einem Bild zu tun, das nur als antithetisch zum phallischen Diskurs beschrieben werden kann. Einem Bild, das Aktivität/Potenz *und* weiblich-genitalen Körper vereinigt.

Nach Ruth Mack Brunswick gilt die erste Liebe des Mädchens (auf jeden Fall in der prägenitalen Phase) also einer aktiven, potenten, brust- und klitorisgekennzeichneten Mutter. Wie harmoniert das mit der Auffassung, die, wie wir gesehen haben, Freud zum Ausdruck brachte:[16] daß die Libido des Mädchens vor dem Kastrationserlebnis auf eine „phallische Mutter" gerichtet sein soll? Wie erwähnt ist Ruth Mack Brunswicks Artikel aus dem Jahr 1940 angeblich vor dem Hintergrund einer Zusammenarbeit mit Freud entstanden. Daher ist es natürlich zu erwarten, daß zwischen Freuds und ihren Standpunkten keine entscheidenden Unterschiede bestehen. Das ist auch nicht der Fall. Ruth Mack Brunswick meint ebenfalls, daß jenes Bild, das vor dem der „kastrierten Mutter" liegt, das einer „phallischen Mutter" ist. Was sie im Unterschied zu Freud tut, ist zu präzisieren, daß dieses „phallische" Mutterimago vor allem die Übergangsphase kennzeichnet, in welcher der Kastrationskomplex begonnen hat, sowohl für das Mädchen als auch für den Knaben eine Rolle zu spielen:

I should like to say a word here about the concept of the phallic mother, a concept familiar to us from the fantasies of neurotics and both normal and abnormal children. Whereas both the active and the castrated mother exist in point of fact, the phallic mother is pure fantasy, a childish hypothesis elaborated after the discovery of the penis and the possibility of its loss or absence in the female. It is a hypothesis made to insure the mother's possession of the penis, and as such probably arises at the moment when the child becomes uncertain that the mother does indeed possess it. (Mack Brunswick 1940, 304)

Eine aktive, potente und klitorisgenitale Mutter
(Gegenantwort)

Wie Freud meint also auch Ruth Mack Brunswick, daß das Imago der „kastrierten Mutter" das Bild einer „phallischen Mutter" ablöst. Durch ihre Präzisierungen der infantilen Sexualtheorien des Mädchens wird jedoch außerdem klar, daß etwas „vor" dieser von einem biologischen Gesichtspunkt absurden Phantasie über eine „phallische Mutter" existiert. Bevor dieses Bild entwickelt wird, finden wir ein archaisches „präphallisches" Mutterimago, das aktiv, omnipotent, brustgekennzeichnet und außerdem klitoristragend in den Augen des Mädchens und penistragend in jenen des Knaben ist. Nach Ruth Mack Brunswick gehört dieses Mutterimago der Aktiv-Passiv-Phase an:[17]

The active-passive phase is prephallic, what Jones calls protophallic.[18] As I have remarked before, the child takes for granted the likeness of its own sexual organization to that of others, and the genital is a matter of no greater concern than the other erogenous zones, notably, at this early age, the mouth. Thus the sex of the child is immaterial; and it is to be noted that the rôle of the mother, at this time prior to sexual differentiation, is not feminine but active. (Mack Brunswick 1940, 298-99)

Jene Frage, die wir nun näher betrachten werden, dreht sich darum, inwiefern es nur das Mutterimago der Aktiv-Passiv-Phase ist, das als „präphallisch" bestimmt werden kann. Oder mit anderen Worten: ist Ruth Mack Brunswicks Abgrenzung, im Kontext des defetischierten Diskurses betrachtet, stichhaltig?

Beginnen wir damit, noch einmal zu schauen, was Ruth Mack Brunswick über den Zeitpunkt der Produktion der Phantasie über die „phallische Mutter" sagt. Wie aus den Bemerkungen über *„the concept of the phallic mother"* im Artikel von 1940 hervorgeht, gibt es für diese Phantasie Ruth Mack Brunswick zufolge keine Basis, bevor der Kastrationskomplex begonnen hat, eine Rolle zu spielen. Die Phantasie von der phallischen Mutter ist *„a childish hypothesis elaborated after the discovery of the penis and the possibility of its loss or absence in the female."*[19]

Vergleichen wir nun diese letzte Aussage mit Ruth Mack Brunswicks eben zitiertem Hinweis, daß die „präphallische Mutter" allein in der Aktiv-Passiv-Phase ihre Existenzgrundlage haben soll, dann müssen wir logisch fragen: „Ja, beginnt denn der Kastrationskomplex im selben Augenblick eine Rolle zu spielen, wo die Aktiv-Passiv-Phase vorbei und die Genitalität im Begriff ist, in das Zentrum der sexuellen Aufmerksamkeit des Kindes zu rücken?" Und vom freudianischen Diskurs her müssen wir hierauf klar antworten: „Nein, das tut der Kastrationskomplex nicht! Weder beim Knaben noch beim Mädchen!" Bereits im Jahr 1924 (in *Der Untergang* ...) hebt Freud hervor, wie der Knabe in seiner „phallischen Phase" in die erste glückliche Zeit des Ödipuskomplexes gleitet, wo ihm die Kastrationsdrohung noch *nichts* sagt. 1925 (in *Einige psychische Folgen* ...) bringt Freud dann allerdings zum Ausdruck, daß sich der Kastrationskomplex umgekehrt beim Mädchen ankündigt, bevor sich seine genitale Onanie mit „ödipalen" Objektwünschen verbunden hat. Das heißt, zu einem Zeitpunkt, der bis zu einem gewissen Grad sehrwohl als das verstanden werden kann, worauf Ruth Mack Brunswick hinweist, wenn sie von dem Übergang der Aktiv-Passiv-Phase zu jener Phase spricht, in welcher das Gegensatzpaar phallisch-kastriert die Erlebnisse des Kindes dominiert. Wir haben jedoch auch gesehen, daß Freud genau diesen Punkt im Jahr 1931 revidieren muß – auf der Grundlage von Jeanne Lampl-de Groots Artikel aus dem Jahr 1927 und Ruth Mack Brunswicks Analyse von 1928! In der endgültigen Formulierung der Weiblichkeitstheorie schiebt der freudianische Diskurs eine Phase (jene, die wir die antigonale genannt haben) zwischen der prägenitalen Aktiv-Passiv-Phase und dem Zeitpunkt ein, wo sich der Kastrationskomplex durchsetzt. Das heißt, eine Phase, deren Mutterimago *nicht* durch Ruth Mack Brunswicks Definition der „präphallischen Mutter" der Aktiv-Passiv-Phase bestimmt ist, die aber ihren Bestimmungen zufolge *auch kein* „phallisches Mutterbild" produzieren kann, da sich der Kastrationskomplex noch nicht eingefunden hat. Mit anderen Worten: in Ruth Mack Brunswicks Bestimmungen der Entwicklung in den Mutterbildern des Mädchens ist ein „Loch".[20]

Dieses „Loch" kann auch als ein logischer Widerspruch in den Bestimmungen dessen beschrieben werden, wie diese Phase abgegrenzt werden soll, die dadurch gekennzeichnet ist, ein „präphallisches" Mutterbild zu haben. Genau betrachtet hat Ruth Mack Brunswick mit ihrem Hinweis, daß der Kastrationskomplex die Grundlage für die Produktion der Phantasie von der phallischen Mutter sein muß, das erste Mutterimago der antigonalen Phase implizit als *„präphallisch"* definiert. Sie ist rein faktisch über ihre Begrenzung des „präphallischen" Mutterbildes, das nur in der prägenitalen Aktiv-Passiv-Phase gelten sollte, hinausgegangen.

Auf diese Weise dargelegt muß es wohl unmittelbar verwundern, daß Ruth Mack Brunswick selbst ein so eklatanter Widerspruch nicht aufgefallen ist. Warum hat sie ihn nicht entdeckt? Kann man sich nicht vorstellen, daß es sich vielleicht um einen bloß scheinbaren Widerspruch handelt – daß sie ganz einfach die Phasenentwicklung nicht so betrachtet, wie es Lampl-de Groot und Freud (ab 1931) tun?

Nehmen wir die letzte Frage zuerst und halten wir fest, daß Ruth Mack Brunswick ganz auf einer Linie mit Lampl-de Groot und Freuds Weiblichkeits-Artikeln aus den 1930er Jahren damit rechnet, daß das Mädchen eine Phase durchläuft, in der es auf seine Genitalität konzentriert ist und seine libidinösen Wünsche aktiv auf die Mutter richtet. Das heißt, eine aktiv antigonale Phase.

Als eine ganz explizite Bestätigung der generellen Zweideutigkeit in der Benennung der Phase, worauf ich in *Kapitel V* hingewiesen habe, bezeichnet Ruth Mack Brunswick jene allerdings als zugleich „präödipal" und „aktiv oder negativ ödipal". Vor dem Hintergrund eines Vorschlags von Freud, den alten Term „negativer Ödipuskomplex" abzuschaffen und „negativ" durch „aktiv" zu ersetzen, was das Mädchen betrifft, und durch „passiv", was den Knaben betrifft, diskutiert sie solcherart Vor- und Nachteile dabei und kommt zu den folgenden, vorsichtig gesagt unklaren Schlüssen:

> I should like to offer a suggestion made by Freud in our early discussions of these problems. The Terms ‚active' and ‚passive' oedipus complex are more comprehensive and accurate in their application to both sexes than the usual positive and negative oedipus complex. *According to this new terminology, the preoedipal sexuality of the girl becomes her active oedipus complex with the mother as its object.*
> ... Howewer I shall retain the older terminology here because of the otherwise inevitable confusion between the terms preoedipal and oedipal. (Mack Brunswick 1940, 299-300; meine Hervorhebung, *A. d. A.*)

Es ist schwer zu sehen, wie man um die Begriffsverwirrung herumkommt, die das Zitat zu vermeiden behauptet, indem ein und demselben Phänomen sowohl die Bezeichnung „präödipal" als auch „ödipal" gegeben wird. Ob die sogenannte „ödipale" Dimension nun der weiteren durch das Gegensatzpaar „negativ-positiv" oder umgekehrt durch „aktiv-passiv" bestimmt wird, ist es unter allen Umständen logisch kontradiktorisch, gleichzeitig die Bezeichnung „präödipal" zu gebrauchen! Nichts desto weniger ist es das, was Ruth Mack Brunswick tut. So heißt es später: „*The boy seems to pass with relative ease out of this predominantly passive, preoedipal attachment to the mother into the characteristically active, normal oedipus complex. The corresponding phase in the little girl is of course still preoedipal.*" (Mack Brunswick 1940, 302; meine Hervorhebung, *A. d. A.*).

Außer die Unklarheit der Begriffe auf diese Weise zu vergrößern, beschreibt Ruth Mack Brunswick jedoch den eigentlichen Inhalt unserer antigonalen Phase genauso, wie wir es bei Jeanne Lampl-de Groot und in Freuds Artikeln von 1930 gesehen haben. Es handelt sich, meint Mack Brunswick, ganz wie beim Knaben um eine „phallische Phase", in der die Klitoris das ausübende und zentrale Sexualorgan für das Mädchen ist, und wo die Mutter das intensiv geliebte Sexualobjekt ist. So sagt sie über die „phallische Phase" beider Geschlechter unter anderem folgendes:

We know that the interest in the genital and the discovery of the sexual difference coincide with a biological ‚push' which occurs at about the end of the third year of life when the phallic genital leads to the great period of infantile sexual activity. The libidinal desires of the child toward the mother, both passive and more especially active, become intense. They are accompanied by phallic masturbation with the clitoris as the executive organ of the girl. (Mack Brunswick 1940, 302)

Wie hervorgeht, befindet sich Ruth Mack Brunswick ganz auf einer Linie mit Jeanne Lampl-de Groot und Freuds Artikeln aus den 1930er Jahren, was den Inhalt dieser antigonalen Phase beim Mädchen betrifft (deren Benennung so große Qualen verursacht). Der früher aufgezeigte Gegensatz kann also nicht nur scheinbar sein und in einem anderen Verständnis der Phasenentwicklung wurzeln. Wir werden daher auf die erste der beiden Fragen zurückgreifen, die wir zu dem Gegensatz in Ruth Mack Brunswicks Artikel gestellt haben. Warum hat sie nicht gesehen, daß in ihrer sonst sehr detaillierten Darstellung der Entwicklung in den infantilen Mutterbildern beider Geschlechter ein „Loch" ist?

Wenn sich Ruth Mack Brunswick ihres Widerspruchs nicht bewußt ist, liegt das erstens ohne Zweifel daran, daß auch sie der generellen Neigung der Freudianer unterliegt, den antigonalen Diskurs verdrängen zu wollen, der so eindeutig und radikal in ihrer Theoriebildung hervorzubrechen droht. Sie ist einem spontan defetischierten Verständnis näher als Freud, wenn sie nicht einfach davon ausgeht, daß wir vor dem Imago der „kastrierten Mutter" ausschließlich eine „phallische Mutter" finden, sondern nach der Beschaffenheit der früheren Mutterbilder fragt. Doch sie muß – genau wie wir es Jeanne Lampl-de Groot tun sahen – stehenbleiben, bevor die volle Konsequenz ihrer radikalen Fragen zutage tritt.

Dazu kommt zweitens, daß der generelle, blind fetischistische Blick auf die antigonale Phase als „phallisch" den beschriebenen logischen Gegensatz unsichtbar macht.

Das Paradoxe ist ja, daß die sogenannte „phallische Phase" des Mädchens, in der es genital von seiner Klitoris eingenommen ist und eine eigentliche quasi-erwachsene Objektlibido gegenüber der Mutter entwickelt, unter dem Blickwinkel unseres defetischierten Diskurses betrachtet, aber übrigens auch von einer der beiden Argumentationslinien her, die Ruth Mack Brunswick selbst aufstellt, tatsächlich eine „präphallische" Phase ist. Das heißt, eine Phase, die vor dem Durchbruch des patriarchatsfetischistischen Symbolisierungsprozesses in das kindliche Bewußtsein liegt, oder – wie Ruth Mack Brunswick sagt – vor der Etablierung des Kastrationskomplexes. Im vorangegangenen haben wir gesehen, daß es sich um eine fetischistische Mystifikation handelt, wenn die antigonale Phase sowohl prospektiv als retrospektiv schlechthin als „phallisch" bestimmt werden. Wenn wir nicht mehr wie der freudianische Diskurs fetischiert die Klitoris und die libidinösen Wünsche an die Mutter als von Natur aus „phallisch" betrachten, dann müssen wir die freudianischen Aussagen über die „phallische Phase" des Mädchens de- und rekonstruieren. Das Resultat dieses Prozesses war, daß wir, was den prospektiven Blickwinkel auf die Phase betrifft, von einer genitalen, aber zugleich auch „präphallischen" (oder mit anderen Worten: „präkastrierten") Phase sprechen mußten. Das heißt, von einer ersten Genital-Phase, in der das Mädchen dem Patriarchatsfetischismus noch nicht unterliegt, – wo sich der Kastrationkomplex noch nicht in ihm etabliert hat. (Als Rotkäppchen in den Wald ging und Blumen für die Großmutter pflückte, wußte es auch noch nicht, was der Wolf, den sie getroffen hatte, für ein „böses Tier" war.) – *Aber*: wenn man die Klitoris fetischiert als ein von Natur aus männliches Organ auffaßt und dementsprechend die homosexuellen Wünsche des Mädchens, seine Mutter sexuell zu besitzen, als etwas betrachtet, das per Definition Männlichkeit signalisiert, dann ist man außerstande, die fetischistischen Mystifikationen zu durchschauen, und ist damit in der Auffassung der antigonalen Phase als schlechthin „phallisch" gefangen. Und kann man nicht in Frage stellen, ob es im Grunde korrekt ist, das Verhalten des Mädchens als „phallisch" zu beschreiben, wenn es an der Klitoris onaniert und aktive sexuelle Phantasien über seine Mutter hat, dann ist es natürlich auch unmöglich, das Bild des Mädchens von der aktiven Klitorismutter als etwas anderes als ein „phallisches" Imago zu verstehen: das Imago einer Mutter, die durch das „phallische" Organ, die Klitoris, gekennzeichnet ist! Die aktive, omnipotente, brust- und klitoristragende Mutter wird dieser fetischierten Logik zufolge zu einer Urmutter, die nur in der Aktiv-Passiv-Phase existiert, wo die sexuelle Rolle der Klitoris so untergeordnet ist, daß sie im Grunde gar nicht die volle Aufmerksamkeit des Theoretikers auf sich zu ziehen braucht. Mit blinder Automatik muß man auf die Frage, was mit ihr beim Eintritt in die „phallische Phase" geschieht, antworten, daß sie in eine „phallische Mutter" verwandelt wird. Daß Ruth Mack Brunswick einerseits nicht nur unter den Prämissen dieses blinden Fetischismus' antwortet, sondern den Kastrationskomplex als dasjenige angibt, was die Basis für die Produktion der Phantasie von der phallischen Mutter bildet, bewirkt, daß ihr Diskurs notwendigerweise zwei Aussagen enthalten muß, die einander widersprechen. Denn andererseits kann sie den Fetischismus auch nicht überschreiten.

Wir haben nun gesehen, wie Ruth Mack Brunswicks Widerspruch entstehen konnte. Damit haben wir auch erklärt, warum sie auf die Frage nach dem Mutterimago der antigonalen Phase nur implizit antwortet, daß es sich in dem ganzen Teil der Phase, der vor dem Kastrationskomplex liegt, um ein „präphallisches" Bild handeln muß. Ihr fetischiertes Bewußtsein hindert sie daran, eine explizite Antwort zu geben.

Bevor wir zu der Bestimmung dessen übergehen, wie dieses präphallische Mutterimago durch die „Kastration" in ein phallisches verwandelt werden kann, wollen wir zwei Probleme betrachten. Nämlich erstens, wie Ruth Mack Brunswicks implizite Antwort im Zusammenhang unseres defetischierten

Diskurses aussieht, und zweitens, wie wir das erste antigonale Mutterimago positiv bestimmen können, wenn es nun nicht „phallisch" genannt werden kann.

Was das erste Problem betrifft, können wir rasch feststellen, daß Ruth Mack Brunswicks implizite Antwort mit der Logik des defetischierten Diskurses ganz übereinstimmt. Die aktiv antigonale und klitorisgenitale Phase, die wir hinter der freudianischen „phallischen" Phase gefunden haben, ist ja dadurch gekennzeichnet, daß sie stattfindet, bevor sich der patriarchatsfetischistische Symbolisierungsprozeß in uns durchsetzt. Daher kann Antigones erstes Bild von Jokaste natürlich nicht phallisch sein. Wenn das Mädchen seine eigene Aktivität und Potenz erst als phallisch auffassen kann, *nachdem* sich der Patriarchatsfetischismus in ihm symbolisch kastrierend installiert hat, dann ist es nur eine logische Konsequenz zu sagen, daß es auch erst *nach* diesem Schnittpunkt die Aktivität und Potenz seiner Mutter als phallische Eigenschaften interpretieren wird. Solange das Mädchen das Gegensatzpaar „phallisch-kastriert" nicht kennt (bewußt oder unbewußt) – solange es von dem „natürlichen" Zusammenhang des Geschlechtsunterschieds mit diesem binären Paar nichts weiß, – kann es weder die Bezeichnung „phallisch" noch „kastriert" auf die Mutter anwenden.

Aber wenn das erste antigonale Mutterimago des Mädchens nicht phallisch ist (und also auch nicht kastriert), wie ist es dann? Auch diese Frage kann uns Ruth Mack Brunswick implizit beantworten. Nämlich, wenn wir unsere Feststellung des genitalen, aber „präphallischen" oder präfetischierten Charakters der antigonalen Phase mit zwei ihrer allgemeinen Freud-präzisierenden Thesen über die infantilen Sexualtheorien vergleichen.

Es dreht sich erstens um die These, die besagt, daß der spontane „präphallische" Blick des Kindes auf die Genitalität der Mutter auf seinem Erlebnis dessen beruht, wie sein eigenes lustspendendes Genitalorgan physisch beschaffen ist. Nach Ruth Mack Brunswicks expliziter Argumentation brachte diese These mit sich, daß wir uns vorstellen mußten, daß das Mädchen in der Aktiv-Passiv-Phase seine Mutter unter anderem als eine Klitorismutter betrachtete. Aber wir haben nun gesehen, daß die präphallische Phase nicht nur die Aktiv-Passiv-Phase enthält. Auch die (erste) antigonale Phase ist „präphallisch" oder präfetischiert. Das muß bedeuten, daß die Gültigkeit der These ohne weiteres auf jene ausgedehnt werden kann.

Die zweite von Ruth Mack Brunswicks Thesen, die wir aufgreifen wollen, läuft darauf hinaus, daß sich das Kind natürlich am meisten auf die Lustorgane der Mutter konzentriert, die zum gegebenen Zeitpunkt die größte Beziehung zu seinen eigenen Lustinteressen hat. So ist es in der Aktiv-Passiv-Phase – besonders in deren erstem Teil – die Mutterbrust, die im Zentrum des Interesses des Kindes steht und als das primäre ausübende Sexualorgan der Mutter aufgefaßt wird. Obwohl Ruth Mack Brunswick aufgrund ihres Argumentations-„Lochs" direkt von dieser „Brustmutter" zur „phallischen

Mutter" springt, können wir auch hier ohne weiteres die Argumentation ‚verlängern', die fehlende Verbindung ergänzen. Um dieses ‚missing link' zu finden, müssen wir nämlich nur beantworten, was das Mädchen als das primäre, ausübende Sexualorgan der Mutter in der antigonalen Phase auffassen muß, und das ist ja naheliegend. Im Anschluß an seine Konzentration auf seine eigenen klitorisgenitalen Erlebnisse muß das Mädchen hier natürlich die Perspektive in seiner sexuell phantasierenden Erforschung des Körpers der Mutter auf deren Klitoris verschieben.

Die Konsequenz dieser Überlegungen ist, daß wir – auf der Grundlage von Ruth Mack Brunswicks zugleich radikalen *und* fetischierten Diskurses – das patriarchatsfetischistisch betrachtet Unglaubliche, Ungehörte und Ungesehene konstatieren können:

1) *Daß* die aktive antigonale Phase eine Mutter aufweisen muß, deren primäres ausübendes Sexualorgan nicht mehr die Brust und noch nicht ein angedichteter Phallus ist, sondern die Klitoris!

Und:

2) *Daß* in der antigonalen Phase die Aktivität und Potenz der Mutter im Bewußtsein des Mädchens spontan damit verknüpft werden muß, daß sie diese Klitoris besitzt; jene werden noch keineswegs als phallische Eigenschaften erscheinen können.

Wir haben also mit einem Mutterbild zu tun, das die Antithese weiter radikalisiert, die zu formulieren bereits Ruth Mack Brunswicks Beschreibung des Mutterimagos der Aktiv-Passiv-Phase Anlaß bot. In der ersten antigonalen Phase haben wir ein Imago vor uns, das wie jenes der Aktiv-Passiv-Phase Aktivität/Potenz *und* weiblich-genitalen Körper vereinigt. Und im Unterschied zu diesem früheren Imago sind die genitalen Dimensionen des neuen Mutterbildes nicht mehr ein untergeordnetes Moment, sondern im Gegenteil das, womit dessen Aktivität/Potenz essentiell verbunden wird. Dieses aktivantigonale Mutterimago steht selbstverständlich in einem noch schärferen Gegensatz zum patriarchatsfetischierten Frauenbild als das der Aktiv-Passiv-Phase. Es stellt nämlich genau das an dem Frauenkörper in den Mittelpunkt, was die patriarchatsfetischistische Symbolbildung, der phallische Diskurs als solcher, unserem Geschlecht absprechen: genital-sexuell getragene Potenz und Aktivität. In diesem Sinne kann dieses erste antigonale Mutterbild als eines der explosivsten Dinge überhaupt in unserem Unterbewußtsein verstanden werden – und als das Imago, das jeder tiefgreifende psychische Befreiungsprozeß zutage und zu Bewußtsein bringen muß.

Aber Ruth Mack Brunswick enthüllt nicht nur die Qualitäten dieses antigonalen Mutterimagos für uns. Sie gibt uns auch eine Beschreibung dessen, wie es entsteht, und des Inhalts, den die antigonalen Sexualphantasien des Mädchens haben müssen. Dies tut sie durch ihre sehr überzeugende konkrete Analyse der spontanen Genital- und Phantasieentwicklung von Kindern. Ihre Darstellung dessen kann als eine weitere Untermauerung des Vorhandenseins der latenten Aussagen über die Klitorismutter der antigonalen Phase in ihrem Text dienen. Außerdem hat jene ihren natürlichen Platz in unserem defetischierten Diskurs – als konkretisierendes Supplement. Daher werde ich ein kurzes Resümee ihrer Aussagen angeben.

Auf dieselbe Weise wie wir es sowohl bei Lampl-de Groot als auch bei Freud gesehen haben, weist auch Ruth Mack Brunswick darauf hin, wie das Bewußtsein um die Genitalien als Lustquelle durch die Berührungen der Mutter während des Badens, des Windelwechselns und so weiter geweckt wird. Als Folge des gewöhnlichen Entwicklungsmechanismus': daß Kinder aktiv das wiederholen, für das sie die Mutter durch ihre Aktivität zu einem passiven Gegenstand gemacht hat, geschieht es des weiteren, daß die Kinder zu einem Zeitpunkt selbst beginnen, ihre Genitalien zu berühren, um die Lust zu erleben, die sie während der Berührungen durch die Mutter empfunden haben. Hiermit ist der Weg zur infantilen Onanie geebnet, die also als eine Identifikation mit und Nachahmung der aktiven, lustspendenden Mutter bestimmt werden kann. (Ob sich die Mutter bewußt ist, was sie tut, ist, wie gesagt, keine Voraussetzung dafür, daß die Kinder ihre Berührungen als sexuell lustspendend erleben.) Das nächste Glied dieser Genitalentwicklung besteht darin, sagt Ruth Mack Brunswick, daß die Kinder Lust bekommen, aktiv das mit der Mutter zu machen, was sie mit ihnen getan hat. Das heißt, sie bekommen Lust, die Genitalien der Mutter zu berühren (oder, wenn nichts anderes möglich ist, sie anzuschauen). Dieser Wunsch, die Mutter zu berühren, entsteht bei beiden Geschlechtern zu Beginn der genitalen (oder wie Ruth Mack Brunswick ja sagt: „phallischen") Phase. Gleichzeitig lebt aber auch der passive Wunsch weiter, von der Mutter berührt zu werden. Verwoben mit einem „aktiv ödipalen"/„präödipalen" oder mit anderen Worten: antigonalen Interesse an dem Geschlechtsverkehr der Eltern entwickelt das Kind zu einem Zeitpunkt auch Phantasien über jenen. Sie werden, meint Ruth Mack Brunswick, konkret auf der Grundlage der aktiven wie passiven Berührungswünsche entwickelt, die bei der Interaktion mit der Mutter entstanden sind. Das heißt, das Kind entwickelt eine Phantasie über den Geschlechtsverkehr der Eltern nach dem Modell der physischen Erlebnisse, die es durch die Hände der Mutter gemacht hat, und der Phantasien über gegenseitige Berührung (gleichgebauter) Genitalien, die im Anschluß daran entstanden sind. Diese Geschlechtsverkehrsphantasie ist Ruth Mack Brunswick zufolge überhaupt die häufigste in der „phallischen" Phase.

Noch zwei Schlüsse können gezogen werden, ehe wir diesen Abschnitt beenden.

Erstens können wir festhalten, daß es sich nach den latenten Aussagen im freudianischen Diskurs so verhält, daß die infantilen Sexualtheorien des Mädchens an die Wahrheit über den Genitalkörper der Mutter näher herankommen als die des Knaben. Greifen wir auf Analysenivea 2 vor, dann können dasselbe auf andere Art sagen. Durch die Ironie des „Schicksals", das heißt, der patriarchalischen geschlechterpolarisierten Gesellschaftsbedingungen kommt das Mädchen auf diese Weise im Gegensatz zum Knaben einerseits ganz nahe an die wichtige Wahrheit über die weibliche Sexualität heran, welche die Klitoris der Mutter repräsentiert. Gleichzeitig ist es andererseits auf eine ganz andere Weise als der Knabe dazu verurteilt, das Resultat seiner infantilen Sexualforschungen aufzugeben.

Zweitens können wir eine Korrektur an Ruth Mack Brunswicks Beschreibung dessen vornehmen, was die ursprüngliche Realbasis[21] dafür ist, daß sich die Phantasie über die phallische Mutter überhaupt entwickeln kann. Aufgrund Ruth Mack Brunswicks blind fetischistischem „Sprung" von der Beschreibung der Brustmutter der Aktiv-Passiv-Phase zur phallischen Mutter, der mit dem Kastrationskomplex entsteht, erklärt sie die so phantastische und biologisch betrachtet absurde Realbasis der phallischen Phantasie auf folgende Weise: *„Previously, in the active-passive Phase, it seems more than probable that the executive organ of the active mother is the breast; the idea of the penis is then projected back upon the active mother after the importance of the phallus has been recognized."* (Mack Brunswick 1940, 304). Wenn auch in einem fetischierten Rahmen, ist Ruth Mack Brunswick hier einerseits überschreitend, weil sie sich zu dem Unterschied zwischen dem prospektiven und dem retrospektiven Blick verhält, auf dem, wie wir gesehen haben, die Installierung des Kastrationskomplexes beim Mädchen beruht. Aber andererseits ‚vergißt' sie die Klitorismutter, die sie trotz allem explizit hervorgehoben hat, was die Aktiv-Passiv-Phase betrifft. Ein ‚Vergessen', das vor dem Hintergrund gesehen werden muß, daß sie nur meint, daß die Klitorismutter in der Aktiv-Passiv-Phase zu finden ist, wo sie eine untergeordnete Rolle spielt. Korrigieren wir jedoch diese ‚Vergeßlichkeit' bei Ruth Mack Brunswick, dann müssen wir natürlich der Klitorismutter ihren Anteil an der Realbasis für die Phantasie über die phallische Mutter zuschreiben. Wie wir unter anderem mit dem Ausgangspunkt in Ruth Mack Brunswicks epochemachendem Aufsatz zum Verständnis der „präphallischen" Sexualphantasien des Mädchen erfahren haben, müssen wir annehmen, daß sich die Brustmutter in jener Phase in die Klitorismutter verwandelt, die der Produktion des Bildes der phallischen Mutter durch die „Kastration" unmittelbar vorausgeht. Daraus müssen wir schließen, daß es eher diese Klitorismutter als die Brustmutter ist, die einen essentiellen Teil der Realbasis ausmacht, von der die absurde phallische Vorstellung über die Mutter ausgeht.

3. Wie verwandelt die „Kastration" Antigones Mutterbilder?
Die Produktion des zweiten und letzten antigonalen Mutterimagos

Im Anschluß an den Gegensatz zwischen dem prospektiven und dem retrospektiven Blick auf die antigonale Phase, den wir in *Kapitel V* aufgedeckt haben, können wir unmittelbar das „phallische" Mutterimago entmystifizieren, von dem der freudianische Diskurs spricht. Die „phallische" Mutter ist jene entfremdete Gestalt, die die aktive, klitoristragende Mutter annehmen muß, wenn wir hinterher – das heißt, nach der „Kastration" – auf unsere gemeinsame Zeit mit ihr zurückblicken. Was prospektiv eine aktive, potente Klitorismutter war, erscheint retrospektiv als eine phallische Mutter. Wenn wir mit der „Kastration" dem Patriarchatsfetischismus unterworfen wurden und sich seine Symbolik in uns installiert hat, die festsetzt, daß „nur *ein Genitale*, das männliche, eine Rolle spielt"*,[22] dann muß die aktive Klitorismutter, die wir davor hatten, als phallostragende Mutter erscheinen. „Sie war ja eine aktive und potente Mutter, diese ehemalige Mutter. Also muß sie einen Penis gehabt haben. Wie hätte sie sonst so aktiv und potent sein können???" So lautet die patriarchatsfetischistisch bestimmte Logik, die uns unsere „Kastrations"-Erfahrung mit betrügerischer Undurchschaubarkeit als die richtige verkündet.

So können wir ausgehend von der Logik, die wir bei der Entmystifizierung des freudianischen Diskurses aufgedeckt haben, ohne weiteres die *„phallische Mutter"* als das *fetischistische Bild des retrospektiven Blickwinkels von der aktiven und potenten Klitorismutter* bestimmen. Das heißt, als jenes Bild, das die eigentlichen genitalen Qualitäten der Mutter verschleiert und sie dem Mädchen entfremdet, indem es ihm die Möglichkeit die Identifikation mit den aktiven potenten Qualitäten verwehrt. Diese Entfremdung, die als ein Moment des ersten Kastrationstraumas betrachtet werden muß, hat selbstverständlich katastrophale Folgen für die Möglichkeiten des Mädchens, eine positive Selbstauffassung zu entwickeln und das Gefühl der Kastration zu korrigieren, das die Konfrontation auf ihrer Vaterachse, das grundlegende „Kastrations"-Moment, produziert.

So zeigt es sich, daß wir unmittelbar einen defetischierten Blickwinkel an den Begriff der phallischen Mutter anlegen können, indem wir aus dem Defetischierungsprozeß, den wir in *Kapitel V* vorgenommen haben, die Schlüsse ziehen. Oder mit anderen Worten: ausgehend von dem bloßgelegten antithetischen Verhältnis zwischen der prospektiven und der retrospektiven Betrachtung. Aber damit muß natürlich nicht notwendigerweise „alles" über die Existenzgrundlage des absurden, phallischen Mutterimagos gesagt sein. Daher werden wir jetzt untersuchen, *ob* wir mit der Defetischierung des Begriffes der phallischen Mutter fertig sind, wenn wir ihn in das Bilderuniversum des retrospektiven Blickwinkels verwiesen haben. Dies werden wir tun, indem wir uns unsere *zweite Frage* über die prospektive

215

Chronologie in der Entwicklung unserer Mutterbilder vornehmen. Wir werden die Vorstellungen über die Mutter verlassen, die das Mädchen *direkt vor* dem Erlebnis seiner „Kastration" entfaltet, und zur Analyse dessen übergehen, wie die Mutter in den Augen des Mädchens aussieht, *unmittelbar nachdem* es dieses erste Moment des Kastrationstraumas hinter sich hat. In diesem Zusammenhang werden wir auch näher betrachten, wann die Antigonephase endet.

Zuerst verwandelt die Kastration das Mutterbild des Mädchens nicht entscheidend
(Antwort)

Dem freudianischen Diskurs zufolge ist die Kastriertheit der Mutter ein anatomisches Faktum, von dem man von dessen biologistischer Logik her unmittelbar erwarten sollte, daß es das Mädchen im selben Moment „entdeckt", wo ihm überhaupt die Existenz dieser so „mangelhaft" ausgestatteten Menschengruppe bewußt wird. Das heißt, bei der „Erkenntnis" seiner eigenen Zugehörigkeit zu der „Klasse der Kastrierten".[23] Diese Bewußtwerdung des traurigen Standes der Dinge und ein definitiver Bruch mit den aktiven, potenten und mächtigen infantilen Mutterbildern ist auch, sagt der freudianische Diskurs, das schließliche Resultat der „Kastration". Da dieser Bruch mit den ursprünglichen, starken und faszinierenden Mutterbildern, der das zweite Hauptmoment des Kastrationstraumas ausmacht, mindestens so schicksalsschwangere Konsequenzen für das Mädchen hat wie das erste hatte, wird man normalerweise eine gewisse Zeit zwischen dem Erlebnis der eigenen psychosexuellen „Kastration" des Mädchens und seiner Erkenntnis der „Kastriertheit" der Mutter vergehen sehen. Darauf macht unter anderem Freud aufmerksam. „... das Mädchen hält seine Kastration zuerst für ein individuelles Unglück..."*, sagt er in der Passage aus dem letzten Weiblichkeitsartikel, die ich in der Einleitung zu dem Kapitel zitiert habe. Zur Illustration kann er zum Beispiel auf die früher erwähnte Analysandin hinweisen, die bis lange in die Latenzzeit ihre Mutter und einige ihrer Tanten als penistragend ansah, während sie sich selbst und eine schwachsinnige Tante als kastriert auffaßte.

Die zeitliche Verschiebung zwischen den beiden „Kastrations"-Erlebnissen sind als Ausdruck der Abwehr, des Widerstandes zu verstehen, der Mädchen und Knaben gemeinsam und dagegen gerichtet ist, die heißgeliebte und sexuell verehrte Mutter als „kastriert" zu betrachten. Die Erkenntnis der „Kastriertheit" der Mutter ist, wie wir besprochen haben, im allgemeinen mit ihrer Devaluierung als Liebesobjekt verbunden. Wer kann eine „kastrierte" Person lieben? Daher muß jene natürlich starken Widerstand hervorrufen, da sie ja sowohl für das Mädchen als auch für den Knaben bis dahin DAS

OBJEKT gewesen ist. Eine starke psychische Abwehr muß mobilisiert werden.

Wie nicht zuletzt Ruth Mack Brunswick konkretisiert, gibt es jedoch einen weiteren ernsthaften Anlaß, die Erkenntnis der „Kastriertheit" der Mutter zu verleugnen[24] und hinauszuschieben. Zu dem oben genannten kommt, was den Knaben betrifft, noch hinzu, daß das Imago der „kastrierten Mutter" signalisiert, daß die Kastrationsangst, die er erlebt, nicht auf leeren Drohungen beruht. *Aber* für das Mädchen sind die weiteren Bedeutungsdimensionen des „kastrierten" Mutterbildes noch schlimmer. Es bedeutet nämlich, wie Ruth Mack Brunswick sagt, *„above all the doom of the girl's hopes of ever acquiring possession of a penis".*[25] Während der Knabe, worauf sie hinweist, *„possessing the phallus himself, . . . has far less need of it in his love object",*[26] ist das Mädchen wirklich übel dran. Oder mit anderen Worten: wenn es anscheinend nur *ein Genital* gibt, das eine sexuelle Rolle spielt, was soll man dann tun, wenn man es selbst nicht hat, und einem plötzlich klar wird, daß derjenige, den man liebt, es auch nicht besitzt? Innerhalb der Erlebnisuniversen des Patriarchatsfetischismus bleibt hier nur noch die Verleugnung, Verzweiflung oder der traumatische Objektwechsel, dessen Charakter Lampl-de Groot so malend als „den Feind zum Geliebten"*[27] machen beschrieb. Vor diesem Hintergrund müssen wir erwarten, daß sich nicht zuletzt das Mädchen so lange wie überhaupt möglich gegen die Erkenntnis der „Kastriertheit" der Mutter wehren wird.

Aber worauf beruht die Abwehr des Mädchens? Dem freudianischen Diskurs zufolge schieben sowohl das Mädchen als auch der Knabe die Erkenntnis der „Kastriertheit" der Mutter hinaus, indem sie – gegen ein sich immer mehr aufdrängendes Gefühl für den rechten Zusammenhang der Dinge – an der Phantasie von der „phallischen Mutter" festhalten. Diese Phantasievorstellung kann man, präzisiert Ruth Mack Brunswick, in einem gewissen Sinne so auffassen, daß sie genau mit dem Ziel der psychischen Abwehr gegen das Bild der „kastrierten Mutter" geschaffen wird. Man muß, wie sie in der früher zitierten Passage sagt,[28] die Phantasie von der „phallischen Mutter" als *„a childish hypotheses elaborated after the discovery of the penis and the possibility of its loss or absence in the female"* – als *„a hypothesis made to insure the mother's possession of the penis",* entstanden *„at the moment when the child becomes uncertain that the mother does indeed possess it* (den Penis, A. d. A.)". Die Grundlage des Abwehrmechanismus ist, sagt sie weiters, eine kompensatorische Regression zurück zu der Phase, in der die Mutter mächtig und stark erschien; es dreht sich um *„a fantasy of regressive, compensatory nature".*[29]

Es gibt für das Mädchen noch eine andere Möglichkeit der Abwehr gegen das Bild der „kastrierten Mutter". Nämlich die, welche die Psychoanalyse den „Männlichkeitskomplex" nennt, und die darin besteht, die „Kastration" durch die Phantasie, selbst einen penistragenden Körper zu haben, zu verleugnen. Die beiden Phantasien – über die phallische Mutter und den phallischen Eigenkörper – können auf der Grundlage der freudianischen Beschreibungen als umgekehrt proportional betrachtet werden. So wird eine Stärkung der einen die Abhängigkeit von und damit die Intensität der anderen vermindern, und *vice versa*. Wenn das Mädchen also ein intensives „Männlichkeits"-Gefühl als Reaktion auf das erste Moment des Kastrationstraumas entwickelt, ist die Phantasie von der „phallischen Mutter" nicht so notwendig für es. In diesem Fall wird es sich in aktuellem oder jedenfalls zukünftigem Besitz aktiver Potenz und sexueller Bemächtigungsfähigkeit erleben. Gehen die Reaktionen des Mädchens auf die „Kastration"[30] dagegen in die Richtung des passiv-narzistisch Fixierten – das heißt, in Richtung der sogenannten „normalen Weiblichkeit" oder des neurotisch Sexual- und Geschlechtsverleugnendem –, dann ist es wahrscheinlich, daß sein Phantasieren über eine „phallische Mutter" stark und intensiv sein wird. Denn nachdem es sich selbst aktive Potenz und Bemächtigungsfähigkeit abgesprochen hat, ist es ganz und gar darauf angewiesen, diese Eigenschaften bei seinem Liebesobjekt zu finden, wenn es eine Hoffnung haben soll, daß seine libidinösen Wünsche befriedigt werden.

Nachdem unser Anliegen hier eine Rekonstruktion des freudianischen Diskurses über die weibliche „Normalitätsentwicklung" ist, werden wir auf die alternative Abwehrphantasie über den phallischen Eigenkörper nicht näher eingehen, sondern uns an die Phantasie über die phallische Mutter halten. Eine Phantasie, die wir also als einen Ausdruck für einen psychischen Abwehrmechanismus betrachten können, der dazu dient, die Erkenntnis der „Kastriertheit" der Mutter hinauszuschieben.

Im freudianischen Diskurs tritt das Resultat dessen, daß dieser Abwehrmechanismus aktualisiert wird, eindeutig als ein *Aufschub* des eigentlichen und erwarteten Bruches mit der harmonisch-kontinuierlichen Entwicklung der Mutterbilder hervor. Zwar ist bei Ruth Mack Brunswick explizit von einem *Übergang* die Rede – von der „aktiven Brust- und Klitorismutter" der Aktiv-Passiv-Phase zu der „phallischen" Mutter der phallischen Phase. Aber damit scheint kein einscheidender Unterschied in den Mutterbildern angegeben zu sein. Die aktive Brust- und Klitorismutter einerseits und die phallische Mutter andererseits haben Ruth Mack Brunswick zufolge im Prinzip das gleiche Wesen. Jedenfalls muß sie, wenn auch etwas unentschlossen, feststellen, daß das phallische Mutterimago *nicht ausschließlich* als die spezifisch abgegrenzte Abwehrvorstellung bestimmt werden kann, die sie sonst präzise definiert als ein regressives Festhalten am Imago der aktiven und mächtigen Mutter, verbunden mit einer retrospektiven Projektion des Phallusbildes, das der kastrierende „Anblick des Penis" produziert. Der Begriff der „phallischen" Mutter muß auch, sagt Ruth Mack Brunswick, einfach generell als eine Sammelbezeichnung für alle infantilen Bilder der allmächtigen Mutter, die alles kann und alle wertvollen Attribute hat, verstanden werden. Das heißt, als ein Imago, das die Mutterbilder der Aktiv-Passiv-Phase und der phallischen Phase zusammenfaßt, und dem dadurch plötzlich ein mehr primärer und allgemeiner Charakter zugeschrieben wird, als wenn es nur als Abwehrvorstellung aufgefaßt würde, das heißt, als etwas Sekundäres und Abgeleitetes. Dieser Charakter des Begriffs als sammelnde Bezeichnung ist überhaupt für Ruth Mack Brunswick einer der wesentlichen Gründe, ihn zu verwenden, obwohl es deutlich ist, daß sie sich keineswegs darin sicher ist, ob man von ihm als primärem Phänomen sprechen kann. Das heißt, als etwas, das sich einfach spontan an das Erlebnis der aktiven Mutter knüpft, ohne von einer bestimmten psychischen Abwehrsituation abgeleitet worden zu sein. Mit folgender sehr breiten und verwässerten Definition schließt Ruth Mack Brunswick die wichtige Passage über „*the concept of the phallic mother*", deren erste Teile wir früher zitiert haben: „*We shall continue to use the term ‚phallic mother', first because of the prevalence of the idea in the neuroses and psychoses, and second because whether the idea is primary or regressive, the term is one which best designates the all-powerful mother, the mother who is capable of everything and who possesses every valuable attribute.*" (Mack Brunswick 1940, 204)

Die aktive Klitorismutter nimmt die entfremdete Gestalt
der phallischen Mutter an
(Gegenantwort)

Dem expliziten freudianischen Diskurs zufolge repräsentiert das Imago der phallischen Mutter also keine eigentliche Diskontinuität, keinen entscheidenden Einschnitt in der Entwicklung der Mutterbilder. Dafür deutet die latente Aussage des Diskurses deutlich in die Richtung, daß bereits hier ein *Bruch* stattfinden muß. Ein Bruch, der zwar nicht so gewaltsam wie die definitiven Destruktion der starken, infantilen Mutterbilder ist, die mit der Installierung des „kastrierten" Mutterimagos erfolgt, der aber immerhin einer markanten, folgenschweren und schicksalsschwangeren *Transformation* gleichkommt. Wir werden nun näher betrachten, wie sich dieser erste Bruch abzeichnet, und wie wir den freudianischen Begriffsapparat entwickeln können, um mit dem Umstand adäquat umgehen zu können, daß man nicht nur mit einem, sondern mit *zwei Brüchen* in der Reihe der Mutterimagos rechnen muß.

Wir haben früher gesehen, wie Ruth Mack Brunswicks Artikel von 1940 durch seine lobenswerte, konkretisierende und Freud-präzisierende Bestrebung Widersprüche klar zur Manifestation gebracht hat, die anderenorts (unter anderem bei Freud selbst) viel verschleierter sind. Das macht ihren Artikel in mehreren Punkten zu einem sicheren Ausgangspunkt für den Defetischierungsprozeß – so auch hier, wo es um die Darstellung des ersten Bruches in den Mutterbildern geht.

Die Nahlesung von Ruth Mack Brunswicks Text hat gezeigt, daß sie tatsächlich mit zwei verschiedenen Bestimmungen der „phallischen Mutter" operiert. Erstens war die Rede von etwas Sekundärem: eine regressiv bedingte Abwehr gegen die Installierung des Imagos der „kastrierten Mutter", welches das erste Moment des Kastrationstraumas ankündigt. Der Begriff wurde als ein Phänomen aufgefaßt, das überhaupt erst vor dem Hintergrund der „Kastration" entsteht – eines, das erst *„after the discovery of the penis and the possibility of its loss or absence in the female"*[31] entwickelt wird. Aber zweitens war die „phallische Mutter" auch eine generelle Sammelbezeichnung für *„the all-powerful mother"*, die *„capable of everything"* und im Besitz von *„every valuable attribute"*[32] ist, das heißt, für die Mutterbilder sowohl der Aktiv-Passiv-Phase als auch der „phallischen Phase". Damit bekam der Begriff einen mehr primären und allgemeinen Charakter.

Genauer betrachtet baut diese dobbelte Definition auf einem Widerspruch, der deutlich sichtbar wird, wenn wir ihn im Licht der Aussagen über die „präphallischen" Mutterbilder betrachten, deren Bedeutung wir früher diskutiert haben. Verglichen mit Ruth Mack Brunswicks explizitem Hinweis, daß die Aktiv-Passiv-Phase in dem Sinn „präphallisch" ist, daß dem Geschlechtsunterschied noch keine Bedeutung beigemessen wird, kann in bezug auf die breite Definition des Begriffs der „phallischen Mutter" ein Widerspruch beobachtet werden. Dasgleiche ist der Fall, wenn wir des weiteren die implizite Aussage betrachten, daß auch die antigonale Phase bis zur „Kastration" „präphallisch" in der erwähnten Bedeutung ist. Durch diese Aussagen werden ja nämlich klare Gründe dafür angegeben, warum *nicht* von einem „phallischen Mutterbild" die Rede sein kann, bevor sich die „Kastration" angekündigt hat. Gründe, die mit dem ersten Teil von Ruth Mack Brunswicks Definitionen der „phallischen Mutter" gänzlich übereinstimmen, die dafür aber mit der Gleichsetzung aller aktiver Mutterbilder mit dem „phallischen Mutterimago" im zweiten Teil der Definition völlig unvereinbar sind. Auf den Punkt gebracht können wir sagen, daß Ruth Mack Brunswick mit ihrer zweiten – breiten – Definition jene Mutterbilder „phallisch" nennt, die sie im übrigen Kontext im Gegensatz als „präphallisch" bestimmt hat.

Was können wir nun mit dieser doppelten und eigenartig wankelmütigen Definitionsweise anfangen? Tja, wir können feststellen, daß dasjenige, was im fetischierten Text ein Widerspruch ist, unter den Voraussetzungen der Defetischierung zu einer vollständigen logisch zusammenhängenden Aussage erhoben werden kann. Tatsächlich stimmt Ruth Mack Brunswicks doppelte Definition der phallischen Mutter nämlich bedingungslos gut mit den Resultaten überein, die unser Defetischierungsprozeß bereits zutage gebracht hat. Außerdem zeigt jene in die Richtung neuer Konklusionen, die sich ohne jeden Widerspruch in unseren neuen Diskurs einfügen lassen.

Zuerst wollen wir Ruth Mack Brunswicks breite Definition betrachten.

Setzen wir diese in Bezug zu dem Widerspruch zwischen dem prospektiven und dem retrospektiven Blick, den die „Kastration" etablieren mußte, wie wir in *Kapitel V* gesehen haben. Das heißt, jenen wichtigen Widerspruch, den wir hier in *Kapitel VII* verwenden konnten, um die „phallische Mutter" als die Wiedergabe des retrospektiven – „post-kastrierten" – Blickwinkels der aktiven und potenten Klitorismutter zu bestimmen. So können wir sehen, daß die breite Definition der „phallischen Mutter" gemeinsam mit Ruth Mack Brunswicks übrigen Aussagen darüber, daß die frühen aktiven und Potenten Mutterbilder „präphallisch" sind, einen widerspruchsfreien Sinn ergeben *kann*. Nämlich dann, wenn wir erstens die *breite Definition* darauf beschränken, nur für die Bilder der aktiven Mutter des *retrospektiven Blickwinkels* zu gelten, und zweitens den Geltungsbereich der übrigen Aussagen über die *„präphallischen Mutterbilder"* umgekehrt ausschließlich in den *prospektiven Blickwinkel* verweisen.

Nach dieser Feststellung wollen wir zu jener Dimension in Ruth Mack Brunswicks Definition übergehen, welche die „phallische Mutter" als ein Glied in der Abwehr gegen die Installierung des Imagos der „kastrierten Mutter" plaziert, die mit der „Kastration" in Gang gesetzt wird. Vor dem Hintergrund dieses Definitionsteils können wir eine neue Konklusion zu unserem defetischierten Diskurs über das „normale" weibliche Entwicklungsmuster hinzufügen. Die Zeitverschiebung zwischen dem Erlebnis der „Kastration" des Eigenkörpers und der Installierung des Imagos der „kastrierten Mutter", die durch die Etablierung der regressiven Abwehrvorstellung von der „phallischen Mutter" möglich wird, kann nämlich als Ausdruck dafür betrachtet werden, daß wir es mit einer *Verlängerung der antigonalen Phase* zu tun haben. Der Abwehrmechanismus, von dem die Rede ist, dient beiden Geschlechtern zur Bewahrung der *Mutter* als begehrenswertes Objekt. Speziell für das Mädchen hat er außerdem die Bedeutung, daß es nach dem Erlebnis der „Kastration" seines Eigenkörpers völlig darauf angewiesen ist, die aktive Potenz bei seinem Sexualobjekt zu finden; die Mutter muß also mit der Potenz ausgestattet werden, die das Mädchen selbst nicht zu haben meint. Das heißt: es handelt sich um einen Abwehrmechanismus, dessen Ziel präzise als *ein regressiv basiertes Festhalten an dem Objektverhältnis der antigonalen (und ödipalen) Phase* definiert werden kann. Ein Festhalten, das jedoch nur unter den geänderten Voraussetzungen möglich ist, welche die „Kastration" für das Mädchen mit sich gebracht hat (und die „Kastrations"-Angst für den Knaben).

Diese neuen Voraussetzungen können zu allererst so zusammengefaßt werden, daß es – um überhaupt die Mutter als das aktive und potente Objekt festhalten zu können, das sie gewesen ist – notwendig ist, sie in eine „phallische" Figur zu transformieren. Diese Feststellung wirft zwei Fragen auf.

Erstens müssen wir untersuchen, ob es mit unseren bisherigen Schlüssen über die Mutterbilder des prospektiven Blickwinkels theoretisch vereinbar ist zu behaupten, daß eine solche Transformation stattfindet. Hier können wir jedoch festhalten, daß sich der Begriff der Etablierung der regressiven Abwehrvorstellung von einer „phallischen Mutter" ohne weiteres mit den Ergebnissen vereinbaren läßt, zu welchen uns der Defetischierungsprozeß bisher geführt hat. Können die Mutterbilder des prospektiven Blickwinkels nämlich nicht *vor* der „Kastration" unter den Bedingungen des Patriarchatsfetischismus transformiert werden, so müssen sie dafür notwendigerweise von der Symbolik des fetischistischen Diskurses durchdrungen sein, *nachdem* jene stattgefunden hat. Genauso unlogisch es ist, von einer „phallischen Mutter" *vor* der schicksalsschwangeren Einführung in die gewöhnliche Symbolsprache des Patriarchats zu sprechen, genauso logisch ist es zu erwarten, daß wir, *nachdem* wir uns selbst als das „andere" und fremde Geschlecht kennenlernen mußten, unsere Mutter mit Augen betrachten werden, die von der patriarchatsfetischistischen Aufteilung der Menschheit in „Phallische" und „Kastrierte" verblendet sind.

Die zweite Frage dreht sich darum, inwiefern und auf welche Art die Transformation von der Klitorismutter zur phallischen Mutter stattfindet. Wenn das Imago der „kastrierten Mutter" nicht zu aufdringlich in die Quere kommt, müssen wir uns hier vorstellen, daß dieser Verwandlungsprozeß ganz automatisch abläuft. Nämlich in Kraft dessen, was Ruth Mack Brunswick die *retrospektive Projektion* nennt. (Das heißt, in Kraft dessen, daß „*the idea of the penis is ... projected back upon the active mother after the importance of the phallus has been recognized*".[33]) Das heißt, in Kraft dessen, daß die nicht-fetischierten Bilder des prospektiven Blickwinkels zugunsten der symbolischen Verschmelzung des retrospektiven von „aktiv/potent" und „phallisch" verdrängt werden. Oder mit anderen Worten: Kraft der Verdrängung, worin die „Kastration", defetischiert betrachtet, besteht. Für das Mädchen wird die retrospektive Projektion logischerweise eine Transformation der aktiven Klitorismutter in eine phallische Mutter mit sich bringen, für den Knaben eine Verwandlung mit demselben Endpunkt, aber mit einer aktiven penistragenden Mutter als Ausgangspunkt. (Vergleiche Ruth Mack Brunswicks Überlegungen darüber, daß bei den ersten spontan entwickelten Mutterbildern die eigene körperliche Beschaffenheit des Kindes Modell steht.) Formalisiert kann der Prozeß bei den beiden Geschlechtern folgendermaßen dargestellt werden (indem ⟶ bedeutet: „wird transformiert – bei der Etablierung des Kastrationskomplexes und der Einführung in die Symbolsprache des Patriarchatsfetischismus – in"):

Mädchen: aktive, potente Klitorismutter ⟶ phallische Mutter

Knabe: aktive, potente Penismutter ⟶ phallische Mutter

Obwohl es nicht das Anliegen dieses Buches ist, die Entwicklung des Knaben zu behandeln, möchte ich doch als Kommentar zu diesem Schema unterstreichen, daß die Vorstellungen von einer penistragenden Mutter, die er Ruth Mack Brunswick zufolge in der „präphallischen" Phase hat, keineswegs mit der späteren patriarchatsfetischistisch bestimmten Phantasie von einer phallischen Mutter verglichen werden kann. Sehr verkürzt gesagt besteht der Unterschied zwischen den beiden Mutterpenissen darin, daß der erste im eigenen onanistisch erlebten Bild des Lustpenis' geschaffen wurde, während der zweite die phallisch-mächtige, ödipal-kastrationsdrohende körperliche Ausstattung des Patriarchen-Vaters zum Vorbild hat.

Aus der Formalisierung geht im übrigen auch hervor, wie das Mädchen unter den gegebenen historischen Voraussetzungen in seiner frühen Entwicklung an die Wahrheit über den Sexualkörper des Mädchens näher herankommt als der Knabe. Eine Wahrheit, die es jedoch bei der „Kastration" vollständig aufgeben muß zugunsten der phallischen Sprache, die sowohl seinen eigenen als auch den Körper der Mutter entfremdet. In *Kapitel V* haben wir beschrieben, auf welche Art und Weise diese Entfremdung des Frauenkörpers in der patriarchatsfetischistischen Symbolsprache gleichbedeutend ist mit der Entfremdung des Mädchens vom Eigenkörper. Anhand der Formalisierung können wir sehen, wie das Mädchen gleichzeitig auch vom Mutterkörper entfremdet wird. Dieser scheint nun plötzlich dem „ersten" (mächtigen und potenten) Geschlecht anzugehören und dem eigenen Körper des Mädchens ganz entgegengesetzt, den es als dem Lager des „kastrierten anderen Geschlechts" angehörend erlebt.

Die phallische Mutter ist auf diese Weise eine doppelt entfremdete Muttergestalt. Sie ist erstens eine Mutter, deren „phallischer" Körper nun die „Kastriertheit" des Mädchens signalisiert, genau wie es der Vaterkörper zuerst tat. Zweitens ist sie auch eine Mutter, die entfremdet wurde, indem ihr die Genitalität ihres Frauenkörpers abgesprochen wurde. Eine Mutter, die somit als geschlechtliches Monster erscheint –, und im Anschluß daran eine Mutter, deren „Fall" von der „phallischen" in die „kastrierte" Position unumgänglich durch die Einschreibung selbst in den vom Frauenkörper entfremdeten, phallischen Diskurs vorbereitet ist. Jene Mutter, die dem „kastrierten" Mädchen als eine „phallische" Mutter erscheint, ist daher alles in allem eine Gestalt, die wie Rotkäppchens fremde und unheimliche „Großmutter" mit den „zu großen" Körperorganen anmutet. Eine Gestalt, die schicksalsschwangere Ereignisse und undefinierbare, aber fürchterliche Katastrophen signalisiert.

Wir wollen zu der Frage nach den psychischen Erlebnisebenen zurückkehren, die an diese entfremdete Muttergestalt geknüpft sind. Zuerst einmal werden wir jedoch nur die unmittelbaren Konklusionen des Defetischierungsprozesses hervorheben:

– *Daß* bei und durch die Transformation der aktiven Klitorismutter in die phallische Mutter eine Entfremdung eintritt.

- *Daß* die Abwehrphantasie von der phallischen Mutter solcherart ein Unternehmen zur Hinausschiebung von höchst zweifelhaftem Charakter repräsentiert.

- *Daß* doch – wie bei allen Abwehrmechanismen – auch eine Lustprämie, ein Gewinn notiert werden kann, der offenbar den hohen Preis in Form entfremdender und unheimlicher Erlebnisse einer Monstermutter wert ist: das Objektverhältnis der antigonalen Phase kann aufrechterhalten werden; jedenfalls für einige Zeit.

Fassen wir hiernach die Antworten auf unsere Fragen zusammen: Wie müssen die Mutterbilder des Mädchens unmittelbar nach der „Kastration" aussehen? Und wie macht sich hier ein *Bruch* geltend, den der freudianische Diskurs aus fetischistischen Gründen nicht pointieren kann? (Ein Bruch, der jedoch gleichzeitig auch nicht so gewaltig ist wie das, was mit dem zweiten Moment des Kastrationstraumas und der Installierung des Imagos der „kastrierten Mutter" eintritt.)

Unmittelbar nach der „Kastration" muß das Mädchen ein Mutterbild haben, das phallisch ist. Das bedeutet, daß sich hier bei dem Begriff der „phallischen Mutter" ein etwas anderer Umstand geltend macht als jener, der für den Begriff der „phallischen Phase" gegolten hat. In der „normalen" weiblichen Entwicklung konnten wir *ausschließlich* der *„phallischen Phase"* retrospektive Gültigkeit zuschreiben. Demgegenüber müssen wir nun feststellen, daß das *„phallische Mutterimago"* die Bedeutung haben muß: alle aktiven und potenten Mutterbilder, retrospektiv betrachtet, *gleichzeitig damit*, daß es auch der *prospektiven Bilderreihe* angehört.

Indem dieses „phallische Mutterimago" in einem entfremdenden Prozeß entstanden ist und im Widerspruch zu der nicht-fetischierten Muttervorstellung steht, die vor der „Kastration" existierte, können wir von einem *Bruch*, einer *Diskontinuität* in der Reihe der Mutterbilder sprechen. Wenn der freudianische Diskurs die Existenz dieses Bruches nicht expliziert hat, so liegt das an dem fetischistisch bestimmten Nicht-Unterscheiden zwischen dem prospektiven und dem retrospektiven Blickwinkel. Nichts desto weniger finden wir bei Ruth Mack Brunswick eine latente Aussage über den Bruch, indem sie nur unter sehr widersprüchlichen Bedingungen die „phallische Mutter" in all jenen Dimensionen definieren kann, auf die ihrer Meinung nach der Begriff hinweisen muß.

In Übereinstimmung mit der impliziten Aussage in Ruth Mack Brunswicks Artikel von 1940 können wir also festhalten, daß sich ein Bruch und eine Diskontinuität geltend macht. Im Anschluß an die explizite Aussage im freudianischen Diskurs müssen wir aber zugleich auch von einer *Kontinuität* sprechen. Diese besteht, defetischiert betrachtet, in einer Bewahrung des Objektverhältnisses der Antigonephase. Der entscheidende Bruch wird aufgeschoben. Die definitive Diskontinuität, die Installierung des Imagos der „kastrierten Mutter", das zweite und letzte Moment des Kastrationstraumas, das die Abwendung von der Mutter vermittelt, wird aufgeschoben.

Die nachphallische oder passiv antigonale Phase

Um begrifflich adäquat damit umzugehen, daß in diesem Stadium in der Entwicklung des Mädchens zugleich Kontinuität und Diskontinuität besteht, können wir unseren Ausgangspunkt in der Unterteilung der „phallischen Phase" nehmen, die Ernest Jones bei Freud aufzeigt. Näher bestimmt in einem seiner vielen Versuche, die Unterschiede zwischen der orthodox-freudianischen Weiblichkeitstheorie und jener Horneys/der Londoner Schule zu definieren.[34]

Als Teil der Darlegung einer zwar ganz anderen Interpretation der „leicht zugänglichen Tatsachen"* über die „phallische Phase" (das heißt das, worüber Konsens besteht: daß das Erleben der Welt bei beiden Geschlechtern zuerst mit dem Ausgangspunkt in ihrer eigenen Genitalität stattfindet und danach von dem Gegensatz „phalllisch-kastriert" ausgeht) pointiert Jones etwas, das für uns von Bedeutung ist. Nämlich, daß in Freuds Beschreibung der Phase zwei verschiedene Stadien deutlich unterschieden werden können. Obwohl Freud an der Kontinuität festhält und nur von einer „phallischen Phase" ohne Unterteilungen sprechen möchte, verläuft nichts desto weniger in seinen Bestimmungen eine Trennlinie zwischen dem ersten und letzten Teil der Phase, wie Jones aufzeigt. Die Phase ändert ihren Charakter in Freuds Beschreibung, wenn sich die Vorstellung der Kastration ankündigt. Als eine Präzisierung Freuds schlägt Jones daher vor, zwischen einem „protophallischen" und einem „deuterophallischen" Teil der Phase zu unterscheiden:

Ich möchte Ihnen nun etwas zu überlegen geben, was in *Freuds* Bericht mit enthalten ist, aber um der Klarheit willen mehr Betonung verdient. Es gibt nämlich offenbar zwei deutliche Stadien in der phallischen Pase. Ich weiß, daß *Freud* für beide denselben Terminus „phallische Phase" gebrauchen würde und deswegen keine ausgesprochene Unterteilung für sie geschaffen hat. Die erste der beiden – nennen wir sie die *protophallische Phase* – wäre durch Unschuld oder Unwissenheit gekennzeichnet – wenigstens, was das Bewußtsein anlangt; es gibt keinen Konflikt in der in Frage stehenden Sache. Das Kind nimmt zuversichtlich an, daß die übrige Welt gleich ihm gebaut ist und ein männliches Organ besitzt, mit dem es zufrieden sein kann – Penis oder Klitoris, je nachdem. In der zweiten, *deuterophallischen Phase*, dämmert der Verdacht, daß die Welt in zwei Klassen geteilt ist, nicht männlich und weiblich im eigentlichen Sinne, sondern penisbesitzend und kastriert (zwei Klassifikationen, die sich allerdings ziemlich decken).* (Jones 1933, 323-324)[35]

Diese Präzisierung des Freudschen Begriffs von der phallischen Phase können wir zu einem gewissen Grad hier gebrauchen. Auch wenn es nicht in unserem defetischierenden Anliegen geschieht, so zeigt Jones nämlich auf seine Art dasselbe auf, was ich gerade getan habe: Daß in der freudianischen Theorie eine Form von Inkonsequenz besteht. Näher bestimmt eine mangelnde Kennzeichnung des *Einschnitts*, den, wie sie tatsächlich behauptet, die Etablierung des Kastrationskomplexes unmittelbar bei Mädchen und Knaben erzeugt. Das heißt, *bevor* mit der Erkenntnis der „Kastration" der Mutter der endgültige Bruch eintritt. Daß es Jones' Ziel ist hervorzuheben, wie die erwähnten „leicht zugänglichen Tatsachen"* in eine ganz andere Richtung zeigen, als Freud und die orthodoxen Freudianer meinten, schlägt sich jedoch in seiner Freud-Interpretation nieder, sodaß diese nur bis zu einem gewissen Grad als korrekt bezeichnet werden kann. Bevor wir seinen Vorschlag der begrifflichen Kennzeichnung des Bruches im freudianischen Diskurs über die „phallische Phase" annehmen können, ist es daher notwendig, einige Präzisierungen dessen vorzunehmen, wo seine Interpretation stichhältig ist und wo nicht.

Verglichen mit dem Begriff der „Ödipalphase", den der psychoanalytische Diskurs verwendet, um Objektverhältnisse zu pointieren, betrifft der Begriff der „phallischen Phase" vor allem die Genitalorganisation; aber er kann doch auch zugleich das Objektverhältnis involvieren. Gehen wir nun zuerst von der Bedeutung aus, die die Genitalorganisation betrifft, so ist es meiner Ansicht nach zweifelhaft, ob Jones darin recht hat, daß Freud meinte, daß die „Kastration", was das Mädchen betrifft (genau wie beim Knaben), im Laufe der „phallischen Phase" vor sich geht. Eher muß man sagen, daß Freud die eigentliche „phallische" Genitalorganisation des Mädchens als mit dem ersten Kastrationstrauma für abgeschlossen betrachtet – jedenfalls was die „normale" weibliche Entwicklung betrifft. Zwar betont Freud nachdrücklich, daß es sehr schwierig ist, eine eindeutig deckende Bestimmung dessen zu geben, wie Mädchen auf die „Kastration" reagieren; und das macht es auch schwer, wie er sagt, eine allgemeine Definition dessen zu geben, wann ihre „phallische" Genitalorganisation zugrunde geht:

Es ist sehr wohl möglich, daß die vorstehende Schilderung, wie sich das kleine Mädchen gegen den Eindruck der Kastration und das Verbot der Onanie verhält, dem Leser einen verworrenen und widerspruchsvollen Eindruck macht. Das ist nicht ganz die Schuld des Autors. In Wirklichkeit ist eine allgemein zutreffende Darstellung kaum möglich. Bei verschiedenen Individuen findet man die verschiedensten Reaktionen, bei demselben Individuum bestehen die entgegengesetzten Einstellungen nebeneinander.* (Freud 1931b, 176-77)

Oder mit anderen Worten: Bei manchen Mädchen wird sich die Genitalorganisation unter dem Einfluß des ersten Kastrationstraumas gleich verwandeln, sich in einem Bedürfnis nach passiver Befriedigung fixieren. Aber bei anderen Mädchen wird sich die „phallische Phase" fortsetzen, indem sie das „Kastrations"-Erlebnis psychisch verleugnen und einen beginnenden „Männlichkeitskomplex" entwickeln. Bei anderen wiederum wird die Reaktion eine Mischung aus Akzept und Verleugnung der „Kastration" sein. So kann man versuchsweise Freuds Sicht der „verwirrenden" Vielfalt der Reaktionen interpretieren, wenn man seine Bestimmungen der drei Hauptwege betrachtet, auf welchen die weibliche Triebentwicklung nach der „Kastration" verlaufen kann.[36]

Dieses verwirrende Bild, das Freud bietet, wird außerdem dadurch unterstrichen, daß er sich – unkommentiert – in den Jahren 1925 und 1931 äußerst unterschiedlich über die unmittelbaren Konsequenzen des Anblicks des Penis ausspricht. So heißt es 1925: „Es (das Mädchen, *A. d. A.*) bemerkt den auffällig sichtbaren, groß angelegten Penis eines Bruders oder Gespielen, erkennt ihn *sofort* als überlegenes Gegenstück seines eigenen, kleinen und versteckten Organs und ist von da an dem Penisneid verfallen."* (1925j, 162; meine Hervorhebung, *A. d. A.*).

Gegenüber dieser Betonung des blitzartigen Charakters der Erkenntnis, unterstreicht Freud 1931 die Verzögerung des Prozesses beim Mädchen durch eine Mobilisierung von Widerständen gegen den Anblick des Penis:

Wenn das kleine Mädchen durch den Anblick eines männlichen Genitales seinen eigenen Defekt erfährt, nimmt sie die unerwünschte Belehrung *nicht ohne Zögern und ohne Sträuben* an. Wie wir gehört haben, wird die Erwartung, auch einmal ein solches Genitale zu bekommen, hartnäckig festgehalten, und der Wunsch danach überlebt die Hoffnung noch um lange Zeit.* (Freud 1931b, 176; meine Hervorhebung, *A. d. A.*)

Deutet das Zitat von 1925 in die Richtung einer unmittelbaren Destruktion der „phallischen" Genitalorganisation des Mädchens, könnte man beim ersten Blick meinen, daß das Zitat von 1931 vielleicht auf ein allgemeines Festhalten an der „Phallizität" als Abwehrmechanismus hinweist. Lesen wir jedoch weiter im Artikel von 1931, dann zeichnet sich ein anderes Bild ab. Wir werden sofort sehen, daß die „phallische" Abwehrvorstellung, von der Freud meint, daß sie die volle Erkenntnis der Konsequenzen des Anblicks des Penis verzögert, nicht als etwas aufgefaßt wird, das mit dem Eigenkörper des Mädchens zu tun hat. So heißt es nämlich im Anschluß an das oben Stehende: „In allen Fällen hält das Kind die Kastration zunächst nur für ein individuelles Mißgeschick, erst später dehnt es dieselbe auch auf einzelne Kinder, endlich auf einzelne Erwachsene aus. Mit der Einsicht in die Allgemeinheit dieses negativen Charakters stellt sich eine große Entwertung der Weiblichkeit, also auch der Mutter her."* (Freud 1931b, 176)

Wir müssen also schließen, daß, insofern Freud überhaupt meint, daß man an diesem Punkt etwas eindeutig Allgemeines über die Reaktion des Mädchens auf die „Kastration" sagen kann, seine Auffassung nicht in die Richtung dessen geht, was Jones behauptet. Im Gegenteil sieht es so aus als ob

Freud meint, daß die „phallische" Genitalorganisation des Mädchens „normalerweise" mit dem ersten Moment des Kastrationstraumas gebrochen wird. Das heißt, zu einem Zeitpunkt, wo das Bewußtsein des „kastrierten" Eigenkörpers etabliert wird und daher *vor* dem Erlebnis der „Kastration" des Mutterkörpers. Was die Genitalorganisation betrifft, bringt der freudianische Diskurs also am ehesten die Ansicht zum Ausdruck, daß die „phallische Phase" des Mädchens mit der „Kastration" schließt. Wohlgemerkt, wenn man von der „Abweichung" absieht, als welche Freud den „Männlichkeitskomplex" versteht.

Doch betrachten wir nun nicht die Genitalorganisation, sondern das Objektverhältnis. Hier ist Jones' Interpretation stichhältig. Ohne zu explizieren läßt der freudianische Diskurs über die „phallische Phase" diese nämlich als in zwei Stadien unterteilt mit der „Kastration" als Scheidepunkt auftreten, wenn nicht von der Genitalorganisation, sondern vom Objektverhältnis die Rede ist. Das bedeutet, daß wir Jones' Unterteilung anwenden können, insofern wir korrigieren und präzisieren, daß sie nur für die „phallische Phase" gilt, in der Bedeutung verstanden: das, was das Objektverhältnis betrifft. Oder mit anderen – defetischierten – Worten: Jones' Vorschlag der Unterteilung kann zu einer Kennzeichnung dessen verwendet werden, daß *die antigonale Phase aus zwei Stadien besteht*. Sie hat einen – je nach Blickwinkel – *„phallischen" oder „klitorisgenitalen" ersten Teil*, das heißt, *die Periode bis zur „Kastration"*. (Das ist jener Teil, den Jones „protophallisch" nennt.) Hierauf folgt ein zweiter Teil, dem Jones die Bezeichnung „deuterophallisch" gibt. Ich ziehe jedoch den etwas mundgerechteren Begriff *„nachphallisch"* vor (der ursprünglich von Helene Deutsch stammt[37]) für den Teil der antigonalen Phase, der *unmittelbar nach der „Kastration"* folgt. Das heißt, jener Phasenteil, in dem das Mädchen durch die Abwehrphantasie von der „phallischen Mutter" das Objektverhältnis der vorangegangenen Phase festhält und die endgültige Erkenntnis der „Kastration" in ihrem vollen Umfang hinauszögert, die patriarchatsfetischierte Bewußtwerdung hinausschiebt, daß es das Geschlecht als solches sei, das „kastriert" ist.

Obwohl ich Jones' Unterteilung verwende, habe ich mich also entschieden, Helene Deutsch' Term „nachphallisch" den Termen „phallisch"/„klitorisgenital" gegenüberzustellen, anstatt im Anschluß an Jones' Terminologie von der „protophallischen"/„protogenitalen" gegenüber der „deuterophallischen Phase" zu sprechen. Der Grund dafür liegt in dem Bestreben, den Begriffsapparat nicht unnötig zu komplizieren.

Es läßt sich darüber diskutieren, ob es unlogisch ist, im prospektiven Blickwinkel von einem „nachphallischen" Phasenteil zu sprechen. Es hat ja, wie wir in *Kapitel V* gesehen haben, genau genommen keinen vorausgehenden „phallischen" Phasenteil vor dieser „nachphallischen" Periode gegeben. Nichts desto weniger wähle ich die Bezeichnung „nachphallisch". Sie *ist* nämlich logisch. Denn wenn sich das Mädchen, prospektiv betrachtet, in der

„nachphallischen Phase" befindet, dann hat es ja das erste Moment in seinem Kastrationstrauma durchlebt. Das bedeutet, daß es subjektiv betrachtet erlebt, daß es sich nun in einer Phase befindet, die nach einer „phallischen Phase" liegt. Die klitorisgenitale Phase wurde, wie ich in *Kapitel V* beschrieben habe, in seinem Bewußtsein eben genau in eine „phallische Phase" transformiert.

Um die Bestimmungen zu vervollständigen, die wir nun eingeführt haben, müssen wir untersuchen, wie die Genitalorganisation des Mädchens und das Verhältnis zum Mutterobjekt in dieser zweiten – nachphallischen – Teil der Antigonephase aussehen, dessen Existenz wir gerade diskutiert haben. Die Frage nach der *nachphallischen Genitalorganisation* und dem *Charakter der auf die Mutter gerichteten Libido in diesem zweiten Teil der antigonalen Phase* läßt sich jedoch auch ohne weiteres im Anschluß an die Bestimmungen beantworten, zu welchen uns der Defetischierungsprozeß geführt hat.

Als Haupteffekt des ersten Kastrationstraumas muß jener angesehen werden, daß sich im Bewußtsein des kleinen Mädchens eine symbolische Verschmelzung der Vorstellung von Potenz und aktiver sexueller Bemächtigungsfähigkeit mit der Vorstellung des Penisbesitzes vollzieht. Insofern das Mädchen seine „Kastration" nicht verleugnet und sich genital betrachtet „phallisch" identifiziert, spricht es sich unmittelbar seine aktiv klitorisgenital organisierten Bemächtigungswünsche in der Beziehung zur Mutter ab. Diese sind es ja nämlich, die der patriarchatsfetischistische Symbolisierungsprozeß – hier im ersten Kastrationstraumamoment – als undurchführbar festsetzt. Die genitallibidinösen Wünsche des Mädchens nach einem sexuellen Verhältnis zur Mutter hatten jedoch nicht nur einen aktiv-bemächtigenden Charakter im ersten und unproblematischen Teil der Antigonephase. Wie wir früher besprochen haben bedeutet das, daß das Kind (unter anderem durch Onanie) selbst beginnt, aktiv jene Lusterlebnisse zu wiederholen, zu deren passivem Gegenstand es die Mutter gemacht hatte, dem freudianischen Diskurs zufolge keineswegs, daß die passiven Wünsche, von der Mutter berührt zu werden, verschwinden. Über diese sagt zum Beispiel Ruth Mack Brunswick:

Observations of young children, as well as of a certain primitive type of adults in the course of analysis, make it appear probable that the passive genital aim persists long after the mother's rôle has been largely taken over by the child – Despite a great display of activity, the child at the beginning of the phallic phase still primarily wishes to have its genitals touched by the mother.(Mack Brunswick 1940, 306)

Obwohl Ruth Mack Brunswick hier explizit nur vom „Beginn der phallischen Phase" spricht, das heißt davon, was wir nun beim Mädchen den „klitorisgenitalen Phasenteil" nennen können, besteht kein Grund anzunehmen, daß diese passiven Wünsche nicht auch in der nachphallischen Phase vorhanden sein sollten. Im Gegenteil. Insofern die „Kastration" die aktiven

Bemächtigungslüste zerstört hat, müssen nun nämlich die passiven Wünsche die gesamte Grundlage für die libidinösen Objektbesetzungen des kleinen Mädchens ausmachen. Wir können also feststellen, daß die *nachphallische Genitalorganisation* beim Mädchen „normalerweise" *passiv* sein wird.

Hier müssen wir jedoch eine näher präzisierende Bestimmung hinzufügen. Wenn der patriarchatsfetischistische Symbolisierungsprozeß den Penisbesitz zur Voraussetzung für Potenz und aktiver Bemächtigungsfähigkeit im Bewußtsein des kleinen Mädchens festgesetzt hat, müssen seine passiven Wünsche notwendigerweise ihren Inhalt verändern. Die Vorstellung, daß aktive sexuelle Bemächtigung das Vorhandensein eines Penis erfordert, wird natürlich nicht bei der Auffassung des Mädchens von seinen eigenen Möglichkeiten (oder schicksalsschwangerem „Mangel" derselben), sich aktiv seines Liebesobjekts bemächtigen zu können, stehenbleiben. Das fetischierte Verständnis muß unweigerlich auch auf die Interpretation des Mädchens übergreifen, wie sein Objekt beschaffen sein muß, um seine nunmehr ausschließlich passiven Wünsche befriedigen zu können. Das heißt, die nachphallischen, passiven Genitalwünsche des Mädchens müssen sich auf einen aktiven, phallischen Penis richten. Sie können als *passive Peniswünsche* bezeichnet werden. Oder mit anderen Worten: die nachphallische Genitalorganisation kann als eine Art *Komplement zur Phantasie von der phallischen Mutter und umgekehrt* betrachtet werden. Erstens können wir sagen, daß das Kastrationserlebnis dazu führt, daß jedes aktive, potente Sexualobjekt nun in den Augen des Mädchens als „phallisch" erscheinen. So auch die geliebte Mutter, die als phallische und nicht mehr klitorisbesitzende Frau beim Mädchen einen Peniswunsch wecken muß. Zweitens können wir feststellen, daß das Kastrationserlebnis auch bewirkt, daß sich das Mädchen ein Liebesobjekt mit einem Penis wünschen muß. Nur ein solches, werden ihm seine fetischierten Vorstellungen sagen, können ihm nun Befriedigung verschaffen, wo ihm selbst verwehrt ist, sich seines Sexualobjekts aktiv zu bemächtigen. Da die Mutter sein Liebesobjekt ist, muß es ihr einen Penis andichten. Denn ohne diesen kann die Mutter nicht mehr als plausibler Sexualpartner für das Mädchen auftreten. – Gleichgültig welchen Weg die Argumentation geht, deutet sie also in dieselbe schicksalsschwanger entfremdende Richtung.

Damit haben wir die nachphallische Genitalorganisation bestimmt – und gleichzeitig auch den Charakter des Verhältnisses zum Mutterobjekt in diesem zweiten Teil der Antigonephase. Auf dieser Grundlage, die wir nun erreicht haben, können wir diesen zweiten Phasenteil als passiv antigonal präzisieren, im Unterschied zum aktiv antigonalen Phasenteil, der vor der „Kastration" lag. Zu jener Grenze, die wir gezogen haben, was die Entwicklung der Libidoorganisation betrifft, zwischen dem *klitorisgenitalen* und dem *nachphallischen* Teil der Antigonephase, können wir also in bezug auf das Objektverhältnis eine entsprechende Unterscheidung zwischen einem *aktiv* beziehungsweise passiv antigonalem Phasenteil formulieren. In der Folge werden wir beide Sets von Bezeichnungen gebrauchen, je nachdem, ob wir die Libidoorganisation oder das Objektverhältnis ins Auge fassen.

Zusammenfassend kann der Entwicklungsverlauf des Mädchens bis zur endgültigen Erkenntnis der Kastration der Mutter – mit den neuen Bezeichnungen, die wir eingeführt haben – wie in *Figur G* abgebildet werden, die zum Vergleich auch den Entwicklungsverlauf des Knaben skizziert.

Figur G
Die Entwicklung von Mädchen und Knaben bis zur „Kastration" der Mutter (prospektiv betrachtet) – mit den Bezeichnungsänderungen, die im Anschluß an den Defetischierungsprozeß eingeführt wurden.

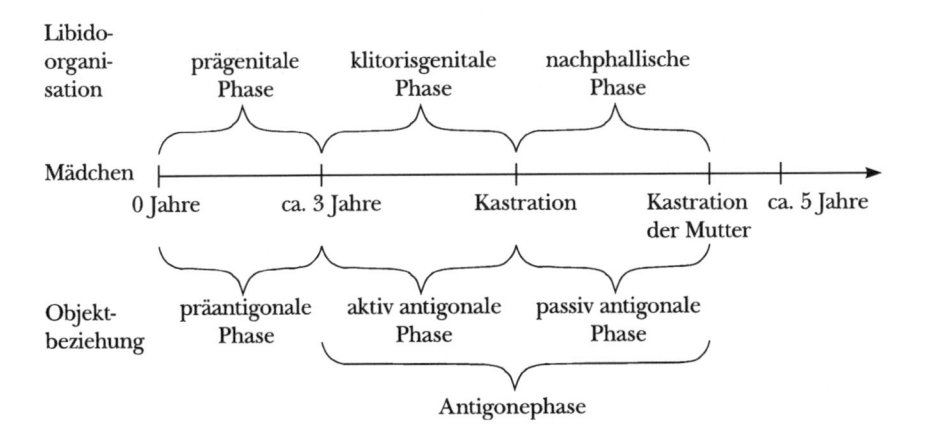

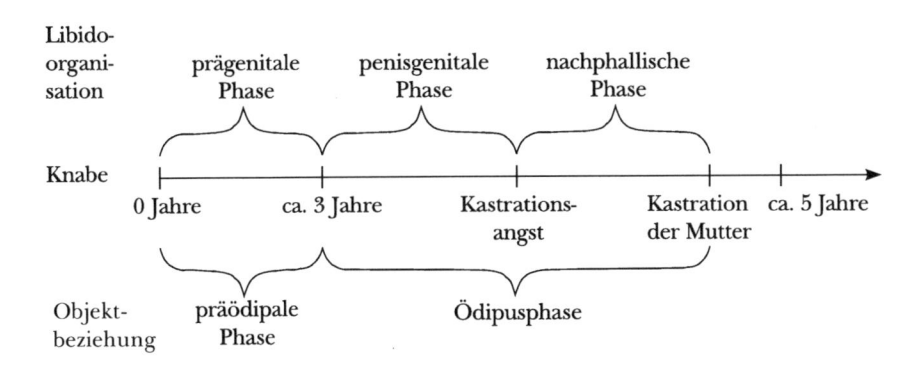

Libido-organisation	prägenitale Phase	klitorisgenitale Phase	nachphallische Phase	
Mädchen	0 Jahre	ca. 3 Jahre	Kastration	Kastration der Mutter — ca. 5 Jahre
Objektbeziehung	präantigonale Phase	aktiv antigonale Phase	passiv antigonale Phase	
		Antigonephase		

Libido-organisation	prägenitale Phase	penisgenitale Phase	nachphallische Phase	
Knabe	0 Jahre	ca. 3 Jahre	Kastrationsangst	Kastration der Mutter — ca. 5 Jahre
Objektbeziehung	präödipale Phase	Ödipusphase		

Was wir bisher über die Entwicklung der Mutterbilder in der ganzen Periode bis zur Kastration der Mutter gesagt haben, kann des weiteren für beide Geschlechter folgendermaßen zusammengefaßt werden:

1) In der prägenitalen Phase wird die Mutter als aktiv erlebt (oral beziehungsweise anal). Ihr Geschlecht und ihre Genitalität spielen noch keine Rolle.

2) In jener Phase, wo das Kind auf seine Genitalität aufmerksam geworden ist, und wo für das Mädchen der Antigonekomplex und für den Knaben der Ödipuskomplex Form annimmt, ist das Imago der Mutter aktiv und klitorisgenital für das Mädchen, während es für den Knaben aktiv und penisgenital ist.

3) In der nachphallischen Phase, wo beide Geschlechter von der Existenz der „Kastration" erfahren haben (das Mädchen hat das erste Moment des Kastrationstraumas erlebt, und der Knabe wurde von der Kastrationsangst ergriffen), wird die Phantasie von der „phallischen Mutter" entwickelt. Die antigonale/ödipale Liebesbeziehung zur Mutter bewirkt, daß ihr Bild erst einige Zeit nach der Etablierung des Geschlechtsbewußtseins mit der devaluierten Seite der polarisierten Geschlechtskategorien verschmilzt.

4. Wie erlebt Antigone die phallische Jokaste?
Die fremde und gefährlich sexuelle Mutter der nachphallischen
oder passiv antigonalen Phase

Im vorangegangenen haben wir gesehen, *daß* mit dem ersten Kastrationstrauma eine Entfremdung zwischen Mutter und Tochter eintreten muß. Nun wollen wir dazu übergehen, uns mit den *Folgen* dieser Entfremdung zu beschäftigen.

Als Auftakt müssen wir uns zwei Voraussetzungen klar machen, auf welchen die Beantwortung dieser *dritten Frage* aufbauen muß. Wir haben gesehen, daß die phallische Mutter der nachphallischen Phase immer noch die anziehenden und faszinierenden sexuell-potenten Qualitäten der aktiven Klitorismutter besitzt. In der Tat ist es überhaupt der libidinöse Widerwille des Mädchens, seine antigonale Verliebtheit in die Mutter aufzugeben, der die Grundlage für die Entwicklung einer nachphallischen Zwischenphase zwischen dem Erlebnis der „Kastration" des Eigenkörpers und der des Mutterkörpers bildet. Dies muß der eine Ausgangspunkt für das folgende sein. Unsere Konklusionen deutet jedoch auch daraufhin, daß das erste Kastrationsmoment seine Spuren darin hinterlassen hat, wie das Mädchen die Mutter erlebt. Sein Verhältnis zur Mutter hat sich entschieden verändert, indem der Patriarchatsfetischismus zwischen sie getreten ist. Hierin liegt die zweite Grundlage, von der wir im folgenden ausgehen müssen.

Das Mädchen gibt der Mutter die Schuld an seiner Penislosigkeit (Antwort)

Der besondere Mutterhaß des Mädchens
Im freudianischen Diskurs gibt es, wie wir gesehen haben, keine eigentlich explizite Markierung dessen, daß mitten im genital organisierten Teil der Mutterbindungsphase (Antigonephase) des Mädchens ein Bruch stattfindet. Trotzdem gibt es doch einen klaren Unterschied in den psychischen Qualitäten, deren Anwesenheit für den Beginn der Phase angegeben wird, und jenen, die wir dem freudianischen Diskurs zufolge in ihrem letzten Teil zu finden erwarten sollen. Während die einleitenden Stadien der Phase als eine glückliche und noch harmonische Mutterbindungsphase beschrieben werden, ist umgekehrt nach der „Kastration" von einem stark disharmonischen Zustand die Rede.

Was ist nun für die Gefühlsqualitäten kennzeichnend, die diese Disharmonie intonieren? Wenn wir von der Entwicklung auf den „Männlichkeitskomplex" hin absehen, wo sich andere Umstände geltend machen, können wir anhand von freudianischen Schlüsseltexten rasch eine vorbehaltlos eindeutige Antwort auf diese Frage geben. In der Forschungsübersicht, mit der Freud seinen Weiblichkeitsartikel von 1931 abschließt, betont er, daß Helene Deutsch ein entscheidend neues Moment zu den wichtigen Entdeckungen hinzugefügt habe, die Jeanne Lampl-de Groot 1927 vorgebracht hatte. In Anknüpfung an die Abwicklung seiner Mutterbindung durchlebt das kleine Mädchen Deutsch zufolge eine Phase, wo das infantil-ambivalente Verhältnis, das allgemein die Beziehung der Kinder zu ihren Müttern kennzeichnet, von einer *eindeutigen Feindseligkeit* abgelöst wird. Zu dieser Entdeckung von Deutsch hat Freud folgenden Kommentar:

Eine Unzulänglichkeit dieser Arbeit (Jeanne Lampl-de Groots Artikel von 1927, *A. d. A.*) finde ich darin, daß sie die Abwendung von der Mutter als bloßen Objektwechsel darstellt und nicht darauf eingeht, daß sie sich unter den deutlichsten Zeichen von Feindseligkeit vollzieht. Diese Feindseligkeit findet volle Würdigung in der letzten Arbeit von Helene *Deutsch* (Der feminine Masochismus und seine Beziehung zur Frigidität)[38]..."* (Freud 1931b, 184)

In seinem Artikel aus dem Jahr 1933 beschreibt Freud die Feindseligkeit genauer, die, wie er nach der Belehrung durch Helene Deutsch erkannt hat, das Mädchen in der Abbauphase der Mutterbindung gegenüber der Mutter entwickelt. Er betont den gewaltigen und entscheidenden *Haß*charakter in den Gefühlen des Mädchens auf folgende Weise: „Die Abwendung von der

Mutter geschieht im Zeichen der Feindseligkeit, die Mutterbindung geht in Haß aus. Ein solcher Haß kann sehr auffällig werden und durchs ganze Leben anhalten, er kann später sorgfältig überkompensiert werden, in der Regel wird ein Teil von ihm überwunden, ein anderer Teil bleibt bestehen."* (Freud 1933a, 99). In einer detaillierten Darstellung der negativen Gefühlsqualitäten, mit denen die positiven Gefühle rund um das Imago der Mutter gewöhnlich bei Kindern beiderlei Geschlechts vermischt werden, bestimmt Freud ebendort das eindeutige Umschlagen in Haß als *dem Mädchen eigentümlich*. Jenes ist, sagt er, Ausdruck ganz anderer aggressiver Tendenzen als die, welche im allgemeinen das ambivalente Verhältnis der Kinder zu ihren Müttern in der infantilen Periode hervorrufen.

Negative Erlebnisse der Mutter machen Kinder beiderlei Geschlechts, sagt Freud, wenn sie nicht nur als lustspendend auftritt, sondern auch lustraubend und aktivitätseinschränkend. Das heißt, wenn sie das Kind zwingt, auf die Brust zu verzichten; wenn sie ein neues Kind zur Welt bringt, das nun die primäre Aufmerksamkeit der Erwachsenen auf sich zieht und das größere Kind dazu veranlaßt, sich ‚enttrohnt' und zurückgesetzt zu fühlen; wenn sie – noch dazu, nachdem sie selbst als „Verführerin"[39] aufgetreten ist – auf verschiedene Weise dem Kind sexuelle Befriedigungen versagt. (Die klassischen Beispiele für das letztgenannte sind rigides Reinlichkeitstraining und Onanieverbot. Dazu muß man jedoch eine Reihe anderer ‚milderer' Formen fügen – wie zum Beispiel das Tabu, die Genitalien des Kindes direkt zu streicheln.) Sowohl bei Mädchen als auch bei Knaben rufen diese Lustberaubungen Aggressionen hervor, die neben den starken Liebesgefühlen bestehen, die an die lustspendende Mutter geknüpft sind. Diese aggressiven Tendenzen können jedoch, betont Freud, keineswegs mit dem Haß verglichen werden, in welchen die frühere Mutterliebe des Mädchens in der Phase umschlägt, wo es sich von der Mutter abwendet. Das heißt, in dem, was wir die nachphallische oder passiv antigonale Phase genannt haben. Bestünde nämlich eine Parallelität zwischen den beiden Formen der Feindlichkeit gegenüber der Mutter, so müßte man ohne weiteres erwarten, daß auch der Knabe von der Mutter zum Vater wechseln würde. Er ist ja genau wie das Mädchen den genannten aggressionsauslösenden Lustberaubungen seitens der Mutter ausgesetzt, aber seine Libido zwingt keine Entfremdung, aus diesem Grund seine Objektrichtung umzustellen: „Alle diese Momente, die Zurücksetzungen, Liebesenttäuschungen, die Eifersucht, die Verführung mit nachfolgendem Verbot, kommen doch auch im Verhältnis des Knaben zur Mutter zur Wirksamkeit und sind doch nicht imstande, ihn dem Mutterobjekt zu entfremden."* (Freud 1933a, 101)

Oder mit anderen Worten: der eindeutige Gefühlsumschlag von Liebe in Haß findet nur beim kleinen Mädchen statt.

Doch was ist nun der Grund für diesen Umschlag beim Mädchen? Was hat die Mutter in den Augen des kleinen Mädchens getan? Wie begründet der freudianische Diskurs das frauenspezifische Moment, welches plötzlich das Mädchen veranlaßt, die Mutter zu hassen, und das mit einem Schlag bewirkt, daß es viel mehr Gewicht auf alle anderen infantilen Anklagen legt, als der Knabe? Genauso sicher wie die Antwort auf die Frage nach den Gefühlsqualitäten im Verhältnis der Tochter zur Mutter in der Abwendungsphase ab Helene Deutsch' Aufzeigen des Mutterhasses lautet (in *Der feminine Masochismus* ... 1930), dementsprechend unverzüglich wird die Lösung dieses Problems angegeben. Es wird absolut kein Zweifel darüber geäußert, was das Mädchen seiner Mutter vorwirft, und was die Ursache dafür ist, daß das Mädchen plötzlich beginnt, seine bisher geliebte Mutter als böse zu betrachten. Das eigentümliche, frauenspezifische Moment, das die grundlegende psychosexuelle Trennlinie zwischen den Reaktionen des Mädchens und des Knaben markiert – jenes Moment, welches das Mädchen dazu veranlaßt, einen eindeutigen Haß zu entwickeln, der zur endgültigen Entfremdung und Abwendung vom früheren Mutterobjekt führt, während der Knabe „nur" dem Frauenveracht verfällt, aber ohne das Objekt zu wechseln – dieses Moment beschreibt Freud zum Beispiel folgendermaßen, überrascht, aber sich seiner Sache sicher:

Ich meine, wir haben dies spezifische Moment gefunden, und zwar an erwarteter Stelle, wenn auch in überraschender Form. An erwarteter Stelle, sage ich, denn es liegt im Kastrationskomplex. Der anatomische Unterschied muß sich doch im Psychischen Folgen ausprägen. Eine Überraschung war es aber, aus den Analysen zu erfahren, daß das Mädchen die Mutter für seinen Penismangel verantwortlich macht und ihr diese Benachteiligung nicht verzeiht.* (Freud 1933a,101-102)

Sollen wir Freud glauben, muß die besondere Anklage, die das Mädchen an die Mutter richtet, und die die Grundlage seines spezifischen Umschlagens von Liebe in Haß gegen jene bildet, also auf dem Erlebnis beruhen, daß ihm die Mutter einen Penis vorenthalten oder weggenommen hat.

So ist der eigentümliche Gefühlsumschlag des Mädchens klar als ein Produkt des ersten Kastrationstraumas zu betrachten. Aber kommt dieser Umschlag nun auch *vor* dem zweiten Moment der „Kastration" – so wie wir es vorausgesetzt haben, indem wir es hier in unserer Beschreibung der nachphallischen Phase vorgezogen haben? Gehen wir zu Freuds Quelle, Helene Deutsch' Artikel von 1930, so geht deutlich hervor, daß dies zutrifft. In Übereinstimmung mit Jeanne Lampl-de Groot beschreibt Helene Deutsch hier die Existenz jener Phänomene, die die Antigonephase kennzeichnen. Die primäre Mutterbindung des Mädchens entwickelt sich so weit wie die des Knaben, meint Deutsch, sodaß sie zum Schluß genital auf „eine aktiv gerichtete „phallische" Strömung,"* basiert wird, und in ein Konkurrenz- und Rivalitätsverhältnis zwischen dem Mädchen und dem Vater hineinführt. Der Mutterhaß, den das Mädchen Helene Deutsch zufolge hiernach entwickelt, tritt auf, *bevor* diese Phase mit auf die Mutter gerichteter Libido vorbei ist.

Der Haß hat also, sagt sie, *nichts* mit der Konkurrenz zwischen Mutter und Tochter des späteren, passiven und auf den Vater gerichteten Ödipuskomplexes zu tun: „Bevor noch die Konkurrenz mit der Mutter um die Liebe des Vaters die negative Beziehung zu derselben verursacht, sehen wir die zärtliche Bindung (an die Mutter, A. d. A.) durch eine oft sehr aggressive Wut gegen das ursprüngliche Liebesobjekt (die Mutter) gestört."* (Deutsch 1930, 177).

Hat der Mutterhaß nichts mit dem passiven Ödipuskomplex zu tun, so steht er dafür nach Deutsch in einem klaren Zusammenhang mit der auf die Mutter gerichteten Libido. Wo Freud nur auf die Wut des Mädchens darüber hinweist, daß es die Mutter nicht mit einem Peniskörper geboren hat, geht Helene Deutsch nämlich in den Begründung des Mutterhasses des Mädchens einen entscheidenden Schritt weiter. Dieser hat, sagt sie, zwei affektive Wurzeln, die jedoch in letzter Instanz als zusammenhängend betrachtet werden müssen. Wie Freud betrachtet sie den Mutterhaß erstens als Ausdruck der Gefühle des Mädchens, von der Mutter körperlich benachteiligt worden zu sein. Zu diesem Grund, der auf der oberflächlichsten Ebene des Fetischismus verweilt, fügt Deutsch jedoch noch einen weiteren. Ebenso wichtig, sagt sie, ist zweitens, daß das Mädchen wütend ist, nich die einzige und eigentliche Auserwählte der Mutter zu sein. Diese Wut verstärkt die Männlichkeitswünsche. Das heißt, die Wünsche, das Organ zu besitzen, das den Vater im gegenseitigen Rivalisieren um die geliebte und anziehende Mutter besiegen könnte. In ihrer vollen Länge lautet Deutsch' Begründung des nachphallischen Mutterhasses des Mädchens wie folgt:

Dieser Haß hängt noch organisch mit dem Penisneid und mit dem Männlichkeitswunsch zusammen. Die schwere, den intensivsten Haß mobilisierende Enttäuschung an der Mutter kommt aus zwei Quellen, die letzten Endes einen gemeinsamen Ursprung haben. Die eine liegt in der Tatsache, daß die Mutter als diejenige betrachtet wird, die dem Mädchen die Gabe des männlichen Organs versagt hatte, eine Beschuldigung, an der oft sehr hartnäckig und lange festgehalten wird.
Die andere Enttäuschung ist in der Liebesversagung von seiten der Mutter zu suchen, in der Nichterfüllung der eifersüchtigen Forderung, als „einzige" von der Mutter geliebt zu werden. Diesem Anspruch tritt vor allem der Vater als Konkurrent entgegen, und der Wunsch, seine Stelle bei der Mutter einzunehmen, verstärkt seinerseits das Begehren nach dem männlichen Organ.* (Deutsch 1930, 177)

Das böse und verfolgende Mutterbild des Mädchens
Wir haben nun gesehen, wie die „Kastration" der freudianischen Weiblichkeitstheorie zufolge einen eigentümlichen und dramatischen Gefühlsumschlag von Liebe in Haß in der Beziehung des Mädchens zur Mutter verursacht. Ebenso haben wir beschrieben, wie dieses Umschlagen entwicklungshistorisch in der nachphallischen Phase plaziert werden muß, und wie dies in

den „Männlichkeitswünschen" und der auf die Mutter gerichteten Libido begründet ist, die es in einen ungleichen Kampf mit dem Vater um die Mutter schickt. Alle diese Zeugnisse dessen, daß auf der antigonalen Mutter-Tochter-Achse eine entscheidende disharmonische Situation eingetreten ist, können direkt aus dem freudianischen Diskurs herausgelesen werden. Nachdem dieses Kapitel ja von der Entwicklung der Mutterbilder handelt, können wir uns jedoch nicht damit zufriedengeben zu erfahren, daß beim Mädchen ein Gefühlsumschlag stattfindet. Wir müssen außerdem fragen: wie verwandelt dieses Umschlagen das Bild der Mutter? Welche Qualitäten besitzt das phallische Mutterimago der nachphallischen Phase? Daß ein so radikaler Gefühlsumschlag wie jener, von dem hier die Rede ist, die Auffassung des Objekts beeinflussen muß, an das sich die Gefühle knüpfen, versteht sich von selbst. Doch diese Frage, mit welchen Qualitäten das Mädchen sein phallisches Mutterimago ausstattet, wird im freudianischen Diskurs viel indirekter beantwortet, als der Gefühlsumschlag selbst.[40] Es ist jedoch von verschiedenen Quellen ausgehend möglich, gewisse Schlüsse über die freudianische Sicht der Qualitäten zu ziehen, die das phallische Mutterimago des Mädchens in der Abbauphase der Mutterbindung kennzeichnen.

Von der eindeutigen Betonung dessen, daß das Mädchen in Anknüpfung an seinen Kastrationskomplex ein Haßverhältnis zu seiner Mutter entwickelt, können wir unmittelbar darauf schließen, daß gleichzeitig von einem *bösen Mutterimago* die Rede sein muß. Denjenigen, den man haßt, muß man spontan als eine böse und feindlich gesinnte Person auffassen. Die böse Mutter wird sehr ausführlich von späteren Weiblichkeitstheoretikern wie jenen behandelt, die der Schule um Janine Chasseguet-Smirgel angehören.[41] Aber die Figur findet sich also auch im orthodox-freudianischen Diskurs, wenn er vom Mutterhaß des Mädchens in der Abbauphase der Mutterbindung spricht. Janine Casseguet-Smirgel und ihre Schule meinen, daß die Phantasie von der bösen Mutter in der allgemeinen Ohnmachtsgefühlen wurzeln, die das Kind in der Zweisamkeitsphase der Mutter-Kind-Dyade empfindet. Demgegenüber deutet die orthodox-freudianische Beschreibung des eigentümlichen Mutterhasses des Mädchens in die Richtung eines bösen Mutterimagos, das in der letzten – nachphallischen – Phase des antigonalen Dreiecksdramas entwickelt wird. Ein böses Mutterimago, das also spezifisch im Kastrationskomplex begründet ist und von ihm hervorgerufen wird.

Abgesehen von den Schlüssen über die bösen Qualitäten des Mutterimagos, zu denen die Beschreibung des eigentümlichen Mutterhasses des Mädchens veranlaßt, gibt es noch eine Quelle, die es uns erlaubt, einen freudianischen Begriff über den Charakter des phallischen Mutterimagos des Mädchens zu konkretisieren. Ich habe früher die Fallgeschichte Ruth Mack Brunswicks von 1928 erwähnt, worin sie eine Frau mit Eifersuchtsparanoia beschreibt. Wie gesagt hat nicht zuletzt die Analyse dieser Frau dazu beigetragen, den Bick der freudianischen Psychoanalyse auf die Entwicklungsphase im Leben des Mädchens zu lenken, die dem passiven, heterosexuellen Ödipuskomplex vorausgeht. Aufgrund von Umständen, die Ruth Mack Brunswick selbst hervorhebt, ist diese Analyse dazu geeignet, nicht nur etwas über die „Pathologie" der weiblichen Triebschicksale auszusagen, sondern auch über die weibliche „Normalität", wie sie in einem orthodoxen freudianischen Kontext aufgefaßt wird. Verglichen mit Freuds Analyse eines weiblichen Falls von Paranoia (aus dem Jahr 1915)[42] und mit seinen männlichen, aber bis zu einem gewissen Grad auch generalisierenden Paranoia-Analysen (aus den Jahren 1911 und 1922)[43] liefert Ruth Mack Brunswicks Analyse von 1928 also einen zentralen Einfallswinkel zum Verständnis der nachphallischen Phase des Mädchens und des phallischen Mutterimagos.

A.'s Geschichte (1)
Ein Fall von Eifersuchts-Paranoia und dessen Verhältnis zur weiblichen „Normalität"
In der Fallgeschichte von 1928 gibt es mehrere Umstände, die über ein spezielles Stück weiblicher „Pathologie" hinaus und in das weibliche „Normal"-Triebschicksal hineinführen. Über einen dieser Umstände ist sich Ruth Mack Brunswick bereits im klaren, als sie die Analyse publiziert. Es handelte sich, sagt sie in ihrem theoretischen Schlußwort, um eine Frau (nennen wir sie A.), die einfach in ihrer Libidoentwicklung in der „präödipalen Phase" gestoppt worden war. (Wie gesagt, versteht Ruth Mack Brunswick auch das, was wir die nachphallische Phase genannt haben, als einen Teil der „präödipalen Phase".) A.'s „Pathologie" bestand nicht darin, daß sie zurück in dieses Stadium regrediert war, sondern darin, daß sie libidinös betrachtet nie den väterlichen Hafen erreicht hatte, den passiven Ödipuskomplex, der sonst „normalerweise" dem freudianischen Diskurs zufolge das Endziel des weiblichen Triebschicksals ist. Daher, sagt Ruth Mack Brunswick, stand diese Patientin in ihrer „Pathologie" der kindlichen „Normalität" nahe: „Die Patientin war im wahrsten Sinne des Wortes ein Kind geblieben. Die analytische Arbeit hatte nur eine Fixierung zu lösen."* (Mack Brunswick 1928, 505)
Dieser Betrachtung über die „Normalitäts"-Affinität des Falles schließt Ruth Mack Brunswick später eine weitere an. In ihrem früher erwähnten Artikel von 1940 über die „normale", sogenannte „präödipale" Entwicklung bei Knaben und Mädchen kommentiert sie noch einmal die mittlerweile zwölf Jahre alte Paranoia-Geschichte. Sie betont, daß sich ihre Sicht derselben in mancher Beziehung geändert hat, sodaß sie diese nun in noch höherem Grad als ursprünglich als Ausdruck exemplarisch gültiger, weiblicher Triebschicksalszüge betrachtet. Im Jahr 1928 meinte sie, daß es sich um eine typisch weibliche Eifersuchtsparanoia handle, die jedoch auf einer atypischen Grundlage entstanden war. (A. war als ganz kleines Mädchen von ihrer um zehn Jahre älteren Schwester Luise verführt worden). Hier im Jahr 1940

ist sie, wie sie sagt, sich darüber klar geworden, daß eine spezifische und manifeste Verführung absolut nicht notwendig ist, um ein psychisches Bild wie jenes zu produzieren, das A. aufwies, und daß ihr Fall insgesamt in einem engen Zusammenhang mit der typischen weiblichen Entwicklung stand:

The first patient in whom the preoedipal sexuality revealed itself unmistakably was the paranoid woman to whom I have repeatedly referred. The remarkable aspect of this case is the total absence of the normal (das heißt, des passiven und heterosexuellen, A. d. A.) oedipus complex ... I judged this case to be extremely rare, dependent for its existence on the unusual nature and circumstances of the trauma.
But the insights gained in this analysis and applied to other patients demonstrated that the difference was merely one of degree, and further that no particular trauma such as seduction is essential for the production of this clinical picture which instead of being exceptional has proved to be extraordinarily common ... Between the exclusive attachment to the mother on the one hand and the complete transfer of the libido to the father on the other hand, the innumerable gradations of normal and abnormal development are to be found. It might almost be said that partial success is the rule rather than the exception, so great is the proportion of women whose libido has remained fixed to the mother. (Mack Brunswick 1940, 316-317)

Der Typ von weiblicher Paranoia, über den Ruth Mack Brunswick 1928 schrieb, kann solcherart ihren eigenen Aussagen zufolge auch dazu verwendet werden, um etwas über die weibliche „Normalität" zu erzählen. Doch damit ist natürlich nicht automatisch gesagt, daß die Analyse von 1928 Elemente enthält, die gerade über das Mutterbild der nachphallischen Phase Aufschluß geben können. Von Ruth Mack Brunswick selbst erfahren wir über A.'s psychosexuelle Organisation vor allem, daß sie in einer „Präödipalität" fixiert ist. Das heißt, in einer Phase, die vor dem passiven, auf den Vater gerichteten Ödipuskomplex liegt. Mit offensichtlicher Verwunderung betont sie explizit das patriarchatsfetischistisch betrachtet unglaubliche: daß die Anwesenheit eines Vaters in A.'s Familie anscheinend niemals eine Spur sexuell erregend auf sie gewirkt hat: „Der auffälligste Faktor dieses Falles ist das völlige Fehlen eines Ödipuskomplexes. Unser erster Eindruck, daß die Patientin von der Ödipusphase aus regrediert ist, bestätigt sich in der Analyse nicht: der Vater spielt bei ihr keine Rolle. Wir fragen uns, wie das in einer Familie möglich sein soll, wo der Vater tatsächlich vorhanden war."*
(Mack Brunswick 1928, 505)
So ist es zwar explizit A.'s verwunderliche, vaterlose Libido, auf die Ruth Mack Brunswick ihre Aufmerksamkeit richtet, und nicht die spezifische Stelle in der sogenannten „Präödipalität", die die Analysandin so stark in Anspruch nahm, daß sie nicht Kurs auf den „normalen" Endzweck des weiblichen Tiebschicksals nehmen konnte: den Hafen des Vaters. Doch ist es nicht schwierig, von der Beschreibung der Analyse her diese Stelle genauer

zu präzisieren. Durch jene Züge, die Ruth Mack Brunswick bei A. hervorhebt, kann kein Zweifel darüber bestehen, daß von der nachphallischen Phase die Rede ist. Denn A.'s psychosexuelle Organisation ist *nicht präödipal* in der korrigierten Bedeutung des Begriffes: *präantigonal*. Ihre mächtige Verliebtheit in die ältere Schwester, Luise (die für sie als Ersatzmutter fungierte), hat offensichtlich nicht das Zweisamkeitsverhältnis der Mutter-Kind-Dyade als Grundlage. Teils gibt sie sich in allerhöchstem Grad als genital organisiert zu erkennen. So dreht sich die sexuelle Aktivität zwischen der kleinen A. und Luise um gegenseitige Onanie an der Klitoris und in der Scheide. Teils spielt sich A.'s Verhältnis zu dieser Ersatzmutter unzweideutig zu den Bedingungen des antigonalen Dreiecksdramas ab, und das war überdies ein klarer Anlaß dafür, daß A. ein erstes Kastrationstrauma erlebt hat.

Die zentralen, traumatischen Eifersuchtsgefühle sind mit einem Erlebnis verknüpft, das A. im Alter von drei Jahren hatte. Sie ging mit Luise in einem Park spazieren, die zu diesem Zeitpunkt dreizehn Jahre alt gewesen sein muß. Plötzlich begegnet ihnen eine Schar von Knaben, mit denen sich Luise eifrig beschäftigt, ohne auf die Seite der kleinen Schwester zu sehen. Rasend eifersüchtig auf die Knaben versucht A. zuerst, Luises Aufmerksamkeit auf sich zu lenken, indem sie sagt, daß sie mal muß. Als Luise jedoch nur insofern reagiert, daß sie A. hilft, die Hose herunterzuziehen, aber ohne ihr Interesse von den Knaben abzuwenden, versucht sie danach noch einmal, Luise sexuell zu beeindrucken. So beginnt sie, mit ihren Genitalien zu spielen. Doch auch das führt nicht zu dem erwünschten Resultat. A. muß sich in der Konkurrenz mit den Knaben geschlagen geben und wird noch dazu von Luise beschimpft, die damit droht, A.'s Klitoris abzuschneiden und sie von einem Polizisten holen zu lassen, wenn sie sich nicht ordentlich benimmt. Denn, wie Luise sagt, weiß A. ja sehr gut, „daß sie das *auf der Straße* nicht machen dürfe".*44 Das Erinnerungsbild, das mit diesem Erlebnis verknüpft ist, bezeichnet Ruth Mack Brunswick als das „wichtigste(n) ihrer (A.'s, A. d. A.) ganzen Analyse".*45 Und das Bild der Parkszene kann doch auch ohne weiteres als ein verdichteter Ausdruck jener Erlebnisdimensionen interpretiert werden, die an einen zentralen Punkt der weiblichen Entwicklung geknüpft sind: das antigonale Dreiecksdrama an seinem Kulminationspunkt. Der Punkt, wo die genital organisierte Libidobesetzung der Mutterfigur so intensiv geworden ist, daß sich eine Konfrontation mit dem Vaterimago entwickeln muß, in dessen patriarchalisch eingegrenztes Reich die intensive, auf die Mutter gerichtete Libido einzudringen im Begriff ist. Jener Punkt, an dem sich die „Kastration" (oder mit anderen Worten: der Patriarchatsfetischismus) durchsetzt.

Wir wollen dies verdeutlichen, indem wir zuerst die Interaktanten der Szene interpretieren, wie sie von A.'s Blickwinkel her aussehen. Wenn man die Fallgeschichte liest, kann kein Zweifel darüber bestehen, daß Luise als Mutterersatz für A. fungiert hat. Das bedarf keiner besonderen Kommentare in bezug auf diese Szene. Als Vaterrepräsentant treten zweitens teils die Knaben auf (die in Luises Alter und natürlich unter allen Umständen viel älter als die dreijährige A. waren). Sie repräsentieren die sexuell-körperliche Seite des Imagos des *Vaters*. Teils ist da der Polizist, mit dem Luise droht. Diese Figur können wir als Repräsentanten der das *Gesetz* handhaben Dimension des antigonalen *Vaters* interpretieren, der unter der Androhung der Kastration das Eindringen in sein Territorium, den Mutterkörper, verbietet.

Den genital-sexuellen und antigonalen Inhalt der Szene kommentiert Ruth Mack Brunswick selbst. Abgesehen davon, daß sie selbstverständlich den Term „antigonal" nicht verwendet, liegt ihre Interpretation ganz auf einer Linie mit dem obenstehenden:

Versuchen wir, die erinnerte Szene zu deuten. Das Urinieren verfolgt offenbar den Zweck, die Aufmerksamkeit der mit den anderen beschäftigten Schwester zu fesseln. Auch bei einem kleinen Mädchen ist ja das Urinieren mit dem Herzeigen der Genitalien verbunden. Dieses Herzeigen müssen wir als eine Aufforderung auffassen, als ob sie sagen wollte: „Komm und spiel mit mir, *wie du es zu Hause machst*. Ich bin genauso gut (potent) wie diese Jungen." Dieser Verführungsversuch schlägt aber fehl, das Herzeigen der Genitalien bleibt ohne Wirkung. Der nächste noch deutlichere Schritt ist das Spielen mit den Genitalien, die exhibitionistische Onanie eines Kindes, das sein eigenes Genitale zeigt, um als Revanche das der andern Person zu sehen zu bekommen.* (Mack Brunswick 1928, 473-74)

Es steht außer Frage, daß sich A. hier nicht nur an die antigonale Konkurrenzsituation mit den Repräsentanten des *Vater*-Rivalen erinnert, sondern präziser an genau die Stelle in ihrer Antigonephase, wo das erste „Katrations"-Trauma eintritt. Das geben sowohl Ruth Mack Brunswick als auch A. selbst ganz deutlich zu erkennen. So wird die Szene im Park explizit als jenes Erlebnis angegeben, das mit einem Mal einer früheren „Penis-Konfrontation" im Leben der kleinen A. nachträglich[46] eine Bedeutung als Einführung in die symbolische und quasi-natürliche Wertehierarchie des Geschlechtsunterschieds, phallisch versus kastriert, verleiht. So schließt Ruth Mack Brunswick der Beschreibung der Parkszene folgende Paraphrase von A.'s Kommentaren hierzu in der Analysesituation an:

Die kleine verbindet offenbar die Drohung (Luises Drohungen, ihre Klitoris abzuschneiden und sie von einem Hüter des (*Vater*-) Gesetzes holen zu lassen, *A. d. A.*) mit dem vorhergegangenen Vergleich zwischen sich und dem Bruder, und glaubt von diesem Augenblick an, man habe ihr das Genitale abgeschnitten. Sie erinnert sich, diese Meinung verschiedenen Familienmitgliedern geäußert zu haben und deshalb verspottet worden zu sein.* (Mack Brunswick 1928, 473)

Die frühere Szene, die nachträglich Bedeutung als „Kastrations"-Auftakt bekam, spielte sich zwischen A. und ihrem drei Jahre älteren Bruder ab. Darüber erzählt A. in Ruth Mack Brunswicks Wiedergabe folgendes:

Sie sieht ihren Bruder so, wie er auszusehen pflegte, wenn sie – die beiden Jüngsten – im Haus miteinander herumspielten. Beide tragen kurze gestrickte Hemdchen, die bis zu den Hüften reichen und vom Nabel an vorne offen sind. Gerade unter seinem Hemdschlitz sieht sie sehr interessiert einen Körperteil, den sie „das Vogerl" nennt, zur Belustigung der gesamten Familie, vor der sie ihre Bewunderung nicht verbergen kann. Ich äußere, diese Bezeichnung deute offenbar an, daß sie dieses „Vogerl" fliegen gesehen habe, und bringe das Phänomen der Erektion in Zusammenhang mit dem vorigen Traum (wo A. onanierte und dabei ihre Klitoris dazu brachte, enorm groß zu werden, „größer wie das Glied eines Mannes, so groß wie das Glied eines Pferdes, das sie abends vorher gesehen hat", 471, A. d. A.) ... Sie antwortet, sie könne sich an das Heben und In-die-Höhe-Steigen des „Vogerls" gut erinnern; einen Augenblick später erwähnt sie, daß sie oft sehr angenehme Flugträume habe, die aber immer in einen Sturz ausgehen, so daß sie dann am nächsten Tag ganz lahm ist.* (Mack Brunswick 1928, 472)

Daß es ausgerechnet A.'s Erlebnisse mit Luise und den Knaben im Park sind, die nachträglich dem Vergleich mit dem Körper des Bruders seine patriarchatsfetischistische Symbolbedeutung verleiht: die „Kastration" des Eigenkörpers, muß natürlich in Zusammenhang mit den Frustrationen und symbolischen Bedeutungen gesehen werden, die die Parkszene selbst enthält. Aber noch ein weiteres Glied gehört zu der Erklärung. Wie es später aus der Analyse hervorgeht, hat Luise offenbar ungefähr zu dem Zeitpunkt, als sich die Parkszene abspielte, nämlich damit aufgehört, mit A. gegenseitige Onanie zu betreiben. Unter anderem vermutlich deshalb, weil sie von ihrer Stiefmutter dafür bestraft worden ist. Stattdessen hatte sie ihre sexuellen Vergnügungen auf das Zusammensein mit den Knaben im Park verlegt. Vom Blickwinkel der kleinen A. aus gesehen muß dies selbstverständlich als eine feindliche Handlung erscheinen, die sie dazu zwang, ohne die früheren Lusterlebnisse auszukommen. Wie A. leidenschaftlich sagt, machte sie das zur „Männerhasserin", und sie setzt sich mit unzweideutiger, aber frustrierter antigonaler Besitzlust fort:
„... ich wollte sie (das heißt, Luise, A. d. A.) für mich haben. Aber sie ist immer mit diesen Burschen fortgegangen und ich habe die Burschen gehaßt."* (Mack Brunswick 1928, 476). Das heißt, wir können die erinnerte Parkszene als einen verdichteten Ausdruck für eine Reihe von Erlebnissen auffassen, plötzlich zugunsten der Knaben sexuell vernachlässigt zu werden – anscheinend ohne einen anderem Grund als dem, daß sie Knaben waren. Oder, wie Ruth Mack Brunswick kommentiert: „Offenbar haßte die Patientin die männlichen Freunde ihrer Schwester, weil sie ihnen die Schuld an dem Aufhören der onanistischen Beziehungen zwischen sich und der Schwester

zuschob. Sie glaubte wahrscheinlich, daß die Burschen mit ihrem besseren Geschlechtsapparat der Schwester mehr zu bieten hatten als sie."* (Mack Brunswick 1928, 476)

Durch die beschriebenen plastischen Erinnerungsbilder, die Ruth Mack Brunswick bei A. hervorhebt, bekommen wir eine äußerst visuell-konkrete Illustration dessen, wie die „Kastration" verlaufen kann. Doch darüberhinaus gibt uns die Beschreibung der traumatisch bedeutsamen Parkszene und des Erlebnisses, das den Auftakt zu jener bildete, eine Grundlage, die es leicht macht, einen Schritt weiter als Ruth Mack Brunswick zu gehen. Auf dieser Grundlage können wir nämlich präzisieren, *wo* in der sogenannten „Präödipalität" sich A.'s psychosexuelle Organisation befindet. Sie ist, wie Ruth Mack Brunswick explizit sagt, einerseits nicht „soweit"[47] gekommen, die Richtung ihrer Libido vom *Vater* bestimmen zu lassen. Das heißt, sie hat sich nicht über die Phase der auf die Mutter gerichteten Libido hinausbewegt. Doch andererseits geht aus den beiden referierten Szenen (der Parkszene und ihrem Auftakt) auch klar hervor, daß sich A. nicht mehr im vaterlosen und prägenitalen Reich der Mutter-Kind-Dyade befindet. Im Gegenteil befindet sie sich in der Antigonephase und hat außerdem deren sorglosen ersten Teil passiert. Jenen Teil, in dem der Vater als Konkurrent erscheint, aber noch nicht als ein übermächtiger. Mit der Parkszene ist A. in die Welt der barschen Realitäten eingetreten, wo sich der historische Besitz des Körpers der Mutter/Frau seitens des phallischen *Vaters* zu erkennen gibt, als ob jener auf dem jus naturale eines universellen Patriarchats beruhen würde, auf einem ewiggültigen und gnadenlosen Naturgesetz. Oder mit anderen Worten: wovon A.'s Analyse uns ein nicht-überlagertes[48] und daher sehr deutliches Bild geben kann, ist die nachphallische Phase. Das bedeutet, daß wir mit dem Ausgangspunkt in A.'s Geschichte eine Reihe von Schlüssen über die allgemeinen Qualitäten des nachphallischen Mutterbildes ziehen können.

Bevor ich diese Schlüsse formuliere, möchte ich jedoch zuerst A.'s materiellen Hintergrund und anschließend das, was Ruth Mack Brunswick zufolge in ihrem Krankheitsbild das dominierende ist, präsentieren. Auf diese Weise möchte ich die Grundlage für ein abgerundetes Verständnis des spezifischen Stücks Lebensgeschichte liefern, von dem aus verallgemeinert wird, wenn wir – mit Ruth Mack Brunswick – von „Normalitäts-Affinität" sprechen. Das heißt, wenn wir A.'s Geschichte als eine konkretindividuelle Gestaltung geschlechts- und klassen*typischer* Themen und Traumatiken betrachten.

Ein proletarisches Frauenleben
Wer war A.?

Es wurde oft behauptet, daß der freudianische Diskurs nur als Beschreibung einer begrenzten bürgerlichen Schicht Gültigkeit besäße. Daher möchte ich damit beginnen zu pointieren, daß A.'s Ausgangspunkt und Lebenssituation proletarisch sind. Aus den Aufschlüssen, die uns Ruth Mack Brunswick über sie gibt, können wir schließen, daß sie kurz vor 1900 zur Welt kam, und daß ihr Hintergrund eine arme Familie in einem – vermutlich provinziellen – Stadtmilieu war. Sie war die jüngste von fünf Geschwistern und wurde, als sie klein war, von der zehn Jahre älteren Luise beaufsichtigt – der ältesten der Geschwister. Die Mutter starb nach einigen Jahren Krankheit, als A. ungefähr drei Jahre alt war (kurz vor der Parkszene) und muß daher in all der Zeit krank gewesen sein, in der es A. möglich war, sie zu kennen. Zur gleichen Zeit starb auch A.'s drei Jahre älterer Bruder. Ein Jahr nach dem Tod der Mutter heiratete der Vater eine – wie Ruth Mack Brunswick schreibt – „unfreundliche Frau"*,[49] die jedenfalls sowohl für A. als auch für Luise als „böse Stiefmutter" aus dem Märchen fungierte. Diese Stiefmutter brachte selbst zwei Kinder in die Ehe mit, sodaß es zu einem Zeitpunkt ganze sechs Kinder in der Familie gab. Jedoch wurde A. kurz nach der Heirat des Vaters und der Stiefmutter aufs Land geschickt, wo sie von ihrem vierten bis zu ihrem elften Lebensjahr bei einigen Verwandten wohnte.

Über Arbeit und Hintergrund der Eltern schreibt Ruth Mack Brunswick nichts Spezifisches – abgesehen davon, daß das Milieu, wie gesagt, proletarisch war. Die Stiefmutter lernen wir vor allem so kennen, wie sie in A.'s Gegenwart auftritt. Das heißt, zu jenem Zeitpunkt, wo A. als dreißigjährige in Analyse zu Ruth Mack Brunswick kommt. Über ihr im negativen Sinn stiefmütterliches Auftreten in A.'s Kindheit wird jedoch unter anderem erzählt, daß sie – gemeinsam mit dem Vater – offenbar öfters Luise schlug, um sie dahingehend einzuschüchtern, damit aufzuhören, sexuell „leichtlebig" zu sein, und daß sie darüberhinaus gelegentlich Luise bestrafte, indem sie sie auf dem nackten Boden schlafen ließ, gleichgültig ob es Winter oder Sommer war. Was den Vater betrifft, hören wir nichts Konkretes – außer, daß er also an diesen „ständigen Mißhandlungen"*[50] Luises beteiligt war. A.'s Kindheitserinnerungen knüpfen sich in erster Linie an Luise und außerdem an einige Mädchen, die deren sexuelle Rolle bei A. übernahmen, als sie aufs Land geschickt und damit von Luise für eine Periode von sieben Jahren getrennt wurde. Wie aus der Funktion dieser Mädchen als Deckfiguren[51] in A.'s Träumen hervorgeht, waren sie für sie eindeutig ein Ersatz für Luise. Über Luise, die also sehr zentral und bedeutsam für A. war, erhalten wir eine Reihe äußerlicher Informationen, die aber leider deutlich davon geprägt sind, daß sie von der staatlichen psychiatrischen Institution stammen, wo sie im Alter von neunundzwanzig Jahren starb – elf Jahre, bevor A. in Analyse zu Ruth Mack Brunswick kam. Hinter der diagnostisch entfremdenden und noch dazu sowohl klassen- als auch geschlechtsabwertenden Beschreibung Luises durch die Institution kann man ein Bild eines traurigen Frauenschicksals erahnen, aber die näheren Umstände lassen sich durch die bürgerlich-patriarchalischen Ideologieschleier nicht hervorziehen. Ich möchte daher nur die äußeren Daten über Luise wiedergeben, so wie sie sich präsentieren, und den Leser dazu auffordern, von seiner Phantasie Gebrauch zu machen und sich so ein Bild davon zu machen, wie ihre eigentliche Wirklichkeit ausgesehen haben könnte:

Zwischen der Patientin und ihrer ältesten Schwester bestand ein Altersunterschied von zehn Jahren; so war es natürlich, daß das jüngste Kind der Obhut der ältesten anvertraut wurde. Diese älteste Schwester, Luise, war körperlich gut entwickelt und von angenehmem Äußeren, aber geistig zurückgeblieben und sexuell abnorm. Sie kam in der Schule nicht weiter als bis zur vierten Klasse und brachte es nie zu irgendeiner geregelten Tätigkeit. Im 29. Jahr (dem Alter, in dem bei meiner Patientin die Psychose ausbrach[52]) starb Luise in der staatlichen Irrenanstalt, in der sie die letzten fünf Jahre ihres Lebens verbracht hatte, an progressiver Paralyse.[53] Sie hatte seit – richtiger schon vor – Eintritt ihrer Pubertät als Prostituierte gelebt, ferner lebenslang von Enuresis[54] gelitten. Bei den ständigen Mißhandlungen durch Vater und Stiefmutter war schließlich die kleine Schwester, die sie anfangs bemuttert hatte, zu ihrer Beschützerin geworden.* (Mack Brunswick 1928, 459)

A.'s materielle Bedingungen zu dem Zeitpunkt, als sie zu Ruth Mack Brunswick in Analyse geht, werden durch folgende Auskünfte beschrieben: sechzehn Monate zuvor hatte A., die damals 28 Jahre alt war, einen gleichaltrigen Mann geheiratet, mit dessen Mutter das frisch verheiratete Paar nicht nur eine kleine Wohnung teilen mußte, sondern sogar das Bett. Kurz bevor A. mit ihrer Psychoanalyse begann, war das Problem mit dem Bett jedoch gelöst worden. Es hatte sich die Möglichkeit ergeben, ein Sofa anzuschaffen, auf dem die Schwiegermutter schlafen konnte. Natürlich geht bereits aus der Geschichte mit der Wohnung und dem Bett indirekt hervor, daß es um die Ökonomie der Familie schlecht bestellt war. Doch im übrigen hören wir auch in bezug auf A.'s Arbeitsverhältnis und Ökonomie, daß sie durch Ruth Mack Brunswicks Hilfe eine Arbeit als Heimnäherin bekommt. Auf diese Weise verdient sie sich das Geld für die Psychoanalyse. Außerdem erfahren wir, daß A. zu Beginn der Analyse so wenig Geld hat, daß sie es sich nicht leisten kann, mit dem Zug/Straßenbahn zu Ruth Mack Brunswick zu fahren, sondern zu Fuß gehen muß (ein Spaziergang von zwei Stunden).

In der Gewalt der Verfolgerin, der Verführerin und der Eifersucht. Worin bestanden A.'s psychische Probleme?
Der Weg zu psychoanalytischer Hilfe war für A. ein krummer gewesen. Eine Eifersuchtsszene (sie beschuldigt ihren Mann und die nun fünfzigjährige Stiefmutter, miteinander ein Liebesverhältnis zu haben), Drohungen mit Selbstmord und auch ein Selbstmordversuch brachten sie zuerst in psychiatrische Observation. Daraufhin stand sie an der Kippe, in eine Irrenanstalt gesperrt zu werden. Jedoch gelang es ihr, ihren Mann dazu zu bringen, darauf zu bestehen, daß er sehrwohl die Verantwortung dafür übernehmen

könne, sie zu Hause zu behalten. Nachdem sie nach Hause gekommen war, bekam sie jedoch eine (physische) Krankheit und benahm sich gleichzeitig so auffällig, daß ihr der behandelnde Arzt vorschlug, in Psychoanalyse zu gehen. Das tat sie dann.

A.'s augenfälligstes psychisches Problem war ihre Eifersuchtsparanoia. Diese gründete sich auf die Vorstellung, daß die Stiefmutter ihren Mann verführt habe, und daß die Leute im allgemeinen – besonders gemeinsam mit der Stiefmutter und der Schwiegermutter – hinter ihrem Rücken von ihr sprachen, sie auslachten und sie unter anderem wegen ihrer sexuellen Unwissenheit und ihrer schäbigen und ärmlichen Erscheinung verhöhnten. Dazu kam, daß sie beim sexuellen Zusammensein mit ihrem Mann frigid[55] war und intensive und schmerzhafte Vaginalkrämpfe mit nachfolgender Menstruation für zwei bis drei Wochen bekam, wenn er seinen Penis in sie einführte. Außerdem klagte A. darüber, daß sie keine Gefühle habe – daß sie weder Liebe noch Haß fühlen könne. Weiters bekam sie plötzliche und scheinbar unmotivierte Wutanfälle, wobei sie den Kontakt zur Umwelt verlor, ein Sausen und Brausen im Kopf vernahm und das Gefühl hatte, daß ihre Augen zuerst größer wurden und sich danach aus den Augenhöhlen hinausbewegten, um in Richtung der Schläfen zu verschwinden. Schließlich hatte sie manchmal das Gefühl, als ob ein elektrischer Strom durch ihren Kopf ginge.

Das übergeordnete Erklärungsmuster, das Ruth Mack Brunswick um A.'s Symptome aufstellt, ist die Eifersuchtsparanoia. Wir werden uns daher ansehen, was dieses Krankheitsbild enthält. (Die verschiedenen erwähnten Einzelsymptome, die als Teile der Eifersuchtsparanoia verstanden werden müssen, werden unterwegs aufgegriffen werden, wo es sich natürlicherweise in Anknüpfung an die Beschreibung des übergeordneten Problemkreises ergibt. Einige dieser Einzelsymptome werden aus diesem Grund erst behandelt werden, wenn wir zum zweiten Abschnitt von A.'s Geschichte auf dem Niveau des Defetischierungsprozesses kommen.)

In ihrer Interpretation von A.'s Eifersuchtsparanoia schließt Ruth Mack Brunswick an die generelle psychoanalytische Auffassung der Paranoia an, die mit männlichen Fällen als Paradigma von Freud in den Jahren 1911 und 1922[56] beschrieben wird. Hier wird die Krankheit auf einen tabuisierten und daher verdrängten homosexuell-inzestuösen Konfliktstoff bezogen. Außerdem liegt ihre Auffassung von A. auf einer Linie mit dem Bericht über eine Paranoia-Patientin, die Freud in dem Artikel mit dem provokant irreführenden aber trotzdem treffenden Titel *Mitteilung eines der psychoanalytischen Theorie widersprechenden Falles von Paranoia* (1915).[57] Genau wie A. litt diese Analysandin unter einer Eifersuchtsparanoia, die sich anscheinend auf ein heterosexuelles Objekt richtete, und die daher unmittelbar so aussah, als ob sie der allgemeinen These vom Ausgangspunkt der Paranoia in einem verdrängten, homosexuell-inzestuösen Komplex widersprechen würde. Bei einer genaueren Analyse fand Freud jedoch heraus, daß die betreffende Frau in Wirklichkeit in eine ältere Frau und nicht in den Mann verliebt war, an den sich ihre Verfolgungsphantasien auf den ersten Blick zu knüpfen schienen. Auf die gleiche Art findet Ruth Mack Brunswick heraus, daß A. in Wirklichkeit auf den Mann, und nicht auf die Stiefmutter eifersüchtig ist. Unbewußt wünscht sie sich an die Stelle des Mannes und ist wütend, daß die Stiefmutter ihn ihr vorzuziehen scheint. Es geht nicht darum, wie man vielleicht unmittelbar annehmen würde, daß A. böse ist, weil der Mann scheinbar die Stiefmutter statt sie liebt.

Es sieht so aus, als ob diese unbewußten Wünsche nach der Liebe der Stiefmutter so stark und aufdringlich gewesen sind, daß sie bereits durch die Art und Weise, wie A. von Beginn an über ihre eifersüchtigen Verdächtigungen berichtete, deutlich durchgeschienen haben. So geht es aus Ruth Mack Brunswicks Paraphrase von A.'s Geschichten über das angebliche Verhältnis zwischen der Stiefmutter und dem Mann hervor, daß jene eindeutig verraten haben, daß es die Liebe der Stiefmutter und nicht die des Mannes ist, die sich A. wünschte und die nicht zu bekommen A. verbitterte. So heißt es zum Beispiel über einige Sonntagsbesuche bei der Stiefmutter, bei denen sich A. deutlich um die mütterlichen Küsse betrogen fühlt, die der Mann bekommt: „Wenn die Patientin mit ihrem Mann zum Sonntagsbesuch zu den Eltern kam, erschien die Stiefmutter im Staatskleid und ließ es sich nicht nehmen, den Schwiegersohn beim Kommen und Gehen zu küssen. Für die Tochter hatte sie solche mütterliche Zärtlichkeiten niemals übrig."* (Mack Brunswick 1928, 460)

Nachdem die Abwehrmechanismen, auf welchen sowohl die generelle Paranoia als auch die Eifersuchtsparanoia beruht, ziemlich kompliziert sind, habe ich die freudianische Auffassung derselben in *Appendix B* genauer erklärt. Hier wird Schritt für Schritt beschrieben, wie der Gefühlsumschlag von Liebe in Haß, der ein grundlegender Zug der Paranoia ist, vor sich gehen kann. Bezüglich einer genaueren Erklärung der paranoiden Abwehr, die A. in ihrer Verdrängung des libidinösen Interesses an der Stiefmutter benutzt, muß ich daher auf jene Darstellung verweisen.

Zur Illustration von A.'s paranoidem Abwehrmechanismus möchte ich daher nur den Ausgangs- und Schlußpunkt der Transformation abbilden, der, wir uns vorstellen müssen, ihre Libidobesetzung der Stiefmutter unterzogen wurde. (In die dazwischenliegenden Teile kann sich der näher interessierte Leser via *Appendix B* Einblick verschaffen.)

Der Ausgangspunkt – die libidinöse Besetzung der Stiefmutter – sieht, formalisiert, folgendermaßen aus:

$$A. \xrightarrow{\text{liebt}} \text{die Stiefmutter}$$

Durch den paranoiden Abwehrmechanismus findet eine Transformation statt, deren Schlußpunkt folgende Dreieckskonstruktion bildet:

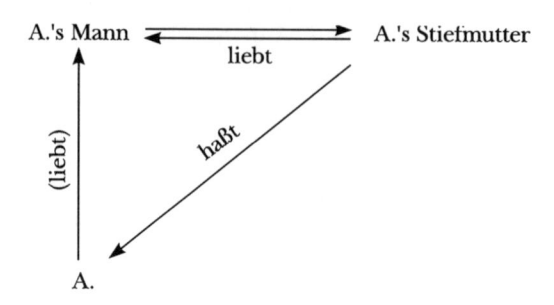

```
A.'s Mann  ⇄  A.'s Stiefmutter
   ↑   liebt
   │      ╲
(liebt)    haßt
   │          ╲
   │           ↘
   A.
```

Jene Transformation, die stattgefunden hat, kann in folgende Schritte zerlegt werden:

Das ursprüngliche „Ich (A.) liebe die Stiefmutter" wurde zuerst verschleiert bei der Verwandlung in ein „Ich hasse die Stiefmutter" durch jenen Abwehrmechanismus, der „Verkehrung ins Gegenteil"[58] heißt. Diese immer noch aktive Konstruktion wurde hiernach durch eine weitere „Verkehrung ins Gegenteil" zur Passivität verkehrt. An die Stelle des aktiven „Ich (A.) hasse die Stiefmutter" trat das passive „Ich (A.) werde von der Stiefmutter gehaßt (= verfolgt)", (was prinzipiell auch als „die Stiefmutter haßt (= verfolgt) mich (A.)" ausgedrückt werden kann). Schließlich hat eine Art pseudo-rationalisierende Verschmelzung der Resultate der beiden Transformationen zu dem Satz stattgefunden: „Ich (A.) hasse die Stiefmutter, weil sie mich haßt/verfolgt". Bis hierher haben wir es mit dem generellen paranoiden Mechanismus zu tun.

Die besondere eifersuchtsparanoide Abwehr fügt nun zu dem generellen Paranoia-Mechanismus die Dimension hinzu, daß neben dem primären Subjekt (hier: A.) und seinem libidinösen Objekt (hier: die Stiefmutter) eine dritte Person involviert wird. Diese dritte Person dient einer weiteren Verschleierung des tabuisierten, libidinösen Interesses des Subjekts an seinem Objekt. Wie Freud betont, gibt es in der Paranoia immer ein pseudo-rationalisierendes Element. Das haben wir bereits oben gesehen. Bei der Eifersuchtsparanoia besteht die Rationalisierung jedoch darin, daß die feindlich gesinnte Handlung seitens des Objekts, mit deren Hilfe das Subjekt seinen Haß auf jenes begründet, auf besondere Art konstruiert wird. So wird die Bösartigkeit des eigentlichen, homosexuellen Objekts in dessen intimen Verhältnis zur dritten Person, einem heterosexuellen Objekt, realisiert gesehen, von dem das Subjekt gleichzeitig eine libidinöse Scheinbesetzung etabliert hat (auf der Zeichnung durch die Klammer um die „liebt"-Beziehung illustriert, die von A. zum Mann geht).

Durch dieses komplexe System von Wahnvorstellungen wurde die eigentliche, homosexuelle Libidobesetzung des Subjekts klarerweise gut versteckt!

Daß es wichtig war, in der Analyse diesen eifersuchts-paranoiden Mechanismus zu beleuchten – daß der Mann zum Beispiel nur ein Scheinobjekt für A. ist – wird Ruth Mack Brunswick zufolge sehr explizit bestätigt, da A.'s Gefühllosigkeit zu einem frühen Zeitpunkt des Verlaufes verschwindet. Dabei geht deutlich hervor, sagt Ruth Mack Brunswick, daß A.'s sexuelle Frigidität und generelle Gefühlskälte daran lagen, daß ihre Gefühle vollkommen an unbewußte Objekte gebunden waren. Das hat die Gefühle in der Perspektive des Bewußten unsichtbar gemacht. Mit der Erkenntnis der eigentlichen, homosexuellen Objekte – die tote Luise und die Stiefmutter – kehren A.'s Gefühle zurück. Und zugleich beginnt auch ihre Sexualität wieder zu erwachen. So wird A. bereits in der zweiten Stunde der Analyse klar, daß ein immer wiederkehrender Alptraum von einem schwarzen Mann, der kommt und mit ihr ins Bett geht, ein sexueller Begierdetraum von einer phallischen Deckfigur für Luise ist. Ebenso bekommt A. häufig Träume, die das Thema eines phallisch-sexuellen Eigenkörpers behandeln, und sie kann auch früh ihr Empfinden eines elektrischen Stromes duch den Kopf begreifen. Dieser ist Ausdruck einer Verschiebung eines genital-sexuellen Lustgefühls. Eines Tages spürt A. nämlich das Stromgefühl nicht im Kopf, sondern als Bewegung von der Klitoris weit in die Scheide hinein. Dieses Erlebnis kommentiert sie (in Ruth Mack Brunswicks Paraphrase) wie folgt:

> Es ist dies das erstemal, daß sie irgend eine Art Empfindung in der Vagina hat. Sie sagt, daß der elektrische Strom, den sie bisher im Kopf gefühlt hat, jetzt offenbar auf das Genitale verschoben worden ist. Auf meine Antwort hin, daß er vielleicht nur zu seinem ursprünglichen Sitz zurückgekehrt ist, leuchtet ihr Gesicht auf und sie sagt lebhaft, daß sie jetzt die Bedeutung des rätselhaften elektrischen Stroms im Kopf verstehen könne. Er ist nichts anderes als ein verschobenes Sexualgefühl.* (Mack Brunswick 1928, 468-69)

Das verdrängte, homosexuelle Objekt, dessen sich A. zuerst bewußt wird, ist also die tote Luise, die A. offenbar einige unmittelbar lustvolle sexuelle Erlebnisse verschafft hat, und die für die kleine A. die Mutter ersetzte. Doch die Analyse enthüllt, wie gesagt, außerdem, daß sich A.'s libidinöses Interesse auch um die lebende Stiefmutter sammelt, obwohl sie von außen betrachet wenig sympathisch wirkt. So erzählt A. über die Stiefmutter, daß sie sie zwar immer schlecht und abweisend behandelt habe. Trotzdem, sagt A., konnte sie als Kind die Stiefmutter gut leiden, und sie hasse sie zwar heute, doch wurde der Haß auf die Stiefmutter erst lange nach der Pubertät größer als die Liebe zu ihr. So kann sich A. daran erinnern, wie sie als Kind ihre Liebe zur Stiefmutter zum Ausdruck brachte, die sie jedoch mit der Bemerkung zurückwies: „Ich brauche deine Liebe nicht".[59] A. kann sich auch daran erinnern, wie die Abweisungen der Stiefmutter einerseits ihre kindliche Seele tief verletzten, ohne jedoch andererseits ihre Liebe zum Verschwinden zu bringen. Das geschah erst viel später. Wenn sie nun als Erwachsene die Stiefmutter haßt, liegt das daran, wie sie sagt, weil sie ihr die Schuld an Luises traurigem Schicksal gibt. Außerdem gibt sie ohne weiteres zu, daß ihr Haß auch an verletzter Liebe liegen muß. Alles in allem kommen Ruth Mack Brunswick und A. gemeinsam allmählich zu der Erkenntnis, daß A. von frühester Zeit an ein stark masochistisches Liebesverhältnis zur Stiefmutter entwickelt hat. Die schlechte Behandlung, die Abweisungen und die zahlreichen körperlichen Strafen, denen die Stiefmutter A. während ihres Heranwachsens aussetzte, wurde in A.'s Unbewußtem der Wert zugeschrieben: sadomasochistischer Ersatz für Geschlechtsverkehr.[60] Hierin liegt, sagt Ruth Mack Brunswick, zugleich die Grundlage für A.'s Verfolgungsideen, was „die direkten libidinösen Wurzeln des Verfolgungswahnes"*[61] deutlich demonstriert.

Die Beschreibung der Stiefmutter deutet klar darauf hin, daß sie ihre eigenen Probleme hatte, über deren Charakter wir natürlich nur Vermutungen anstellen können, und daß sie jedenfalls eindeutig keine Lust hatte, sich um sechs Kinder zu kümmern. Das veranlaßt zu der Frage, wo die Grenze zwischen einem Realhaß, der durch tatsächlich erlebte Verfolgung/Unterdrückung produziert wurde, und einem paranoiden Liebeshaß verläuft, dessen Wurzeln in Verfolgungsphantasien liegen. Ruth Mack Brunswick ist sich als gute Analytikerin natürlich dieses Problems bewußt. Es gibt, meint sie, genug reale Gründe für A.'s Haß auf die Stiefmutter (und übrigens auch auf die Schwiegermutter). Daß es verwoben mit diesen eine Reihe paranoider Begründungen gibt, die in die Richtung einer verdrängten Libidobesetzung deuten, zeigt sich laut Ruth Mack Brunswick auf verschiedene Weise. – Erstens dehnt A. die Gültigkeit ihrer Verfolgungsvorstellungen auch auf Leute aus, die bei nüchterner Betrachtung nicht in den Kreis möglicher realer Verfolger/Unterdrücker inkludiert werden können. A. fühlt sich nicht nur von der Stiefmutter (und der Schwiegermutter) verfolgt, sondern auch von wildfremden Leuten auf der Straße und von den Nachbarn im allgemeinen. – Zweitens ist die Geschichte eines realisierten sexuellen Verhältnisses zwischen der Stiefmutter und dem Mann nach Ruth Mack Brunswicks Einschätzung Phantasie und nicht äußere Wirklichkeit. – Drittens überträgt[62] A. in mehreren Stadien der Analyse ihre eifersüchtig aufgebauten Verfolgungsvorstellungen in einer Weise auf Ruth Mack Brunswick, die deren paranoiden Charakter und verdrängte lesbisch-libidinöse Grundlage verdeutlicht. So liegen diese negativen Gefühle in unmittelbarer Verlängerung einer sehr überströmend positiven und oft sehr direkt sexuell betonten Übertragung. – Schließlich kann Ruth Mack Brunswick viertens auf A.'s explizite Aussage über eine Liebe zur Stiefmutter hinweisen, die während ihrer ganzen Kindheit und Pubertät den realen Erlebnissen, schlecht behandelt, abgewiesen und geschlagen zu werden, zuwiderlief.

Vor dem Hintergrund des unsympathischen und harten Verhaltens der

Stiefmutter gegenüber A. und Luise kann es unmittelbar schon merkwürdig erscheinen, daß die kleine A. jene zum geliebten Objekt auserkoren hat. Die Grundlage dieser Objektbesetzung, die sich in paranoiden Haßreaktionen und der Konstruktion des Dreiecksdramas zu erkennen gibt, an dem A. ihre zentrale Eifersuchtsvorstellungen aufgehängt hat, als die Analyse eingeleitet wird, wird jedoch im Laufe des Analyseprozesses klar. Hat Luise als Ersatzmutter für A. fungiert, so wurde nämlich der Stiefmutter die Rolle als Luisesubstitut zugeschrieben. Sie war diejenige, zu der A. eine Form von Beziehung in Szene setzen konnte als Rache gegenüber jener Luise, die sich zu einem Zeitpunkt als treulos erwies, indem sie die Knaben vorzog und häufig von zu Hause fernblieb. Wie A. und Ruth Mack Brunswick gegen Ende des Verlaufes herausfinden, entstand A.'s Liebe zur Stiefmutter nach dem Rezept: „Wenn du (Luise) mich im Stich läßt, dann lasse ich (A.) dich auch im Stich!"

A.'s Mutterbilder – und die anderer Frauen
Die unmittelbaren Schlüsse, die wir aus A.'s Geschichte über die nachphallischen Mutterbilder ziehen können, handeln also von *der Mutter als Verfolgerin und unbewußtem Liebesobjekt/Verführerin*. In ihren revidierten Kommentaren zu der Geschichte im Jahr 1940 spricht Ruth Mack Brunswick zwar nicht über die Konsequenzen, welche die Verallgemeinerung der Resultate der Analyse für die Auffassung der Qualitäten haben muß, die an das phallische Mutterimago geknüpft sind. Aber der Weg ist geebnet, um A.'s dominierendes psychosexuelles Problem – die Verwandlung des geliebten Mutterobjekts in eine Verfolgerin – in Zusammenhang mit dem weiblichen „Normal"-Triebschicksal zu bringen. So hält Ruth Mack Brunswick ja in ihren Kommentaren von 1940 fest, daß ihre weiteren Erfahrungen als Analytikerin auf die generelle „Normalitäts"-Affinität in A.'s Geschichte hindeuten. Außerdem zeichnet sich eine klare Verbindungslinie zwischen einer möglichen Generalisierung des verfolgenden Mutterimagos zu einem typischen Phänomen in dem herrschen weiblichen Entwicklungsmuster einerseits, und dem eigentümlichen weiblichen Mutterhaß andererseits ab, was Helene Deutsch zuerst aufzeigte. Zur Paranoia gehört ja ein Gefühlsumschlag von Liebe in Haß, das genauso eindeutig und auffälig ist wie das, was dem freudianischen Diskurs zufolge beim Mädchen im nachphallischen Teil der Antigonephase stattfindet. Außerdem betonte Helene Deutsch, daß es sich nicht nur um einen zufälligen zeitlichen Zusammenfall handle, wenn der Gefühlsumschlag von Liebe in Haß und die auf die Mutter gerichtete Libido Seite an Seite in der Phase zwischen den beiden Kastrationstraumen existierten. Im Gegenteil betrachtet sie die beiden als eng miteinander verbunden. Die Objektbesetzung der Mutter ist gerade eine der zentralen Voraussetzungen für das Entstehen des Mutterhasses. Das Mädchen ist wütend, sagt Helene Deutsch, weil es nicht die einzige und eigentliche Auserwählte der Mutter ist. Es wünscht

sich vor diesem Hintergrund brennend einen Penis, um den Vater-Mann-Rivalen in der Konkurrenz besiegen zu können, und es haßt die Mutter, die offenbar nicht wollte, daß ihre kleine Tochter die glückliche Besitzerin dieses „Organs der Potenz" ist. Jenes Organs, das scheinbar benötigt wird, bevor man ein Verhältnis zur Mutter/Frau realisieren kann. Oder mit anderen Worten: das typische und „normale" Mädchen, von dem Helene Deutsch' Beschreibung handelt, ist mächtig eifersüchtig auf den Vater. Und das aus genau denselben Gründen, warum es A. auf die Knaben war, mit denen Luise ging. Gründe, die A. später eifersuchtsparanoid repetierte mit ihrem Mann und der Stiefmutter auf der Liste der Akteure.

Wir können also davon ausgehen, daß A.'s Geschichte als eine Formulierung eines *typisch* weiblichen Themas betrachtet werden kann, das wir entwicklungsgeschichtlich in der nachphallischen Phase plazieren können. Außerdem können wir uns an diesen deutlichen Parallelen zwischen dem Gefühlsumschlag und den Eifersuchtsreaktionen des „normalen" Mädchens einerseits und den eifersuchtsparanoiden Mechanismen festhalten, die A.'s Geschichte illustriert. Und vor diesem Hintergrund können wir konstatieren, daß es starke Indizien dafür gibt, *den eigentümlichen Haß des Mädchens auf die böse Mutter* mit *den Abwehrmechanismen der Paranoia* in Verbindung zu bringen und das Prädikat: *Verfolgerin-Verführerin* zu dem freudianischen Begriff von *der phallischen Mutter des Mädchens* hinzufügen.

Jedoch müssen wir darauf aufmerksam sein, daß sich eine normale Eifersucht selbstverständlich nicht ohne weiteres in einen paranoiden Zustand verwandelt, der mit sich bringt, daß die Realitätsauffassung jedenfalls in einigen Punkten außer Kraft gesetzt ist. Zwar ist die „Normalität" in der herrschenden Gesellschaft einerseits nicht Normalität, verstanden als freie menschliche Entfaltung aller unserer subjektiven Potentiale. Aber es ist andererseits trotzdem sowohl möglich als auch notwendig (unter anderem bei der Entwicklung einer wirklich fungiblen, befreienden Therapie), zum Beispiel zwischen einer paranoiden und einer realen Wirklichkeitsauffassung unterscheiden zu können. Dem freudianischen Diskurs zufolge ist die Entwicklung eines normalen Eifersuchtsgefühls zu Paranoia darin begründet, daß, wie gesagt, eine tabuisierte homosexuelle Anziehung im Spiel ist. Angesichts der vielen Tabus und ungeschriebenen Verbote der Gesellschaft gegen Homosexualität ist es, was das erwachsene Bewußtsein betrifft, auch nicht schwer sich vorzustellen, daß homosexuelle Gefühle viele verschiedene Arten von Abwehrmechanismen produzieren können, zum Beispiel paranoide. Aber gilt das auch für das frühkindliche Bewußtsein, mit dem wir uns beschäftigen, wenn wir von den antigonalen Mutterbildern des Mädchens sprechen? Weiß das kleine Mädchen, daß es ihm verboten ist, die Mutter, die Frau zu lieben? Auf diese Frage werden wir zurückkommen, wenn wir zum Defetischierungsprozeß übergehen. Fürs erste wollen wir hier nur die erwähnten Indizien dafür festhalten, daß die Verwandlung des ersten „Kastrations"-Traumas der aktiven Klitorismutter in eine phallische Mutter gleichzeitig die Qualitäten ihres Imagos transformiert, sodaß sie im sexuellen Verständnis der Paranoia als böse und verfolgend erscheint.

Als eine konkrete Illustration dieser phallischen, bösen und verfolgenden-verführenden Mutter-Frau möchte ich einen von A.'s häufig wiederkehrenden Alpträume anführen. Ein Alptraum, in dem eine phallische Deckfigur für Luise kommt und mit A. ins Bett geht: „Ein schwarzer Mann kommt zu der Patientin (A., *A. d. A.*) und hat Geschlechtsverkehr mit ihr. Sie hat beim Koitus große Angst, kommt aber zum Orgasmus."* (Mack Brunswick 1940, 462). A. hat eine Reihe anderer Träume über phallische Frauen. Dies ist der erste, mit dem sie zu Ruth Mack Brunswick kommt. Er wird als „einer der wichtigsten Bestandteile ihrer Psychose"*[63] bezeichnet. Deshalb ist er sehr zentral in illustrativer Hinsicht. Daß es sich bei dem schwarzen Mann um Luise handelt, erkennt A. durch ihre erste Assoziation zu dem Traum: daß das auffälligste an seiner phallisch agierenden Hauptperson eine große, flatternde Masche ist. Diese Masche gleicht nämlich derjenigen, die Luise in ihr blondes Haar band, und die ihr in A.'s Augen gut stand. Die unheimliche Hauptfigur des Traumes trägt auch einen schwarzen Mantel. Außer seiner Funktion als gewöhnliches phallisches Symbol signalisiert diese nach Ruth Mack Brunswicks Deutung auch den Tod und weist darauf hin, daß Luise nicht mehr lebt. Dazu kommt, daß Luises Geschlechtsbehaarung, die A. extrem bewundert, auch schwarz ist. Die Traumvorstellung von Luise in Gestalt des unheimlichen, fremden, schwarzen Mannes, der ein flatterndes Anhängsel am Haar hat (das heißt, einen Penis), und der durch sein sexuell-verfolgendes Verhalten A. sowohl große Angst einjagt, als auch ihre libidinösen Wünsche befriedigt, kann als ein symbolisch verdichtetes Bild von A.'s phallischem Mutterimago betrachtet werden. Insofern wir A.'s Geschichte als Variation eines allgemeinen weiblichen Themas auffassen, können wir den Traum außerdem als Bild einer typischen, nachphallischen Muttervorstellung verstehen.

Antigones Verliebtheit in Jokaste wird ihr fremd und unerkennbar (Gegenantwort)

Im Zeichen der patriarchatsfetischierten Eifer- und Schein-Sucht (Dän. skin-syg bedeutet wörtlich schein-krank, *A. d. Ü.*).

Indem wir den freudianischen Aussagen darüber folgten, welche gefühlsmäßigen Veränderungen auf der Mutter-Tochter-Achse stattfinden, nachdem das Mädchen seine Eigenkörperkastration erlebt hat, erfuhren wir zuallererst, daß sich die frühere Liebesbeziehung in Mutterhaß verwandelte. Damit wurde uns gleichzeitig implizit angegeben, daß das Mädchen die phallifizierte Mutter als böse auffassen muß. Indem wir A.'s Geschichte miteinbezogen, konnten wir danach außerdem dieses „böse" Mutterimago in der Doppelrolle als Verführerin und Verfolgerin präzisieren.

Wir bekamen auch eine Erklärung dafür, was der Grund für das plötzliche Entstehen des Mutterhasses sein könnte. Es lag, sagte der freudianische Diskurs, vor allem an dem Umstand, daß der Mutter die Verantwortung dafür zugeschrieben wird, daß dem Mädchen das verheißene „Organ der Potenz" fehlt, der Penis. Eine Begründung, die wir nun näher untersuchen werden. Denn es sollte klar sein, daß hier der Fetischismus sein Spiel treibt – daß sich der freudianische Diskurs auch an dieser Stelle in hohem Grad darauf beschränkt, einzig und allein die fetischierte Erlebnisebene des Mädchens wiederzugeben, weil er genauso wie es nicht über den Fetischismus hinausreichen kann.

Aus einem fetischistischen Blickwinkel betrachtet hat die Mutter in gewissem Sinne wirklich das Mädchen benachteiligt, indem sie es penislos zur Welt brachte. Denn ohne Penis ist das Mädchen ja, fetischistisch gesehen, einem traurigen anatomischen Schicksal unterworfen. Die falsche Dimension in der Beschuldigung seitens des Mädchens liegt, unter diesem Gesichtspunkt betrachtet, alleine darin, daß sein kindliches Bewußtsein der Mutter die Fähigkeit zuschreibt, das Geschlecht ihres Kindes zu bestimmen. Das heißt, die Fähigkeit, Penisse und Potenz zu verteilen.

Vor dem Hintergrund, daß die eigenen Ursachenerklärungen des Mädchens auf diese Weise eigentlich erschöpfend sind, solange man die Sache nur aus einem fetischierten Blickwinkel betrachtet, finden wir keine definitiv weitergehenden Bestimmungen, die im freudianischen Diskurs erläutert wären. Jenes Muster, das wir nun schon einige Male gesehen haben, – daß verschiedene Analytikerinnen, allerdings ohne es zu wissen, auf eine Sprengung der entfremdeten Analyseebene hindeuten – macht sich jedoch auch in diesem Zusammenhang geltend. Mit dem Aufzeigen der Verbindung zwischen dem Mutterhaß und der antigonalen Rivalitätssituation zwischen Vater und Tochter liefert uns Helene Deutsch einen Schlüssel zur Überschreitung der fetischierten Sichtweise. Einen anderen Schlüssel erhalten wir durch Ruth Mack Brunswicks Analyse von A. und ihrer späteren Feststellung, daß A.'s Geschichte nicht annähernd so speziell und einzigartig ist, wie sie zuerst angenommen hatte. Eine konsequente Anwendung der beiden Schlüssel führt uns so zu einer Begründung für den Mutterhaß des Mädchens, die in einer ganz logischen Verlängerung unserer bisherigen Defetischierungen liegt.

Betrachten wir zuerst jenen Schlüssel genauer, den wir von *Helene Deutsch* erhalten. Wenn sie im Gegensatz zu Freud auf den psychischen Kontext der

Beschuldigungen des Mädchens gegenüber der Mutter eingehen, weist sie darauf hin, daß unter anderem *Eifersuchts*gefühle im Spiel sein müssen. Die Wut des Mädchens auf die Mutter, weil sie es auf gröbste Weise benachteiligt habe, hängt ja nach Helene Deutsch damit zusammen, daß das Mädchen mit der Mutter schlafen und von ihr geliebt werden will. Zum großen Bedauern des Mädchens scheint diese jedoch einen anderen Liebespartner vorzuziehen, den Vater, und das muß das Mädchen natürlich eifersüchtig machen. Das Wort Eifersucht wird zwar nur *en passant* in Helene Deutsch' Text genannt. Denn ihr übergeordneter Erklärungsrahmen liegt ja auf einer Linie mit jenem Freuds, und diesem zufolge ist es die so offensichtlich fetischierte Kategorie des Penisneids, die hier im Spiel ist. Daß der Penisneid des Mädchens in Zusammenhang mit seiner Eifersucht auf den Vater verstanden werden muß, geht jedoch klar aus Helene Deutsch' Beschreibung hervor. Vergleiche die früher zitierte Stelle aus ihrem Artikel von 1930: „Die andere Enttäuschung ist in der Liebesversagung von Seiten der Mutter zu suchen ... etc."*.[64] Hier wird ja genau unterstrichen, daß es dem Mädchen darum geht, „als ‚Einzige' von der Mutter geliebt zu werden"*, und daß sein Problem darin besteht, daß die Mutter diese „eifersüchtige Forderung"* nicht erfüllt.

Daß das Mädchen auf diese Weise plötzlich beginnt, sich im Stich gelassen zu fühlen und mächtig eifersüchtig wird, ist, defetischiert gesagt, ein Ausdruck dafür, daß der beginnende Einzug des Patriarchatsfetischismus in seine Vorstellungswelt es nicht nur eifer–, sondern auch *schein-süchtig* gemacht hat. Indem es nämlich von dem fetischistischen Schein geblendet ist, der das Vorhandensein eines Penis als ein *sine qua non* für die Realisierung einer sexuellen Beziehung festsetzt, und der deshalb das penislose, aber verliebte Mädchen aus Frustrationen krank macht. Die Eifersucht kann so als ein konsequentes Glied in einer Kette psychischer Begebenheiten verstanden werden, die die *Schein*-Sucht des Fetischismus in Gang setzt.

Nach dem Erlebnis der Eigenkörperkastration wird sich die Mutterachse des Mädchens verwandeln. Nach der gnadenlosen Logik des Fetischismus muß sich das Mädchen vorstellen, daß seine Wünsche nach einem sexuellen Verhältnis zur Mutter nur in Erfüllung gehen können, wenn die Mutter, die nun als phallisch erscheint, ihren Penis an ihrer Tochter anwendet. Daß das Mädchen selbst von den Glückseligkeiten des Penisbesitzes abgeschnitten ist, muß es dazu veranlassen, sich von den sexuellen Initiativen der Mutter ganz und gar abhängig zu fühlen. Als Folge von Veränderungen, die auch auf der Elternachse eintreten, werden jedoch die sexuellen Initiativen, die von der phallischen Mutter auszugehen scheinen, nun als solche aussehen, die eben *nicht* dem Mädchen gelten, sondern dem Vater-Rivalen.

In Übereinstimmung mit dem, was wir früher über die Bildung der Phantasie von der phallischen Mutter gesagt haben, müssen wir annehmen, daß sich das Mädchen in der nachphallischen Phase des Charakters der Elternachse als hierarchische, geschlechterpolarisierte

$$\frac{V}{M} - \text{Relation}$$

nicht wirklich bewußt ist. Wäre es das nämlich, dann hätte die Phantasie von der phallischen Mutter keine Existenzmöglichkeit. Die kastrierte Mutter muß als bemächtigt und besessen erscheinen, als passiver Gegenstand der Wahl des Vaters. Die phallische Mutter muß dagegen kraft ihrer Phallizität wie jemand aussehen, der imstande ist zu wählen und sich potent seine Liebesobjekte anzueignen. So müssen wir einerseits davon ausgehen, daß das nachphallische Mädchen den sadomasochistischen Charakter der Elternachse verleugnet. Aber zugleich müssen wir uns andererseits doch auch vorstellen, daß das intensive Interesse für die sexuelle Beziehung der Eltern, das überhaupt erst zum ersten Kastrationstrauma führte, aus dem Bewußtsein des Mädchens nicht spurlos verschwinden wird, solange es sich noch in der Blütezeit seiner infantilen Sexualität befindet. Im Gegenteil müssen wir annehmen, daß dem Mädchen während der ganzen nachphallischen Phase bewußt ist, daß zwischen den Eltern etwas Sexuelles vorgeht. Etwas, von dem es sich gleichzeitig ausgeschlossen fühlen wird wegen der Liebesniederlage und des Objektverlustes, die es bei der Konfrontation mit dem übermächtigen Vaterrivalen des ersten Kastrationstraumas erlebt hat. Und etwas, in das aktiv einzugreifen ihm noch dazu nun auch vollkommen unmöglich ist aufgrund des scheinbar katastrophalen Mangels, den es als sein körperliches Schicksal zu betrachten beginnt.

Wir müssen uns vorstellen, daß das nachphallische Mädchen auf diese Weise das interpretiert, was sich auf seiner Elternachse ereignet, entweder als die gegenseitige Wahl zweier phallischer Elterninteraktanten, oder als die Wahl des Vaters durch die phallische Mutter.[65] Aber unter allen Umständen als etwas, das ein *Abwählen* impliziert: das Abwählen der „kastrierten" Tochter durch die phallische Mutter zugunsten des von der „Hand der Natur" scheinbar besser ausgestatteten – „phallischen" – Vaters.

Daß das Mädchen vor diesem Hintergrund eifersüchtig wird, ist äußerst verständlich. Die Art und Weise, wie der fetischistische Schein seinen eigenen Körper und seine primären Interaktionsachsen aussehen läßt, führt deutlich zu Beziehungen, die mit Freuds Bestimmungen der „normalen Eifersucht" vereinbar sind:

Über die *normale* Eifersucht ist analytisch wenig zu sagen. Es ist leicht zu sehen, daß sie sich wesentlich zusammensetzt aus der Trauer, dem Schmerz um das verlorengeglaubte Liebesobjekt, und der narzißtischen Kränkung, soweit sich diese vom andern sondern läßt, ferner aus feindseligen Gefühlen gegen den bevorzugten Rivalen und aus einem mehr oder minder großen Beitrag von Selbstkritik, die das eigene Ich für den Liebesverlust verantwortlich machen will.* (Freud 1922b, 195)

Mit Ausnahme eines Zuges scheint diese Bestimmung für das völlig deckend zu sein, was – wie wir annehmen müssen – das Mädchen vor dem Hintergrund der Veränderung in seiner Auffassung von seiner Mutter- und Elternachse in der nachphallischen Phase empfindet. Es hat sein Liebesobjekt, die Mutter, verloren, die ja so aussieht, als habe sie plötzlich zwischen ihren beiden Verehrern gewählt – als habe sie den Vater der Tochter vorgezogen. In dieser Situation muß das Mädchen trauern und sich narzißtisch gekränkt fühlen. Eine Kränkung, die umso schlimmer ist, als sie sich mit dem Geschlechtervergleich in bezug auf den Vaterrivalen und mit dem fetischistischen Erlebnis von Kastration verbindet. Außerdem wird sich das Mädchen vermutlich auch selbst vorwerfen, daß es eine Liebesniederlage erlitten hat. Der Durchbruch des patriarchatsfetischistischen Symbolisierungsprozesses mußte, wie wir gesehen haben, auf einer Vertauschung von Prämissen und Konklusion beruhen. Eine Vertauschung, wo Penisbesitz nicht nur als das angesehen wird, was Objektbesitz mit sich bringt, sondern dazu noch als dessen apriorische Voraussetzung. Das heißt, eine Vertauschung, die implizieren muß, daß eine starke Selbstkritik einsetzt. Das Mädchen muß unter den fetischierten Bedingungen seine Liebesniederlage als etwas auffassen, an dem es selbst – sein kastriertes, impotentes Geschlecht – schuld ist.

Jener Zug, der Probleme schafft, wenn wir Freuds Beschreibung der normalen Eifersucht mit unserem Bild des nachphallischen Mädchens vergleichen, ist die Frage, gegen *wen* sich die feindlichen Gefühle richten. So wie Freud die normale Eifersucht beschreibt, ist es der Rivale, dem die Aggressionen des Eifersüchtigen in erster Linie gelten. Im Falle des Mädchens muß es also der Vater sein. Wir wissen ja auch vom freudianischen Diskurs, daß das antigonale Mädchen feindliche Gefühle gegenüber dem Vater-Rivalen nährt. Deshalb sollte wohl an und für sich auch der Hypothese nichts im Wege stehen, daß die Feindlichkeit, die das Mädchen gegenüber seinem „lästigen Rivalen"*, den Vater, im ersten Teil der Antigonephase entwickelt hat, im zweiten Teil stärker wird, wo er noch dazu der von der Mutter Vorgezogene zu sein scheint. Das würde uns in Übereinstimmung mit Freuds Bestimmung der normalen Eifersucht bringen, die unmittelbar so aussieht, als gäbe sie ein plausibles Bild der Gefühle des Mädchens in der nachphallischen Phase wieder. Durch so eine einfache Hypothese geraten wir jedoch in Widerspruch mit etwas, das wir im vorangegangenen kräftig und eindeutig im freudianischen Diskurs über die Gefühle des Mädchens nach der Eigenkörperkastration unterstrichen sahen. Nämlich, daß sich die feindlichen Gefühle des Mädchens jetzt *um die Mutter und nicht um den Vater* konzentrieren.

Daß es also offenbar die Mutter ist, das Liebesobjekt, und nicht der Vater, der Rivale, auf die das nachphallische Mädchen in seinem eifersüchtigen Zustand wütend wird, verweist auf den zweiten unserer beiden Schlüssel. Das heißt, auf jenen Schlüssel, den wir vielleicht bei *Ruth Mack Brunswick* finden können. Wie ihre Beschreibung von A.'s Geschichte beleuchtet, ist es ja nämlich gerade *das Liebesobjekt und nicht der Rivale*, auf das die Feindlichkeit des Subjekts vor allem gerichtet ist, wenn sich die normale Eifersucht in *Eifersuchtsparanoia* verwandelt. Diesen Schlüssel an dieser Stelle heranzuziehen setzt aber natürlich voraus, es wahrscheinlich zu machen, daß die Umstände in der nachphallischen Phase eine Verwandlung der normalen Eifersucht des Mädchens in eine eifersuchtsparanoide Reaktion bewirken sollten.

Wie wir früher gesehen haben, ist die Grundlage für eine Verwandlung von normaler Eifersucht in Eifersuchtsparanoia, daß sich eine *homosexuelle Anziehung* geltend macht, deren Existenz das Individuum notwendigerweise *verdrängen* muß. Richten wir den Blick von dieser Bestimmung auf das kleine Mädchen in der nachphallischen Phase, dann sieht es unbestreitbar auch so aus, daß die Voraussetzungen für eine Verwandlung der normalen Eifersucht gegeben sein könnten. Denn es ist ja eben immer noch in die Mutter verliebt, auch wenn es nun seine Liebe als Haß formuliert.

Hier sind wir jedoch an einem Punkt, der einer näheren Untersuchung bedarf. Denn handelt es sich nun beim Mädchen auch um eine homosexuelle Anziehung, die notwendigerweise verdrängt und unbewußt sein muß? Wurde das kleine Mädchen bereits so stark von den Tabus der Gesellschaft gegen Homosexualität gefangen, daß es gezwungen ist, seine sexuelle Faszination von seiner Mutter zu verdrängen? Nein, es wäre eine platte und reduktionistische Ursachenkorrelation, nur auf die gesellschaftlichen Tabus zu verweisen, die Inzest, Homosexualität und dergleichen verbieten. Genau wie der kleine Ödipus und Antigone spontan die Inzestschranken verhöhnen, so müssen wir uns selbstverständlich auch vorstellen, daß sie sich gegenüber allen ihren anderen natürlichen Lüsten sorglos verhalten, inklusive den homosexuellen. In jedem Fall solange, als keine Ereignisse eingetreten sind, die konkret die historisch-gesellschaftlichen Tabus in ihnen installiert haben, die all dieses unbekümmerte polymorphe Suchen nach Lust als pervers und unzulässig abstempeln. Oder mit anderen Worten: bevor wir auf dieses oder jenes Tabu als Ursache für zum Beispiel Verdrängung verweisen können, müssen wir die konkreten geschlechtscharaktermaskenbestimmten Szenen aufzeigen, die jenes in die Individuen introduziert und installiert.

Wenn wir also eine These darüber aufstellen sollen, daß die Haßreaktionen des Mädchens gegen die Mutter in der nachphallischen Phase einen eifersuchtsparanoiden Charakter haben, dann müssen wir also zuerst jenes Moment finden, das die Verdrängung der antigonalen Wünsche an die Mutter seitens des Mädchens notwendig macht. Doch wenn wir näher betrachten, was beim ersten Kastrationstrauma eigentlich geschehen muß, taucht jedoch auch gleich eine mögliche Erklärung dafür auf, warum die sexuellen Wünsche des Mädchens an die Mutter ihm in der nachphallischen Phase nicht mehr bewußt sein können.

Die Art und Weise selbst, wie wir uns vorstellen müssen, daß die „Kastration" vor sich geht, ist nämlich gleichbedeutend damit, daß die ürsprünglichen Erlebnisqualitäten der ersten antigonalen Phase vom Bewußtseinshorizont des Mädchens verschwinden müssen. Die Installierung des Patriarchatsfetischismus in dem Mädchen bedeutet ja, daß das, was es vor der „Kastration" als seine aktive, autonome Sexualität und Potenz auffaßt, retrospektiv als phallische Entfaltung gedeutet werden muß. Das heißt, als eine Aktivität, dessen ausübendes Organ, der Penis, an seinem Körper nicht vorhanden ist. Bei dieser retrospektiven Interpretation wird ein Schein von fetischistischer Bestätigung dafür produziert, daß das sexuelle Agieren der ersten antigonalen Phase in gar keinem Zusammenhang mit dem Geschlecht stand, das das Mädchen nun nach der „Kastration" als das seine erkennt. „Früher muß ich einen Penis gehabt haben, jetzt bin ich kastriert", so muß die fetischierte Erfahrungsbildung des Mädchens lauten. Oder anders gesagt: die urspringliche aktiv-autonome, antigonale Vergangenheit hat im Bewußtsein des Mädchens keine Existenzmöglichkeit mehr. Sie kann als das, was sie war, weder erkannt noch benannt werden. Denn sie hat keinen Namen außerhalb der patriarchatsfetischistischen Symbolsprache, die sie „phallisch" nennt. Damit sind ganze *zwei Verdrängungsdimensionen* etabliert.

Erstens muß eine solche Vergangenheit mit ihrer langen Reihe von erinnerungsabgelagerten Szenen, die prinzipiell unkenntlich und unbenennbar gemacht werden, als ein Stück urverdrängter Lebensgeschichte verstanden werden. Die Urverdrängung ist, wie sie Freud hypothetisch beschreibt,[66] das erste Stadium und Voraussetzung der Verdrängung. Eine Schwierigkeit bei der Anwendung des Begriffs besteht darin, daß sich Freud sehr unspezifisch darüber ausspricht, was diese erste Verdrängung konstituiert. Sie kann ja nicht wie die späteren Verdrängungen auf einer bereits stattgefundenen Zensurierung aus dem Gebiet des Bewußtseinsfähigen beruhen. Diese Unklarheit liegt vermutlich an Freuds genereller Blindheit, die Subjektivität in Zusammenhang mit dem widersprüchlichen und historisch zwangsbestimmten Gesellschaftskontext zu sehen, der die Sozialisation zu einer „systematisch gebrochenen Praxis"[67] macht. Versteht man jedoch die Triebschicksale als im Zusammenspiel mit den Begrenzungen der Entwicklungsmöglichkeiten der Individuen durch die Geschlechts- und Klassencharaktermasken geformt, wird die Basis für die Bildung des Urverdrängten begreiflich. Diese können wir als jene ‚Stellen' in der Entwicklungsgeschichte betrachten, wo die ersten systematischen, gesellschaftlichen Blockierungen von Bewußtmachungs- und Symbolisierungsprozessen einsetzen.[68] Und als eine solche müssen wir die ‚Stelle' auffassen, wo sich der Patriarchatsfetischismus in Anknüpfung an das antigonale Dreiecksdrama des Mädchens installiert.

Zu dieser Dimension der Urverdrängung kommt zweitens hinzu, daß die Benennung, die die aktive, autonome und potente Vergangenheit erhält, und unter deren Flagge sie erinnert werden können sollte, zugleich eindeutig auf den gegenwärtigen „Mangel" des Mädchens hinweist. Wenn sich die aktive Vergangenheit einen Weg zum Bewußtsein des Mädchens bahnen sollte, müßte sie es unter der Bezeichnung „phallisch" tun. Andere Namen gibt es ja nicht in dem historischen Diskurs, der dem Mädchen zur Verfügung steht. Unter diesem Namen würde die Vergangenheit jedoch nur bewußt werden können, insofern eine der folgenden Voraussetzungen erfüllt werden kann. *Entweder* müßte das Mädchen noch einmal das schmerzliche und traumatische „Kastrations"-Erlebnis in Kauf nehmen, wie der Begriff „phallisch" mit seinem Hinweis auf den Penis oder das Geschlecht, das es nicht hat, signalisiert. *Oder* es müßte ganz einfach sein Geschlecht verleugnen. Die letztere dieser beiden engen und kränkenden Alternativen ist in der Beschreibung des „Männlichkeitskomplexes" angesiedelt und nicht in der „normalen" Entwicklung, die hier im Mittelpunkt steht. Zu der ersten der beiden Möglichkeiten müssen wir feststellen, daß unter den Bedingungen eher eine Verdrängung als eine Bewußtwerdung der Vergangenheit stattfinden wird. Jedes Mal, wenn sie ihre Ankunft in der Erinnerung anmelden will, müssen wir annehmen, daß die Zensur, die das Ich vor Unlust und Schmerz beschützt, versuchen wird, sie abzuweisen. Das Ich wird selbstverständlich viel tun, um eine Wiederholung des „Kastrations"-Erlebnisses zu verhindern, das nun gnadenlos von dem Phallusstempel intoniert wird, der der aktiven Vergangenheit aufgedrückt wurde.

Diese zweite Verdrängungsdimension baut sozusagen auf der ersten. Zusammen machen sie die Grundlage aus, die erklären kann, warum man annehmen kann, daß sich die normale Eifersucht in der nachphallischen Phase in eine eifersuchtsparanoide Reaktion verwandelt. Ist das, was nötig ist, um die normale Eifersucht zu transformieren, also eine homosexuelle Anziehung, die verdrängt werden muß, dann müssen wir annehmen, daß der auffällige Gefühlsumschlag beim Mädchen von Liebe in Haß auf die Mutter in der nachphallischen Phase Ausdruck eines eifersuchtsparanoiden Abwehrmechanismus' ist. Die Bedingungen, vor deren Hintergrund sich die Liebesniederlage beim Übergang zwischen dem ersten und zweiten Teil der Antigonephase abspielt, bewirken, daß der harmonische und sorglose erste Teil der Phase verdrängt werden muß. Die Beziehung zur Mutter muß bis zur Unkenntlichkeit verwandelt werden. Nicht wegen deren homosexuellem Charakter als solchem. Sondern, weil sie Erinnerungen an die aktive und potente Vergangenheit mit sich bringt. Jene Vergangenheit, die nun, nachdem sich der Symbolwert des Körpers zu „kastriert" verändert hat, unwiderruflich verloren scheint und daher als zu schmerzvoll, um erinnert zu werden.

Nachdem wir hiermit eine mögliche Erklärung für den Mutterhaß gefunden haben, die die Ursache desselben im Patriarchatsfetischismus plaziert, fehlt uns nur ein Defetischierungsschritt in diesem Zusammenhang. Nämlich, eine defischierte Antwort auf die Frage zu finden, warum der Haß auf die Mutter ausgerechnet in der Form einer Beschuldigung gegen sie formuliert wird, ihre Tochter nicht mit dem Organ der Potenz ausgestattet zu haben. Die Beschuldigung kann natürlich, wie früher erwähnt, auf eine simple Folge eines Stücks kindlichen Bewußtseins zurückgeführt werden. Doch wir können auch untersuchen, ob man sich nicht eine direkte inhaltliche Verbindung zwischen unserem defetischierten Erklärungszusammenhang und der Tatsache denken kann, daß sich der Mutterhaß in eben dieser Beschuldigung formuliert. Und tatsächlich ist es in dem jetzigen Stadium der Darstellung nicht so schwer, auch jenes Moment aufzuzeigen, das erklären kann, warum der Mutterhaß genau mit dieser fetischistischen Anklage gegen die Mutter verbunden wird.

Aus Freuds Reflexionen über das allgemeine Wesen der Paranoia (vergleiche die genauere Beschreibung in *Appendix B*) können wir, wie gesagt, sehen, daß ein Moment von Pseudo-Rationalisierung auf der letzten Stufe der paranoischen Transformation des zugrundeliegenden „ich-liebe"-Satzes ins Spiel kommt. Durch die Projektion des Hasses auf das Liebesobjekt, das damit in die Verfolgerin verwandelt wird, erhält der eigene Haß des Paranoiden (das erste Transformationsprodukt der libidinösen Objektbesetzung) eine scheinbar legitime äußere Begründung. „Es ist doch wohl nichts suspekt daran, wenn man den haßt, der einen verfolgt und plagt!" So scheint sich der Paranoide zu legitimieren und dagegen zu verteidigen, daß der wahre Zusammenhang der Angelegenheit in ihre/seine bewußten Schichten vordringt. (Freud gibt diesen Rationalisierungsaspekt an, indem er ein „weil"* in den Satz einfügt, der das letzte Transformationsstadium repräsentiert – „Ich liebe ihn ja nicht – ich hasse ihn – *weil* er mich verfolgt"*.[69] meine Hervorhebung, A. d. A.)

In diesem *Drang zur Rationalisierung*, der auf diese Weise im paranoiden Abwehrmechanismus enthalten ist, können wir vielleicht eine Erklärung dafür finden, warum der Haß des Mädchens auf die Mutter ausgerechnet an der Beschuldigung aufgehängt wird, daß sie für die Penislosigkeit des Mädchens verantwortlich sei. Wir können es ja nun als wahrscheinlich betrachten, daß der paranoide Abwehrmechanismus in der „normalen" weiblichen Entwicklung zuhause ist. Ebenso können wir annehmen, daß der Gefühlsumschlag von Liebe in Haß, der hier stattfindet, auf einer abwehrbestimmten Verkehrung ins Gegenteil beruht. Und vor diesem Hintergrund kann die Beschuldigung der Mutter sehr gut als eben genau das letzte – pseudo-rationalisierende – Glied in der Transformation des ursprünglichen „ich-liebe"-Satzes erklärt werden. Die Beschuldigung kann einfach als eine Konkretisierung dessen verstanden werden, worin die Verfolgung besteht. Eine Konkretisierung, die näher bestimmt dem Rezept folgt: „Ich (das Mädchen) liebe meine Mutter nicht – ich hasse sie ja – weil sie mich verfolgt – das kann ganz konkret dadurch bewiesen werden, daß sie es ist, die für meinen katastrophalen Körpermangel verantwortlich ist".

Bringen wir die Beschuldigung in diesen Zusammenhang, so tritt ihre Entstehungsgeschichte deutlich hervor. Es wird verständlich, warum sie genau diese und keine andere penisfetischistische Form annehmen muß. Sie läßt sich nun als Ausdruck einer Projektion bestimmen. Das heißt, als jener Mechanismus, daß etwas ursprünglich Innerpsychisches sozusagen ausgestoßen wird und von außen zurückkehrt, so als ob es von dort und nicht aus dem Individuum selbst stammt. Ein Mechanismus, der typisch für die paranoide Abwehr ist. So sehen wir (vergleiche *Appendix B*), wie der Haß (das erste Transformationsprodukt der Liebe) auf das Objekt projiziert wird und den Anschein erweckt, als stamme er von diesem. Das, was bei der Projektion außgestoßen wird,[70] ist das, was das Individuum auf die eine oder andere Weise mit Unlust erfüllt. Das Erlebnis der Kastration des Eigenkörpers, auf dessen Grundlage die Beschuldigung der Mutter entsteht, ist selbstverständlich äußerst unlustvoll und könnte daher Anlaß zu vielen ‚Ausstoßungen' bieten. Der umfassendste ist jener, der das ganze Objekt betrifft. Freud zufolge müssen wir uns auch vorstellen, daß der paranoische Transformationsprozeß in einem Versuch, das Objekt auszustoßen und die Libido von ihm zurückzuziehen, seinen Ausgangspunkt nimmt. Fassen wir die Beschuldigung der Mutter als eine Projektion auf, können wir jedoch diesem ‚großen' Ausstoßungsprojekt, das sich gegen das Objekt richtet, eines hinzufügen, das sich um die Schuld an der ganzen Misere dreht. Die normale Eifersucht produziert, wie Freud sagt, ein gewisses Maß an Selbstvorwürfen. Man sucht die Schuld dafür, daß man verschmäht wurde, bei sich selbst. Wie gesagt müssen wir annehmen, daß sich diese selbstkritische Tendenz in der antigonalen Liebesniederlage verstärkt zu erkennen gibt. Dies aufgrund des Charakters der ganzen Szenerie als hierarchisierendem Geschlechtervergleichungsprozeß. Ein Prozeß, der das Mädchen zu einem fetischistischen Erlebnis dessen führt, daß es sein Geschlecht ist, das zu kurz kommt und nicht gut genug ist, und daß es selbst, sein geschlechtlicher „Mangel" an der Niederlage schuld ist. Betrachten wir mit dem Genannten in mente die Beschuldigung der Mutter, sieht es so aus, daß es genau dieser ursprüngliche Selbstvorwurf sein kann, der ausgestoßen wurde, um danach als eine Schuld wiederzukehren, die der Mutter zugeschrieben, auf sie projiziert wird.

.

Wir haben hiermit einen Einblick in die umfassenden Konsequenzen der Installierung des Patriarchatsfetischismus für das Schicksal unserer Triebe und Interaktionsmöglichkeiten bekommen. Es handelt sich, wie wir sehen können, nicht nur um eine körperliche und psychische Entfremdung, die ein für allemal mit dem ersten Kastrationstrauma eintritt. Im Gegenteil handelt es sich um einen fortlaufenden Prozeß. Die paranoide Transformation auf der Mutter-Tochter-Achse, die in der nachphallischen Phase die Mutter in eine böse und verfolgende Figur zu verwandeln scheint, ist zum Beispiel selbst kein Moment des ersten Kastrationstraumas. Sie ist dagegen eine Folge desselben – ein Ausdruck für das weitere Schicksal der Triebe und Interaktionsachsen.

Wir können den Schluß ziehen, daß der Patriarchatsfetischismus einem psychoaktiven Stoff verglichen werden kann, der ständig neue Dimensionen von Entfremdung produziert. So kommt zu der Entfremdung des und von dem Eigen- und dem Mutterkörper, die mit dem ersten Kastrationstrauma eintritt, ein neues Entfremdungsmoment mit der paranoiden Transformation auf der Mutter-Tochter-Achse. Ein Entfremdungsmoment, das die Libido betrifft, das Gefühl selbst für die Mutter-die Frau. Wir können sagen, daß eine *Entfremdung der und von der auf die Mutter gerichteten Libido* stattfindet, wenn diese als Folge des ersten Kastrationstraumas von der Eifer- und „Schein-Sucht" infiziert wird. In Wahrheit muß nämlich gesagt werden, daß es eine nicht wiedererkennbare und damit entfremdete Liebe ist, mit der wir es in der nachphallischen Phase zu tun haben. Eine Liebe, die nur an der Zensurinstanz vorbeikommen kann, die den Eingang zu den bewußten Schichten bewacht, wenn sie in ihr Gegenteil, den Haß, verkehrt wurde, und in dieser neuen Gestalt auf eine Mutter projiziert wird, die mit den Attributen der Verfolgerin ausgestattet worden ist.

A.'s Geschichte (2)

In der ersten Behandlung von A.'s Geschichte haben wir gesehen, daß ihre Libidoorganisation nachphallisch war. Außerdem haben wir diskutiert, wie sich ihr dominierender psychosexueller Konfliktstoff in ihrer Eifersuchtsparanoia formulierte. Ihre Eifersucht galt anscheinend einem behaupteten Verhältnis zwischen ihrem Mann und der Stiefmutter. Aber in Wirklichkeit handelte es sich um eine paranoide Konstruktion, die die Rolle der Stiefmutter als libidinöses Objekt in A.'s Phantasie verschleiern sollte. Ebenso haben wir untersucht, wie Ruth Mack Brunswick trotz der offensichtlich pathologischen Züge des Falles demselben eine Art „Normalität" zuschreibt. In einer erwachsenen-pathologischen Form spiegelt A.'s Eifersuchtsparanoia vielleicht ein Muster wider, das in der weiblichen Entwicklung äußerst gängig ist. Während des Defetischierungsprozesses haben wir den möglichen Zusammenhang zwischen dem ersten Kastrationstrauma und der Entwicklung einer paranoiden Abwehr der auf die Mutter gerichteten Libido näher diskutiert. Dabei wurde uns die Wahrscheinlichkeit der „Normalitäts"-Affinität bekräftigt, die Ruth Mack Brunswick A.'s Fall zuschreibt. Insofern unsere Bestimmungen stichhaltig sind, kann eine eifersuchtsparanoide

Reaktion wie die von A. als ein „normales" nachphallisches Triebschicksal in der weiblichen Geschlechtscharaktermaske betrachtet werden.

Um die Analyse abzurunden, wollen wir jedoch die Argumentation auch von der anderen Seite her nachprüfen. Wir gingen zuerst *von* A.'s Geschichte *zum* Begriff des nachphallischen Triebschicksals des Mädchens und der Entfremdung von seiner auf die Mutter gerichteten Libido. Jetzt wollen wir *vom Begriff wieder zurück zu A.'s Geschichte* gehen. Wir werden untersuchen, ob wir diese nun auch von dem defetischierten Begriff her verstehen können, zu dem wir vorgedrungen sind. Entspricht sie dem Begriff, den wir entwickelt haben? Oder haben wir uns im Laufe der Begriffsentwicklung und der Defetischierung zu weit von der Geschichte entfernt? Um so unsere Begriffsentwicklung nachzuprüfen werden wir untersuchen, *ob* tatsächlich ein innerer Zusammenhang zwischen A.'s Kastrationstraumatik, nachphallischer Psychosexualität und eifersuchtsparanoidem Reaktionsmuster nachgewiesen werden kann.

Auf diese Weise werden wir die Diskussion darüber vollenden, was dazu die Berechtigung geben kann, A.'s Geschichte eine Form von paradigmatischem Status zu geben. Außerdem soll diese neuerliche Behandlung von A.'s Geschichte auch als eine konkrete Illustration der psychoaktiven Unermüdlichkeit des Patriarchatsfetischismus dienen.

Die Halluzination von der lachenden Luise
Ein Rückblick auf A.'s Weg von der Kastration zur Paranoia

Den Ausgangspunkt wollen wir hier in A.'s Situation als Erwachsene und in ihrer Eifersuchtsparanoia nehmen, so wie sie diese in die Analyse bei Ruth Mack Brunswick mitbringt. (Genauso gelangt die Psychoanalyse normalerweise zu ihren Erkenntnissen über das Kindesleben, indem sie aus den Gefühlskomplexen des Erwachsenen Schlüsse zieht.) A.'s wichtigstes psychisches Problem zu dem Zeitpunkt, wo sie ihre Psychoanalyse beginnt ist, wie beschrieben, ihre eifersuchtsparanoide Abwehr der libidinösen Faszination von der Stiefmutter. Daher wollen wir nun die Frage stellen: Was ist das für eine Traumatik, die die Produktion dieser gewaltigen Abwehr notwendig machte? Eine Abwehr, die ja noch dazu A. in einen Selbstmordversuch getrieben hat, unmittelbar bevor die Analyse bei Ruth Mack Brunswick ihren Anfang nahm?

Jene Antwort, die uns der Analysebericht auf diese Frage gibt, ist klar und eindeutig. Sie deutet genau in die Richtung von A.'s Kastrationstrauma.

Eine der Etappen der Analyse, die uns nahe an den Kern des Problems bringen, enthält, damit verflochten, die Erklärung für das einzige von A.'s Einzelsymptomen, das ich bisher nur erwähnt habe, aber weder die Kommentare Ruth Mack Brunswicks, noch meine eigenen daran anknüpfte. Nämlich die scheinbar unmotivierten Wutanfälle, die A. manchmal bekommt. Anfälle, die über das Gefühl der Wut hinaus einen momentanen

Verlust des Kontakts zur Umwelt und ein Sausen und Brausen im Kopf mit sich bringen, verbunden mit dem Gefühl, daß die Augen größer werden, um daraufhin in Richtung der Schläfen zu verschwinden. Da die Frage, woher A.'s paranoide Abwehr stammt, mit der Erklärung dieses Symptoms (und dessen Begleitphänomenen) eng zusammenhängt, werden wir ihr hier einen exemplarischen Status geben. Das heißt, wir werden unsere Frage durch die Analyse dieses Symptoms beantworten.

Gegen Ende des Analyseverlaufes[71] bekommt A. eines Tages, als sie mit ihrer Näharbeit beschäftigt ist, einen Wutanfall, als der Nähfaden abreißt und gleichzeitig ein zufälliges Lachen von der Straße ertönt. Diesmal bedeutet der Anfall jedoch nicht nur, daß A. für einen Augenblick den Kontakt zur Umwelt verliert und die eigenartigen Gefühle in Kopf und Augen verspürt. Er ist nun außerdem von einer Halluzination begleitet, die zurück auf den lebenshistorischen Zusammenhang deutet, in dem die Wut ursprünglich entstanden ist. Ein Zusammenhang, der A. bis zu diesem Zeitpunkt nicht bewußt war. Als A. das Gelächter von der Straße hört, sieht sie plötzlich Luise lachend vor sich stehen. Dieser Anblick macht sie so wütend, daß ihr der Gedanke „Wenn sie nur tot wäre!"* durch den Kopf huscht.[72]

Warum ist nun diese außerordentliche Wut an Luises lachende Erscheinung geknüpft? Weil das, was wiedererlebt wird, die schmähliche Liebesniederlage der dreijährigen A. ist. Jene Niederlage, die sie seinerzeit im Park erlitt, als Luise die Gruppe von Knaben traf und ihre sehnsüchtige und verliebte kleine Schwester ganz vergaß. Dieser – bis dahin verdrängte – Kontext rund um die Wut wird A. nun mit einem Mal klar:

Mitten in ihrer Wut, während sie das lachende Gesicht der Schwester vor sich sah, erinnerte sie sich, wie die Schwester mit ihren Freunden gelacht hatte. Sie erinnerte sich, wie sie versucht hatte, Luisens Aufmerksamkeit auf sich zu ziehen, wie Luise sie auf den Arm genommen hatte, aber mit dem Kind auf dem Arm zu den Burschen zurückkehrte, ohne sich stören zu lassen.* (Mack Brunswick 1928, 494)

Oder mit anderen Worten: Die lachende Luise signalisiert symbolisch A.'s antigonale Liebesniederlage. Ganz genau: jene Szene, die A.'s Erlebnis der „Kastration" ihres Eigenkörpers hervorrief. Die Wut muß also mit dem ersten Kastrationstrauma eng zusammenhängen.

Dieser Zusammenhang geht auch deutlich aus den Begleitsymptomen hervor: dem nervenaufreibenden Sausen und Brausen im Kopf und die sonderbaren Empfindungen in den Augen. Deren Bedeutung wird in der nächsten Analysestunde aufgeklärt, nachdem der ursprüngliche Kontext der Wut A. bewußt geworden war. Hier zeigt sich, daß beide die „Kastrations"-Symbolik in sich tragen.

Auf Ruth Mack Brunswicks Frage, was es mit diesen Begleitsymptomen auf sich haben kann, weist A. darauf hin, daß Luise ja geisteskrank war, als sie starb. Und Geisteskrankheit bedeutet, daß „alles im Gehirn verkehrt (ist)"*, ja, sagt A., „manchmal dreht es sich sogar ganz herum"* darin.[73] Das Sausen und Brausen im Kopf und die wahnwitzigen, unnatürlichen und verdrehten Augenbewegungen signalisieren also für A. unter anderem Geisteskrankheit. Ruth Mack Brunswick erklärt auf dieser Grundlage die Symptome als Ausdruck einer hysterischen Identifikation[74] mit Luise. Dazu kommt allerdings noch eine weitere Bedeutungsdimension. Diese kann von der Symbolik abgeleitet werden, die im allgemeinen in dem herrschenden phallischen Diskurs mit den Augen verknüpft ist, wo ein steifer Blick zum Beispiel einen erigierten Penis symbolisieren kann. Das Verhältnis zwischen A.'s Symptomen und dieser phallischen Symbolbedeutung kommentiert Ruth Mack Brunswick auf folgende Weise:

Sein (des Augen- und Gehirnsymptoms, *A. d. A.*) tieferer Sinn liegt in der phallischen Bedeutung der Augen, die erst größer werden, d. h. erigieren, sich dann vom Platz bewegen, sich verdrehen und schließlich ganz verschwinden. Damit ist offenbar das Schicksal des mißbrauchten Sexualorgans gemeint, das sowohl in Neurosen wie in Psychosen so häufig durch das (erkrankte) Gehirn symbolisiert wird.* (Mack Brunswick 1928, 495)

In dieser zweiten Bedeutungsschicht ist die Kastrationssymbolik also deutlich: der erigierte Penis verhält sich als mißbrauchtes Sexualorgan – entfernt sich von seinem Platz, wird verdreht (das heißt: verkrüppelt) und verschwindet.

Obwohl Ruth Mack Brunswick nicht darauf aufmerksam macht, liegt außerdem zweifellos eine Dimension von Kastrationsbedeutung in der Schicht, die sich um die hysterische Identifikation mit Luises Schicksal als Geisteskranker dreht. Wie es später aus dem Analysebericht hervorgeht, steht Geisteskrankheit in A.'s Augen für Strafe wegen Onanie und im Zusammenhang damit für ihre antigonale Beziehung zu Luise. So bringt A. mehrmals ihre Angst davor zum Ausdruck, in eine Irrenanstalt gesperrt zu werden, so wie es mit Luise geschah. Sie setzt in dieser Verbindung unbewußt ein Gleichheitszeichen dazwischen, einerseits der Lust zu onanieren nachzugeben und Beziehungen zu Frauen zu haben, und andererseits, sich auf dem direkten Weg zur ewigen Einsperrung in die geschlossene Abteilung zu befinden und Tod. Das geht zum Beispiel aus einem Traum hervor, wo A. auf einem Maskenball in einer Näherei ist, in der sie gerade angestellt wurde. Hier tanzen die Näherinnen miteinander, nachdem der Arbeitgeber Masken und Kostüme verteilt hat. Das hat folgende Konsequenz:

Plötzlich um Mitternacht ist der Ball zu Ende und die Patientin merkt, daß das Ganze (ihre Anstellung in der Näherei, die Inszenierung des Maskenballs durch den Arbeitgeber, *A. d. A.*) nur ein Trick ihres Arbeitgebers war, um sie in die Irrenanstalt zu bringen, wo ihre Schwester gestorben ist und wo sie jetzt selber ist. Sie wird nie wieder freikommen.* (Mack Brunswick 1928, 470)

Wie Ruth Mack Brunswick den Traum deutet, ist der Arbeitgeber eine Deckfigur für sie (in ihrer Eigenschaft als Psychoanalytikerin und Übertragungsobjekt). Der Tanz drückt die homosexuelle Verführung aus, die A. unbewußt von ihrer Analytikerin erwartet, weil sie das Verhältnis zu Luise wiederholen möchte. Schließlich hat das Element „nie wieder freikommen"* eine doppelte Bedeutung. Es deutet teils auf die infantile Onanie, wobei A. zu diesem Zeitpunkt der Analyse große Angst davor hat, daß ihr ihre Lust, jene wieder aufzunehmen, bewußt gemacht wird. Teils weist es auf Geisteskrankheit hin, die nach A.'s Meinung eine Folge der Onanie ist. Wir können nun die Einsperrung, die im Kontext des Traumes Strafe für Onanie und antigonale Beziehungen signalisiert, mit A.'s Erinnerung an die Park- oder Kastrationsszene verbinden. Die Szene, der die Wutanfälle und deren Begleitsymptome ursprünglich angehören. Hier wurde A. ja mit Kastration und Abholung durch die Polizei gedroht, weil sie onanierte und versuchte, ihre antigonalen Lüste in Beziehung auf Luise zu realisieren. Das bedeutet, daß die Elemente des Traumes, „Geisteskrankheit/Einsperrung", mit denen der Parkszene, „Kastration/Abholung/Arrestierung", äquivalent zu sein scheinen. Für die beiden Elementpaare kann nämlich der gemeinsame Nenner aufgestellt werden: „Strafe für Onanie und für antigonale, auf die Mutter gerichtete Libido".

Wir sehen also, wie die scheinbar unmotivierten Wutanfälle und deren Begleitsymptome auf geradem Weg in die *Kastrationstraumatik* hineinführen. Hiermit ist teilweise beantwortet, was A.'s eifersuchtsparanoiden Komplex produziert hat, von dem die Wutanfälle ein Teil sind. Um die Beantwortung zu vervollständigen, müssen wir jedoch auch die konkrete Verbindung zwischen den Wutanfällen und der Eifersuchtsparanoia beschreiben. Auf welche Art und Weise gehen jene in diesen Komplex ein?

Wenn die Wut erst in den Kontext gebracht wurde, den die Halluzination von der lachenden Luise abdeckt, liegt die Antwort auf diesen letzten Teil der Frage jedoch auf der Hand. Wir haben damit die Verbindung zu der alten, traumatischen Szene im Park geknüpft – und diese beleuchtet nicht nur A.'s Eigenkörperkastration, sondern enthält auch die Schlüssel, um die Wutanfälle mit der übergeordneten eifersuchtsparanoiden Abwehr zusammenzuketten. Und hierbei handelt es sich wohlgemerkt um Schlüssel, die es ermöglichen, die Basis der Wut in einem nachphallisch organisierten Komplex zu sehen. A.'s scheinbar unmotivierten Wutausbrüche werden nämlich unmittelbar sinnvoll, wenn wir sie als ein Moment der Reaktionen sehen, die eintreten, wenn die Elternachse des Mädchens in der nachphallischen Phase ihr Aussehen als Folge des ersten Kastrationstraumas ändert. Jenes Traumas, das A. genau in der Parkszene erlebte, die daher auch als Katalysator für ihre nachphallische Neuinterpretation ihrer Elternachse verstanden werden muß.

Die eifersüchtige Wut in der nachphallischen Phase wurzelt, wie wir gesehen haben, in der Frustration darüber, daß die phallische Mutter den Vater als Sexualpartner ihrer kastrierten Tochter vorzuziehen scheint. Dieser Aspekt des Gefühlskomplexes der kastrierten Antigone ist deutlich bei A.. Und als ein Signal dafür, daß es genau diese nachphallisch bestimmte Wut sein kann, die bei A.'s scheinbar unmotivierten Wutanfällen im Spiel ist, agiert[75] sie genau diesen Komplex in der Analytiker-Analysand-Dyade in der Analysestunde aus, nachdem sie die Halluzination von der lachenden Luise hatte. In unmittelbarem Anschluß an ihren Bericht von der Halluzination und der Erinnerung an die Parkszene, mit der jene assoziativ verbunden ist, geht A. dazu über, von einem jungen Mann zu sprechen, der gerade begonnen hat, zu Ruth Mack Brunswick in Analyse zu gehen. A. beschuldigt nun Ruth Mack Brunswick, diesen neuen Analysanden ihr vorzuziehen. Daß es sich hier um eine Verkettung der Paare, Luise/die Knaben und Ruth Mack Brunswick/der junge männliche Analysand handelt, leuchtet natürlich ein – und kann in der Analyse auch schnell durchgearbeitet werden. Der männliche Analysand spielt in A.'s Bewußtsein „offenbar die Rolle der Burschen, mit denen die Schwester verkehrte"*, sagt Ruth Mack Brunswick.[76] Vor dem Hintergrund unserer früheren Analyse der Interaktantenstruktur der Parkszene können wir jedoch einen Schritt weiter gehen. So können wir annehmen, daß der junge Mann die Rolle des Vaters in A.'s antigonalem Dreiecksdrama spielt – wie es die Knaben seinerzeit sicher taten.

Der junge Mann tritt also in A.'s Bewußtseinshorizont als Vaterfigur und mit assoziativer Anknüpfung an den Bericht über den Wutanfall ein. Vor diesem Hintergrund könnte es vielleicht naheliegend erscheinen, diesen Anfall als eine Summierung der gewaltigen Neideswut zu interpretieren, die A. seinerzeit gegenüber den Knaben in deren Eigenschaft als Repräsentanten des *Vater*-Rivalen empfand. Das heißt, jene Neideswut, die A. in ihrer frühen Kindheit zur „Männerhasserin"* machte. Hier ist es jedoch wichtig, auf eine Unterscheidung zwischen paranoiden und nicht-paranoiden Wutdimensionen aufmerksam zu sein. Die Wut, die dem *Vater*-Rivalen gilt, muß – isoliert betrachtet – als normal angesehen werden, nicht als paranoid. Das Dreieck, das A. mit Ruth Mack Brunswick, dem männlichen Analysanden und sich selbst als Akteuren konstruiert, zeigt hingegen, daß die Form von normalen Eifersuchtsreaktionen, aus denen der Männerhaß ursprünglich entstand, überlagert wurde. Wie wir auch bei der zweiten von A.'s Dreieckskonstruktionen gesehen haben (jener, wo die Plätze von Luise und den Knaben von der Stiefmutter und ihrem Mann eingenommen wurden), muß die Wut, die A. nach der Halluzination mit in die Analysesituation bringt, paranoid gedeutet werden. Das heißt, als eine Wut, deren Schwerpunkt nicht auf der Vaterachse liegt, sondern auf der Mutterachse, wo sie der Verschleierung der antigonalen Libido dient. Die Geschichte von A.'s Stiefmutter und Mann drehte sich primär um A.'s paranoides Haß-Liebe-Verhältnis zur Stiefmutter. Auf dieselbe Weise ist die Konstruktion rund um Ruth Mack Brunswick und ihren angeblichen Lieblingsanalysanden auch ein Ausdruck dafür, wie sich A.'s Objektbesetzung ihrer Analytikerin in eine eifersuchtsparanoide Verfolgungsvorstellung verwandelt hat.

Bereits wenn wir auf diese Weise die Übertragungssituation beleuchten, bekommen wir ein Bild davon, wie die Wut als ein Moment in A.'s eifersuchtsparanoides Muster eingeht und ihre nachphallische Libidoorganisation widerspiegelt. Noch klarer zeichnet sich dieser Zusammenhang jedoch bei der Analyse der Bedeutung der Wut in der Halluzination von der lachenden Luise selbst ab.

Um diese Bedeutungsgeladenheit voll und ganz zu verstehen, müssen wir aber zuerst die Wutdimensionen zusammenzählen und weiter konkretisieren, die in der übergeordneten paranoiden Reaktionsbildung ausgesondert werden können.

Über die paranoide Wut auf der Mutter-Tochter-Achse haben wir vorläufig gesagt, daß sie ein Abwehrmechanismus war. Sie ist ein Ausdruck für die Entfremdung der auf die Mutter gerichteten, antigonalen Libido. Der Penis- und Patriarchatsfetischismus macht diese Libido teilweise unbenennbar als das, was sie eigentlich ist, nämlich autonomes, weibliches und spontanes sexuelles Begehren nach der Mutter-der Frau. Teilweise wird sie als „phallisch" abgestempelt. Das heißt, als fremd und unrealisierbar für den, der sich in der Position des „Kastrierten" befindet. Das bedeutet, daß das „kastrierte" Mädchen nicht daran vorbei kommen wird, an seinen „schmerzlich katastrophalen Mangel und Unvermögen" erinnert zu werden, wenn es sich an die antigonale Libido erinnert. Daher wird es starke Motive haben zu versuchen, jene zu verdrängen. Die paranoide Wut, die auf die Mutter in Form einer Verfolgungsvorstellung projiziert wird, ist in dieser Situation ein möglicher Ausweg. Sie kann zwar nur auf Kosten der Wiedererkennbarkeit der Libido im Register des Bewußten realisiert werden. Aber sie bewirkt doch trotz allem, daß die antigonale Basis der Libido (jedenfalls vorläufig) vor Destruktion und endgültiger Exkommunikation gerettet werden kann.

Was wir in diesem Zusammenhang noch nicht berührt haben, ist, daß die nachphallische Eifer- und „Schein-Sucht" des Mädchens hingegen nicht nur diese eine Dimension von Wut auf die phallische Mutter impliziert. Über den paranoiden Liebeshaß können wir analytisch eine zweite Dimension aussondern, die – parallel zu der Wut auf den *Vater*-Rivalen – für eine isolierte Betrachtung einen normalen, nicht-paranoiden Charakter hat. Es handelt sich um die spontane Wut der kleinen Antigone auf Jokaste, als sie als Folge der fetischistisch transformierten Elternachse mit einem Mal aussieht, als habe sie ihre „kastrierte" Tochter zum Vorteil ihres „phallischen" Mannes abgewählt. Diese Wutdimension repräsentiert das Moment in einer normalen Eifersucht, das sich um das Gefühl des Verschmähten gegenüber dem Verführer/der Verführerin dreht, der/die das sexuelle Begehren geweckt hat, sich aber danach weigert, es zu befriedigen.

Wie die spontan negativen Gefühle gegen den *Vater*-Rivalen überlagert werden, müssen wir uns ebenso vorstellen, daß dieses reale Wutgefühl auf der Mutterachse von den paranoiden Reaktionen transformiert werden. Ja, wir müssen uns vorstellen, daß dessen Schicksal darin besteht, in der übergeordneten, nachphallisch-paranoiden Reaktionsbildung aufzugehen. Näher bestimmt als deren erste Phase. Wie Freud den Verlauf im Produktionsprozeß der Paranoia beschreibt (in seiner Paranoia-Analyse aus dem Jahr 1911),[77] zerfällt jene nämlich in zwei Phasen:

1) Eine erste Phase, die das enthält, was wir im Anschluß an Freud das „Ausstoßen" nennen wollen. Das heißt, das Losreißen der Libido von der geliebten Person.

Und

2) Eine zweite Phase, die aus Versuchen besteht, die Beziehung zu dem geliebten Objekt wiederherzustellen. Hier melden sich die eigentlichen Verfolgungskonstruktionen, weil die Libido nur dann zu ihrem Objekt zurückkehren kann, wenn ihre Existenzprämissen verdreht werden, und das Objekt unkenntlich gemacht wird – hinter der Maske der Verfolgerin versteckt wird.

Die zweite Phase nennt Freud „lärmend", weil sie von äußerlichen symptomalen Manifestationen erfüllt ist. Demgegenüber verläuft die erste Phase, die als der „eigentliche Verdrängungsprozeß" beschrieben wird, versteckt, „stumm": „Er vollzieht sich stumm; wir erhalten keine Kunde von ihm, sind genötigt, ihn aus den nachfolgenden Vorgängen zu erschließen."* (Freud 1911c, 308). Die reale Wutempfindung auf der nachphallischen Mutterachse kann aus dem übergeordneten, paranoiden Blickwinkel der Abwehrthematik als Glied einer solchen stummen Einleitungsphase betrachtet werden, das sich erst zu erkennen gibt, wenn der paranoide Mutterhaß lärmend versucht, die Aufmerksamkeit der phallischen Mutter auf sich zu ziehen. So kann man sich sehr gut vorstellen, daß die unmittelbare und spontane Wutreaktion der „kastrierten" Antigone gegen die Jokaste, die dem Anschein nach ihre Tochter im Stich gelassen und sie zugunsten von Ödipus abgewählt hat, in einen Versuch mündet, das Objekt auszustoßen. Das heißt, als ein Versuch, sich von der Treulosen zu trennen. Ein Versuch, der erst Aufmerksamkeit erregt, als Jokaste plötzlich mit den Attributen der bösen, verfolgenden Mutter ausgestattet worden ist.

Manifestieren sich nun diese beiden sowohl verschiedenen als auch zusammenhängenden Wutdimensionen (das „Ausstoßen" und der eigentliche paranoide Liebeshaß) auf A.'s Mutterachse?

Einer von A.'s Ausdrücke für die Wut ist ihr Wunsch, Luise tot zu sehen in

Anknüpfung an ihre lachende Erscheinung in der Parkszene. Der Todeswunsch ist eine explosive Kulmination der Wut gegen die Luise, die gemeinsam mit den Knaben lacht, ohne im geringsten von den libidinösen Anstrengungen der kleinen A. Notiz zu nehmen, um ihre Aufmerksamkeit zu erregen. Dieser Todeswunsch deutet in die Richtung der unmittelbaren und spontan wütenden Reaktion der „kastrierten" Antigone auf ihr Erleben der nachphallisch verwandelten Elternachse. Das heißt, eine Reaktion, die zugleich als die erste Phase des paranoiden Abwehrmechanismus betrachtet werden kann – als Ausstoßungsversuch. Im Anschluß an Freuds Bemerkungen über die „Stummheit" dieser ersten Etappe ist es wichtig zu bemerken, daß die negativen Gefühle gegenüber Luise, die im Todeswunsch während des Halluzinationserlebnisses zum Ausdruck kommen, wohl das waren, was A. am meisten verdrängte. Er repräsentiert etwas, das sie zu keinem Zeitpunkt eingestehen wollte, bevor sie damit am Ende der Analyse durch die Halluzination konfrontiert wird; und danach noch einmal in der darauffolgenden Analysestunde. Hier muß A. – „überrascht und erschrocken"[78] und erst nach einer einsichtsvollen Provokation durch Ruth Mack Brunswick – widerstrebend einräumen, daß dieser Todeswunsch tatsächlich in ihr existierte.

Die zweite Wutdimension auf der Mutterachse, das heißt, die eigentlich paranoide hinausprojizierte Wut der zweiten Phase, finden wir natürlich generell in A.'s ständigen Verfolgungsvorstellungen. Diese machen sich im Gegensatz zum Ausstoßungsversuch/Todeswunsch gegen Luise eben sehr „lärmend" und offensichtlich geltend. A. inszeniert ja das eine Dreiecksdrama nach dem anderen. Immer mit einem stark phallischen Frauenimago in der Verführerin-Verfolgerin-Rolle und mit A. selbst als dem im Stich gelassene Opfer.

Diesen Liebeshaß, die Wut der zweiten Phase, finden wir auch in dem Gefühlskomplex repräsentiert, der sich in Verbindung mit der Halluzination von der lachenden Luise zu erkennen gibt. Zwar müssen wir aufgrund des Todeswunsches die Halluzination als Repetition eines Ausstoßungsversuchs im Sinne der „stummen" ersten Phase interpretieren. Aber gleichzeitig enthält sie auch die hinausprojizierte Wut der zweiten Phase – die libidinösen Verfolgungsvorstellungen. Das geht erstens aus der Linie hervor, die A.'s Übertragung sehr deutlich zwischen Ruth Mack Brunswick und Luise in der Etappe des Analyseprozesses zieht, in der die Halluzination eintritt. Wie gesagt konstruiert A. das Dreieck mit Ruth Mack Brunswick und dem jungen männlichen Analysanden, das die Verschmelzung von Ruth Mack Brunswick und Luise als Liebesobjekt und Verfolgerin zeigt, genau in der Analysestunde, nachdem sie die Halluzination hatte. Zweitens deutet Luises hohnlachende Apparition selbst auch darauf hin, daß sie hier wie in anderen Zusammenhängen in der Rolle der Verfolgerin-Verführerin auftritt. A.'s Analyse legt nämlich eine deutliche Verbindung zwischen jener und dem höhnenden Gelächter bloß.

Es ist, wie gesagt, ein genereller Zug von A.'s Verfolgungsvorstellungen, daß sie glaubt, die Leute machen sich über sie lustig. Ein sehr deutliches Beispiel dafür, wie das Lachen als solches eine spezifische Rolle in diesem Zusammenhang spielt, bekommen wir durch ein kleines Erlebnis, das A. eines Tages auf dem Weg zu Ruth Mack Brunswick hat. In der Straßenbahn sieht sie eine gut gekleidete Dame. Beim Anblick von A.'s armseliger Kleidung und speziell ihrer Schuhe, lacht die Dame auf einmal höhnisch, meint A. Oder mit anderen Worten: die Verfolgerin-Verführerin ist in A.'s Augen eine hohnlachende Frau.

Bei der Analyse dessen, worüber die Dame A. zufolge lacht, kommen wir ganz nahe an die Verbindung zu Luise und dem Halluzinationserlebnis heran. A. meint ja, daß das Hohngelächter der Dame ihren „Mängeln" gilt – speziell den schäbigen Schuhen. Das heißt, einem Umstand an A.'s Erscheinung, dem symbolisch ganze zwei „Kastrations"-Bedeutungen zugeschrieben werden können. So können die Schuhe entweder „wertlose weibliche Genitalität" bedeuten, wenn wir von deren Charakter als Vaginalsymbol ausgehen. Oder sie können auf die Bedeutung hinweisen: „ein erbärmlicher oder mangelhafter Penis", wenn wir nicht die Schuhe, sondern die Füße als solche betrachten. Ruth Mack Brunswick interpretiert auf die letztgenannte Weise. Außerdem zieht sie von der „Kastrations"-Symbolik, auf die das Lachen hinweist, eine Linie von

1) der Vorstellung von der hohnlachenden Abweisung A.'s und ihrer schäbigen Schuhen durch die fremde Dame

über

2) reale Szenen mit der Stiefmutter, die sich über A. lustig machte wegen ihrer sexuellen Unwissenheit,

zurück zu

3) anderen realen Szenen, wo verschiedene Familienmitglieder die kleine A. auslachten, als sie in der Zeit nach der Parkszene herumerzählte, daß ihr Genitale abgeschnitten worden ist.[79]

Dieser Reihe von (phantasierten und realen) Erlebnissen kann selbstverständlich noch ein weiteres angeschlossen werden: das ursprünglichste – die Parkszene selbst. Denn das, was die drei übrigen Szenentypen verbindet, sind die Elemente „Verfolgung", „Hohngelächter" und „Kastration". Elemente, die auch als in der Parkszene enthalten interpretiert werden können, und als deren intensive Summierung das Halluzinationserlebnis gesehen werden kann. Dessen Visualisierung Luises muß als ein Bild für Jokastes

Transformation in die Verfolger-Verführer-Mutter betrachtet werden. In eine Mutter, die mit ihrem verführenden Hohngelächter Antigone verfolgt – zu erkennen gibt, daß sie es nicht wert ist, geliebt zu werden aufgrund der Kastration, der sie ausgesetzt worden ist. Jener Kastration, die beim Halluzinationserlebnis symbolisch in Form von A.'s gerissenem Nähfaden auftritt.

Als ein letztes Glied in diesem Durchgang der konkreten Verbindung zwischen A.'s Wut und dem eifersuchtsparanoidem Muster, zählt das Moment der Bitterkeit gegen die Verfolgerin, die die paranoide Konstruktion für das Ich legitimiert, wenn es sich in der Opferrolle plaziert hat. Das heißt, in einer Position, wo es scheinbar einen legitimen Grund gibt, gegen die Verfolgerin Gefühle der Wut zu nähren – nach dem Rezept: „Ich liebe sie nicht – ich hasse sie ja – weil sie mich verfolgt" (vergleiche *Appendix B*.) Ein solches Moment pseudo-legitimierter Eigenwut finden wir auch bei A. in Anknüpfung an das Halluzinationserlebnis. Ihre Konstruktion des Dreiecks mit Ruth Mack Brunswick und dem jungen männlichen Analysanden hat es für A. deutlich legitim gemacht, auf Ruth Mack Brunswick wütend zu werden. Eine Wut, die darin zum Ausdruck kommt, daß A. genau dann, als die Halluzination eintrifft, dabei ist zu versuchen, sich an ihrer „treulosen" Analytikerin zu rächen, indem sie sie eifersüchtig machen möchte. Statt zur vereinbarten Analysezeit zu erscheinen, sitzt A. zu Hause und näht, um später eine von Ruth Mack Brunswicks weiblichen Bekannten aufzusuchen, für die sie als Näherin arbeitet. Das, was A. hiermit getan hat, ist ein Versuch, das zu etablieren, was wir ein „Vergeltungsdreieck" nennen können. Das heißt, einen Racheakt zu bewerkstelligen, wo Ruth Mack Brunswick zugunsten ihrer weiblichen Bekannten verschmäht wird. Dieses „Vergeltungsdreieck" deutet zurück auf A.'s Wutreaktionen auf die untreue Luise der Kindheit. So zeigt nämlich die analytische Durcharbeitung der Episode, daß A. hier gegenüber Ruth Mack Brunswick den Versuch ihrer Kindheit wiederholt hat, Luise eifersüchtig zu machen, indem sie vorgab, sie zugunsten der Stiefmutter stehen zu lassen. Diese Verbindung zu den alten Begebenheiten wird übrigens dadurch unterstrichen, daß die Halluzination von der lachenden Luise genau zu dem Zeitpunkt eintrifft, als sich A. ganz klar darüber ist, daß sie nicht mehr rechtzeitig in die Analysestunde zu Ruth Mack Brunswick kommen kann. Das heißt, ganz genau in dem Augenblick, in dem der Racheakt gegen sie konkret eingeleitet ist.

Wie nun hervorgegangen sein sollte, deckt die Analyse von A.'s scheinbar unmotivierten Wutausbrüchen also eine deutliche Linie zwischen ihrer „Kastrations"-Traumatik und ihren eifersuchtsparanoiden Konflikten auf, die sich wiederum klar in ein nachphallisches Reaktionsmuster einschreiben. Wir können daher schließen, daß A.'s Geschichte dem Begriff des nachphallischen Triebschicksals des Mädchens und der Entfremdung von seiner auf die Mutter gerichteten Libido zu entsprechen scheint, den wir früher aufgestellt haben. Wir haben uns bei der Begriffsformulierung nicht weit von A.'s Geschichte entfernt. Im Gegenteil können wir problemlos von dem Begriff zurück zur konkreten lebensgeschichtlichen Gestaltung gehen.

A. und der Patriarchatsfetischismus

Daß A.'s Eifersucht auch eine patriarchatsfetischierte Schein-Sucht ist, sollte hervorgegangen sein. Um den Patriarchatsfetischismus in A.'s Vorstellungen zu exemplifizieren, werden wir jedoch abschließend einige ihrer Träume heranziehen, die ihre Unterwerfung unter seine Symbolik deutlich demonstrieren.

Wie wir beschrieben haben, entwickelte A. als Kind eine Vorstellung davon, daß ihr Genital abgeschnitten worden war. Das heißt, eine sehr konkrete Kastrationsvorstellung. Eine Abart derselben hat sie als Erwachsene immer noch. Das zeigt sich zum Beispiel, als Ruth Mack Brunswick sie bittet, die weiblichen Genitalien zu beschreiben. Über die Klitoris, die sie kennt, allerdings nicht beim Namen, sagt sie: „Es ist verstümmelt, nicht wahr?"[80] In einem Traum, der auf verwunderlich klare symbolische Weise die Distribution von Triebschicksalen durch die herrschenden Geschlechtscharaktermasken wiederspiegelt, läßt A. des weiteren den Teufel männliche beziehungsweise weibliche Genitalkostüme verteilen. In diesem Traum tritt ihr Erlebnis der „kastrierenden" Einführung in das „phallisch-kastriert" des Patriarchatsfetischismus wie folgt auf:

Sie und ihr Mann möchten einen Maskenball besuchen, haben aber keine Kostüme. Sie wollte immer gerne auf so einen Ball gehen, ist aber nie dazu gekommen. Man kann Kostüme beim Teufel ausleihen, der plötzlich erscheint; er ist ganz rot, hat einen Schweif, Hörner und ein scheußliches Grinsen. Für den Mann bringt er ein Kostüm, das ganz aus männlichen Geschlechtsteilen zusammengesetzt ist, für die Frau ein schreckliches Kostüm aus weiblichen Genitalien. Das Kostüm des Mannes ist häßlich, aber nicht so furchtbar wie das Frauenkleid, das vorne ein großes offenes Loch hat und darüber ein ganz kleines Glied, das aussieht wie ein Penis, „wo man onaniert". Die Patientin will ihren Mann verhindern, die Kostüme anzunehmen, aber er will es durchaus. Die Patientin wird dann wütend mit dem Teufel, der sich aber nur über ihren Ärger lustig macht, grinst und herumtanzt und plötzlich – genau so aussieht wie der Mann der Patientin. Sie sagt: „Wenn er uns schon so grausliche Sachen bringt, hätte er uns wenigstens dasselbe bringen können." (Mack Brunswick 1928, 481-482)

Der Traum demonstriert die Potenzdistribution oder Potenzzu- und absprechung, die die Unterwerfung unter die patriarchatsfetischistische Symbolik zusammen mit der Geschlechtsbewußtseinsbildung in das Leben des Mädchens einbringt. So können wir den Teufel als den phallischen *Vater* auffassen. Die „Kastration" und damit das Erlebnis der Potenzabsprechung geschieht ja durch die Konfrontation mit dem phallischen *Vater*-Berauber. Doch wir können auch anders interpretieren.

Wie wir zum Beispiel an dem wichtigen Alptraum über den schwarzen Mann sehen, der Luise repräsentiert, faßt A. – nachphallisch wie ihre psychosexuelle Organisation ja ist – ihre weiblichen Liebesobjekte als phallisch auf. Das ist an sich ein weiteres Beispiel dafür, daß sie sich auf patriarchatsfetischistischem Boden befindet und Potenz mit Phallizität gleichsetzt. Die aktive Klitorismutter hat sich für A. deutlich in eine phallische Mutter verwandelt. Auch in diesem Kontext kann der Teufel gesehen werden.

Aber bevor ich zu dieser zweiten Interpretation des Teufels komme, möchte ich die Art und Weise genauer präsentieren, wie A. dem potenten, weiblichen Liebesobjekt Phallizität zuschreibt. Dies möchte ich anhand eines Traumes tun, der gleichzeitig den Zusammenhang zwischen dem schwarzen Mann (aus dem Alptraum) und den weiblichen Objekten verdeutlicht. (In der Reihe von phallischen Müttern dieses Traumes tritt auch A.'s Mann auf. Das kann unter anderem als Ausdruck dessen gesehen werden, daß A.'s Unbewußtes ihn gelegentlich mit Luise verschmilzt. Eine andere mögliche Interpretation werde ich in Kürze darstellen.) Der Traum lautet folgendermaßen:

Die Patientin liegt mit ihrer Schwester im Bett; die Schwester masturbiert sie, bis sie zum Orgasmus kommt. Die Schwester verwandelt sich dann in mich (das heißt, in Ruth Mack Brunswick, *A. d. A.*). Ich habe einen großen Penis. Ich habe Geschlechtsverkehr mit der Patientin und befriedige sie wieder. Dann verwandle ich mich in den schwarzen Mann des periodischen Angsttraumes. Auch er hat befriedigenden Verkehr mit der Patientin; sie hat keine Angst vor ihm. Der schwarze Mann verwandelt sich dann in ihren Mann, mit dem sie einen höchst befriedigenden Verkehr ausführt. Die Schwester ist blond, wie sie auch in Wirklichkeit war. Ich bin dunkelhaarig, wie in der Wirklichkeit, und der Mann ist wie die Schwester blond, was er auch wirklich ist.*
(Mack Brunswick 1928, 483)

Mit dieser Aufzählung von A.'s phallischen Mutterbildern wollen wir zu dem Traum vom Teufel auf dem Maskenball zurückkehren. Vor dem Hintergrund unseres Wissens über A.'s phallische Mutterträume und ausgehend von der Analyse der Halluzination von der lachenden Luise können wir nämlich den Teufel des Maskenballtraumes als Repräsentant der phallischen und verfolgenden Mutter interpretieren. Der Teufel verhält sich ja auf seine Weise wie Luise und die übrigen paranoid transformierten Frauen in der Mutterreihe. Er favorisiert den Mann auf Kosten von A. Außerdem grinst er höhnisch über A. und ihre Wut teils über das impotente Kostüm, das ihr zugeteilt wird, teils über das gewaltige Gefühl der Ungerechtigkeit, das sie mit dem Erlebnis verbindet, daß der Mann begünstigt wird – daß ihm eine zwar schreckliche, aber trotz allem weit bessere und potentere Verkleidung zugeteilt wird. Darüberhinaus ist der Teufel der Verführer. Er scheint ja der Veranstalter des Maskenballs zu sein und eine Rolle einzunehmen, die weitgehend parallel zu jener war, die der Arbeitgeber in A.'s zweitem Maskenballtraum einnahm (den ich früher erwähnt habe).[81] Das heißt, der Traum, in dem der Arbeitgeber Ruth Mack Brunswick als mütterliche Verführerin-Verfolgerin und als Deckfigur für Luise repräsentierte. Fassen wir auf diese Weise den Teufel als die phallische Mutter auf, die die Qualitäten phallisch und kastriert verteilt, dann können wir hierin einen Ausdruck für den Projektionsmechanismus sehen, dem die Schuld an der „mangelnden Potenz" des Mädchens untergeschoben wird. Wie gesagt, muß das Mädchen bei der Konfrontation mit dem phallischen *Vater* unmittelbar erleben, daß es seine Liebesniederlage selbst verursacht hat. Oder richtiger, daß es an ihrem patriarchatsfetischistisch betrachtet „mangelhaftem" Geschlecht lag. Wir haben versucht zu erklären, warum das Mädchen der Mutter die Schuld an der Misere gibt, indem wir darauf hingewiesen haben, daß das Mädchen sein Erleben der Eigenschuld auf die phallische Mutter projiziert. Als einer der vielen psychodynamischen Folgen des Fetischismus endet das, an dem eigentlich der Patriarchatsfetischismus und die patriarchalische Hierarchie der Geschlechtscharaktermasken schuld sind, auf diese Weise im Sündenregister der phallischen Mutter. Wenn dem Teufel in seiner Eigenschaft des Repräsentanten der phallischen Mutter die Rolle dessen zugeteilt wird, der Potenz und Phallizität austeilt nach dem Prinzip „Du bekommst, weil du ein Mann bist, und du bekommst nicht, weil du eine Frau bist", dann illustriert das, wie die ungerechte Potenzdistribution als ein wichtiges Glied in dieses Sündenregister eingeht.

Ich habe erwähnt, wie es früh in der Analyse gelingt, A.'s Frigidität aufzulösen, indem ihr ihre unbewußten weiblichen Objekte bewußt werden. Frigidität muß allgemein als mit der „Kastration" zusammenhängend aufgefaßt werden. Näher bestimmt als eine Reaktion auf diese, die darauf hinausläuft, Geschlecht und Sexualität überhaupt zu verdrängen. So beginnt mit der Auflösung von A.'s Frigidität auch die Aufhebung ihrer „Kastration". Es können Körperempfindungen hervorgeholt werden, die ansonsten mit der „kastrierenden" Einführung in den Patriarchatsfetischismus abgeschnitten worden waren. Zwar wird der Prozeß deutlicherweise nicht in jener Therapie vollführt, der A. unterzogen wird. Aber sie kommt trotz allem doch soweit, die Onanie freizugeben, die an ihre ursprünglichen antigonalen Gefühle für Luise gebunden ist. Wenn es durch die retrospektive Bewegung im psychoanalytischen Prozeß gelingt, Körperempfindungen hervorzuholen, die mit der Einführung in den herrschenden patriarchatsfetischistischen Diskurs abgeschnitten wurden, muß dies jedoch unter den Bedingungen des Fetischismus stattfinden. Dieser hat ja der ursprünglichen, autonomen, weiblichen Aktivität keine andere Symbolisierungsmöglichkeit gelassen als jene, die in der Bezeichnung „phallisch" liegt. Das zeigt sich in Träumen wie dem folgenden:

„Die Patientin onaniert. Wie sie an der Klitoris hantiert, wächst diese zu ungeheurer Größe, daß das Anschwellen ihre Hand in die Höhe hebt. Sie wird größer wie das Glied des Mannes, so groß wie das Glied eines Pferdes, das sie abends vorher gesehen hat."* (Mack Brunswick 1928, 471)

„Die Patientin ist zuerst ein Kind, dann ein junges Mädchen, schließlich eine reife Frau. Plötzlich wird sie ein Mann mit einem besonders großen Glied. Sie ist sehr stolz auf das Glied und uriniert damit."* (Mack Brunswick 1928, 472)

Der nächste Traum ist ein Beispiel für dasgleiche. Aber ist zugleich deshalb interessant, weil er auch den Aspekt der Potenzdistribution einbezieht, der im Patriarchatsfetischismus dadurch enthalten ist, daß er die Individuen in die Wertehierarchie „phallisch-kastriert" einführt. Im Traum wird sozusagen eine androgynisierende Korrektur des Wirkens des Patriarchatsfetischismus vorgenommen – eine Re- oder Gegendistribution im Verhältnis zu jener, die die Geschlechtscharaktermasken bestimmt haben: „Die Patientin ist bei einer Penisausstellung. Alle Männer werden auf der einen Seite aufgestellt, alle Frauen auf der andern. Man sieht immer nur die untere Körperhälfte. Bei Schluß der Ausstellung bekommt jede Frau einen Mann und noch extra einen Penis."* (Mack Brunswick 1928, 478)

Es ist klar, daß die Therapie, die auf einer fetischistischen Weiblichkeitsauffassung und Geschlechtsphilosophie beruht, nicht auf eine Überschreitung der psychoaktiven Folgen des Patriarchats- und Penisfetischismus abzielen kann. Wenn die „Kastration" als in letzter Instanz anatomisches Schicksal für Tochter und Mutter aufgefaßt wird, dann ist sie per Definition eine unüberwindliche Barriere. Erst eine feministisch-materialistische Psychoanalyse wird hier etwas ausrichten können. Eine freudianische Therapie kann uns an sich letztenendes nur lehren, mit der Kastration zu leben. Im Analysebericht über A. kommt das deutlich zum Ausdruck, indem sie nur ein gewisses Stück des Weges in die Richtung der Aufhebung der „Kastration" vorankommt. Oder richtiger: es sieht so aus, daß im Analyseverlauf zuerst deren Folgen gelockert werden, daß aber daraufhin eine neuerliche Einführung in die Kastrationsdimensionen des Patriarchatsfetischismus stattfindet. Kehren wir einen Augenblick zu dem Traum zurück, der die phallische Mutterreihe darstellte,[82] dann können wir feststellen, daß A.'s Mann in die Mutterreihe eingeschrieben wird. Aber darüberhinaus hat jener auch eine andere Tendenz. Die besten und lustvollsten Orgasmen bekommt A. nun in Träumen mit ihrem Mann. Sie hat begonnen, ihm größere Potenz als den Frauen zuzuschreiben. Was das bedeutet, wird ganz deutlich, wenn wir den Kontext rund um den Traum näher betrachten, wo A.'s Mann in der phallischen Mutterreihe einen Platz erhalten hat. So führt dieser Traum dazu, daß A. beginnt, sich an ihre Frauenrolle anzupassen. Wie Ruth Mack Brunswick formuliert, bringt das mit sich, daß „es der Patientin gelingt, ihrem Mann und ihrer häuslichen Arbeit mehr Interesse zuzuwenden."*83 Was diese Anpassung eigentlich bedeutet, wird von dem unmittelbar darauf folgenden Traum klar erklärt. Wie Ruth Mack Brunswick erfreut feststellt, befaßt sich dieser nämlich „mit der Anerkennung der männlichen Vorrechte."*84 Dieser Traum dreht sich eindeutig um eine erneute Einführung in die Art und Weise, wie Potenz „natürlich" nach anatomischen Kriterien distribuiert wird. Er lautet folgendermaßen:

Sie geht mit ihrer Schwester auf ein Klosett, das zwei Abteilungen nebeneinander hat, eine helle, die schon besetzt ist, und eine dunkle, in die die beiden Schwestern hineingehen. Luise setzt sich auf das Klosett und nimmt die Patientin auf den Schoß. Die Patientin spreizt die Beine und läßt sich von der Schwester masturbieren. Dann tauschen sie die Plätze und die Rollen und wiederholen den Vorgang. Währenddessen versuchen sie, ein Licht zu finden oder Licht zu machen, was ihnen aber nicht gelingt. Der Mann der Patientin kommt herein, findet mit der größten Leichtigkeit sofort den elektrischen Kontakt und dreht das Licht auf. Plötzlich aber schlagen Flammen heraus und setzen das Stroh, das in der Nähe liegt, in Brand. (Das Ganze spielt in einer Art Stall oder Scheune.) Die Patientin bittet ihren Mann, das Feuer zu löschen. Er tut es, nimmt sie dann bei der Hand und führt sie nach Hause.* (Mack Brunswick 1928, 483)

Wenn der Mann den Kontakt leicht findet, den A. und Luise nicht aufspüren können, dann sagt der Traum aus, daß er im Gegensatz zu den Frauen potent ist. Er kann den Strom anschließen, er kann den sexuellen Funken zünden. Gleichzeitig ist er danach auch imstande, das Feuer zu löschen, das heißt, das sexuelle Begehren mit seinem Samen zu befriedigen. So müssen wir mit Ruth Mack Brunswick den Traum deuten. Obwohl A. vermutlich ihr bis dahin stärkstes Orgasmuserlebnis überhaupt gemeinsam mit Luise hatte, was der nachfolgende Traum zeigt, schreibt sie nichts desto weniger ihrem Mann eine Potenz zu, die sie gleichzeitig sich selbst und Luise abspricht. Außerdem formuliert der Traum ein Akzeptieren des „natürlichen" Zustandes dieser Dinge – ein Akzeptieren dieses gnadenlosen Gesetzes der „Anatomie" über die Distribution von Potenz. A. läßt sich ja nämlich glücklich und zufrieden vom Mann nach Hause führen. Denn, wie Ruth Mack Brunswick kommentiert: „Die größere Potenz des Mannes macht offenbar einen solchen Eindruck auf sie, daß sie ganz zufrieden mit ihm fortgeht."*85

Zu der (Wieder-) Einführung in die kastrierende Dimension des Patriarchatsfetischismus gehört außer dem Erlebnis der Kastration des Eigenkörpers auch jene, die den Mutterkörper betrifft. Insofern auch Luise den Schalter im letztzitierten Traum nicht finden kann, wird dieses Thema hier bereits berührt. Ein ganz deutliches Durchspielen dessen erhalten wir jedoch durch einen späteren Traum, wo Luise als ein Mann mit „einer kleinen Glatze und dahinter einem Schopf blonder Haare"*86 vorgestellt wird. Ich werde den Traum nicht in seiner Gänze zitieren, sondern die Durcharbeitung des zitierten Elements in der Analyse wiedergeben. Über jenes wird folgendes gesagt:

Die kahle Stelle vor dem blonden Haarschopf des dritten Mannes ist ein interessantes Detail, über das ich die Patientin befrage. Das blonde Haar erinnert sie an die schwarzen Schamhaare der Schwester, die sie wie gebannt anzustarren pflegte ... Der dritte Mann ist also ihre Schwester (die ja übrigens auch blondes Haar hatte, A. d. A.). Die Patientin hat im Laufe der Analyse die Vorstellung von der Frau mit dem Phallus aufzugeben begonnen; so sehen wir jetzt anstatt des schwarzen Haares, hinter dem sie den Penis vermutete, eine kahle, nackte Stelle vor einem Haarschopf; eine Stelle, an der etwas fehlt. Es handelt sich hier um das Fehlen des Gliedes.* (Mack Brunswick 1928, 490)

Also ein Durchspielen der Kastration der Mutter. Dazu kommt jedoch eine weitere Bedeutung, die auf andere Weise davon zeugt, daß A. in die „Kastration" wiedereingeführt wurde, daß sie aber trotz allem die „männlichen Vorrechte" nicht ganz als „natürlich" akzeptiert hat. So wecken diese ihre Lust, den Mann zu kastrieren. Im Anschluß an das eben zitierte kommentiert Ruth Mack Brunswick folgendermaßen, daß der erwähnte „dritte Mann" im Traum genau wir A.'s Mann Rudolf heißt: „Dieser Mann (der dritte Mann, A. d. A.) trägt aber auch den Namen ihres Mannes, von dem wir wissen, daß er an die Stelle der Schwester gerückt ist. So hat die kahle Stelle auch noch eine zweite Bedeutung (außer auf die Kastration der Mutter hinzuweisen, A. d. A.): sie spielt auf den Wunsch an, ihrem Mann sein Glied wegzunehmen."* (Mack Brunswick 1928, 490-491)

Mit einem Beispiel für einen Traum, der mit seinem Charakter eines plastischen Erinnerungsbildes und großer Wirklichkeitsnähe vermutlich etwas von dem wiedergibt, die bei A. am nächsten an eine ursprünglich un- oder richtiger präfetischierte Erlebnisebene herankommt, möchte ich hiermit diese Illustration von A.'s Verhältnis zur patriarchatsfetischistischen Symbolik abschließen. Der Traum wird von Ruth Mack Brunswick als „der wichtigste, den sie (A., A. d. A.) in der Analyse produziert hat"* bezeichnet:

Eine Person, welche die Patientin als Luise bezeichnet, welche aber in allen anderen Hinsichten mir (das heißt, Ruth Mack Brunswick, A. d. A.) ähnelt, nimmt die Patientin zu sich ins Bett. Die Patientin liegt so, daß ihr Kopf bei den Füßen der Schwester ist, damit sie leichter ihre Genitalien erreichen kann. Luise ist ungefähr zwölf Jahre alt, die Patientin ist etwa zweijährig und ganz klein. Sie masturbieren einander gleichzeitig. Luise unterweist die Patientin, wie sie mit der einen Hand die Labien spreizen und mit der andern die Klitoris reiben soll. Das geht unter der Bettdecke vor sich. Plötzlich spürt die Patientin den intensivsten Orgasmus, den sie je gefühlt hat, ihr ganzer Körper gerät in Erregung; einen Augenblick später stellt sich dieselbe Reaktion bei der Schwester ein. Luise nimmt sie dann voll Leidenschaft in die Arme und drückt sie eng an sich. Sie hat dabei das Gefühl absoluter Wirklichkeit.* (Mack Brunswick 1928, 484)

5. Warum muß Antigone sterben? Warum verlassen wir Jokaste?
Die Bildung des Imagos der kastrierten und un-liebens-werten Mutter

Wir haben uns angesehen, wie sich Antigones Mutterbilder von dem präfetischierten Bild der aktiven, klitorissexuellen und spontan anziehenden Jokaste zu einer fremden, phallischen und bösen, aber auch verführerisch faszinierenden Verfolgermutter entwickeln. Gleichzeitig haben wir verfolgt, wie sich die antigonale Libido unter dem psychoaktiven Einfluß des Patriarchatsfetischismus von einer wilden und unverfälschten Verliebtheit in ein paranoides Haß-Liebesverhältnis verwandelt. Wir haben gesehen, wie Antigones Erlebnis der „Kastration" des Eigenkörpers einerseits einen Bruch bedeutete, aber andererseits auch Kontinuität in ihrem Liebesverhältnis zu Jokaste.

Wie kommen nun (bei der *vierten Frage*) zu der Stelle, wo die definitive Diskontinuität eintritt. Jene Stelle, wo Antigone auf dem Altar des Patriarchatsfetischismus geopfert wird, und wo Jokaste von ihrem mächtigen, archaischen Mutterthron stürzt und ihr Reich sich auflöst. Jene Stelle, wo der Wolf das Rotkäppchen und die Großmutter verschlingt, um sich danach erschöpft schlafen zu legen, sodaß alles stillsteht, bis der Jäger männlich die Bühne betritt. Wir sind nun dort, wo der Weg dafür geebnet ist, daß sich der Patriarchatsfetischismus mit seiner historisch-symbolischen, aber anscheinend anatomisch-ewiggültigen Botschaft endgültig festsetzen kann:

$$\frac{\text{Männlichkeit}}{\text{Weiblichkeit}} \subseteq \frac{\text{phallisch}}{\text{kastriert}}$$

Zwar findet die eigentliche Etablierung dieser Gleichung erst nach der Latenz statt, das heißt, mit dem Eintreten der Pubertät. Das meinen jedenfalls zum Beispiel Freud und Ruth Mack Brunswick.[87] Daß die wichtigsten symbolischen Bedingungen dafür dort zurechtgelegt werden, wo wir uns nun in der Darstellung der Sozialisationsgeschichte befinden, steht jedoch außer Zweifel.

Wir haben also mit anderen Worten das zweite und letzte Moment der „Kastration" erreicht. Jenes Moment, die dem früheren Erlebnis der „Kastration" des Eigenkörpers eine Erfahrung hinzufügt, die symbolisch die „Kastration" der Mutter signalisiert. Das bedeutet, daß wir gewisserweise zu unserem Ausgangspunkt in diesem Kapitel zurückgekehrt sind. Wir sind neuerlich mit dem Rätsel konfrontiert, das der freudianische Diskurs formuliert, wenn er behauptet, daß wir als Mädchen zu einem frühen Zeitpunkt die biologisch gesehen absurde „Entdeckung" machen, „daß die Mutter kastriert ist"*.[88] Und wenn er noch dazu betont, daß es sich hierbei um ein schicksalsschwanger entscheidendes Ereignis in unserem Leben handelt. Ein Ereignis, das „Abwendung von der Mutter"* bedeutet – das bedeutet, daß wir von unserem ersten, heiß und bis dahin einzig geliebtem Liebesobjekt Abschied nehmen müssen, der Mutter-der Frau. Wieder sehen wir die Fragen, die wir mißtrauisch dem freudianischen Diskurs stellen mußten, vor uns stehen: „1) Warum in aller Welt interpretieren wir den weiblichen Körper und Genitalität unserer Mutter in phallischen Termen?" Und: „2) Warum fassen wir nicht, abgesehen von der Terminologie, ihre genitalen körperlichen Qualitäten als geschlechtlich konstant auf? Woher stammt diese sonderbare und absurde Vorstellung von einem Wechsel auch in der Geschlechtsnatur der Mutter vom männlichen zum weiblichen Geschlecht, von der ‚phallischen' zur ‚kastrierten' Mutter?" Und damit verwoben stellen sich die persönlichen Fragen: „Meine Mutter?" und „Mein Ich?". Das heißt, Fragen, die sich vor dem Hintergrund der beunruhigende Übereinstimmung zwischen den doppelten Mutterbildern einerseits zum Beispiel von Nancy Friday und den Autorinnen des auch früher erwähnten dänischen Debattenbuches über das Mutter-Tochter-Verhältnis und andererseits jenen von Freud stellen. Zwischen Doppelbildern von einer attraktiven Wunschmutter auf der einen Seite und dem polarisierten Mutterimago des freudianischen Diskurses auf der anderen. Oder mit anderen Worten: „Wenn ich nicht wie meine Mutter sein wollte, nicht wie sie leben wollte, geschieht das dann auf der unbewußten Ebene, weil ich sie als kastriert erlebt habe, und weil sie sich einst vor meinem fetischistisch verblindeten Blick von einer phallischen in eine kastrierte Mutter verwandelt hat?"

„Ihre Liebe hatte der phallischen Mutter gegolten; mit der Entdeckung, daß die Mutter kastriert ist, wird es möglich, sie als Liebesobjekt fallen zu lassen." (Freud)[89]

Im Grunde ist auf diesem Niveau des entfremdeten, freudianischen Diskurses nicht viel mehr zu sagen als das, was wir bereits in der Einleitung des Kapitels gesagt haben. Von einem patriarchatsfetischistischen Blickwinkel aus betrachtet, sieht die Kastriertheit der Mutter wie ein Stück indiskutable Ordnung der Natur aus.

Es ist nämlich nichts Besonderes oder Merkwürdiges daran, daß dem Mädchen (und übrigens auch dem Knaben) der „traurige", aber „faktische" Zustand der Mutter klar wird, wenn man die Sache durch fetischistische Brillen betrachtet. Diese Erkenntnis der Kinder zeugt bloß davon, daß sich zu einem Zeitpunkt in ihrer normalen Entwicklung das Realitätsprinzip mit stärkeren Forderungen als das Lustprinzip durchsetzt, das eine Zeit lang für die Aufrechterhaltung der Wunschvorstellung von der phallischen Mutter sorgen konnte. Wenn das normale Kind entwicklungsgeschichtlich ein gewisses Stadium erreicht hat, muß ihm ein aufgearbeiteter Realitätssinn und Wirklichkeitserkenntnis zu verstehen geben, daß der Körper der Mutter penislos ist. Das Kind muß daraufhin aufgeben, seinem Mutterimago in der Phantasie einen Penis anzudichten. Es muß aufhören sich vorzustellen, daß sich unter ihren Schamhaaren versteckt ein potenter Mutterpenis befindet. Ein Mutterpenis, der die sexuellen Befriedigungen bieten kann, auf die die verführende Körperpflege und -fürsorge der Mutter Lust gemacht hat, und an welche die kindlichen Onaniephantasien daraufhin Bilder geknüpft hat.

So einleuchtend einfach ist es, unter den scheinbar natürlichen Prämissen des fetischistischen Blicks zu argumentieren. Daher ist die freudianische Antwort auf unsere vierte Frage rasch gefunden. Wenn die Entdeckung der Kastration der Mutter einfach als eine Erkenntnis eines Stückes indiskutabler Natur aufgefaßt wird, dann muß die Frage eher lauten: „Warum nicht früher?" statt: „Warum überhaupt?" Freudianisch betrachtet besteht das Problem nicht so sehr darin, die Erkenntnis der Kastration der Mutter zu erklären als darin, das Phänomen der phallischen Mutter zu begründen. Ein Phänomen, das – wie Ruth Mack Brunswick sagt[90] – nicht die ‚Realexistenz' besitzt, die das Imago der kastrierten Mutter kennzeichnet. Mit anderen Worten: was unter den fetischierten Bedingungen einer Erklärung bedarf ist das, was wir im vorangegangenen behandelt haben – unter den ersten drei Fragen zu den Mutterbildern. Das, worum sich unsere vierte Frage dreht, scheint unproblematisch.

Trotzdem wollen wir aber eine nähere Behandlung in Angriff nehmen. Es gibt nämlich einen Punkt mit Beziehung zu unserer vierten Frage, den zu diskutieren sich der freudianische Diskurs veranlaßt fühlt. Auf freudianischem Boden ist nicht so viel dazu zu sagen, *daß* das Imago der kastrierten Mutter eintritt, und *daß* damit ein fundamentaler Bruch mit der Reihe mächtiger, archaischer Mutterbilder vollzogen wird. Aber dafür entstehen Probleme, die auch von einem fetischistischen Gesichtspunkt aus eine Erklärung verlangen, wenn man den unmittelbaren *Effekt* dieses zweiten Kastrationstraumas beleuchtet: die Abwendung des Mädchens von der Mutter. Diese findet nämlich als Folge jener Kastration statt, die die Mutter als Liebesobjekt entwertet, sagt der freudianische Diskurs. Aber sie muß gleichzeitig in diesem Zusammenhang zwei Fragen aufwerfen. Erstens wird ja die Mutter in den Augen sowohl des Mädchens als auch des Knaben devaluiert. Warum wendet sich dann nur das Mädchen endgültig von ihr ab? Zweitens scheint die Abwendung, die beim Mädchen stattfindet, bei weitem nicht so glatt und problemlos zu verlaufen, wie man von einer fetischistischen Auffassung des Geschlechts und dessen naturteleologisch[91] bestimmter Fortpflanzungsaufgabe her erwarten sollte.

Was die erste dieser Fragen betrifft, hat der freudianische Diskurs eine Antwort bereit, und nicht überraschend ist diese wieder einmal in der Kastrationslogik zu finden. Jedoch liegen einige Nuancen dazwischen, wie sich die verschiedenen Beantwortungen innerhalb jener plazieren.

Beginnen wir mit Freuds Artikel von 1933. Dieser gibt eine Erklärung in Verbindung mit seiner Beschreibung des besonderen Mutterhasses des Mädchens. Die Abwendung des Mädchens von der Mutter steht, so scheint Freud zu meinen, in direktem Zusammenhang mit dem spezifischen, weiblichen Vorwurf: daß die Mutter am Penismangel des Mädchens schuld ist. Als Einleitung zu der Beschreibung dessen, warum das Mädchen die Mutter besonders haßt, schreibt er nämlich:

Wir werden jetzt unser Interesse auf die eine Frage richten, woran denn diese mächtige Mutterbindung des Mädchens zu Grunde geht. Wir wissen, das ist ihr gewöhnliches Schicksal; sie ist dazu bestimmt, der Vaterbindung den Platz zu räumen. Da stoßen wir auf eine Tatsache, die uns den weiteren Weg weist. Es handelt sich bei diesem Schritt in der Entwicklung nicht um einen einfachen Wechsel des Objekts. Die Abwendung von der Mutter geschieht im Zeichen der Feindseligkeit, die Mutterbindung geht in Haß aus.* (Freud 1933a, 99)

Und darauf folgt dann auf den nächsten Seiten die Erklärung für den Mutterhaß, die wir im vorangegangenen widergegeben und durchgearbeitet haben. Eine Erklärung, deren eigentlicher Zweck im Kontext des Artikels also darin besteht, die Ursache dafür aufzuzeigen, warum sich das Mädchen und nicht der Knabe von der Mutter abwendet.

So weit, so gut. In ihrer Besprechung von Freuds Artikel aus dem Jahr 1933 hebt Helene Deutsch die Beschuldigung der Mutter, den Penismangel des Mädchens verursacht zu haben, als das „mächtigste Motiv, um sie (die Mutter, A. d. A.) als Liebesobjekt aufzugeben"*[92] hervor. So scheint sie mit der freudschen Ansicht ganz einig zu sein. Doch betrachten wir auch ihre Präzisierung dessen, *wo* in der Phasenentwicklung wir den Mutterhaß finden sollen,[93] dann zeigt sich, daß er selbst nicht ausreichen kann, das Austrocknen der Kanäle der Mutterlibido zu begründen. Denn, wie Helene Deutsch im Artikel von 1930 pointierte, entstand ja der besondere Mutterhaß des Mädchens, *ehe* die Phase der Mutterlibido vorüber war. Ja, in der Tat hatte jener ihre libidinösen Bedingungen zu seiner Voraussetzung. Also reicht der Haß selbst nicht aus, um die Abwendung als solche zu erklären. Eher im Gegenteil, was auch durch Ruth Mack Brunswicks Analyse von A. bestätigt wird. Zwar haßte A. und war wütend, aber sie fühlte sich aus diesem Grund niemals auf irgendeine Weise dazu veranlaßt, dem *Mutter*-Reich den Rücken zu kehren.

So kann es nicht der besondere Mutterhaß des Mädchens sein, der in sich selbst eine erschöpfende kastrationslogische Antwort auf die Frage gibt, warum sich das Mädchen und nicht der Knabe von der Mutter abwendet. Aber wo sollen wir dann den Grund suchen? Eine plausible Antwort finden wir bei Ruth Mack Brunswick in ihrem Artikel von 1940. Im Unterschied zu Freud und Helene Deutsch, die den haßerfüllten Vorwurf an die Mutter, die Mangelsituation des Mädchens verschuldet zu haben, ins Zentrum stellt, ist das „*culminating crime*" der Mutter Ruth Mack Brunswick zufolge „*her depreciation as a love object due to her castration*".[94] Ja, aber diese Devaluierung erlebt ja sowohl das Mädchen als auch der Knabe. Wie kann diese dann der besondere Umstand sein, der erklärt, warum sich das Mädchen und nicht der Knabe von der Mutter abwendet? Sie kann das, weil sich für das Mädchen speziell schicksalsschwangere Dimensionen geltend machen in Anknüpfung an dieses „*culminating crime*" der Mutter.

Wir haben früher gesehen, warum das Mädchen die phallische Abwehrphantasie über die Mutter noch mehr benötigte als der Knabe. Wie Ruth Mack Brunswick sagte, hat der Knabe „*possessing the phallus himself, . . . far less need of it in his love object*".[95] Beim Mädchen ist es jedoch ganz entgegengesetzt. Wenn es sich selbst nicht im Besitz eines Organs der Potenz und der sexuellen Bemächtigungsfähigkeit fühlt, ist es völlig davon abhängig, daß sein Liebesobjekt, die Mutter, ein solches besitzt. Außerdem muß es, in der Gewalt seines Gefühls der Kastriertheit, sein Vertrauen in die Zukunft setzen, – daß an einem oder anderen unbestimmten Zeitpunkt vielleicht ein Penis aus ihm herauswachsen wird. Für die Plausibilität dieser Hoffnung kann die Existenz der phallischen Mutter dem freudianischen Diskurs zufolge eine Form von Garantie geben – trotz ihrer scheinbaren Fremdheit und Verschiedenheit vom Mädchen. Wie wir gesehen haben, gibt es mehrere Begründungen dafür, daß es das Mädchen in einem besonderen Grad nötig hat, eine intense Phantasie von einer phallischen Mutter zu entwickeln. Wir können jedoch mit derselben Argumentation auch unmittelbar die Frage beantworten, warum sich das Mädchen und nicht der Knabe von der Mutter abwenden muß, wenn diese eine kastrierte Gestalt annimmt. Hat nämlich das Mädchen in der Phantasie von der phallischen Mutter spezielle und wichtige Dinge im Spiel, dann ist es selbstverständlich auch besonders betroffen, wenn diese Abwehrvorstellung zusammenbricht und vom Imago der kastrierten Mutter abgelöst wird.

Wie Ruth Mack Brunswick sagt, bedeutet die Kastration der Mutter für das Mädchen nicht bloß wie für den Knaben „*the depreciation of the love object and the possibility of the girl's own castration*". Nein, „*the mother's castration is above all the doom of the girl's hopes of ever acquiring possession of a penis*".[96] Und mit diesem Urteil ist es in doppeltem Sinne vorbei mit Antigones Hoffnung auf ein Verhältnis mit Jokaste. So können wir ohne weiteres Ruth Mack Brunswicks Argumentation verlängern – ohne das Selbstverständnisniveau des fetischierten Diskurses zu überschreiten. Denn: Antigone wird hiernach keine plausiblen Hoffnungen mehr nähren können, in der Zukunft einmal selbst die glückliche Besitzerin der Voraussetzung *par excellence* für Potenz und die sexuelle Bemächtigungsfähigkeit zu werden. Denn sie kann ja nicht mehr denken: „Wenn es meiner phallischen Mutter gelungen ist, dann wird es mir vielleicht genauso gehen!" Und: als eine logische Folge davon, daß an die Stelle der phallischen Mutter ein Mutterimago getreten ist, das genauso kastriert und potenzlos wie das Mädchen selbst ist, muß Antigone außerdem jede Hoffnung aufgeben, daß die Mutter ihr gegenüber potent-bemächtigend auftreten wird. Das kann die Mutter ja ganz einfach nicht, wenn sie ebenfalls das dazu benötigte Organ nicht besitzt. Hängen die Frustrationen der nachphallischen Phase davon ab, ob die Mutter das Mädchen als Sexualpartner wählen will oder nicht, dann tritt mit dem Erlebnis der Kastration der Mutter eine noch schmerzvollere und qualitativ andere traumatische Situation ein. Es handelt sich nicht mehr (wie in der nachphallischen Phase) um eine Frage des „Wollens" der Mutter (oder eher des Mangels desselben). Nun wird es ihr fehlendes „Können" sein, das zum alles überschattenden Problem wird.

So weist Ruth Mack Brunswick darauf hin, wie zu dem Gefühl des Mädchens vom eigenen mangelndem „Können" zu einem Zeitpunkt ein Erleben dessen dazukommt, das auch die Mutter nicht zu jenen zählt, die „können". Damit erhalten wir sehr einleuchtende Antworten darauf, warum sich das Mädchen von der Mutter abwenden muß – warum es für immer die Hoffnung auf eine Realisierung der Beziehung aufgeben muß. Antworten, die genau und ganz präzise im Anschluß an die ganze Kastrationslogik liegen, die der freudianische Diskurs formuliert.

Nach dieser Feststellung wollen wir zu dem zweiten Problem übergehen, das der freudianische Diskurs in Anknüpfung an die Überlegungen zu dem Effekt des zweiten Kastrationstraumas aufwirft. Das heißt, zu dem fetischistisch gesehen verwunderlichen Phänomen, daß die Abwendung des Mädchens von der Mutter und damit die Vorbereitung des Kommens der auf den Vater gerichteten Libido in der Regel kein bißchen glatt und harmonisch zu verlaufen scheint.

Geht man von einer patriarchatsfetischistischen Auffassung des weiblichen Geschlechts und dessen naturteleologischer Bestimmung als Trägerin der Fortpflanzungsinteressen der Art aus, sollte man erwarten, den Objektwechsel des Mädchens von der Mutter zum Vater mit einer naturgewachsenen Automatik verlaufen zu sehen. Daß Freud zum Beispiel deutlich diese Erwartung hatte und darüber überrascht war, daß sich diese nicht erfüllte, haben wir bereits in *Kapitel V* besprochen. Unter anderem konnten wir bei einer Untersuchung von Freuds Artikel aus dem Jahr 1931[97] feststellen, wie überrascht er über die Resultate der Analytikerinnen war. Er sprach verwundert von der Macht und Stärke, die der Beziehung des Mädchens zur Mutter zugestanden werden mußte, von ihrer langen Dauer, ihrem intensen genitalsexuellen Charakter, von der wenig schmeichelnden Rolle des Vaters als ein „lästiger Rivale"*, von dem das Mädchen lieber den Rücken als den Penis sah. Wie gesagt ist es jedoch auch eine der Stärken der Freudianer, daß sie (wenn auch fetischiert) tatsächlich den Diskurs über homosexuellen Mutterinzest zu Wort kommen lassen, der, wie die Analysandinnen ihren Analytikern bestätigen, notwendigerweise formuliert werden muß. Sie liegt gleich unter der Oberfläche, diese seltsam unwissende Radikalität bei den gleichzeitig so geschlechtspolitisch konservativen Freudianern, die keinen Augenblick darüber im Zweifel sind, daß das Erlebnis des Mädchens der Kastration des Eigen- und Mutterkörpers leibhaftig anatomisch und daher unabwendbares Schicksal ist. Und so streckt diese Radikalität auch klar ihren Kopf dort hervor, wo wir nun auf unserem Weg durch den freudianischen Diskurs über „die psychosexuelle Entstehung der Weiblichkeit" angelangt sind. So sind die Freudianer weit davon entfernt, den Abschied des Mädchens von der Mutter als einen einfachen und indiskutablen Schritt auf dem Weg zum Vater zu bestimmen. Die Möglichkeit einer solchen einfachen und „natürlichen" Lösung des Problems der Abwendung weist Freud zum Beispiel blank mit folgenden Worten ab:

Nun wäre es eine Lösung von idealer Einfachheit, wenn wir annehmen dürften, von einem bestimmten Alter an mache sich der elementare Einfluß der gegengeschlechtlichen Anziehung geltend und dränge das kleine Weib zum Mann, während dasselbe Gesetz dem Knaben das Beharren bei der Mutter gestatte. Ja, man könnte hinzunehmen, daß die Kinder dabei den Winken folgen, die ihnen die geschlechtliche Bevorzugung der Eltern gibt. Aber so gut sollen wir es nicht haben, wir wissen kaum, ob wir an jene geheimnisvolle, analytisch nicht weiter zersetzbare Macht, von der die Dichter soviel schwärmen, im Ernst glauben dürfen. Wir haben eine Auskunft ganz anderer Art aus mühevollen Untersuchungen gewonnen, für welche wenigstens das Material leicht zu beschaffen war.* (Freud 1933a, 97) (Und darauf folgt dann eine Aufzählung der überraschenden Resultate über die starke, lange und psychosexuell bedeutungsvolle Beziehung des Mädchens zu seiner Mutter, auf das die Empirie eindeutig hingewiesen hat.)

Die Empirie, die Freud zufolge eine ganz andere Geschichte als jene erzählt, die die „Dichter" schätzen, besteht also aus den hartnäckigen Aussagen der Analysandinnen über die intense Verliebtheit in die Mutter in ihrer Kindheit und deren Auftakt zu einem auf keine Weise automatischen und glatten, sondern im Gegenteil schmerzlichen und traumatischen Objektwechsel. Das heißt, die Empirie zwingt sozusagen dazu, den Abschied des Mädchens von der Mutter *nicht* als einfachen und unproblematischen Schritt zu betrachten. Und auf diese Weise gezwungen, tun die Freudianer der Wirklichkeit keine Gewalt an, sondern stellen stattdessen die Abwendung von der Mutter zur Debatte, indem sie diese thematisieren und problematisieren.

Das tun sie zum Beispiel, wie wir bereits gesehen haben, indem sie nach den Motiven des Mädchens fragen, von der Mutter Abschied zu nehmen. So ist es charakteristisch, daß sich eine zentrale Frage in allen drei Hauptartikeln Freuds über die Weiblichkeit nicht nur um das „Wie" und „Wann" der Abwendung dreht, sondern auch um ihr „Warum". Was in der Augen der Freudianer gerade dieses „Warum" so wichtig macht, begründet Helene Deutsch ausgezeichnet auf folgende Weise: „Die Quellen und Motive dieser ersten Mutterbindung sind uns so klar, daß wichtiger und schwieriger die Frage erscheint, welche Motive das Mädchen zur Aufgabe des Mutterobjekts und zur Bildung der heterosexuellen Strömungen veranlassen."* (Deutsch 1933, 521). Zu dieser Beleuchtung der Motive des Mädchens kommt noch die problematische Art, wie die Freudianer die Abwendung und den Objektwechsel beschreiben. So wird kein Hehl daraus gemacht, daß es sich um einen schwierigen Prozeß handelt. Um einen Prozeß, der genauso beschwerlich ist wie das Aufgeben der klitorisgenitalen Sexualität, das man damals auch von dem heranwachsenden Mädchen erwartete. Mit einer Wortwahl, die Zwang und Bürden signalisiert, spricht Freud zum Beispiel über die Sache als eine „Aufgabe, mit der die Entwicklung des Mädchens *belastet* ist"* (meine Hervorhebung, A. d. A.).[98] Bei Ruth Mack Brunswick hören wir dementsprechend davon, wie die Umstellung der Libidorichtung des Mädchens von der Mutter auf den Vater ist: *„a transference* beset by difficulties *arising from the tenacity of the active and passive preoedipal mother attachment"* (meine Hervorhebung, A. d. A.).[99] Oder wir hören Jeanne Lampl-de Groot zu, die davon spricht, daß es die Libidoumstellung von der Mutter auf den Vater mit sich bringt, daß das Mädchen das Kunststück vollbringen muß, seinen früheren „Feind zum Geliebten"[100] zu verwandeln. Und überhaupt sind die Beispiele für diese Form von Wortwahl legio, die große Komplikationen und alles andere als naturgewachsene Automatik beim Objektwechsel signalisiert.

Von solchen Beobachtungen, daß der Abschied des Mädchens von der Mutter offenbar ein sehr belastender und komplikationsreicher Prozeß ist, ist es jedoch nicht weit bis zu der Stelle, wo es schwer ist, um eine Diskussion darüber herumzukommen, in welchem Umfang die Abwendung überhaupt vor sich geht. Und an diese Stelle gelangt auch der freudianische Diskurs bei seiner Thematisierung und Problematisierung der Sache.

Zwar kann ja innerhalb der Kastrationslogik eine handfeste Antwort darauf gegeben werden, warum das Mädchen im Gegensatz zum Knaben gezwungen ist, die Mutter zu verlassen, wenn der definitive Bruch in der Reihe der mächtigen, archaischen Mutterbilder mit der Etablierung des Imagos der „kastrierten Mutter" eintritt. Im freudianischen Diskurs wird auch kein Zweifel darüber geäußert, daß mit dem zweiten Kastrationstrauma ein entscheidender Abbruch im Mutter-Tochter-Verhältnis stattfindet. Im Gegenteil wird kräftig betont, *daß* eine Änderung der Beziehung des Mädchens zu seiner Mutter vor sich geht, die qualitativ anders und viel fundamentaler ist als jene, die beim ersten Kastrationstrauma beobachtet werden konnte. So stellt der freudianische Diskurs *einerseits diesen definitiven Abbruch auf der Mutter-Tochter-Achse* fest. Im Anschluß an seine problematisierenden Thematisierungen des Abwendungsprozesses kommt er jedoch *andererseits* gleichzeitig zu der Feststellung, daß die *auf die Mutter gerichtete Libido in der Regel nie vollständig zerstört wird*. Aufgrund ihrer ursprünglichen Stärke vermag sie oft zu überleben und ihre Psychoaktivität zu bewahren, wenn dies auch vorzugsweise unter entscheidend verdrehten Bedingungen geschieht.

So pointiert Freud in den Artikeln über die Weiblichkeit aus den Jahren 1931 und 1933 zum Teil, wie Frauen, die in ihrer Ehe ihre kindheitliche Beziehung zum Vater fortzusetzen scheinen, bei einer genaueren Analyse in Wirklichkeit Relationen zu ihrer Mutter reproduzieren. Zum anderen Teil unterstreicht er, wie vieles von dem, was in die Vaterbindung des Mädchens eingeht, bereits einmal in seinem Verhältnis zur Mutter durchgespielt worden ist. In *Über die weibliche Sexualität* heißt es zum Beispiel:

Wir haben z. B. längst bemerkt, daß viele Frauen, die ihren Mann nach dem Vatervorbild gewählt oder ihn an die Vaterstelle gesetzt haben, doch in der Ehe an ihm ihr schlechtes Verhältnis zur Mutter wiederholen. Er sollte die Vaterbeziehung erben und in Wirklichkeit erbt er die Mutterbeziehung. Das versteht man leicht als einen naheliegenden Fall von Regression. Die Mutterbeziehung war die ursprüngliche, auf sie war die Vaterbindung aufgebaut, und nun kommt in der Ehe das Ursprüngliche aus der Verdrängung zum Vorschein. Die Überschreibung affektiver Bindungen vom Mutter- auf das Vaterobjekt bildete ja den Hauptinhalt der zum Weibtum führenden Entwicklung.* (Freud 1931b, 174)

Auch in *Die Weiblichkeit* wird diese „Überschreibung"* kommentiert, sowie die Tatsache, daß die Beziehung zur Mutter gewisserweise fortgesetzt wird, indem der Vater in eine Form von muttersubstituierendem Übertragungsobjekt umgedichtet wird. So heißt es hier: „Fast alles, was wir später in der Vaterbeziehung finden, war schon in ihr (das heißt, in der Mutterbindung, A. d. A.) vorhanden und ist nachher auf den Vater übertragen worden."* (Freud 1933a, 97)[101]

Betont Freud auf diese Weise, wie die Mutterbeziehung versteckt weiterlebt, übertragen auf das Verhältnis zum Mann-Vater, so geht Helene Deutsch noch einen Schritt weiter. Sie stellt nämlich direkt in Frage, ob normalerweise überhaupt ein zu 100% vollständiger Objektwechsel stattfindet:

Freud raised the problem regarding the manner in which the girl's love object changes from mother, hitherto the only object of her attachment, to father. Numerous attempts to explain this, on the part of Freud and other authors, have been based on the assumption that this change is accomplished during chilhood, but, according to my view, it is never completely achieved. In all the phases of woman's development and experience, the great part played in her psychologic life by her attachment to her mother can be clearly observed. (Deutsch 1944, 20)

Den gleichen Gesichtspunkt fanden wir auch früher bei Ruth Mack Brunswick bei unserer Besprechung ihrer Überlegungen zu der „Normalitäts"-Affinität, die A.'s Geschichte zugeschrieben werden kann. Sie formuliert ihn aber etwas vorsichtiger als Helene Deutsch:

Between the exclusive attachment to the mother on the one hand and the complete transfer of the libido to the father on the other hand, the innummerable gradations of normal and abnormal development are to be found. It might almost be said that partial success is the rule rather than the exception, so great is the proportion of women whose libido has remained fixed to the mother. (Mack Brunswick 1940, 317)

Hiermit ist illustriert, wie der freudianische Diskurs die Abwendung von der Mutter *thematisiert*, anstatt sie nur als einen indiskutablen Schritt zu betrachten. Ja, in einem gewissen Maß wird sogar in Frage gestellt, ob der Abschied des Mädchens von der Mutter nun so total ist, wie man unmittelbar glauben sollte.

Mit den letzten Hinweisen auf die Diskussion über den Objektwechsel ist jedoch die Tür für eine Reihe von Problemen in bezug auf den Vater als Erbe nach Jokaste geöffnet. Probleme, die viel eingehender beleuchtet werden können, als es hier bisher geschehen ist. Dies wollen wir hier allerdings nicht tun.

Man kann, freudianisch gesehen, die Wendung *von* der Mutter *zum* Vater als zwei Etappen betrachten, die zwar inhaltlich miteinander verbunden sind, die aber deshalb nicht identisch sind. Um dies zu unterstreichen, spricht zum Beispiel Ruth Mack Brunswick davon, daß man manchmal eine Form von Latenz findet, ehe die Wendung zum Vater vor sich geht. Eine Latenz, die die Form von „*a brief interregnum resembling the latency period*" hat, und die „*a kind of suspension of the libido which has been detached from the mother and has not yet found its connection with the father*"[102] enthält. In diesem Buch geht es um die erste der beiden Etappen, die Wendung *von* der Mutter. Die genauere Beschreibung der zweiten Etappe, die Wendung *zum* Vater, gehört nicht hierher.

Bevor wir zum Defetischierungsprozeß übergehen, möchte ich aber eine letzte Dimension in der Diskussion über den Objektwechsel hervorheben. Eine Dimension, die in einer Beziehung zu dem doppelten Mutterbild steht, die unser primärer Gegenstand in diesem Kapitel ist. So hebt zum Beispiel Ruth Mack Brunswick klar hervor, wie der „normale" Objektwechsel vor sich gehen muß. Das heißt, jener Objektwechsel, der darin besteht, daß die Übertragung der passiven Libidowünsche des Mädchens von der Mutter auf den Vater glückt (um später auf den Ehemann überzugehen). Ein glücklicher Ausgang dieses Prozesses hängt davon ab, ob das Mädchen eine Identifikation mit dem Imago der kastrierten Mutter durchführen kann, sagt Ruth Mack Brunswick.[103] Kann das Mädchen das nicht, wird es keine vollendete *Frau*. Auf diese Weise wird dem Imago der kastrierten Mutter eine weitreichende Bedeutung als Muster und Modell zugeschrieben.

„Niemand kann in dieser Gesellschaft eine Frau lieben, ohne vorher die patriarchalischen Herrschaftsverhältnisse grundlegend in Frage gestellt zu haben." (Carol Hagemann-White)[104]

Die Überschrift über unserer ersten Antwort auf die vierte und letzte Frage zu der Entwicklung der infantilen Mutterbilder war ein Freud-Zitat. Als Gegenstück zitieren wir hier bei der Gegen-Antwort die amerikanisch-deutsche Frauenforscherin Carol Hagemann-White. Beide Zitate beantworten nämlich einerseits unsere Frage, warum Antigone sterben und Jokaste verlassen werden muß, während sie dies zugleich andererseits von zwei verschiedenen Blickwinkeln her tun – dem des fetischierten, und dem des nicht-fetischierten Blicks. Vom fetischierten Aussichtsposten betrachtet *sind* sowohl Antigone als auch Jokaste kastriert. Daher ist das Vorhaben des Mädchens – mit der Mutter, der Frau zu schlafen und von ihr geliebt zu werden – unrealistisch. Die symbolische Existenz Antigones in dem kleinen Mädchen muß aufhören, wenn die Erkenntnis in ihm auftritt, daß nicht nur Antigone selbst, sondern auch ihre Mutter, Jokaste, kastriert ist. – Von unserem ‚verfremdeten'*, das heißt, nicht-fetischierten Blickwinkel her betrachtet müssen wir, was das Resultat betrifft, dasselbe wie der freudianische Diskurs sagen. Nämlich, daß das kleine Mädchen seinem kindlichen Antigoneprojekt anatomische Realisierungsmöglichkeiten aberkennt. (Hierin liegt die wahre Dimension des Fetischismus.) Aber wir werden gleichzeitig sehen, warum dieses traumatische Resultat ein Produkt der historischen und gesellschaftlichen Umstände ist, des Patriarchatsfetischismus, der sowohl Antigone als auch Jokaste als *von Natur aus kastriert erscheinen läßt*, obgleich sie dies essentiell gesehen nicht bräuchten. Um zu diesem letztgenannten Blick zu gelangen ist es jedoch notwendig, wie Carol Hagemann-White sagt, die patriarchalischen Gesellschaftsverhältnisse in Frage gestellt zu haben. Wie wir in *Kapitel III* beschrieben haben, ist es erst von einer Position aus, die dies tut, möglich, hinter die katastrophal verführenden Schleier des Patriarchatsfetischismus zu „sehen". Jene Schleier, die unsere eigene un-(liebens)werte und demütige Plazierung und die unserer Mütter, kurz gesagt der Frau in der Hierarchie der Geschlechtscharaktermasken so erscheinen, als wäre diese ein natürliches Resultat des biologischen Mangels an Entfaltungsmöglichkeiten eines kastrierten Körpers. Erst wenn wir beginnen, das Patriarchat in Frage zu stellen und den Patriarchatsfetischismus zu überschreiten, wird es Antigone möglich werden, in uns zu leben – als etwas anderes als ein Gespenst, das hinter der Mauer der Verdrängung verschwindet, wenn wir uns umdrehen, um es anzusehen. Erst eine solche kritische Position wird uns befähigen, das Exil aufzuheben, in das uns der Patriarchatsfetischismus in unserer Kindheit verstieß, und zu einem positiven Erleben unseres eigenen Körpers, dem unserer Mutter, dem der Frau mit seinen ungeheuren Potentialen zurückzukehren.

Eine Sache ist es jedoch festzustellen, daß die Bildung des Imagos der kastrierten Mutter ein Resultat des Patriarchatsfetischismus ist, der ihre Geschlechtscharaktermaske als kastrierten Körper erscheinen läßt. Eine andere ist es zu erklären, wie diese Vorstellung lebensgeschichtlich produziert wird. Denn, wie wir auch in Anknüpfung an die Defetischierung des ersten Kastrationstraumas betonten, können wir uns nicht mit einer simplen Ursachenkorrelierung des Typs begnügen: „Der Ort der Frauen in der gesellschaftlichen Geschlechterhierarchie ist jener der Marginalen, der Machtlosen, der Stummen. Das Erleben der Mutter als kastriert entspricht einem Verstehen der Position, in der sie als Frau in einer patriarchalisch geschlechterpolarisierten Gesellschaft plaziert ist." Mit einer solchen Argumentation machen wir zwar einen Schritt in die Richtung der Erbauung einer bedingungsanalytischen Brücke zwischen dem entfremdeten und dem entfremdungsbegreifenden Diskurs. Aber wir erhalten keine Erklärung dafür, wie es kommt, daß die weibliche Gesellschaftsposition der Mutter mit einem – biologisch gesehen – so absurden Namen wie „kastriert" bezeichnet wird. Noch werden wir einen Hinweis darauf gegeben haben, was uns veranlaßt, auch unser Mutterimago dem sonderbaren Geschlechtswechsel von phallisch zu kastriert zu unterwerfen. Wir wollen uns daher nun ansehen, wie wir das Erlebnis des Mädchens der Kastration der Mutter defetischiert erklären können. Erklären, wie dieses letzte Glied der patriarchatsfetischierten Geschlechtsbewußtseinsbildung des Mädchens vor sich gehen kann.

Im Gegensatz zu früher in unserer Darstellung erhalten wir hier jedoch keine unmittelbare Hilfe vom freudianischen Diskurs. Hier, wo es um den „Fall" der Mutter hinab in die kastrierte Position geht, gibt es keine Schlüssel, die unmittelbar die Türen für den Austritt aus der fetischierten Ebene öffnen würden. Wie erwähnt sind es die Folgen der Konfrontation des Mädchens mit der Kastration der Mutter, die die freudianischen Theoretiker vor allem interessiert, nicht der „Fall" selbst. Dieser sieht ja, fetischistisch betrachtet, nur wie ein Stück indiskutable Natur aus. Wie wir Ruth Mack Brunswick formulieren sahen, existiert die kastrierte Mutter „*in point of fact*",[105] vom Bickwinkel des freudianischen Diskurses her betrachtet. Gegenüber solchen empirisch evidenten Fakten ist jede weitere Diskussion „natürlich" überflüssig. Oder mit anderen Worten: wenn wir die Kastration der Mutter defetischieren sollen, stehen wir einer Frage gegenüber, auf die es, von unserem ‚verfremdeten'* Aussichtsposten betrachtet, auf keine Weise eine einleuchtende und indiskutable Antwort gibt, ja, die im Gegenteil rätselhaft, absurd und in allerhöchstem Grad erklärungsbedürftig erscheint. Und diese Situation wird noch weiter erschwert, indem wir von Öffnungen im freudianischen Diskurs keine Hilfe bekommen. Wir sind ganz auf die Resultate angewiesen, die wir bei den vorigen Defetischierungsschritten erlangt haben.

Beginnen wir daher an einer einfachen Stelle und betrachten wir *die Ebene der äußeren fetischierten Beobachtung.* Was auf dieser geschieht, kann nämlich ohne weiteres von der Eigenlogik des Fetischismus her beantwortet werden. Wie wir in *Kapitel V* gesehen haben, war es der *Anblick des Penis*, der auf dieser äußeren Ebene den Anlaß zum Erlebnis der Kastration des Eigenkörpers gab. Was geht nun dementsprechend bei der Kastration der Mutter vor sich? Ja, die freudianische Beschreibung gibt ja zu erkennen, daß es hier um „die Entdeckung, daß die Mutter kastriert ist"*[106] geht. Außerdem wissen wir, daß „kastriert"* im freudianischen Diskurs „penislos" bedeutet. Auf dieser Grundlage können wir darauf schließen, daß das, was in dem ersten Traumamoment ein Anblick des Penis war, in dem zweiten in einem *Anblick der Penislosigkeit* seine Entsprechung findet – dem Anblick der penislosen Mutter. Und daß diesem Anblick der Penislosigkeit im Bewußtsein des Mädchens die symbolische Bedeutung „kastriert" zugeschrieben werden wird, ist eine völlig konsequente Folge dessen, was unser Weg durch die Defetischierung bisher über die Entwicklung der infantilen Mutterbilder hervorgebracht hat.

Wir haben gesehen, wie der aktiven Klitorismutter mit der ersten Installierung des Patriarchatsfetischismus im Bewußtsein des Mädchens ein Penis zugeschrieben wird. Das heißt, wie das erste genitale Mutterimago symbolisch in eine phallische Figur umgeändert wird im Zusammenhang mit dem Erlebnis der Eigenkörperkastration. Außerdem haben wir gesehen, daß diese Phallifizierung der Muttergestalt für das retrospektive Bild dessen gelten mußte, wie die Mutter vor dem ersten Kastrationserlebnis des Mädchens ausgesehen hat. Aber darüberhinaus mußte auch das Imago, das in der prospektiven Bilderreihe die aktive Klitorismutter abgelöst hat, phallische Form annehmen. Wir haben ebenfalls analysiert, wie dieses prospektive Bild einer phallischen Mutter als eine Abwehr zu verstehen war, die den großen Gewinn abwarf, daß die antigonale Libido festgehalten werden konnte (wenn auch in verdrehter Form). Zugleich mußte es sich aber um eine gefährliche und unhaltbare Konstruktion handeln. Die Einschreibung des Mutterimagos in den phallischen Diskurs bedeutete nämlich, daß ihr die Genitalität ihres Frauenkörpers abgesprochen und sie in ein geschlechtliches Monster verwandelt wurde. Das Bild des Körpers der Mutter hörte mit einem Mal auf, in Übereinstimmung mit dem tatsächlichen Aussehen und der genitalen Ausstattung des Mutterkörpers zu sein. Imago und Wirklichkeit wurden Gegensätze, während sie früher, solange die Klitorismutter das Bewußtsein des Mädchens beherrschte, in Harmonie miteinander waren. Selbstverständlich muß diese Transformation des Mutterbildes bewirken, daß es gegenüber Konfrontationen mit der anatomischen Wirklichkeit: daß die Mutter keinen Penis hat, zerbrechlich und verletzlich wird.

Gleichzeitig – so können wir unsere frühere Argumentation weiterentwickeln – ist mit der Phallifizierung des Mutterimagos auch gegeben, daß die Erkenntnis der faktischen und natürlichen Penislosigkeit der Mutter symbolisch einem Erlebnis dessen gleichkommen muß, daß sie der Kastration ausgesetzt wurde. Wenn die Mutter plötzlich als das erscheint, was sie von Natur aus ist: penislos, *nachdem* ihr zuvor fetischistisch ein Penis zugeschrieben wurde, dann muß es notwendigerweise so aussehen, als wäre ihr nun mit einem Mal dieser Penis weggenommen worden, den sie davor (scheinbar) hatte. Und auf diese Weise „des Penis beraubt" zu werden ist ja buchstäblich gleichbedeutend mit „Kastration". Der Penis- und Patriarchatsfetischismus, der mit dem ersten Kastrationstrauma installiert wurde, hat eine paradoxale Situation geschaffen. Er hat dem Mutterimago dessen eigentliche Genitalität geraubt. Er hat dafür gesorgt, daß die Mutter vor dem Mädchen nicht mehr als aktive Klitorismutter auftreten kann, sondern nur als eine Mutter, der ein Penis angedichtet wurde. Damit hat der Fetischismus es gleichzeitig so eingerichtet, daß die Erkenntnis der eigentlichen Genitalität der Mutter damit gleichbedeutend sein muß, daß ihr Genitalität abgesprochen wird. Denn es werden zwar ihre „kastrierten" Geschlechtsteile auch als eine Form von Genitalität aufgefaßt werden. Aber da es ja nun nur *„ein Genitale* (gibt), ... das eine Rolle spielt"[107] (der Penis), so wird der Verlust desselben ganz einfach einem Absprechen von Genitalität gleichkommen. Oder also einer „Kastration", da es sich eben um ein Absprechen des Penis handelt.

Im Prinzip muß sich bei der Kastration der Mutter ein bedeutungsbildender Mechanismus geltend machen, der jenem ähnelt, zu dem wir bei der Analyse des Erlebnisses der Eigenkörperkastration des Mädchens gelangt sind. Nämlich eine Etablierung des Einschnitts zwischen einem potenten „Davor" und einem impotenten „Danach". Aber es muß gleichzeitig einen Unterschied im Verhältnis zum ersten Kastrationstrauma geben. Hier bei der Kastration der Mutter kann es nicht darum gehen, daß, prospektiv betrachtet, ein symbolischer Schnittpunkt zwischen einer aktiv-potent-klitoridischen und einer kastriert-impotenten Position etabliert wird. Als Folge der patriarchatsfetischierenden Bedeutungsbildung, die früher bereits stattgefunden *hat*, müssen wir nun sowohl prospektiv als auch retrospektiv mit einem Punkt zu tun haben, der einen Einschnitt zwischen einer „phallischen" und einer „kastrierten" Position stiftet.

Die Installierung des Bildes der kastrierten Mutter muß auf diese Weise einer einfacheren Logik folgen als jener, die wir bei der Etablierung der Vorstellung von dem kastrierten Eigenkörper fanden. Es kann nicht mehr die Rede sein von einem Wechsel des Erlebens- und Verstehensregisters wie bei dem ersten Traumamoment. Es ist nicht mehr eine archaische, das heißt, nicht-fetischierte Form von Erfahrungsbildung, die mit einem penis- und patriarchatsfetischierenden Diskurs über die Geschlechter ausgetauscht wird. Nun dreht sich die Sache nur um die Etablierung eines neuen Verständnisses innerhalb des bereits etablierten phallischen Diskurses. Die Konsequenzen des zweiten Traumas müssen, wie gesagt, als noch entscheidender in ihrer psychosexuellen Destruktivität betrachtet werden als jene des ersten

Kastrationstraumas. Aber was die semantische Dimension betrifft, handelt es sich trotzdem nur um eine an und für sich simple Negation innerhalb desselben Diskurses. Das heißt, innerhalb des phallischen Diskurses, der von vornherein dem Frauenkörper eine symbolische Existenz als etwas anderes als entweder eine monströse oder eine defekte Mißgeburt verweigert hat. Das, was geschieht, ist, daß die Position der phallischen Monster-Mutter negiert wird und und von seinem Gegenteil, der defekten Kastratmutter, ersetzt wird. So wie es im folgenden Strukturmodell[108] veranschaulicht werden kann, worin die schwarzen Linien den Verlauf bezeichnen, der beim zweiten Kastrationstrauma realisiert wird:

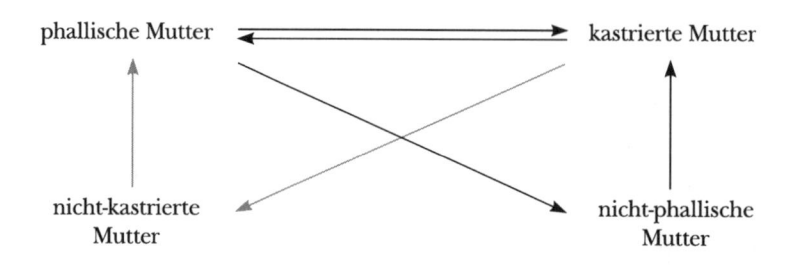

```
    phallische Mutter  ⇌⇌⇌⇌⇌⇌⇌⇌⇌⇌  kastrierte Mutter
            ↑              ╳              ↑
            │             ╳ ╲             │
    nicht-kastrierte  ◄───    ───►  nicht-phallische
        Mutter                           Mutter
```

Eine gewaltige Verwandlung. Jawohl. Aber zu keinem Zeitpunkt gelangt der Prozeß über das entfremdete binäre Bedeutungssystem hinaus, das prinzipiell nur die Möglichkeiten zuläßt: phallisch/männlich und nicht-phallisch/nicht-männlich (= kastriert/weiblich). Oder, vom Blickwinkel des entgegengesetzten Pols betrachtet: kastriert/weiblich und nicht-kastriert/nicht-weiblich (= phallisch/männlich).

Wie hervorgegangen sein sollte, müssen wir davon ausgehen, daß der Anblick der penislosen Mutter signalisiert, daß sie einer Kastration ausgesetzt worden ist. Nicht, daß sie kastriert ist, verstanden als etwas, das sie die ganze Zeit über gewesen sein soll, nur ohne, daß es das Mädchen früher gesehen hat. (Dies ist ganz parallel zu den Verhältnissen, die wir bei der Analyse des Eigenkörpertraumas fanden). Man könnte sich natürlich prinzipiell gut vorstellen, daß die fetischierte Erkenntnis der Kastriertheit der Mutter bedeuten würde, daß die phallische Mutter als eine reine Illusion erschiene – als ein Imago, das hundertprozentig falsch gewesen war, völlig ohne Boden in der Wirklichkeit. Aber dagegen spricht, daß das Mädchen tatsächlich die Mutter aktiv, potent und – in der nachphallischen Phase – noch dazu phallisch auftreten erlebt hat. Vor dem ersten Kastrationstrauma hatte das Mädchen seinen Eigenkörper real in Besitz der Qualitäten erlebt, die retrospektiv „phallisch" genannt werden mußten. Auf dieselbe Weise hat es auch wirklich die Mutter mit jenen Eigenschaften ausgestattet erlebt, die nach dem zweiten Kastrationstrauma nur mit deren Gegenpol, dem phallischen Vater, verknüpft werden können. Die Mutter ist für das Mädchen eine aktive Klitorismutter gewesen, und sie ist in der nachphallischen Phase weiterhin als solche aufgetreten – wenn auch jetzt mit dem imaginären Penisattribut der phallischen Mutter ausgestattet. Die Vorstellung von der Aktivität und Potenz der Mutter entstammt einer konkreten Praxis und wurzelt in bestimmten sinnlichen Erfahrungen, die das Mädchen in Interaktion mit ihr gemacht hat. Vor diesem Hintergrund muß die Mutter im retrospektiven Blickwinkel weiterhin als phallisch erscheinen. Auf dieselbe Weise, wie es mit dem Eigenkörper nach dem ersten Kastrationstrauma der Fall war. Auch wenn wir – ebenfalls parallel dazu, was wir über jenes gesagt haben – damit rechnen müssen, daß die Vorstellung von der phallischen Vorzeit der Mutter verdrängt und in das Unbewußte verwiesen wird, weil die Erinnerung an diese das traumatische Kastrationserlebnis im Bewußtsein des Mädchens schmerzlich zum Leben erwecken würde. Verschwinden, von einem revidierten Bild der archaischen Mutter der Vergangenheit ersetzt werden wird die Vorstellung von der phallischen Vergangenheit jedoch vermutlich nicht. Die faktische Penislosigkeit der Mutter muß einerseits, patriarchatsfetischistisch betrachtet, verkünden, daß sie Aktivität und Potenz nicht entfalten kann. Aber aufgrund all der kronkreten Erfahrungen der Vergangenheit muß die Mutter andererseits zugleich wie jemand erscheinen, der dieses „Können" besessen hat – wie jemand, der „phallisch" gewesen ist, und wie jemand, dessen jetzige Kastriertheit daher logisch signalisieren muß, daß eine Kastration stattgefunden hat.

Mit dieser Feststellung wollen wir die äußere, fetischierte Wahrnehmungsebene des Mädchens verlassen und zu der Frage übergehen, was das für ein *Erlebniskontext* ist, der die Mutter plötzlich von der phallischen in die kastrierte Position „fallen" läßt. Denn es müßte natürlich vor dem Hintergrund des starken libidinösen Interesses des Mädchens, die Phantasie von der phallischen Mutter aufrecht zu erhalten, klar sein, daß es bei weitem nicht ausreicht, einfach darauf hinzuweisen, daß der „Fall" und die Konfrontation mit der faktischen Penislosigkeit der Mutter zu irgendeinem zufälligen Zeitpunkt automatisch eintritt.

Was ist es also für eine Bühne, auf dem sich der Fall der Mutter abspielt? Wie die vorangegangene läßt sich diese Frage tatsächlich ohne weiteres beantworten. Ja, im Grunde haben wir den Charakter der Bühne bereits dargelegt, als wir die „Kastration" in *Kapitel V* analysierten. Dort haben wir auf die sadomasochistische Phantasie des Mädchens über den Geschlechtsverkehr der Eltern (die Urszenephantasie) hingewiesen. Diese machte den Erlebniskontext aus, der die Basis dafür war, daß der patriarchatsfetischistische Symbolisierungsprozeß in das Bewußtsein des Mädchens Eingang gewinnen konnte. Wir haben gesehen, wie die freudianische Empirie klar darauf hindeutet, daß sich das Interesse der Kinder dafür, was sexuell zwischen ihren Eltern vor sich geht, in unserer Gesellschaft in einer Phantasie über eine sadomasochistische Urszene herauskristallisiert. Eine Urszene, wo der Vater der bemächtigende Sadist und die Mutter die bemächtigte Masochistin ist. Wir haben vor dem Hintergrund diskutiert, warum das, in einem patriarchatshistorischen Kontext betrachtet, nicht überraschend erscheinen kann. Die Elternkonstellation der Urszenephantasie stimmt ja mit der tatsächlichen Hierarchie zwischen den gesellschaftlichen Geschlechtscharaktermasken des Vaters und der Mutter hervorragend überein. Außerdem haben wir pointiert, warum die Gleichung:

$$\frac{Vater}{Mutter} \subseteq \frac{Sadist\text{-Bemächtiger}}{Masochist\text{-Bemächtigte}}$$

zwar Ausdruck der historischen Geschlechtscharaktermasken war, aber wie diese gleichzeitig fetischistisch aussah, als handle es sich um ein Stück echte Biologie – eine natürliche, sexuelle Arbeitsteilung zwischen MANN und FRAU. Denn die Kinder (wie auch sehr oft die Erwachsenen) sehen nur Körper, und nicht das versteckte soziale und historische Wesen, das durch die Körper in Erscheinung tritt und ihr Zusammensein bestimmt. Das haben wir in den Figuren C und D veranschaulicht, die zeigten, wie sich der patriarchatsfetischistische Symbolisierungsprozeß konkret im kindlichen Bewußtsein niederschlägt. Daraus ging unter anderem hervor, wie es dazu kommen kann, daß sich das Mädchen einer Kastration ausgesetzt fühlt. Es verglich sich mit dem bemächtigenden Vater, dessen körperliche Ausstattung wie ein *sine qua non* für Potenz und aktive und sexuelle Bemächtigungsfähigkeit erschien. Doch außerdem zog es auch Parallelen zwischen sich selbst und der bemächtigten Mutter. Von der selbst-„kastrierenden" Feststellung, nicht dasselbe Geschlecht wie der phallische Vater zu haben, mußte das Mädchen mit seinen fetischistischen Schlüssen weitergehen. Es mußte seine Geschlechts-Gleichheit mit der demütigen, machtlosen und bemächtigten Mutter erkennen und diese wie sich selbst für „kastriert" erklären. Oder mit anderen Worten: wir haben also in unserer Darstellung impliziert, daß die sadomasochistische Urszenephantasie des Mädchens jener Erlebniskontext ist, von dem aus beide Momente der Kastration, die der Kastration des Eigenkörpers wie des Mutterkörpers, verstanden werden müssen.

Da unser primäres Anliegen in *Kapitel V* die Defetischierung der Eigenkörperkastration war, war dort nicht der Ort, um eine eingehendere Diskussion darüber zu unternehmen, wie sich das zweite Traumamoment zur sadomasochistischen Urszenephantasie verhielt. Dies wollen wir dagegen hier tun. Und wir müssen in diesem Zusammenhang besonders untersuchen, wie die Resultate, zu denen wir in der Zwischenzeit durch die Analyse der Entwicklung der infantilen Mutterbilder gelangt sind, mit dem harmonieren, was wir über einen gemeinsamen Erlebniskontext der beiden Momente des Kastrationstraumas implizierten. Denn unmittelbar könnte es ja so aussehen, als ob keine Harmonie zwischen den Implikationen von *Kapitel V* (über die sadomasochistische Urszenephantasie als gemeinsamer Erlebniskontext sowohl für das Eigenkörper- als auch das Mutterkörperkastrationstrauma) und unseren späteren Konklusionen über einen nachphallischen Zwischenakt zwischen den beiden Traumamomenten besteht. Jedenfalls scheint der fetischistische Geschlechtervergleichsprozeß nicht sofort vollendet zu werden, wie ein eventuell gemeinsamer Erlebniskontext unmittelbar vermuten lassen sollte. Der Geschlechtervergleichsprozeß wird offenbar nicht ohne weiteres soweit ausgedehnt, daß er Jokastes Körper im Anschluß daran umfassen würde, daß der Geschlechter-Gegensatz zwischen Antigone und Ödipus-dem Rivalen-dem Sadisten die fetischistische Botschaft von der Eigenkörperkastration verkündet hat. Die widerspenstige phallische Mutter streut anscheinend Sand in die ansonsten so gut funktionierende patriarchatsfetischistische Symbolbildungsmaschine, die Potenz nach streng anatomischen Kriterien verteilt. Denn das, was wir hier in *Kapitel VII* über die Produktion der Phantasie von der phallischen Mutter zu hören bekamen, deutet ja daraufhin, daß eine Einbremsung stattfinden muß, ehe der fetischistische Symbolisierungsprozeß sein Ziel erreicht hat. Das heißt, vor der Etablierung der Gleichung:

$$\frac{\text{phallisch}}{\text{kastriert}} \subseteq \frac{\text{Vaterkörper}}{\text{Mutterkörper}} \subseteq \frac{\text{Mann}}{\text{Frau}}$$

Daß das Mädchen auf diese Weise vorläufig die Reise in sein geschlechtliches Exil unterbricht, um in dem Teil der phallischen Mutter des archaischen *Mutter*-Reichs zu rasten, verhindert jedoch nicht, daß wir die sadomasochistische Urszenephantasie als Erlebniskontext für beide Momente des Kastrationstraumas verstehen können. Wie wir sehen werden, sind nur einige Ergänzungen und Präzisierungen im Verhältnis zu unseren früheren Analyse nötig, damit sie mit unseren Konklusionen über die zeitliche Verschiebung zwischen den beiden Traumamomenten harmoniert.

Um diese Brücke zwischen den Ergebnissen von *Kapitel V* und *Kapitel VII* zu bauen, müssen wir jedoch etwas genauer betrachten, wie die Abwehrphantasie von der phallischen Mutter gebildet wird. Wir haben gesagt, daß diese auf einer Regression in die Zeit vor der „Kastration" beruht (die aber sicher nicht ganz einfach in ihrer ursprünglichen a-phallischen Form wiederhergestellt werden kann). Was wir noch besprochen haben ist, daß wir uns dem freudianischen Diskurs zufolge denken müssen, daß das, was die Regression möglich macht, der Abwehrmechanismus ist, der *Verleugnung* genannt wird. (Nicht zu verwechseln mit der Verneinung, die wir in der Analyse des *Gold*-Lexikons gestreift haben). Zwar hat Freud nur eine eingehende Beschreibung dessen gegeben, wie die Phantasie von der phallischen Mutter bei Männern in einer Verleugnung begründet ist (in seinem Artikel über *Fetischismus* aus dem Jahr 1927[109]). Es ist aber wahrscheinlich, daß die allgemeinen Überlegungen hierüber auf die entsprechende Phantasie bei Frauen übertragen werden können. So führt Freud anderenorts auch klar an, daß die Phantasien, die manche Mädchen nach dem Erlebnis der Eigenkörperkastration entwickeln, selbst ein Mann zu sein und einen Penis zu besitzen, Ausdruck eben gerade einer Verleugnung sind – einer Verleugnung der „Tatsache der Kastration".[110] Daher muß es möglich sein, die nachphallische Phantasie des Mädchens über den phallischen Mutterkörper auf entsprechende Weise aufzufassen. Das heißt, als in einer Verleugnung begründet.

„Aber eine Verleugnung wovon?" müssen wir sofort mißtrauisch fragen. Denn der fetischierte Diskurs deutet nur auf die Antwort hin: „Von der Tatsache der Kastration", ob es sich nun um das Erlebnis des Eigenkörpers oder des Mutterkörpers handelt. Eine Antwort, mit der wir uns natürlich nicht zufrieden geben können. Glücklicherweise liegt eine defetischierte Ausgabe der Antwort jedoch ganz nahe, was die äußere fetischierte Wahrnehmungsebene des Mädchens betrifft. Eine solche kann von der Analyse abgeleitet werden, die wir von jener gemacht haben. Der freudianische Diskurs weist darauf hin, daß die Bildung der Phantasie von der phallischen Mutter auf einer Verleugnung dessen beruht: *die anatomische Penislosigkeit der Mutter = ihre anatomische Kastriertheit*. Daher können wir in unserem defetischierten Zusammenhang davon ausgehen, daß das Verleugnete folgendes ist: *die anatomische Penislosigkeit der Mutter, die in dem patriarchatsfetischistischen Symboluniversum „Kastriertheit" äquivaliert*.

So wie Freud die Verleugnung der Kastration der Mutter in seinem Fetischismus-Artikel[111] bestimmt, enthält diese, daß der Verleugnende ein spezifisches Wissen von dem verleugneten Inhalt besitzt. Die Verleugnung beruht solcherart auf einer Doppeltheit von Be- und Entkräftigung desselben. Daher ist es wahrscheinlich, daß das Mädchen in der nachphallischen Phase „weiß", daß die Mutter „kastriert" ist, obwohl es also gleichzeitig von diesem Wissen nichts wissen will. Freud zufolge handelt es sich um eine Form von Bewußtseinsspaltung zwischen einer „wunschgerechten"* und einer „realitätsgerechten"* Einstellung, die nebeneinander bestehen. Auf der einen Seite – der des Wunsches – wird die Wirklichkeit verleugnet. Auf der anderen Seite – der der Realitätsauffassung – wird das Verleugnete erkannt. Vergleichen wir diese Beschreibung der Verleugnung mit der Phantasie des nachphallischen Mädchens von der phallischen Mutter, ist es klar, daß jene die Seite des Wunsches repräsentiert. Das heißt, des Wunsches, die antigonale Interaktion mit der Mutter aufrechtzuerhalten. Jener Wunsch, dem der patriarchatsfetischistische Schein der Wirklichkeit Realitätsinhalt abspricht. Gemeinsam mit dieser Wunschphantasie muß es aber also auch eine andere Seite im Mädchen geben – die Seite der Realitätsauffassung, worin der katastrophale Schein Wirklichkeitsgültigkeit erhalten hat.

Aber wenn nun die/der Verleugnende solcherart offenbar „weiß", was sie/er verleugnet, dann sollte es keine Probleme bereiten, die sadomasochistische Urszenephantasie als gemeinsamen Erlebniskontext für die beiden Kastrationstraumen zu verstehen, obwohl eine zeitliche Verschiebung zwischen ihnen besteht. Mit diesem Wissen über den Charakter der Verleugnung können wir uns sehr gut vorstellen, daß der Geschlechtervergleichsprozeß faktisch so vollzogen wird, wie wir es in *Kapitel* V beschrieben haben, ohne dadurch auf irgendeine Art und Weise unseren späteren Konklusionen über das Auftreten der phallischen Mutter im nachphallischen Zwischenakt zu widersprechen. Wir müssen nur unsere früheren Bestimmungen ein wenig ausbauen.

So müssen wir uns in Übereinstimmung mit den Bestimmungen in *Kapitel V* vorstellen, daß mit dem ersten Kastrationstrauma faktisch die volle Bedeutung der sadomasochistischen Urszene etabliert ist. Hierunter auch der letzte Teil des patriarchatsfetischierenden Geschlechtervergleichsprozesses; das heißt, der Teil des Prozesses, in dem es um die Feststellung von Geschlechts-Gleichheit mit der penislosen Masochisten-Mutter und ihre Inkludierung in das Lager der „Kastrierten" geht. *Aber* wir müssen zugleich hinzufügen, daß dieser volle Bedeutungszusammenhang hiernach eine Zeit lang verleugnet wird. Wenn das Erlebnis der Kastration des Mutterkörpers später definitiv eintrifft, handelt es sich in Wirklichkeit um eine bloße Wiederholung[112] des Prozeßabschlusses, der bereits im ersten Traumamoment stattgefunden hat. Eine Wiederholung, die stattfindet, weil der Abwehrmechanismus zusammenbricht und das Verleugnete zurückkehrt.

Die Frage ist natürlich, worauf *die Rückkehr des Verleugneten* beruht. Was verursacht, daß das kastrierte Mutterimago wieder auftaucht – entgegen der Phantasie von der phallischen Mutter? Das tun vermutlich zwei generelle entwicklungspsychologische Mechanismen, die genau wie alles andere auch mit dem Patriarchatsfetischismus infiziert werden, wenn er erst einmal im Bewußtsein installiert ist. Auf diese Weise infiziert, werden sie Druck ausüben, daß sich das letzte Glied des fetischistischen Geschlechtervergleichsprozesses wiederholen und das verleugnete, kastrierte Mutterimago zurückkehren soll.

Der erste dieser Mechanismen läuft darauf hinaus, daß es ein Glied jeder Geschlechtsidentitätsbildung sein muß, daß das Individuum (Mädchen oder Knabe) mit dem Ausgangspunkt in seinem Erlebnis des Eigenkörpers lernt, Personen mit dem gleichen Geschlecht wie es selbst zu identifizieren und wiederzuerkennen und sie mit der richtigen Abstraktion („Frauen" oder „Männer") zu bezeichnen. – Wir haben diesen Mechanismus früher gestreift. Wir haben gesehen, wie sich für Mädchen, die unter den Bedingungen der gegebenen patriarchalischen Gesellschaft aufwachsen, eine besondere ‚Hinterlist' geltend macht. Sie haben von Beginn an weit bessere Karten in der Hand als die Knaben. Dies aufgrund der besonderen, patriarchalischen Geschlechterarbeitsteilung, die meistens die Mutter-die Frau zur primären Fürsorge- und Bezugsperson der Kinder während des ganzen ersten Teils ihres Lebens macht. Wir haben diskutiert, daß die erste Vorstellung des Mädchens von der Genitalität der Mutter der Wahrheit viel Näher kommen muß als die des Knaben. Während er die Mutter für penisgenital ansehen muß, kann das Mädchen sie als klitorisgenital verstehen. – Gleichzeitig haben wir jedoch auch analysiert, warum das Mädchen unter den gegebenen gesellschaftlichen Bedingungen sein richtiges Wissen über Körper und Genitalität der Mutter nicht festhalten kann. Als Folge des ersten Kastrationstraumas und dem Niederschlag des Patriarchatsfetischismus in ihm muß es der Mutter einen Penis zuschreiben und liegt danach in der nachphallischen Phase in seiner Auffassung von seiner primären Bezugsperson genauso falsch wie der Knabe. Und dies noch dazu auf eine Art, die bedeutet, daß es in gewisser Weise in seiner Identitätssuche auf einen erfahrungslosen Nullpunkt zurückgeworfen wird. Es hat ein ganz neues Verständnis seines eigenen Geschlechts bekommen – „kastriert" – und fühlt sich (wie Freud sagt) zu Beginn alleine auf der Welt: als der einzige Mensch, der diesem bösen „anatomischen" Schicksal ausgesetzt ist. Außerdem ist die Mutter, die es früher (korrekt) als sich selbst gleich interpretiert hatte, plötzlich in eine geschlechtlich fremde – „phallische" – Gestalt verwandelt worden. Insofern sich der genannte generelle entwicklungspsychologische Mechanismus geltend macht, müssen wir jedoch erwarten, daß das Mädchen nicht bei der tabula rasa stehenbleiben wird, die die Kastration auf diese Weise in ihm etabliert hat. Es muß wieder beginnen, in seiner Umgebung nach geschlechtlich gleichgebildeten Personen zu suchen. Das heißt, es muß die nun traurige Aufgabe in Angriff nehmen, ebenso „defekte Mißgeburten" aufzuspüren, als die es sich selbst betrachtet. Es versucht durch die Phantasie von der phallischen Mutter zu verhindern, die Mutter in die Schicksalsgemeinschaft der Defekten miteinzubeziehen. Es wird sich so verhalten wie zum Beispiel Freuds früher genannte Analysandin, die ihre Mutter und einige ihrer Tanten für phallisch rechnete, aber eine „kastrierte" Genossin in einer schwachsinnigen Tante fand.[113] Doch muß es nichts desto weniger auf längere Sicht äußerst schwierig für das Mädchen sein, darum herumzukommen, die Mutter (aufs neue!) als „ein und desselben Geschlechts wie ich" zu identifizieren. Und das bedeutet nun dasselbe wie: „jemand, der auch kastriert ist". Um nämlich jenen Teil seiner Geschlechtsidentitätsbildung zu vollführen, der den Komplex von Schlüssen vom Eigenkörper über Personen desselben Geschlechts in der Umgebung auf die Abstraktion „Frau" involviert, muß das Mädchen zu irgendeinem Zeitpunkt genötigt sein, die Mutter als Geschlechtsgenossin wiederzuerkennen. Wie schmerzlich dieses Wiedererkennen unter den kastrierenden Bedingungen auch ist, die im Bewußtsein des Mädchens nach seiner ersten Erkenntnis der Geschlechts-Gleichheit mit der Mutter etabliert sind, so muß das Mädchen doch wahrscheinlich als Folge des erwähnten allgemeinen Mechanismus „normalerweise" den Schritt vom Eigenkörper zum Mutterkörper machen (beziehungsweise wiederholen). Es muß ihn machen (wiederholen), obwohl das einschließt, daß die phallische Mutter dem kastrierten Mutterimago weichen muß.

Der zweite allgemeine entwicklungspsychologische Mechanismus, der – ebenfalls vom Patriarchatsfetischismus infiziert – unter den gegebenen historischen Bedingungen in dessen Dienst wirken wird, dreht sich um die Entwicklung der Auffassung von Kindern von ihrer Umwelt. Diese muß in zunehmendem Grad dem Realitätsprinzip unterworfen werden, wogegen die archaisch-magischen Bewußtseinsformen der Kinder an Bedeutung verlieren. Auch dieser Mechanismus bedroht die Phantasie von der phallischen Mutter. Die Verleugnung, auf der dieser ja beruht, kann nämlich dadurch näher erklärt werden, daß sich das Ich von einem Stück der Wirklichkeit befreit, die es umgibt. An die Stelle des auf diese Weise verleugneten Wirklichkeitsausschnitts wird ein Stück alternative Wirklichkeit gesetzt. Und das, mit dessen Hilfe jene aufgebaut wird, muß eben genau als eine – entwicklungspsychologisch betrachtet – archaisch-magische Bewußtseinsform verstanden werden. Wie Freud es in seinem Fetischismus-Artikel darstellt, gibt es solcherart eine enge Verbindung zwischen der Verleugnung und dem sexuellen Fetischismus, der auch auf einer Form von magischem Bewußtsein beruht. Es handelt sich bei diesem „Austauschen" von Wirklichkeit um ein Phänomen, das man bei Kindern antreffen kann, ohne daß es ein Zeichen für irgendeine Form von Überschreitung des „Normalen" zu sein braucht, während bei Erwachsenen das Gegenteil der Fall ist. (Dort ist die Verleugnung entweder der Ausdruck für ein Stück Neurose oder für eine psychotisch zusammengestürzte Wirklichkeitsauffassung.) Kinder können sich also freier zwischen dem Magischen und dem, was vom Realitätsprinzip bestimmt ist, bewegen. Aber das ist eine Fähigkeit, die „normalerweise" im Laufe ihrer Entwicklung abnehmen wird. Und das muß bedeuten, daß magisch konstruierte Phantasien zum Zusammenbrechen bestimmt sind. Dies tut daher auch die Phantasie von der phallischen Mutter.

Als Folge desselben entwicklungspsychologischen Mechanismus – der Durchsetzung des Realitätsprinzips in der Auffassung der Umwelt – können wir außerdem auch erwarten, daß die sadomasochistische Urszenephantasie wie eine Zeitbombe in der nachphallischen Phase ticken wird, bereit, sich den Weg zurück ins Bewußtsein freizusprengen. Die Bedingungen, die jene hervorbrachten, bestehen nämlich nach wie vor. Das, was die sadomasochistische Urszene von dem Phantasiegebiet fernhält, das das Mädchen anerkennen möchte, muß daher nur ein Stück kindliches magisches Bewußtsein sein.

Der äußere Hintergrund für die Urszenephantasie – die geschlechtscharaktermaskenbestimmte Interaktion zwischen den Eltern – besteht selbstverständlich sowohl vor als auch nach dem ersten Kastrationstrauma, wo die Urszenephantasie entsteht. Diese Interaktion wird daher immer eine Realbasis dafür sein können, daß die Szene wiederholt werden kann, wenn die innerpsychischen Voraussetzungen dafür auch vorhanden sind. Über die letzteren wissen wir, daß die Entstehung der Urszenephantasie damit zusammenhing, daß die antigonale Phase nicht mehr die Mutter-Kind-Dyade, sondern das Dreieck in den Mittelpunkt rückt, in dem auch der Vater seinen Platz hat. Jenes Dreieck, das plötzlich bedeutete, daß eine Interaktionsachse außerhalb der Reichweite des Mädchens etabliert war: die Elternachse. Verwoben mit der libidinösen Faszination von der Mutter und dem Rivalisieren mit dem Vater mußte das Mädchen beginnen, sich dafür zu interessieren, was sich zwischen den Eltern sexuell abspielte. Vor dem Hintergrund dieses Interesses produzierte es zu einem Zeitpunkt die sadomasochistische Szene, die als ein Weiterphantasieren auf realen Erfahrungen über das Muster des Zusammenlebens der Eltern verstanden werden muß. Und wie der äußere Hintergrund bestehen auch diese innerpsychischen Grundlagen für die Bildung der Urszenephantasie nach dem ersten Kastrationstrauma weiter. Als das genital geweckte Triebwesen, das das antigonale Mädchen ist, interessiert es sich natürlich weiterhin brennend dafür, was auf der Elternachse vor sich geht. Auch nachdem sich der Patriarchatsfetischismus kastrierend in ihm festgesetzt hat. Im Zusammenspiel mit der Phantasie von der phallischen Mutter wird es wahrscheinlich eine alternative (und auch magisch konstruierte) Urszenephantasie in der nachphallischen Phase entwickeln. Wie wir früher besprochen haben, müssen wir uns die Akteure dieser Phantasie als zwei phallische Elterninteraktanten vorstellen. Oder als eine phallische Mutter, die sexuell wählt, sich des Vaters zu bemächtigen. Auf der Grundlage der Doppelheit von Wissen und Nicht-Wissen müssen wir uns jedoch vorstellen, daß die sadomasochistische „Real"-Urszenephantasie, wo der Vater die Rolle des Sadisten und die Mutter die des Masochisten spielt, neben der alternativen „Wunsch"-Urszenephantasie besteht. Und je mehr sich das Kind aus seiner kindlich magischen Auffassung der Umwelt herausentwickelt und unter die Dominanz des Realitätsprinzips gelangt, desto mehr müssen wir erwarten, daß sich die „Realszene" droht, sich auf Kosten der „Wunschszene" durchzusetzen.

Damit sollte das Rätsel von der Kastration der Mutter im Prinzip gelöst sein. Es bezeichnet den Schnittpunkt, wo eine Mutter, die „davor" phallisch war, „nun" den „Kastrierten" anzugehören scheint. Dieser Schnittpunkt tritt im Bewußtsein des Mädchens ein, weil eine unwiderlegbare Wiederholung der verleugneten letzten Etappe des fetischistischen Geschlechtervergleichsprozesses vor sich geht, der mit der sadomasochistischen Urszenephantasie als Erlebniskontext beim ersten Kastrationstrauma stattfand. Eine Wiederholung, deren unwiderlegbarer Charakter von den erwähnten allgemeinen psychologischen Entwicklungsmechanismen stammt, die sich unter den gegebenen historischen Bedingungen in den Dienst des Patriarchatsfetischismus stellen müssen. Das heißt, die Entwicklung der fetischistischen Wirklichkeitsauffassung fördern muß, die den Geschlechtsunterschied als „phallisch" versus „kastriert" definiert.

Was wir jetzt noch tun müssen ist, das *psychische Korrelat* zu dem *Anblick der Penislosigkeit der Mutter* zu präzisieren, das dem *Anblick des Penis* des ersten Kastrationstraumas entspricht. Implizit haben wir in einem gewissen Sinne das Problem dieses Korrelats bereits gelöst. Nämlich durch die Analyse dessen, wie das kastrierte Mutterimago verleugnet wird, um später zurückzukehren. Denn es ist selbstverständlich nicht nur das Bild der kastrierten Mutter, das verleugnet wird und wieder auftaucht. Das Netz von assoziierten Bedeutungen, das das eigentliche Bild umgibt, muß logischerweise dasselbe Schicksal wie dieses erleiden. Und das heißt, ein Netz von Bedeutungen, das – zusammengefaßt – das psychische Korrelat: der definitive Verlust des geliebten Mutterobjekts, repräsentiert.

Daß es diese Bedeutung sein muß, die das kastrierte Mutterimago letztlich repräsentiert, zeigt sich, wenn wir die Aussage des freudianischen Diskurses darüber defetischieren. Wie wir besonders durch Ruth Mack Brunswicks Erklärung dessen erfahren haben, was das kastrierte Mutterimago bedeutet, muß es einen Verlust in doppeltem Sinn signalisieren. Teils der Hoffnung, daß einmal mit der Zeit ein Penis aus dem eigenen Körper des Mädchens wachsen wird. Teils der Hoffnungen, daß die Mutter vielleicht eines Tages einen Mutterpenis an ihrer sehnsüchtig wartenden Tochter anwenden wird. Versuchen wir, dies als eine Wiedergabe der Erlebnisebene des Mädchens in der letzten Phase des fetischistischen Geschlechtervergleichsprozesses zu betrachten (wie er beim ersten Kastrationstrauma stattfindet, und wie er beim zweiten wiederholt wird, wenn das Verleugnete neuerlich hervorbricht). Und sehen wir dann, was wir hier, defetischiert betrachtet, erfahren. Ja, jedenfalls hören wir, daß das, worum es geht, ein Erlebnis von *Verlust* ist. Von einem definitiven und scheinbar unwiederbringlichen Verlust, der, fetischistisch betrachtet, so aussieht, als ob er von den Gesetzen der Natur selbst besiegelt wäre. Das Mädchen muß in der letzten Phase des Geschlechtervergleichsprozesses die Mutter als potentes Objekt nach der fetischistischen Devise abschreiben: „Ohne Penis keine Potenz!", die in der ersten Phase des Prozesses installiert wurde. Gleichzeitig muß das Mädchen, wie gesagt, auch ihre Hoffnungen aufgeben, daß eventuell ein Exemplar des begehrten „Organs der Potenz" an ihm selbst herauswachsen könnte. Denn wenn es sich nun auch zeigt, daß die Mutter zu den „Kastrierten" zählt, dann kann das Mädchen nicht umhin zu beginnen, sein eigenes Schicksal in einem allgemeineren und unumgänglicheren Licht zu sehen. Es kann ihm nicht mehr als etwas Zufälliges, Individuelles und vielleicht sogar Vorübergehendes erscheinen. Und deshalb muß es sich auch nach der oben genannten fetischistischen Devise die Möglichkeit absprechen, überhaupt die Beziehung zu der Mutter-der Frau wiederaufzunehmen.

Damit haben wir ein psychisches Korrelat zum Anblick der Penislosigkeit gefunden. Ein psychisches Korrelat, das jenem gleicht, das zum Anblick des Penis gehörte. Auch dort drehte sich jenes um den Verlust der Mutter. Bedeutet das nun, daß zwischen den psychischen Korrelaten zu den äußeren fetischierten Wahrnehmungen, die in das erste beziehungsweise zweite Traumamoment eingehen, überhaupt kein Unterschied besteht? Ja und nein. Insofern wir das erste Kastrationstrauma als den Ort betrachten, wo der fetischistische Geschlechtervergleichsprozeß vollzogen wird, müssen wir sagen: „Ja, das Korrelat ist im Prinzip dasselbe", aber gleichzeitig hinzufügen, daß auf der äußeren fetischierten Wahrnehmungsebene faktisch auch bereits hier im ersten Traumamoment sowohl ein Anblick des Penis als auch der Penislosigkeit vorkommt.

Wenn wir dagegen aber die Folgen der beiden Kastrationstraumen einander gegenüberstellen, müssen wir die Frage mit nein beantworten, inwiefern die psychischen Korrelate völlig übereinstimmen. Es dreht sich nämlich schon in beiden Fällen um den Verlust des Mutterobjektes. Aber es macht sich, vom Blickwinkel der Folgen betrachtet, zwischen dem Charakter des Verlustes im ersten beziehungsweise zweiten Traumamoment ein zentraler Unterschied geltend. – Das *erste Moment* umfaßt einerseits den ganzen fetischistischen Geschlechtervergleichsprozeß und damit den vollendeten Verlust. *Aber* die Verleugnung der letzten Etappe der Bewegung bedeutet, daß die primäre Folge andererseits nur noch die ist, die direkt an die Erfahrung des *Geschlechtergegensatzes zum Vater* geknüpft ist. Das heißt, das fetischistische Erlebnis dessen, daß die *aktiven sexuellen Möglichkeiten gegenüber der Mutter* zerstört werden. Dazu kommt jedoch der zusätzliche Aspekt von Verlust und Niederlage, daß der Besitz der Mutter durch den Vater nachphallisch betrachtet so aussieht, als ob die phallische Mutter den Vater dem Mädchen vorzieht – als ob es also an „Willen" seitens der Mutter in bezug auf das Mädchen mangelt. – Demgegenüber steht jedoch der noch katastrophalere Zustand der Beraubtheit des *zweiten Traumamoments*. Denn wenn die Erfahrung der *Geschlechts-Gleichheit mit der Mutter* nach der Installierung des Fetischismus endlich zum Durchbruch kommt, dann muß das Mädchen nicht nur seine aktiven, sexuellen Möglichkeiten gegenüber Jokaste endgültig verschwinden sehen. Jetzt werden auch die *passive-libidinösen Wünsche in bezug auf die Mutter* definitiv ein Opfer der Verwüstung des Patriarchatsfetischismus. Jetzt ist es nicht mehr das „Wollen" oder „Nicht-Wollen" der Mutter, das an der Tagesordnung steht, sondern ihr anscheinender, fundamentaler biologischer *Mangel an „Können"*. – Wir können diesen Vandalismus des Fetischismus zusammenfassen, indem wir sagen, daß die *aktiv antigonale Libido* mit dem *Anblick des Penis* ihren Halt in uns verliert, und mit dem *Anblick der Penislosigkeit* geht auch die *passiv antigonale Libido* unter.

Abschied vom Reich der archaischen Mutter

Wir sind nun am Ende des Weges unserer Defetischierung der Mutterkastration angelangt. Wir können diese als ein logisches Resultat der Installierung des Fetischismus beim ersten Kastrationstrauma *und* der Unmöglichkeit betrachten, die Abwehr dagegen aufrechtzuerhalten. Jene Abwehr, die sich darum drehte, die schwerste Folge des fetischistischen Symbolisierungsprozesses zu verleugnen: die definitive Entfremdung von der Mutter, die endgültige Verbannung aus dem *Mutter*-Reich, wo weibliche Potenz und aktive, sexuelle Entfaltung möglich waren. Wir haben gesehen, wie diese Abwehren unter den Bedingungen des Fetischismus etabliert werden müssen, und wie jene daher die Niederlage gegenüber diesem in sich tragen. Wir können nun ebenso erklären, wie es kommt, daß wir nicht nur uns selbst, sondern auch unsere Mutter in einen entfremdeten, phallischen Diskurs einschreiben müssen. Wir können verstehen, warum wir unser ursprüngliches, nicht-entfremdetes Erleben der Mutter aus unserem Bewußtsein ausschließen und unter dem Stempel „urverdrängt" versiegeln müssen. Und wir haben einen Begriff davon bekommen, warum wir weder unsere eigenen geschlechtlichen Eigenschaften, noch die unserer Mutter als konstant auffassen, sondern im Gegenteil einen „Fall" erleben, einen Geschlechtswechsel von „phallisch" zu „kastriert". Alle Steine fallen auf ihren Platz, wenn wir die Aussage des freudianischen Diskurses von dem Blickwinkel betrachten, daß sie fetischierte Wiedergaben der ebenfalls fetischierten Wirklichkeit des kleinen Mädchens sind. Fetischierte Wiedergaben dessen, wie seine erste Einführung in den Penis- und Patriarchatsfetischismus vor sich geht.

Bevor wir die Behandlung unserer vierten und letzten Frage über die Entwicklung der infantilen Mutterbilder abschließen, wollen wir aber nochmals kurz zu der Bedeutung der feministischen Mutter-Tochter-Debatte zurückkehren, die wir in der Einleitung zu diesem Kapitel über die „Kastration" der Mutter angesprochen haben. Wie Freud im Artikel von 1931[114] sagt, hatten die weiblichen Analytiker bessere Möglichkeiten, im Analyseprozeß das Verhältnis von Frauen zu ihren Müttern zu untersuchen. Und wie wir unsere Darstellung des Niveaus des fetischierten Diskurses abgeschlossen haben, indem wir dies zeigten, so stellen nicht zuletzt die Analytikerinnen in Frage, ob die Beziehung zur Mutter vollständig aufgegeben wird. Oder defetischiert gesagt: aufgrund des Fetischismus und seiner Kastrationslogik kann die ursprüngliche, antigonale Beziehung nicht unverhohlen weiterleben, aber sie scheint ihr Wirken im Verborgenen gut fortsetzen und sich in verdrehten und nicht wiedererkennbaren Formen ausdrücken zu können. Daß dies der Fall ist, scheint auch die erwähnte feministische Mutter-Tochter-Debatte anzudeuten. Die lebendige Hoffnung auf eine „Wunschmutter", die der Mutter der Wirklichkeit widerspricht, der wir „nicht gleichen wollen", – deutet sie nicht in die Richtung des nachphallischen Bedürfnisses, die

Kastrationslogik zu verleugnen; das heißt, ein noch freies, „wunschgerechtes"* Gebiet des *Mutter*-Reichs offen zu halten? Ein Gebiet, dem die nachphallische Realitätstendenz gleichzeitig die Bezeichnung Utopia verleihen wird, der ortlose Ort? Und deutet die sonderbar gewaltige Wut auf die Mutter, die in der feministischen Mutter-Tochter-Debatte intensiv thematisiert wurde, nicht in die Richtung der paranoid-transformierten Liebe zur Mutter in derselben Phase? In die Richtung einer bereits entfremdeten, aber doch noch intensiv lebendigen Anwesenheit in dem Gebiet des Reichs, wo die phallische Mutter zuhause ist?

Wenn wir erst zu horchen beginnen, gibt es, glaube ich, in vielen Mutter-Tochter-Auseinandersetzungen Zeugnisse davon, wie Antigone „umhergeistert", und davon, wie Rotkäppchen mit seinem ab und zu aufflammendem, paranoid überdimensionierten Haß auf seine Mutter seine gleichfalls nachphallischen verdeckten Lüste zu erkennen gibt, noch einmal in den Wald auf die Suche nach Blumen zu gehen. Und ist das Gebiet der phallischen Mutter in dem alten Reich auch kein eigentliches, fetischismusfreies Gebiet, so ist es doch ein Ort, wo die Widersprüche so groß sind, daß sie Bewegungen provozieren müssen. Das sahen wir in *Kapitel VII.5*, wo wir die letzte Etappe des Weges *aus* dem Reich beschrieben. Doch haben wir begonnen, jenseits des Fetischismus zu „sehen", ist jedoch auch eine andere – entgegengesetzte – Bewegungsrichtung möglich. Das widerspruchsvolle Gebiet der phallischen Mutter, in dem der Fetischismus sowohl bestätigt als auch verleugnet wird, liegt immerhin *hinter* der Mauer der Verdrängung. Lebensgeschichtlich befindet es sich *vor* der Vollziehung des schicksalsschwangeren, patriarchatsfetischistischen Symbolisierungsprozesses. Damit könnte ein Besuch in diesem Gebiet, das trotz allem leichter zugänglich ist als das fetischismusfreie Gebiet des *Mutter*-Reichs, vielleicht auch eine Form von Zugang zu dessen zentraleren Teilen und ursprünglichen Potentialen öffnen.

So könnten manche Mutter-Tochter-Auseinandersetzungen – innerhalb wie außerhalb der feministischen Bewegungen – von einem alternativen Blickwinkel her betrachtet werden!

Kapitel VIII
Der „Fall" der Mutter – ein patriarchatshistorisches Drama

Wir haben vier Fragen erörtert, die die freudianische Beschreibung der „Kastration" der Mutter aufwirft. Wir haben sie auf dem fetischierten „1. Niveau" der klassischen Theoretiker und auf dem „3. Niveau" der Defetischierung verfolgt. Daher werden wir uns nun dem „2. Niveau" zuwenden. Das heißt, den bedingungsanalytischen Verbindungen zwischen dem subjektiven Erlebnis und dem gesellschaftlich historischen Kontext. Jener Kontext, welcher der äußere und eigentliche Hintergrund für den „Fall" der Mutter ist – dafür, daß sie in den Augen des Mädchens und des Knaben devaluiert wird.

Im Auftakt zu *Kapitel VII* (über die Kastration der Mutter) habe ich erwähnt, daß wir jedoch bereits in *Kapitel V* (über die Eigenkörperkastration) implizit eine Ganzheitsperspektive angelegt hatten, die prinzipiell auch das zweite Traumamoment und seine Bearbeitung auf allen drei Niveaus einschloß. Das *2. Niveau* wurde in *Abschnitt V.3*, „Von biologischem zu historischem Kontext", unter diesem ganzheitlichen Blickwinkel behandelt. Als wir bestimmten, was die Aufgabe in *Kapitel VII* sein sollte, nämlich die Konsequenzen zu konkretisieren, die der Niederschlag der patriarchatsfetischistischen Logik für die Entwicklung des Mutterbildes der Mädchens hat, ließen wir es offen, ob es notwendig ist, weitere Bestimmung auf dem *2. Niveau* vorzunehmen. Die allgemeinen bedingungsanalytischen Verbindungen, die von den gesamten Momenten des Kastrationstraumas ausgehen, wurden ja in *Kapitel V.3* aufgezeigt. Wäre es dann nicht denkbar, daß eine neuerliche Behandlung des *2. Niveaus* überflüssig sein könnte?

Diese Frage wollen wir nun näher untersuchen. Wir werden den Ausgangspunkt in einer erneuten Betrachtung von *Kapitel V.3* nehmen. Näher bestimmt in zwei generellen Angaben, wie die psychoanalytische Subjektivitätsanalyse in die patriarchatstheoretische Objektivitätsanalyse eingeschrieben werden kann, deren Grundlage wir in *Kapitel III* skizziert haben.

Wir haben in *Kapitel V.3* erstens die freudianische „phallische Phase" (was das Mädchen betrifft deren Schlußpunkt) versuchsweise umdefiniert als eine „historische Formbestimmung desjenigen Entwicklungsstadiums, in dem sich das Kind seines eigenen biologischen Geschlechts und des Geschlechtsunterschieds bewußt wird. Das heißt, als eine Bestimmung der besonderen historischen Form, welche die infantile Geschlechtsbewußtseinsbildung in einer phallischen Kultur, in einer patriarchalisch geschlechterpolarisierten

Gesellschaft annimmt".[1] Oder mit anderen Worten: als „den ‚Ort' einer fetischierten Bewußtwerdung der Geschlechterpolarisierung der patriarchalischen Gesellschaft".[2]

Zweitens gingen wir in *Kapitel V.3* von den Hinweisen der freudianischen Theorie aus, wie der Ödipuskomplex eine zentrale Rolle in der Geschlechtsbewußtseinsbildung spielt. Wir haben jenen auf dieser Grundlage zu einer „historischen Formbestimmung einiger sexueller Interaktionsbeziehungen zwischen dem Kind und seinen erwachsenen Bezugspersonen und zwischen den letztgenannten untereinander"[3] umdefiniert, und genauer als eine „Bestimmung einer spezifisch patriarchalischen Form von sexuellem Interaktionsnetzwerk rund um das Kind. Näher bestimmt als diejenige Form, die in einer patriarchalisch geschlechterpolarisierten Gesellschaft zuhause ist." Weiters bestimmten wir die Elternachse als eine „fetischierte Formulierung dessen, wie die Geschlechtscharaktermasken „*Vater*" und „*Mutter*" historisch interagieren."[4] Außerdem interpretierten wir die historischen Dimensionen in den verschiedenen Asymmetrieverhältnissen, die sich zwischen Vater- und Mutterachse geltend machen. Die konflikt- und konfrontationsgeladene Vaterachse wurde als eine historische Formbestimmung der entscheidenden ersten Begegnung mit der sozio-kulturellen Ordnung der patriarchalischen Gesellschaft definiert. Die besonderen Liebesbeziehungen auf der Mutterachse wurden auf die Art und Weise zurückgeführt, wie die erste Objektwahl in einer patriarchalisch nach Geschlechtern arbeitsgeteilten Gesellschaft vor sich gehen muß. Wir haben uns ebenfalls mit der Devaluierung der Mutter beschäftigt, die zu einem Zeitpunkt eintritt, und die keine Entsprechung auf der Vaterachse hat. Sie wurde damit in Zusammenhang gebracht, daß die historische Geschlechtscharaktermaske der Mutter diese nicht nur als das erste geliebte Objekt formbestimmt, sondern sie noch dazu auf dem Boden der Hierarchie plaziert, die das Patriarchat auf der Elternachse etabliert.

Vergleichen wir diese generellen Ursachenkorrelate (in *Abschnitt V.3*) mit den Resultaten, die sich seitdem ergeben haben (in *Kapitel VII*), müssen wir feststellen, daß einige Präzisierungen erforderlich sind. Auf der ganz übergeordneten Ebene, wo wir die beiden Hauptmomente des Kastrationstraumas gemeinsam als eine Einführung in den Patriarchatsfetischismus betrachten, können die Bestimmungen aus *Kapitel V.3* als ausreichende Hinweise auf die bedingungsanalytischen Bindeglieder bezeichnet werden, die zwischen der Subjektivitäts- und der Objektivitätsanalyse aufgestellt werden müssen. Gehen wir aber bei den einzelnen Kastrationsmomenten mehr ins Detail, dann sieht die Sache anders aus. Ganz abgesehen von den Bezeichnungsänderungen (für die „phallische Phase" und den „weiblichen aktiven Ödipuskomplex"), die in *Kapitel V.3* nicht enthalten sind, weil wir sie erst nach dem Defetischierungsprozeß in *Kapitel V.4* einführen konnten, müssen wir festhalten, daß in unserer Behandlung der „Kastration" der Mutter verschiedene neue Momente dazugekommen sind. Bevor wir diese in Beziehung zu der Skizze über bedingungsanalytische Verbindungen gebracht haben, kann unsere Analyse nicht als abgeschlossen betrachtet werden.

In einigen *Figuren* (*H, I* und *J*) wollen wir dies veranschaulichen und die wesentlichsten Züge der Resultate zusammenfassen, die wir durch die Analyse der „Kastration" der Mutter erzielt haben.

In *Figur H* sehen wir zunächst die Entwicklung der Mutterbilder – und deren Beziehung zur Geschichte der Libidoorganisation und Objektbeziehungen vom prospektiven Blickwinkel her betrachtet. Die Figur kann als eine Weiterentwicklung der Abbildung aufgefaßt werden, die wir früher vom Phasenverlauf der kindlichen Lebensgeschichte bis zur „Kastration" der Mutter gemacht hatten. (Vergleiche *Figur G*).

Figur I ist eine Vertiefung von *Figur H*. Sie beleuchtet speziell zum einen die Gefühlsqualitäten, die das Mädchen an seine verschiedenen Mutterbilder knüpft, zum anderen die sexuellen Werte, mit denen die Bilder ausgestattet sind.

Im Gegensatz zu den prospektiven Mutterbildern sind die retrospektiven, wie beschrieben, generell in der patriarchatsfetischistischen Symbolik eingelagert. Das macht sie weniger differenziert – aufgrund der strengen binären Logik (+Phallos/-Phallos), der das fetischierte Bewußtsein unterliegt. Dies wird in *Figur J* dargestellt. Um ein ganzheitliches Bild der Folgen des Fetischismus zu geben, zeigt *Figur J* nicht nur die retrospektiven Mutterbilder. Sie enthält auch die Eigenkörperbilder. Diese können mit der Übersicht über die prospektive Entwicklung der Libidoorganisation in *Figur H* verglichen werden.

Die Figuren zeigen, daß es prinzipiell zwei neue Momente gibt, die in *Kapitel V.3*'s Nachzeichnungen der Bindeglieder zwischen der Subjektivitäts- und der Objektivitätsanalyse nicht eingeschlossen waren. Erstens sprachen wir dort von der „phallischen Phase" – was das Mädchen betrifft von deren Schlußpunkt – als dem ‚Ort' der fetischierten Bewußtwerdung der patriarchalischen Geschlechterpolarisierung der Gesellschaft. Um unseren späteren Resultaten entgegenzukommen, müssen wir natürlich die Beziehung der nachphallischen Phase zu diesem ‚Ort der Bewußtwerdung' präzisieren. Zweitens haben wir eine präzisere und differenziertere Definition der Mutterbilder erhalten. In *Kapitel V.3* operierten wir nur mit einem sexuell anziehenden gegenüber einem devaluierten Mutterimago. Nun können wir sehen, daß wir, vom prospektiven Blickwinkel aus betrachtet, das erste von diesen in zwei teilen müssen (oder drei, wenn wir die Bilder der präantigonalen/präödipalen Phase dazurechnen). (Vergleiche *Figur H* und *I*). Oder anders gesagt: ausschließlich von der retrospektiven Betrachtungsweise mit nur zwei Mutterbildern (siehe *Figur J*) auszugehen ist gleichbedeutend mit Reduktionismus und Auslöschung der wichtigen Differenzierungen des prospektiven Winkels zwischen den verschiedenen vor-fetischierten und fetischierten Auffassungen von der Mutter. Was immer wir auch in *Figur H-I*

Figur H (Mädchen)
Die Entwicklung der Mutterbilder im prospektiven Blickwinkel.

Libido-organi-sation	prägenital			genital	
				nachphallisch: kastrierte Eigenkörperidentität	kastrierte Geschlechtsidentität
Mädchen	oral	anal	klitorisgenital		
	0 Jahre	ca. 3 Jahre		Kastration	Kastration der Mutter — ca. 5 Jahre
Objektbeziehung	AKTIVES, OMNIPOTENTES, BRUST- (UND KLITORIS-)GEKENNZEICHNETES MUTTERIMAGO	AKTIVES, POTENTES, KLITORIS- (UND BRUST-)GEKENNZEICHNETES MUTTERIMAGO		PHALLISCHES MUTTERIMAGO	KASTRIERTES MUTTERIMAGO/ Objektwechsel zum PHALLISCHEN VATER
	präantigonale Phase	Antigonephase			passiver weiblicher Ödipuskomplex/ gleitender Übergang zur Latenz
	Raum der Urmutter	Jokastes Raum			
	Raum der archaischen Mutter				

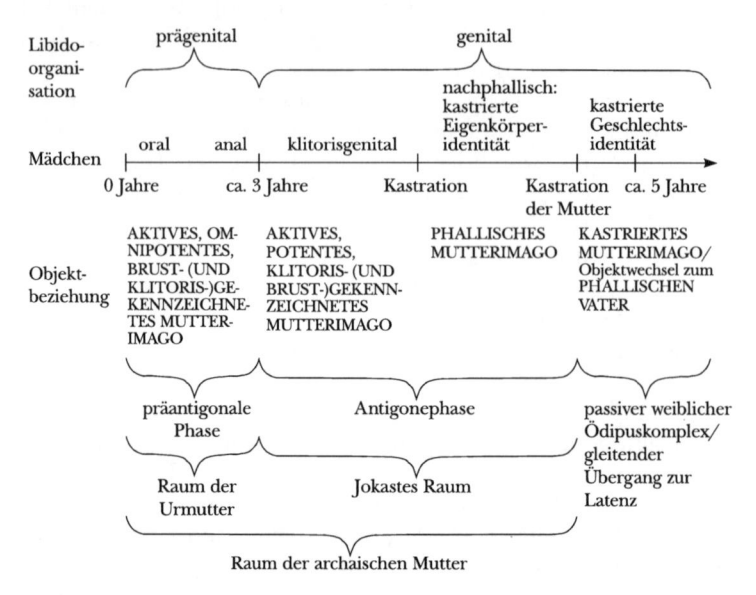

Figur H (Knabe)
Die Entwicklung der Mutterbilder im prospektiven Blickwinkel.

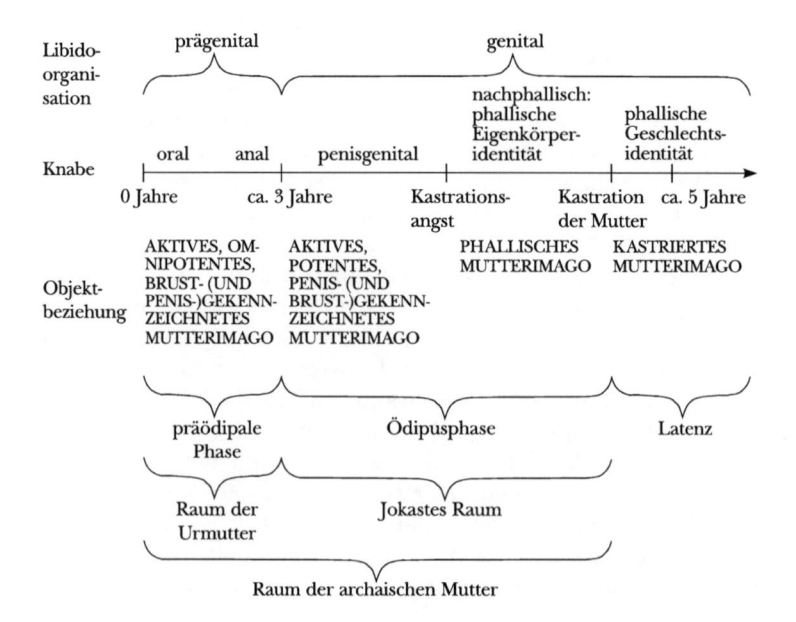

Libido-organi-sation	prägenital			genital	
				nachphallisch: phallische Eigenkörperidentität	phallische Geschlechtsidentität
Knabe	oral	anal	penisgenital		
	0 Jahre	ca. 3 Jahre		Kastrationsangst	Kastration der Mutter — ca. 5 Jahre
Objektbeziehung	AKTIVES, OMNIPOTENTES, BRUST- (UND PENIS-)GEKENNZEICHNETES MUTTERIMAGO	AKTIVES, POTENTES, PENIS- (UND BRUST-)GEKENNZEICHNETES MUTTERIMAGO		PHALLISCHES MUTTERIMAGO	KASTRIERTES MUTTERIMAGO
	präödipale Phase	Ödipusphase			Latenz
	Raum der Urmutter	Jokastes Raum			
	Raum der archaischen Mutter				

Figur I
Die Gefühlsqualitäten und das Erlebnis der sexuellen Werte der Mutterbilder des Mädchens.

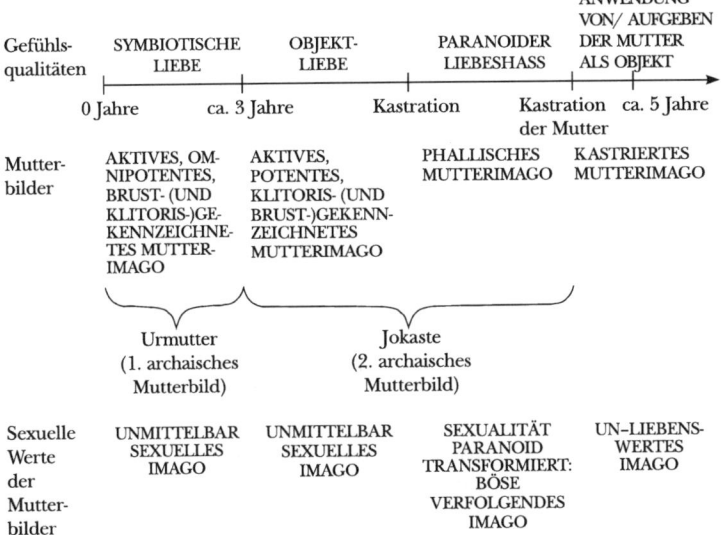

Gefühls-qualitäten	SYMBIOTISCHE LIEBE	OBJEKT-LIEBE	PARANOIDER LIEBESHASS	ANWENDUNG VON/ AUFGEBEN DER MUTTER ALS OBJEKT
	0 Jahre	ca. 3 Jahre	Kastration	Kastration der Mutter — ca. 5 Jahre
Mutterbilder	AKTIVES, OMNIPOTENTES, BRUST- (UND KLITORIS-)GEKENNZEICHNETES MUTTERIMAGO	AKTIVES, POTENTES, KLITORIS- (UND BRUST-)GEKENNZEICHNETES MUTTERIMAGO	PHALLISCHES MUTTERIMAGO	KASTRIERTES MUTTERIMAGO
	Urmutter (1. archaisches Mutterbild)	Jokaste (2. archaisches Mutterbild)		
Sexuelle Werte der Mutterbilder	UNMITTELBAR SEXUELLES IMAGO	UNMITTELBAR SEXUELLES IMAGO	SEXUALITÄT PARANOID TRANSFORMIERT: BÖSE VERFOLGENDES IMAGO	UN–LIEBENSWERTES IMAGO

Figur J
Die Entwicklung der Mutterbilder im retrospektiven Blickwinkel.

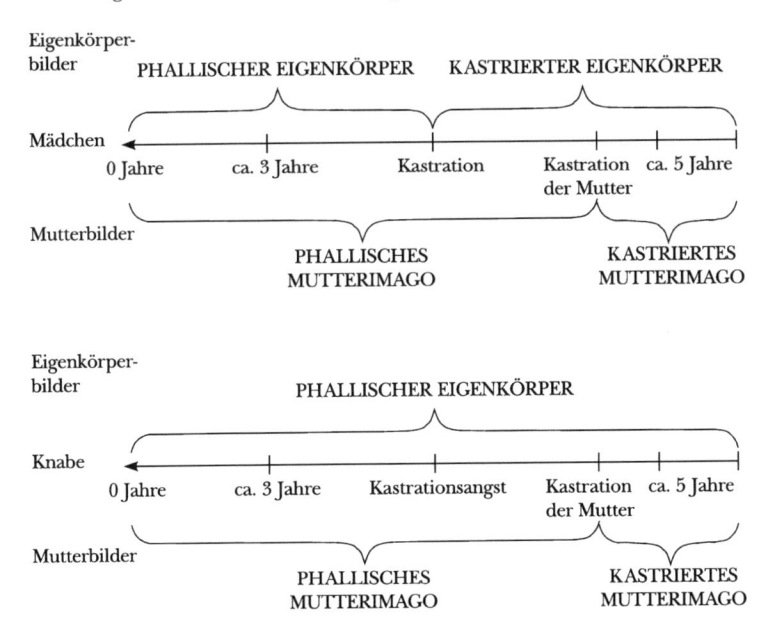

Eigenkörperbilder	PHALLISCHER EIGENKÖRPER		KASTRIERTER EIGENKÖRPER	
Mädchen	0 Jahre	ca. 3 Jahre — Kastration	Kastration der Mutter	ca. 5 Jahre
Mutterbilder		PHALLISCHES MUTTERIMAGO		KASTRIERTES MUTTERIMAGO

Eigenkörperbilder	PHALLISCHER EIGENKÖRPER			
Knabe	0 Jahre	ca. 3 Jahre — Kastrationsangst	Kastration der Mutter	ca. 5 Jahre
Mutterbilder		PHALLISCHES MUTTERIMAGO		KASTRIERTES MUTTERIMAGO

oder *J* sehen, ist es außerdem noch klarer als in *Kapitel V.3*, daß wir nicht nur *verschiedene* Mutterbilder bekommen, wenn wir die Bilder auf jeder Seite des Punktes der „Kastration der Mutter" vergleichen. Es handelt sich eindeutig um *direkt antithetische* Mutterfiguren. Das heißt, Mutterfiguren, deren Qualitäten einander logisch widersprechen.

Um unsere Analyse zu vervollständigen, müssen wir nun diese neuen Momente (die nachphallische Phase und die präziser definierten Mutterbilder) in Beziehung zu dem äußeren patriarchatshistorischen Zusammenhang bringen. Wir müssen untersuchen, ob wir uns weiterhin damit begnügen können, auf die Ursachenkorrelate hinzuweisen, auf die wir schon in *Kapitel V.3* gedeutet haben, oder ob wir weitere Dimensionen in unseren bedingungsanalytischen Beziehungsrahmen miteinbeziehen müssen.

1. Die nachphallische Phase und die fetischierte Bewußtwerdung über das Patriarchat

Den Begriff des nachphallischen Zwischenstadiums zwischen den Kastrationstraumen des Mädchens anzunehmen, wie wir es im Anschluß an Jones[5] getan haben, bedeutet nur, den Schluß aus dem zu ziehen, was Freud selbst über den Abschluß seiner „phallischen Phase" schreibt. Wie erwähnt scheint Freud zu meinen, daß in der Entwicklung des „normalen" Mädchens zuerst eine Abwicklung der „phallischen" (das heißt, der klitorisgenitalen) Libidoorganisation stattfindet. Die Transformation in dem Bild des Objekts, die Transformation von „phallischem" zu „kastriertem" (und damit un-liebens-wertem) Mutterimago findet Freud zufolge später statt. Das hat jedoch Folgen für die Bestimmung, die wir in *Kapitel V.3* von dem ‚Ort' der fetischierten Bewußtwerdung in der psychosexuellen Entwicklung des Mädchens vornahmen. Diesen plazierten wir nämlich am „Schlußpunkt der phallischen Phase". Doch nun zeigt sich plötzlich, daß dieser Schlußpunkt sich zweifach herauskristallisiert: in dem Schlußpunkt der klitorisgenitalen Phase (= Eigenkörperkastration) und dem Schlußpunkt der nachphallischen Phase (= Kastration des Mutterkörpers). Oder mit anderen Worten: unsere neuen Bestimmungen deuten darauf hin, daß der ‚Ort' der fetischierten Bewußtwerdung dementsprechend in zwei aufgeteilt werden muß.

Zuerst einmal können wir vor diesem Hintergrund überlegen, unseren früheren Bestimmungen dahingehend zu ändern, daß wir bloß von Schlußpunkt*EN* sprechen. Wir können uns aber des weiteren mit den Reflexionen in Übereinstimmung bringen, die uns dazu veranlaßt haben, mit Jones eine Unterteilung von Freuds „phallischer" Phase vorzunehmen. Nämlich, wenn wir den ersten Schlußpunkt (der klitorisgenitalen Phase) auch als Startpunkt interpretieren und gleichzeitig den zweiten (der nachphallischen Phase) als den endgültigen und entscheidenden Schluß beschreiben. *Mit der „Kastration" beginnt die Geschlechtsbewußtseinsbildung unter den Bedingungen des Fetischismus, mit der „Kastration" der Mutter ist die Phase des vor-fetischierten Bewußtseins definitiv abgeschlossen.* Die Phase, wo wir noch nicht wissen, daß wir in einer phallischen Kultur leben, die Frauen zum „anderen Geschlecht" macht, gleitet uns erst dann endgültig aus den Händen, wenn die nachphallische Phase vorbei ist. Das heißt, statt den Schlußpunkt der „phallischen" Phase des Mädchens als den Ort der Bewußtwerdung zu bestimmen, können wir richtiger folgendes sagen: Die *nachphallische Phase* muß *als Gesamtheit* als historische Formbestimmung des lebensgeschichtlichen Stadiums betrachtet werden, wo wir uns auf eine fetischierte Weise der soziokulturellen Bedeutung bewußt werden, mit der der biologische Geschlechtsunterschied in patriarchalischen Gesellschaftsformationen geladen ist. (Diese Präzisierung des ‚Ortes' der fetischierten Bewußtwerdung als der nachphallische Teil dessen, was Freud unter der „phallischen Phase" versteht, – gilt natürlich auch für den Knaben.)

Ist die nachphallische Phase auf diese Weise eine Bestimmung der besonderen historischen Form, die die Bewußtwerdung des *Geschlechtunterschieds* in der phallischen Kultur annimmt, was ist dann mit unserem Bewußtwerden über das *Geschlecht*? In *Kapitel V.3.* wurden die beiden Bewußtwerdungsmomente zusammen betrachtet. Aber dort verwendeten wir ja noch in unmittelbarem Anschluß an Freuds fetischierten Diskurs den Namen „phallische Phase" unspezifisch für das ganze Entwicklungsstadium, das wir seitdem als Antigonephase bestimmt und zweigeteilt haben. So müssen wir fragen, ob nicht jetzt, wo wir in bezug auf das Mädchen Freuds „phallische Phase" in einen klitorisgenitalen und einen nachphallischen Teil aufgelöst haben, einige Änderungen anstehen. Denn, wie aus den freudianischen Beschreibungen hervorgeht, wird sich das Mädchen ja seines klitorissexuellen Körpers bewußt, *bevor* es den Geschlechtsunterschied kennenlernt. Und aus Ruth Mack Brunswicks Analyse wissen wir außerdem, daß das Mädchen auch eine Vorstellung von der Klitoris seiner Mutter entwickeln muß, *bevor* sich die fetischierte Erkenntnis der nachphallischen Phase über den Geschlechtsunterschied durchsetzt. Zusammen mit der aktiv antigonalen Verliebtheit in die Mutter und dem Erlebnis derselben als klitorisgenital muß das Interesse des Mädchens, an seiner Klitoris berührt zu werden und zu onanieren überhaupt als Voraussetzung dafür verstanden werden, daß es beginnt, sich dem Geschlechtsunterschied gegenüber zu verhalten. Das Interesse für diesen entspringt der Konkurrenz mit dem Vater um die Mutter. Wir können daher in gewisser Weise davon sprechen, daß das Mädchen sein genital-sexuelles Geschlecht und das der Mutter kennenlernt, *bevor* es sich des Geschlechtsunterschieds bewußt wird. Nämlich in der klitorisgenitalen Phase – vor der nachphallischen Einführung des Fetischismus in sein Universum.

Nun stellt sich natürlich die Frage, ob wir die Entdeckung des Mädchens von seiner eigenen genitalen Sexualität und der des Mutterkörpers in der klitorisgenitalen Phase „Bewußtwerdung des Geschlechts" nennen können. Solange das Mädchen den Geschlechtsunterschied nicht kennt und glaubt, daß die Sexualkörper aller Menschen prinzipiell auf dieselbe Weise agieren, braucht es natürlich weder in seine sexuellen Erforschungen seines eigenen Körpers noch in seine Sexualphantasien über jenen der Mutter irgendeine Vorstellung von „Geschlecht" inkludieren. Eine Vorstellung über Sexualkörper ist völlig deckend. Einerseits müssen wir von einer genital-sexuellen und nicht von einer geschlechtlichen Bewußtwerdung in der klitorisgenitalen Phase sprechen. Gehen wir aber andererseits davon aus, daß die Phase auf diese Weise das Mädchen sich selbst und sein Mutterobjekt als genital-sexuelle Wesen bewußt macht, und daß sie damit ein Moment in dem gesamten Geschlechtsbewußtseinsbildungsprozeß wird, so müssen wir trotzdem die klitorisgenitale, sexuelle Bewußtwerdung als ein Glied der Bewußtwerdung des Mädchens über das Geschlecht betrachten. Ja, sie muß darüberhinaus geradezu als ein wichtiges Glied dieser Geschlechtsbewußtwerdung betrachtet werden. Wenn das Mädchen hier seinen eigenen Sexualkörper kennenlernt und Theorien über jenen der Mutter aufstellt, erhält es ja ein Wissen genau über das, was – wie ihm später (das heißt, wenn es den Geschlechtsunterschied erkannt hat) klar wird – es selbst und die Mutter als Wesen weiblichen und nicht männlichen Geschlechts anatomisch charakterisiert.

Es ist also sinnvoll, das Kennenlernen der genitalen Qualitäten seines Eigenkörpers und das Wiedererkennen von Personen desselben Geschlechts in der Umwelt als ein Glied der Bewußtwerdung des Geschlechts zu betrachten. Hiermit ist jedoch auch gesagt, daß es vernünftig ist sich vorzustellen, daß die Bewußtwerdung des Geschlechts im Grunde in der klitorisgenitalen Phase anfängt. Das heißt, phasenmäßig getrennt von dem fetischierten Bewußtwerden über den Geschlechtsunterschied.[6]

Aber: das erste harmonische und unproblematische Erkennen des klitorisgenitalen Mädchens seines eigenen klitorisgenitalen Körpers und dem der Mutter ist nicht das einzige Moment in der Bewußtwerdung der Geschlechtsbewußtseinsbildung über das Geschlecht. Während der Beantwortung unserer letzten Frage in *Kapitel VII* haben wir verschiedene Überlegungen zu dem Voranschreiten der Geschlechtervergleiche in der nachphallischen Phase angestellt (von der Feststellung des Mädchens, daß es und der Vater unterschiedlichen Geschlechts sind, bis zu dem Wiedererkennen der Mutter als „eine desselben Geschlechts"). Im Anschluß daran müssen wir uns vorstellen, daß es in der Geschlechtsbewußtseinsbildung ein letztes Stadium gibt, das in einem gewissen Sinne das erste Moment wiederholt, das wir oben beschrieben haben. Aber es handelt sich wohlgemerkt um eine Wiederholung in einer entfremdeten Form. Das sorglose:

„Ich: klitorisgenital ⇐⇒ Mutter: klitorisgenital"

des ersten Moments wird verwandelt in das traumatische:

„Ich: kastriert ⇐⇒ Mutter: kastriert".

Und damit ist wie eine Vollendung des Entfremdungsprozesses der Weg dafür geebnet, daß sich das definitive Urteil des Fetischismus über das Geschlecht:
„alle Penislosen: kastriert"
durchsetzen kann. Nun kann nämlich „Ich" und „Mutter" ohne weiteres mit der Abstraktion „alle Penislosen" verbunden werden, die zu einem Zeitpunkt die Bezeichnung „Frauen" erhält.

Diese entfremdete Wiederholung des ersten Moments der Geschlechtsbewußtseinsbildung ist gleichbedeutend damit, daß wir in einem gewissen Sinne nicht von einer, sondern von *zwei Bewußtwerdungen des Geschlechts* sprechen müssen. Nämlich 1) eine, die in dem *vor-fetischierten Teil der Lebensgeschichte* stattfindet, wo das Mädchen den Geschlechtsunterschied noch nicht kennt, sondern nur unbekümmert einen wichtigen Teil der Lustorgane des weiblichen Sexualkörpers, die Klitoris, kennenlernt. Und 2) eine andere, die sich am *Schlußpunkt der nachphallischen Phase* plaziert, wo es sich nicht mehr um spontane Lusterlebnisse am klitoridischen Sexualkörper handelt, sondern um anatomische Unterschiede, die mit einer schweren gesellschaftlichen Symbolik geladen wurden. Näher bestimmt: verwandelt in Träger von und Zeichen in einem fetischistischen Symbolsystem, das die vor-fetischierten, lusterfüllten Klitoriserfahrungen mit traumatischen Erlebnissen von Penislosigkeit ersetzt hat. Erlebnisse, die auf Entfremdung und Abstraktion von dem konkreten klitoridischen Lustkörper beruhen.

Die *nachphallische Phase* kann also als ‚der Ort' *der fetischierten Bewußtwerdung sowohl des Geschlechtsunterschieds als auch des Geschlechts* betrachtet werden – *in dieser Reihenfolge*. An ihrem Anfangspunkt wird der Geschlechtsunterschied kennengelernt, an ihrem Ende das Geschlecht. Aber wir müssen gleichzeitig präzisieren, daß es eine *Neuauflage* eines in gewissem Sinne bereits durchlaufenen Prozesses repräsentiert, wenn *die Phase dem Mädchen das Geschlecht bewußt macht*. Eines Prozesses, der in einer nicht-entfremdeten Form in der klitorisgenitalen Phase stattfand.

Die fetischierten Bewußtwerdungen des Geschlechtsunterschieds und des Geschlechts in der nachphallischen Phase sind in einem spezifischen patriarchatshistorischen Kontext zuhause. Sie sind vom Patriarchat formbestimmt und sind außerhalb von dessen historischem Rahmen nicht denkbar. Demgegenüber muß die Dimension der klitoris- oder penisgenitalen Phase, die sich darum dreht, daß das Kind (Mädchen wie Knabe) wichtige Teile der genitalen Sexualfunktionen seines eigenen Geschlechts kennenlernt, als allgemein im Sinne von universell betrachtet werden.[7] Mädchen werden vermutlich zu allen Zeiten beginnen, das Geschlecht ihres Eigenkörpers auf die Weise kennenzulernen, wie sie es – wie wir annehmen müssen – in der (noch) nicht fetischierten, klitorisgenitalen Phase tun, wo sie ein spontanes, aktives und harmonisches Verhältnis zu ihrem Körper und dessen Lustmöglichkeiten haben. (Genau wie man auch erwarten muß, daß Knaben im allgemeinen die erste Bekanntschaft mit ihren geschlechtsspezifischen Sexualfunktionen in einer Phase wie der penisgenitalen stiften werden, wo der Penis keine fetischistische phallische Symbolbedeutung für sie hat.) Was die Objektverhältnisse betrifft, müssen wir dagegen damit rechnen, daß sie bereits in der klitoris- oder penisgenitalen Phase spezifisch historisch formbestimmt sind. Nämlich als antigonal für das Mädchen und als ödipal für den Knaben. Wir müssen aber hier in bezug auf diese erste Genitalphase vor allem daran festhalten, daß die sexuelle Selbst- und Objektauffassung in dieser noch nicht von den psychoaktiv verändernden Wirkungen des Patriarchatsfetischismus ergriffen sind.

Wir wollen nun diese klitoris- oder penisgenitale Auftaktphase mit dem Teil der Geschlechtsbewußtseinsbildung vergleichen, der in der nachphallischen Phase durchwegs spezifisch historisch formbestimmt verläuft. Tun wir das, dann müssen wir feststellen, daß der Übergang von der klitoris- oder penisgenitalen zur nachphallischen Phase in Wahrheit eine Verkrüppelung und Verdrehung jener spontanen kindlichen Freude am Körper mit sich bringt, mit der die erste Begegnung mit dem Geschlecht verbunden sein muß. Wenn sich die nachphallische Dimension des Geschlechtsbewußtwerdungsprozesses ankündigt und die psychosexuellen Kernsymbole des Patriarchatsfetischismus, „phallisch-kastriert", die Macht ergreifen, wird die ursprüngliche Lustbasis in dem konkreten Sexualkörper zu einer absoluten Nebensache. Es geht bei weitem nicht nur ein einfach fortschreitender Erkenntnisprozeß vor sich, wo sich Kinder beiderlei Geschlechts von der Bewußtwerdung ihres eigenen Sexualkörpers zum Verständnis desselben als geschlechtsspezifisch bewegen – das heißt, als anders als der des anderen Geschlechts, aber deswegen natürlich nicht weniger erfüllt von Lust- und Entwicklungspotentialen. Nein, das, was sich nach dem Einmarsch des Patriarchatsfetischismus' in das Bewußtsein des Individuums abspielt ist hingegen ein Schicksalsdrama, das noch dazu über mehrere handlungsschwere Akte hinausgezogen wird. Ein Schicksalsdrama, das dem Geschlechtsunterschied als ein scheinbar naturbestimmtes, ungleiches Konkurrenz- und Machtverhältnis inszeniert. Ein Schicksalsdrama, dessen Schlußpunkt darin besteht, daß sowohl das Mädchen auch der Knabe eine falsche Körperidentität bekommen haben. Ein Schicksalsdrama, das außerdem für das Mädchen direkt zu einer Tragödie wird. Unter den Bedingungen des Patriarchatsfetischismus muß seine Erkenntnis des Geschlechtsunterschieds sein erstes spontan lusterfülltes Erlebnis seines eigenen Sexualkörpers total transformieren und negieren. Außerdem muß es (durch die Phantasie von der phallischen Mutter) sein endgültiges Verständnis von sich selbst als Geschlechtswesen soweit wie möglich hinausschieben und verzögern, weil es die Form von etwas annimmt, das ihm definitiv jede Möglichkeit für ein positives Geschlechtsbewußtsein zu untersagen scheint.

2. Die antithetischen Mutterbilder und ihr patriarchatshistorischer Kontext

In *Kapitel V.3* operierten wir mit zwei kindlichen Mutterbildern. Jetzt, nach unseren weiteren Analysen müssen wir, wie gesagt, prospektiv betrachtet mit drei Mutterbildern rechnen. (Oder vier,[8] wenn wir auch die präantigonale/präödipale Urmutter miteinschließen. Im Zusammenhang dieses Buches geht es jedoch vor allem um die nachfolgenden Mutterbilder, die sich um die Zeit der Geschlechtsbewußtseinsbildung entwickeln.) Außerdem haben wir präzisiert, wie (sowohl prospektiv als auch retrospektiv) direkt antithetische – einander logisch widersprechende – Mutterbilder in der kindlichen Vorstellungswelt auftreten.

Beginnen wir damit zu resümieren, wie die drei prospektiven und zwei retrospektiven Mutterbilder des Mädchens aussehen, wenn wir sie miteinander vergleichen. (Vergleiche die *Figuren H, I* und *J*.) Das, was man zuerst feststellen kann ist, daß die Klitorismutter und die phallische Mutter unter allen Umständen die diametralen Gegensätze der kastrierten Mutter sind. Sie sind im Gegensatz zur kastrierten Mutter beide begehrenswert. Sie sind zugleich aktiv und potent, während die kastrierte Mutter passiv und potenzlos ist. Oder mit anderen Worten: im Unterschied zur kastrierten Mutter sind die zwei begehrenswerten Bilder Träger von Eigenschaften, die vom Gesichtspunkt des fetischierten Bewußtseins unweiblich – männlich – sind. Innerhalb der patriarchalischen Ideologie sind Aktivität und Potenz männliche Qualitäten.

Nach dieser Feststellung springt einem zunächst ins Auge, daß die beiden begehrenswerten Mutterbilder gleichzeitig auch untereinander antithetisch sind. Die phallische Mutter scheint genital wie ein Mann ausgestattet zu sein, die Klitorismutter hingegen wie eine Frau. Gehen wir ins Bewußtsein des Mädchens, sieht dieser Gegensatz zwischen den beiden begehrenswerten Mutterbildern so aus: Die Klitorismutter repräsentiert für das Mädchen eine Person, die körperlich mit ihm selbst gleich erscheint. Die phallische Mutter dagegen sieht aus wie jemand des gegensätzlichen Geschlechts – jemand, der wie der phallische Vater und nicht kastriert ist, so wie sich das Mädchen in dem Stadium fühlt, wo es die Phantasie hat.

Die Frage ist, ob diese Eigenschaften der verschiedenen Mutterfiguren innerhalb der Dimensionen der Geschlechtscharaktermaske der Mutter

317

untergebracht werden können, die wir in *Kapitel V.3* dargestellt haben. Dort ging es ja darum, einen Erklärungsrahmen für nur zwei Mutterbilder aufzustellen, ein begehrenswertes und ein devaluiertes. Hat es eine Bedeutung für unseren Erklärungsrahmen, daß wir jetzt mit mehreren und spezifizierteren Mutterbildern rechnen müssen?

Was die Frage nach dem Verhältnis zwischen der Klitorismutter und der phallischen Mutter betrifft, müssen wir zuerst sagen, daß es als solches nicht im Erklärungsrahmen von *Kapitel V.3* enthalten ist. Die Begehrenswertheit, die sie beide charakterisiert, ist zwar dort begründet. Sie kann ohne weiteres mit der Dimension der Geschlechtscharaktermaske der Mutter in Zusammenhang gebracht werden, die wir damals behandelt haben. Nämlich jene Dimension, die davon handelt, daß die Mutter als die erste zentrale Fürsorgeperson des Kindes historisch formbestimmt ist. Der Widerspruch zwischen den beiden Bildern war dagegen in unserer Analyse in *Kapitel V.3* überhaupt nicht enthalten. Sie wurde in dem Stadium der Darstellung, in dem wir uns damals befanden, überhaupt nicht thematisiert. Dieser Widerspruch wurde dafür bedingungsanalytisch duch die Bestimmungen der Festsetzung des Patriarchatsfetischismus im Bewußtsein des Mädchens indirekt beleuchtet, die in dem gesamten Defetischierungsprozeß vorgenommen wurden, den wir seitdem durchgeführt haben. Der Zweck dieses Prozesses bestand ja darin, den freudianischen Weiblichkeitsdiskurs so umzustrukturieren, daß er in die patriarchatstheoretische Objektivitätsanalyse eingeschrieben werden kann, die in *Kapitel III* skizziert wurde. Das bedeutet, daß die Frage des Verhältnisses zwischen der Klitorismutter und der phallischen Mutter ganz unkompliziert ist, von dem ‚Ort' betrachtet, zu dem wir uns nun durch unseren Defetischierungsprozeß hinbewegt haben. Defetischiert betrachtet haben die beiden Mutterbilder nämlich in gewissem Sinne genau dieselben Qualitäten – sie sind aktiv, potent und genital. Der Gegensatz zwischen ihnen ist eine Spiegelung des Patriarchatsfetischismus.

Etwas anders jedoch sieht die Sache mit dem Widerspruchsverhältnis zwischen den zwei begehrenswerten Mutterbildern einerseits und der kastrierten Mutter andererseits aus. Zwar können wir auch hier ohne weiteres auf den Defetischierungsprozeß hinweisen, der in *Kapitel VII* durchgeführt §§§wurde. Jedenfalls was jenen Teil der Frage nach dem bedingungsanalytischen Kontext betrifft, die sich darum dreht, daß das Bewußtsein des Mädchens in einen phallischen Diskurs eingeschrieben wird, wenn es die Schwelle überschreitet, die sich „Kastration des Eigenkörpers" nennt. Ein phallischer Diskurs, innerhalb dessen das Widerspruchsverhältnis zwischen dem begehrenswerten und dem devaluierten Mutterbild notwendigerweise formuliert werden muß. Aber damit ist das gesamte bedingungsanalytische Problem, das dieses Widerspruchsverhältnis schafft, nicht gelöst. Bei dem Widerspruchsverhältnis zwischen den beiden begehrenswerten Mutterbildern hatten wir es mit Qualitäten zu tun, die nur scheinbar gegensätzlich waren, und die, defetischiert betrachtet, als prinzipiell identisch enthüllt werden konnten. So verhält es sich nicht mit den qualitativen Unterschieden, die wir betrachten, wenn wir beginnen, auf den Punkt zu fokusieren, der in unseren Figuren „Kastration der Mutter" heißt. Wenn wir die beiden begehrenswerten Mutterfiguren der kastrierten gegenüberstellen, beleuchten wir damit Bilder, die unter allen Umständen diametral entgegengesetzte Qualitäten besitzen. Auch wenn sie unter einem defetischierten Blickwinkel betrachtet werden. Diese Präzisierung hat Konsequenzen für den bedingungsanalytischen Kontext, den wir in *Kapitel V.3* aufgestellt haben.

Dort erklärten wir den Unterschied zwischen dem sexuell anziehenden und dem devaluierten Mutterbild bei der Formbestimmung der Mutter als einerseits erste zentrale Fürsorgeperson und andererseits als Partner in der hierarchischen Relation

„Vater"
„Mutter"

Diese beiden unterschiedlichen Formbestimmungen können jedoch nicht mehr in sich selbst einen ausreichenden bedingungsanalytischen Erklärungsrahmen repräsentieren. Sie stehen nämlich in keinem logischen Widerspruchsverhältnis zueinander, so wie es bei den Qualitäten der Fall ist, mit denen wir seither die Mutterbilder auf beiden Seiten des Punktes „Kastration der Mutter" ausgestattet fanden. Bis zu diesem Punkt ist die Mutterfigur aktiv und potent. Auf der anderen Seite desselben fehlen ihr diese Eigenschaften. Insofern die freudianische Analyse, der wir dieses Resultat abgewonnen haben, Wirklichkeitsgültigkeit besitzt, muß es deshalb in der Geschlechtscharaktermaske der Mutter eine noch grellere Widerspruchsdimension geben als jene, mit der wir uns in *Kapitel V.3* befaßten. Die objektive Basis für den logischen Widerspruch zwischen den begehrenswerten und dem nicht-begehrenswerten Mutterbild muß in einem (oder mehrerern) ebenfalls antithetischen Gegensätzen in der Geschlechtscharaktermaske der Mutter bestehen.

Gibt es denn solche entsprechende antithetische Gegensätze in der Charaktermaske der Mutter?

Ja, Jeanne Lampl-de Groot gibt uns einen Hinweis auf einen Gegensatz in der Muttermaske, der jenem entspricht, den wir in den kindlichen Vorstellungen hierüber finden. Wenn auch in einer fetischierten und entfremdeten Form, die sich nichts desto weniger ausgezeichnet dafür eignet, die Sache auf den Punkt zu bringen. Defetischieren wir ihre Bestimmung der Psychosexualität, die die Beziehung zum Mann beziehungsweise zum Kind von der Frau fordert, ist das Resultat eine Aussage darüber, warum die Muttercharaktermaske genauso einen antithetischen Gegensatz wie den beschriebenen enthält. Dann erhalten wir nämlich eine Aussage darüber, wie die Muttercharaktermaske (einerseits verstanden als Betreuerin der primären Sozialisation des Kindes und andererseits als Sexualpartner der männlich-väterlichen Maske) Anspruch sowohl auf Aktivität und Potenz erhebt (in der Bedeutung der Fähigkeit zur Objektbemächtigung) als auch auf Abwesenheit dieser Eigenschaften bei ihrer Trägerin:

Zuerst halten wir uns noch einmal vor Augen, daß in der rein weiblichen Liebeseinstellung der Frau zum Mann für die Ativität kein Platz ist. Die weibliche Liebe ist passiv, ist ein narzißtischer Vorgang, die weibliche Frau liebt nicht, sondern sie läßt sich lieben. Dort, wo sie eine Objektliebe zustande bringt, sind es ihre aktiv gerichteten Libidokomponenten, die diese Liebe bewerkstelligen. Am deutlichsten kommt dies zum Ausdruck in ihrer Liebe zum Kind (vor allem zum männlichen Kind, s. Freud: „Zur Einführung des Narzißmus"),[9] also in ihrer Mütterlichkeit. Bekanntlich bringen auch manche Frauen in ihrer Beziehung zum Mann ein Stück erhaltengebliebene Aktivität unter, lieben also mit wirklicher Objektliebe. Es ist aber, um wieder dem gewöhnlichen Sprachgebrauch zu folgen, die Männlichkeit der Frau, mit der sie liebt, und auch die Männlichkeit, die sie in ihrer Mütterlichkeit unterbringt.* (Lampl-de Groot 1933, 410)

Ist die Mutterschaft „männlich"? Diese Behauptung erstrahlt natürlich schon von weitem vor fetischistischer Absurdität, und dazu ist nur zu sagen: Nein, selbstverständlich ist sie es nicht. Aber betrachten wir Lampl-de Groots Aussage als ein Stück Patriarchatsfetischismus. Von ihren offensichtlich falschen Dimensionen abgesehen sollte sie doch auch eine – verschleierte – Wahrheit enthalten. Und hier handelt es sich um eine Wahrheit, die sich nicht mehr um die absurde „männliche Mutterschaft" dreht, sondern um die *Sozialisationsaufgabe*, die in der mütterlichen Geschlechtscharaktermaske enthalten ist. Das heißt, eine Sozialisationsaufgabe, die einige psychische Eigenschaften erfordert, die in einem antithetischen Gegensatzverhältnis zu der „Weiblichkeit" stehen, die die sexuelle Seite der Hausfrauen- oder Geliebtencharaktermaske der Mutter fordert. Eine Sozialisationsaufgabe, die einige Eigenschaften erfordert, die der fetischierten Denkweise zufolge nur bei dem oberen Pol der Geschlechterhierarchie existieren können dürften. Oder mit anderen Worten – formuliert von der früher erwähnten Freud-Kritikerin Carol Hagemann-White –, so besteht ein tiefer Konflikt zwischen dem „Kulturcharakter der Frau" und der „Forderung der Mutterschaft". Ein Konflikt, der unter anderem an der Art und Weise abgelesen werden kann, wie unsere Gesellschaft sowohl ideologisch als auch real viele Mütter psychisch krank macht:

Eine Mutter braucht Eigenschaften, die in unserer Kultur als männlich definiert werden: allen voran Selbstbewußtsein und eigene Lebensinhalte, bei deren Verwirklichung sie dem Kind vorleben kann, was ein erwachsener Mensch ist; aber auch Durchsetzungsfähigkeit gegenüber einer kinderfeindlichen Umwelt. Der Widerspruch zwischen dem Kulturcharakter der Frau und den Anforderungen der Mutterschaft schlägt sich nieder in der zunehmenden Patientisierung der Mütter, in der Definition der Schwangeren, Gebärenden und der für Kleinkinder Verantwortlichen wie auch ihrer Kinder als krank und ärztlicher Überwachung bedürftig. Dem entspricht eine zunehmende Zahl von Müttern, die ohne ärztliche Hilfe nicht durch- oder weiterkommen.* (Carol Hagemann-White 1978, 750-751)

Setzen wir Jeanne Lampl-de Groots unmittelbar absurde Aussage in einen solchen nicht-fetischierten Kontext ein, ergibt sie meiner Ansicht nach sehrwohl einen Sinn. Jedoch fehlt in Lampl-de Groots (fetischierter) Beschreibung der Psychosexualität der Muttercharaktermaske eine Dimension. Sie bezieht sich nur auf eine Seite der „Mütterlichkeit" und sieht daher nur den Gegensatz zwischen dieser und der „Weiblichkeit" im übrigen. Daß auch gesagt werden muß, daß innerhalb der „Mütterlichkeit" selbst ein Widerspruch besteht, erwähnt sie nicht. Ein Widerspruch zwischen der „Männlichkeit", auf die sie hinweist, und den Forderungen nach der Bereitschaft für Verzicht und Opferwillen, ja, kurz gesagt, nach Masochismus, die auch in der Muttercharaktermaske enthalten sind. Forderungen, deren äußeren objektiven Kontext Carol Hagemann-White ausgezeichnet beschreibt: „Eine Frau, die heute Mutter wird, muß in der Tat darauf gefaßt sein, Opfer zu bringen. Niemand spricht allerdings aus, daß es nicht das Kind ist, das von ihr diese Opfer verlangt, sondern die Gleichgültigkeit der *anderen Erwachsenen* gegenüber der für die gesamte Gesellschaft unentbehrlichen Fürsorge für die Bedürfnisse der nächsten Generation."* (Carol Hagemann-White 1978, 751). Während die masochistische Dimension der Muttercharaktermaske in Jeanne Lampl-de Groots Mütterlichkeitsanalyse nicht enthalten ist, wird sie jedoch in Helene Deutsch' (ebenfalls fetischistisch fundierten) Untersuchung von Mütterlichkeit und Mutterschaft stark markiert. Im zweiten Band ihres großen Buches über die „Frauenpsychologie"[10] (jenem Band, der geradezu der Frage nach der Psychologie der Mutterschaft geweiht ist) wird diese masochistische Dimension folgendermaßen beschrieben:

The masochistic components of motherliness manifest themselves in the mother's readiness for self-sacrifice, but – in contrast to the attitude of the feminine woman – without demand for any obvious return on the part of the object, i. e., the child, and also in her willingness to undergo pain for the sake of her child as well as to renounce the child's dependence upon her when his hour of liberation comes. (Deutsch 1945, 19)

Dafür will Helene Deutsch nicht wie Jeanne Lampl-de Groot von „Männlichkeit" in Verbindung mit der Aktivität sprechen, die die Mutterschaft auch ihrer Meinung nach erfordert: „*This activity* (der Mutterfunktion, A. d. A.) *is not of an aggressive, masculine character.*" . . . „*If this protective, defensive, and nurturing activity* (das heißt, jene der Mutter, A. d. A.) *is accompanied by aggressive-masculine components, these do not draw upon the sources of feminine motherliness, but upon adjoining psychic spheres hostile to it.*" (Deutsch 1945, 20). Soll das etwa als eine Polemik gegen Jeanne Lampl-de Groot aufgefaßt werden? Es könnte schon so aussehen. Aber in diesem Zusammenhang ist es meiner Ansicht nach doch am wichtigsten festzustellen, daß der Gegensatz zwischen den beiden Analytikerinnen in diesem Punkt nicht so groß ist, wie man vielleicht unmittelbar glauben sollte. Sie sind sich nämlich darin einig, daß die Mutterschaft psychosexuell Aktivität und Potenz (in der Bedeutung: eine gut funktionierende libidinöse Fähigkeit zur Objektbemächtigung) erfordert. Was Helene Deutsch im Unterschied zu Jeanne Lampl-de Groot defetischiert betrachtet hervorhebt, ist eigentlich nur das, daß die Potenz der Mutter (= ihre geglückte libidinöse Aktivität gegenüber dem Liebesobjekt, dem Kind) kein Moment der Aggressivität enthalten muß. Das heißt, sie kann sich ohne das manifestieren, worauf die potente „Eroberung" des Objekts, der Frau, durch die männlich-väterliche Geschlechtscharaktermaske traditionellerweise beruht.

Wir wollen nun annehmen, daß sowohl Jeanne Lampl-de Groots als auch Helene Deutsch' Analysen des Verhältnisses zwischen Mütterlichkeit und Weiblichkeit zutreffen. Das führt uns zu dem Schluß, daß in der weiblichen Geschlechtscharaktermaske eine Spaltung zwischen „Weiblichkeit" und „Männlichkeit", verstanden als historische Kategorien (und natürlich nicht als Ausdruck der biologischen Weiblichkeit beziehungsweise Männlichkeit), besteht. Näher bestimmt dreht es sich um eine Spaltung, die auf einem *antithetischen Gegensatz zwischen den Psychosexualitäten beruht, die die Charaktermaske der Mutter erfordert*, einerseits in der sexuellen Beziehung zu der männlich-väterlichen Charaktermaske und andererseits gegenüber dem Kind. Wir können von einem Widerspruch *zwischen den historischen Kategorien „Weiblichkeit" und „Mütterlichkeit"* sprechen. Außerdem können wir von einer Spaltung sprechen, die in einem Widerspruch auch innerhalb der „Mütterlichkeit" als solcher wurzelt. Nämlich zwischen einer „männlichen" (in der Bedeutung: aktiv und potent) und einer masochistischen Psychosexualität. Auch *dieser Widerspruch* kann als *antithetisch* betrachtet werden. Denn der Masochismus muß als passiv und potenzlos[11] interpretiert werden, indem das Agens[12] hier außerhalb des Subjekts liegt.

Ehe wir zu weiteren antithetischen Widersprüchen in der Charaktermaske der Mutter übergehen, wäre es doch am Platz, einem eventuellen Mißverständnis vorzubeugen. Während der Diskussion der Charaktermaske der lohnarbeitenden Frau in *Kapitel III* sprachen wir davon, daß sie eine Doppeltheit von „Weiblichkeit" und „Männlichkeit" enthielt. Der Gegensatz zwischen „Weiblichkeit" und „Männlichkeit" in der Charaktermaske der Mutter, den wir nun behandeln, darf nicht mit der Doppeltheit verwechselt werden, die wir damals herausgearbeitet haben. Die „Männlichkeit", die der patriarchalisch-kapitalistische Arbeitsmarkt von der lohnarbeitenden Frau verlangt, hat einen ganz anderen Charakter als jene, die in der Mutterrolle der weiblichen Geschlechtscharaktermaske enthalten ist. Die politisch-ökonomischen Gesellschaftssphären, darunter der Arbeitsmarkt, müssen formbestimmt als Raum der „Männlichkeit" angesehen werden. Demgegenüber wird die

Intimsphäre, wo sich die Mutterschaft entfalten soll, von der patriarchalischen Geschlechterarbeitsteilung als ein „Universum der Weiblichkeit" festgesetzt. Der Unterschied zwischen den beiden getrennten Universen (den politisch-ökonomischen Gesellschaftssphären gegenüber der Intimsphäre) ist in deren patriarchalisch-kapitalistischen Formbestimmung unendlich groß. Daher kann die „Männlichkeit", die die lohnarbeitende Frau auf dem Arbeitsmarkt aufweisen muß, in keiner Weise mit jener verglichen werden, die sie als Trägerin der mütterlichen Charaktermaske zu Hause entfalten soll. Unter anderem sind die Zeitperspektiven und das Verhältnis zum Gebrauchswert der Arbeit in den beiden Räumen absolut verschieden. Wie es die deutschen Öffentlichkeitstheoretiker Oskar Negt und Alexander Kluge getan haben, können wir zum Beispiel darauf hinweisen, daß es im Familienraum und besonders in der Mutter-Kind-Beziehung eine Form von „nicht industrialisierbarem Zeitrhytmus"* und Reste einer vorindustriellen, direkten gebrauchswertorientierten Produktionsweise gibt:

In der Primärsozialisation des Kindes, in der es auf die Ausbildung der Lern- und Erfahrungsfähigkeit ankommt, stößt die Zeitstruktur der Warenproduktion auf besondere Schwierigkeiten. ... In der gelingenden Mutter-Kind-Beziehung erhalten sich Rudimente einer vorindustriellen, auf Bedürfnisbefriedigung durch reale Gebrauchswerte beruhenden Produktionsweise. Die frühen Beziehungen zwischen Mutter und Kind, soweit sie gelingen, lassen sich auch dann nicht auf Tauschbeziehungen reduzieren, wenn sie von Tauschabstraktion umlagert sind.* (Negt, Kluge 1972, 48-49)

Die „Männlichkeit" in der Charaktermaske der Mutter hat also nichts mit jener zu tun, die wir in der weiblichen Lohnarbeitercharaktermaske finden. Es handelt sich um eine „Männlichkeits"-Dimension, die sich innerhalb eines Raumes der „Weiblichkeit" entfaltet, wo die Lohnarbeitercharaktermaske umgekehrt den Forderungen in einem Raum der „Männlichkeit" entspringt. Die „Männlichkeits"-Forderung, die an die Mutter gestellt wird – die Forderung, daß sie gegenüber dem Kind aktiv und potent soll – entstammt ganz und gar dem „weiblichen" Universum, der Intimsphäre.

Aber liegt denn überhaupt irgendeine Pointe darin, auf diesem historischen Entfaltungsfeld *par excellence* der „Weiblichkeit" von „Männlichkeit" zu sprechen? Ja, „Männlichkeit" ist genau das richtige Wort, wenn wir Gewicht darauf legen wollen, den Fetischismus und die Entfremdung zu beschreiben. Das heißt, wenn wir unterstreichen wollen, wie die Geschlechtscharaktermaske Frauen dazu sozialisiert, einerseits sich Aktivität und Potenz als „unweiblich" abzusprechen, gleichzeitig damit, daß sie jene andererseits als eine Dimension der Mutterschaft fordert. Wenn wir eine Seite der Charaktermaske der Mutter mit dem Begriff „Männlichkeit" charakterisieren, deuten wir auf die Absurdität der Masken hin. Wir deuten darauf hin, daß es sich nicht um biologische Geschlechtscharaktere handelt, sondern im Gegenteil darum, daß die Eigenschaften Aktivität und Potenz von einem bestimmten

Kulturzusammenhang als „männlich" und speziell mit der männlich-väterlichen Geschlechtscharaktermaske verknüpft formbestimmt wurden. Ebenso tritt der psychosexuelle Konfliktstoff, den die Muttercharaktermaske bei dieser Fülle an Widersprüchen ihrer Trägerin aufzwingen will, deutlich hervor, wenn wir das Wort „Männlichkeit" gebrauchen.

Anstatt auf die psychosexuelle Entfremdung zu fokusieren, können wir jedoch auch einen anderen Einfallswinkel auf die Mutterschaft wählen. Wir können die *Arbeit* betrachten, in der sich die Aktivität und Potenz manifestiert, die historisch in die Charaktermaske der Mutter gelegt sind. Von diesem Winkel aus betrachtet ist es irrelevant, von „Männlichkeit" zu sprechen. Hier können wir vielleicht eher sagen, daß die Sozialisationsaufgabe, die die Muttermaske enthält, es fordert, daß Rudimente *einer Form von matriarchalischer Produktionsweise* realisiert werden können. Im Anschluß an die Überlegungen zur ‚Andersartigkeit' der Intimsphäre bestimmen Negt und Kluge zum Beispiel folgendermaßen die frühe Mutter-Kind-Beziehung als einen ‚Ort', wo sich Reste eines solchen nicht-kapitalistischen und nicht-patriarchalischen Arbeitsprozesses entfalten können:

In den Umgangsformen gelungener Mutter-Kind-Beziehung hält sich eine Produktionsweise, die man als einen Rest matriarchalischer Produktionsweise ansehen kann. Es ist falsch, sie allein auf Vorgänge im Hormonhaushalt, einen bloß biologisch begründeten „Mutterinstinkt", zurückzuführen. Vielmehr verteidigt sich hier eine auf Bedürfnisbefriedigung gerichtete eigene Produktionsweise der Frau („das Kind nach seinen Fähigkeiten behandeln, seine Bedürfnisse um jeden Preis stillen") gegenüber der patriarchalen und kapitalistischen Umwelt. Diese Produktionsweise ist den Mechanismen ihrer Umwelt absolut überlegen, aber vom Vergesellschaftungsgrad der gesamtgesellschaftlichen Kommunikation abgeschlossen.* (Negt, Kluge 1972, 50)

Mit diesem Übergang von Psychosexualität zu Arbeitsinhalt nähern wir uns dem *zweiten antithetischen Gegensatz*, auf den wir bei der Charaktermaske der Mutter hindeuten können. Galt nämlich der erste den Psychosexualitäten, die die Maske fordert und zu denen sie ihre Trägerinnen sozialisiert, so geht es bei dem zweiten um die Mutterarbeit. Das heißt, um die Arbeitsfunktionen, die die patriarchalisch-kapitalistische Geschlechterarbeitsteilung der Geschlechtscharaktermaske der Mutter zuschreibt. Das sind Arbeitsfunktionen, die jedoch *nicht* ausreichend bestimmt sind, wenn wir auf die Reste der matriarchalischen Produktionsweise hingewiesen haben, von der Negt und Kluge sprechen.

Eine Reihe von feministischen Forscherinnen[13] haben gezeigt, daß die patriarchalisch-kapitalistische Formbestimmung der Intimsphäre bedeutet, daß die Arbeit der Mutter, ökonomisch betrachtet, den Charakter einer *Gratisarbeit* bekommt. Die Arbeit, die die Muttercharaktermaske fordert, ist kapitalistisch betrachtet recht einzigartig, da sie nicht einmal die relative und begrenzte Freiheit und Selbständigkeit der Lohnarbeit bietet. Im Gegenteil.

Je längere Zeit für die Mutterarbeit aufgewendet wird, desto abhängiger wird diejenige davon, die diese Arbeit ausübt, entweder versorgt zu werden oder selbst eine umso größere Doppelarbeit ausführen zu können. Oder mit anderen Worten: in einer Gesellschaft, wo das Wertgesetz herrscht, kann es keine Arbeit geben, die nicht auf die eine oder andere Weise von jenem und dessen Zeit- und Tauschwertperspektiven bestimmt ist. Selbst eine Arbeit, die wie die Sozialisationsarbeit basal von ihrer Gebrauchswertorientierung bestimmt ist und einem anderen Zeithorizont unterliegt als dem „Zeit ist Geld" der Wertschöpfung, kann sich dem Wertgesetz nicht entziehen. Auch sie wird mit dem Maßstab des Wertgesetzes gemessen werden. Sie wird zum Negativum der wertschöpfenden Arbeit – einer Arbeit, bei der Zeit in gewissem Sinne mit „Mangel an Geld" gleichbedeutend ist. Die Mutter erhält ja keinen Lohn für die Zeit, die sie für ihre Sozialisationsarbeit aufwendet, aber sie ist abhängig von Geld/Lohn, um ihre Abeit ausüben zu können (um Essen, Kleidung, Wohnung für sich selbst und ihre Kinder beschaffen zu können).

Einerseits können wir also die Arbeit der Mutter als anders im Verhältnis zu den normalen kapitalistischen und patriarchalischen Standards bestimmen. Diese Andersartigkeit beruht darauf, daß die Arbeit mit alternativen Zeit- und Gebrauchswertperspektiven verbunden ist. Andererseits muß die Mutterarbeit jedoch als Arbeit verstanden werden, die von der patriarchalisch-kapitalistischen Produktionsweise formbestimmt ist. Oder mit anderen Worten: wir haben ein weiteres antithetisches Widerspruchsverhältnis in der Charaktermaske der Mutter aufgedeckt. Es ist nicht nur ihre Psychosexualität, die offenbar einen Widerspruch enthält, der jenem entspricht, den wir in den kindlichen Bildern von ihr wahrgenommen haben. Auch die Arbeitsfunktionen der Muttercharaktermaske können grundlegend als von einem solchen definiert betrachtet werden.

Mit diesen Widersprüchen haben wir eine äußere Grundlage präzisiert, eine objektive Basis für die antithetischen Mutterbilder, die Kinder vermutlich entwickeln. Daß die Mutter als einerseits aktiv und potent und andererseits ohne diese Eigenschaften erscheint, kann mit Doppeltheiten in ihrer Charaktermaske begründet werden.

Nur einen Umstand müssen wir noch kommentieren. In Wirklichkeit ist die Mutter, als Geschlechtscharaktermaske verstanden, ja die ganze Zeit Trägerin beider Pole in den beiden Widerspruchsverhältnissen, die wir aufgezeigt haben. Sowohl ihre Psychosexualität als auch ihre Arbeit sind konstant voller Widersprüche. Das Kind bildet sich zwar zuerst das aktive und potente Mutterbild und sieht danach die Mutter zum antithetischen – „kastrierten" Pol „fallen". Aber die beiden Pole müssen realistisch betrachtet in der Charaktermaske *gleichzeitig anwesend sein, nicht sukzessiv, wie es vom Kind erlebt wird.* Als Abschluß unserer Analyse wollen wir daher untersuchen, worauf dieser Unterschied zwischen der Erlebnisebene des Kindes und der äußeren Realität der Geschlechtscharaktermaske beruht.

Daß das Kind seine (fetischierten) Erfahrungen über die Widersprüche der Muttercharaktermaske sukzessiv macht, können wir auf den Takt zurückführen, in dem sich sein Realitätsprinzip und Umweltverständnis entwickeln. Solange sein Horizont aus dem ganz nahen Netzwerk von erwachsenen Bezugspersonen besteht, ist die Mutter (in ihrer geschlechtscharaktermaskenbestimmten Eigenschaft als zentrale Fürsorgeperson) die Herrscherin der Nahrung, der Pflege und der Sexualität. Der antithetische Pol in ihrer Maske kann dem Kind erst erscheinen, wenn sich sein Horizont dahin erweitert, einen größeren gesellschaftlichen Radius einzuschließen. Das heißt, jenen größeren Radius, in das es unter anderem durch die Sprache eingeführt wird, und mit dem es durch die Etablierung der antigonalen/ödipalen Elternachse konfrontiert wird. Die „kastrierten" Seiten in der Charaktermaske der Mutter liegen nämlich gewisserweise außerhalb der Mutter-Kind-Beziehung. Sie wurzeln nicht wie die mächtigen Seiten in der Beziehung zum Kind, sondern umgekehrt in der Abhängigkeit der Mutter von der Gesellschaft/dem Vater. Daher kann das Kind sie erst sehen, wenn es entwicklungshistorisch groß genug ist, um zu beginnen, die Mutter in ihren kontextlichen Umgebungen zu „sehen".

Aber warum „fällt" die Mutter eigentlich an der ‚Stelle' in der Entwicklungsgeschichte des Kindes, wo es beginnt, diesen größeren Kontext zu „sehen"? Warum erscheint sie nicht bloß in der Doppeltheit, die die ganze Zeit über ihre Charaktermaske charakterisiert hat? Wie wir durch den Defetischierungsprozeß gezeigt haben, hängt das mit dem Patriarchatsfetischismus zusammen, der das biologische Geschlecht und die Geschlechtscharaktermaske zu einer scheinbar natürlichen und unlösbaren Einheit verschmelzen läßt. Das Geschlecht erscheint auf diese Weise als der endgültige und unumstößlich wahre Indikator dafür, ob man an dem einen oder dem anderen Pol in der historischen Hierarchie der Masken zuhause ist. Innerhalb des fetischistischen Universums, das das Kind durch seine antigonalen/ödipalen Erlebnisse kennenlernt, ist kein Platz für eine nicht-mystifizierte Erkenntnis von Doppeltheiten wie jene, deren Existenz wir nun diskutiert haben. Hier gilt ein rigides entweder-oder. Entweder „phallisch" oder „kastriert"! Wurde die Mutter erst einmal in ihren Beziehungen zur umgebenden patriarchalischen und kapitalistischen Wirklichkeit gesehen, dann verwandelt der Fetischismus sofort die halbe historische Wahrheit über die eine – unterdrückte und machtlose – Seite ihrer Charaktermaske in die ganze und volle biologische „Wahrheit" über ihr Geschlecht. Die mächtige Seite ihrer Charaktermaske wird verdrängt oder in das „unrealistische" Reich der kindlichen Vorstellungen verwiesen.

Kapitel IX
Wie die schwarze, sexuelle Mutter weiß und rein wird

In *Rotkäppchen* wurde die Mutterfigur verschlungen und zum bemächtigten Objekt umgebildet, *gleichzeitig damit*, daß die Enkelin/Tochter vom aktiven, suchenden Held in ein passives, leidendes Opfer verwandelt wurde. Der „Fall" der Mutter von einer mächtigen in eine machtlose Position geschah gleichzeitig mit der Transformation der Tochter vom aktiv antigonalen zum kastrierten Akteur. Rotkäppchen erkennt ja genau in dem Augenblick was mit der Großmutter geschehen ist, wo es selbst vom Wolf gefressen wird. Die Eigenkörperkastration (Rotkäppchens Verschlingung) und die Kastration der Mutter (die Erfahrung, daß Großmutter auch gefressen wurde) sind in einem Bild verschmolzen. *Rotkäppchen*, das sich gut als Metapher für die Kastration eignete, wie wir sie in *Kapitel V* beschrieben haben, ist daher kein besonders illustratives Beispiel, wenn es gilt, ein Bild für das zu finden, was wir in *Kapitel VII* und *VIII* behandelt haben: die Aussonderung der Kastration der Mutter als ein besonderes, zeitlich verschobenes Moment im gesamten Kastrationstrauma.

Dagegen ist hier das österreichische Volksmärchen *Bei der schwarzen Frau*[1]. (Ein Referat des Märchens folgt in *Appendix A*). Als ein Supplement zur *Rotkäppchen*-Analyse werden wir daher nun dieses Märchen betrachten. Die Absicht ist wieder psychoanalytisch-didaktisch. Wir werden auf eine Metapher für die neuen Momente deuten, die wir nun in der Entwicklungsgeschichte des Mädchens herausanalysiert haben: die nachphallische oder passiv-antigonale Phase und die antithetischen Mutterbilder.

Wie bei der *Rotkäppchen*-Analyse wollen wir auch hier versuchen, den psychodynamischen Diskurs zu formulieren, den das kleine Mädchen in der bürgerlichen Gesellschaft in dem Märchen „hören" wird. Es geht also auch dieses Mal nicht darum, die ursprüngliche, präbürgerliche Bedeutung einzufangen. Die Methodeüberlegungen, die ich als Hintergrund für die *Rotkäppchen*-Analyse vorgelegt habe, gelten daher auch für das Folgende, so wie auch die analytische Vorgangsweise selbst diegleiche sein wird. Da ich jedoch in meiner Behandlung von *Rotkäppchen* den Weg so detailliert wiedergegeben habe, auf dem sich meine Analyse bewegt – von der narratologischen zur psychodynamischen Interpretation –, werde ich hier die Darstellung mehr summarisch halten.

1. Eine gehorsame und leidende Heldin
Narratologischer Auftakt

Wie in *Rotkäppchen* kann man darüber diskutieren, ob der Retter, der zu einem kritischen Zeitpunkt in *Bei der schwarzen Frau* auftritt, nämlich der Prinz/König,[2] als Helfer des Mädchens oder als selbständiger Held aufgefaßt werden soll. Verstehen wir den Prinz als Helfer, dann haben wir es mit einem Märchen mit einer Sequenz zu tun, worin das Mädchen der Held ist. Anders sieht es aus, wenn wir den Prinz als einen selbständigen Held deuten. Jener Teil des Handlungsverlaufs, der mit der Verstoßung des Mädchens vom Schloß der schwarzen Frau beginnt, und die sich bis zu seiner Hochzeit mit dem Prinz erstreckt, ist dann als eine eingeschobene Sequenz zu betrachten, in der der Prinz vorübergehend das Mädchen in der Rolle des Helden ablöst. Da es jedoch weder narratologisch noch psychodynamisch im Kontext dieses Buches einen großen Unterschied macht, ob wir die eine oder andere Interpretation wählen, werde ich mich der Übersichtlichkeit wegen darauf beschränken, die eine darzulegen.[3] Nämlich jene, wo wir den Verlauf als eine gesamte Sequenz betrachten. Wir werden also während des ganzen Weges das Mädchen als die Heldin behandeln und den Prinz als ihren Helfer verstehen. Auf dieser Grundlage wollen wir nun kurz die narratologische Struktur des Märchenverlaufs durchgehen – als textobjektivierenden Hintergrund für die psychodynamische Interpretation.

Das erste Moment im Märchenverlauf ist, wie gewöhnlich, seine *Ausgangssituation*, wo das Mädchen und seine Familie präsentiert werden. Wir werden mit dem armen Vater von sieben Kindern bekannt gemacht, wovon das Mädchen, unsere Heldin, das älteste ist. Patriarchalisch gesehen ist die Familie unvollständig: der Platz der Mutter im Raum ist leer.

Im Anschluß an die Armut und Not, die in der Ausgangssituation beschrieben werden, sehen wir in dem *Heimatraum*, wo die Handlung ihren Ausgang nimmt, den Mangel herrschen. Näher bestimmt den Geldmangel. Der Vater möchte das Mädchen bedienen schicken, als es 12 Jahre alt ist. Das würde seinen Versorgungsproblemen ein wenig abhelfen, meint er. Deshalb *führt* er das Mädchen aus dem Heimatraum hinaus – verkauft es sozusagen der schwarzen Frau. Dieses Element repräsentiert das, was Propp das Verbindungsmoment nennt. Das heißt, das Moment, das den Übergang zwischen dem die Handlung in Gang setzenden Mangel oder Unglück und den (aktiv-suchenden oder passiv-leidenden) Aktivitäten des Helden im Außenraum vermittelt. (Hinaus*geführt* zu werden ist in Propps System charakteristisch für den leidenden Helden.)

Der Geldmangel in der Familie des Mädchens ist das Moment, das explizit die Handlung in Gang setzt. Aber dazu kommt noch eine handlungsingangsetzende Funktion, die sich allerdings nur implizit zu erkennen gibt. Zu dem einen oder anderen Zeitpunkt, bevor der Vater und das Mädchen die schwarze Frau treffen, muß das Unglück geschehen sein, daß sie verhext wurde. Die Funktion ist als solche nicht im Verlauf manifestiert. Aber ihr Effekt – daß die schwarze Frau von der Verhexung erlöst werden muß – ist nicht desto weniger handlungserzeugend in einer Linie mit dem Geldmangel. Dieser Effekt ist der Hintergrund dafür, daß sie mit dem Vater um das Mädchen zu handeln beginnt.

Im *Außenraum* wird das Mädchen von der schwarzen Frau, die zuerst als Schenker auftritt, auf die Probe gestellt. Wenn sich deine Tochter ordentlich benimmt, dann ist ihr das Glück sicher, teilt die schwarze Frau dem Vater mit. Folgt das Mädchen gehorsam der schwarzen Frau zum Schloß als Dienstmädchen, ist die erste Prüfung bestanden. Die zweite Prüfung, der die schwarze Frau in ihrer Eigenschaft als Schenker das Mädchen unterzieht, besteht darin, daß es im Schloß aufräumen und sauber machen soll. Näher bestimmt in 99 der Zimmer des Schlosses. Aber gleichzeitig wird ihm verboten, das Zimmer Nr.100 zu betreten, wobei sich zeigt, daß die Erlösung der schwarzen Frau – ihre Weißwerdung – im selben Takt verläuft, in dem sich das Mädchen durch die anderen Zimmer arbeitet. Explizit bestehen diese beiden Prüfungen bloß darin, daß das Mädchen der schwarzen Frau gehorsam dienen soll. Aber die Prüfungen haben auch einen impliziten Zweck. Sie haben in Wirklichkeit den Charakter einer Bitte um Erlösung, da die schwarze Frau der Hilfe des Mädchens bedarf, um weiß zu werden, das heißt, von der Verhexung erlöst zu werden. Mit diesem versteckten Inhalt wird auf die Hauptprüfung hingedeutet, die schwere Aufgabe. Diese nimmt den größten Teil des Märchens in Anspruch und läuft darauf hinaus, daß das Mädchen – ähnlich wie der biblische Job – trotz diverser Plagen Standhaftigkeit, Durchhaltevermögen und Geduld beweisen und dadurch die Transformation und Erlösung der schwarzen in eine weiße Frau erwirken soll. Das, was bei den ersten beiden Prüfungen (jenen des Schenkers) untersucht wird, ist, ob das Mädchen qualifiziert ist, diese schwierige Aufgabe, die Hauptprüfung, gestellt zu bekommen.

Aber besteht das Mädchen die Prüfungen des Schenkers? Ja, was die erste betrifft, besteht kein Zweifel. Als Beweis dafür, daß sie bestanden wurde, folgt die Belohnung prompt. Dafür, daß es gehorsam zum Schloß mitgegangen ist, gibt die schwarze Frau dem Mädchen bei der Ankunft das Geschenk, daß es alles haben kann, was es will, indem es einfach daran denkt. Was die zweite Prüfung betrifft, ist es gleich schwieriger zu sehen, ob das Mädchen sie besteht. Unmittelbar sieht es ja fast so aus, als ob es versagt und zur Strafe von der schwarzen Frau verstoßen wird; es wird des ersten Geschenks beraubt und in den Wald geschickt, ohne Dach über dem Kopf, ohne etwas zu essen, zu trinken oder Kleidung. Der Schluß des Märchens erzählt jedoch etwas anderes. Er zeigt, daß das Mädchen tatsächlich die Prüfung bestanden hat. Es hat zwar schon in das 100. Zimmer geschaut, es aber nicht betreten. Vor diesem Hintergrund können wir das Eintreten des Prinzen in die Handlung als Ausdruck dafür verstehen, daß das Mädchen einen Helfer bekommt. Er ist seine Belohnung für das Bestehen der zweiten Prüfung des Schenkers (*alias* des schwarzen Frau). Gleichzeitig können wir sehen, daß der Grund dafür, daß die Spannung, inwiefern das Mädchen nun bestanden oder versagt hat, bis zuletzt im Märchen festgehalten werden kann, darin besteht, daß das Mädchen dem ersten Teil der schwierigen Aufgabe, der Hauptprüfung, ausgesetzt wird, bevor es seinen Helfer bekommt. Es geschieht das, was Propp eine Vertauschung der Funktionen nennt. Das erste Element der schweren Aufgabe (Beraubung des ersten Geschenks, die Fähigkeit, alles zu bekommen, woran es denkt, und außerdem das Vorenthalten von Essen, Trinken, Kleidung und Unterkunft) ist mit der Zuteilung des Helfers (des Prinzen) vertauscht. Das heißt, mit der Funktion, die ansonsten gleich auf das Bestehen der Prüfung gefolgt sein sollte. Auf diese Weise werden wir dazu verleitet zu glauben, daß das Mädchen versagt hat und wie die falschen Helden in den Märchen bestraft wird, die auf die Prüfungen des Schenkers immer negativ reagieren.

Die Illusion, daß es sich scheinbar um Strafe handelt, wird dadurch verstärkt, daß es so aussieht, als ob das Mädchen zwar schon vorübergehend Hilfe bekommt, aber nur, um in eine Situation mit neuen Plagen zu geraten. Die drei Söhne werden entfernt, dem Mädchen wird der Gehörsinn, die Stimme und der Sehsinn geraubt, und es wird den Anklagen der bösen Schwiegermutter ausgesetzt und zum Tod auf dem Scheiterhaufen wegen Hexerei und Kindesmord verurteilt. Aber in Wirklichkeit sind alle diese Plagen und Beraubungen ein Teil der Hauptprüfung, die das Mädchen besteht, indem es geduldig und ohne einen Mucks oder den Versuch, sich herauszulügen, alle Schmerzen erträgt.

Daß die Hauptprüfung tatsächlich bestanden wird, zeigt sich, als die schwarze Frau dem Mädchen zum letzten Mal eine Antwort darauf abverlangt, ob es in dem 100. Zimmer gewesen ist. Da die Antwort zufriedenstellend ist, kann in Übereinstimmung mit der Märchenlogik allen Mängeln und Unglücken abgeholfen werden. Die schwarze Frau wird erlöst und weiß. Die Not und Armut des Mädchens werden endgültig eliminiert, indem der Prinz es in Gnade wieder aufnimmt, gleichzeitig damit, daß ihm die schwarze Frau ihr Schloß schenkt und ihm die Kinder, den Gehörsinn, die Stimme und den Sehsinn zurückgibt.

Damit wird der Außenraum von einem harmonischen, (wieder-)etablierten *Heimatraum* abgelöst, wo nun alle Plätze des patriarchalischen Familiendreiecks besetzt sind: vom *Prinz* (der nach dem Tod seiner mächtigen Mutter definitiv König geworden ist, in der Bedeutung desjenigen, der nicht nur formal, sondern auch real die Macht hat), von dem *Mädchen/seiner Königin* und *ihren drei Söhnen*.

Der Vollständigkeit wegen soll außerdem erwähnt werden, daß wir im letzten Teil des Handlungsverlaufs des weiteren folgende Funktionen finden:

Eine Form von anonymer Anwesenheit oder unerkannter Ankunft der Heldin: die Identität des Mädchens ist unbekannt, als der Prinz es zum Schloß mitnimmt, und er kann, wie sich zeigt, nicht hundertprozentig sicher sein, ob es nicht eine Hexe ist.

Die unberechtigten Forderungen des falschen Helden: der Versuch der alten Königin (der Mutter des Prinzen) das Mädchen in den Augen des Prinzen anzuschwärzen, kann als Ausdruck dafür betrachtet werden, daß sie als falsche Heldin völlig unberechtigt Anspruch auf die Stellung der mächtigsten Frau im Lande erhebt, die sie verlieren würde, wenn sich ihr Sohn eine Königin nimmt.

Wiedererkennen des Helden: daß das Mädchen keine Hexe ist, sondern ein unschuldiges Wesen, wird von der schwarzen Frau festgestellt, indem sie bestätigt, daß das Mädchen die schwere Aufgabe gelöst, die Hauptprüfung bestanden hat.

Entlarvung des falschen Helden: gleichzeitig damit, daß die Unschuld des Mädchens bestätigt wird, werden die bösen und neiderfüllten Anklagen der alten Königin an das Mädchen als falsch entlarvt.

Transfiguration: das Mädchen wird aus seiner ärmlichen Herkunft gelöst, indem es Reichtum und Königswürde nicht nur durch den Prinz erhält, sondern sozusagen auch auf eigenem Weg, indem es das Schloß der schwarzen (jetzt weißen) Frau bekommt.

Strafe: die alte Königin/die falsche Heldin kommt statt des Mädchens auf den Scheiterhaufen.

Thronbesteigung: das Mädchen erhält echte Königswürde, als seine Unschuld bestätigt wird; (formal wurde es jedoch früher mit dem Prinz verheiratet).

2. Von der schwarzen Mutter besessen und verfolgt und von der weißen Mutter belohnt werden
Eine psychodynamische Analyse des Märchens

Die Kastration als Ausgangssituation
Das, was prinzipiell entscheidet, ob wir ein Märchen mit einem suchenden oder leidenden Held vor uns haben, ist das Vorhandensein oder Fehlen der 10. Funktion in der Reihe von 31, die Propp zufolge das Zaubermärchen kennzeichnen. Die zehnte Funktion ist der Beschluß oder die Inangriffnahme einer Gegenhandlung mit dem Hinblick, dem entstandenen Schaden abzuhelfen oder die eingetretene Mangelsituation zu eliminieren; und diese Funktion fehlt also in Märchen mit leidenden Helden. Propp sagt darüber: „Verstoßene, erschlagene, verzauberte und untergeschobene Helden streben nicht von selbst nach Befreiung, daher fehlt hier (das heißt, in den Märchen

mit einem leidenden Held, *A. d. A.*) diese Funktion."* (Propp 1928/1975, 42). Vor diesem Hintergrund können wir das Mädchen in *Bei der schwarzen Frau* als leidende Heldin bestimmen. Wo Rotkäppchen der Mutter verspricht, seinen Sucherheldenauftrag auszuführen (mit Wein und Kuchen zur kranken Großmutter zu gehen), wird das Mädchen in *Bei der schwarzen Frau* passiv in den Außenraum geführt, vom Vater der schwarzen Frau übergeben. Hier liegt kein Beschluß seitens des Mädchens vor.

Vergleichen wir hiernach die narrativen Strukturen der beiden Märchen, können wir einen sehr zentralen Unterschied feststellen. *Rotkäppchen* hat einen Verlauf, der aufgrund des Handlungsmusters der Hauptperson[4] sozusagen in der Mitte bricht. Rotkäppchen ist zuerst aktiv suchend. Aber es wird in eine leidende Heldin oder Opfer in der Mittelsequenz verwandelt, deren Begebenheiten die Bedeutung seines ursprünglichen Projekts vollkommen überschatten. Sein eigener selbständiger Heldenauftrag wird daher nur in rudimentärer Form ausgeführt. Im Gegensatz zu Rotkäppchen, das seinen Status vom aktiven zum passiven Akteur mitten im Märchen wechselt, ist das Mädchen in *Bei der schwarzen Frau* eindeutig passiv in seinem Handlungsmuster. Ein selbständiges Projekt oder eine Heldenaufgabe, die es als aktiven Sucher charakterisieren könnte, hat es zu keinem Zeitpunkt. Es ist die ganze Zeit über eine leidende Heldin.

Wenn wir auf diese Weise das Mädchen in *Bei der schwarzen Frau* als leidende Heldin bestimmen, können wir beginnen, den psychodynamischen Raum einzukreisen, für den das Märchen als Metapher verstanden werden kann. Dieser muß sich nach der Eigenkörperkastration befinden. *Rotkäppchen* könnte mit dem Handlungsmusterwechsel der Heldin als ein Inszenesetzen der Bewegung aus dem vor-fetischierten Raum in das Universum der Kastration betrachtet werden. Das eindeutige Fehlen eines Projekts bei dem Mädchen in *Bei der schwarzen Frau* bedeutet dagegen, daß dieses Märchen metaphorisch ein Stadium ausdrücken muß, das *nach* der Kastration liegt, *nachdem* der Entfaltung spontaner, sexuell-körperlicher Ativität vom Patriarchatsfetischismus die erste Grenze gesetzt wurde.

Ein weiteres Zeichen dafür, daß wir uns in einem Raum befinden, der später auf der Entwicklungslinie liegt, die wir in den *Figuren H-I* aufgezeichnet haben, als der harmonische erste Teil der Antigonephase, können wir aus der Interaktantenstruktur der Ausgangssituation herauslesen. In *Rotkäppchen* waren wir hier in einem *Mutter*-Raum, wo – patriarchalisch gesehen – ein Platz leer war, der mit einem Vater ausgefüllt werden sollte. Umgekehrt ist es in *Bei der schwarzen Frau* das Fehlen der Mutter, das die Familie der Heldin, als „normales" Familiendreieck betrachtet, unvollständig macht.

Ein letztes Signal dafür, daß wir in *Bei der schwarzen Frau* die Grenzen der vor-fetischierten Phase überschritten haben, erhalten wir schließlich auch, als beim Eingang in den *ersten Heimatraum* bekanntgegeben wird, daß wir uns in einem Universum befinden, in dem der Mangel herrscht. Nicht bloß der

Mangel an einer Mutter, sondern auch an Geld. Das heißt, an etwas, das im Kontext des psychodynamischen Diskurses als ein Symbol für Potenz betrachtet werden muß.

Eine mächtige Mutter und ihre entfremdete Anwesenheit

Aber was ist es für eine entwicklungshistorische Stelle, die in uns berührt wird, wenn wir mit *Bei der schwarzen Frau* beginnen und vom Fehlen sowohl der *Mutter* als auch von Potenz hören? Es ist der passive und entfremdete Teil der Antigonephase, die nachphallische Phase. Denn einerseits ist das Mädchen passive Akteurin, aber andererseits sind wir deutlich noch nicht in den passiv ödipalen *Vater*-Raum eingetreten. Wie bei dem Verbindungsmoment am Übergang zwischen Heimat- und Außenraum enthüllt wird, wo der Vater das Mädchen an die schwarze Frau verkauft, ist es nämlich nur scheinbar ein mutterloses Universum, in dem wir uns befinden. So kann die schwarze Frau – die Herrscherin des Außenraumes – als symbolische Repräsentantin des *Mutter*-Interaktanten verstanden werden, der im Heimatraum fehlt. Und sie ist ganz deutlich eine Figur, die sich psychodynamisch auf der prospektiven Entwicklungslinie vor der Kastration der Mutter plaziert. Sie besitzt das, was nötig ist, um als das phallische Mutterimago der nachphallischen oder passiv-antigonalen Phase zu erscheinen.

Die schwarze Frau ist also eine mächtige Gestalt. Sie besitzt unter anderem den Reichtum und das Geld, das dem Vater und dem Mädchen fehlt. Als eine Spiegelung ihrer Potenz ermöglicht ihr dies, sich das Mädchen anzueignen. Ihr Kauf desselben kann als eine Manifestation der passiv-antigonalen Interaktion auf der Mutter-Tochter-Achse betrachtet werden. Außerdem fährt die schwarze Frau in einem Wagen ohne Pferde. Das heißt, ein Wagen, der mit einer mystischen, übernatürlichen Triebkraft ausgestattet ist. Mit anderen Worten: sie ist so potent, daß sie ihr Fahrzeug, ihre Sexualität, in aktiven Schwung ohne den Gebrauch von Pferden bringen kann – ohne auf sexuelle Kräfte außerhalb ihrer selbst angewiesen zu sein.

Aber die schwarze Frau ist nicht nur potent und mächtig. Sie ist – wie die Mutter der passiv-antigonalen Phase – auch mystisch und fremd. Wenn sie ohne Pferde fahren kann, ist das ein Zeichen dafür, daß ihre Potenz einer unbekannten und unerklärlichen Kraftquelle entspringt. Das heißt, sie erscheint genauso, wie die phallische Mutter, mit den Augen ihrer passiv-antigonalen Tochter betrachtet, aussehen muß. Denn im Gegensatz zur Klitorismutter, deren Potenz die Tochter versteht, weil sie sich auch selbst potent fühlt, so ist umgekehrt die phallische Mutter von Mystik umgeben. Sie kann das, was ihre Tochter fühlt, *nicht* zu können: Potenz zu entfalten. Und gleichzeitig ist die Genitalität ihres Frauenkörpers auf unerklärliche Art und Weise mit den Attributen des phallischen und kastrierenden *Vaters* ausgestattet.

In diesem passiv-antigonalen Kontext ist es klar, daß die schwarze Frau ihre Anwesenheit im Heimatraum nicht manifestieren kann, sondern erst im Verbindungsmoment beim Übergang zwischen jenem und dem Außenraum. Als entfremdeter Mutterinteraktant gehört sie dem Unbekannten und Fremden an, nicht den bekannten und verständlichen Umgebungen des Heimatraumes.

Im passiv-antigonalen oder nachphallischen Licht betrachtet wird es auch klar, was die Verhexung (das Unglück, das eingetreten sein muß, bevor der Vater und das Mädchen die schwarze Frau treffen) psychodynamisch bedeutet. Verhext zu werden bedeutet fremd gemacht zu werden. Das heißt, im guten und/oder schlechten mit mystischen, übernatürlichen Zügen ausgestattet. Die Verhexung kann daher als die Entfremdung verstanden, die in der passiv-antigonalen Phase auf der Mutter-Tochter-Achse eintritt. Sie kann die Transformation von der Klitorismutter in die phallischen Mutter symbolisieren – die Verwandlung des Mutterbildes, die der erste Teil des Kastrationstraumas bewirkt. Eine Verwandlung, die „gut" ist, weil die Mutter auf diese Weise als begehrenswertes und potentes Objekt festgehalten werden kann, und weil die eigentliche Katastrophe – ihre Kastration – hinausgeschoben werden kann. Aber gleichzeitig eine Verwandlung, die auch „böse" ist, weil die Mutter in eine fremde, mystische und monströse Figur transformiert wird.

Es ist interessant, daß der Verlauf offen läßt, wie und wann das Unglück, die Verhexung, eingetreten ist. Wir erfahren nur implizit, daß sie zu einem Zeitpunkt stattgefunden hat, bevor sich der Vater hinausbegibt, um seine Tochter auszuhändigen. Die Mystik, die solcherart die Verhexung der schwarzen Frau umgibt, erzeugt auf diese Weise ein feines Bild von der Dunkelheit, in die die Verwandlung der Mutter von der Klitorismutter in die phallische Mutter im Bewußtsein des Mädchens gehüllt sein muß. Eine Dunkelheit, die von der Verdrängungsmauer stammt, die der erste Teil des Kastrationstraumas rund um die vor-fetischierten Erfahrungen und Bilder aufbaut.

In den innersten Raum der Mutter eindringen oder nicht

Die Bewegung des Mädchens hinaus in den Außenraum bezeichnet also die Konstituierung der passiv-antigonalen oder nachphallischen Mutter-Tochter-Achse. Die beiden Proben, auf die die schwarze Frau in ihrer Eigenschaft als Schenker das Mädchen stellt, können vor diesem Hintergrund als Momente gedeutet werden, die die Stärke des libidinösen Bandes zwischen Mutter und Tochter überprüfen. Jenes Band, das – trotz der Entfremdung – in der passiv-antigonalen Phase zwischen ihnen noch immer existiert.

Daß das libidinöse Band existiert, wird durch die erste Prüfung bestätigt, die das Mädchen besteht, indem es gehorsam mit der schwarzen Frau geht. Es läßt sich auf diese Weise von der potenten Mutter aneignen und bemächtigen, und ihm werden als Belohnung Möglichkeiten unbegrenzter Bedürfnisbefriedigung zur Verfügung gestellt. Daß das Mädchen alles bekommen kann, was es sich wünscht, entspricht einer Dimension der phallischen Phantasie über die Mutter in der passiv-antigonalen Phase. Die Phantasie ist ja eine Abwehr, die auf einem beharrlichen Festhalten an dem beruht, was das vor-fetischierte Mutterimago charakterisierte: daß die Mutter als fähig auftritt, das sexuelle Begehren ihrer Tochter zu stillen.

Als eine weitere symbolische Bestätigung der libidinösen Mutter-Tochter-Achse bekommt das Mädchen auch eine Unterkunft in der Sphäre der Mutter: ihr mächtiges Schloß. Doch handelt es sich nur um ein kleines Zimmer in der Nähe des Tors des Schlosses. Es kann nämlich nicht wie im ersten, aktiven Teil der Antigonephase von einer Mutter-Tochter Beziehung die Rede sein, wo sich die Tochter genauso wie die Mutter fühlen kann – wo sie sich zuhause und berechtigt fühlen kann, sich frei im ganzen Universum der Mutter zu bewegen. Nach dem Erlebnis der Eigenkörperkastration des Mädchens erscheint die Mutter als mächtig und damit ganz anders als ihre Tochter. Die Achse zwischen der kastrierten Tochter und der phallischen Mutter ist nicht nur eine simple Reproduktion der vor-fetischierten Interaktion im ersten Teil der Antigonephase. Es handelt sich schon noch um eine intensive Mutter-Tochter-Beziehung, aber sie entfaltet sich unter ganz anderen Bedingungen.

Das spezifische passiv-antigonale Moment, das in dem nur begrenzten Anteil zum Ausdruck kommt, den das Mädchen in der Sphäre der schwarzen Frau/der mächtigen Mutter erhält, wird bei der nächsten Prüfung, dem Saubermachen, noch deutlicher entfaltet. Auch hier wird das Band zwischen Mutter und Tochter manifestiert, wenn die schwarze Frau als Schenker die Prüfung formuliert und das Mädchen diese besteht. Aber zugleich geschieht das auf eine Weise, die der Interaktion in genau dem passiven Teil der Antigonephase entspricht, wo es nicht mehr die positive Befriedigung ist, sondern die Verleugnung der Anziehung, die für das Mädchen das libidinöse Zentrum ausmacht. Wir sehen an dieser Stelle im Märchen ein Bild, das mit unserer früheren Beschreibung dessen gut übereinstimmt, wie die passiv-antigonale oder nachphallische Paranoia entstand.

Denn was ist der Inhalt der Prüfung mit dem Saubermachen der Zimmer anderes als eine Übung darin, auf das Eindringen und Entschleiern der Geheimnisse im innersten (Gebärmutter-) Raum der Mutter zu verzichten? Eine Übung, die als Ausdruck der libidinösen Befriedigung gedeutet werden kann, die entfremdet und bis zur Unkenntlichkeit verwandelt wurde – transformiert in die beständig und laut verkündete Botschaft: „Ich-liebe-sie-nicht"/„Ich-habe-keine-Lust-ihren-Innenraum-zu-betreten". Daß das Mädchen die Prüfung durch ein Unterscheiden zwischen dem Eindringen des Blicks und des Körpers besteht, das so spitzfindig ist, daß der Leser bis zuletzt über das Resultat in Ungewißheit gehalten werden kann, ist eine Bestätigung beider Dimensionen in der paranoid gefärbten Liebe der passiv-antigonalen Mutter-Tochter-Achse. Wenn die Ungewißheit über den Ausgang der Prüfung so markant werden kann, so liegt das daran, daß der Text deutlich markiert, daß das Mädchen von dem verbotenen Zimmer Nr. 100 ungeheuer angezogen wird. Es steht außer Zweifel, daß das „Ich-habe-keine-Lust-den-inneren-Raum-der-Mutter-zu-betreten", auf das sich das Mädchen beziehen kann, das Gegenteil verdeckt. Das heißt, das „Ich-habe-Lust-den-inneren-Raum ... und so weiter" – oder, wie das Mädchen selbst seine schwer zügelbare Neugierde formuliert: „Nein"! Was eppa in dem hundert'n Zimmer drein is'? „* Gegenüber dieser klaren Anziehung finden wir jedoch auch das ebenso unbezweifelbare Element im Text, daß die Prüfung tatsächlich bestanden wird, womit bestätigt wird, daß kein Eindringen stattgefunden hat. Alles in allem sehen wir deshalb ein Doppelbild, das mit der Manifestation der Paranoia von einer starken libidinösen Anziehung einerseits verglichen werden kann, deren Existenz zugleich andererseits hartnäckig verleugnet wird.

Die schwarze Mutterfigur und die weiße

Wie wir im narratologischen Auftakt bemerkten, haben die Prüfungen des Schenkers versteckt auch den Charakter einer Bitte um Erlösung. Einer Bitte, die in den zwei antithetischen Körperidentitäten begründet ist, mit denen die Verhexung die schwarze Frau ausgestattet hat. Sie ist schwarz und verhext, kann aber weiß und rein werden, wenn das Mädchen die symbolische Reinigung des Schlosses durchführt, ohne zu wissen, daß es in Wirklichkeit den Körper der schwarzen Frau reinigt.

Gehen wir zum psychodynamischen Deutungszusammenhang über, so können diese beiden antithetischen Körperidentitäten mit dem Gegensatz zwischen dem phallischen und dem kastrierten Mutterimago verglichen werden – auf folgende Weise:
(Darstellung Seite 338)

$$\frac{\text{schwarze Frau}}{\text{weiße Frau}} \subset \frac{\text{phallische Mutter}}{\text{kastrierte Mutter}}$$

So wie die beiden Mutterbilder einander als absolute Gegensätze gegenüberstehen, paßt es nämlich gut, sie als schwarz *versus* weiß aufzustellen. Denn schwarz-weiß ruft wohl über den Farbgegensatz Assoziationen in die Richtung genau entgegengesetzter Positionen hervor. Beziehen wir die bürgerliche Sexualideologie mitein, so ist weiß außerdem mit der unschuldigen,

„reinen" Frau verknüpft, die mit dem kastrierten Mutterimago das Zentrale gemeinsam hat, daß sie ohne eigenes Begehren ist, genau wie schwarz demgegenüber das repräsentiert, was die phallische Mutter charakterisiert: Begehren, aktiv entfaltete sexuelle Lust. Mit einer christlichen Bedeutung kombiniert, wird des weiteren der Gegensatz gut/böse mit weiß/schwarz verknüpft. Das heißt, Qualitäten, die auch mit dem kastrierten beziehungsweise phallischen Mutterimago verbunden werden können. Wir haben gesehen, daß die phallische Mutter als böse auftritt. Daß die kastrierte als gut erscheint, muß im Zusammenhang damit gesehen werden, daß wir annehmen müssen, daß sie eine Transformation durchläuft, eine ideologische Verschönerung durch den Prozeß, der dazu führt, daß sie sich als einziges Mutterimago konstituiert.[5]

Auf diese Weise passen gängige Assoziationen zu schwarz-weiß mit den Zügen zusammen, die wir bei der phallischen beziehungsweise kastrierten Mutter finden.[6] Assoziationen, die das kleine Mädchen, das das Märchen hört, jedoch natürlich noch nicht zu haben braucht. Aber es ist gleichzeitig klar, daß die Charakteristika, die das phallische beziehungsweise kastrierte Mutterbild kennzeichnen, mit dem das kleine Mädchen in seinem eigenen Leben konfrontiert war, auch auf die beiden Identitäten der schwarzen Frau zutreffen. Als schwarze ist sie teils begehrend – sie möchte das Mädchen haben – teils böse, insofern sie bei der Hauptprüfung das Mädchen allen möglichen Plagen aussetzt. Demgegenüber ist sie als weiße begehrlos – sie erhebt am Schluß nach ihrer Reinigung keinen Anspruch mehr auf das Mädchen – und eindeutig gut, als sie ihm ihr Schloß überläßt.

Zu diesen Begründungen für den Vergleich der schwarzen/weißen Frau mit dem schwarzen/weißen Mutterimago kommt außerdem eine hinzu, die dem Charakter selbst der Interaktantenstruktur entspringt. Es ist so, als ob die Kommunikation zwischen dem Mädchen und der schwarzen Frau auf zwei Ebenen vor sich geht. Auf der Oberfläche ist es die schwarze Seite, mit der das Mädchen konfrontiert wird. Aber gleichzeitig findet eine versteckte Interaktion mit der weißen Seite statt. Sie ist es ja, die nach Erlösung strebt und das Mädchen um Befreiung bittet. Dem entspricht im psychodynamischen Deutungszusammenhang, daß auf der passiv-antigonalen Mutter-Tochter-Achse auch sozusagen auf zwei Ebenen interagiert wird (einer bewußten und einer unbewußten) und mit zwei Partnern (einer phallischen „Wunschmutter" und einer kastrierten „Realmutter")[7]. Explizit und bewußt ist es die phallische Mutter, auf die sich die passiv-antigonale Tochter bezieht. Aber wie wir es früher beschrieben haben, beruht die nachphallische Wunsch- und Abwehrphantasie über die Mutter auf einer Verleugnung, und das bedeutet, daß sich durch die ganze passiv-antigonale Phase eine Form von – nicht bewußt anerkanntem – Wissen über die „Kastriertheit" der Mutter als Unterströmung zieht.

Im passiv-antigonalen Kontext kann die versteckte Bitte der schwarzen/

weißen Frau um Erlösung als die unbewußte Interaktion interpretiert werden, die mit der kastrierten „Realmutter" vor sich geht, gleichzeitig damit, daß die bewußte Mutter-Tochter-Achse aus der Beziehung zur phallischen „Wunschmutter" besteht. Eine unbewußte Interaktion, die darauf beruht, daß das verleugnete, kastrierte Bild versucht, in die Sphäre des Bewußten zurückzukehren. In der passiv-antigonalen Phase befindet sich das Mädchen ja nämlich, wie wir gesehen haben, in einer libidinös paradoxalen Situation. Seine Lust auf die phallische Mutter wird es in Kombination mit verschiedenen entwicklungspsychologischen Mechanismen in die Richtung einer Reproduktion der sadomasochistischen Urszenephantasie treiben. Das heißt, in die Richtung der schmerzlichen Enthüllung dessen, daß die Mutter nicht phallisch ist, sondern kastriert. Auf diese Weise droht das kastrierte Bild durch die Verdrängungsmauer zu brechen. Oder mit anderen Worten: es bittet um Erlösung aus dem Unbewußten, auf dieselbe Weise wie die weiße Frau Erlösung von ihrer schwarzen Gestalt sucht. Und das Märchen ist umso verführender, als die zurückkehrende weiße Frau in ihrer Gutheit und Uneigennützigkeit nur Assoziationen in Beziehung auf die schöne und positive Vorderseite des verleugneten Mutterimagos in Gang setzt, während es der alten, neidischen Königin überlassen ist, die häßliche Rückseite zu repräsentieren, als sie zum Schluß machtlos dasteht, als falsche Heldin entlarvt.

Die schwere Aufgabe – als das „böse" Projekt des Liebesobjekts

Nachdem die schwarze Frau in ihrer Eigenschaft als Schenker das Mädchen auf die beiden Proben gestellt hat, unterzieht sie es der Hauptprüfung, der schweren Aufgabe, und beginnt hier ernsthaft, sich in ihren bösen und verfolgenden Dimensionen zu entfalten. So wie auch die beiden ersten Prüfungen die libidinöse Mutter-Tochter-Achse bestätigten, tut dies auch die Hauptprüfung, obwohl es unmittelbar so aussieht, als gäbe sie nur Raum für Phantasien über das Gegenteil einer liebevollen Beziehung. Auf diese Weise liefert sie ein ausgezeichnetes Bild der Entfremdung, von der die antigonale Libido nach dem ersten Teil des Kastrationstraumas getroffen wird. Das zeigt sich sowohl, wenn wir die schwere Aufgabe als Gesamtheit betrachten, als auch, wenn wir uns ihre einzelnen Teile ansehen.

Was die Aufgabe als Gesamtheit betrifft, können wir zuerst festhalten, daß es die schwarze Frau ist, die sie stellt. Um zu beleuchten, was das bedeutet, müssen wir kurz zu Propps Analysen zurückkehren.

Derjenige, der nach der Märchennorm die schwere Aufgabe stellt, ist Propp zufolge das gesuchte Objekt.[8] Die Funktion gehört derjenigen von seinen sieben dramatis personae, die er, ausgehend von der patriarchalischen Grundform,[9] mit der er arbeitet, als Prinzessin (oder deren Vater, der

Zar/König) definiert. Das heißt, die schwere Aufgabe wird von der Position aus im Märchen gestellt, die das Ziel des Strebens des männlichen Sucherhelden enthält – und auch oft seiner Heiratslust. Mit anderen Worten: die Aufgabe wird von dem Objekt gestellt, das der aktive Held sucht. Auch der leidende Held kann die schwere Aufgabe ausführen, sagt Propp. Aber wie derjenige, der die Aufgabe stellt, definiert werden soll, darüber macht er keine generelle Aussage. Wie jedoch aus seinen Analysebeispielen hervorgeht, kann der leidende Held aber ohne weiteres eine Form von „gesuchtem" (oder vielleicht sollte man eher sagen „erwartetem"[10]) Objekt haben. Das heißt, ein Objekt, das ihr/ihm eine schwere Aufgabe stellt, ehe er/sie sie/ihn heiratet.

Wir können also, von Propps Analyse ausgehend, feststellen, daß es das „gesuchte" oder „erwartete" Objekt ist, das die schwere Aufgabe stellt. Die Absicht besteht darin herauszufinden, ob der Held würdig ist, für sein Suchen oder Warten belohnt zu werden. Vor diesem Hintergrund ist es interessant zu beobachten, daß es in *Bei der schwarzen Frau* die schwarze Frau und nicht zum Beispiel der Prinz ist, die erprobt, ob das Mädchen am Schluß die Belohnung verdient. Denn wenn der schwarzen Frau im Märchen eine Funktion zugeteilt wird, die oft dem Liebesobjekt gehört, so deutet das in die Richtung eines psychodynamischen Diskurses, der von libidinöser Anziehung handelt. Wir haben hier also ein Element in der Hand, das die Interpretation des Hauptteils des Märchens als Metapher für eine antigonale Libido bestätigt.

Blicken wir als nächstes auf den Inhalt der Aufgabe, bekommen wir, wie gesagt, die schwarze Frau als Verfolgerin des Mädchens zu sehen. Aber gleichzeitig handelt es sich die ganze Zeit über um eine Interaktion, die sich tatsächlich zum Vorteil des Mädchens erweist. Denn, wie am Ende klar wird, ist die schwarze Frau nicht richtig böse. Das, worum es ihr geht, besteht im Gegenteil darin, teils selbst erlöst zu werden, aber teils auch, dem Mädchen die Gelegenheit zu geben, sich würdig zu erweisen, das Schloß entgegenzunehmen, die Belohnung dafür, alle Plagen und Peinigungen ohne zu klagen heroisch auf sich genommen zu haben. Vor diesem Hintergrund wird die entfaltete Bösartigkeit zu jener parallel, die die des Verfolgers in der Paranoia kennzeichnet, wo der scheinbare Haß in Wirklichkeit auf die Befriedigung einer libidinösen Anziehung abzielt, die nur nicht direkt bekanntgegeben werden darf.

Eine seltsame Liebe: Verstoßung und Kastration

Nachdem wir die schwere Aufgabe als Gesamtheit betrachtet haben, wollen wir uns nun ihre einzelnen Teile genauer ansehen. Auch diese enthalten nämlich eine Reihe von Zügen, die auf die besondere passiv-antigonale Doppeltheit von einerseits Entfremdung von der Mutter und andererseits Verbleiben in ihrer Libidosphäre hindeutet.

Wenn das Mädchen als erste Plage von seinem Platz im Schloß der schwarzen Frau verstoßen und ihm die Fähigkeit genommen wird zu bekommen, was es will, wird ihm der Zugang zum Körperraum der Mutter verwehrt und es von den Befriedigungsmöglichkeiten abgeschnitten, die die Mutter früher bot. Dies stimmt mit der Art und Weise überein, wie das passiv-antigonale Mädchen erleben muß, daß die phallische Mutter es im Stich läßt, ihre Libido von ihm zurückzieht.

Trotz der Verstoßung befindet sich das Mädchen jedoch immer noch innerhalb der Libidosphäre der *Mutter*. Es wird nicht wie Rotkäppchen mit einem Mal jenseits deren Grenzen geschickt. Das geht aus dem hervor, was im weiteren passiert. Das Mädchen tritt deutlich als eine passiv-antigonale Tochter auf, deren Gefühle, im Stich gelassen und verfolgt zu werden, auf einem Fundament einer frustrierten, aber nichts desto weniger zählebig festgehaltenen Trieb-Bewegung auf den Körper der Mutter hin baut. So versucht es sofort einen *Mutter*-Raum zu finden, der das ersetzen kann, was es verloren hat. Wie sich bei der Beschreibung dessen zeigt, wie der Prinz das Mädchen im Wald findet, hat es nämlich nach der Verstoßung Zuflucht in einer tiefen Höhle gesucht, das heißt, in einem Gebärmutterraum.

Betrachten wir außerdem das Eintreten des Prinzen-Helfers in die Handlung, so besteht auch hier ein entscheidender Unterschied im Verhältnis zum Eintritt des Jägers in *Rotkäppchen*. Das Kommen des Prinzen markiert nicht wie das des Jägers die Etablierung eines passiv-ödipalen *Vater*-Raumes, sondern höchstens ein Vorstadium dazu. Das geht unter anderem deutlich daraus hervor, daß er als Handlungsträger viel schwächer als der Jäger dasteht. Als Helfer betrachtet fungiert der Jäger als eigentlicher *stand-in* für Rotkäppchen bei der Hauptprüfung; er besiegt den bösen Gegenspieler und eliminiert den entstandenen Schaden für es. Die Helferhandlung des Prinzen läuft dagegen darauf hinaus, das Mädchen in eine Position zu ‚rücken', die ihm die Möglichkeit gibt, *selbst* die Hauptprüfung zu vollführen, die schwere Aufgabe, die ihm die schwarze Frau gestellt hat.[11] Eigentlich handlungserzeugend wie der Jäger ist der Prinz zu keinem Zeitpunkt. Als er das Mädchen im Wald gefunden und es zu seinem Schloß geführt hat, ist es wieder die schwarze Frau – und außerdem seine Mutter, die alte, neidische Königin –, die die handlungserzeugenden Kräfte im Verlauf repräsentieren.

Im zweiten Teil der schweren Aufgabe – jenem, der nach der Hochzeit des Mädchens mit dem Prinz vor sich geht – wird die Funktion der schwarzen Frau als Verfolgermutter drastisch akzentuiert. In Übereinstimmung mit der kastrationssignalisierenden Ähnlichkeit der phallischen Mutter mit dem phallischen Vater sind alle Beraubungen, denen das Mädchen nun ausgesetzt wird, mit schwerer Kastrationssymbolik geladen. Des Gehörsinns, der Stimme und des Sehsinns beraubt zu werden ist dasselbe wie von zentralen sinnlichen Potentialen und Potenzen abgeschnitten zu werden, und nicht zuletzt ist Blendung ein häufig gebrauchtes Symbol für Kastration, vergleiche zum Beispiel den Ödipusmythos.[12] Ebenso kann der Raub der drei Söhne als Kastrationsausdruck verstanden werden – in Anschluß an die fetischistische Symbolfunktion des Kindes, speziell des männlichen Kindes, als Penisersatz für die Mutter.[13]

Es kann jedoch kein Zweifel darüber bestehen, daß die Plagen auch hier nicht als Ausdruck dafür gedeutet werden sollen, daß das libidinöse Band zwischen Mutter und Tochter abgeschnitten wurde. Im Gegenteil erscheinen sie als eine sadomasochistische Bestätigung der fortgesetzten Existenz dieses Bandes. Zentrum der schweren Aufgabe und damit der libidinöse Mittelpunkt ist ja immer noch teils die Frage der schwarzen Frau, ob das Mädchen in der 100. Kammer gewesen ist. Das heißt, ob das verbotene Eindringen in den innersten Raum der Mutter stattgefunden hat. Teils steht immer noch die beharrlich wiederholte Verneinung des Mädchens im Mittelpunkt: „Nein, ich war nicht drinnen". Das heißt, die Verneinung, die zweideutig auf seine gewaltige Neugierde deutet, eben gerade den verbotenen Mutterkörperraum zu erforschen. Auch dieser zweite Teil der schweren Aufgabe ist also in einen Kontext eingelagert, der auf eine intensive, libidinöse, wenn auch paranoid entfremdete Interaktion zwischen Mutter und Tochter deutet. Eine Interaktion, die essentiell nur ein Echo ist, eine beständige Wiederholung des Wortwechsels, der ursprünglich auf dem Schloß der schwarzen Frau verlautete und hier die verschleierte und verdrehte, aber eindeutig auf die Mutter gerichtete Libido der passiv-antigonalen oder nachphallischen Phase manifestierte.

Vorstadien des passiv-ödipalen *Vater*-Raumes
– das Eintreten des Prinzen und der alten, neidischen
Königin in die Handlung

Wie wir gesehen haben, ist das dominierende Element im Märchen von der ersten Prüfung seitens des Schenkers bis zum Abschluß der schweren Aufgabe (das heißt, im weitaus größten Teil des gesamten Verlaufs) die Beziehung zwischen dem Mädchen und der schwarzen Frau. Das heißt, die Beziehung, die die passiv-antigonale Mutter-Tochter-Achse widerspiegelt. In Verbindung mit der versteckten Bitte um Erlösung, die in der Interaktion zwischen den beiden enthalten war, haben wir jedoch erwähnt, daß es gleichzeitig eine Form von Unterströmung im psychodynamischen Verlauf gab. Eine Unterströmung, die von etwas anderm handelte als von dieser passiv-antigonalen Mutter-Tochter-Achse – etwas, das auf die Kastration der Mutter und damit auf die Etablierung des passiv-ödipalen *Vater*-Raumes hindeutete. Außer sich in der versteckten Bitte der schwarzen/weißen Frau um Erlösung zu manifestieren, kommt diese Unterströmung teils auch beim Eintritt des Helfers (des Prinzen) in die Handlung zum Ausdruck, teils bei dem des falschen Helden (der alten, neidischen Königin). Es ist nämlich für beide charakteristisch, daß sie eine Doppelfunktion haben. Sie sind Instrumente der schwarzen Frau, aber zugleich repräsentieren sie auch Positionen, die eigentlich – wenn sie sich ernsthaft entfalten dürften – in einen passiv-ödipalen Kontext gehören würden. Betrachten wir die beiden Figuren je für sich.

Zuerst der Prinz. Aus einem Vergleich mit dem Jäger in *Rotkäppchen* ist hervorgegangen, daß er keine eigentlich handlungsschaffende Funktion wie jene hat. Zwar sieht es zuerst so aus, daß er auf einer Linie mit dem Jäger als Rettungsmann und Tag-Vater-Beschützer auftritt. Aber es zeigt sich schnell, daß seine Hilfe nur darauf hinausläuft, das Mädchen von einem Prüfungsraum zum anderen zu ,rücken'. Seine Rolle besteht einzig darin, Vermittler zwischen den Räumen zu sein, die die schwarze Frau für ihre Prüfung des Mädchens vorgesehen hat. Die Haupthandlung dreht sich sowohl davor als auch nachdem der Prinz das Mädchen findet um die schwere Aufgabe, die die schwarze Frau dem Mädchen gestellt hat. Der Prinz ist nur ein Instrument für das Projekt der schwarzen Frau. Daher kann sein Eintreten in den Handlungsverlauf nicht als Ausdruck für dasselbe wie das Auftauchen des Jägers in *Rotkäppchen* verstanden werden, das die Etablierung des passiv-ödipalen *Vater*-Raumes markierte.

Über den Prinz können wir dagegen sagen, daß er die Rettungsaktion des mächtigen Tag-Vater-Beschützers imitiert, ohne dessen Position zu repräsentieren. Dies macht er erst am Schluß, und wir können daher sein erstes Auftreten als ein Vorstadium betrachten. Ein Vorstadium, das im Zusammenhang mit den „Realitäts"-Dimensionen verstanden werden muß, die sich insgeheim um das Mutterbild (die weiße Seite der schwarzen Frau) manifestiert haben. Da die gute, kastrierte, weiße Mutter nämlich mit der Tag-Vater-Seite des phallischen Vaters zusammengehört – komplementär ist –, ist es nur logisch, daß ihr Auftauchen als Glied einer „Realitäts"-zugewandten Unterströmung auf der passiv-antigonalen Mutter-Tochter-Achse ein dementsprechendes, vorgreifendes Bild sich auf der Vaterachse zeigen läßt. Auch hier ist das Märchen verblüffend konsequent.[14]

Die Doppeltheit, die auf diese Weise die Funktionen des Prinzen im größten Teil des Verlaufs charakterisiert, finden wir auch, wenn wir das Eintreten der alten, neidischen Königin in die Handlung betrachten. Wir können sie nämlich erstens als eine Art Verdopplung der verfolgenden, phallischen Mutterfigur verstehen. In einem gewissen Sinn fungiert sie als ihr verlängerter Arm während des letzten und extremsten Teils der Durchhaltungsprüfung des Mädchens. Sie ist diejenige, die die Beschuldigungen der Hexerei und Kindesmord in Umlauf bringt, und damit verschärft sie die Plagen, die das Mädchen treffen. Daß sie jedoch keineswegs der schwarzen Frau ebenbürtig ist, sondern nur ein Instrument für diese, steht aber außer

Zweifel. Das zeigt sich deutlich, als die schwarze Frau auftaucht, genau wie der Exekutor den Scheiterhaufen entzünden will. „Sprich die Wahrheit, sonnst rette ich dich nicht vor dem Verbrennen", lautet die Botschaft der schwarzen Frau an das Mädchen. Damit gibt sie deutlich bekannt, daß es in letzter Instanz immer noch sie ist, die das Schicksal des Mädchens bestimmt, und nicht die alte Königin (oder der Prinz). Wenn ich von der alten Königin als von einer Verdoppelung der phallischen Mutterfigur spreche, dann soll das mit der Modifikation verstanden werden, daß es sich um ein Unterordnungsverhältnis handelt, wo die schwarze Frau die dominierende Plazierung innehat.

Gleichzeitig müssen wir zweitens die alte Königin als eine sehr späte Ausgabe des bösen, passiv-antigonalen Mutterbildes betrachten. Eine Ausgabe, die sich sehr nahe an der Grenze befindet, die den endgültigen Durchbruch des kastrierten Mutterimagos auf der Mutterachse des Mädchens markiert. So ist die alte Königin zwar einerseits so mächtig, daß sie die neue auf den Scheiterhaufen zu bringen vermag, angeklagt des Kindesmordes und der Hexerei. Im Gegensatz zur selbständig agierenden schwarzen Frau kann sie jedoch andererseits nur durch einen phallischen Stellvertreter handeln: durch ihren Sohn. Hiermit deutet die Figur in die Richtung einer kastrierten Muttergestalt – als die sie am Schluß des Märchens auch endet, da ihre Macht gebrochen ist, und sie als falsche Heldin entlarvt wurde. Betrachten wir die alte Königin in ihrer Eigenschaft als falsche Heldin genauer, ist es auch charakteristisch, daß sie wie der Prinz in ein Interaktionsmuster eingeht, das einen passiv-ödipalen Zusammenhang imitiert. Wenn die alte Königin als falsche Heldin unberechtigten Anspruch darauf erhebt, ihre Position als erste Dame des Reiches zu behalten, wird psychodynamisch eine Art passiv-antigonaler eifersuchtsparanoider Struktur etabliert. Ihre Verfolgungen des Mädchens können leicht mit der eifersuchtsparanoiden Mutter-Tochter-Interaktion verglichen werden, wo die Rivalität des passiven Ödipuskomplexes um den Vater zwischen Mutter und Tochter auf der Oberfläche nachgeahmt wird, gleichzeitig damit, daß in einer tiefliegenderen Schicht eine antigonale Anziehung liegt. Eine Anziehung, die im Märchen von der Beziehung zwischen dem Mädchen und der schwarzen Frau repräsentiert wird, für die ja die alte Königin, wie gesagt, ein Instrument ist.

Das Umschlagen vom *Mutter*-Raum zum *Vater*-Raum

Der letzte und dazu äußerst verschärfte Teil der schweren Aufgabe, den die alte Königin in ihrer Eigenschaft als Instrument der schwarzen Frau in Szene setzt, ist die Drohung mit dem Tod auf dem Scheiterhaufen. Eine Strafe, die klar mit jener übereinstimmt, die, wie die schwarze Frau selbst explizit formuliert, die Konsequenz gewesen wäre, wenn das Mädchen gesagt hätte, daß es in dem verbotenen Zimmer gewesen ist. In diesem Fall wäre das Mädchen, wie die schwarze Frau sagt, in „Staub und Asche" verwandelt worden. Die verfolgende Mutter, verstanden als Vereinigung der schwarzen Frau und der alten Königin, wird also hier zu einer Mutter, die direkt mit Vernichtung droht. Das heißt, eine Mutter, die als Ausdruck dafür betrachtet werden kann, daß der Sadomasochismus, der die passiv-antigonale Mutter-Tochter-Achse kennzeichnet,[15] in seine extremste Konsequenz getrieben wurde. Wir sind dort angelangt, wo die passiv gebundene Leidenschaft der Tochter in eine gewaltige masochistische Lust überschlägt, vom sadistisch-verfolgenden Mutterimago zerstört zu werden.

An dieser extremen Stelle tritt nun der entscheidende Wendepunkt der Märchenhandlung ein. Die schwere Aufgabe wird endgültig gelöst, als das Mädchen ein letztes Mal verneint, im verbotenen Raum der Mutter gewesen zu sein, und, wie gesagt, darin liegt eine definitive Bestätigung der libidinösen Mutter-Tochter-Achse. *Aber* die Vollführung der Aufgabe bedeutet auch, daß diese Achse mit einem Schlag verwandelt wird. Auf der Ebene der narrativen Funktionen besteht das Resultat darin, daß Unglücke und Mängel (die Verhexung der schwarzen Frau und die Not des Mädchens) aufgehoben werden können. Im psychodynamischen Zusammenhang bedeuten diese Veränderungen, daß ein entscheidender Bruch passiert; ganz andere Verhältnisse als jene der Antigonephase werden nun zentral.

Die Aufhebung der Verhexung bedeutet insofern einen Bruch, indem sie bedeutet, daß die schwarze Frau „gereinigt" mit der weißen Körperidentität erscheinen kann. In diese gekleidet ist sie nämlich nicht mehr böse und verfolgend. Das heißt, sie trägt nicht mehr die Züge der phallischen Mutter. Im Gegenteil ist sie jetzt gut und gebend – und das auf ganz andere Weise als wie sie es war, bevor sie sich als Verfolgermutter entfaltete. Als sie in den Handlungsverlauf am Übergang zwischen dem ersten Heimatraum und dem Außenraum eintrat, war sie noch nicht böse. Ja, sie trat in der Tat auch hier als Schenker auf. Aber damals eignete sie sich gleichzeitig das Mädchen an – stellte einen libidinösen Anspruch an dieses. Sie war mit anderen Worten ein fordernder und begehrender Schenker. Jetzt am Schluß ist sie dagegen als Schenker absolut forderungs- und begehrlos. Das Mädchen erhält das Schloß, und die schwarze, nun weiße Frau verschwindet danach für immer aus dem Horizont des Mädchens. Diese Forderungslosigkeit und Uneigennützigkeit signalisiert, daß die libidinöse Interaktion gebrochen ist. Die Mutterfigur erscheint nun nicht mehr als eine, die potent und imstande ist, auf jemand einen libidinösen Anspruch zu erheben.

Der Teil der Eliminierung der Not des Mädchens, der sich darum dreht, daß es das Schloß bekommt, kann vor diesem Hintergrund als Ausdruck einer Dimension dessen interpretiert werden, was die entfremdete, passiv-antigonale Mutter-Tochter-Interaktion ersetzt. Nämlich eine passiv-ödipale Identifikationsbeziehung. Die Übertragung des Schlosses – des Hauses/Körpers der Mutter – bedeutet, daß das Mädchen die Identität der Mutter erhält. Wie es am Schlußpunkt der Antigonephase geschieht, wird eine Mutter-Tochter-Achse etabliert, wo ein „Ich = Mutter" gilt, das in einem gewissen Sinn die allererste Etappe der Geschlechtsbewußtseinsbildung (deren vor-fetischierten Teil) wiederholt, das aber gleichzeitig in absolut neuen Prämissen fundiert ist. Diese Doppelheit von Ähnlichkeit und fundamentalem Unterschied wird einerseits durch die expliziten Versicherungen der weißen Frau markiert, daß „auf's G'schloss, ist alles wieder so, wie du's (das Mädchen, *A. d. A.*) früher angetroffen hast"*, andererseits mit dem impliziten Faktum zusammengehalten, daß eine entscheidende Veränderung eingetroffen ist. Es kann nicht länger die Rede sein von dem „unreinen" (sexuellen, begehrensvollen) Haus einer schwarzen Frau, sondern von dem „gereinigten" (begehrlosen) Heim einer weißen Frau. Die Identität, die dem Mädchen zugeteilt wird, indem es das Schloß erhält, ist mit anderen Worten die Gestalt der „guten", weißen, forderungslosen, kastrierten Mutter. Es ist nicht jene der „bösen", schwarzen, sexuell-fordernden, phallischen Mutterfigur. Das heißt, wir befinden uns in der Identifikationsrelation, die den *Vater*-Raum charakterisiert, wo die Tochter sich selbst als der kastrierten Mutter gleich versteht.

Doch was ist jetzt mit dem zweiten Teil der Eliminierung der Not des Mädchens – dem, der sich um seine Transfiguration und schließliche Einsetzung in die Königinnenwürde als Frau des Prinzen dreht? Im Zusammenspiel mit der Verwandlung der Mutter-Tochter-Achse in eine passiv-ödipale Identifikationsbeziehung, kann dieser Aspekt der Eliminierung der Not als der Punkt betrachtet werden, wo der *Vater*-Raum definitiv den *Mutter*-Raum ablöst. Hier wird das patriarchalische Familiendreieck definitiv gesetzt, repräsentiert durch 1) den Prinz, der jetzt nach der Entwaffnung der alten Königin endgültig zum König verwandelt ist, 2) das Mädchen/die neue Königin und 3) deren drei Söhne. Die leeren Plätze, die das Dreieck zu Beginn des Märchens kennzeichneten, sind ausgefüllt und ein harmonischer Heimatraum ist etabliert.

In dieser Beschreibung der Etablierung des abschließenden Heimatraumes haben wir etwas übersprungen. Um die Momente vollständig zu beleuchten, auf denen das Umschlagen vom *Mutter*- zum *Vater*-Raum beruht, müssen wir auch die Dimension behandeln, die sich in der Beziehung zwischen der alten Königin und dem Mädchen manifestieren. Das heißt, jene Dimension, die sich in den narratologischen Funktionen zu erkennen gibt: das Erkennen des Mädchens als die wahre Heldin, die Entlarvung der alten Königin als falsche Heldin und schließlich ihre Bestrafung.

Wie wir schon erwähnt haben, hat das Imago der kastrierten Mutter vermutlich sowohl eine verschönerte Vorderseite als auch eine häßliche Rückseite, die jedoch in der „normalen" Entwicklung verdrängt wird. Eine positive Identifikation mit der kastrierten Mutterfigur ist nur möglich, wenn eine solche Verschiebung stattfindet, daß es auf der bewußten Ebene nur die schöne und gute Vorderseite ist, die als Identifikationsobjekt erscheint. Wie gesagt, müssen wir die weiße Frau als diese positive Vorderseite verstehen. Einen Augenblick bekommen wir jedoch auch die Rückseite im Märchen zu sehen. Bevor die alte Königin ihre Niederlage erleidet, kann sie als eine Abspaltung der schwarzen phallischen Mutter aufgefaßt werden. Dementsprechend müssen wir sie im Zusammenhang mit der weißen, guten, kastrierten Mutter interpretieren, wenn sie am Schluß des Verlaufs von der Macht entblößt dasteht, die sie davor durch ihren Sohn hatte. Hier ist die alte Königin endgültig in eine potenzlose, kastrierte Mutterfigur verwandelt – auf einer Linie mit der weißen Frau, *aber* doch auch von jener verschieden. Denn: während die weiße Frau die schöne Vorderseite repräsentiert, konfrontiert uns umgekehrt die alte Königin mit der häßlichen Rückseite des kastrierten Mutterimagos.

Die alte Königin ist böse und neidisch – auch nachdem sie ihre Macht verloren hat. Wenn sie am Ende von der mächtigen in die machtlose Mutterfigur verwandelt wird, repräsentiert sie so jenes Moment, daß die Mutter auf der passiv-ödipalen Mutter-Tochter-Achse in einem Konkurrenzverhältnis zu ihrer Tochter steht. Die alte Königin konkurriert ja mit dem Mädchen um das Recht auf den Platz an der Seite des Königs (Prinzen). Noch dazu macht sie die Frage darüber zu einem Kampf auf Leben und Tod. Solange in der passiv-antigonalen Mutter-Tochter-Achse Leben ist, manifestiert durch die Macht der schwarzen Frau über das Mädchen und ihrer Verwendung der alten Königin als ihr Werkzeug, müssen wir dieses Konkurrenzverhältnis als bloße Imitation des passiven Ödipuskomplexes betrachten. Eine Imitation, die, wie gesagt, jener der Eifersuchtsparanoia entspricht. Aber in dem Augenblick, wenn die schwarze Frau völlig gereinigt und die alte Königin nicht mehr ihr Werkzeug ist, ändert das Konkurrenzverhältnis zwischen den beiden Königinnen seinen Charakter. Von einem sekundären Verhältnis – einem Verhältnis, das aus einem anderen abgeleitet war – wird es zu etwas Primärem. Oder narratologisch ausgedrückt: es geht nun nicht mehr um die schwere Aufgabe der schwarzen Frau und deren Lösung, sondern um andere, neue Funktionen. Näher bestimmt: das Erkennen der wahren Heldin (der neuen Königin) und die Entlarvung der falschen (der alten Königin). Das heißt, Funktionen, die genau eine Konkurrenz darum implizieren, *wer* die wahre Heldin ist. Psychodynamisch weist diese Veränderung der Bedeutung des Konkurrenzverhältnisses von sekundär zu primär darauf hin, daß eine Bewegung *von* dem passiv-antigonalen oder nachphallischen Raum, wo die Rivalität auf der Mutter-Tochter-Achse nur eine Decke über ein libidinöses Band war, *zu* dem *Vater*-Raum stattgefunden hat, wo der passive Ödipuskomplex die Szenerie bestimmt.

Repräsentiert die weiße Frau das primäre Moment einer Identifikationsbeziehung der passiv-ödipalen Mutter-Tochter-Achse, so steht also die alte

Königin für den ebenso primären Inhalt der Konkurrenz derselben Achse. Aber darüberhinaus illustriert sie auch, daß eine Verbindung zwischen den beiden Dimensionen besteht. Daß die alte Königin auf dem Scheiterhaufen stirbt und auf diese Weise den Tod ‚übernimmt', den sie selbst für das Mädchen in Szene gesetzt hatte, deutet nämlich darauf hin, daß das Konkurrenzverhältnis auch eine Identifikation beinhaltet. In dem Augenblick, wo das Mädchen auf dem Scheitethaufen stand und darauf wartete, daß der Exekutor ihn entzünden sollte, war es genau in der Position, die sich als jene erweist, in die die häßliche und neidische, kastrierte Mutter eigentlich hingehört. So wird durch die beiden Scheiterhaufenszenen eine Form von Identität zwischen der neuen und der alten Königin angegeben. Ein weiteres Moment von Identität manifestiert sich außerdem, nachdem die alte Königin aus dem Weg geräumt ist, indem der neuen hier endlich das Recht zuerkannt wird, das die alte früher hatte, das Recht auf den Platz an der Seite des Königs. Das Mädchen und die alte Königin tauschen also am Schluß des Märchens auf verschiedene Weise ihre Positionen. Oder psychodynamisch ausgedrückt: außer dem Konkurrenzverhältnis spielen sie auch eine Seite der identifikatorischen Interaktion aus, die auf der passiv-ödipalen Mutter-Tochter-Achse vor sich geht.

Damit ein harmonischer *Vater*-Raum etabliert werden kann, muß das häßliche Kastrationsbild verschwinden, von der Oberfläche der Erde, des Bewußten, entfernt werden. Oder narratologisch formuliert: es ist notwendig, daß die falsche Heldin verwiesen werden muß, indem sie zum Beispiel mit dem Tod bestraft wird, ehe der glückliche Schlußraum etabliert werden kann. Daß das kastrierte Mutterbild, das offen agiert, ein destabilisierender Faktor im *Vater*-Raum ist, gibt das Märchen durch die Interaktion zwischen der alten Königin und dem Prinz zu erkennen. Wie wir erwähnt haben, kann die alte Königin aus sich heraus keine Macht ausüben. Wir befinden uns auf dem Schloß des Prinzen deutlich in einem patriarchalischen Universum, wo die Ober-Obrigkeit im Prinzip beim Prinz liegt. In ihrem Neid versucht die alte Königin jedoch zu Unrecht, sich Macht anzueignen, indem sie versucht, die Urteilskraft ihres Sohnes zu beeinflussen und zu verwirren, und es gelingt ihr ja tatsächlich beinahe. Auf diese Weise ist sie eine Bedrohung für die Stabilität des patriarchalischen Universums, worauf zum Beispiel die Unentschlossenheit, die im Märchen über die Titulierung ihres Sohnes herrscht (ist er Prinz oder König?), auch deutlich hinweist. Als ein solcher destabilisierender Faktor muß sie entfernt werden. Ehe das geschehen ist, kann der Prinz nicht machtvollkommen als König erscheinen, und das Mädchen außerdem nicht definitiv in die Position als neue Königin eintreten.

Um einen harmonischen *Vater*-Raum zu etablieren, ist es also notwendig, daß die Verschiebung von der häßlichen Rückseite des kastrierten Mutterbildes zur schönen und guten Vorderseite stattgefunden hat. Es ist die Identifikation mit eben genau der schönen und guten Vorderseite, die eine positive Integration in den passiv-ödipalen Raum vermittelt, dem Akzeptieren der Kastration entsprechend, von der wir während der Analyse von *Rotkäppchen* sprachen. Die definitive Inszenesetzung dieser Verschiebung ist in *Bei der schwarzen Frau* bei der weißen Frau plaziert. Sie ist es, die zwischen der wahren und der falschen Heldin unterscheiden kann. Sie erbringt den Beweis, daß das Mädchen keine Hexe ist. Den Beweis, daß es nicht aus aggressivem Penisneid seine Söhne getötet hat. Und es ist außerdem ebenfalls die weiße Frau, die zugleich die alte Königin entlarvt und dafür sorgt, daß sie ihre Strafe erhält. Daß es die weiße Frau ist, die auf diese Weise diejenige wird, die das häßliche Kastrationsbild zum Verschwinden bringt und die schließliche Voraussetzung für die Etablierung des *Vater*-Raumes schafft, stimmt schön mit der Art und Weise überein, wie wir uns vorstellen müssen, daß die Verschiebung vor sich geht. Wenn die weiße Frau psychodynamisch die Rolle als das verdrängende Element erhält, so ist es gerade das verschobene und verschönerte positive Identifikationsbild, die Vorderseite des kastrierten Mutterimagos, das seine eigene häßliche Rückseite verdrängt.

Nachwort

Wir haben nun eine mögliche Antwort darauf erhalten, warum die Mädchen, die das *Gold-Lexikon* geschrieben und aufgeführt haben, mit der Verneinung dessen schließen mußten, daß der mächtige rothaarige Dieb, der sich in das ödipale Herrschaftsgebiet des *Vaters* eingeschlichen hat, ihr Geschlecht repräsentieren könnte. Die tragische Antwort lautet, daß der Patriarchatsfetischismus, auf dem die klassische Psychoanalyse in den 1920er und 1930er Jahren ihre Weiblichkeitstheorie aufgebaut hat, vielleicht immer noch von Bedeutung ist. An der Potenz, die der Dieb im *Gold-Lexikon* besitzen mußte, um seine ödipalen Vorhaben ausführen zu können, haftete der Schein des Fetischismus. „Ha, ich bin gar keine Frau, ich bin ein Mann!" ließen „ihn" die Verfasserinnen des Rollenspiels triumphieren – als ein Echo des Gesanges des kleinen Knaben gegenüber seiner großen Schwester, den ich in der Einleitung zu *Kapitel V* zitiert habe: „Ich habe einen – du hast keinen..."

Jede Geschichte über Geschlechtersozialisation in einer patriarchalischen Kultur muß notwendigerweise einen tragischen Schein bekommen. Die Geschichte darüber, wie Rotkäppchen lernt, es zu unterlassen, in den *Mutter*wald zu gehen, und darüber, wie die wilde, schwarze *Mutter* ihre Farbe verliert, ist nicht lustig. Die Defetischierung mußte der Bewegung des Mädchens durch immer neue Dimensionen von Entfremdung und durch ein immer fetischierteres Bewußtsein folgen. In einer entfremdenden phallischen Kultur wie jener, in der die klassische Psychoanalyse entstanden ist, und in der wir immer noch leben, bedeutet die Etablierung des Geschlechtsbewußtseins für Mädchen, daß sie sich selbst als „das andere Geschlecht" kennenlernen. Dies muß infolge der historischen Un-Natur der Sache ein ambivalentes Erlebnis sein.

Auf unserem Weg durch die Defetischierung tauchten jedoch einige „archäologische" Spuren auf, die der Tragödie widersprachen. Wir fanden in uns die Schichten von Antigone und Jokaste-der-Mächtigen. Das heißt, Schichten, an die wir uns zwar retrospektiv nur als „phallisch" erinnern konnten. Aber immerhin Schichten, die selbst unter diesem entfremdeten Namen in die Richtung einer nicht-entfremdeten, sexuellen Interaktion zwischen Mutter und Tochter deuteten. Zugleich sind es Schichten, die davon zeugen, daß wir in einer Kindheitsphase, die nicht mehr „präödipal" oder präantigonal ist, nicht nur eine infantile und symbiotische, sondern auch eine quasi-erwachsene sexuelle Beziehung zur Mutter-Frau hatten. In einer

Kindheitsphase, wo im Gegenteil die Bedeutungen des Geschlechts zentral geworden sind, wo aber Frauenkörper und Männerkörper nicht patriarchatsfetischistisch als Symbole für „Kastration" beziehungsweise „Phallizität" fixiert sind.

Was wird aus dieser großen, archaischen Schicht, wenn das Rotkäppchen vom Wolf verschlungen wurde und die schwarze Mutter weiß geworden ist – wenn Antigone tot und ihr Grab zugeschaufelt ist, und wenn das *Mutter-Reich* nur mehr Legende ist, genau wie das märchenhafte Atlantis? Sie wird verdrängt, sagt die klassische Psychoanalyse. Als Freud diese homosexuelle mutterinzestuöse Schicht entdeckte und ihr den infantilisierenden und verharmlosenden Namen „präödipal" gab, stellte er, wie erwähnt, fest, daß „alles auf dem Gebiet dieser ersten Mutterbindung so schwer analytisch zu erfassen, so altersgrau, schattenhaft, kaum wiederbelebbar, als ob es *einer besonders unerbittlichen Verdrängung* erlegen wäre"* schien (meine Hervorhebung, A. d. A.).[1]

Aber vielleicht sind die antigonalen Schichten in uns doch nicht so fern, verdrängt und begraben? Es sieht jedenfalls danach aus.

In einem gewissen Sinne unterminiert nämlich bereits die klassische Psychoanalyse selbst ihren eigenen Diskurs darüber, daß die frühe Mutterbindung bei der Einschreibung in die gnadenlose Logik, wo Anatomie Schicksal ist, und wo ein Körper weiblichen Geschlechts „Kastration", Potenzlosigkeit und Un-liebens-wertigkeit bedeutet, begraben wird. In der Tat wird im freudianischen Diskurs angemerkt, daß es vieles gibt, was darauf hindeutet, daß die wenigsten Frauen die antigonalen Gefühle voll und ganz begraben.

In der Einleitung zu *Kapitel V* habe ich zum Beispiel darauf hingewiesen, daß Freud den Weg in den „Hafen" des *Vaters* und in die sogenannte „normale" Weiblichkeit ganz und gar nicht als gerade und simpel beschreibt. Die „normale" Weiblichkeit wird stets als die letzte der drei typischen weiblichen Triebschicksale genannt – und in *Über die weibliche Sexualität* wird von ihr geradezu als Produkt einer „recht umwegige(n) Entwicklung"* (Freud 1931b, 173) gesprochen. Das „Normale", das sichere Steuern in den Hafen des *Vaters*, ist vielleicht gar nicht so „normal"! Außerdem haben wir im Zusammenhang mit dem Kapitel über die Defetischierung der „Kastration der Mutter" gesehen, daß es der freudianische Diskurs auch sehr in Frage stellt, ob der Objektwechsel von der Mutter zum Vater „normalerweise" vollzogen wird. *„In all the phases of woman's development and experience, the great part played in her psychologic life by her attachment to her mother can be clearly observed"*, stellte zum Beispiel Helene Deutsch vorbehaltslos fest (Deutsch 1944, 20). A.'s Geschichte, der Ruth Mack Brunswick in ihrem Artikel aus dem Jahr 1940 einen hohen Grad an „Normalitäts"-Affinität zuschrieb, deutete in dieselbe Richtung. Ruth Mack Brunswick mußte der erwachsenen A. geradezu einen psychoanalytischen Stoß geben, um sie zu dem zweifelhaften Projekt zu befähigen: ihre Mutterobjekte (und sich selbst) zu devaluieren

(„kastrieren") und sie gegen ein Ruth Mack Brunswicks Ansicht nach passenderes männliches („phallisches") Objekt einzutauschen.

Dieselbe Tendenz zur Unterminierung der fetischistischen Logik haben wir auch im *Gold-Lexikon* gesehen. Zwar endete das kleine Rollenspiel mit einer Verneinung dessen, daß „Anatomie" Symbol für etwas anderes als für natürliches Schicksal sein könnte. Aber gleichzeitig engagiert sich der größte Teil des Rollenspiels sehr in der Erforschung weit fließenderer und karnevalisierenderer Geschlechtsbedeutungen. Der rothaarige Dieb/alias Frau Jakobsen (M/F) nimmt die Grenzen, die der Patriarchatsfetischismus zwischen phallisch und kastriert, zwischen männlich und weiblich errichtet hat, deutlich nicht besonders ernst. Im Gegenteil ist für sie/ihn die Kastration nur ein Deckmantel, ein Alibi, eine Maske, die ihre/seine Potenz verbergen soll, damit sie /er in Ruhe ihr/sein lichtscheues ödipales Vorhaben ausführen kann. Außerdem stellt sich die Frage, ob es ein Frauenkörper oder ein Männerkörper ist, der in der Gestalt des Diebes diese Potenz repräsentiert. Ist es die Tochter oder der Sohn, deren/dessen Potenz die Positionen des phallischen *Vaters* bedroht? Das alles ist sehr fließend, bis wir schließlich zum „Ha, ich bin ein Mann!" des Schlusses kommen, das die geschlechtsdualistische Ordnung des Patriarchatsfetischismus wiedererrichtet. Doch können wir darüberhinaus weiter interpretieren und fragen, ob wir diesen Schluß nun auch beim Wort nehmen sollen? Können wir sicher sein, daß das Maskenspiel, das begonnen wurde, sich nicht fortsetzt – daß das triumphierende „Ha, ich bin ein Mann!" den Text endgültig schließt? Daß sich die eine Identität nicht bloß fortsetzt, indem sie die andere ablöst: die graue Büromaus, die herumkommandiert wird, Frau Jakobsen, wird zum potenten rothaarigen Dieb, der ein Mann wird, der . . . ?

Vielleicht ist es also eher eine Farce des Geschlechts als dessen Tragödie, die wir zu fassen bekommen, wenn wir uns auf die klassische psychoanalytische Weiblichkeitstheorie stürzen. Das Problem ist jedoch, daß „nur *ein Genital*, das männliche", in dieser Farce eine Rolle spielt – und solange dies der Fall ist, handelt es sich selbstverständlich um eine tragische Farce, eine Farce, die den verderblichen Schein des Patriarchats- und Phallusfetischismus noch nicht gesprengt hat.

Es ist jedoch meine grundlegende Überzeugung, daß sowohl Weiblichkeit als auch Männlichkeit historische und damit veränderliche Kategorien sind. Daher meine ich auch, daß der Patriarchatsfetischismus sowohl auf der inneren-psychischen als auch auf der äußeren-gesellschaftlichen Ebene überwunden werden kann. Der Patriarchatsfetischismus ist zwar unser Schicksal, aber eben *kein* anatomisches. Er ist ein Stück Kultur. Das heißt, er kann beseitigt werden und ganz neuen Menschen Platz machen, die in ihren Handlungsmustern nicht von den schlechten und einschränkenden Abstraktionen „Weiblichkeit" *versus* „Männlichkeit" gebunden sind. Menschen, die der objektiven wie subjektiven Tyrannei der Geschlechtscharaktermasken nicht unterworfen sind.

Einerseits war es mein Ziel zu zeigen, wie äußerst mächtig der Patriarchatsfetischismus ist. So ist er erstens für unsere Geschlechtsbewußtseinsbildung von fundamentaler Bedeutung. Er formt unsere Auffassung unseres Körpers und Identität, insofern die Frauensozialisationstheorie, die in *Rotkäppchen und Ödipus* enthalten ist, stichhältig ist. Zweitens ist der Patriarchatsfetischismus tief verwurzelt in der abendländischen Geschlechtsphilosophie und damit auch in den Grundlagen, auf denen viel wissenschaftliche Erkenntnis baut. Der freudianische Diskurs ist in dieser Hinsicht keine Ausnahme. Im Gegenteil: er ist ein ausgezeichnetes Beispiel für die entscheidende erkenntnistheoretische Rolle, die der Patriarchatsfetischismus spielt. Wie wir gesehen haben, durchzieht er die ganze freudianische Weiblichkeitstheorie und deren geschlechtsphilosophisches Fundament. Um die freudianischen Erkenntnisse über den begrenzten Horizont des Patriarchatsfetischismus zu heben, mußten wir also teils das geschlechtsphilosophische Paradigma wechseln; wir mußten Freuds geschlechtsdarwinistischen Blickwinkel mit einem feministisch-materialistischen ersetzen. Teils mußten wir minutiös alle Einzelbestandteile der Weiblichkeitstheorie auf einer neuen Grundlage de- und rekonstruieren.

Der Patriarchatsfetischismus ist also einerseits eine starke, entfremdende Macht, und als solche ist mit ihm nicht zu spaßen. Aber wie ich auch zeigen wollte, ist er gleichzeitig andererseits ein äußerst naiver Machthaber. Auf seine Weise genauso naiv wie der Kaiser, der in dem Märchen des dänischen Märchendichters H. C. Andersen *Des Kaisers neue Kleider* in dem Glauben, die feinsten und kostbarsten Kleider zu tragen, nackt in Prozession ging. Auch genauso ‚dumm' wie ein Computer, der nur mechanisch ausführen kann, wozu er programmiert ist. Der Patriarchatsfetischismus hat, wie wir gesehen haben, eine eigene, blinde Logik, die sich hinter unserem Rücken durchsetzt. Aber haben wir erst durch die ‚verfremdete' Position, wo wir die fetischierten Lehren über Weiblichkeit *versus* Männlichkeit, über „kastriert" *versus* „phallisch" nicht mehr als gegeben hinnehmen, die Absurdität dieser Logik erkannt, dann können all die trügerischen Schleier von universeller Natur und anatomischem Schicksal ohne weiteres entlarvt werden. Die Fetischierung des Penis zum Phallus (in der Bedeutung des Genitals *par excellence*) und die abgeleitete Bestimmung des weiblichen als kastriert wird dann mit einem Mal in ein Stück Geschichte über die inner-psychischen Ausdrücke für die Entfremdung von Frauen durch die patriarchalische Kultur verwandelt. Und von dieser Erkenntnis aus ließ sich also der gesamte freudianische Diskurs über die Weiblichkeit so umdeuten, daß er einen ganz neuen patriarchats*historischen* und *nicht universellen* Sinn erhielt.

Eine Überraschung war es jedoch – gerade im orthodox-freudianischen Diskurs, bei den geschlechtspolitisch konservativsten der Repräsentanten der klassischen Psychoanalyse, – den ganzen Rohstoff für eine so radikale Theorie zu finden, wie ich es nie für möglich gehalten hätte. Zwar sprach Freud, wie gesagt, selbst davon, daß „die Einsicht in die präödipale Vorzeit des Mädchens ... als Überraschung wirkt", die mit der „Aufdeckung der minoisch-mykenischen Kultur hinter der Griechischen" verglichen werden kann. Das heißt, zwar gab er so schon eine Orientierung an einem Kontext an, wo die Werte der patriarchalischen Kultur noch nicht als dominierendes Prinzip anerkannt waren. Aber das Radikale in den freudianischen Aussagen über diese Vorzeit wurden von den patriarchatsfetischistischen Kategorien verschleiert, mit denen diese spontan aktive und potente Vergangenheit im Leben des Mädchens beschrieben werden. Die Begriffe des freudianischen Diskurses über die phallische Tochter, die ihre libidinöse Aktivität auf ihre phallische Mutter richtet, mußte notwendigerweise entfremdend und ohne Befreiungspotentiale wirken.

Erst nach der Defetischierung dieser Kategorien konnte das, was ich den ersten Teil der Antigonephase genannt habe (das heißt, jener Teil, wo sich der Patriarchatsfetischismus im Bewußtsein des Mädchens noch nicht installiert hat), in seiner radikalen Andersartigkeit hervortreten. Nämlich als die ‚Stelle' in unserer Lebensgeschichte, wo wir – obwohl wir in einer patriarchalischen Kultur aufwachsen – einen unmittelbaren und unproblematischen Zusammenhang zwischen weiblicher Genitalität und Potenz sowohl bei uns selbst als auch bei unserem Liebesobjekt, der Mutter erlebt haben. Daß es sich des weiteren zeigte, daß *nicht* die Rede von einer bloß „präödipalen" oder präantigonalen Phase sein konnte, sondern daß es sich um ein Stadium mit „ödipal" – oder also antigonal – entwickelten Objektbeziehungen handeln mußte hat, wie ich meine, noch dazu die allergrößte Bedeutung in einem Befreiungskontext. Denn das bedeutet, daß wir – alle Mädchen und Frauen – eine Phase in unserem Leben durchlebt haben, wo wir verwurzelt in einer annähernd erwachsenen Sexualorganisierung ohne weiteres unser eigenes Geschlecht und das der Mutter als das erlebten, was sie natürlicherweise sind: potenz- und potentialgeladen. Das heißt, sie als das diametral Entgegengesetzte zu jenem Bild erlebten, das der Patriarchatsfetischismus uns später vorzeichnet.

Doch was sind es *konkret* für Möglichkeiten und Potentiale, die in unseren vor-fetischierten Erfahrungen aus der frühen Mutter-Tochter-Beziehung liegen? Muß es nicht irgendetwas „Ewig- oder Ur-Weibliches" sein, etwas, das in letzter Instanz mit der Biologie zu tun hat? So wurde ich manchmal gefragt, wenn ich Vorträge über *Rotkäppchen und Ödipus* während meiner Arbeit an dem Buch hielt. Meine Antworten lauteten und lauten hier wie folgt:

Die konkreten Möglichkeiten und Potentiale sind eine ganz offene Frage, verstanden auf die Weise, daß das, worum es sich zuerst einmal dreht, *nicht* darin besteht, *zu* etwas zu gelangen, *sondern von* etwas wegzukommen. Nämlich davon, daß die Handlungsmöglichkeiten der einzelnen Frau von den entfremdenden Symbolbestimmungen, phallisch oder kastriert, begrenzt werden. Feministische Psychoanalyse kann sich die Befreiung *von* den inneren Feinden zum Ziel setzen. Aber sie kann nicht vorschreiben, wo*zu* eine Befreiung geschehen soll. Das muß jede einzelne Frau selbst entscheiden, genauso wie es die Subjektwerdung der vielen Frauen in der Geschichte sein wird, die allgemein zeigen wird, wie die neuen Frauen aussehen werden. Das kann und soll die feministische Psychoanalyse nicht festlegen oder vorschreiben.

Ob sich etwas „Ewig- oder Urweibliches" geltend machen wird, möchte ich auch als offene Frage stehenlassen. Denn niemand kann irgendetwas Bestimmtes darüber sagen, wo die Kultur aufhört und die Natur beginnt in der Beziehung zwischen unserem biologischen und unserem jetzigen sozialen Geschlecht. Eines ist jedoch sicher: die Mächtigkeit des Patriarchatsfetischismus bewirkt, daß es alle möglichen Gründe gibt, demgegenüber mißtrauisch zu sein, was sich als reine Geschlechtsnatur ausgibt. Ungeheuer viel von dem, was wir aufgrund des Patriarchatsfetischismus als Biologie und Natur auffassen, hat nichts damit zu tun. Es ist kulturell und historisch geschaffen: Ausdruck der Geschlechtscharaktermasken des Patriarchats.

Vor diesem Hintergrund möchte ich selbst es als wahrscheinlich ansehen, daß psychosexuell *nichts* „Ewig- oder Urweibliches" zum Vorschein kommen wird, wenn neue Frauen auf der Bühne der Geschichte ohne die Begrenzungen der jetzigen Fetischismus-infizierten Geschlechtscharaktermasken auftreten. Und deswegen auch nichts Androgynes oder Bisexuelles. Was auftreten wird, werden, wie ich glaube, sexuelle Menschen mit weiblichen Geschlechtsorganen sein. Sexuelle Menschen, die in sich unendliche libidinöse Potentiale haben, die davon unbegrenzt entfaltet werden, was wir heute von unserer fetischistischen Denkweise her als Ausdruck der Kategorien weiblich-männlich verstehen. Das heißt, ohne der Begrenzung, die sich in unseren jetzigen Denkformen zu erkennen gibt, ob wir nun meinen, daß sich der Gegensatz weiblich-männlich sauber und ordentlich nach dem biologischen Geschlecht verteilt; oder ob wir uns mehr anarchistisch Weiblichkeit und Männlichkeit als etwas denken, das bei der einzelnen biologischen Frau oder Mann in einem Mischverhältnis bestehen kann.

Auf diese Weise bin ich nämlich in einer bestimmten Hinsicht vollständig und unmittelbar einig mit Freud. Nämlich, wenn er in einem gewissen Sinn seiner (übrigens für ihre Zeit radikale) Theorie über die Bisexualität des Menschen widerspricht und mit der meiner Ansicht nach noch radikaleren Aussage kommt: daß es vermutlich nur eine vom Geschlecht unabhängige Libido gibt. Oder, wenn er also mit anderen Worten darauf hinweist, daß wir wahrscheinlich als *sexuelle* Wesen geboren werden, als Wesen mit einem Triebkörper, der voll von Lustpotentialen ist, aber *nicht* als Wesen, die auf irgendeine Art und Weise den einschränkenden Abstraktionen „Weiblichkeit" *versus* „Männlichkeit" unterliegen.

Appendix A

Märchenreferate

Rotkäppchen.
(Aus *Kinder- und Hausmärchen*, gesammelt durch die Brüder Grimm, München 1949, ursprünglich 1819.)

Rotkäppchen ist ein süßes Mädchen, das von allen geliebt wird und am meisten von seiner Großmutter. Einmal schent diese ihrer Enkelin eine kleine Haube aus rotem Samt, die das Mädchen so gerne hat, daß es nie wieder etwas anderes tragen möchte. Deshalb wird es Rotkäppchen genannt.
Eines Tages sagt die Mutter zu Rotkäppchen, daß es zur Großmutter mit Kuchen und Wein gehen soll. Großmutter ist nämlich krank geworden. Die Mutter schickt Rotkäppchen mit einer Reihe von Ermahnungen auf den Weg. Es soll gehen, ehe es zu warm wird; es soll schön auf dem Weg bleiben, denn sonst könnte es fallen und die Weinflasche zerbrechen; und schließlich soll es sich höflich benehmen, wenn es zu Großmutters Haus kommt: guten Morgen sagen und sich nicht neugierig in allen Winkeln umsehen. Rotkäppchen gibt der Mutter sein Wort, daß es die aufgetragene Aufgabe schon ausführen wird.
Das Haus der Großmutter liegt draußen im Wald, eine halbe Stunde von der Stadt entfernt. Unterwegs begegnet Rotkäppchen dem Wolf, aber es weiß nicht, was er für ein böses Tier ist und beantwortet daher vertrauensvoll seine Fragen. Er fragt es, wohin es geht und was es unter seiner Schürze trägt. Als Rotkäppchen erzählt, daß es auf dem Weg zu Großmutter mit Kuchen und Wein ist, fragt er, wo die Großmutter wohnt. Auch das erzählt Rotkäppchen bereitwillig. Der Wolf, der den Plan hegt, sowohl Rotkäppchen als auch die Großmutter zu fressen, lockt nun Rotkäppchen vom Weg fort. Er macht es auf die Blumen und Vögel im Wald aufmerksam. Rotkäppchen folgt mit den Augen den Sonnenstrahlen, die zwischen den Bäumen spielen, und ihm fällt ein, für die Großmutter einen Blumenstrauß zu pflücken. Seine Faszination von den Blumen führt es immer weiter in den Wald hinein.
Währenddessen geht der Wolf den direkten Weg zu Großmutters Haus. Er überrumpelt die Großmutter, ihm zu erzählen, wie er hineinkommt, indem er sich als Rotkäppchen ausgibt, frißt sie und legt sich danach im Gewand der Großmutter ins Bett.

Rotkäppchen, das einen großen Blumenstrauß gepflückt hat, kommt nun zum Haus. Es wundert sich darüber, daß die Türe offen ist, geht ängstlich in die Stube und zu Großmutters Bett. Es sagt guten Morgen, wie ihm aufgetragen wurde, bekommt aber keine Antwort. Es fragt nun „Großmutter" nach ihren großen Ohren, Augen, Händen und Mund und erfährt, daß diese dazu verwendet werden sollen, es zu hören, sehen, ergreifen und fressen. Bei der Beantwortung der letzten Frage verschlingt der Wolf das Rotkäppchen.

Der Wolf legt sich nun satt und zufrieden ins Bett. Er schläft sofort ein und beginnt laut zu schnarchen. Das hört der Jäger, der im selben Moment am Haus vorbeikommt. Er wundert sich und geht hinein um nachzusehen, ob mit Großmutter etwas nicht stimmt. „Finde ich dich hier, du alter Sünder," sagt er, als er den Wolf im Bett sieht. „Ich habe dich lange gesucht". Er will gerade den Wolf erschießen, als ihm einfällt, daß er vielleicht die Großmutter gefressen haben könnte. Daher nimmt er stattdessen sein Messer und schneidet den Bauch des Wolfes auf. Rotkäppchen und danach die Großmutter, die große Atemnot hat, springen heraus.

Rotkäppchen holt nun einige große Steine, die sie in den Magen des Wolfes füllen. Als er aufwacht, möchte er weglaufen, aber die Steine sind so schwer, daß er tot auf die Erde fällt.

Alle sind nun froh. Der Jäger bekommt den toten Wolf und nimmt das Fell mit nach Hause. Die Großmutter ißt den Kuchen und trinkt den Wein, den Rotkäppchen mitgebracht hat, und wird wieder gesund. Rotkäppchen schwört sich selbst, nie wieder alleine vom Weg ab und in den Wald hinein zu gehen, wenn seine Mutter es verboten hat.

Bei der schwarzen Frau
(Aus *Deutsche Märchen aus dem Donaulande, Die Märchen der Weltliteratur*, Hg. Friedrich von der Leyen und Paul Zaunert, Jena 1926.)

Ein armer Mann hat sieben Kinder. Als die älteste Tochter zwölf Jahre alt geworden ist, zieht er mit ihr hinaus, um für sie einen Platz als Dienstmädchen zu finden. Unterwegs begegnen Vater und Tochter einer schwarzen Kutsche, die ohne vorgespannte Pferde fährt. Darin sitzt eine schwarze Frau, die dem Vater eine Menge Geld verspricht, wenn er seine Tochter in ihren Dienst stellt. Außerdem würde es auch dem Mädchen gut gehen, wenn es sich ordentlich benimmt, sagt die schwarze Frau. Der Vater willigt ein, und nach der Absprache mit der schwarzen Frau bringt er seine Tochter acht Tage später an den selben Ort.

Die schwarze Frau nimmt nun das Mädchen, das gehorsam tut, was ihm aufgetragen wird, mit auf ihr Schloß. Das Mädchen wird in einem kleinen Zimmer in der Nähe des Schloßtores untergebracht, und die schwarze Frau

sagt ihm, daß es nur an das zu denken brauche, was es gerne hätte, so würde es vor ihm stehen. Danach gibt die schwarze Frau dem Mädchen einen Bund mit 100 Schlüsseln – für jedes Zimmer des Schlosses einen. Das Mädchen soll jedes Zimmer aufräumen und saubermachen, aber es darf nicht das Zimmer Nr. 100 betreten. Wenn es drei Jahre lang dieses Verbot nicht übertritt, wird sein Glück gemacht sein, verspricht die schwarze Frau.
Als die drei Jahre ungefähr vorüber sind, wird die Neugierde des Mädchens jedoch zu groß. „Was wohl in Zimmer Nr. 100 ist?" denkt es und öffnet die Tür. Hier sieht es die schwarze Frau, die nun jedoch fast ganz weiß geworden ist. Nur ihre Zehenspitzen sind noch schwarz. Das Mädchen schlägt die Tür zu und läuft zurück zu ihrem Zimmer. Aber bald steht die schwarze Frau vor ihm und fragt: „Warst du oder warst du nicht in Zimmer Nr. 100?" Als das Mädchen verneint, fragt die schwarze Frau noch einmal und droht ihm, daß es weder Essen, noch Tinken, noch Unterkunft bekommt, wenn es nicht die Wahrheit sagt. Da verneint das Mädchen ein weiteres Mal, in Zimmer Nr. 100 gewesen zu sein und befindet sich im selben Augenblick draußen im Wald ohne Essen und Trinken und außerdem nur sparsam gekleidet.
Ein Prinz in einer Stadt nicht weit vom Wald träumt nun, daß er aufstehen und auf die Jagd gehen soll, denn dann werde er etwas finden, das er genauso lieben werde wie sich selbst. Als der Prinz zum dritten Mal diesen Traum träumt, geht er auf die Jagd und findet in einer tiefen Felshöhle das spärlich gekleidete Mädchen, das aber unendlich hübsch und außerdem sehr gut ist. Er verliebt sich daher in es, wie der Traum gesagt hat, und nimmt es als seine Königin mit zu sich nach Hause.
Nach einem Jahr gebiert das Mädchen einen wunderschönen Knaben. In der dritten Nacht nach der Geburt kommt jedoch die schwarze Frau zu ihm und fragt noch einmal, ob es in dem Zimmer Nr. 100 gewesen ist. Als das Mädchen verneint, wiederholt die schwarze Frau die Frage und droht dem Mädchen damit, ihm den Sohn wegzunehmen und es taub zu machen. Das Mädchen sagt wieder nein, und die schwarze Frau macht ihre Drohung wahr. Die Mutter des Prinzen besteht darauf, daß das Mädchen eine Hexe ist, aber der Prinz läßt sich nicht überzeugen. Ein Jahr später wiederholt sich das Ganze. Das Mädchen gebiert einen Sohn. Die schwarze Frau kommt und stellt ihre Frage, und als das Mädchen verneint, nimmt sie auch diesen Sohn und hinterläßt das Mädchen stumm. Die Verleumdungen der alten Königin bekommen nun mehr Gewicht, aber der Prinz kann noch nicht dazu überredet werden, seine Königin der Hexerei anzuklagen. Jedoch gebiert das Mädchen nach einem weiteren Jahr einen dritten Sohn, der auch von der schwarzen Frau geholt wird, weil das Mädchen wie die anderen Male verneint, im Zimmer Nr. 100 gewesen zu sein. Gleichzeitig wird das Mädchen auch blind gemacht. Nun wird es dem Prinz zuviel. Er läßt sich von der bösartigen Verleumdung des Mädchens durch seine Mutter überzeugen und und verurteilt es zum Tod auf dem Scheiterhaufen wegen Hexerei.

Gerade als der Henker den Scheiterhaufen anzünden will, kommt die schwarze Frau jedoch in ihrem Wagen mit den drei Söhnen gefahren. Sie geht zum Scheiterhaufen und stellt ein letztes Mal ihre Frage. Und auch dieses Mal verneint das Mädchen, in Zimmer Nr. 100 gewesen zu sein. Im selben Augenblick, wo das Mädchen sein „nein" gesagt hat, wird die schwarze Frau weiß wie Schnee und sagt, daß das Mädchen zum Schloß zurückkehren kann, wo alles wie früher ist. Sie hat, sagt die schwarze Frau, die ganze Zeit gewußt, daß das Mädchen nicht in Zimmer Nr. 100 gewesen ist, sondern nur hineingeschaut hat. Und wenn es auch nur ein Mal gesagt hätte, drinnen gewesen zu sein, hätte die schwarze Frau es in Staub und Asche verwandelt. Jetzt hat es dagegen durch das Verneinen die schwarze Frau erlöst und soll dafür das Schloß als Geschenk erhalten. Schließlich, sagt die schwarze Frau, soll diejenige, die das Mädchen verleumdet hat, das heißt, die alte Königin, auf den Scheiterhaufen. Die alte Königin wird daraufhin zur Strafe verbrannt, und das junge Königspaar lebt glücklich mit den drei Prinzen.

Appendix B

Über die freudianische Auffassung des paranoiden Abwehrmechanismus

Der Begriff Paranoia ist griechisch und bedeutet Verrücktheit. Seine Anwendung in der Psychiatrie reicht weit zurück. Er wurde sehr breit für viele verschiedene Formen von Geisteskrankheiten gebraucht, wurde aber zu Beginn des 20. Jahrhunderts von dem deutschen Psychiater Emil Kraepelin (1856-1926) präzisiert.
Freuds Hauptschriften über die Paranoia sind die Artikel *Psychoanalytische Bemerkungen über einen autobiographisch beschriebenen Fall von Paranoia (Dementia Paranoides)* (aus dem Jahr 1911), *Mitteilung eines der psychoanalytischen Theorie widersprechenden Falles von Paranoia* (aus dem Jahr 1915) und *Über einige neurotische Mechanismen bei Eifersucht, Paranoia und Homosexualität* (aus dem Jahr 1922).[1] In Übereinstimmung mit Kraepelin versteht Freud die Paranoia als bestimmte Formen von systematisierten Wahnvorstellungen. Zu Paranoia zählt er Verfolgungswahn, Erotomanie, Eifersuchtswahn und Größenwahn. Eine Hauptthese Freuds ist, daß die Paranoia in einem verdrängten homosexuell-inzestuösen Komplex wurzelt. Bei Männern, von denen Freud als Paradigma ausgeht, ist also eine auf den Vater gerichtete Libido am Werk. Bei Frauen handelt es sich um eine auf die Mutter gerichtete Libido.
Die Psychoanalytikerin Ruth Mack Brunswick, deren Beschreibung eines weiblichen Falles von Eifersuchtswahn (aus dem Jahr 1928)[2] hier im Buch behandelt wird, befindet sich in ihrer Auffassung der Paranoia auf einer Linie mit Freud. Im Unterschied zu Freud versucht sie jedoch zu geschlechtsspezifizieren – indem sie vorsichtig die Theorie aufstellt, daß der Verfolgungswahn eine bevorzugte männliche Paranoiaform ist, während der Eifersuchtswahn im höchsten Grad weiblich ist.
Die Beziehung zwischen der Abwehr der Paranoia gegen eine tabuisierte homosexuelle libidinöse Anziehung und der nachphallischen Phase in der weiblichen Normalentwicklung in der patriarchalischen Gesellschaft wird in Kapitel VII.4. eingehend diskutiert. Als ein Supplement zu dieser Diskussion sollen hier die komplexen Mechanismen der Paranoia erklärt werden. Wie gehen die Gefühlsumschläge von Liebe in Haß vor sich, die dem freudianische Diskurs zufolge für die paranoide Abwehr kennzeichnend sind?
Wie es besonders in Freuds Artikel aus dem Jahr 1911[3] anschaulich beschrieben wird, beruht die Paranoia auf einer Reihe von Transformationen

einer ursprünglichen Libidobeziehung, die sprachlich in den Sätzen ausgedrückt werden kann:

„Ich (eine Frau) liebe sie (eine Frau)"
und:
„Ich (ein Mann) liebe ihn (einen Mann)".

Im Verfolgungswahn als solchem geschieht erstens das, daß der Abwehrmechanismus, der „Verkehrung ins Gegenteil"[4] heißt, unbewußt in Kraft tritt, sodaß die ursprüngliche Liebesbeziehung in Haß verwandelt wird. Das heißt, die beiden Sätze lauten nun:

„Ich (eine Frau) liebe sie nicht – ich hasse sie ja"
und:
„Ich (ein Mann) liebe ihn nicht – ich hasse ihn ja".

Zu diesem Abwehrmechanismus tritt noch eine Dimension hinzu, indem die Paranoia ein inneres Gefühl mit einem von außen kommenden ersetzt. Der Haß wird auf das Objekt projiziert[5], sodaß eine weitere Transformation unserer Sätze stattfindet:

„Sie haßt (verfolgt) mich (eine Frau)"
und:
„Er haßt (verfolgt) mich (einen Mann)".

Die letzte Transformation kann auch als Ausdruck für einen Aspekt des Abwehrmechanismus beschrieben werden, der Verkehrung ins Gegenteil, der von der Umwandlung von Aktivität in Passivität handelt. Die aktive Diatese[6]: „Ich hasse sie/ihn" wird umgesetzt in passiv: „Ich werde gehaßt (= verfolgt) von ihr/ihm". Schematisch können die beschriebenen zwei Transformationen, mit denen das paranoide Bewußtsein seine Abwehr vornehmen kann, folgendermaßen dargestellt werden:

Weiblicher Verfolgungswahn	Männlicher Verfolgungswahn
1. (Ausgangspunkt) Aktive Diatese/Verb: liebt $S_1 (♀) \xrightarrow{\text{liebt}} O (♀)$	*1. (Ausgangspunkt)* Aktive Diatese/Verb: liebt $S_1 (♂) \xrightarrow{\text{liebt}} O (♂)$
2. (Erste Transformation) Aktive Diatese/Verb: haßt $S_1 (♀) \xrightarrow{\text{haßt}} O (♀)$	*2. (Erste Transformation)* Aktive Diatese/Verb: haßt $S_1 (♂) \xrightarrow{\text{haßt}} O (♂)$
3. (Zweite Transformation) Passive Diatese/Verb: haßt $S_1 (♀) \xleftarrow{\text{wird gehaßt}} S_2 (♀)$	*3. (Zweite Transformation)* Passive Diatese/Verb: haßt $S_1 (♂) \xleftarrow{\text{wird gehaßt}} S_2 (♂)$

S_1 = Subjekt; O = Objekt; S_2 = Gegen-Subjekt (agens, passives Komplement)[7]

⇌ = Verbalrelation zwischen Subjekt, Objekt und Gegen-Subjekt

Der Endpunkt des Prozesses – die fertig etablierte Abwehrvorstellung – wird eine Form von „rationalisierender" Verschmelzung der Resultate der beiden Transformationen, nämlich der Satz:

„Ich (eine Frau) liebe sie ja nicht – ich hasse sie ja – weil ich von ihr gehaßt/verfolgt werde"
und:
„Ich (ein Mann) liebe ihn ja nicht – ich hasse ihn ja – weil ich von ihm gehaßt/verfolgt werde".

Diesen generellen paranoiden Abwehrmechanismen begegnen wir sowohl bei der Analysandin, über die Freud in seinem Artikel aus dem Jahr 1915 schreibt, als auch bei A., jener Frau, über deren Fall von Eifersuchtwahn Ruth Mack Brunswick 1928 berichtet. Zu diesen Abwehrmechanismen kommt jedoch bei den beiden Analysandinnen (Freuds und Ruth Mack Brunswicks) ihr Eifersuchtswahn hinzu, der das Bild scheinbar kompliziert. Sie schließt nämlich eine dritte Person außer dem Subjekt und seinem homosexuellen (Verfolger-/Verführer-) Objekt mitein. Diese dritte Person erscheint als begehrtes heterosexuelles Objekt, ist aber in Wirklichkeit ein Schein-Objekt, das, wie sich zeigt, nur als Projektionsschirm für die eigenen tabuisierten und verdrängten homosexuellen Lüste fungiert. Wie aus A.'s Analyse hervorgeht, deckt ihre Bitterkeit wegen der scheinbaren Untreue des Mannes mit ihrer Stiefmutter eine über eine unbewußte Wunschphantasie, selbst ein Verhältnis mit der Stiefmutter zu haben.

Daß im Eifersuchtswahn eine dritte Person auftritt bedeutet, daß die Transformation des ursprünglichen „Ich liebe sie/ihn"-Satz hier für das Subjekt gilt. Wie Freud erklärt,[8] verteidigt sich der paranoid Eifersüchtige gegen eine tabuisierte homosexuelle Anziehung mit der Vorstellung/dem Gegen-Satz:

„Ich (eine Frau) liebe sie nicht – er (mein Mann, Geliebter) liebt sie ja"
und:
„Ich (ein Mann) liebe ihn nicht – sie (meine Frau, Geliebte) liebt ihn ja".

Oder mit anderen Worten: während im Verfolgungswahn dem *Verb* widersprochen wird ‚lieben' wird in seine Gegenteil ‚hassen' transformiert), richtet sich der Widerspruch im Eifersuchtswahn gegen das *Subjekt* (‚*ich* liebe' wird durch ‚*er (mein Mann)* oder *sie (meine Frau)* liebt' ersetzt). Schematisch können wir die Transformation wie folgt darstellen:

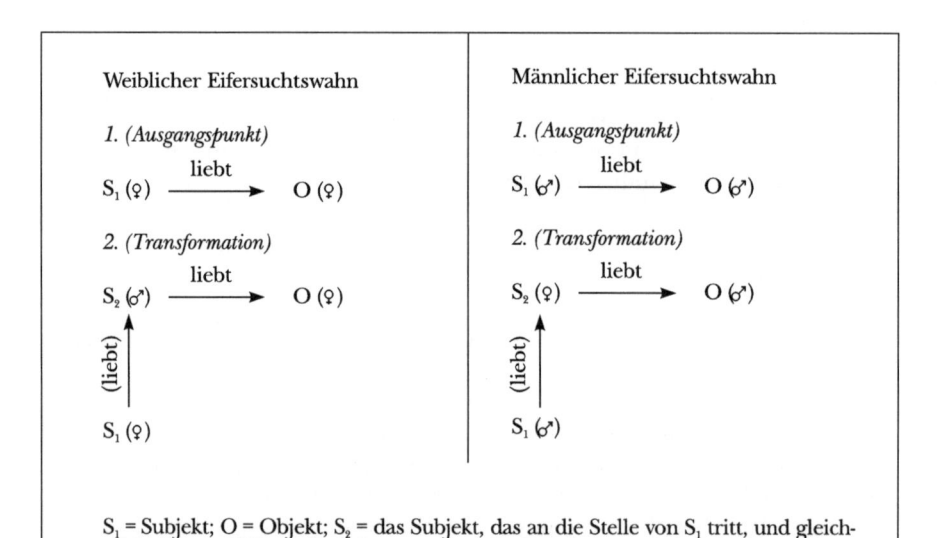

Weiblicher Eifersuchtswahn	Männlicher Eifersuchtswahn
1. (Ausgangspunkt)	*1. (Ausgangspunkt)*
$S_1(♀) \xrightarrow{\text{liebt}} O(♀)$	$S_1(♂) \xrightarrow{\text{liebt}} O(♂)$
2. (Transformation)	*2. (Transformation)*
$S_2(♂) \xrightarrow{\text{liebt}} O(♀)$	$S_2(♀) \xrightarrow{\text{liebt}} O(♂)$
$S_1(♀) \xrightarrow{\text{(liebt)}}$	$S_1(♂) \xrightarrow{\text{(liebt)}}$

S_1 = Subjekt; O = Objekt; S_2 = das Subjekt, das an die Stelle von S_1 tritt, und gleichzeitig (Schein-)Objekt für S_1 ist; ⟶ Verbalrelation zwischen S_1, O und S_2. Die Klammer um liebt auf der Achse S_1–S_2 gibt an, daß S_2 ein Schein-Objekt für S_1 ist, denn S_1 fokusiert auf S_2 primär aufgrund dessen Verbindung zu O.

Das Transformationsstadium im Eifersuchtswahn kann natürlich ohne weiteres dazu ausgebaut werden, eine gegenseitige Liebe zwischen S$_2$ und O einzuschließen. Linguistisch kann eine solche gegenseitige Relation als eine reziproke Diatese[9] beschrieben werden, die so dargestellt wird: S$_2$⇄O. (Das Verb, das die beiden Pfeile repräsentieren, ist immer noch ‚lieben'. In einen Satz umgeschrieben lautet die Formel ‚S$_2$ und O lieben einander').

Auf diese Weise ausgebaut enthält das Transformationsstadium des Eifersuchtswahnes eine Möglichkeit der Kombination mit dem Verfolgungswahn. Freud macht darauf nicht aufmerksam, da es sein Anliegen ist, eine theoretische Unterscheidungsgrundlage für die verschiedenen Paranoiaformen aufzustellen. In unserem Zusammenhang, wo es gilt, A. und allgemeiner jene Entfremdungsmechanismen zu verstehen, die die antigonale Mutter-Tochter-Beziehung in der nachphallischen Phase ändern, ist jedoch sowohl die Unterscheidung zwischen den verschiedenen Typen von paranoiden Abwehrmechanismen und als auch deren Kombinationsmöglichkeiten wichtig.

Daß es eine Kombinationsmöglichkeit zwischen den beschriebenen Paranoiaformen gibt, können wir anhand der folgenden logischen Verlängerung jener Vorstellungen zeigen, die dem Transformationsstadium der Eifersuchtsparanoia zu Grunde liegen. Bauen wir dieses mit der reziproken Diatese aus – dem gegenseitigen Liebesverhältnis zwischen S$_2$ und O –, so haben wir hiermit zugleich indirekt das zweite Transformationsstadium des Verfolgungswahns intoniert, wo O als das verfolgende Gegen-Subjekt (S$_3$) des passiven S$_1$ auftritt. Indem O alias S$_3$ S$_2$ wieder-liebt, trägt es ja nämlich aktiv dazu bei, S$_2$ S$_1$ wegzunehmen, was von S$_1$'s Gesichtspunkt natürlich als eine feindliche und gehässige Handlung betrachtet werden muß. Oder mit anderen Worten: S$_1$ hat einen weiteren Grund, seine Liebe zu O zu verleugnen. Es ist nicht nur so, daß es S$_2$ und nicht S$_1$ selbst ist, das O liebt. Dazu kommt, daß O/S$_3$ das arme S$_1$ haßt und verfolgt, das (wer kann das nun nach all diesen verschleiernden Transformationen bezweifeln?) in jeder Hinsicht

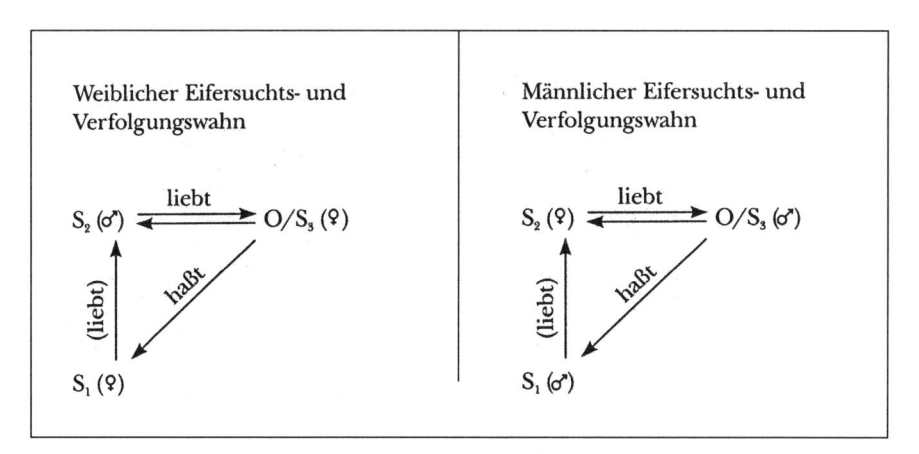

Weiblicher Eifersuchts- und Verfolgungswahn	Männlicher Eifersuchts- und Verfolgungswahn
S$_2$ (♂) ⇄ O/S$_3$ (♀) liebt (liebt) ↑ ↘ haßt S$_1$ (♀)	S$_2$ (♀) ⇄ O/S$_3$ (♂) liebt (liebt) ↑ ↘ haßt S$_1$ (♂)

Verzeichnis über Figuren

Figur A: (Seite 62)
Einschreibung von Psychoanalyse in eine Gesellschaftsanalyse:
Das Verhältnis zwischen Objektivitäts- und Subjektivitätsanalyse.

Figur B: (Seite 130)
Übersicht über Gleichheiten und Unterschiede zwischen den Auffassungen Freuds und Jeanne Lampl-de Groots über die Entwicklung des Mädchens bis zum Kastrationskomplex.

Figur C: (Seite 134)
Die Bildung des Geschlechtsbewußtseins unter den Bedingungen der phallischen Kultur – I. Die Kastration.

Figur D: (Seite 135)
Die Bildung des Geschlechtsbewußtseins unter den Bedingungen der phallischen Kultur – II. Die Kastration der Mutter.

Figur E: (Seite 151)
Übersicht über die Bezeichnungsänderungen, die der Defetischierungsprozeß bei der Beschreibung der Entwicklung des Mädchens bis zur „Kastration" notwendig macht, in der prospektiven Perspektive betrachtet.

Figur F: (Seite 152)
Die Entwicklung des Mädchens bis zur „Kastration", in der retrospektiven – und fetischierten – Perspektive betrachtet.

Figur G: (Seite 231)
Die Entwicklung von Mädchen und Knaben bis zur „Kastration" der Mutter (prospektiv betrachtet) – mit den Bezeichnungsänderungen, die im Anschluß an den Defetischierungsprozeß eingeführt wurden.

Figur H (Mädchen): (Seite 310)
Die Entwicklung der Mutterbilder im prospektiven Blickwinkel.

Figur H (Knabe): (Seite 310)
Die Entwicklung der Mutterbilder im prospektiven Blickwinkel.

Figur I: (Seite 311)
Die Gefühlsqualitäten und das Erlebnis der sexuellen Werte der Mutterbilder des Mädchens.

Figur J: (Seite 311)
Die Entwicklung der Mutterbilder im retrospektiven Blickwinkel.

Einige Psychoanalytiker-Biographien

Karl Abraham (1877–1925). Deutscher Arzt und Psychoanalytiker. Er war einer der Pioniere in der psychoanalytischen Bewegung – gründete unter anderem 1910 die psychoanalytische Vereinigung in Berlin. Von 1908 bis zu seinem Tod 1925 hatte er eine private Praxis in Berlin.

Helene Deutsch (1884–1982). Geboren in Polen. Studierte Medizin in Wien und München und wurde 1912 Ärztin. Danach ging sie in Lehranalyse bei Freud und wurde in der psychoanalytischen Bewegung aktiv. 1934, nach der nazistischen Machtübernahme in Deutschland emigrierte sie in die USA, wo sie bis zu ihrem Tod lebte. Sie wurde Professorin in Boston und Mitglied von Bostons psychoanalytischer Vereinigung. Sie schrieb eine Reihe psychoanalytischer Bücher und Artikel über die Psychosexualität von Frauen.

Sigmund Freud (1856–1939). Österreichischer Arzt und Psychoanalytiker. Gründer der psychoanalytischen Wissenschaft und Therapieform. Hatte ab 1886 eine private Praxis in Wien, bis er durch den deutschen Einmarsch in Österreich ein Jahr vor seinem Tod nach England flüchten mußte. Zu seinen epochemachendsten wissenschaftlichen Errungenschaften müssen die Analyse des Unbewußten und die Bedeutung der kindlichen Sexualität in der menschlichen Psyche gezählt werden.

Karen Horney (1885–1952). Geboren in Hamburg. Studierte Medizin in Berlin und wurde 1913 Ärztin. Sie wählte Psychiatrie als ihr Spezialgebiet, ging in Lehranalyse bei Karl Abraham (siehe oben) und eröffnete 1919 eine psychoanalytische Praxis. Zwei Jahre davor – 1917 – kam sie außerdem in Verbindung mit dem psychoanalytischen Institut in Berlin, wo sie als Lehranalytikerin, Dozentin und Therapeutin fungierte, bis sie 1932 in die USA emigrierte. Hier wurde sie zuerst am psychoanalytischen Institut in Chicago und später in New York angestellt. 1941 hat sie die amerikanische *Association for the Advancement of Psychoanalysis* und *The American Institute for Psychoanalysis* mitgegründet. Sie schrieb viele Artikel über die Psychosexualität von Frauen.

Ernest Jones (1879–1958). Englischer Arzt und Psychoanalytiker. Nachdem er im Jahr 1903 Arzt geworden war, kam er in Kontakt mit Freud und war ab zirka 1907 in der psychoanalytischen Bewegung aktiv. Er introduzierte die

Psychoanalyse in England – gründete unter anderem Londons psychoanalytische Vereinigung, die später der britische Zweig der internationalen psychoanalytischen Vereinigung wurde. Jones ist nicht zuletzt für seine große Freud-Biographie in drei Bänden bekannt, *Sigmund Freud. Life and Work* (vgl. Jones 1954/55/57). In den 1920ern und 1930ern tat er viel, um Spaltungen in der psychoanalytischen Bewegung zu vermeiden und schrieb in diesem Zusammenhang eine Reihe Artikel über eine der großen Streitfragen: die Weiblichkeit.

Jeanne Lampl-de Groot (1895–1987). Holländische Psychoanalytikerin. Sie erhielt ihre psychoanalytische Ausbildung in Wien in den 1920er Jahren, wo die dortige psychoanalytische Vereinigung ihre intensivste Blüteperiode erlebte. Sie wurde außerdem zum gleichen Zeitpunkt in der internationalen psychoanalytischen Vereinigung aktiv. Sie hat im Laufe der Jahre sowohl mit Therapie als auch mit Supervision und in der Unterrichtung kommender Psychoanalytiker gearbeitet. 1927 beschrieb sie, wie Mädchen – so wie Knaben – einen sogenannten „negativen" oder „aktiven" Ödipuskomplex entwickeln. Das heißt, einen Ödipuskomplex mit aktiv libidinösen Gefühlen für die Mutter und Rivalitätshaß auf den Vater.

Melanie Klein (1882–1960). Geboren in Budapest. Studierte Kunstgeschichte in Wien um 1900. Später begann sie sich für Psychoanalyse zu interessieren und ging in Lehranalyse bei Karl Abraham (siehe oben). Von 1921–1926 fungierte sie als Kindertherapeutin am psychoanalytischen Institut in Berlin, wonach sie nach England übersiedelte und bis zu ihrem Tod als Kinderanalytikerin in Verbindung mit der *British Psychoanalytic Society* in London arbeitete. Sie wurde als eine der führenden Kinderanalytiker der Welt gerechnet und schrieb eine lange Reihe von Büchern und Artikeln über die Psychoanalyse von Kindern.

Ruth Mack Brunswick (1897–1946). Amerikanische Ärztin und Psychoanalytikerin. Nachdem sie 1922 Ärztin geworden war, ging sie nach Europa – näher bestimmt Wien – um bei Freud in Lehranalyse zu gehen. Sie wurde eine derjenigen, die dem innersten Kreis rund um ihn angehörten. 1925 eröffnete sie eine Praxis in Wien. Außerdem wurde sie in Wiens psychoanalytischer Vereinigung aktiv und Instruktor am dortigen psychoanalytischen Institut. Als die Deutschen 1938 in Österreich einmarschierten, ging sie zurück in die USA, wo sie ihre Praxis wieder aufnahm und fungierte außerdem als Lehrerin (in Traumdeutung und psychoanalytischer Technik) an New Yorks psychoanalytischem Institut. Sie hat unter der Bezeichnung „Präödipalität" wichtige Beiträge zur Theorie über das publiziert, was Jeanne Lampl-de Groot (siehe oben) als den „negativen weiblichen Ödipuskomplex" beschrieb.

Anmerkungen

Vorwort

1 FREUD 1916–17, 308f.
2 MITCHELL 1974.
3 MITCHELL 1974; IRIGARAY 1974; CHODOROW 1978; HAGEMANN-WHITE 1978 und 1979; SCHLESIER 1981.
4 Der Beginn der Periode wird von dem Zeitpunkt der Herausgabe von FREUDS erster Studie über die Neurose, die Hysterie, markiert. (FREUD 1892–93). Zwar machte FREUD erst später die Weiblichkeit zu einem expliziten Thema in seiner Verfasserschaft, aber nachdem die Hysterie in hohem Grad frauenspezifisch ist, handelt es sich trotzdem bei FREUDS Hysteriestudien implizit um eine Analyse der Weiblichkeit.
Der Schlußpunkt der Entstehungsperiode der Weiblichkeitstheorie wird – etwas mehr, wenn auch nicht ganz willkürlich – bei der Herausgabe des letzten der Artikel angesetzt, die FREUD mit der Weiblichkeit als Hauptthema schrieb (FREUD 1933a). Eine Herausgabe, die zeitlich mit der nazistischen Machtübernahme in Deutschland zusammenfiel. Eine Begebenheit, die weitreichende Konsequenzen für die bis dahin blühende internationale psychoanalytische Bewegung hatte. (Viele Psychoanalytiker, darunter FREUD, mußten im Laufe der 1930er Jahre aus Deutschland und Österreich ins Exil flüchten.) In einem gewissen Sinne wird daher 1933 das Jahr, wo auf viele Arten der lebhaften Debatte über die Weiblichkeit, die ab ca. 1918 in der psychoanalytischen Bewegung geführt worden war, ein Ende gemacht wird. Einige der Teilnehmer an der Debatte setzten jedoch die Entwicklung der Weiblichkeitstheorie auch nach 1933 fort.

1. Teil. Die Bedeutungen des Geschlechtsunterschieds
Geschlechtsphilosophischer Auftakt

Kapitel I. Die Jagd nach dem Geschlecht

1 Unter dem Begriff *Diskurs* verstehe ich – in Übereinstimmung mit u. a. FOUCAULT (1969) – eine Bedeutungsebene in einem gegebenen Text oder einer gegebenen Aussage, die diese als einen Teil eines größeren sozialen, kulturellen, ideologischen Kontexts konstituiert, der zum Beispiel aus einer größeren Sammlung von Texten/Aussagen bestehen kann. In einem Text oder einer Aussage können ohne weiteres mehrere Diskurse sein. Zum Beispiel können ein religiöser und ein sexueller Diskurs zusammenspielen. – In seiner Analyse von u. a. dem Versprechen und dem Witz (vgl. FREUD 1901b und 1905c) hat FREUD in einer

für die Sprach- und Textanalyse entscheidend bedeutsamen Weise darauf hingewiesen, daß sich in unserem Sprechen sowohl bewußte als auch unbewußte Schichten geltend machen. Nämlich teils Schichten, die wir unmittelbar anerkennen und teils Schichten, von denen wir nichts wissen wollen. Im Anschluß daran ist es sinnvoll, zwischen dem/den *Oberflächen- oder Deckdiskurs(en)* und dessen/deren *versteckten Diskurs(en)* eines Textes oder einer Aussage zu unterscheiden. D. h. zwischen dem, wofür sich der Text/die Aussage unmittelbar ausgibt, und jenen Bedeutungen, die in diesem/dieser gleichzeitig als Unterströmungen enthalten sind.

2 Der Begriff *ödipal* ist von Ödipus abgeleitet. Vgl. Anmerkung I,4.
3 Der Begriff *Imago* stammt eigentlich von C. G. JUNG. Der verwandte Begriff des Imaginären wurde von J. LACAN geprägt. Die Art und Weise, wie ich den Begriff verwende, schließt sich jedoch an A. LORENZER an, der „Imago" in Zusammenhang mit der psychoanalytischen Lehre von der *psychischen Repräsentation* versteht, d. h. über die Art, wie sich der Trieb in der Psyche durch Affekte und Vorstellungen zu erkennen gibt. Jene Imagos, die wir in uns haben, sind nach LORENZER triebbesetzte Vorstellungen von uns selbst und unseren Objekten (Selbst- und Objektrepräsentanten), die vor einem konkreten lebensgeschichtlichen Erfahrungshintergrund entstanden sind. Frühzeitig gebildete Objektrepräsentanten sind typischerweise *Mutter-* und *Vater*-Imagos sein, die durch Verschmelzung einer Reihe von Augenblicksbildern von z. B. einer „liebenden *Mutter*", einer „lustspendenden *Mutter*" usw. bzw. einem „störenden *Vater*", einem „strafenden *Vater*" usw. gebildet werden. Die verschiedenen Imagos müssen auf diese Weise als in realen Erlebnissen verankert verstanden werden, sollen aber nicht als identisch mit der realen Mutter oder dem realen Vater aufgefaßt werden. Es handelt sich um Phantasiebilder mit einer realen Bildungsbasis, nicht um ‚photographische' Wiedergaben der Wirklichkeit.
4 Daß sich Knaben um das dritte Lebensjahr in ihre Mütter verlieben und den Vater als unangenehmen Konkurrenten erleben, und daß sie Lust haben, diesen zu töten, um seinen Platz an der Seite der Mutter einzunehmen, beschrieb FREUD erstmals in seinem großen Werk über die Traumdeutung (FREUD 1900a). (Was das Mädchen betrifft, meinte FREUD zu diesem Zeitpunkt, daß es sich geschlechtlich spiegelverkehrt verhalten müsse. Eine Auffassung, die FREUD später änderte.) Als Bild dafür, was FREUD in der *Traumdeutung* primär als Erlebnisse des *Knaben* behandelte (sexuelle Anziehung in Bezug auf den einen Elternteil (die Mutter) und Todeswünsche gegenüber dem anderen (dem Vater)), bezog er sich auf den alten griechischen Mythos von *Ödipus*, der u. a. in SOPHOCLES' Tragödie *König Ödipus* beschrieben wird.
Ödipus tötet ohne es zu wissen seinen Vater, Laios, den König von Theben. Er heiratet daraufhin seine Mutter, Jokaste, und wird neuer König. Als der wahre Zusammenhang der Dinge Ödipus nach vielen Jahren klar wird – das heißt, als er versteht, daß er sowohl des Vatermordes als auch des Mutterinzests schuldig ist –, blendet er sich als Strafe für seine Verbrechen.
5 In der Ödipusgeschichte (vgl. Anmerkung I,4) geht der Vatermord Ödipus' Übernahme von Laios' Platz als Jokastes Mann und König von Theben voraus. Im „Gold-Lexikon" ist die Reihenfolge der beiden Begebenheiten, Mord und Aneignen von Machtattributen, umgekehrt.

6 Das Messer ist – wie Waffen im übrigen – als phallisches Sexualsymbol betrachtet eine Stereotypie. Rot kann, psychoanalytisch betrachtet, verschiedene Bedeutungen haben. U. a. kann rot als Ausdruck sexueller Erregung und Potenz aufgefaßt werden, was in einem bürgerlichen patriarchalischen Kontext gleichbedeutend mit Männlichkeit ist. Die Perücke kann vor dem Hintergrund des phallischen Zusammenhangs, in den sie solcherart eingesetzt ist, als eine Art Hut verstanden werden. Der Hut ist wie die Waffe ein stereotypes Phallussymbol.

7 FREUDS Unterscheiden zwischen *bewußten* und *unbewußten* Schichten in der Psyche ist sehr zentral in seiner Theorie und macht im Laufe seiner Verfasserschaft verschiedene Entwicklungen durch. Die Begriffe stehen in engem Zusammenhang mit dem Begriff der *Verdrängung*. So besteht das Unbewußte, grob gesagt, aus verdrängten Triebrepräsentanten, d. h. triebbesetzten Vorstellungen, die nicht durch die Zensurinstanz der Psyche in den Horizont des Bewußten hineingelassen wird, weil sie zu peinlich oder auf andere Weise bewußtseinsunfähig sind. Mit dem Ausdruck *Verdrängungsbarriere oder -mauer* weise ich auf diese strenge Zensurinstanz hin, die im Laufe unserer frühen Sozialisation in unserer Psyche gebildet wird.

8 Die *Verneinung* ist (nach FREUD 1925h) ein psychischer Abwehrmechanismus (vgl. Anmerkung I,9), der in Zusammenhang mit der Verdrängung (vgl. Anmerkung I,7) verstanden werden muß. Die Voraussetzung der Verneinung ist die Verdrängung, und sie ist ein Versuch, die Zensur zu umgehen, ohne es jedoch zu tun. So wird bei der Verneinung die eine Seite der Konsequenzen des Verdrängungsprozesses aufgehoben, nämlich die, daß der verdrängte Vorstellungsinhalt nicht in das Bewußte gelangt. Gleichzeitig wird die andere Seite festgehalten: daß jene Triebkomponenten, die an den verdrängten Inhalt geknüpft sind, sich nicht frei und unter eigenen Prämissen entfalten dürfen. Das Verdrängte erhält nämlich durch die Verneinung Zugang zu unserem Bewußten, aber damit zusammengekoppelt, daß der Triebinhalt verurteilt und ihm jeglicher Zusammenhang mit uns selbst abgesprochen wird. Wir können von der Zensur die Erlaubnis erhalten, unsere verdrängten Vorstellungs- und Gedankeninhalte zu formulieren, wenn wir gleichzeitig verneinen, daß sie irgendetwas mit uns zu tun hätten – jede Verantwortung dafür ablehnen.

9 *Psychische Abwehrmechanismen* nennt die Psychoanalyse jene Strategien, die das Ich benützt, wenn es abwehren soll, daß Triebimpulse und Vorstellungsinhalte, die als inakzeptabel aufgefaßt werden, zur Entfaltung kommen. Die Abwehrmechanismen bewirken, daß der Trieb abgelenkt und nur in Formen zum Ausdruck kommt, wo z. B. das Ziel oder Objekt des ursprünglichen Triebes (vgl. Anmerkung II,21) verschleiert oder verändert ist.

10 Mit dem Begriff *Psychodynamik* beschreibt die Psychoanalyse ihre Auffassung der Psyche als ein dynamisches Phänomen, wo verschiedene – oft widersprüchliche – Kräfte arbeiten. Die Dynamik stammt in letzter Instanz von den Trieben.

Kapitel II. Das Urteil des Spiegels:
„Dein Geschlecht ist dein Schicksal!"

1 Vgl. GILBERT and GUBAR (1979), 36f.
2 Es ist zu bemerken, daß GILBERT und GUBAR das Märchen in einem bürgerlich-patriarchalischen Rezeptionskontext interpretieren. In seinem ursprünglichen,

kulturhistorischen Zusammenhang interpretiert ist die Botschaft des Märchens eine andere. Vgl. z. B. seine matriarchalisch-mythologische Interpretation in Heide GÖTTNER-ABENDROTH (1980), 143f. Hier ist die Abwesenheit des Königs ein für die Interpretation untergeordnetes Moment.

3 Hatte Ch. DARWIN (1809–1882) in seinem ersten Hauptwerk (*The Origin of Species by Means of Natural Selection*, 1859) den Ursprung des Menschen von dem Prinzip ausgehend geschildert, das er als die „natürliche Auswahl" oder „Qualitätswahl" lebenstüchtiger Arten beschrieb, so ist sein zweites Hauptwerk (*The Descent of Man, and Selection in Relation to Sex*, 1871) dem Studium eines geschlechtsspezifischen Auswahlmechanismus in der Entwicklungsgeschichte des Menschen gewidmet, der „sexuellen Auswahl" oder „Paarungswahl". Dieser letzte Auswahlmechanismus hat das Ziel, meint DARWIN, die Fortpflanzung des am besten geeigneten Artindividuums zu sichern. In *The Descent* ... legt DARWIN eine biologische Begründung des Patriarchats vor. So ist das, was ihm zufolge den Übergang von Natur zu Kultur bewirkt hat, die Paarungskämpfe der Männchen um die Weibchen. Bei diesen trügen nämlich die stärksten, mutigsten und klügsten den Sieg davon und könnten daraufhin ihre guten Eigenschaften vor allem auf ihren männlichen Nachwuchs übertragen. Der weibliche Nachwuchs war DARWIN zufolge zwar Träger und Vermittler des Erbes des Vaters, doch dieses käme normalerweise nur beim männlichen Nachwuchs zum Ausdruck, wenn er geschlechtsreif wurde. Generell entwickelten sich die Weibchen/Frauen historisch betrachtet in einem viel langsameren Takt als die Männchen/Männer, weil jene nicht wie diese den prüfenden und entwickelnden Ereignissen der Paarungskämpfe unterzogen würden. DARWIN verstand diesen Umstand als biologisch determiniert. So gab er die quantitativen und qualitativen Unterschiede des Eis und der Spermatozoen (es gibt nur ein Ei, es ist schwieriger transportabel usw.) als eine mögliche biologische Begründung für die verschiedenen, aktiv-bemächtigenden beziehungsweise passiv-abwartenden Psychosexualitäten der zwei Geschlechter an. DARWINS Einfluß in seiner Zeit kann kaum überschätzt werden. Wenn man FREUDS geschlechtsphilosophische Wurzeln verstehen soll, ist es jedoch gleichzeitig wichtig, darauf aufmerksam zu sein, daß sich DARWINS Formulierung des natürlichen Ursprungs des Patriarchats in eine breite geschlechtsphilosophische Tendenz in der damaligen Zeit einschrieb. Außer DARWIN formulierten z. B. Henry MAINE (in *Ancient Law*, 1861), Ed. WESTERMARCK (in *History of Human Marriage*, 1891) und J. J. ATKINSON (in *Primal Law*, 1903) Theorien über den natürlichen Ursprung des Patriarchats.

4 *Ontogenese* – die Entwicklungsgeschichte des einzelnen Individuums. Im Gegenteil zur *Phylogenese*, der Entwicklungsgeschichte der Art (z. B. der Menschheit).

5 In seinen *Drei Abhandlungen zur Sexualtheorie* (FREUD 1905d) greift FREUD den *Bisexualitätsbegriff* auf, der u. a. in der damaligen Homosexuellenbewegung bis zurück vor die Jahrhundertwende diskutiert worden war. So war es eine wichtige Dimension in dieser Bewegung, für die Idee der Existenz geschlechtlicher „Zwischenformen" oder eines „dritten Geschlechts" (verstanden als männliche Seele in weiblichem Körper oder umgekehrt) zu kämpfen – um zu erreichen, daß die Homosexualität als etwas Natürliches und also weder Bestrafungs- noch Behandlungsnötiges anerkannt würde. FREUD bringt in 1905d den Gesichtspunkt vor, daß die Psyche des Menschen generell bisexuell angelegt ist, und er meint, eine –

wenn auch unzureichende – biologische Begründung darin zu erkennen: „Ein gewisser Grad von anatomischen Hermaphroditismus gehört ... der Norm an"*, indem bei jedem Geschlecht Spuren des Geschlechtsapparats des anderen Geschlechts zu finden sind (vgl. 1905d, 19). Vgl. auch Anmerkung II,7.

6 *Kreuzvererbung* bedeutet, daß das eine Geschlecht Züge erbt, die für das andere spezifisch sind. DARWINS Pointe ist, daß die niedrigsten Tierarten, von denen wir ursprünglich abstammen, zweigeschlechtlich sind. Die phylogenetische Entwicklung ständig höherer Arten bedeutete eine ständig höhere Geschlechterdifferenzierung. Bei den Säugetieren rechnet DARWIN damit, daß der ursprüngliche Hermaphroditismus nie eine Rolle gespielt hat. Hier sind die existierenden Rudimente der entgegengesetzten Geschlechtsorgane bei beiden Geschlechtern durch Kreuzvererbung entstanden. (Vgl. DARWIN 1871, u. a. 249f).

7 Wilhelm FLIESS (1858–1928) war Arzt in Berlin und hatte seinen Magister in Nasen- und Halskrankheiten gemacht. Seine wissenschaftlichen Interessen waren jedoch viel weiter gespannt als dieses Spezialgebiet. FLIESS und FREUD trafen einander im Jahr 1887, und es entstand eine Freundschaft, die bis zu einem dramatischen Bruch im Sommer 1900 andauerte, wonach die Verbindung schließlich 1902 abgebrochen wurde. Es ist allgemein anerkannt und geht aus dem Briefwechsel zwischen FREUD und FLIESS hervor (wovon nur FREUDS Briefe bewahrt sind), daß FREUD seine Auffassung über die allgemein bisexuelle Veranlagung des Menschen unter Inspiration von FLIESS formulierte und nicht umgekehrt, obwohl FLIESS seine Ansichten erst im Jahr 1906 publizierte (in dem Buch *Der Ablauf des Lebens*).

8 FREUD 1908a, 198.

9 In FREUD 1919e, 1937c und ohne namentliche Nennung auch in 1918b.

10 Vgl. FREUD 1919e, 222f.

11 FREUD 1937c.

12 Eine kleine Geschichte, die von FREUDS Biograph referiert wird, dem Psychoanalytiker Ernest JONES, illustriert, daß die Vorstellung von der Bisexualität des Menschen provozierend für FREUD war. 1897 hatte FLIESS seine Idee darüber vor FREUD formuliert. Beim letzten Treffen zwischen den beiden im Sommer 1900 annoncierte FREUD nichts desto weniger die Idee als etwas Neues, worauf der überraschte FLIESS antwortete, daß er ja bereits drei Jahre zuvor FREUD den Gedanken präsentiert hatte. FREUD hatte dies völlig vergessen, wie er eine Woche später erkannte. Dieser Gedächtnisverlust auf FREUDS Seite ist, wie JONES bemerkt, psychoanalytisch umso bemerkenswerter, als FREUD ein Jahr zuvor (am 1. August 1899) folgendes an FLIESS geschrieben hatte: *„You are certainly right about bisexuality. I am also getting used to regarding every sexual act as one between four individuals."* Außerdem hatte sich FREUD (am 4. Jänner 1898) über den Gedanken der Bisexualität wie folgt ausgedrückt: *„I have taken to emphasizing the concept of bisexuality and I regard your idea of it as the most significant for my work since that of ‚defence'".* (Vgl. JONES 1953, 1955, 1957, Band 1, 345–46).

13 Für die zwei Momente im Ödipuskomplex des Mädchens wie des Knaben (ihre Objektwahl der Mutter bzw. des Vaters und die damit zusammenhängende feindliche Einstellung gegenüber dem zweiten Elternteil) wird in der psychoanalytischen Literatur sowohl die Bezeichnung *aktiver versus passiver Ödipuskomplex* als auch die Bezeichnung *negativer versus positiver Ödipuskomplex* verwendet. Wie die

beiden Bezeichnungssets gebraucht werden, wird die Objektwahl der Mutter was das Mädchen betrifft als negativ oder aktiv bezeichnet, während sie beim Knaben positiv und aktiv genannt wird. Umgekehrt erhält die Objektwahl des Vaters beim Mädchen die Bezeichnung positiv und passiv, während die entsprechende Wahl des Vaters beim Knaben negativ und passiv genannt wird. Unbeachtet dessen, ob sich das die einzelnen Psychoanalytiker klar machten oder nicht, liegt selbstverständlich eine deutliche ideologische Profilierung darin, was als positiv bzw. negativ bei den beiden Geschlechtern bezeichnet wird. – Ich werde in meinen Analysen das Bezeichnungsset aktiver/passiver Komplex anwenden, weil darin eine deskriptiv relevante Aussage über den Charakter des Triebziels (vgl. Anmerkung II,21) in der Beziehung der beiden Geschlechter zur Mutter bzw. Vater liegt. – In einigen der Zitate, die ich bei meiner Analyse des freudianischen Diskurses gebrauche, wird jedoch die andere Bezeichnungsart verwendet.

14 Vgl. FREUD 1923b, 260f.
15 Vgl. die früher im zweiten Kapitel des vorliegenden Buches zitierte Passage aus FREUD 1930a, 465–66.
16 Vgl. FREUD 1933a, 107.
17 Vgl. FREUD 1923a, 220.
18 FREUD betrachtet das menschliche Kind als *polymorph-pervers* in seiner Veranlagung. D. h. als von Natur aus mit einem Triebkörper ausgestattet, der für allerhand sexuelle Genüsse disponiert ist, jene inklusive, die von der Kultur als pervers abgestempelt werden. Es zeigt sich, sagt FREUD (vgl. 1905d, 64), z. B. daran, daß das Kind in sexueller Hinsicht zu „allen möglichen Überschreitungen"* verführt werden kann. Hierin gleicht das Kind, setzt er fort, dem „unkultivierte(n) Durchschnittsweib, bei dem die nämliche polymorph perverse Veranlagung erhalten bleibt."* (!).
19 Die *Partialtriebe* sind jene Komponenten, aus denen FREUD zufolge der Sexualtrieb ursprünglich aufgebaut ist. Jeder Partialtrieb hat eine körperliche Quelle – einen bestimmten organischen Ursprung – und ein bestimmtes Ziel, das heißt, eine bestimmte Weise, auf die der jeweilige Trieb Befriedigung sucht. Im Laufe der Entwicklung des Individuums werden die Partialtriebe normalerweise dem Primat der Genitalität untergeordnet, sagt Freud. Dies geschieht (jener Auffassung zufolge, die FREUD in 1923e annimmt) in dem Entwicklungsstadium, das bei Mädchen wie Knaben die phallische Phase genannt wird, das heißt, im Alter von zwei bis drei Jahren.
20 Vgl. z. B. FREUD 1916–17, 258.
21 Das *Ziel eines Triebes* ist die Art und Weise, wie er Befriedigung sucht. – Darüberhinaus spricht FREUD vom *Objekt* des Triebes (jene Person oder Gegenstand, bei der oder durch den der Trieb versucht, sein Ziel zu erreichen), vom *Drang* des Triebes (jene Summe von Kraft oder Menge an Arbeitsaufwand, deren Mobilisierung der Trieb verlangt) und schließlich von der *Quelle* des Triebes (der körperliche Prozeß in einem Organ oder einem Körperteil, aus dem der Trieb physisch entspringt. Vgl. FREUD 1915c.
22 Vgl. FREUD 1905d, 88f.
23 Vgl. Anmerkung II,3 und II,6.
24 Vgl. FREUD 1912–13, u. a. 130.

25 *Teleologisch* – in einem bestimmten Zweck, einer bestimmten Absicht begründet; hier: der Fortpflanzungszweck.
26 Vgl. FREUD 1933a, 95.
27 *Alibidimi* – Mangel an Libido.
28 Die Anmerkung wurde 1923 hinzugefügt.
29 Vgl. z. B. den früher im zweiten Kapitel des vorliegenden Buches zitierten Hinweis auf FREUD 1930a, 465–66.
30 In der marxistischen Gesellschaftsanalyse wird methodisch zwischen *Erscheinungsformen* und *Wesen* unterschieden. Die Erscheinungsformen sind jene Phänomene, die auf der Oberfläche der Gesellschaft wahrgenommen werden können. Das Wesen sind die historisch-gesellschaftlichen Gesetzmäßigkeiten, die die ökonomische Struktur in der Gesellschaft bedingt. Die Erscheinungsformen sind das Produkt des Wesens, das den inneren Zusammenhang zwischen diesen ausmacht. Im Gegensatz zu den Erscheinungsformen, die unmittelbar gesehen werden können, ist das Wesen versteckt und nur analytisch zugänglich. (Man kann – übrigens ohne Vergleich – mit dem Verhältnis zwischen den einzelnen Himmelskörpern im Sonnensystem und deren Bewegungsgesetze parallelisieren, die analytisch rekonstruiert werden müssen, und die ja jahrhundertelang ihr Wesen vor dem menschlichen Blick verbargen.) Es ist MARX zufolge – und darin bin ich einig – charakteristisch für die bürgerliche Gesellschaftswissenschaft, daß sie auf dem Niveau der Erscheinungsformen bleibt, ohne die fundamentale Frage nach den Wesenszusammenhängen zu stellen, das heißt, danach, welche historischen Umstände den Erscheinungsformen zu Grunde liegen. Wissenschaftstheoretisch hat diese Form einer Denkweise historisch einen klaren Ausdruck im *Positivismus* gefunden, der die Wirklichkeit, auf die sich die Wissenschaft beziehen muß, mit dem empirisch Beobachtbaren identifiziert. Mit seiner Auffassung des „soziologischen Niveaus" schreibt sich FREUD in diese Form von bürgerlich-patriarchalischer Gesellschaftswissenschaft ein.
31 Zu FREUDS kulturtheoretischen und -kritischen Schriften zählen in erster Linie folgende Werke:
   1. *Die „kulturelle" Sexualmoral und die moderne Nervosität* (FREUD 1908d).
   2. *Totem und Tabu* (FREUD 1912–13).
   3. *Die Zukunft einer Illusion* (FREUD 1927c).
   4. *Das Unbehagen in der Kultur* (FREUD 1930a).
   5. *Der Mann Moses und die monotheistische Religion* (FREUD 1939a).
32 Wie aus *Kapitel III* hervorgehen wird, baue ich besonders auf den Beitrag des Deutschen Alfred LORENZER zur Entwicklung einer historischen, materialistischen Sozialisationstheorie. Seine Theorien gehen jedoch als ein Glied in eine langen Reihe von Versuchen ein, FREUD und MARX zu verknüpfen. So wurde in den 1920er/30er wie in den 1970er Jahren eine intensive freudo-marxistische Diskussion geführt.
33 Vgl. FREUD 1905d, 29.
34 FREUD 1908d.
35 Vgl. das Zitat aus 1933a, 107, früher im zweiten Kapitel des vorliegenden Buches.
36 Generell sah DARWIN die Rolle der Weibchen bei der Paarungswahl darin, passiv abzuwarten, daß die Männchen ihre Paarungskämpfe überstanden haben. (Vgl. Anmerkung II,3). Eine Aktivität, die aktiv zur Paarungswahl und damit zur Ent-

wicklung in die Richtung ständig höherer Stufen auf der Entwicklungsleiter beitrug, fand DARWIN jedoch bei den Weibchen. Nämlich die, ihren verliebten Blick auf ein bestimmtes Männchen zu werfen, den sie danach weiter zum Kampf entflammen können, um sie zu gewinnen.

37 J. J. ATKINSON unternahm in der zweiten Hälfte des 19. Jahrhunderts antropologische Studien in Neu Kaledonien und schrieb auf dieser Grundlage das posthum herausgegebene Buch *Primal Law* (ATKINSON 1903). Hier versuchte er u. a. zu formulieren, wie der Mensch in seinem Urzustand gelebt hatte. Er meinte, daß dieser von kleinen Familiengesellschaften charakterisiert war, die von einem einzelnen, starken, männlichen Individuum angeführt wurden, dem *Vater*, der mit uneingeschränkter Macht herrschte, und der nicht zuletzt eifrig überwachte, daß sein sexuelles Eigentumsrecht auf sämtliche Frauen nicht verletzt wurde.

38 In der Urhorde inkarniert der *Vater* sozusagen das Gesetz. Er herrscht in Alleinherrschaft über die Weibchen und deren Nachwuchs. Die Theorie von der Urhorde kann als ein Mythos von einem patriarchalischen Idealzustand betrachtet werden.

Kapitel III. Hinter den historischen Spiegel des Patriarchats zu „sehen"

1 HOLTEGAARD 1981.
2 Im schwedischen Original lautet das Gedicht:
Knäpp gylfen Freud
tokiga karl
tror att det bara
är han som har

Knäpp gylfen Freud
och titta du
på gumman som äntligt
fått hjässan bar

Knäpp gylfen Freud
stäng in din klarinett.
Nu skal vi slå på trumma
och mäta vett mot vett.
Ja, nu skal vi slå på trumma
och mäta vett mot vett.
(Zitiert nach HOLTEGAARD 1981, 143).
3 Vgl. Anmerkung 6 im Vorwort.
4 Der Begriff des *Patriarchatsfetischismus*, der in *Kapitel III* definiert werden wird, habe ich in Zusammenarbeit mit einer zweiten feministischen Forscherin, Mette BRYLD, entwickelt. Wir haben diesen in den Artikeln *Er begrebet ‚mandekvinde' kvindefjendsk?* (BRYLD und LYKKE 1982) und *Toward a Feminist Science. On Science and Patriarchy* (BRYLD und LYKKE 1983) beschrieben. Außerdem habe ich ihn in *Bevinget, bestøvlet. Om kvindeligheden som kønskaraktermaske* (LYKKE 1981) behandelt.
5 Vgl. u. a. IRIGARAY 1974.

6 Vgl. u. a. die in Anmerkung II,3 erwähnten Werke.
7 Diese Dimensionen der patriarchalischen Geschlechtsphilosophie in der Periode 1860–1920 sind in LYKKE 1981, sowie in BRYLD und LYKKE 1982 und 1983 näher beschrieben.
8 Karl MARX (1818–1883) hat in seiner Kritik der bürgerlichen Nationalökonomie (u. a. an Ökonomen wie Adam SMITH (1723–1790) und David RICARDO (1772–1823)) und an der bürgerlichen Philosophie (u. a. G. W. F. HEGEL (1770–1831)) deren Gedankenparadigmen zugleich angewandt und radikal mit ihnen gebrochen. Eine feministische Wissenschaft kann meiner Ansicht nach gegenüber Teilen der bürgerlich-patriarchalischen Geschlechtsphilosophie analog ans Werk gehen.
9 Der Ausdruck *kritischer Wiedergebrauch* stammt nicht von MARX, sondern von Mette BRYLDS und meinen Artikeln, BRYLD und LYKKE 1982 und 1983 (vgl. Anmerkung III,5). Wir beziehen uns mit „kritischer Wiedergebrauch" teils auf MARX' historische und dialektische, materialistische Methode, teils auf die Art und Weise, wie eine feministische Wissenschaft unserer Auffassung nach mit dem Marxismus methodisch analog handeln kann.
10 *Aufhebung* bedeutet im *dialektischen Sinn* die Etablierung einer Synthese durch eine logische Bewegung durch verschiedene Positionen, die einander widersprechen. Näher bestimmt durch die Positionen: These und Antithese (= Negation der These). Die Synthese, die MARX durch seine Kritik oder Negation der bürgerlichen Ökonomie und Philosophie schuf, bestand (sehr kurz gesagt) in einer radikalen Historisierung und Rekonstruktion von Wesenszusammenhängen, deren Erscheinungsformen die bürgerlichen Ökonomen und Philosophen beschrieben. (Über die Begriffe Wesen und Erscheinungsform, vgl. Anmerkung II,31). Als Beispiel für die radikale Historisierung kann die logisch-dialektische Methode selbst genannt werden. Sie ist nicht, wie HEGEL meinte, universell, sondern MARX zufolge nur adäquat in der Analyse einer Gesellschaft, wo unpersönliche Gesetzmäßigkeiten über die Menschen herrschen – so wie es im Kapitalismus der Fall ist (siehe Anmerkung III,43). Wie es über MARX' Auffassung der Methode bei dem deutschen MARX-Deuter Helmuth REICHELT heißt:
„Wenn Marx es auch nie so deutlich expliziert, so darf man doch unterstellen, daß er unter der dialektischen Methode nicht eine Verfahrensweise von überzeitlicher Geltung verstand, sondern weit mehr eine Methode, die so gut oder so schlecht ist, wie die Gesellschaft, der sie entspricht. Geltung hat sie nur dort, wo sich ein Allgemeines auf Kosten des Individuellen durchsetzt. Als idealistische Dialektik (d. h. die Weise, wie HEGEL sie versteht, *A. d. A.*) ist sie die philosophische Verdopplung der realen Verkehrung (d. h. die Verkehrung der Beziehung zwischen Subjekt und Objekt, dem Menschen und seinen Produkten, vgl. Anmerkung III,43, *A. d. A.*); als materialistische Dialektik *Methode auf Widerruf*, die mit den Bedingungen ihrer Existenz verschwinden wird."* (REICHELT 1970, 81) (Meine Hervorhebung, *A. d. A.*)
Vor diesem Hintergrund warnt REICHELT davor, die dialektisch-materialistische Methode als ein äußerliches Werkzeug zu betrachten, das aus seinem Kontext gerissen und universell verwendet werden kann. Darin bin ich einig. Wenn ich gleichzeitig meine, daß die Methode zur Transformation der freudianischen Weiblichkeitstheorie verwendet werden kann, dann soll das vor dem Hintergrund verstanden werden, daß diese Theorie meiner Ansicht nach gerade – ohne es selbst zu wissen – eine historisch besondere Form von weiblicher Psychosexualität behan-

delt. Nämlich jene weibliche Psychosexualität, die sich in der kapitalistischen und außerdem patriarchalischen Gesellschaft entwickelt, wo unpersönliche Gesetzmäßigkeiten (darunter jene, die MARX kritisierte) die Bedingungen diktieren, unter denen sowohl die Produktion von Gebrauchswerten als auch die neuer Menschen vor sich geht.

11 Das Begriffspaar *allgemein* gegenüber *besonders/spezifisch* spielt eine große Rolle in der Marxschen Theorie und Gesellschaftsanalyse. Die Begriffe werden erstens innerhalb der Analyse der kapitalistischen Gesellschaft verwendet. Das Allgemeine ist hier das, was der einfachste gemeinsame Nenner ist. So ist die Ware, MARX zufolge, die allgemeinste ökonomische Kategorie in der kapitalistischen Gesellschaft, weil hier jeder Reichtum auf die eine oder andere Weise den Form von Waren hat. Das Besondere/Spezifische kann als Gegensatz zur Ware z. B. Geld oder Arbeitskraft oder Kapital sein. Das heißt, etwas, das auch Ware ist, das aber außerdem je für sich verschiedene weitere Bestimmungen hat. (Arbeitskraft ist nicht dasselbe wie Kapital usw.) – Darüberhinaus können allgemein und besonders/spezifisch zweitens als Ausdrücke für Verhältnisse verstanden werden, die einerseits gemeinsame Nenner für mehrere (evtl. alle) Typen von Produktionsweisen sind, gegenüber jenen, die nur eine Produktionsweise kennzeichnen. Z. B. wird man in allen Gesellschaften Gebrauchswerte (z. B. Nahrung) produzieren. Die Gebrauchswertproduktion ist auf diese Weise etwas allgemeines für die Geschichte der gesamten Menschheit. Ein besonderes Kennzeichen der kapitalistischen Gesellschaft ist demgegenüber z. B., daß Gebrauchswerte an sich kein Reichtum sind, sondern nur insofern sie die Form von Waren annehmen.

12 Der Ausdruck *formbestimmt* weist, marxistisch betrachtet, auf das Verhältnis zwischen dem Allgemeinen (in der Bedeutung: das, was allen Produktionsweisen gemeinsam ist) und dem Besonderen/Spezifischen (in der Bedeutung: das, was eine bestimmte Produktionsweise kennzeichnet) hin (vgl. Anmerkung III,12). Die Formbestimmung soll als der ‚Stempel' verstanden werden, den das Spezifische (die bestimmte Produktionsweise) dem Allgemeinen aufdrückt. Zum Beispiel ist das, daß der Gebrauchswert als Träger von Tauschwert auftreten muß – in der kapitalistischen Gesellschaft zu Ware werden muß – eine Formbestimmung desselben. Auf dieselbe Weise ist das, daß dem einzelnen Individuum eine Klassen- und Geschlechtscharaktermaske aufgedrückt wird (vgl. Anmerkung III,14) eine Formbestimmung desselben.

13 Genau wie den Begriff des Patriarchatsfetischismus habe ich den Begriff der *Geschlechtscharaktermasken* in Zusammenarbeit mit Mette BRYLD entwickelt. Der Begriff ist in den in Anmerkung III,5 genannten Schriften beschrieben und außerdem in *Et feministisk manifest* in *Bryd! Om kvindelighed og feminisme* (BRYLD und LYKKE 1980). Der Begriff wurde in kritisch feministischem Anschluß an den marxschen Begriff der *Klassencharaktermasken* entwickelt. Das heißt, an MARX' Begriff von teils den objektiven gesellschaftlichen Funktionen, die den Gesellschaftsindividuen von den ökonomischen Gesetzmäßigkeiten, die sich in der kapitalistischen Warenproduktion geltend machen, aufgezwungen bekommen, und teils auch von der Subjektivität (Psyche, Identität, Bewußtsein), die die objektive Funktion beim Individuum entwickelt. Den Begriff der Geschlechtscharaktermaske kann man meiner Ansicht nach von den historisch-gesellschaftsbestimmten Gesetzmäßigkeiten ableiten, die die kapitalistische Menschenproduktion steuern

(vgl. Anmerkung III,42). Er drückt die Form der patriarchalischen Organisation des biologischen Unterschieds zwischen Mutter- und Vaterschaft durch das Kapital aus. Mit dem Begriff der Geschlechtscharaktermasken werden die Wirkungen dessen abgeschätzt, daß die von MARX herausanalysierte *Tendenz zur Gleichstellung der weiblichen und männlichen Lohnarbeiter* in der kapitalistischen Gesellschaft von einer gegensätzlichen Tendenz zu *patriarchalischer Geschlechterpolarisierung* modifiziert wird und diese jener entgegengeht. D. h. eine Tendenz, die auf der Teilung der Gesellschaft in einerseits die politisch-ökonomischen Gesellschaftssphären, die als ein Universum der Männlichkeit formbestimmt werden, und andererseits die Intimsphäre, die Familie, die als Gesellschaftsraum der Weiblichkeit formbestimmt wird, beruht. Nachdem die politisch-ökonomischen Gesellschaftssphären, kapitalistisch betrachtet, als das Universum der Macht und des Besitzes bestimmt sind, ist hiermit ohne weiteres eine Hierarchie zwischen den Sphären etabliert – mit der „männlichen" oben und der „weiblichen" unten. – Es muß betont werden, daß die Gesellschaftsindividuen in dieser kombinierten Kapitalismus- und Patriarchatstheorie als (unfreiwillige) Träger von sowohl Klassen- als auch Geschlechtscharaktermasken verstanden werden.

14 Mit *Gattungskräfte* und *Gattungspotentiale* weise ich auf MARX' Begriff des menschlichen *Gattungswesens* hin. Das menschliche Gattungswesen, das heißt, das, was die Gattung, den Menschen, kennzeichnet, wird nach MARX bei der Produktion des materiellen und geistigen Lebens durch den Menschen entwickelt, die vor sich geht, indem der Mensch im Stoffwechsel mit der Natur handelt (vgl. MARX 1867, 192). Durch diesen praktischen Umgang mit der Natur (der äußeren) verwandelt der Mensch sowohl diese als auch seine eigene innere Natur. Daraus entsteht die menschliche Kultur. Deren gesammelte Resultate werden zu jedem gegebenen historischen Zeitpunkt die Gattungskräfte und Gattungspotentiale des Menschen enthalten. D. h. das, was der Mensch zu dem betreffenden Zeitpunkt vermag. Das Problem, das MARX in potenzierter Form in der kapitalistischen Gesellschaft sieht, besteht darin, daß der Mensch von seinem Gattungswesen und seinen Gattungspotentialen entfremdet wurde. Die produktive Arbeit entwickelt, gesellschaftlich betrachtet, das Gattungswesen, aber sie tritt in einer abstrakten und dinglichen Form als Kapital auf, dessen Gesetze den Menschen steuern. Als gesellschaftskritischer Begriff verstanden, enthält das Gattungswesen auch eine Anpeilung dessen, was dem Menschen in einer nicht-entfremdeten Gesellschaft möglich wäre.

15 In den Bausteinen für eine Patriarchatstheorie, die in BRYLD und LYKKE 1980, 1982 und 1983 und in LYKKE 1981 dargelegt ist, und die mein theoretischer Ausgangspunkt ist, wird das menschliche Gattungswesen (vgl. Anmerkung III,15) als entfremdet verstanden, sowohl in Form von Kapital als auch dadurch, daß es eine patriarchalische Form angenommen hat, das es so erscheinen läßt, als ob es kein menschliches, sondern alleine ein männliches Gattungswesen wäre. Das liegt an der Tendenz zur patriarchalischen Geschlechterpolarisierung (vgl. Anmerkung III,14). Der dominierende Entfaltungsraum des verdinglichten Gattungswesens in der kapitalistischen Gesellschaft sind nämlich die politisch-ökonomischen Gesellschaftssphären. D. h. jene Sphären, die als Universum der Männlichkeit formbestimmt sind. Das bedeutet nicht, daß Frauen nicht produktiv zur Entfaltung des verdinglichten Gattungswesens beitragen, sondern daß die Aktivität von Frauen, wenn sie es tun, ohne weiteres als „männlich" formbestimmt ist. Das bedeutet auch

nicht, daß Frauen keine andere kulturelle Aktivität ausüben. Dies tun sie innerhalb der weiblichen Sphäre. Die Aktivität ist jedoch formbestimmt als „außerhalb" der Kultur befindlich, indem sie vom verdinglichten Gattungswesen abgespalten ist.

16 *Waren-, Geld- und Kapitalfetischismus* sind die drei zentralsten Kategorien in der marxistischen Theorie darüber, wie sich die kapitalistische ökonomische Struktur in einen falschen Schein von Ewiggültigkeit kleidet. In der Ware wird der historisch-soziale Inhalt als natürliche Eigenschaft eines Dings aufgefaßt. Im Geld wird er als ein selbständiges Ding neben der Warenwelt aufgefaßt. Das Geld wird daher der „verselbständigte Tauschwert" genannt. Im Kapital (dem „prozessierenden Tauschwert", vgl. Anmerkung III,24) wird schließlich der historisch-soziale Inhalt als ein Ding aufgefaßt, das mehr Dinge erschafft. (Vgl. z. B. die Zusammenfassung des Marxschen Fetischismusbegriffs bei LUNDKVIST 1973, 40f).

17 Als Exemplifikation vgl. DARWINS Analyse der Beziehung zwischen den Geschlechtern in *The Descent of Man* (DARWIN 1871); vgl. die Beschreibung dessen in Anmerkung II,3.

18 Vgl. *Kapitel II*, Abschnitt 4, Die Kategorien männlich-weiblich.

19 Vgl. folgendes Zitat aus dem Kapitel über den Fetischcharakter der Ware und dessen Geheimnis aus dem *Kapital*:
„Dieser Fetischcharakter der Warenwelt entspringt ... aus dem eigentümlichen gesellschaftlichen Charakter der Arbeit, welche Waren produziert.
Gebrauchsgegenstände werden überhaupt nur Waren, weil sie Produkte voneinander unabhängig betriebner Privatarbeiten sind. Der Komplex dieser Privatarbeiten bildet die gesellschaftliche Gesamtarbeit. Da die Produzenten erst in gesellschaftlichen Kontakt treten durch den Austausch ihrer Arbeitsprodukte, erscheinen auch die spezifisch gesellschaftlichen Charakter ihrer Privatarbeiten erst innerhalb dieses Austausches. Oder die Privatarbeiten betätigen sich in der Tat erst als Glieder der gesellschaftlichen Gesamtarbeit durch die Beziehungen, worin der Austausch die Arbeitsprodukte vermittelst derselben die Produzenten versetzt. Den letzteren *erscheinen daher die gesellschaftlichen Beziehungen ihrer Privatarbeiten als das, was sie sind*, d. h. nicht als unmittelbar gesellschaftliche Verhältnisse der Personen in ihren Arbeiten selbst, sondern vielmehr als sachliche Verhältnisse der Personen und gesellschaftliche Verhältnisse der Sachen."
(MARX 1867, 87) (Meine Hervorhebung, A. d. A.).

20 Vgl. die Definition in Verbindung mit der Beschreibung des Begriffs der Geschlechtscharaktermaske in Anmerkung III,14. Für eine nähere Diskussion, vgl. MATZNER 1964.

21 Vgl. die Beschreibung der patriarchalischen Geschlechterpolarisierungstendenz in der kapitalistischen Gesellschaft in Anmerkung III,14. Es muß erwähnt werden, daß die Tendenz zur patriarchalischen Geschlechterpolarisierung und zu getrennten, hierarchisch organisierten Geschlechtscharaktermasken meiner Auffassung nach viel älter als der Kapitalismus ist. Genau wie es auch Klassengesellschaften vor dem Kapitalismus gab, wenn auch in anderer Form, gab es auch patriarchalische Herrschaftsverhältnisse. Deren Form von hierarchischer Geschlechterpolarisierung und Geschlechtscharaktermasken waren jedoch anders als die jetzigen.

22 Wie es nicht zuletzt in Anknüpfung an die marxistische Analyse der verschiedenen Formen für Öffentlichkeit in der Gesellschaft gemacht wurde, kann man im

Anschluß an MARX' Gesellschaftsanalyse zwischen verschiedenen von einander scharf getrennten Sphären in der Gesellschaft unterscheiden. Die Sphären sind basal folgende drei: eine *Produktionssphäre* (wo die Produktion von Waren vor sich geht), eine *Zirkulationssphäre* (wo der Austausch von Waren stattfindet) und eine *Intimsphäre* (die Familie, die, kapitalistisch betrachtet, vor allem eine Bedeutung als der Ort hat, wo die Arbeitskraft reproduziert wird.) Die beiden ersten Sphären machen die Basis für das *politisch-ökonomische Leben* der kapitalistischen Gesellschaft aus.

24 Das Besondere am *Kapital* im Verhältnis zu den zwei anderen zentralen ökonomischen Grundkategorien in der Marxschen Gesellschaftsanalyse, die Ware und das Geld, besteht darin, daß es sich ständig *verwerten muß*, was dasgleiche bedeutet wie *im Kreislauf, im Prozeß* zu sein. Das Ziel, die Kapitalakkumulation oder Profitmaximierung, wird dadurch erreicht, daß bei der Produktion von Waren Mehrwert geschaffen wird, indem der Arbeiter eine Mehrarbeit im Verhältnis zu der Arbeit leistet, die ihrem/seinem Arbeitslohn entspricht. Hiernach muß der Mehrwert durch den Warenverkauf in Geld realisiert werden, wonach der Prozeß von vorne beginnen kann. Das Kapital wird sich im Prinzip nur dann verwerten, wenn dieser Prozeß ständig in Gang ist. „Die Räder müssen laufen!"

24 Daß *Gleichstellung* von Frauen und Männern, *im kapitalistischen Sinne* verstanden, daß man gegenüber dem Kapital gleich wird, etwas war, das die kapitalistische Gesellschaft ohne weiteres mit sich bringen würde, war eine verbreitete Meinung innerhalb des Marxismus. Patriarchalische Zustände waren, sagte z. B. MARX' Freund Fr. ENGELS (1820–1895), etwas, das vor allem die Familie im Bürgertum kennzeichnet. In der Arbeiterklasse wäre man prinzipiell gleich. (Vgl. ENGELS' klassischen Beitrag zur marxistischen Frauenemanzipationstheorie: sein Buch über den Ursprung der Familie, des Privateigentums und des Staates, ENGELS 1884.) – Meiner Ansicht nach ist es wichtig, darauf aufmerksam zu sein, daß es in der kapitalistischen Gesellschaft *sowohl eine Gleichstellungstendenz als auch eine Geschlechterpolarisierungstendenz* gibt.

25 *Androgynität* wird normalerweise für psychische Zweigeschlechtlichkeit gebraucht, während Hermaphroditismus die physische bezeichnet.

26 Käthe SCHIRMACHER (1865–1930) – deutsche Feministin. Bildete sich zuerst als Lehrerin aus und studierte anschließend romanische Sprachen an der Sorbonne und später in Zürich, wo sie als die erste deutsche Frau im Jahr 1895 den Doktor machte. Sie war sehr aktiv in der Frauenbewegung und schrieb eine lange Reihe feministischer Schriften. Bis zum Ausbruch des Krieges im Jahr 1914 gehörte sie dem radikalen Flügel der Frauenbewegung an. Danach wurde sie deutsche Nationalistin – im Gegensatz zum Großteil der radikalen Feministinnen, die an den damaligen Friedensbewegungen teilnahmen.

27 Sulamith FIRESTONE – war eine der Begründerinnen der neuen Frauenbewegung in den USA, u. a. der Gruppen *Redstockings* und *New York Radical Feminists*.

28 Aus *matriarchats-blues*. Text, Musik; Produktion: *Flying Lesbians*, 1975.

29 Emily (Emmeline) PANKHURST (1858–1928) spielte eine wichtige Rolle in der englischen Frauenwahlrechtsbewegung, der Suffragettebewegung.

30 Vgl. FIRESTONE 1970, 2.

31 Aus *shake it off*. Text, Musik, Produktion: *Flying Lesbians*, 1975. In voller Länge lautet das Lied:

shake it off

it does house in us
it eats us
but only what's eating us
can be named
for the web that's been
spun around us
we know it
we have grown with it
can I still see you
through the tears in my eyes

it blocks us in
it locks us off
I don't want to tell you
for you know
we gotta get out
we wanna change
take a good a look around
and not be afraid
I love you
I can see you, you, you

let's shake it off
see me, it's in my eyes
I can't name it

shake it off
feel me, it's in my fingers
as they touch you

let's shake it off
electricity
is in my body next to you.

32 Unter *Defetischierung* verstehe ich eine Überschreitung – ein bewußtseinsmäßiges Durchschauen – des Patriarchatsfetischismus.

33 Wenn ich hier von der *materialistischen Sozialisationstheorie* spreche, deute ich vor allem auf Alfred LORENZERS Beitrag zur Ausformung einer solchen (u. a. in LORENZER 1972 und 1974). Er versteht Sozialisation als ein Glied in dem Stoffwechsel des Menschen mit der Natur (vgl. Anmerkung III,15) – näher bestimmt wie folgt: „Nur wenn Sozialisation als Bildung des Subjekts radikal, also schon in ihren Wurzeln, als Produktion menschlicher Strukturen durch die vom „Gesamtarbeiter" (die gesamte Summe wirksamer Arbeitskräfte in der Gesellschaft, A. d. A.) geleistete praktische Dialektik „innerer" wie „äußerer Natur" aufgewiesen wird, läßt sich der Subjektbegriff materialistisch begründen. "* (LORENZER 1972, 10).

34 Vgl. BRÜCKNER 1972, 360.

35 LORENZER 1974.
36 Vgl. LORENZER 1974, 225.
37 Die Begriffe *Interaktion und Interaktionsformen* sind sehr zentral in LORENZERS Theorie. – *Interaktion* bedeutet, grob gesagt, Kommunikation. Aber hier ist es wichtig, darauf aufmersam zu sein, daß LORENZER (im Gegensatz zu z. B. Jürgen HABERMAS, 1968) Interaktion als einen etwas umfassenderen Begriff als Kommunikation versteht: „Kommunikation ist ja, soll der Begriff mehr sein als die bloße Verdoppelung von Interaktion, zwingend an Symbolprozesse (über die Bedeutung von LORENZERS Symbolbegriff, vgl. Anmerkung VI,3, *A. d. A.*) gebunden. Eben diese aber fehlen in jener früheren Phase (bevor das Kind in die Sprache eingeführt wird, *A. d. A.*), in der gleichwohl schon von einer in „bestimmter Form sich abspielenden Interaktion" zu sprechen ist. „* (LORENZER 1972, 50).
Zur Interaktion gehören sowohl bewußte und unbewußte als auch sprachliche und vor-sprachliche kommunikative Austauschungen. Um jeglicher Form von idealistischem Gedankengang über angeborene Ideen beim kleinen Kind zu vereiteln, pointiert LORENZER, daß die Interaktion vom Beginn des Lebens des Kindes an ein rein körperlicher Prozeß ist. Ein Prozeß, worin die Mutter (oder eine andere primäre Bezugsperson) dem Stück Triebnatur, das das Kind ist, eine Form gibt, gleichzeitig damit, daß das Kind auf den Prozeß reagiert und ihn daher mitprägt. (LORENZER spricht davon, daß Mutter und Kind „sich einigen".) LORENZER betont in diesem Zusammenhang auch die Parallelität zwischen seinem Interaktionsbegriff und MARX' Arbeitsbegriff. In beiden Fällen handelt es sich um eine Praxis, worin ein Stück Natur (oder später im Prozeß: ein Stück bereits verarbeiteter Natur) unter bestimmten historischen Prämissen verarbeitet wird.
Das Resultat der kontinuierlichen Formgebung im Sozialisationsprozeß und der Reaktionen des Kindes darauf wird die Einübung einer Reihe von *bestimmten Interaktionsformen*. D. h. die historisch besonderen Arten zu interagieren, auf die sich genau dieses Kind und genau diese Mutter mit genau dieser Charaktermaske (LORENZER spricht nur von der Klassencharaktermaske; ich werde die Geschlechtscharaktermaske hinzufügen, vgl. Anmerkung III,14, *A. d. A.*) geeignet haben.
LORENZER definiert vor diesem Hintergrund das *Subjekt* als die bestimmten Interaktionsformen, die ihm durch seine Lebensgeschichte eingeübt wurden. Der Gegenstand der psychoanalytischen Untersuchung werden: „die bestimmten Interaktionsformen, die das Subjekt ausmachen." (Vgl. LORENZER 1973a, 99).
38 Die *primäre Sozialisation* dreht sich im Gegensatz zur *sekundären Sozialisation* um jenen Teil der Lebensgeschichte des Individuums, der sich in dessen früher Kindheit abspielt. Die sekundäre Sozialisation ist nach LORENZER diejenige, der das Arbeitsleben später das Individuum unterwirft.
39 In den 1970er Jahren wurden von feministischen Forschern in Westeuropa und den USA relativ viele und verschiedenartige Versuche unternommen, den *marxistischen Begriffsapparat* im Hinblick auf die herrschenden *patriarchalischen Herrschaftsverhältnisse* entweder umzufunktionieren oder kritisch zu erweitern und zu rekonstruieren. – Die *umfunktionierenden Theorien* haben versucht, die methodischen Dimensionen des Marxismus auf das Patriarchat anzuwenden, verstanden als ein Produktionsverhältnis, das qualitativ von jenem des Kapitals divergiert, und das

außerdem von diesem unabhängig ist. Die Geschlechterklassentheorien (wie z. B. von FIRESTONE 1970 und DELPHY 1970) sind der radikalste Ausdruck dieser Umfunktionierungstheorien. – Die *kritisch rekonstruierenden Theorien* sind dadurch gekennzeichnet, daß sie auf unterschiedliche Weise ihren Ausgangspunkt im Patriarchat als ein Herrschaftsverhältnis nehmen, dessen Inhalt und gesellschaftliche Produktionsbedingungen in irgendeiner Form von innerem Zusammenhang mit der kapitalistischen Produktionsweise stehen, so wie sie MARX bestimmte. (Kritisch erweiternde oder rekonstruierende Theorien wurden z. B. von MITCHELL 1970, EISENSTEIN 1979 und HARTMANN 1981 formuliert. Die Patriarchatsauffassung, auf der *Rotkäppchen und Ödipus* baut, gehört zu diesem letzteren Typ.).

40 Der *Geschlechtsrollenbegriff* wurde im Zusammenhang mit der Rollentheorie der bürgerlichen Soziologie entwickelt (vgl. LINTON, PARSONS und COTRELL 1942) und später von sozialdemokratischen und bürgerlichen Frauenvorkämpfern in den 1950ern und 1960ern aufgegriffen (vgl. z. B. MYRDAL und KLEIN 1956). Die Kritik, die man von einem dialektisch materialistischen Standpunkt gegen die Rollentheorie als solche richten kann, gilt in gleichen Maße für den Geschlechtsrollenbegriff. Er ist ein positivistischer und rein deskriptiver Begriff. Das heißt, ein Begriff, der sich ausschließlich auf die Ebene der Erscheinungsformen bezieht (vgl. Anmerkung II,31). Der Begriff enthält keine Angabe der Begründung der Erscheinungsformen in bestimmten historischen Wesenszusammenhängen. Er ist mit anderen Worten in keiner Form von Patriarchatstheorie verankert. – Diese Kritik des Geschlechtsrollenbegriffs habe ich in LYKKE 1981 genauer entfaltet.
Dies ist der Hintergrund dafür, daß ich meine Analyse auf dem patriarchatstheoretisch fundierten Begriff der *Geschlechtscharaktermasken* (vgl. Anmerkung III,14) basiere und den Geschlechtsrollenbegriff nur im Zusammenhang mit diesem anwende – als Beschreibung der Erscheinungsformen der Geschlechtscharaktermasken. Unter „*Geschlechtsrolle*" sind also die inneren, ideologischen Bilder und äußere, soziale Erwartungen/Normen zu verstehen, in denen die Geschlechtscharaktermasken den Gesellschaftsindividuen erscheinen.

41 Den Begriff *Menschenproduktion* verstehe ich in Übereinstimmung mit BRYLD und LYKKE 1983, 65–66 wie folgt:
„Den Begriff Menschenproduktion verstehen wir teilweise im Anschluß an die radikale dialektisch-materialistische Neudefinition, die die deutschen, marxistischen Bevölkerungstheoretiker Gunnar Heinsohn, Rolf Knieper und Otto Steiger im Buch *Menschenproduktion. Allgemeine Bevölkerungslehre der Neuzeit* (Frankfurt a. M. 1979) formuliert haben. Im Gegensatz zum klassischen Marxismus gehen die drei Deutschen *nicht* davon aus, daß das Zeugen neuer Gesellschaftsindividuen – verstanden als der Hervorbringungsprozeß an sich – ein bloß naturgegebener Umstand ist, der erst in seinem Effekt (z. B. der Schaffung bevölkerungsmäßiger Überschüsse oder Mängel) kapitalformgegeben ist. Im Gegenteil ist bereits die Frage, inwiefern die biologischen Möglichkeiten der Kindeszeugung tatsächlich realisiert werden, ihnen zufolge von historisch-gesellschaftlichem Charakter, das heißt, in letzter Instanz von der Produktionsweise ökonomisch formbestimmt. Im Kapitalismus ist es so, daß Kinder für Lohnarbeiter ökonomisch betrachtet eine eindeutige Last werden, was isoliert betrachtet in einer verschärften Tendenz zu fallender Geburtenzahl resultiert. Demgegenüber steht jedoch der Bedarf des Totalkapitals an Arbeitskraft, der sich vor dem Hintergrund der erwähnten Ten-

denz in Form von staatlicher/öffentlicher, zwangsmäßig kinderproduktionsfördernder *Bevölkerungspolitik* (z. B. Destruktion der subjektiven und objektiven Möglichkeiten für Frauen, sich Präventions- und Abort-know-how zu beschaffen) gesetzmäßig durchsetzen muß. Als einen Effekt des ständigen, gleichzeitigen und entgegengesetzten Wirkens dieser beiden gegensätzlichen Tendenzen bestimmen HEINSOHN, KNIEPER und STEIGER die besonders kapitalistische Menschenproduktion. – Das Patriarchat als solches ist in dem Gesellschaftsverständnis dieser Theoretiker nicht enthalten. In der These über die Funktion des Staates/der Öffentlichkeit als Vermittler der Bevölkerungsinteressen des Totalkapitals und über den ökonomischen Gegensatz zwischen diesen und den (mangelnden) objektiven Kinderzeugungsinteressen der Lohnarbeiter liegt jedoch nach unserer Auffassung ein Baustein für eine feministische Theorie über die besonders kapitalistische Patriarchatsproduktion, für einen Begriff der Formbestimmung des Totalkapitals (und dessen handgreiflichem Ausdruck: des Staates/der Öffentlichkeit) als *Totalvater*." (Meine Übers., A. d. Ü.) (Über den Begriff Totalkapital, vgl. Anmerkung III,45).

42 *Die Verkehrung des Verhältnisses zwischen Subjekt und Objekt in der kapitalistischen Produktionsweise* besteht darin, daß sich die Produkte (Objekte) des Menschen verselbständigen und ihr eigenes Leben leben, indem sie die Form von Ware, Geld und Kapital annehmen. Die *unpersönlichen ökonomischen Gesetzmäßigkeiten*, auf denen die Verselbständigung beruht, steuern das eigentliche Subjekt, den Menschen, der auf diese Weise zum Objekt dessen wird, was er selbst erschaffen hat.

43 Für eine nähere Bestimmung der Funktion der staatlichen Bevölkerungspolitik, vgl. Anmerkung III,42.

44 Das *Totalkapital* ist MARX' Begriff über die Summe der einzelnen Kapitale. Der marxistischen Theorie zufolge inkarniert der bürgerliche Staat die Interessen des Totalkapitals. – Der Begriff *Totalvater* ist ein Glied der Patriarchatstheorie, deren Bausteine zu entwickeln ich beigetragen habe. Der Begriff ist in LYKKE 1981 und BRYLD und LYKKE 1983 beschrieben. Vgl. auch Anmerkung III,40.

Kapitel IV. Die (phallischen) Rätsel der Weiblichkeit
Eine unabgeschlossene Debatte

1 Zitiert aus: *Die Bedeutung des Phallus*, in: *Schriften*, J. LACAN, 1975, Bd. 2, 123. Im Original lautet das Zitat:
„*Il reste que la discussion maintenant délaissée sur la phase phallique, à en relire les textes subsistants des années 1928–32, nous refraîchit par l'exemple d'une passion doctrinale, à laquelle la dégradation de la psychanalyse, consécutive à sa transplantation américaine, ajoute une valeur de nostalgie.*" (LACAN 1958, 687)

2 Zitiert aus: *Psychoanalyse der weiblichen Sexualität*, J. CHASSEGUET-SMIRGEL, 1974, 8. Im Original lautet das Zitat:
„*Depuis que ce sont tus les derniers échos des discussions sur la Sexualité féminine, une trentaine d'années s'est écoulée, les analystes ont continué à analyser les femmes, un riche et abondant matériel clinique est venu s'ajouter aux données initiales dont disposaient les protagonistes de ces discussions et cependant les contributions au problème de la Sexualité féminine sont devenues plus rares, plus sporadiques, plus partielles.*" (CHASSEGUET-SMIRGEL 1964, 7)

3 Eine Zusammenfassung der *Weiblichkeitsdebatte in der internationalen psychoanalytischen Bewegung* findet sich u. a. in ZILBOORG 1944, CHASSEGUET-SMIRGEL 1964, DRÄGER 1968, MITCHELL 1974, FLIEGEL 1975 und HAGEMANN-WHITE 1978 und 1979. Es herrscht Einigkeit über die Datierung des Endes der Debatte im Jahr 1933 (vgl. die Argumente, die aus Anmerkung 7 zum Vorwort hier im Buch hervorgehen). Dagegen gehen die Meinungen etwas auseinander, ob der Anfangspunkt 1918 oder 1925 anzusetzen ist. Wenn ich 1918 wähle, liegt das daran, daß ich in Übereinstimmung mit Juliet MITCHELL meine, daß van OPHUIJSEN 1918 und ABRAHAM 1921 die Schriften sind, die die Debatte in Gang setzen. Es ist jedoch auch richtig, wie HAGEMANN-WHITE schreibt (1979, 15), daß die „klassischen Positionen" in der Debatte innerhalb des Zeitraums 1925–33 formuliert werden.

In der Debatte kristallisierten sich *zwei Flügel* heraus, ein *orthodox-freudianischer* und ein *FREUD-kritischer*. Zu den *Schlüsselarbeiten innerhalb der ersteren* zählen FREUD 1923e, 1925j, 1931b und 1933a; DEUTSCH 1925, 1930, 1932 und 1933 (dazu kommt ihr Hauptwerk, DEUTSCH 1944 und 1945); LAMPL-de GROOT 1927 und 1933, MACK BRUNSWICK 1928 (und außerdem MACK BRUNSWICK 1940, dessen Beziehung zu der Periode 1918–33 teils darin besteht, daß der Ausgangspunkt u. a. die Fall-Geschichte ist, die in MACK BRUNSWICK 1928 enthalten ist, teils darin, daß der Artikel außerdem „the result of work begun in the summer of 1930 in collaboration with Freud" ist (MACK BRUNSWICK 1940, 293)). – Auf dem *FREUD-kritischen Flügel* sind die *Haupteckpfeiler* folgende: HORNEY 1923, 1926, 1927, 1932 und 1933; JONES 1928, 1933 und 1935; MÜLLER 1931; KLEIN 1926 und 1928. – Darüberhinaus kommen Debatteneinlagen von einer Reihe weiterer Analytiker, z. B. BOUSFIELD 1924, MÜLLER-BRAUNSCHWEIG 1926 und 1936, FENICHEL 1930, HANN-KENDE 1933 und RADO 1934.

Daß die Debatte intensiv war, geht z. B. aus den Zusammenfassungen hervor, die Ernest JONES vornimmt (JONES 1933 und 1935), und außerdem aus der Menge der Debatteinlagen, wovon außerordentlich viele zuerst als Vorträge u. a. auf den jährlichen internationalen psychoanalytischen Kongressen gehalten wurden. Vgl. auch z. B. FENICHEL 1930, 322, der von „einer lebhaften Diskussion"* spricht, und MÜLLER-BRAUNSCHWEIG 1936, der darauf hinweist, daß „seit etwa einem Jahrzehnt unter der Führung *Freuds* lebhafte Auseinandersetzungen stattgefunden haben" über „die Frage des Entwicklungsweges der weiblichen Sexualität, insbesondere um die Erscheinung des Penisneides, und zwar in ihrem Zusammenhang mit der ersten Objektbesetzung des Mädchens".* (MÜLLER-BRAUNSCHWEIG 1935, 137).

4 Die Debatte tauchte um 1960 wieder in Frankreich auf, wovon die beiden einleitenden Zitate hier in Kapitel IV von Jacques LACAN und Janine CHASSEGUET-SMIRGEL zeugen.

5 Vgl. u. a. DEUTSCH 1944–45; BONAPARTE 1953; MACK BRUNSWICK 1940; REICH 1953; JACOBSON 1937; GREENACRE 1950; verschiedene Artikel von Karen HORNEY aus der Mitte der 1930er Jahre (gesammelt mit früheren Artikeln in HORNEY 1967) und ihren Abschnitt über „Feminine Psychology" in HORNEY 1937; eine Reihe Artikel von Clara THOMPSON, veröffentlicht zwischen 1941 und 1951 (gesammelt in THOMPSON 1971).

6 Vgl. z. B. FREUD 1896a, 421, wo es lakonisch heißt: „*L'importance de l'élément actif de la vie sexuelle pour la cause des obsessions comme la passivité sexuelle pour la pathogonèse de l'hystérie semble même dévoiler la raison de la connexion plus intime de l'hystérie avec le sexe féminin et de la préférence des hommes pour les névroses d'obsessions. On rencontre parfois des couples de malades névrosés, qui ont été un couple de petits amoureux dans leur première jeunesse, l'homme souffrant d'obsessions, la femme d'hystérie . . .*" – Und außerdem der kurze Abschnitt über die *Differenzierung von Mann und Weib* in FREUD 1905d, 88–91.

7 Mit der Bezeichnung *nicht-idealistische Psychoanalyse* weise ich auf die Analytiker hin, die von den freudianischen Grundvoraussetzungen aus arbeiten. Das heißt, auf der Grundlage der Theorien über die Verdrängung, das Unbewußte, die infantile Sexualität und die sexuellen Triebkräfte in der Neurose. Im Gegensatz zu den divergierenden Richtungen, die von C. G. JUNG und A. ADLER ausgingen, ist die Psychoanalyse, die an diesen grundlegenden Ausgangspunkten festhielten, materialistisch in dem Sinn, daß sie die psychosexuelle Entwicklung als in dem Stück Materialität verankert betrachtet, das den Triebkörper ausmacht, mit dem wir geboren werden. Im übrigen muß erwähnt werden, daß die Bezeichnung Psychoanalyse nach den Brüchen mit JUNG und ADLER in den Jahren 1910–13 nur mit dem freudianischen Teil der psychoanalytischen Bewegung verknüpft blieb. ADLER nannte seine Theorien „individuelle Psychologie" und JUNG gab seinen den Namen „analytische Psychologie".

8 Die Ausdrücke „*Frau im Umbruch*", die „*neue*" und die „*alte Frau*" stammen aus der Frauenbewegung um die Jahrhundertwende. Vgl. z. B. den Essay *Die neue Frau* der russischen Feministin und Sozialistin Alexandra KOLLONTAJ aus dem Jahr 1913, wo eine lange Reihe Romane der Zeit über selbständige, erwerbsarbeitende „neue" Frauen (darunter viele Künstlerinnen und Wissenschaftlerinnen) beschrieben werden, die im Gegensatz zu den „alten", von Familie ökonomisch abhängigen und unmündigen Frauen gesehen werden. (Vgl. KOLLONTAJ 1913).

9 Der Unterschied zwischen einerseits, *Lohnarbeiter* alleine als *objektive Charaktermaske* zu sein und andererseits, auch gleichzeitig *sich selbst als Lohnarbeiter zu verstehen*, hängt in der marxistischen Theorie davon ab, ob man im Besitz von *Klaassenbewußtsein* ist. Erst wenn man sich selbst als Lohnarbeiter versteht, kann man beginnen, adäquat in Bezug auf seine unterdrückte Situation zu handeln – z. B. sich in der Gewerkschaftsbewegung organisieren. Feministisch-marxistisch betrachtet, liegt *Frauenbewußtsein* auf einer Linie mit Klassen- und Lohnarbeiterbewußtsein. Ein Ausdruck dessen, daß die Periode von ca. 1880 bis ca. 1920 sowohl der Entwicklung von Frauenbewußtsein als auch einer Form von Lohnarbeiterbewußtsein bei breiten Schichten von Frauen Raum bot, sind die vielen Frauenorganisationen, die sowohl in der Arbeiterklasse als auch in der Mittelschicht entstanden.

10 Vgl. Silvia KONTOS: *Die Partei kämpft wie ein Mann* (KONTOS 1979).

11 Über meine Kritik und Anwendung des Geschlechtsrollenbegriffs, vgl. Anmerkung III,41.

12 DEUTSCH 1973.

13 Die Bezeichnung *Kulturismus* wurde von Freudo-Marxisten (vgl. u. a. ADORNO 1952/53 und HORN 1971) kritisch für Tendenzen innerhalb der Psychoanalyse gebraucht, die den sozialen und kulturellen Kontext miteinbeziehen, aber von einer Ich-psychologischen Grundlage aus, die die Bedeutung des Unbewußten

und des Triebkörpers reduziert. Der Kulturismus fällt dieser Kritik zufolge in einem gewissen Sinn in das entgegengesetzte Lager als der *Biologismus*. Während der Biologismus kulturell geschaffene und historisch veränderliche Dimensionen der Psyche als biologisch ewig-gültige Größen universalisiert, wertet der Kulturismus die Bedeutung der Natur, des Triebes ab zugunsten einer Auffassung der Psyche als ein Kulturgegenstand, der in letzter Instanz an alle möglichen gesellschaftlichen Zustände anpassungsfähig ist. Bei dieser kulturistischen Position werden die kritischen Potentiale verflüchtigt, die in der Psychoanalyse liegen, die auf der fundamentalen Bedeutung des Triebkörpers besteht. Karen HORNEYS kulturistischer Beitrag zur Weiblichkeitsdebatte zielt jedoch absolut nicht auf Anpassung ab. Im Gegenteil, sie ist kritisch gegenüber der patriarchalischen Kultur. Aber das Problem ist teils jenes, daß sie diese nur auf einer sehr abstrakten Ebene verstehen kann, und teils das – was am wichtigsten ist – daß sie neben ihrem Kulturismus tief biologistisch ist.

14 Eine *Reaktionsbildung* ist im psychoanalytischen Sinn ein Abwehrmechanismus (vgl. Anmerkung I,9), der darin besteht, daß ein psychischer Inhalt, der die entgegengesetzte Bedeutung dessen hat, was verdrängt werden soll, an dessen Stelle auf der bewußten Ebene gesetzt wird. Als Beispiel für eine Reaktionsbildung kann das Schamgefühl genannt werden, das gegen exhibitionistische Lüste eingesetzt wird.

15 Vgl. u. a. FREUDS Ansätze zum Verständnis der repressiven Bedeutung der „Kultur", die in Kapitel II,5 beschrieben werden.

16 *Die „männlichen" Züge zu fetischieren* bedeutet, sie als naturgegeben zu interpretieren.

17 Unter einem *phallischen Diskurs* verstehe ich einen Diskurs, der nur mit *einem* vollgültigen Genital operiert, nämlich dem männlichen. Wie sich der Patriarchatsfetischismus in der primären Sozialisation niederschlägt und einen solchen phallischen Diskurs sowohl in männlichen als auch in weiblichen Individuen etabliert, wird in Kapitel V–IX beleuchtet werden.

18 Richard v. KRAFFT-EBING (1840–1902) war deutsch-österreichischer Arzt mit einer Doktorarbeit in Geisteskrankheiten. Er wurde zuerst Professor in Graz, später in Wien. Er ist besonders berühmt für seine *Psychopathia sexualis*, 1886. – Cesare LOMBROSO (1836–1909) war italienischer Artz für Geisteskrankheiten und Kriminalanthropologe. Er wurde Professor für Psychiatrie und Rechtsmedizin an der Universität in Turin und schrieb u. a. gemeinsam mit G. FERERO ein seinerzeit vielgelobtes Buch über *Das Weib als Verbrecherin und Prostituierte* (vgl. LOMBROSO und FERERO 1893). – Otto WEININGER (1880–1903). Österreichischer Philosoph und Verfasser des seinerzeit sehr berühmten und außerdem extrem frauenfeindlichen Werkes: *Geschlecht und Charakter* (1903). – Paul Julius MÖBIUS (1853–1907) war deutscher Arzt mit einer Doktorarbeit in Neurologie. Privatdozent in Leipzig. Schrieb eine Reihe von Büchern, darunter die kleine, aber seinerzeit vielgelesene, stark anti-feministische Schrift *Über den physiologischen Schwachsinn des Weibes* (1900).

19 Für eine nähere Diskussion, vgl. BRYLD und LYKKE 1982.

20 Die Bezeichnung *Doppelbestimmtheit* zielt darauf ab, daß die Geschlechtscharaktermaske der lohnarbeitenden Frau sowohl von der Gleichstellungstendenz als auch von der Geschlechterpolarisierungstendenz bestimmt ist (vgl. Anmerkung III,14). Das heißt, bestimmt von sowohl der „männlichen" als auch der „weiblichen" Gesellschaftssphäre.

21 *Deklassierung* weist darauf hin, daß es sich um Frauen mit einem Hintergrund im Bürgertum handelt, die in die Lage kommen, der Mittelschicht anzugehören. Betrachten wir jedoch nicht nur die Klassencharaktermaske, sondern auch die Geschlechtscharaktermaske, so müssen wir von einer ganz anderen Form von Bewegung sprechen: von Abhängigkeit und Unmündigkeit in einem patriarchalischen Familienzusammenhang zu einer, wenn auch immer noch patriarchalisch und kapitalistisch definierten, so doch relativ freieren und selbständigeren Position als Lohnarbeiterin.
22 FREUD 1916d.
23 van OPHUIJSENS Vortrag wurde unter dem Titel *Beiträge zum Männlichkeitskomplex der Frau* im Jahr 1918 publiziert, vgl. van OPHUIJSEN 1918. Der deutsche „Männlichkeitskomplex", den van OPHUIJSEN in seinem Titel verwendet, wird normalerweise mit „mand*lig*hedskomplex" ins Dänische übersetzt. Ich habe stattdessen die Übersetzung „man*dig*hedskomplex" gewählt, um zu betonen, daß es nicht die biologische Männlichkeit oder der Mangel derselben ist, die im Komplex thematisiert wird, sondern die psychischen Qualitäten, u. a. Potenz und aktivbemächtigende Sexualität, die von der patriarchalischen Kultur fetischistisch als exklusiv männlich gesetzt sind. Während „mandlighed" eine biologische Bedeutung signalisiert, bezeichnet „mandighed" normalerweise etwas psychisches. Im Gegensatz zu „mandlighed" kann „mandighed" mit etwas kulturell Bestimmten verbunden werden. Daher eignet sich die Bezeichnet „mandighed" besser in dem Kontext, in dem ich schreibe. (Bei der Übersetzung ins Deutsche geht diese Differenzierung leider verloren, *A. d. Ü.*).
24 Vgl. z. B. FREUDS Beschreibung dessen in 1908c, 147: „An dem kleinen Mädchen kann man mit Leichtigkeit beobachten, daß es die Schätzung des Bruders durchaus teilt. Es entwickelt ein großes Interesse für diesen Körperteil beim Knaben (den Penis, *A. d. A.*), das aber alsbald vom Neide kommandiert wird. Es fühlt sich benachteiligt, es macht Versuche, in solcher Stellung zu urinieren, wie es dem Knaben durch den Besitz des großen Penis ermöglicht wird, und wenn es den Wunsch äußert: Ich möchte lieber ein Bub sein, so wissen wir, welchem Mangel dieser Wunsch abhelfen soll."*.
25 *Das Tabu der Virginität*, in FREUD 1918a.
26 ABRAHAMS Vortrag wurde 1921 unter dem Titel *Äußerungsformen des weiblichen Kastrationskomplexes* publiziert; vgl. ABRAHAM 1921.
27 FREUD 1916d, 369–70. Vgl. das Zitat in *Kapitel IV,4* im vorliegenden Buch.
28 Vgl. ABRAHAM 1921, 422.
29 ABRAHAM 1921, 428.
30 In FREUD 1908c. Vgl. Anmerkung IV,24.
31 Im Artikel *Zur Entwicklungsgeschichte des Ödipuskomplexes der Frau*, vgl. LAMPL-de GROOT 1927.
32 Karen HORNEYS Vortrag auf dem Kongreß ist unter dem Titel *Zur Genese des weiblichen Kastrationskomplexes* 1923 publiziert; vgl. HORNEY 1923.
33 Vgl. HORNEY 1923, 13.
34 Außer dem in Anmerkung IV,32 genannten Artikel *Zur Genese des weiblichen Kastrationskomplexes*, dreht es sich besonders um foldende:
– *Flucht aus der Weiblichkeit. Der Männlichkeitskomplex der Frau im Spiegel männlicher und weiblicher Betrachtung.* (HORNEY 1926).

- *Der Männlichkeitskomplex der Frau.* (HORNEY 1927).
- *Die Angst vor der Frau. Über einen spezifischen Unterschied in der männlichen und weiblichen Angst vor dem anderen Geschlecht.* (HORNEY 1932).
- *Die Verleugnung der Vagina. Ein Beitrag zur Frage der spezifisch weiblichen Genitalängste.* (HORNEY 1933).
35 Eine *Regression* (vb. zu *regredieren*) ist, psychoanalytisch betrachtet, eine Bewegung zurück zu einem bereits passierten Entwicklungsstadium in der Lebensgeschichte eines Menschen. Es kann eine Bewegung zurück zu einer früheren Stufe in der Sexualorganisation sein, zu einer früheren Objektbeziehung, einer früheren Identifikation, einem früher verwendeten Abwehrmechanismus usw. Der Begriff der Regression hängt eng zusammen mit dem Begriff der *Fixierung*, der den Drang der Libido bezeichnet, sich an eine Person, ein Imago usw. zu heften, und stets zu versuchen, ein bestimmtes Befriedigungsmuster zu wiederholen. Der Zusammenhang zwischen Regression und Fixierung besteht darin, daß die Fixierung den Weg für die Regression bahnt.
36 Der Ausdruck stammt von HORNEY 1926. Vgl. Anmerkung IV,32.
37 Der Begriff *Krankheitsgewinn* bezeichnet die Befriedigung, die der psychisch Kranke durch seine Symptombildungen erhält. Das Symptom ist Ausdruck für einen Kompromiß zwischen dem Trieb, der Befriedigung sucht, und dem Ich, das versucht, die inakzeptablen Vorstellungen fernzuhalten, die der Befriedigungssuchende Trieb produziert. Das Symptom ist eine Befriedigung in einer abgelenkten Form. Einer Form, wo das ursprüngliche Ziel des Triebes verschleiert und unkenntlich gemacht wurde. Wie verdreht und wenig lustspendend das Symptom auch aussehen kann, so repräsentiert es nichts desto weniger eine Befriedigung unter der Devise „was wir auf den Schaukeln aufs Spiel setzen, gewinnen wir auf dem Karusell".
38 *Identifikation* ist ein wichtiger Entwicklungsmechanismus in der psychoanalytischen Theorie. Sie besteht darin, daß das Subjekt Züge und Eigenschaften eines anderen in sich integriert/assimiliert. Einem Identifikationsprozeß wird typischerweise eine libidinöse Besetzung des Objekts vorausgehen, mit dem man sich identifiziert. Bei der Identifikation geschieht eine *Desexualisierung* – die Objektbesetzung wird zugunsten einer Identifikation mit dem Objekt aufgegeben.
39 Der Unterschied zwischen *primären* und *sekundären Bildungen* ist wichtig in der Psychoanalyse. Das Primäre ist ein ontogenetisch-/entwicklungshistorisch ursprüngliches Phänomen – etwas, das als mit der Entwicklung als solcher gegeben aufgefaßt wird. Das Sekundäre ist dagegen eine Reaktionsbildung – ein Umstand, der aus etwas anderem abgeleitet ist.
40 Vgl. Josine MÜLLERS Artikel *Ein Beitrag zur Frage der Libidoentwicklung des Mädchens in der genitalen Phase* (MÜLLER 1931) und Fanny HANN-KENDES *Über Klitorisonanie und Penisneid* (HANN-KENDE 1933).
41 Das heißt, die Analytiker um die *British Psycho-Analytical Society*, der u. a. Ernest JONES und Melanie KLEIN angehörten.
42 Nämlich auf dem 10. internationalen psychoanalytischen Kongreß in Innsbruck im Jahr 1927, auf dem 12. internationalen Kongreß in Wiesbaden, 1932, bei einem Treffen in der *British Psycho-Analytical Society*, ebenfalls 1932, und schließlich bei einem Treffen der psychoanalytischen Vereinigung in Wien, 1935. Die drei Beiträge zur Debatte, von denen hier die Rede ist (nachdem die zwei Beiträge von

1932 prinzipiell gleich waren und nur in der endgültigen letzten Ausgabe publiziert sind), sind publiziert
- 1928 unter dem Titel *Die erste Entwicklung der weiblichen Sexualität* (vgl. JONES 1928),
- 1933 unter dem Titel *Die phallische Phase* (vgl. JONES 1933)
- und 1935 unter dem Titel *Über die Frühstadien der weiblichen Sexualentwicklung* (vgl. JONES 1935).
43 Vgl. JONES 1935, 333.
44 Vgl. JONES 1935, 333.
45 Vgl. JONES 1935, 333.
46 JONES 1935.
47 In dem in Anmerkung IV,31 erwähnten Artikel von 1927, der in Kapitel V näher behandelt werden wird.
48 Georg SIMMEL (1858–1918). Deutscher Philosoph und Soziologe, der mit dem Ausgangspunkt u. a. im Darwinismus den Idealismus kritisierte und soziologisch versuchte, das Zusammenspiel zwischen Individuum und Gesellschaft zu beschreiben. In diesem Zusammenhang beschäftigte er sich auch mit den Kategorien weiblich-männlich, und mit dem Verhältnis zwischen Frauenkultur und Männerkultur. Vgl. nicht zuletzt seine Essays *Zur Philosophie der Geschlechter* und *Weibliche Kultur*, beide publiziert in *Philosophische Kultur* (SIMMEL 1911).
49 Mathilde VAERTING. Geboren 1884. Deutsche Psychologin und Professorin für Pädagogik in Jena ab 1923. Ihr wichtigstes Werk, von einer Frauenperspektive her betrachtet, ist das Buch *Die Neubegründung der Psychologie von Mann und Weib*, veröffentlicht in zwei Bänden 1921–23. Es gibt nur sehr wenige Angaben über ihre Person und Aktivitäten nach 1933.
50 HORNEY 1926.
51 Vgl. DEUTSCH 1925.
52 Vgl. FREUD 1931b, 170.
53 Vgl. FREUD 1931b, 170.
54 Das heißt, im Artikel: *Einige psychische Folgen des anatomischen Geschlechtsunterschieds* (vgl. FREUD 1925j).
FREUDS zwei nachfolgende Weiblichkeitsartikel sind:
- *Über die weibliche Sexualität* (vgl. Freud 1931b)
- und *Die Weiblichkeit* (vgl. FREUD 1933a).
55 Vgl. FREUD 1923b, 260f.
56 Das heißt, FREUD 1925j. Vgl. Anmerkung IV,54.

2. Teil. Die psychosexuelle Entfremdung der Weiblichkeit
Kritischer Wiedergebrauch der freudianischen Weiblichkeitstheorie

Einleitung

1 Unter *Grundmoment* verstehe ich die allgemeinste und abstrakteste Kategorie in einem dialektischen Begriffszusammenhang. Hier: der dialektische Begriffszusammenhang, durch den die weibliche Psychosexualität unter den Prämissen der bür-

gerlich-patriarchalischen Geschlechtscharaktermasken bestimmt werden kann. – Mit *Überbau* weise ich *nicht* auf das Begriffspaar Basis-Überbau der marxistischen Theorie hin, sondern auf die spezifischeren und konkreteren Kategorien, die die dialektische Logik im Anschluß an das Grundmoment sich durchsetzen läßt.

2 Im Anschluß an seine Theorien darüber, daß die Triebe auf dem Weg zur Befriedigung abgelenkt und gehemmt werden, führt FREUD (in FREUD 1915c) den Begriff *Triebschicksal* ein. Hiermit werden die Veränderungen bezeichnet, denen der Trieb unterzogen wird, wenn die Abwehr gegen ihn einsetzt. Das Triebschicksal ist also als die Entwicklungsgeschichte zu verstehen, die die Triebe durchlaufen.

3 Das Wort *Trauma* stammt aus dem Griechischen und bedeutet hier „Wunde". Der Begriff wurde ursprünglich in der Medizin für Läsionen gebraucht, die durch eine äußere Krafteinwirkung verursacht wurden. Die Psychoanalyse hat den Begriff übernommen und verwendet ihn für Ereignisse in der Lebensgeschichte des Individuums, die so intensiv und zugleich schmerzlich oder auf andere Weise unangenehm sind, daß das Individuum nicht adäquat auf sie reagieren kann. Im Gegenteil schockiert das Trauma das Individuum dermaßen, daß die Folge psychisch pathogene Langzeitwirkungen sind.

4 Gewisse Elemente im 2. Teil (*Kapitel V–IX*) habe ich in weniger ausgebauter Form bereits 1981 veröffentlicht (vgl. LYKKE 1981).

Kapitel V. Die Kastration oder die Geschichte von Antigones Tod und der psychosexuellen Machtübernahme des Patriarchats

1 Das kleine Lied wird ohne nähere Angabe von Janine CHASSEGUET-SMIRGEL in ihrem Artikel *Die weiblichen Schuldgefühle* zitiert. (CHASSEGUET-SMIRGEL 1964). – Daß dieselbe Freude, die der dreijährige Knabe zum Ausdruck bringt, auch bei erwachsenen Männern angetroffen werden kann, erzählt der Psychoanalytiker Paul BOUSFIELD in folgender Geschichte: *„At a lecture at one of the hospitals, to students of both sexes, a certain analyst was dealing with this subject* (dem weiblichen Kastrationskomplex, A. d. A.) *in the popular manner, and he made reference to the fact, in a jocular manner, that girls with masculine attributes were showing envy of their brothers. A pleased smile spread over his face as he spoke, and the male students present cheered. Obviously, both he and the male students were pleased with the idea; it confirmed them in their own feeling of potency and acted as a defence against their own castration complex."* (BOUSFIELD 1924, 141–142).

2 Lillus BISGAARD u. a. 1971, 5–6.

3 Vgl. DEUTSCH 1944.

4 Vgl. Abraham 1921, 423–24:

„Mit dem Narzißmus des Kindes ist die hohe Bewertung des eigenen Körpers eng verbunden. Das Mädchen hat primär keineswegs ein Minderwertigkeitsgefühl hinsichtlich seines Körpers und vermag daher zunächst nicht anzuerkennen, daß er, mit demjenigen des Knaben verglichen, einen Defekt aufweise. Unfähig, eine *primäre* Benachteiligung seiner Person anzuerkennen, bildet das Mädchen, wie wir oftmals feststellen können, die Vorstellung: „Ich habe ursprünglich ein Glied wie die Knaben gehabt, aber es ist mir genommen worden." Das Kind sucht also den peinlich empfundenen Mangel als einen *sekundären* Verlust, und zwar als Folge einer Kastration darzustellen. „*

5 Vgl. ABRAHAM 1921, 424: „Diese Auffassung (die in Anmerkung V,4 zitierte Auffassung des Mädchens, daß ihr Penismangel daher kommt, daß es einer Kastration ausgesetzt war, A. d. A.) ist eng verknüpft mit einer anderen, . . . Das weibliche Genitale wird als *Wunde* betrachtet; als solche stellt es eine Kastrationsspur dar."*
6 Vgl. *Die infantile Genitalorganisation. (Eine Einschaltung in die Sexualtheorie).* FREUD 1923e, 154f. – Der Untertitel bezieht sich darauf, daß der Artikel eine Korrektur der Auffassung des Unterschieds zwischen der infantilen und der pubertären Sexualorganisation ist, die FREUD in *Drei Abhandlungen zur Sexualtheorie* vorgelegt hatte, FREUD 1905d, 71.
7 Vgl. FREUD 1923e, 156.
8 Unter *Psychogenese* versteht man die Bildung oder Entstehung der Psyche in einem lebensgeschichtlichen Verlauf.
9 FREUD 1925j.
10 FREUD 1905d, 88.
11 FREUD 1918a, 176.
12 FREUD 1900a, 205.
13 In FREUD 1923b, wo der Begriff des vollständigen Ödipuskomplexes eingeführt wird, ist von einer asymmetrischen Dimension doch andeutungsweise in Anknüpfung an die Frage nach den Identifikationen die Rede, die die libidinösen Objektbesetzungen des Ödipuskomplexes ablösen. Beim Knaben ist das Normale eine Identifikation mit dem Vater, sagt FREUD. Beim Mädchen wird dementsprechend eine Identifikation mit der Mutter stattfinden. Ein anderer Typ des Ausgangs für beide Geschlechter besteht darin, daß die Identifikation in Bezug auf das aufgegebene Liebesobjekt vor sich geht – was den Knaben betrifft die Mutter, was das Mädchen betrifft der Vater, fährt FREUD fort. Dieser Typ von Identifikation mit dem entgegengesetzten Geschlecht, sagt FREUD weiter, indem er damit eine Asymmetrie zwischen den beiden Geschlechtern andeutet, ist jedoch bei Mädchen häufiger als bei Knaben:
„. . . aber auch dieser Ausgang (jener, wo die Identifikation in Bezug auf das aufgegebene heterosexuelle Liebesobjekt stattfindet, A. d. A.) kommt vor und ist bei Mädchen leichter zu beobachten als bei Knaben. Man erfährt sehr häufig aus der Analyse, daß das kleine Mädchen, nachdem es auf den Vater als Liebesobjekt verzichten mußte, nun seine Männlichkeit hervorholt und sich anstatt mit der Mutter, mit dem Vater, also mit dem verlorenen Objekt, identifiziert. Es kommt dabei offenbar darauf an, ob ihre männlichen Anlagen stark genug sind – worin immer diese bestehen mögen."* (FREUD 1923b, 261).
14 FREUD 1924d.
15 FREUD 1925j.
16 Das heißt, er bringt auf diesem Feld dieselbe Ansicht zum Ausdruck, die er bereits in 1923b bei der Einführung des Begriffs des vollständigen Ödipuskomplexes vorgebracht hatte. Vgl. FREUD 1923b, 261: „. . . der Knabe hat nicht nur eine ambivalente Einstellung zum Vater und eine zärtliche Objektwahl für die Mutter, sondern er benimmt sich auch gleichzeitig wie ein Mädchen, er zeigt die zärtliche feminine Einstellung zum Vater und die ihr entsprechende eifersüchtig-feindselige gegen die Mutter."*
17 FREUD 1924d, 398.
18 Mit dem Ausdruck *Minipenis* weise ich auf FREUDS darwinistische Auffassung der

Klitoris als bloßes Rudiment des Penis hin, das keine selbständige Funktion in der Sexualität reifen Frau hat. Vgl. z. B. folgende typische Beschreibung: „Die Anatomie hat die Klitoris innerhalb der weiblichen Schamspalte als das dem Penis homologe Organ erkannt, und die Physiologie der Sexualvorgänge hat hinzufügen können, daß dieser kleine und nicht mehr wachsende Penis sich in der Kindheit des Weibes tatsächlich wie ein echter und rechter Penis benimmt, daß er zum Sitz von Erregungen wird, die zu seiner Berührung veranlassen, daß seine Reizbarkeit der Sexualbetätigung des kleinen Mädchens männlichen Charakter verleiht, und daß es eines Verdrängungsschubes in den Pubertätsjahren bedarf, um durch Hinwegräumung dieser männlichen Sexualität das Weib entstehen zu lassen."* (FREUD 1908c, 146).

19 Die Formulierung, die in FREUD 1923e ihren Anfang nimmt, wird in FREUD 1924d und 1925j (und außerdem später in 1931b und 1933a) weiterentwickelt.
20 Vgl. FREUD 1925j.
21 Bis zum Kinsey-Rapport im Jahr 1953 (vgl. Anmerkung V,51) wurde der erwachsene weibliche Orgasmus in der patriarchalischen Wissenschaft als vaginal aufgefaßt. Die Klitoris wurde als eine ausschließlich infantile erogene Zone betrachtet. Sexuelle Reife von Frauen setzte voraus, daß die Klitorissexualität zugunsten der vaginalen aufgegeben wurde. Durch diese falsche Trennung von Klitoris- und Vaginalsexualität wurden die physiologischen Sexualfunktionen von Frauen mystifiziert.
22 FREUD 1905d, 90–91.
23 Vgl. FREUD 1925j, 163.
24 Der freudianischen Theorie zufolge verläuft die frühe Libidoentwicklung des Kindes durch *verschiedene Phasen*, die dadurch gekennzeichnet sind, daß verschiedene erogene Zonen im Zentrum stehen. In der frühesten – *oralen* – Phase steht der Mund im Mittelpunkt. Im nächsten – *analen* – Stadium sind der After und die Ausscheidungsfunktionen das Zentrale. Diese Phasen sind der Psychoanalyse zufolge für Mädchen und Knaben gleich (kongruent), und das Geschlecht spielt hier noch keine Rolle. – Der analen Phase folgt, freudianisch betrachtet, die *phallische Phase*, mit deren Einsetzen man um das Alter von 2–3 Jahren rechnet.
25 Im Artikel *Über die weibliche Sexualität*, FREUD 1931b.
26 Vgl. FREUD 1931b, 170.
27 Vgl. LAMPL-de GROOT 1927, 274.
28 Vgl. HORNEY 1923, 13.
29 FREUD 1937c.
30 Es waren, wie bereits aus Kapitel IV hervorgegangen ist, viele Versuche unternommen worden, die freudianische Weiblichkeitstheorie zu revidieren. D. h. die Theorie über die Kastration, den Penisneid und die weiblichen Männlichkeitswünsche zu mildern und abzuschwächen. In der Gruppe französischer Psychoanalytiker, die mit der Antologie *la sexualité féminine* (vgl. CHASSEGUET-SMIRGEL 1964) die klassische Weiblichkeitsdebatte der 1920er und 1930er Jahre wiederaufnahmen, machte sich die gleiche Tendenz geltend. So ist eine der Inspirationsquellen der französischen Schule die Kinderanalytikerin Melanie KLEIN, die an der klassischen Debatte auf der Seite der Londoner Schule teilnahm. Wenn ich den Begriff *Revisionismus* für diese Abschwächungsversuche verwende, hängt das damit zusammen, daß sie meiner Ansicht nach die Entfremdung, die darin liegt, daß

Mädchen/Frauen unter den Prämissen einer phallischen Kultur sozialisiert werden, eher verschleiern als weiter aufdecken. – Für eine nähere Darlegung dieser Kritik der genannten Gruppe französischer Analytiker, vgl. BRYLD und LYKKE 1981.
31 In Kapitel VII wird der Charakter dieses Punktums näher kommentiert werdem.
32 Vgl. LORENZER 1972.
33 D. h. im Fötuszustand, wo LORENZER meint, daß die Körpersprache der Mutter, die von ihrer Charaktermaske formbestimmt ist, den ersten gesellschaftlichen Einfluß auf das Kind ausübt.
34 Vgl. BELOTTI 1973. Das Buch wurde vor dem Hintergrund italienischer Verhältnisse geschrieben, aber das generelle Muster, das sich durch seine vielen Beispiele dafür abzeichnet, wie sich Eltern gegenüber ihren Töchtern und Söhnen äußerst unterschiedlich verhalten, hat absolut nicht nur im spezifisch italienischen Kulturzusammenhang Gültigkeit.
35 FREUD 1895d.
36 FREUD 1924d.
37 FREUD 1925j.
38 Diese *Definition des Ödipuskomplexes* als ein Set von Interaktionsbeziehungen basiert auf LORENZERS Auffassung, daß das Subjekt aus bestimmten Interaktionsformen aufgebaut ist, die ihm seine Lebensgeschichte eingeübt hat. Wie der Ödipuskomplex von FREUD beschrieben wird, muß er, in Lorenzerschem Sinn interpretiert, ein Ausdruck dessen sein, daß das Subjekt in bestimmte Formen von Interaktion mit seiner Mutter bzw. seinem Vater involviert und außerdem mit der gegenseitigen Interaktion der Eltern konfrontiert worden ist.
39 In FREUD 1923b.
40 Vgl. FREUD 1931b, 172.
41 D. h. eine Mutter, die als mit einem Penis ausgestattet aufgefaßt wird. Die Vorstellung von der *penistragenden Frau* ist – mit dem Knaben als Paradigma – bereits in FREUDS Artikel über infantile Sexualtheorien beschrieben (FREUD 1908c, 145f).
42 Die *Latenzzeit* ist die Periode zwischen der Blüte der infantilen Sexualität und dem Wiederaufflammen des sexuellen Interesses, das mit der Pubertät folgt. In dieser Periode ca. ab dem fünften Lebensjahr bis zum Beginn der Pubertät gibt es in der sexuellen Entwicklung des Individuums einen gewissen Stillstand. Ein Stillstand, der der Psychoanalyse zufolge auf einer Verdrängung der infantilen Sexualität beruht, und der von einer sogenannten Amnesie begleitet ist. D. h. von einem Auslöschen der Erinnerung an die Ereignisse, die in der infantilen Periode stattfanden.
43 Vgl. FREUD 1923e, 157.
44 Vgl. LAMPL-de GROOT 1927, 270.
45 Vgl. FREUD 1925j, 163.
46 Vgl. FREUD 1925j, 162.
47 Vgl. FREUD 1925j, 166.
48 So zeigt Elisabeth JANEWAY auf, wie die soziale Bedeutung des Penismangels – daß er das Symbol für die soziale Machtlosigkeit von Frauen geworden ist – einerseits bei FREUD nicht explizit zum Ausdruck kommt, sich aber andererseits bei ihm „durch die Hintertür" einschleicht:
„*The lack of a penis implies, denotes, inferiority* (FREUD zufolge, A. d. A.); *and when we*

ask why this must be, we are fobbed off with the false statement that women are castrates. That statement cannot be taken seriously unless it is taken symbolically. *I take Freud's discoveries and illuminations very seriously indeed; and so I believe that we must admit the symbology. We must allow women's inferiority, in Freud's mind, was somewhere understood to be the result of her lack of power; and that her lack of a penis did not simply* denote this, but stood for it." (JANEWAY 1974, 82).

49 Carol HAGEMANN-WHITE weist darauf hin, daß Lusterlebnisse mit Gefühlen der Mächtigkeit verknüpft sind, in der Bedeutung: sich selbst und seine Umgebung auf eine positiv produktive Weise meistern zu können. Wenn jede Machtentfaltung gesellschaftlich mit Männlichkeit verknüpft wird, bekommt das fatale Konsequenzen für die körperlichen Möglichkeiten des Mädchens, Lust zu erleben. Vor diesem Hintergrund kann man sagen, daß in FREUDS Reden über die „Tatsache der Kastration" ein wahrer Kern steckt, – ein Kern, den FREUD jedoch selbst nicht verstand, und den er außerdem auch nicht adäquat darstellen konnte: „Autorinnen wie Janeway und M. Mead ... haben darauf hingewiesen, wie frappierend es ist, daß Freud (beim Beschreiben des Kastrationskomplexes des Mädchens, A. d. A.) von seinem eigenen Ansatz abweicht und nur mehr über äußere Beobachtungen redet, obwohl es ihm um die *psychischen* Tatsachen gehen müßte. Dies ist unzulänglicher, aber untrüglicher Ausdruck der Verquickung von Lust und Macht, die von Freud kaum deutlicher geahnt wurde als von den Kindern, deren Sexualität davon erdrückt wird." (HAGEMANN-WHITE 1978, 748)

50 FREUD 1925j, 163.

51 A. KINSEY u. a.: *Sexual Behaviour in the Human Female*, Philadelphia 1953, – der berühmte Bericht, der vor dem Hintergrund eines großen empirischen Untersuchungsmaterials die Bedeutung der Klitoris für den weiblichen Orgasmus festsetzte.

52 LAMPL-de GROOT 1927, 274.

53 Vgl. das Zitat von LAMPL-de GROOT 1927, 273, im vorliegenden Buch (Kapitel V.4: „Welcher traumatischen Beraubung ist das Mädchen ausgesetzt?").

54 *Interaktanten* – jene Personen, die in eine bestimmte Interaktionsbeziehung eingehen.

55 FREUD 1931b und 1933a.

56 Vgl. FREUD 1931b, 170.

57 FREUD 1925j, 161.

58 Die Bewegung aus der Mutter-Kind-Dyade und in die Dreieckssituation der Ödipusphase muß so aufgefaßt werden, daß sie auch von einer Entwicklung in dem Umweltverständnis des Kindes begleitet wird. Zu Beginn kann das Kind nicht zwischen sich selbst und seinen Objekten unterscheiden und faßt im Gegenteil *sich selbst und die Umwelt, darunter die Mutter/seine primäre Bezugsperson*, als ein *unterschiedsloses Kontinuum* auf. In diesem Stadium ist seine Libido *narzißtisch*. (D. h. es handelt sich um eine Libido, die dem Kind selbst gilt. Insofern es Objekte in der Umwelt libidobesetzt, besetzt es gleichzeitig sich selbst, weil es die Objekte als einen Teil von sich selbst betrachtet.) Demgegenüber muß man damit rechnen, daß der *Übergang zur Ödipusphase*, der auch eine Aneignung des Realitätsprinzips bedeutet, dadurch charakterisiert ist, daß das Individuum nun *sich selbst und die Objekte als verschieden abgrenzen kann.*59 Vgl. FREUD 1931b, 170.

60 FREUD weist mit diesem Ausdruck auf die Periode der infantilen Sexualität hin,

d. h. die Periode bis ca. zum Alter von funf bis sechs Jahren, wo die Latenzzeit einsetzt. (Vgl. Anmerkung V,42).

61 Der Begriff *Elektrakomplex* wurde von C. G. JUNG in *Versuch einer Darstellung der psychoanalytischen Theorie* (1913) eingeführt. Die Absicht dahinter war die, einen Begriff des weiblichen Ödipuskomplexes zu prägen, den JUNG als mit dem männlichen symmetrisch verstand – d. h. geschlechtlich spiegelverkehrt. In 1931b weist FREUD den Begriff mit dem Hinweis auf das asymmetrische Verhältnis in der Entwicklung der Geschlechter ab. Ich wäre mit FREUDS Formulierung der auch meiner Ansicht nach korrekten Abweisung völlig einig, wenn sie nur für den auf den Vater gerichteten Ödipuskomplex des Mädchens gelten würde. Dieser kann, wie ich meine, nicht als mit jenem des Knaben symmetrisch betrachtet werden. Da FREUD jedoch nicht speziell auf diesen auf den Vater gerichteten Ödipuskomplex hinweist, sondern sich über den Komplex im allgemeinen ausspricht, widerspricht er sich meiner Ansicht nach selbst – und den Lehren, die er ansonsten aus LAMPL-de GROOTS Entdeckungen gezogen hat:
„Wir haben auch bereits erkannt, daß eine weitere Differenz der Geschlechter sich auf das Verhältnis zum Ödipuskomplex bezieht. Unser Eindruck ist hier, daß unsere Aussagen über den Ödipuskomplex in voller strenge nur für das männliche Kind passen, und daß wir recht daran haben, den Namen Elektrakomplex abzulehnen, der die Analogie im Verhalten beider Geschlechter betonen will. *Die schicksalhafte Beziehung von gleichzeitiger Liebe zu dem einen und Rivalitätshaß gegen den anderen Elternteil stellt sich nur für das männliche Kind her.*"* (FREUD 1931b, 172) (Meine Hervorhebung, A. d. A.)
Es ist diese (hervorgehobene) Begründung der Abweisung des Elektrakomplexes, die inm Widerspruch zu dem steht, was FREUD noch dazu in demselben Artikel festhält: Nämlich, daß das Mädchen in seiner phallischen Phase die Mutter wie der Knabe libidobesetzt und den Vater als „lästigen Rivalen"* betrachtet, sodaß der Unterschied zwischen den beiden Geschlechtern in diesem Punkt nur von quantitativer Art ist; die Aggressivität des Knaben gegen den Vater-Rivalen erreicht einen höheren Grad an Intensität als die des Mädchens.

62 Jeanne LAMPL-de GROOT schließt sich später (u. a. in einem Kommentar aus dem Jahr 1947 in Verbindung mit einer Neuausgabe des 1927-Artikels) selbst FREUDS Terminologie an, aber ohne deren Adäquanz zu diskutieren, und – was besonders bemerkenswert ist – *ohne* ihre eigene Bezeichnung aufzugeben:
„*In the nineteen years since the appearance of my paper* (dem 1927-Artikel, A. d. A.), *the observations recorded in it have been fully confirmed by many colleagues as well as by myself. Their full significance, however, was brought out through Freud's magnificent formulation of the preoedipal mother-attachment. The negative oedipal attitude, described by me, is the terminal phase in the female child's early attachment to her mother; it introduces the oedipal father-attachment.*" LAMPL-de GROOT 1965, 18. – (Es handelt sich um einen Neudruck aus Robert FLIESS (Hg.): *The Psychoanalytic Reader*, 1948, 208).
Jeanne LAMPL-de GROOT nimmt hier dieselbe terminologisch zweideutige Haltung ein, die in FREUDS Kommentar zu ihrem Artikel in seinem 1931-Artikel zum Ausdruck kommt, wo er sie erstens dafür lobt, „die volle Identität der präödipalen Phase bei Knaben und Mädchen"* aufgezeigt zu haben, und zweitens unkommentiert referiert, daß sie „für die ganze Entwicklung die Formel geprägt (hat), daß das Mädchen eine Phase des ‚negativen' Ödipuskomplexes durchmacht, ehe sie in den

positiven eintreten kann"*, und drittens unterstreicht, daß er mit ihr nur in einem Punkt uneinig ist, der *nichts* mit der Terminologie zu tun hat. (Jener Punkt, in dem FREUD uneinig ist, dreht sich darum, daß LAMPL-de GROOT nicht darauf aufmerksam gewesen war, daß die Abwendung von der Mutter vor dem Hintergrund feindlicher Gefühle seitens des Mädchens geschieht.).

63 Vergleichen wir mit FREUDS Formulierungen in 1925j, wird es klar, wie er seine Auffassung unter dem Einfluß von u. a. LAMPL-de GROOTS Entdeckungen geändert hat. Vgl. folgendes Zitat aus 1925j: „Kurz, die Genitalzone wird irgendeinmal entdeckt und es scheint unberechtigt, den ersten Betätigungen an ihr einen psychischen Inhalt unterzulegen. Der nächste Schritt in der so beginnenden phallischen Phase ist aber *nicht* die Verknüpfung dieser Onanie mit den Objektbesetzungen des Ödipuskomplexes, sondern eine folgenschwere Entdeckung..."* (FREUD 1925j, 162) (Meine Hervorhebung, A. d. A.).

64 Vgl. die Zitate im vorliegenden Buch, Kapitel V.2: „Die Konfrontation mit dem Penis" aus FREUD 1925j und Kapitel V.4: „Welcher traumatischen Beraubung ist das Mädchen ausgesetzt?" aus LAMPL-de GROOT 1927.

65 Den Begriff der *Verschiebung* hat FREUD (wie den Begriff der *Verdichtung*, vgl. Anmerkung VI,41) ursprünglich in Anknüpfung an die Traumanalyse entwickelt. Es bezeichnet den Umstand, daß die libidinöse Energie von einer Vorstellung, deren Bewußtwerdung sich die Zensur widersetzt, auf eine weniger ‚gefährliche' Vorstellung ‚verrückt' wird, die mit der ersten assoziativ verbunden ist.

66 Die *Urszenevorstellung* entwickelt sich der Psychoanalyse zufolge gewöhnlich bei Kindern in Anknüpfung an ihre Sexualforschung in der Blüteperiode der infantilen Sexualität entwickelt. Sie ist eine Vorstellung über das sexuelle Verhältnis der Eltern – eine Art Geschlechtsverkehrsphantasie, deren Basis entweder die direkte Beobachtung des Geschlechtsverkehrs der Eltern ist, oder Vermutungen ausgehend von anderen Beobachtungen deren sexueller Interaktion. Es ist, sagt die psychoanalytische Theorie sehr eindeutig, charakteristisch, daß die Urszenephantasie die Sexualität der Eltern *sadomasochistisch* deutet – in dem Sinne, daß der Geschlechtsverkehr als ein gewaltsamer Angriff seitens des Vaters verstanden wird.

67 Vgl. hier die Beschreibung in *Kapitel III*, wie der Fetischismis mit seinem falschen Schein so blenden kann, daß man *etwas ansehen kann, ohne im defetischierten Sinne zu sehen.*

68 Die *Figuren C* und *D* habe ich unter Inspiration von Anders LUNDKVISTS Abbildung des Marxschen Fetischismusbegriffs in LUNDKVIST 1973, 40, entwickelt.

69 Vgl. z. B. FREUD 1924d, 400.

70 Vgl. LAMPL-de GROOT 1927, 275.

71 Vgl. FREUD 1923e, 155.

72 Daß auch Mädchen als „*ödipale Söhne*" auftreten, liegt implizit in Jeanne LAMPL-de GROOTS Beschreibung des aktiven Ödipuskomplexes des Mädchens.

73 Vgl. das Zitat im vorliegenden Buch aus RADO 1934, 24. (Kapitel V.4: „Warum wird der Verlust des Mutterobjekts für das Mädchen symbolisch äquivalent mit Kastration?").

74 Insofern wir im Gegensatz zu FREUD, aber in Übereinstimmung mit Jeanne LAMPL-de GROOT (vgl. 1927, 272) die klinischen Hinweise (u. a. bei Josine MÜLLER (1931) und Fanny HANN-KENDE (1933)) auf die vaginale Onanie in der infantilen Periode als Ausdruck für etwas bei Mädchen normalerweise Vor-

kommendes betrachten, müssen wir von einer *Klitoris- (und Vaginal-) Phase* sprechen.
75 Vgl. Anmerkung V,61.
76 J. J. BACHOFEN (1815–1887) war Schweizer und Jurist von Beruf, aber wie viele Wissenschaftler der damaligen Zeit außerdem sehr interdisziplinär gelehrt. So basiert seine Matriarchatsforschung sowohl auf mythologischen, philologischen, philosophischen als auch juridischen Blickwinkeln. BACHOFENS Hauptwerk *Das Mutterrecht* (1861) ist ein Grundstein der Matriarchatsforschung (obwohl dessen Gedankengang in vielerlei Hinsicht patriarchalisch ist: BACHOFEN betrachtet die Einführung des Patriarchats als einen großen Kulturfortschritt). Das Buch ist eine minutiöse und phantasiereiche Interpretation eines ungeheuer großen Materials, das nicht zuletzt aus griechischen und orientalischen Mythen des Altertums besteht.
77 Es waren französische Feministen, die als erste darauf aufmerksam machten, daß sich der *Antigonemythos* als Gegenmythos eignet. Luce IRIGARAY verwendet ihn z. B. in ihrer Neuinterpretation der psychoanalytischen Weiblichkeitstheorie in *Speculum de l'autre femme* (IRIGARAY 1974). Vgl. auch Josette FERAL: *Antigone or the Irony of the Tribe* in *Diacritics 8*, 1978.
78 Vgl. SOPHOCLES, ca. 440 v. Chr. Die Zitate auf den folgenden Seiten stammen aus der deutschen Übersetzung von Heinrich GASSNER (Hg. Leopold MALCHER, 3. Aufl., Wien 1965).

Kapitel VI. Wie das kleine Rotkäppchen lernt, daß es im Wald keine Blumen für Großmutter pflücken darf

1 Wie aus dem Märchenreferat in *Appendix A* hervorgeht, verwende ich die Version der Märchens der GEBRÜDER GRIMM (von 1819). Wenn ich diese aus einer langen Reihe anderer Versionen des Märchens gewählt habe, so liegt das daran, daß sie als die klassische bürgerliche Kinderstubenausgabe betrachtet werden muß. Um diese Position konkurriert sie zwar mit einer etwas älteren Version: *Le Petit Chaperon Rouge* des Franzosen Charles PERRAULT, die 1697 in seiner Märchensammlung *Histoires ou Contes du temps passé* publiziert wurde (und die außerdem bereits in einer Ausgabe aus dem Jahr 1695 mit dem Titel *Contes de ma mère l'Oye* enthalten ist). Es gibt zwei wichtige Unterschiede zwischen PERRAULTS *Rotkäppchen* und dem der GEBRÜDER GRIMM. Erstens tritt das sexuelle Verführungsmotiv bei PERRAULT ganz explizit hervor, indem der Wolf hier z. B. nach der Ankunft zu Großmutters Haus das Rotkäppchen direkt auffordert, sich auszuziehen und sich zu ihm ins Bett zu legen. Zweitens schließt PERRAULTS Version mit der Verschlingung Rotkäppchens durch den Wolf. Der Schluß mit dem Jäger, der Rotkäppchen und die Großmutter rettet, ist viel jünger als PERRAULT. Sie stammt aus Deutschland – so kommt sie in einer literarischen Vorlage für das *Rotkäppchen* der GEBRÜDER GRIMM vor, in Ludwig TIECKS Märchendrama *Leben und Tod des kleinen Rotkäppchens. Eine Tragödie*, aus dem Jahr 1800. – Neben diesen literarisch bearbeiteten Märchenausgaben gibt es jedoch eine Reihe anderer Versionen, die in eine mündliche Erzähltradition eingingen, die bis in unser Jahrhundert überlebte, und deren Wurzeln lange zurückreichen. So kann das Märchen eventuell in Verbindung mit *Initiationsriten* gebracht werden, deren Ursprung viel-

leicht in vorgeschichtlicher Zeit liegt. In diesen Riten, denen sich die Heranwachsenden zu Beginn der Pubertät unterziehen mußten, um vollwertige Mitglieder des Klans zu werden, mußten sie einen symbolischen Tod sterben, um als neue Menschen wiedergeboren werden zu können. Dieser Tod konnte z. B. als symbolische Verschlingung des jungen Menschen durch ein wildes Tier in Szene gesetzt werden, um danach beim Herauskommen aus dem Tier in eine Wiedergeburt zu münden. Die Anknüpfung des Märchens an eine *matriarchalische kulturhistorische Tradition* wird von Marie PANCRITIUS in *Aus mutterrechtlicher Zeit* (PANCRITIUS 1932) diskutiert, und aus einem anderen Blickwinkel von der französischen Sozialanthropologin Yvonne VERDIER (vgl. VERDIER 1980). Es ist, wie Yvonne VERDIER betont, bemerkenswert, daß es in der mündlichen Tradition ein Märchen ist, das vor allem von der Beziehung zwischen Rotkäppchen und der Großmutter handelt. Das kommt z. B. in einigen Versionen in einer Verschmelzung des Wolfes und der Großmutter zu einer Gestalt zum Ausdruck, die in anderen Märchen der Hexe entspricht. D. h. zu einer Figur, die (vgl. u. a. GÖTTNER-ABENDROTH 1980) in einem matriarchalischen mythologischen Kontext wurzelt, und die hier den Unterwelts- und Todesaspekt der dreifaltigen Göttin repräsentiert. Daraus zieht Yvonne VERDIER den Schluß, daß in den niedergeschriebenen bürgerlich literarisierten Ausgaben – von PERRAULT und den GEBRÜDERN GRIMM – eine thematische Verschiebung in patriarchalische Richtung stattgefunden hat. Die Geschichte von dem Mädchen und seiner Großmutter wurde zu einer Geschichte über den männlichen Verführer, das verführte Mädchen und seinen romantischen Retter.

2 In Jack ZIPES *Rotkäppchens Lust und Leid. Biographie eines europäischen Märchens* (ZIPES 1982) und Hans RITZ *Die Geschichte vom Rotkäppchen. Ursprünge, Analysen, Parodien eines Märchens* (RITZ 1981) wird auf eine lange Reihe von – oft parodischen – Anwendungen des *Rotkäppchen*-Motivs in der Erwachsenenliteratur und -Kunst hingewiesen. Besonders das 20. Jahrhundert ist reich an solchen Beispielen. Vom frauenliterarischem Interesse kann hier u. a. erwähnt werden, daß die englische Autorin Angela CARTER zwei *Rotkäppchen*-Versionen geschrieben hat: *The Werewolf* und *The Company of Wolves* (publiziert in der Novellensammlung *The Bloody Chamber and Other Stories*, 1979).

3 LORENZER zufolge, auf dessen Begriffsapparat ich hier aufbaue, ist die Verdrängung gleichbedeutend mit einer Produktion dessen, was er *Klischees* nennt, und was er als u. a. *Symbolen* entgegengesetzt definiert. Symbole und Klischees sind beides psychische Repräsentanten (d. h. psychische Vorstellungsinhalte, die teils äußere Objekte und Ereignisse repräsentieren, teils das Selbst und innere triebbestimmte Prozesse). Während die Symbole jedoch Zugang zum Bewußtsein haben, sind die Klischees dagegen psychische Repräsentanten, die ihren Charakter von Symbolen verloren haben (*desymbolisiert* wurden, d. h. verdrängt), oder die nie einen solchen symbolischen Charakter bekommen haben, weil sie von der inneren Zensur nicht anerkannt werden können.

4 Vgl. Alfred LORENZER: *Zum Beispiel „Der Malteser Falke". Analyse der psychoanalytischen Untersuchung literarischer Texte* (LORENZER 1981).

5 Dashiell Hammett: *The Maltese Falcon*, 1930.

6 Parallel zu der *Dyade* – d. h. der Zweisamkeitsbeziehung –, die zwischen der Mutter/der ersten Bezugsperson und dem Kind in dessen ersten Lebensjahren exi-

stiert, kann die Beziehung zwischen Psychoanalytiker und Analysand, vgl. LORENZER, als dyadisch betrachtet werden.

7 Vgl. P. BOGATYREV und Roman JAKOBSON: Die *Folklore als eine besondere Form des Schaffens* (BOGATYREV und JAKOBSON 1929). Der Artikel schreibt sich in den russischen Formalismus ein.

8 Das Begriffspaar *langue* und *parole* – Sprachsystem gegenüber Sprachgebrauch – stammt aus der Linguistik, hat aber durch den Strukturalismus allgemeinere Anwengung gefunden.

9 Unter Inspiration durch die Linguistik und den russischen Formalismus hat war der Strukturalismus u. a. bestrebt, eine „Grammatik" der Erzählung zu formulieren – eine *narrative Grammatik*. Darunter versteht man ein Regelset, das sich in der einzelnen Erzählung auf dieselbe Weise manifestiert, wie sich die Grammatik im Sprechen/Schreiben des einzelnen Sprachgebrauchers zu erkennen gibt. Vgl. das Unterscheiden zwischen „langue" und „parole", der in Anmerkung VI,8 erwähnt wurde.

Insofern man den Begriff des „dahinterliegenden Systems" historisiert, kann man meiner Auffassung nach die Psychogenese des einzelnen Individuums gegenüber den übergeordneten Sozialisationsmustern, denen wir historisch durch die Klassen- und Geschlechtscharaktermasken unterworfen sind, auf der Grundlage desselben Modells beschrieben: als eine konkrete Manifestation eines bestimmten Systems, einer bestimmten Logik, die den Charakter einer Form von „Grammatik" hat. In diesem Fall: einer *Psycho-Grammatik*.

10 Nicht zuletzt die jungianische Schule hat eine breite Tradition der Märcheninterpretation entwickelt. Zu jener zählen u. a. Analytikerinnen wie Marie-Louise von FRANZ und Sibylle BIRKHÄUSER-OERI, die verschiedene Werke geschrieben haben, die speziell das Weibliche in den Märchen hervorheben (vgl. von FRANZ 1955 und BIRKHÄUSER-OERI 1976). – Auch innerhalb der freudianischen Tradition gibt es eine lange Reihe von Beispielen für Märcheninterpretationen. Vgl. z. B. BETTELHEIM 1975. (Eine Übersicht über die psychoanalytische Märchenforschung gibt es in der Anthologie *Märchenforschung und Tiefenpsychologie* (vgl. LAIBLIN 1975)).

11 Der Mythos von *Narziß*, der sich in sein eigenes Spiegelbild verliebte, hat dem psychoanalytischen Begriff des „Narzißmus" seinen Namen gegeben.

12 Eine gewöhnliche Theorie besagt, daß die Volksmärchen in alten Mythen wurzeln. In einem feministischen Forschungszusammenhang hat z. B. die deutsche Heide GÖTTNER-ABENDROTH die Verbindung zwischen den Märchen und einer matriarchalischen Mythologie aufgezeigt. (Vgl. u. a. GÖTTNER-ABENDROTH 1980).

13 *Narratologie* – die Lehre von der Erzählung. In der narratologischen Analyse wird der Text unter einem erzähltheoretischen Blickwinkel untersucht.

14 Der Ausdruck ist unter Inspiration durch den schweizer Literaturforscher Peter von MATT entstanden. In Anknüpfung an FREUDS Überlegungen zu SOPHOCLES' Ödipusdrama und SHAKESPEARES' *Hamlet* macht Peter von MATT in seiner Einführung in die Literaturanalyse auf psychoanalytischer Grundlage eine Modellanalyse von SCHILLERS *Wilhelm Tell*. In diesem Kontext verwendet von MATT die Bezeichnung *„psychodramatisches Substrat"* für den ödipalen Konfliktstoff,

der als eine psychodynamische Triebkraft im Handlungsgang der drei Dramen betrachtet werden kann. (Vgl. von MATT 1972, 54f.).
15 Vgl. Anmerkung VI,10.
16 Vgl. die Definition des Allgemeinen gegenüber dem Besonderen/Spezifischen in Anmerkung III,12.
17 Im Anschluß an den Begriff der Geschlechtscharaktermasken (vgl. Anmerkung III,14), den ich als kennzeichnend für alle Produktionsweisen verstehe, die eine Tendenz zu patriarchalischer Geschlechterarbeitsteilung und Geschlechterpolarisierung enthalten, betrachte ich auch die *Ödipus- und Antigonekomplexe* als *allgemein patriarchalische Phänomene*. So wie die Geschlechtscharaktermasken verschiedene Formen innerhalb der verschiedenen patriarchalischen Gesellschaftsformationen haben, wird die besondere Ausformung der Ödipus- und Antigonekomplexe mit dem kulturhistorischen Kontext auch variieren. – In einer nicht-patriarchalischen Kultur werden meiner Ansicht nach im Laufe der frühen Entwicklung der Kinder sowohl libidinöse Besetzungen erwachsener Bezugspersonen als auch Konflikte in diesem Zusammenhang entstehen, aber diese werden nicht den Charakter der Ödipus- und Antigonekomplexe annehmen. Eine Grundvoraussetzung für diese ist die hierarchische Geschlechterpolarisierung auf der Achse, die die sexuelle Interaktion zwischen den erwachsenen Bezugspersonen beschreibt.
18 Vgl. Vladimir PROPP: *Morphologie des Märchens* (PROPP 1928). Das Buch steht in Zentrum des russischen Formalismus. Das Wort *Morphologie* bedeutet *Formlehre* – und bezeichnet in der Botanik die Lehre von den Bestandteile der Pflanzen und deren Verhältnis zueinander. PROPP übertrug den Begriff auf die Märchenanalyse – auf die Analyse der narrativen Struktur des Märchens. Ausgehend von Untersuchungen russischer Volksmärchen (Zaubermärchen) zeigte er eine Art Märchengrammatik auf – eine feste Struktur, die in den einzelnen Märchen realisiert war. (Vgl. die Beschreibung der Bezeichnung „narrative Grammatik" in Anmerkung VI,9). PROPP analysierte das Zaubermärchen ausgehend von den *Funktionen der handelnden Personen* im Märchen und fand heraus, daß es maximal *31 Funktionen* im Märchen gab, die sich im Verlauf in einer festen Reihenfolge manifestierten. Außerdem zeigte er, daß stets *(höchstens) sieben dramatis personae* auftraten, verstanden als die verschiedenen Handlungskreise, die die Personen des Märchens realisieren konnten. Diese sieben waren folgende: 1) Gegenspieler, 2) Schenker, 3) Helfer, 4) die Prinzessin (das gesuchte Objekt(!)) und ihr Vater, 5) der Sender, 6) der Held und 7) der falsche Held. Innerhalb des Handlungskreises des Helden beschreibt PROPP zwei Typen: a) den *suchenden Held*, der u. a. dadurch charakterisiert ist, daß er als Folge seines eigenen Beschlusses, einen Mangel zu beseitigen oder ein eingetretenes Unglück zu eliminieren, in die Welt hinauszieht; und b) den *leidenden Held*, der in die Welt hinausgeführt wird als Folge von Beschlüssen anderer.
19 A. J. GREIMAS' *Strukturelle Semantik* (vgl. GREIMAS 1966) – ein Hauptwerk innerhalb des neueren Strukturalismus – ist ein Versuch, eine universelle narrative Grammatik zu formulieren. GREIMAS baut weiter auf u. a. PROPP, aber reduziert auf patriarchatsfetischistische Weise dessen Analyse der verschiedenen Heldentypen des Märchens. Vgl. BRYLD und LYKKE 1985, wo ein Beitrag zu einer De- und Rekonstruktion von GREIMAS enthalten ist.
20 Die im folgenden gebrauchten Begriffe „Heimatraum/Außenraum" beziehen sich

auf die dänischen Begriffe „hjemmerum/uderum", die in der literarischen Forschungsdiskussion in Dänemark u. a. in Verbindung mit der Diskussion des Entwicklungs- und des Bildungsromans üblicherweise verwendet werden *(A. d. Ü.).*

21 Streng genommen gilt diese Beschreibung des leidenden Helden nur, insofern man das Märchen in dessen bürgerlichem Rezeptions-Kontext betrachtet. Wie in GÖTTNER-ABENDROTH 1980 gezeigt wurde, können ‚passive' Helden wie Dornröschen und Schneewittchen als Figuren gedeutet werden, die eine göttliche Heldenreise realisieren, die in einem matriarchalisch mythologischen Kontext den zyklischen Verlauf der Natur repräsentiert. Vgl. auch BRYLD und LYKKE 1985.

22 Meine narratologische Analyse von *Rotkäppchen* kann in Übereinstimmung mit PROPPS Methode folgendermaßen zusammengefaßt werden:

I.	u	b	a B C $\uparrow$		K $\downarrow$
II.1	c d e	$\begin{Bmatrix} f\ g \\ f\ g\ c \end{Bmatrix}$	$\begin{Bmatrix} A \\ A \end{Bmatrix}$ (C $\uparrow$)	D $E_{pos.}$ F	J K U $\downarrow$
II.2	c d e	f g	$\begin{Bmatrix} A \\ A \end{Bmatrix}$ (B)	$\begin{Bmatrix} D\ E_{pos.}\quad F \\ D\ E_{pos.}\quad F \end{Bmatrix}$	J K U $\downarrow$

Die *römischen Ziffern* beziehen sich auf verschiedene Sequenzen (Unterverläufe) im Märchen. Es sind zwei Möglichkeiten für die Analyse von Sequenz II aufgestellt. In Möglichkeit II.1 ist der Jäger als selbständiger Held interpretiert. In Möglichkeit II.2 wird Rotkäppchen auch in der zweiten Sequenz als Held aufgefaßt, und der Jäger wird als sein Helfer verstanden, der für es als stand-in fungiert.

Zeichenerklärung (vgl. PROPP 1928; es soll bemerkt werden, daß das Notationssystem im vorliegenden Buch ein wenig vereinfacht ist):

u - (Ausgangssituation)
b - (Verbot oder Gebot/Befehl)
c - (das Verbot wird übertreten oder das Gebot/der Befehl ausgeführt)
d – (der Gegenspieler erkundigt sich über den Held)
e – (der Gegenspieler erhält Informationen über den Held)
f – (die betrügerischen Überredungen des Gegenspielers)
g – (der Held reagiert auf den Vorschlag des Gegenspielers)
A – (Schädigung, Unglück)
a – (Mangelsituation)
B – (Vermittlung, Verbindungsmoment, Verkündigung der Schädigung/des Unglücks oder Mangels)
C – (einsetzende Gegenhandlung, der Sucherheld entschließt sich zu seiner Gegenhandlung)
$\uparrow$ - (Abreise, der Held verläßt das Haus)
D - (Prüfung des Schenkers)

E - (Reaktion des Helden auf die Prüfung)
F - (Empfang eines Zaubermittels – Hilfe)
J - (Sieg über den Gegenspieler)
K - (Eliminierung des Unglücks oder Mangels)
↓ - (der Held kehrt zurück, Heimreise)
U - (der Gegenspieler wird bestraft)
pos. (positive Reaktion)

23 Die *Funktion: einsetzende Gegenhandlung* (C, vgl. Anmerkung VI,22) gibt es PROPP zufolge nur in Märchen mit *suchendem Held*. Der leidende Helt trifft keinen selbständigen Beschluß, in die Welt hinauszuziehen. Das bewirkt, daß diese Funktion, die die Handlungsbereitschaft des suchenden Helden manifestiert und sein/ihr Projekt konstituiert, in Märchen mit leidendem Held wegfällt. PROPP bringt das folgendermaßen zum Ausdruck:
„Manchmal wird diese Bereitschaft zur Tat wörtlich gar nicht erwähnt, doch geht der Suchaktion selbstverständlich ein entsprechender Entschluß des Helden voraus. Diese Funktion ist charakteristisch für alle Märchen, in denen ein suchender Held auftritt. Verstoßene, erschlagene, verzauberte und untergeschobene Helden streben nicht von selbst nach Befreiung, daher fehlt hier diese Funktion."* (PROPP 1928, 42).

24 *Morphologische Doppelbedeutung* – daß ein Element im Märchen zwei Funktionen repräsentiert.

25 Vgl. BETTELHEIM 1975, 175.

26 PROPP betrachtet den Sucherheld als das Paradigma und macht sehr wenig aus einer selbständigen Beschreibung des leidenden Helden.

27 Der Unterschied, der dazwischen besteht, ein *leidender Held* oder *Opfer* zu sein, dreht sich funktionell betrachtet darum, welchen Handlungskreis die betreffende Person realisiert. Handelt es sich um den Handlungskreis des Helden oder des gesuchten Objekts? Da es prinzipiell nur einen Held in einer Märchensequenz gibt, können Rotkäppchen und der Jäger nicht beide als Träger des Handlungskreises des Helden in der Mittelsequenz interpretiert werden.

28 Über den *Helfer als stand-in für den Held* schreibt PROPP: „Umgekehrt erfüllt der Helfer manchmal spezielle Helden-Funktionen. Außer der Funktion C (Bereitschaft zur Gegenhandlung) fällt hierunter nur noch die Funktion H (Reaktion auf die Handlungen des Schenkers), in der jedoch oft der Helfer für den Helden einspringt."* (Vgl. PROPP 1928, 83).

29 Da PROPP seine dramatis personae von deren Handlungen her definiert und nicht von ihren psychologischen Motiven, kann eine *feindlich gesinnte Person* sehrwohl als *Schenker* fungieren – wenn der Betreffende z. B. dem Held unfreiwillig Hilfe leistet.

30 *Hilfselemente* haben nach PROPP keinen selbständigen Einfluß auf den Handlungsgang, sondern dienen dazu, den Übergang zwischen den handlungsschaffenden Funktionen zu vermitteln.

31 Heide GÖTTNER-ABENDROTH betrachtet Märchen wie z. B. *Schneewittchen* und *Dornröschen* als einem ursprünglich matriarchalischen Mythenschema näherstehend als die Märchen mit suchendem Held, die PROPP, strukturell betrachtet, als das Paradigma ansieht. (Vgl. GÖTTNER-ABENDROTH 1980).

32 Vgl. Marie-Louise von FRANZ 1975, 312.

33 Wie die Bisexualitätstheorie bleibt auch die Jungianische Auffassung dessen, daß alle Menschen sowohl eine weibliche als auch eine männliche Seite haben, psychisch betrachtet, innerhalb des meiner Ansicht nach fetischistischen Paradigmas, das Weiblichkeit und Männlichkeit als universelle Gegenpole versteht.
34 Damit sei nicht gesagt, daß die die präantigonale Phase als total harmonisch verstanden werden soll. Die Konfliktlosigkeit, auf die hier hingewiesen wird, bezieht sich darauf, daß die Phase frei von entscheidenden sozialen Konflikten im Sinne der antigonalen Vaterkonfrontation ist.
35 Diese Interpretation ist unter Inspiration durch die französische Autorin und Literaturtheoretikerin Hélène CIXOUS entstanden, die – abgesehen von der Interpretation des *roten Käppchens* als *Klitorissymbol* – im übrigen *Rotkäppchen* ganz anders als ich interpretiert. (Vgl. CIXOUS 1976, dt. 19f.).
36 Die psychoanalytische Literatur enthält eine Reihe von Beispielen für *Tierphobien* bei *ödipalen Knaben*. Das berühmteste ist FREUDS Analyse des fünfjährigen Hans (FREUD 1909b). Die Tierphobie entsteht, indem eine Verschiebung von dem Imago des mit Kastration drohenden *Vaters* auf das Tier stattfindet. In Hans' Geschichte sind das z. B. Pferde. In einem Fall, der vom Psychoanalytiker FERENCZI beschrieben wurde, ist es ein Hahn (Vgl. FERENCZI 1913). Die Verkopplung von ödipalem Vater/Angsttier wird sich vermutlich auch bei *antigonalen Mädchen* geltend machen können.
37 Vgl. den Begriff der *Nachträglichkeit*, vgl. die Definition desselben im vorliegenden Buch (Kapitel V.3: „Die phallische Phase und die Konfrontation des Mädchens mit dem *Penis*").
38 Die strukturalistische Narratologie formuliert die Voraussetzungen, die erfüllt sein müssen, damit eine Person eine aktiv handlungsschaffende Funktion in einer Erzählung ausführen kann, mit Hilfe der *Modalverben: wollen, wissen, können*. Wissen ist in diesem Sinne eine Modalität, die zu aktivem Handeln führen kann.
39 Vgl. u. a. BACHOFENS sehr gründliche Darstellung der Bedeutung der *Sonne* als Patriarchatssymbol in *Das Mutterrecht* (BACHOFEN 1861).
40 Mit diesem Ausdruck charakterisiert FREUD die Endstation der weiblichen Entwicklung im passiv vatergebundenen Ödipuskomplex, vgl. FREUD 1933a, 105–106: „... durch den Einfluß des Penisneides wird das Mädchen aus der Mutterbindung vertrieben und läuft in die Ödipussituation (d. h. den passiven Ödipuskomplex, *A. d. A.*) wie in einen Hafen ein."*
41 Das Zeichen $\simeq$ beschreibt im Strukturalismus Homologien zwischen verschiedenen Inhaltseinheiten in einem Text.
So bedeutet

So bedeutet
$$\frac{A}{A_1} \simeq \frac{B}{B_1}, \text{ daß sich A zu } A_1 \text{ wie B zu } B_1 \text{ verhält.}$$

42 Den Begriff *Verdichtung* hat FREUD (wie den Begriff *Verschiebung*, vgl. Anmerhung V,65) ursprünglich in Anknüpfung an die Traumanalyse entwickelt. Er kennzeichnet das Phänomen, daß eine Vorstellung mehrere verschiedene, voneinander unabhängige Vorstellungsinhalte repräsentiert. Die libidinöse Energie wird von diesen Vorstellungsinhalten verschoben – um die eine Vorstellung gesammelt, die die anderen repräsentiert.

43 Die Formel baut auf einem Notationssystem, das im Strukturalismus zur Klassifikation der inhaltlichen Elemente eines Textes verwendet wird. Der Pfeil gibt in der Textanalyse an, daß es sich um einen Handlungsverlauf handelt. Und hier, daß eine Transformation von einem erkenntnismäßigen Stadium zu einem anderen stattfindet. Die *großen Buchstaben* geben in der Textanalyse die Aktanten an, die, vereinfacht gesagt, aus den handlungstragenden Personen bestehen. Hier geben die großen Buchstaben Interaktanten auf der ödipalen/antigonalen Interaktionsszene an. D. h.: M = „*Mutter*" und V = „*Vater*". Die *kleinen Buchstaben* geben Prädikate an, die sich an die Aktanten/Interaktanten schliesen. Hier bedeutet das Prädikat ph „phallisch". „non" vor einem Prädikat bedeutet, daß das betreffende Prädikat negiert und von seinem konträren Gegenteil ersetzt wurde. „non ph" ist also dasselbe wie „kastriert". („phallisch" wurde negiert, d. h. verändert zu „nicht-phallisch" und danach zu „kastriert").
44 Vgl. A. OLRIK: *Den lille Rødhætte og andre Æventyr om Mennesker, der bliver slugt levende* (OLRIK 1894). Beispiele für Märchen, in denen sich die Verschlungenen selbst befreien, hat OLRIK u. a. bei dem dänischen Volksmärchensammler S. GRUNDTVIG gefunden, vgl. z. B. *Gamle Danske Minder i Folkemunde*, die Märchen *Ulven* oder *Det stumphælede Føl*.
45 Vgl. Anmerkung VI,1.
46 Vgl. DEUTSCH 1944, 248.
47 Das *Bewußtseinsfähige* sind die psychischen Inhalte, die so beschaffen sind, daß sie die Zensur passieren und zum Gegenstand bewußter Aufmerksamkeit gemacht werden können. (Vgl. FREUD 1915e, 272).
48 Daß es naheliegend ist, den Wolf als Träger auch *weiblich-mütterlicher Züge* im bürgerlich-patriarchalischen Kontext zu interpretieren, darüber macht die ungarisch-englische Psychoanalytikerin Lilla VESZY-WAGNER eine interessante Aussage, die (in dem Artikel *Little Red Riding Hoods on the Couch*, VESZY-WAGNER 1966) Analysanden beschrieb, für die Phantasien mit Ausgangspunkt in dem Märchen vom *Rotkäppchen* eine psychosexuelle Rolle spielten. Lilla VESZY-WAGNER zieht aus den Rotkäppchenphantasien ihrer Analysanden den Schluß, daß „*the wolf does not represent an unequivocally male aggressor in these fantasies. The wolf is also a mother figure, but not only on an oedipal level. Under this, there is a preoedipal layer in which there are several frightening aspects of the mother present in the fantasy material.*" (VESZY-WAGNER 1966, 407)
Es muß bemerkt werden, daß Lilla VESZY-WAGNER die Begriffe ödipal und präödipal in Übereinstimmung mit FREUD 1931b verwendet. Ödipal bezeichnet also den auf den Vater gerichteten Ödipuskomplex, während präödipal u. a. die antigonale Mutter-Tochter-Beziehung deckt. Die „erschreckenden" Dimensionen, die sie in jener nennt, werden in *Kapitel VII* näher behandelt werden.

Kapitel VII. Die Kastration der Mutter oder die Geschichte, wie ein archaisches Matriarchat in Trümmer fällt

1 Vgl. FRIDAY 1977.
2 Vgl. FRASTEIN und GIESE 1980.
3 Vgl. FRIDAY 1977.
4 Vgl. FRIDAY 1977.
5 Ebenda.
6 Ebenda.
7 Vgl. FREUD 1933a, 103. Vgl. das ganze Zitat im vorliegenden Buch (Kapitel VII. I).
8 Meiner Ansicht nach ist es am richtigsten, die Erlebnisse der Kastrationen des Eigenkörpers bzw. des Mutterkörpers als *zwei Dimensionen desselben Traumas* aufzufassen, obwohl sie sich – wie aus *Kapitel VII* hervorgehen wird – im Verhältnis zueinander zeitlich verschoben abspielen. Aber wie wir auch in *Kapitel VII* sehen werden, knüpfen sich vermutlich beide Traumadimensionen an dasselbe Grunderlebnis – das Erlebnis der sadomasochistischen Urszene.
9 Im Hinblick auf die Aufteilung der Antigonephase in einen *(aktiven) ersten* Phasenteil und einen *(passiven) zweiten* Phasenteil, vgl. im vorliegenden Buch *Kapitel VII.3*: „Die nachphallische oder passiv-antigonale Phase".
10 In FREUD 1908c.
11 Vgl. FREUD 1923e.
12 FREUD 1923e, 157. Vgl. auch im vorliegenden Buch *Kapitel V.3*: „Vaterachse versus Mutterachse".
13 FREUD 1933a, 103. Zitiert im vorliegenden Buch (*Kapitel VII.1*).
14 Vgl. MACK BRUNSWICK 1928.
15 Vgl. MACK BRUNSWICK 1940.
16 Vgl. FREUD 1908c.
17 Vgl. FREUD 1933a, 103. Zitiert im vorliegenden Buch (*Kapitel VII.1*).
18 MACK BRUNSWICK 1940 zufolge (die in dieser Hinsicht auf FREUD 1905d und 1923e baut) ist *aktiv-passiv* das erste psychosexuelle Gegensatzpaar, das das Bewußtsein des Kindes beherrscht, – ein Gegensatzpaar, das die Voraussetzung für die späteren bildet: *phallisch-kastriert* und *männlich-weiblich*.
Im Unterschied zu FREUD, der den Gegensatz aktiv-passiv speziell an den sadistisch-analen Teil der prägenitalen Phase knüpft, bestimmt Ruth MACK BRUNSWICK die aktiv-passiv-Phase breiter: als die ganze Lebensperiode, die *vor der Entdeckung der Existenz der Kastration durch das Kind* liegt. D. h. wie folgt:

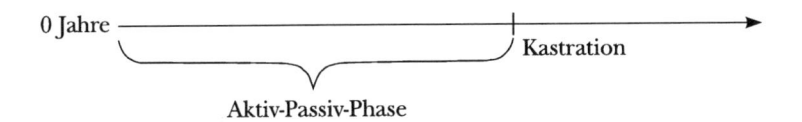

```
0 Jahre ─────────────────────┬──────────►
         _____/  Kastration
                  ︸
           Aktiv-Passiv-Phase
```

Gleichzeitig betrachtet Ruth MACK BRUNSWICK jedoch auch die aktiv-passiv-Phase als *prägenital* – in dem Sinne, daß „*the genital is the matter of no greater concern than the other erogenous zones*"(MACK BRUNSWICK 1940, 298–99). Das bedeutet dasselbe wie, daß daß die aktiv-passiv-Phase die „phallische Phase" nicht einschließen kann, wo die Genitalität für Mädchen und Knaben primär wird – daß sie mit anderen Worten faktisch reell auf die prägenitale Phase eingeschränkt wird:

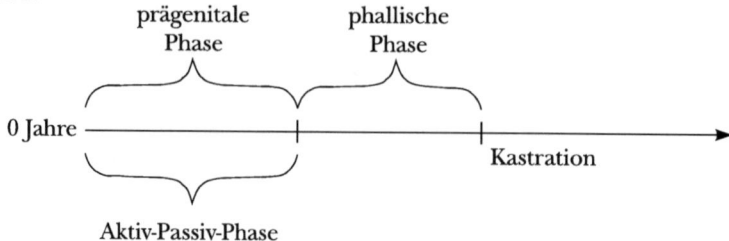

```
                    prägenitale      phallische
                      Phase            Phase
                    ⏞⎴⎴⎴⎴⏞          ⏞⎴⎴⏞
    0 Jahre ─────────────────┼──────────┼──────────────▶
                    ⎵⎵⎵⎵⎵⎵⎵⎵⎵⎵⎵⎵⎵⎵⎵      Kastration
                    Aktiv-Passiv-Phase
```

19 In Ruth MACK BRUNSWICKS Text steht eigentlich „deuterophallic". Das muß jedoch ein Fehler sein. Nach JONES' Definitionen der proto- bzw. deuterophallischen Phase ist es die erste – protophallische – Phase, die die Kennzeichen trägt, von denen Ruth MACK BRUNSWICK an der zitierten Stelle spricht. Nämlich, daß das Kind annimmt, daß alle anderen Menschen ihm selbst körperlich vollständig gleichen. Über die protophallische Phase sagt JONES, daß sie von „Unschuld oder Unwissenheit"* gekennzeichnet ist. „Das Kind nimmt zuversichtlich an, daß die übrige Welt gleich ihm gebaut ist und ein männliches Organ besitzt, mit dem es zufrieden sein kann – Penis oder Klitoris, je nachdem."* (JONES 1933, 324).
Auch wenn die Klitoris fetischistisch als „männliches Organ" aufgefaßt wird, besteht kein Zweifel, daß JONES hier von der Phase spricht, bevor der Kastrationskomplex den Gegensatz phallisch-kastriert in das Leben der Kinder einführt. So ist es erst die zweite – *deuterophallische* – Phase, die JONES zufolge im Zeichen dieses Gegensatzes steht: „In der zweiten, deuterophallischen Phase, dämmert der Verdacht, daß die Welt in zwei Klassen geteilt ist, nicht männlich und weiblich im eigentlichen Sinne, sondern penisbesitzend und kastriert (zwei Klassifikationen, die sich allerdings ziemlich decken.")* (JONES 1933, 324).
20 MACK BRUNSWICK 1940, 304.
21 Das erwähnte „Loch" tritt nur hervor, wenn wir von der *zweiten* der *zwei widersprüchlichen Definitionen der Ausdehnung der aktiv-passiv-Phase* Ruth MACK BRUNSWICKS ausgehen, die in Anmerkung VII,18 aufgezeichnet sind. D. h. von jener Definition, die die aktiv-passiv-Phase mit der prägenitalen Phase zusammenfallen läßt. das „Loch" sieht dann folgendermaßen aus:

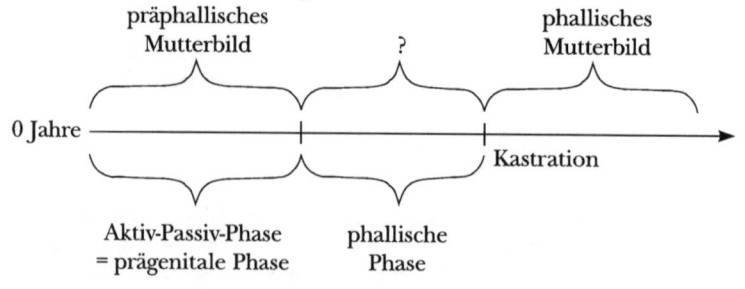

```
            präphallisches                      phallisches
             Mutterbild          ?              Mutterbild
            ⏞⎴⎴⎴⎴⏞                           ⏞⎴⎴⎴⏞
    0 Jahre ─────────────┼──────────────┼──────────────▶
            ⎵⎵⎵⎵⎵⎵⎵⎵⎵⎵⎵⎵⎵⎵⎵⎵⎵⎵⎵⎵⎵⎵/   Kastration
            Aktiv-Passiv-Phase   phallische
            = prägenitale Phase    Phase
```

Nehmen wir umgekehrt den Ausgangspunkt in der *ersten* Definition der aktiv-passiv-Phase in Anmerkung VII,18, so wird das „Loch" verhüllt. Hier können wir die Entwicklung der Mutterbilder folgendermaßen abzeichnen:

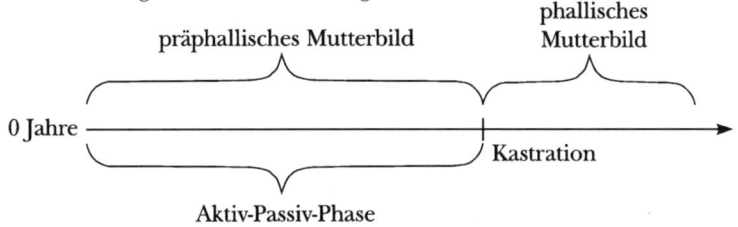

```
                                          phallisches
          präphallisches Mutterbild       Mutterbild
          ⌢‿‿‿‿‿‿‿‿‿‿‿‿‿‿‿‿‿⌢  ⌢‿‿‿‿‿‿‿⌢
0 Jahre ─────────────────────────┼──────────────→
          ⌣‿‿‿‿‿‿‿‿‿‿‿‿‿‿‿‿‿‿‿‿‿⌣  Kastration
                Aktiv-Passiv-Phase
```

Aber gleichgültig welchen Ausgangspunkt wir wählen, befinden wir uns unter allen Umständen in derselben begrifflich zweideutigen Situation wie bei der Definition der aktiv-passiv-Phase. Parallel zu dem, was für jene galt, kann die Ausdehnung der Existenzperiode des präphallischen Mutterimagos von Ruth MACK BRUNSWICKS Text aus auf zwei widersprüchliche Weisen bestimmt werden.

22 Wie FREUD z. B. stark betont, gibt es in allen infantilen Sexualtheorien immer eine *Realbasis* – „ein Stück echter Wahrheit"* (FREUD 1908c, 145). Dieser wahre Kern muß vor dem Hintergrund verstanden werden, daß die infantilen Sexualtheorien nicht zufällig entstehen, sondern im Zusammenspiel mit der realen, sexuellen Wißbegierde, die die Libidoentwicklung des Kindes natürlich mit sich bringt. Das Kind konstruiert seine Sexualtheorien, indem es auf der Grundlage seiner faktischen libidinösen Erlebnisse weiterinterpretiert und weiterphantasiert.
23 Vgl. FREUD 1923e, 155.
24 Der Ausdruck stammt von JONES 1933, 324. Vgl. die Zitate hieraus in Anmerkung VII,19.
25 Die *Verleugnung* (nicht zu verwechseln mit der Verneinung, vgl. Anmerkung I,8) ist FREUD zufolge ein Abwehrmechanismus, der darin besteht, daß sich das Subjekt weigert, ein Stück der Wirklichkeit anzuerkennen, das es als traumatisch erlebt. Der Begriff wird besonders in Verbindung mit der Weigerung, die weibliche Penislosigkeit anzuerkennen, gebraucht.
26 Vgl. MACK BRUNSWICK 1940, 303.
27 Vgl. MACK BRUNSWICK 1940, 302.
28 Vgl. LAMPL-de GROOT 1927, 274.
29 Aus MACK BRUNSWICK 1940, 304. Zitiert im vorliegenden Buch (*Kapitel VII.2*: „Eine phallische Mutter").
30 Vgl. MACK BRUNSWICK 1940, 304.
31 Mit der Bezeichnung *Reaktionen auf die „Kastration"* verweise ich hier auf das, was ich früher als den „*Überbau*" der freudianischen Kastrationstheorie bestimmt habe. Vgl. Anmerkung 1, Einleitung zum 2. Teil, und das Zitat in der Einleitung zum 2. Teil des vorliegenden Buches über die *drei Entwicklungswege der Weiblichkeit* (aus FREUD 1933a, 103). – Die drei Wege werden übrigens auch in FREUD 1931b, 173 beschrieben, wo der unbewußte Protest von Frauen gegen den sogenannten „normalen" Weg in FREUDS Betonung dessen widergespiegelt wird, daß dieser besonders schwer zugänglich sei: „Erst eine dritte, recht umwegige Entwicklung mündet in die normal weibliche Endgestaltung aus . . ."* heißt es hier.

32 Vgl. MACK BRUNSWICK 1940, 304. Zitiert im vorliegenden Buch (*Kapitel VII.2*: „Eine phallische Mutter").
33 Vgl. MACK BRUNSWICK 1940, 304.
34 Vgl. MACK BRUNSWICK 1940, 304. Zitiert im vorliegenden Buch (*Kapitel VII.2*: „Eine aktive, potente und klitorisgenitale Mutter").
35 JONES 1933.
36 Vgl. die Hinweise in Anmerkung VII,31.
37 Wenn auch nicht so explizit wie JONES geht auch Helene DEUTSCH darauf ein, daß das Zwischenstadium zwischen dem Erlebnis der Eigenkörperkastration des Mädchens und dem passiven auf den Vater gerichteten Ödipuskomplex einen besonderen Namen benötigt. Sie spricht von dem Stadium als *„nachphallisch"** (DEUTSCH 1930, 175).
38 Vgl. DEUTSCH 1930.
39 Über die *Mutter als Verführerin* heißt es bei FREUD (in einem Kontext, wo er zuerst die passiv ödipale Phantasie des Mädchens beschrieben hat, vom Vater verführt zu werden): „Und nun findet man in der präödipalen Vorgeschichte der Mädchen die Verführungsphantasie wieder, aber die Verführerin ist regelmäßig die Mutter. Hier aber berührt die Phantasie den Boden der Wirklichkeit, denn es war wirklich die Mutter, die bei den Verrichtungen der Körperpflege Lustempfindungen am Genitale hervorrufen, vielleicht sogar zuerst erwecken mußte."* (FREUD 1933a, 98).
40 Die psychoanalytische Literatur behandelt wie so oft das *phallische Mutterimago* explizit oder implizit mit dem *Knabe/Mann als Paradigma*. Das ist natürlich inakzeptabel – und theoretisch problematisch. Es muß selbstverständlich ein Unterschied dazwischen bestehen, die phallische Mutter aus der Position des Mädchens oder Knaben zu sehen – aus der Position, wo die „Kastration" des Eigenkörpers eine „Tatsache" ist, oder aus jener, wo die Drohung mit „Kastration" noch einen Sinn hat, weil man einen Penis besitzt, gegen den sie sich wenden kann.
41 Vgl. Anmerkung V,30.
42 Vgl. FREUD 1915f.
43 Vgl. FREUD 1911c und 1922b.
44 Vgl. MACK BRUNSWICK 1928, 473.
45 Vgl. MACK BRUNSWICK 1928, 473.
46 Vgl. den Begriff *Nachträglichkeit*. Vgl. Anmerkung VI,38.
47 Die Vorstellung, daß es für das Mädchen gilt, den passiven vatergebundenen Ödipuskomplex zu „erreichen", baut auf der freudianischen Auffassung dessen, was die „normale" weibliche Entwicklung ist. Eines der Ziele dieses Buches ist natürlich, ein großes Fragezeichen hinter diese Normalitätsauffassung zu setzen. Ist die im freudianischen Sinn „normale" Frau, die masochistisch die „Tatsache der Kastration" akzeptiert und die geschlechtlichen Wertzu- und Absprechungen des Patriarchatsfetischismus glatt aufgenommen hat, eine erstrebenswerte Norm?!
48 Der Ausdruck *überlagert* weist darauf hin, daß die Psyche, psychoanalytisch betrachtet, so aufgefaßt werden kann, daß sie aus Erlebnisschicht auf Erlebnisschicht aufgebaut ist, wovon die lebensgeschichtlich ältesten ganz ‚unten' liegen und daher von den jüngeren ‚überlagert' werden. Diese letzteren können Verzeichnungen in den Erinnerungsbildern von den älteren bewirken, insofern ihre Erlebnisqualitäten verschieden sind.

49 Vgl. MACK BRUNSWICK 1928, 459.
50 Vgl. MACK BRUNSWICK 1928, 459.
51 Eine *Deckfigur* ist ein Ausdruck dafür, daß die Zensur des Bewußten gegen tabuisierte und verdrängte Vorstellungen durch die Hilfe der Mechanismen Verschiebung und Verdichtung (vgl. Anmerkungen V,65 und VI,43) teilweise umgangen wird. Die Deckfigur tritt ins Bewußte statt einer Figur, die im Unbewußten mit gefährlichen Vorstellungen verbunden sind.
52 Hier hat sich eine Identifikation geltend gemacht.
53 *Paralyse* – Lähmung.
54 *Enurese* – unfreiwilliges Wasserlassen.
55 Die generelle Definition von *Frigidität* baute bis zum Kinseyrapport im Jahr 1953 (vgl. Anmerkung V,51) auf der Auffassung, daß sexuelle Reife bei Frauen einen regulären Genitalzonenwechsel von der Klitoris zur Vagina impliziert. (Vgl. dazu auch Anmerkung V,21). Frigidität wurde vor diesem Hintergrund zu der Frage reduziert, ob die Frau einen vaginalen Orgasmus bekommen konnte. Vgl. z. B. FREUDS Beschreibung dessen, wie Klitorissexualität geradezu die Ursache von Frigidität werden kann: „Wie nun viele Frauen in ihrer Sexualfunktion daran verkümmern, daß diese Klitoriserregbarkeit hartnäckig festgehalten wird, so daß sie im Koitusverkehr anästhetisch bleiben, ... dies alles gibt der infantilen Sexualtheorie, das Weib besitze wie der Mann einen Penis, nicht unrecht."* (FREUD 1908c, 146–147). Für eine moderne und alternative Beschreibung des Phänomens Frigidität, vgl. z. B. Hilde KRONBERG: *Frigidität und weibliche Sozialisation* (vgl. KRONBERG 1979).
56 Vgl. FREUD 1911c und 1922b.
57 Vgl. FREUD 1915f. Wenn FREUD im Titel angibt, daß es sich um einen Fall von Paranoia handelt, der der psychoanalytischen Theorie widerspricht, weist er damit auf einen nur scheinbaren Widerspruch hin, der nicht wirklich existiert. Anscheinend fühlt sich FREUDS Analysandin von einem Mann verfolgt, in den sie verliebt ist. D. h. es sieht nicht danach aus, daß sich eine homosexuelle Anziehung geltend macht, wie es der psychoanalytischen Paranoia-Auffassung zufolge der Fall sein sollte. Wie A. ist FREUDS Analysandin jedoch in Wirklichkeit in eine ältere Frau verliebt, die sich in der Analyse dann auch als der eigentliche Gegenstand ihrer Verfolgungsvorstellungen erweist.
58 Die *Verkehrung ins Gegenteil* ist ein Abwehrmechanismus, der teils in einer Veränderung von einem aktiven zu einem passiven Triebziel bestehen kann. (Wenn das Ziel des Sadismus – zu quälen – z. B. mit dem masochistischen – gequält zu werden – ersetzt wird). Teils kann die Verkehrung auch von inhaltlichem Charakter sein, indem eine Transformation von Liebe in Haß stattfinden kann. Es ist diese letztere Dimension des Abwehrmechanismus, der in der Paranoia am Werk ist. (Eine ausführliche Beschreibung der Verkehrung ins Gegenteil findet sich in FREUD 1925c).
59 Vgl. MACK BRUNSWICK 1928, 466.
60 Vgl. FREUD 1919e. Hier sind die *gewöhnlichen, kindlichen Schlagephantasien* Ausdruck für die libidinösen Beziehungen zu den Eltern (d. h. für die Ödipus- und Antigonekomplexe) und Inszenesetzung der Strafe für die libidinösen Gefühle und zugleich eines regressiven Ersatzes für die genitale Befriedigung, die sich das Kind von der Mutter oder dem Vater wünscht.

61 Vgl. MACK BRUNSWICK 1928, 476.
62 Die *Übertragung* ist ein zentraler Begriff in der freudianischen Therapie. Eine geglückte Analyse beruht darauf, daß der Analysand seine alten libidinösen Bindungen aktualisiert, u. a. zu den Eltern, in der Beziehung zum Analytiker. Diese Übertragung bildet den Hintergrund für die analytische Bearbeitung von ungelösten Konflikten in den alten Bindungen. Es kann sich um die Übertragung sowohl positiver als auch negativer Gefühlsbindungen handeln. – In Anknüpfung an die Übertragungstheorie spricht man auch von Gegenübertragung, d. h. die (unfreiwillige) Aktualisierung von Konflikten des Analytikers in der Beziehung zum Analysanden. Ruth MACK BRUNSWICK geht an diesem Problem vorbei, das für den Analytiker immer schwierig sein wird.
63 Vgl. MACK BRUNSWICK 1928, 462.
64 Vgl. DEUTSCH 1930, 177. Zitiert im vorliegenden Buch (*Kapitel VII.4*: „Der besondere Mutterhaß des Mädchens").
65 Ein Beispiel dafür, was ich als eine solche *nachphallische Urszenephantasie* interpretieren möchte, bekommen wir bei der in Anmerkung VI,49 genannten Analytikerin Lilla VESZY-WAGNER, die eine Reihe von Analysanden mit Rotkäppchen-Phantasien beschrieben hat. Eine ihrer Analysandinnen träumte *„that her mother was ill, in bed, fat, angry, and red in the face, her hair in curlers and wearing a white cap. She glared angrily as the patient entered the bedroom. Miss A.* (die Analysandin, A. d. A.) *noticed that her father was also in the bed but looked small and insignificant. She felt afraid for him – that the enormous angry woman would smother him ... The angry red woman clutched the spouse and pulled the bedclothes over his head. Miss A. screamed, with the agonizing feeling that she now will murder both of us!"* (VESZY-WAGNER 1966, 402).
Die Szene wird in der Analyse als eine Urszenephantasie gedeutet, die Material aus *Rotkäppchen* genommen hat. Die Mutter im Bett repräsentiert den Wolf im Bett der Großmutter, während der Vater in die Rolle der Großmutter eingesetzt wurde. Das Ich des Traumes ist Rotkäppchen, das beinahe der Verschlingung beiwohnt – der Urszene. Es handelt sich, wie Lilla VESZY-WAGNER pointiert, sozusagen um eine ‚umgekehrte' Urszenephantasie – wo die Mutter der Sadist und der Vater der Masochist ist.
66 Die *Urverdrängung* wird u. a. in FREUD 1911c beschrieben.
67 Der Ausdruck stammt von Alfred LORENZER. Er bezieht sich auf die widersprüchlichen Bedingungen, unter denen die Sozialisation in der kapitalistischen Gesellschaft vor sich geht, und auf die psychischen Konflikte, die dabei systematisch in den Individuum erzeugt werden. Vgl. LORENZER 1972.
68 Mit dem Begriff *Symbolisierungsprozesse* wird auf Alfred LORENZERS Auffassung der sprachlichen Sozialisation hingewiesen. Insofern die Sozialisation als solche die Form einer systematisch gebrochenen Praxis hat (vgl. Anmerkung VII,67), entstehen auch ‚Löcher' in der sprachlichen Sozialisation. Gewisse verbotene und/oder traumatische Erlebnisse werden nicht benannt, werden verdrängt, und anstelle von Symbolen werden Klischees gebildet. (Über die Begriffe *Symbol* und *Klischee* bei LORENZER, vgl. Anmerkung VI,3).
69 Vgl. FREUD 1911c, 299.
70 Über das *„Ausstoßen"* des Unlustvollen durch das Lustich, vgl. FREUD 1915c, 228.
71 Es ist bemerkenswert, daß die Analyse von sehr kurzer Dauer ist: nur zweieinhalb Monate.

72 Vgl. MACK BRUNSWICK 1928, 494.
73 Vgl. MACK BRUNSWICK 1928, 495.
74 D. h. ein unbewußt gesteuertes körperliches Durchspielen von ‚geliehenem' psychosexuellen Konfliktstoff.
75 Der Begriff „agieren" steht in der Psychoanalyse im Gegensatz zu dem Begriff „durcharbeiten". Wenn ein psychischer Konflikt *agiert* wird, wird er, gesteuert vom Drang des Unbewußten zu ständiger Wiederholung, durchgespielt; die Psychoanalyse spricht in diesem Zusammenhang von *Wiederholungszwang*. – Dieser Wiederholungszwang kann in der Regel erst aufhören, wenn der Konflikt *durchgearbeitet* wird. D. h. wenn die verdrängten Elemente dem Individuum bewußtgemacht und gedeutet werden.
76 Vgl. MACK BRUNSWICK 1928, 495.
77 Vgl. FREUD 1911c.
78 Vgl. MACK BRUNSWICK 1928, 494.
79 Vgl. MACK BRUNSWICK 1928, 468 und 473.
80 Vgl. MACK BRUNSWICK 1928, 466.
81 Vgl. im vorliegenden Buch *Kapitel VII,4*: „Die Halluzination von der lachenden Luise".
82 Zitiert früher in diesem Abschnitt.
83 Vgl. MACK BRUNSWICK 1928, 483.
84 Ebenda.
85 Vgl. MACK BRUNSWICK 1928, 484.
86 Vgl. MACK BRUNSWICK 1928, 490.
87 Vgl. FREUD 1923e, 158, und MACK BRUNSWICK 1940, 303.
88 Vgl. FREUD 1933a, 103. Zitiert im vorliegenden Buch (Kapitel VII.1).
89 Vgl. FREUD 1933a, 103. Zitiert im vorliegenden Buch (Kapitel VII.1).
90 Vgl. die im vorliegenden Buch (*Kapitel VII.2*: „Eine phallische Mutter") zitierte Stelle aus MACK BRUNSWICK 1940, 304, darüber, daß *„whereas both the active and the castrated mother exist in point of fact, the phallic mother is pure phantasy* . . .".
91 Vgl. Anmerkung II,26.
92 Vgl. DEUTSCH 1933, 524.
93 Vgl. DEUTSCH 1930.
94 Vgl. MACK BRUNSWICK 1940, 316.
95 Vgl. MACK BRUNSWICK 1940, 302.
96 Vgl. MACK BRUNSWICK 1940, 302–303.
97 Vgl. FREUD 1931b.
98 Vgl. FREUD 1933a, 97.
99 Vgl. MACK BRUNSWICK 1940, 303.
100 Vgl. LAMPL-de GROOT 1927, 274.
101 Vor dem Hintergrund von u. a. dieser Bemerkung von FREUDS Seite finden Janine CHASSEGUET-SMIRGEL und Analytiker ihrer Schule (vgl. Anmerkung V,30) einen Anhaltspunkt, um zu behaupten, daß ihre reell FREUD-revidierende Arbeit in hohem Grad im Anschluß an FREUD liegt. Was CHASSEGUET-SMIRGEL betrifft, die FREUDS Bemerkungen an diesem Punkt speziell kommentiert, so schwächt sie aufs schärfste ab, daß in der freudianischen Beschreibung der Mutter-Tochter-Beziehung bei weitem nicht nur die Rede von einer Mutterbin-

dung ist, wo vorzugsweise schlechte Vibrationen vorherrschen. Es geht nur flüchtig aus ihrer Beschreibung hervor, daß der besondere Haß auf der Mutter-Tochter-Achse, orthodox-freudianisch betrachtet, erst in einem *späten* Stadium aus einer früheren, höchst intensiven und lang andauernden homosexuellen mutterinzestuösen Beziehung entsteht.

102 Vgl. MACK BRUNSWICK 1940, 303.
103 Vgl. MACK BRUNSWICK 1940, 303.
104 Vgl. HAGEMANN-WHITE 1978, 748.
105 Vgl. MACK BRUNSWICK 1940, 304. Zitiert im vorliegenden Buch (Kapitel VII.2: „Eine phallische Mutter").
106 Vgl. FREUD 1933a, 103. Zitiert im vorliegenden Buch (Kapitel VII.1).
107 Vgl. FREUD 1923e, 155.
108 Das Modell, das von dem französischen Strukturalist A. J. GREIMAS entwickelt wurde, beschreibt die *Grundstruktur der Bedeutung*. Es drückt die Auffassung aus, daß Bedeutung in Systeme von binären oder paarweisen Gegensätzen eingeht – auf die Weise verstanden, daß ein Begriff, z. B. „phallisch/männlich", in unserem Bewußtsein mit seinem Gegensatz verknüpft sein wird, in diesem Fall mit „kastriert/weiblich". Das Paar „phallisch/männlich"- „kastriert/weiblich" besteht aus *konträren Gegensätzen*. D. h. sie schließen einander aus, schöpfen aber zusammen nicht alle Möglichkeiten aus; die Positionen „bisexuell", verstanden als „phallisch/männlich" + „kastriert/weiblich" können z. B. auch innerhalb dieses Bedeutungssystems existieren. In die Assoziationsreihe rund um „phallisch/männlich" gehören GREIMAS' Modell zufolge jedoch nicht nur der konträre, sondern auch der *kontradiktorische Gegensatz* – „nicht-phallisch/nicht-männlich". D. h. jener Typ von Gegensatz, wo die Bedeutungen sowohl einander ausschließen als auch zusammen alle Möglichkeiten ausschöpfen. Die Grundstruktur der Bedeutung kann u. a. als ein *Verlauf* aufgefaßt werden, wo man sich von einer Position in eine andere bewegt. Um z. B. von „phallisch/männlich" in die konträre Position „kastriert/weiblich" zu kommen, muß man sich dem Modell zufolge durch die kontradiktorische Position „nicht-phallisch/nicht-männlich" bewegen. – Die *Doppelpfeile* drücken den konträren, die *Einzelpfeile* den kontradiktorischen Gegensatz aus.
109 FREUD 1927e. – Es muß betont werden, daß die Form von *„Fetischismus"*, von der dieser Artikel handelt, *nicht mit dem Marxschen Fetischismus-Begriff verwechselt werden darf – und folglich auch nicht mit dem Begriff des Patriarchatsfetischismus*, der sich darauf bezieht. – Die Form von Fetischismus, die FREUD beschreibt, ist die *sexuelle Perversion*, wo die Triebbefriedigung auf die Anbetung von z. B. der Unterwäsche, Schuh/Fuß oder ähnliches von dem/der Geliebten verschoben ist – d. h. verschoben von dem/der Geliebten auf einen Fetisch, der ihn/sie repräsentiert.
110 FREUD 1925j, 163.
111 Vgl. FREUD 1927e.
112 *Wiederholungszwang* – der Zwang, z. B. neurotische Symptome oder traumatische Erlebnisse zu wiederholen – ist ein Ausdruck für das Streben der triebbesetzten, verdrängten Vorstellungen nach Befriedigung. Die Wiederholung wird zwangmäßig vom Unbewußten gesteuert.
113 Vgl. FREUD 1923e, 157. Beschrieben im vorliegenden Buch (Kapitel V.3: „Vaterachse versus Mutterachse").
114 Vgl. FREUD 1931b, 170.

Kapitel VIII. Der „Fall" der Mutter – ein patriarchatshistorisches Drama

1 Vgl. im vorliegenden Buch *Kapitel V.3: Die phallische Phase und die Konfrontation des Mädchens mit dem Penis.*
2 Vgl. ebenda.
3 Vgl. im vorliegenden Buch *Kapitel V.3: Der Ödipuskomplex und die Bildung des Geschlechtsbewußtseins.*
4 Vgl. im vorliegenden Buch *Kapitel V.3: Die Elternachse.*
5 Vgl. JONES 1933. Vgl. im vorliegenden Buch *Kapitel VII.3: Die nachphallische oder passiv-antigonale Phase.*
6 Dasselbe gilt – wenn auch mit einer wichtigen Modifikation – für den Knaben. Auch er wird vermutlich beginnen, seine genitalen Qualitäten in der penisgenitalen Phase kennenzulernen. In jener Phase, die der klitorisgenitalen des Mädchens entspricht. Jedoch mit einem Unterschied, wie wir in *Kapitel VII.3* behandelt haben. Unter den Prämissen einer patriarchalischen Geschlechterarbeitsteilung wird der Knabe nicht so wie das Mädchen die Gelegenheit bekommen, ein korrektes Wiedererkennen des Körpers durch seine erste Bezugsperson vorzunehmen. Er wird, wie ich in *Kapitel VII.3* beschrieben habe, dieser einen Penis zuschreiben. Insofern die geschlechterarbeitsgeteilte Gesellschaft die Mutter auch zu seinem zentralen und primären Objekt in den ersten Jahren macht, wird er sich daher im Gegensatz zum Mädchen bereits in seiner penisgenitalen Phase ein unkorrektes Bild machen. Er wird sich seine Bezugsperson – also die Mutter – als penisgenital wie er selbst vorstellen.
7 Über die verschiedenen Bedeutungen des Begriffs *allgemein* in der marxistischen Theorie, vgl. Anmerkung III,12.
8 In *Kapitel V.3* operierten wir mit einem mächtigen, geliebten und einem devaluierten Mutterbild. Es ist das erste von diesen, das, wie sich nun gezeigt hat, in mehrere aufgeteilt werden kann: *die aktive Brustmutter der präantigonalen/präödipalen Phase, die klitoris- bzw. penisgenitale Mutter der klitoris- bzw. penisgenitalen Phase,* und schließlich *die phallische Mutter der nachphallischen Phase.*
9 Vgl. FREUD 1914c, 156: „Auch für die narzißtisch und gegen den Mann kühl gebliebenen Frauen gibt es einen Weg, der sie zur vollen Objektliebe führt. In dem Kinde, das sie gebären, tritt ihnen ein Teil des eigenen Körpers wie ein fremdes Objekt gegenüber, dem sie nun vom Narzißmus aus die volle Objektliebe schenken können."*
Daß es FREUD zufolge besonders das männliche Kind ist, das die Objektliebe der Mutter weckt, begründet FREUD mit dem Penisneid: „Daß das alte Moment des Penismangels seine Kraft noch immer nicht eingebüßt hat, zeigt sich in der verschiedenen Reaktion der Mutter auf die Geburt eines Sohnes oder einer Tochter. Nur das Verhältnis zum Sohn bringt der Mutter uneingeschränkte Befriedigung; es ist überhaupt die vollkommenste, am ehesten ambivalenzfreie aller menschlichen Beziehungen."* (FREUD 1933a, 109).
10 DEUTSCH 1945.
11 Vgl. FREUD 1915c, 120f.
12 Der Begriff stammt aus der Sprachwissenschaft. Er wird für den verwendet, der in passiven Konstruktionen mit dem Satzsubjekt handelt. In dem Satz „die Mutter wird vom Vater angegriffen" ist die „Mutter" Subjekt, aber der „Vater" *agens.*
13 Vgl. z. B. frühe Beispiele wie DELPHY 1970 und BENSTON 1969.

Kapitel IX. Wie die schwarze, sexuelle Mutter weiß und rein wird

1 Das Märchen existiert in vielen verschiedenen Varianten. U. a. entspricht es dem *Marienkind* der GEBRÜDER GRIMM, das eine *christliche* Ausgabe desselben repräsentiert. So ist die schwarze Frau in der Grimmschen Version die Jungfrau Maria. In Bezug auf die *heidnische* Variante, die hier verwendet wird, gibt es zwei zentrale Unterschiede. Erstens existiert das Erlösungsthema, das in *Bei der schwarzen Frau* enthalten ist – daß die schwarze Frau aus der Verhexung erlöst werden soll, die sie schwarz gemacht hat –, in *Marienkind* nicht. Hier ist es die heilige Dreieinigkeit, die sich in dem Zimmer befindet, das zu betreten der Heldin des Märchens verboten wurde; es ist nicht wie in *Bei der schwarzen Frau* der Erteiler des Verbots, der darinnen sitzt, um erlöst zu werden. Der zweite Unterschied zwischen den beiden Varianten besteht darin, daß es in *Marienkind* darum geht, daß das Mädchen *bekennen* soll, daß es das Verbot übertreten hat, während es umgekehrt in *Bei der schwarzen Frau* darum geht, daß das Mädchen daran festhalten soll, nicht in dem verbotenen Zimmer gewesen zu sein. Das ist ein interessanter Unterschied, wenn man bedenkt, daß das Mädchen in beiden Märchen prinzipiell dasgleiche getan hat – nämlich, wißbegierig die Türe zu dem verbotenen Zimmer zu öffnen.
Eine jungianische Interpretation von *Bei der schwarzen Frau* wurde von Marie-Louise von FRANZ vorgenommen, vgl. von FRANZ 1955.

2 Der Retter des Mädchens wird in *Bei der schwarzen Frau* zu Beginn der *„Prinz"* genannt, danach der *„junge König"* und zuletzt der *„König"*. Die Entwicklung in diesen Benennungen erfolgt parallel zu dem Übergang von einem *Mutter-* zu einem *Vater*-Raum im Märchen. – Zum Zweck der Übersichtlichkeit verwende ich in meiner Interpretation die Benennung „Prinz".

3 Die narratologische Analyse des Märchens, die ich im folgenden vorlege, kann in Übereinstimmung mit PROPPS Methode folgendermaßen zusammengefaßt werden:

$$I: u \left\{ \begin{array}{c} a \\ (A) \end{array} \right\} B \quad \uparrow \quad \left\{ \begin{array}{l} D\ E_{pos.}\ F \\ D\ E_{pos.}\ \underbrace{MN}\ \overset{\frown}{\ } F \end{array} \right. \left\{ \begin{array}{l} O\ L \\ M\ N\ O\ L \\ M\ N\ O\ L \\ M\ N\ O\ L \end{array} \right\} K\ Q\ Ex\ T\ U\ W$$

Zeichenerklärung (vgl. PROPP 1928; es soll bemerkt werden, daß das Notationssystem im vorliegenden Buch ein wenig vereinfacht ist):

u – (Ausgangssituation)
a – (Mangelsituation)
A – (Schädigung, Unglück)
B – (Vermittlung, Verbindungsmoment, Verkündigung der Schädigung/des Unglücks oder Mangels)
↑ – (Abreise, der Held verläßt das Haus)
D – (Prüfung des Schenkers)

E – (Reaktion des Helden auf die Prüfung)
F – (Empfang eines Zaubermittels – Hilfe)
K – (Eliminierung des Unglücks oder Mangels)
M – (Prüfung, schwere Aufgabe)
N – (Lösung der schweren Aufgabe)
O – (Anonyme Anwesenheit)
L – (Unrechtmäßige Ansprüche des falschen Helden)
Q – (Erkennung des Helden)
Ex – (Entlarvung des falschen Helden)
T – (Transfiguration)
U – (Der falsche Held oder Gegenspieler wird bestraft)
W – (Hochzeit oder Thronbesteigung)
pos– (positive Reaktion)
∨ – (Vertauschung von Funktionen)

4 Indem wir die Bezeichnung *Heldin/Held* für die spezifische Bedeutung reserviert haben, in der PROPP den Term verwendet, ist es relevant, auch den Begriff *Hauptperson* zu gebrauchen. Die Heldin/der Held ist in PROPPS Begriffssystem „der, dem man folgt". Da es prinzipiell nur eine Heldin/Held in einer Sequenz geben kann (außer es handelt sich um ein Geschwisterpaar, das gemeinsam auftritt), bedeutet ein Blickwinkelwechsel zu einem neuen Held/Heldin, der/die z. B. als Retter der Heldin/des Helden in einer früheren Sequenz auftritt, daß diese/r letztgenannte aufhört, Heldin/Held zu sein. Insofern ein Märchen um eine bestimmte Figur zentriert ist, wäre es jedoch verwirrend, diese nicht als Hauptperson zu betrachten, obwohl sie/er nicht in allen Sequenzen des Märchens als Heldin/Held auftritt.

5 Interpretieren wir das Märchen in seinem ursprünglichen kulturhistorischen Kontext, deutet *weiß/schwarz* auf den matriarchalisch mythologischen heiligen Farbgürtel weiß-rot-schwarz hin. Vgl. GÖTTNER-ABENDROTH 1980.

6 Es liegt in Verbindung mit der Zusammenkoppelung von schwarz/phallisch mit weiß/kastriert eine interessante Symbolik darin, daß es ausgerechnet *die Zehen der schwarzen Frau* sind, die noch gereinigt werden müssen, als das Mädchen 14 Tage bevor die magischen drei Jahre um sind, in das verbotene Zimmer schaut. Der Fuß ist nämlich ein gängiges phallisches Symbol, was wir auch in Anknüpfung an A.'s Geschichte erwähnen.

7 Vgl. im vorliegenden Buch *Kapitel VII.5*.

8 Vgl. PROPP 1928, 79.

9 PROPPS *Patriarchatsfetischismus* besteht darin, daß er ohne weiteres das Märchen über den Sucherheld als Grundform auffaßt. Das harmoniert nicht besonders gut mit dem matriarchalischen Kulturkontext, aus dem das Märchen auch PROPPS Ansicht nach entsprungen ist (beschrieben in einem nur ins Italienische übersetzte Werk über die historischen Wurzeln des Märchens, auf das mich Mette BRYLD aufmerksam machte.) – Über PROPPS Auffassung der Grundform, vgl. im übrigen im vorliegenden Buch *Kapitel VI.2*. – Über seine sieben dramatis personae, vgl. Anmerkung VI,18.

10 Es ist eigentlich nur der Sucherheld, der ein *„gesuchtes Objekt"* haben kann. Über den leidenden Held muß in Übereinstimmung mit seiner passiven Funktion gesagt werden, daß er eher auf daß Kommen seines Objekts *„wartet"*, als es zu „suchen". Da Propp, den Sucherheld als die Grundform auffaßt (vgl. Anmerkung IX,9), reflektiert

er nicht darüber, daß diese Differenzierung für die Beschreibung des Objekts notwendig ist.
11 Vgl. PROPP 1928, 100f. Hier gibt es eine Form von Parallelität zwischen den zwei Funktionspaaren *Kampf/Sieg* und der *schweren Aufgabe/Lösung der Aufgabe*. Sie treten äußerst selten in derselben Sequenz auf. Im Gegenteil ist es so, als wäre die Dramatik des Märchens, Sequenz für Sequenz, entweder um das eine oder um das andere dieser Funktionspaare aufgebaut. Es ist daher relevant, wie es auch GREIMAS tut, von einer *Hauptprüfung* zu sprechen – und, daß das Mädchen diese *selbst* ausführt, als Argument dafür einzubeziehen, daß es funktionell seinen Heldenstatus während des ganzen Märchens bewahrt.
12 Ödipus blendete sich selbst als Strafe für seine Verbrechen. Vgl. Anmerkung I,4.
13 In 1917c beschreibt FREUD ausführlich, wie der *Peniswunsch*, den kleine Mädchen in Verbindung mit ihrem Kastrationskomplex entwickeln, in den *Wunsch nach einem Kind* übergeleitet werden kann, das symbolisch als eine Art Ersatzpenis erlebt wird. – Dieses Stück fetischistischer Gedankengang geht danach als ein allgemein anerkanntes Element in die Weiblichkeitstheorie der orthodoxen Freudianer ein.
14 Daß *das Auftauchen des Prinzen* im Verlauf psychodynamisch nur ein *Vorstadium* zur Etablierung des *Vater*-Raumes signalisiert, wird dadurch unterstrichen, daß er – parallel zu der weißen Seite der schwarzen Frau – zuerst von einer gewissen Mystik umgeben ist. So wie die gute, weiße Mutter erst im Schlußraum offen gezeigt werden kann, wird das Entré ihres Komplements, des Tag-Vaters ebenfalls verschleiert. Das geschieht durch die Funktionsvertauschung, die bewirkt, daß es es zum Schluß ungewiß bleibt, was die Funktion des Prinzen im Verlauf eigentlich ist. Erst ganz zuletzt wird ja anthüllt, daß sich das Mädchen durch die zweite Prüfung des Schenker tatsächlich qualifiziert hat, Hilfe zu bekommen, und daß also die Funktion des Prinzen darin bestand, als Helfer zu agieren.
15 Wenn wir die *passiv-antigonale Mutter-Tochter-Achse* als *sadomasochistisch* auffassen müssen, liegt das daran, daß wir den Einzug des Masochismus in die Psychosexualität des Mädchens als ein Produkt des ersten Kastrationstraumas verstehen müssen. Meiner Ansicht nach wird hier der Masochismus begründet, wenn die Eigenkörperkastration akzeptiert und zur libidinösen Möglichkeit ‚gewendet' wird. Es ist natürlich gleichzeitig naheliegend, die fremde, phallische Mutter, die aufgrund der paranoiden Transformation als böse und verfolgend gedeutet wird, als eine Gestalt zu verstehen, die mit sadistischen Zügen verbunden werden kann.

Nachwort

1 Vgl. FREUD 1931b, 170.

Appendix B.
Über die freudianische Auffassung des paranoiden Abwehrmechanismus

1 Vgl. FREUD 1911c, 1915f und 1922b.
2 Vgl. MACK BRUNSWICK 1928.
3 Vgl. FREUD 1911c, besonders 299f.
4 Vgl. Anmerkung VII,58.

5 Bei der *Projektion*, die ein zentraler Abwehrmechanismus in der Paranoia ist, schiebt das Subjekt Gefühle, Eigenschaften, Wünsche, Objektbesetzungen u.ä. m. von sich und lokalisiert sie außerhalb von sich selbst, z. B. in einer anderen Person.

6 *Diathese* bezeichnet in der Sprachwissenschaft ein grammatisches Phänomen, das auch genus verbi genannt wird – die Form oder das Geschlecht des Verbs. Man kann zwischen vier verschiedenen Diathesen unterscheiden:
  1. *aktive Diathese* – wie in dem Satz „ich hasse sie",
  2. *passive Diathese* – wie in dem Satz „ich werde von ihr gehaßt",
  3. *reziproke (oder gegenseitige) Diathese* – wie in dem Satz „sie und ich hassen einander" und
  4. *reflexive Diathese* – wie in dem Satz „ich hasse mich".

  FREUD verwendet nicht explizit grammatische Terme bei seiner Beschreibung von z. B. der Paranoia. Aber es ist sowohl hier als auch in anderen Zusammenhängen sehr naheliegend, die Transformationen, die verschiedene Abwehrmechanismen im Hinblick auf das Ziel und die Objekte der Libido bewirken, in solchen grammatischen Termen zu verstehen. (Für eine nähere Diskussion der geschlechtsphilosophischen Implikationen der Diathesen, vgl. BRYLD und LYKKE 1985).

7 Die Bezeichnungen *Gegen–Subjekt (agens, Passiv– Komplement)* stammen wie die übrigen hier verwendeten Begriffe aus der Grammatik. Das Gegen–Subjekt ist die Instanz, die Träger der aktiven Handlung in einem Passiv–Satz ist. (In dem Satz „ich werde von ihr gehaßt" ist „ich" Subjekt und „ihr" Gegen–Subjekt).

8 Vgl. FREUD 1911c und 1922b.

9 Über die Bezeichnung „reziproke Diathese", vgl. Anmerkung 6 zu Appendix B.

Literatur

Karl ABRAHAM (1921), Äußerungsformen des weiblichen Kastrationskomplexes, in: Internationale Zeitschrift für Psychoanalyse 7, 1921, 422–452.

Theodor W. ADORNO (1952/53), Zum Verhältnis von Psychoanalyse und Gesellschaftstheorie, in: Psyche 6, 1952/53, 1–18.

Judith L. ALPERT (Hg.) (1986), Psychoanalysis and Women. Contemporary Reappraisals, Hillsdale, New Jersey 1968.

ANONYM (1968), La phase phallique et la portée subjective du complexe de castration, in: Scilicet, Paris 1968, 61–84.

ARDUIN (1900), Die Frauenfrage und die sexuellen Zwischenstufen, in: Jahrbuch für sexuelle Zwischenstufen 2, 1900, 211–223.

J. J. ATKINSON (1903), Primal Law, in: Andrew LANG, Social Origins, and J. J. ATKINSON, Primal Law, London 1903, 209–295.

Johann Jakob BACHOFEN (1861), Das Mutterrecht, Frankfurt a. M. 1975.

Michail BACHTIN (1929/1965/1969), Literatur und Karneval. Zur Romantheorie und Lachkultur (mit Teilen aus Büchern über RABELAIS von 1965 und DOSTOJEVSKI von 1929), München 1969.

Michéle BARRETT (1980), Women's Oppression Today, London 1980. Deutsche Ausgabe: Das unterstellte Geschlecht. Umrisse eines materialistischen Feminismus, Berlin 1983.

Simone de BEAUVOIR (1949), Le deuxième sexe, Paris 1949. Deutsche Ausgabe: Das andere Geschlecht. Sitte und Sexus der Frau, Hamburg 1951.

Elena Gianini BELOTTI (1973), Della parte delle bambine, Milano 1973.

Margaret BENSTON (1969), The Political Economy of Women's Liberation, in: Monthly Review, vol. 21,4, 1969, 13–27.

Toni BERNAY, Dorothy W. CANTOR (Hg.) (1986), The Psychology of Today's Woman. New Psychoanalytic Visions, Hillsdale, New Jersey 1986.

Bruno BETTELHEIM (1975), The Uses of Enchantment. The Meaning and Importance of Fairy Tales, New York 1977. Deutsche Ausgabe: Kinder brauchen Märchen, Stuttgart 1977.

Sibylle BIRKHÄUSER-OERI (1976), Die Mutter im Märchen. Deutung der Problematik des Mütterlichen und des Mutterkomplexes am Beispiel bekannter Märchen, Stuttgart 1976.

Lillus BISGAARD u. a. (1971), Med søsterlig hilsen, Kopenhagen 1971.

P. BOGATYREV, Roman JAKOBSON (1929), Die Folklore als eine besondere Form des Schaffens, in: Donum Natalicum Schrijnen, Verzamelung van Opstellen, Utrecht 1929, 900–913.

Johannes BOLTE, Georg Polívka (1912/1963), Anmerkungen zu den Kinder- und Hausmärchen der Brüder Grimm, Band 1, Hildesheim 1963.
Maria BONAPARTE (1953), Female Sexuality, New York 1953.
Paul BOUSFIELD (1924), The Castration Complex in Women, in: The Psychoanalytic Review 11, 1924, 121–143.
Teresa BRENNAN (Hg.) (1989), Between Feminism & Psychoanalysis, London 1989.
Arthur B. BRENNER (1950), The Great Mother Goddess, in: The Psychoanalytical Review, vol. 37, 1950, 320–340.
Mette BRYLD, Nina LYKKE (1980), Et feministisk manifest, in: Bryd! Om kvindelighed og feminisme, Red. dieselben, Kopenhagen 1980, 7–53.
Mette BRYLD, Nina LYKKE (1981), Vem är den inre fienden? Kvinnors psykosexualitet och Faderns lag, in: Kvinnovetenskaplig tidskrift 1–2, 1981, 80–90.
Mette BRYLD, Nina LYKKE (1982), Er begrebet „mandekvinde" kvindefjendsk?, in: Overgangskvinden, Red. dieselben u. a., Odense 1982, 137–168.
Mette BRYLD, Nina LYKKE (1983), Toward a Feminist Science. On Science and Patriarchy, in: Capitalism and Patriarchy, Red. Anna-Birte RAVN u. a., Aalborg University Press 1983, 40–69.
Mette BRYLD, Nina LYKKE (1985), Kan kvindelighedens historie fortælles? Om fortælleteori, folkeeventyr og kvindeæstetik, in: Kvindespor i videnskaben, Red. dieselben, Odense 1985, 113–165.
Peter BRÜCKNER (1972), Marx, Freud, In: H.-P. GENTE (Hg.), Marxismus, Psychoanalyse, Sexpol Band 2, Frankfurt a. M. 1972, 360–396.
Charlotte BÜHLER, Josephine BILZ, Hildegard HETZER (1958), Das Märchen und die Phantasie des Kindes, München 1958.

Angela CARTER (1979), The Bloody Chamber and Other Stories, Penguin Books, Middlesex 1981.
Janine CHASSEGUET-SMIRGEL (1964), La culpabilité féminine, in: La sexualité féminine, Hg. dieselbe, Paris 1964, 143–203. Deutsche Ausgabe: Die weiblichen Schuldgefühle, in: Psychoanalyse der weiblichen Sexualität, Hg. dieselbe, Frankfurt a. M. 1974, 134–192.
Janine CHASSEGUET-SMIRGEL (Hg.) (1964), La sexualité féminine, Paris 1964. Deutsche Ausgabe: Psychoanalyse der weiblichen Sexualität, Frankfurt a. M. 1974.
Nancy CHODOROW (1978), The Reproduction of Mothering. Psychoanalyses and the Sociology of Gender. University of California Press 1978.
Nancy CHODOROW (1989), Feminism and Psychoanalytic Theory, Cambridge 1989.
Hélène CIXOUS (1975), Le rire de la Méduse, L'arc, 1975, 39–54. Englische Ausgabe: The Laugh of the Medusa, in: E. MARKS, I. de COURTIVRON (Hg.), New French Feminisms, Brighton 1981.
Hélène CIXOUS (1976), Le sexe ou la tête, in: Les Cahiers du GRIF 13, 1976. Deutsche Ausgabe: Geschlecht oder Kopf, Die unendliche Zirkulation des Begehrens, Berlin 1977, 15–46.
Hélène CIXOUS (1977), Die unendliche Zirkulation des Begehrens, Berlin 1977.
Hélène CIXOUS (1980), Weiblichkeit in der Schrift, Berlin 1980.
L. S. COTRELL (1942), The Adjustment of the Individual to his Age and Sex Roles, in: American Sociological Review, vol. 7, Nr. 5, 1942, 617–620.

Charles DARWIN (1871), The Descent of Man, and Selection in Relation to Sex, London 1871. Deutsche Ausgabe: Die Abstammung des Menschen, Stuttgart 1966.
Christine DELPHY (unter dem Pseudonym Christine DUPONT) (1970), L'ennemi principal, in: Partisans 54–55, Liberation des femmes, Année Zero, Paris 1970, 157–173.
Helene DEUTSCH (1925), Psychoanalyse der weiblichen Sexualfunktion, Leipzig-Wien-Zürich 1925.
Helene DEUTSCH (1930), Der feminine Masochismus und seine Beziehung zur Frigidität, in: Internationale Zeitschrift für Psychoanalyse 16, 1930, 172–184.
Helene DEUTSCH (1932), Über die weibliche Homosexualität, in: Internationale Zeitschrift für Psychoanalyse 18, 1932, 219–241.
Helene DEUTSCH (1933), Über die Weiblichkeit, Imago 1933, 518–528.
Helene DEUTSCH (1944 und 1945), The Psychology of Women, vol. 1–2, erneuerte Ausgabe, New York 1971 (vol. 1) und Bantam Paperback, New York 1973 (vol. 2).
Helene DEUTSCH (1973), Confrontation with myself, New York 1973. Deutsche Ausgabe: Selbstkonfrontation, München 1975.
Käthe DRÄGER (1968), Übersicht über psychoanalytische Auffassungen von der Entwicklung der weiblichen Sexualität, Psyche 6, 1968, 410–422.

Zillah EISENSTEIN (1979), Developing a Theory of Capitalist Patriarchy and Socialist Feminism, in: Capitalist Patriarchy and the Case for Socialist Feminism, Hg. dieselbe, New York-London 1979, 5–56.
Friedrich ENGELS (1884), Ursprung der Familie, des Privateigentums und des Staates, Berlin 1931 (ursprünglich 1884).
Richard FELDSTEIN, Judith ROOF (Hg.) (1989), Feminism and Psychoanalysis, Cornell University Press 1989.
Otto FENICHEL (1930), Zur prägenitalen Vorgeschichte des Ödipuskomplexes, in: Internationale Zeitschrift für Psychoanalyse 16, 1930, 319–342.
Sandor FERENCZI (1931), Ein kleiner Hahnemann, in: Internationale Zeitschrift für Psychoanalyse 1, 1931, 240–246.
Shulamith FIRESTONE (1970), The Dialectic of Sex, 2. Aufl., New York 1972.
Jane FLAX (1990), Thinking Fragments. Psychoanalysis, Feminism & Postmodernism in the Contemporary West, Berkeley 1990.
Zenia Odes FLIEGEL (1973), Feminine Psychosexual Development in Freudian Theory, in: Psychoanalytic Quarterly 43, 1973, 385–408. Deutsche Ausgabe: Freuds Theorie der Psychosexuellen Entwicklung der Frau. Rekonstruktion einer Kontroverse, in: Psyche 29, 9, 1975, 813–834.
Wilhelm FLIESS (1906), Der Ablauf des Lebens, Leipzig-Wien 1906.
Wilhelm FLIESS (1906), In eigener Sache. Gegen Otto Weininger und Hermann Swoboda, Berlin 1906.
Wendy Doniger O'FLAHERTY (1980), Women, Androgynes and Other Mythical Beasts, Univ. of Chicago 1980.
Michel FOUCAULT (1969), L'archéologie de savoir, Paris 1969. Deutsche Ausgabe: Archäologie des Wissens, Frankfurt a. M. 1973.
Marie-Louise von FRANZ (1955), Bei der schwarzen Frau. Deutungsversuch eines Märchens, in: Märchenforschung und Tiefenpsychologie, hg. von W. Laiblin, Darmstadt 1975, 299–345.

Marie-Louise von FRANZ (1974), The Feminine in Fairy Tales, New York 1974. Deutsche Ausgabe: Das Weibliche im Märchen, Stuttgart 1977.

Susi FRASTEIN, Suzanne GIESE (1980), Modermærker. En bog om mødre og døtre, Kopenhagen 1980.

Sigmund FREUD (1892–93), Ein Fall von hypnotischer Heilung nebst Bemerkungen über die Entstehung hysterischer Symptome durch den „Gegenwillen", in: Ges. Werke I, Imago, London 1952f, 3–17. (Die folgenden Hinweise zu den Gesammelten Werken von Freud gelten auch für die Londoner Imago-Ausgabe.)

Sigmund FREUD (1895b), Über die Berechtigung von der Neurasthenie einen bestimmten Symptomenkomplex als „Angstneurose" abzutrennen, in: Ges. Werke I, 315–342.

Sigmund FREUD, J. BREUER (1895d), Studien über Hysterie, Fischer Taschenbuch 6001, Frankfurt a. M. 1970.

Sigmund FREUD (1896a), L'hérédité et l'étiologie des névroses, in: Ges. Werke I, 407–422.

Sigmund FREUD (1900a), Die Traumdeutung, in: Ges. Werke II–III.

Sigmund FREUD (1901b), Zur Psychopathologie des Alltagslebens, Fischer Taschenbuch 6079, Frankfurt a. M. 1954.

Sigmund FREUD (1905c), Der Witz und seine Beziehung zum Unbewußten, in: Ges. Werke IV.

Sigmund FREUD (1905d), Drei Abhandlungen zur Sexualtheorie, in: Fischer Taschenbuch 6044, Frankfurt a. M. 1961 und danach, 13–113.

Sigmund FREUD (1905e), Bruchstück einer Hysterie-Analyse, in: Ges. Werke V, 163–286.

Sigmund FREUD (1907c), Zur sexuellen Aufklärung der Kinder, in: Fischer Taschenbuch 6044, Frankfurt a. M. 1961 und danach, 113–120.

Sigmund FREUD (1908a), Hysterische Phantasien und ihre Beziehung zur Bisexualität, in: Ges. Werke VII, 191–199.

Sigmund FREUD (1908c), Über infantile Sexualtheorien, in: Fischer Taschenbuch 6044, Frankfurt a. M. 1961 und danach, 140–153.

Sigmund FREUD (1908d), Die „kulturelle" Sexualmoral und die moderne Nervosität, in: Fischer Taschenbuch 6044, Frankfurt a. M. 1961 und danach, 120–139.

Sigmund FREUD (1909b), Analyse der Phobie eines fünfjährigen Knaben, in: Ges. Werke VII, 243–377.

Sigmund FREUD (1910c), Eine Kindheitserinnerung des Leonardo da Vinci, in: Ges. Werke VIII, 128–211.

Sigmund FREUD (1910h), Über einen besonderen Typus der Objektwahl beim Manne, in: Beiträge zur Psychologie des Liebeslebens 1, in: Ges. Werke VIII, 66–77.

Sigmund FREUD (1911c), Psychoanalytische Bemerkungen über einen autobiographisch beschriebenen Fall von Paranoia (Dementia Paranoides), in: Ges. Werke VIII, 240–320.

Sigmund FREUD (1912d), Über die allgemeinste Erniedrigung des Liebeslebens, in: Beiträge zur Psychologie des Liebeslebens 2, in: Ges. Werke VIII, 78–91.

Sigmund FREUD (1912–13), Totem und Tabu, Fischer Taschenbuch 6253, Frankfurt a. M. 1956 und danach.

Sigmund FREUD (1914c), Zur Einführung des Narzißmus, in: Ges. Werke X, 138–170.

Sigmund FREUD (1914d), Zur Geschichte der psychoanalytischen Bewegung, in: Ges. Werke X, 44–113.

Sigmund FREUD (1915c), Triebe und Triebschicksale, in: Ges. Werke X, 209–232.

Sigmund FREUD (1915d), Die Verdrängung, in: Ges. Werke 10, 247–263.

Sigmund FREUD (1915e), Das Unbewußte, in: Ges. Werke X, 263–305.

Sigmund FREUD (1915f), Mitteilung eines der psychoanalytischen Theorie widersprechendes Falles von Paranoia, in: Ges. Werke X, 234–246.

Sigmund FREUD (1916d), Einige Charaktertypen aus der psychoanalytischen Arbeit, in: Ges. Werke X, 364–391.

Sigmund FREUD (1916–17), Vorlesungen zur Einführung in die Psychoanalyse, Fischer Taschenbuch 6348, Frankfurt a. M. 1977.

Sigmund FREUD (1917c), Über Triebumsetzungen insbesondere der Analerotik, in: Ges. Werke X, 402–410.

Sigmund FREUD (1918a), Das Tabu der Virginität, in: Beiträge zur Psychologie des Liebeslebens 3, Ges. Werke XII, 161–180.

Sigmund FREUD (1918b), Aus der Geschichte einer infantilen Neurose, in: Ges. Werke XII, 29–157.

Sigmund FREUD (1919e), Ein Kind wird geschlagen, in: Ges. Werke XII, 197–226.

Sigmund FREUD (1920a), Über die Psychogenese eines Falles von weiblicher Homosexualität, in: Ges. Werke XII, 271–302.

Sigmund FREUD (1922b), Über einige neurotische Mechanismen bei Eifersucht, Paranoia und Homosexualität, in: Ges. Werke XIII, 195–207.

Sigmund FREUD (1923a), „Psychoanalyse" und „Libidotheorie", in: Ges. Werke XIII, 211–233.

Sigmund FREUD (1923b), Das Ich und das Es, in: Ges. Werke XIII, 237–289.

Sigmund FREUD (1923e), Die infantile Genitalorganisation, in: Fischer Taschenbuch 6044, Frankfurt a. M. 1961 und danach, 154–158.

Sigmund FREUD (1924d), Der Untergang des Ödipuskomplexes, in: Ges. Werke XIII, 395–402.

Sigmund FREUD (1925h), Die Verneinung, in: Ges. Werke XIV, 9–17.

Sigmund FREUD (1925j), Einige psychische Folgen des anatomischen Geschlechtsunterschieds, in: Fischer Taschenbuch 6044, Frankfurt a. M. 1961 und danach, 159–168.

Sigmund FREUD (1926d), Hemmung, Symptom und Angst, in: Ges. Werke XIV, 113–205.

Sigmund FREUD (1927c), Die Zukunft einer Illusion, in: Ges. Werke XIV, 325–380.

Sigmund FREUD (1927e), Fetischismus, in: Ges. Werke XIV, 311–317.

Sigmund FREUD (1930a), Das Unbehagen in der Kultur, in: Ges. Werke XIV, 421–506.

Sigmund FREUD (1931b), Über die weibliche Sexualität, in: Fischer Taschenbuch 6044, Frankfurt a. M. 1961 und danach, 169–186.

Sigmund FREUD (1933a), Die Weiblichkeit, in: Neue Folge der Vorlesungen zur Einführung in die Psychoanalyse, in: Fischer Taschenbuch 6390, Frankfurt a. M. 1978, 91–111.

Sigmund FREUD (1937c), Die endliche und die unendliche Analyse, in: Ges. Werke XVI, 59–99.
Sigmund FREUD (1937d), Konstruktionen in der Analyse, in: Ges. Werke XVI, 43–56.
Sigmund FREUD (1939a), Der Mann Moses und die monotheistische Religion, Fischer Taschenbuch 6300, Frankfurt a. M. 1975 und danach, 25–135.
Sigmund FREUD (1940a), Abriß der Psychoanalyse, in: Ges. Werke XVII, 67–138.
Sigmund FREUD (1940c/1922), Das Medusenhaupt, in: Ges. Werke XVII, 47–48.
Sigmund FREUD (1940e), Die Ichspaltung im Abwehrvorgang, in: Ges. Werke XVII, 59–62.
Sigmund FREUD (1950a/1887–1902), Extracts from the Fliess Papers. Standard Edition 1, London 1966.
Nancy FRIDAY (1977), My Mother/My Self – The Daughter's Search for Identity, New York 1977. Deutsche Ausgabe: Wie meine Mutter, Frankfurt a. M. 1979.

Jane GALLOP (1982), Feminism and Psychoanalysis. The Daughter's Seduction, London 1982.
Shirley Nelson GARNER, Claire KAHANE, Madelon SPRENGNETHER (Hg.) (1985), The (M)other Tongue. Essays in Feminist Psychoanalytic Interpretation, Cornell Univ. 1985.
Sandra M. GILBERT, Susan GUBAR (1979), The Madowman in the Attic. The Woman Writer and the Nineteenth-century Literary Imagination, Yale University Press 1979.
Robert GRAVES (1955), The Greek Myths, Band 1–2, Penguin Books 1955.
Robert GRAVES (1972), The White Goddess. A historical grammar of poetic myth, New York 1972. Deutsche Ausgabe: Die weiße Göttin, Berlin 1981.
A. J. GREIMAS (1966), Sémantique structurale, Paris 1966.
André GREEN (1968), Sur la mère phallique, in: Revue francaise de psychanalyse, vol 32, 1968, 1–38.
Phyllis GREENACRE (1950), Special Problems of Early Female Sexual Development. The Psycho–Analytic Study of the Child, 5, 1950, 122–138.
Jacob und Wilhelm GRIMM (1819), Kinder- und Hausmärchen, München 1963.
Jacob und Wilhelm GRIMM (1819), Rotkäppchen, in: Kinder- und Hausmärchen, München 1963.
Elisabeth GUGEL (1975), Sexualität und Individualität der Frau. Zur Kritik der psychoanalytischen Auffassung von der weiblichen Sexualentwicklung, Giessen 1975.
Heide GÖTTNER-ABENDROTH (1980), Die Göttin und ihr Heros. Die matriarchalen Religionen in Mythos, Märchen und Dichtung, München 1980.

Jürgen HABERMAS (1962), Strukturwandel der Öffentlichkeit, Neuwied 1962.
Carol HAGEMANN-WHITE (1978), Die Kontroverse um die Psychoanalyse in der Frauenbewegung, in: Psyche 8, 32. Jahrg., 1978, 732–764.
Carol HAGEMANN-WHITE (1979), Frauenbewegung und Psychoanalyse, Basel-Frankfurt a. M. 1979.
Fanny HANN-KENDE (1933), Über Klitorisonanie und Penisneid, in: Internationale Zeitschrift für Psychoanalyse 19, 1933, 416–27.
Heidi HARTMANN (1981), The Unhappy Marriage of Marxism and Feminism, in:

Lydia SARGENT (Hg.), The Unhappy Marriage of Marxism and Feminism, London 1981, 1–43.

Heidi HARTMANN (1979), Capitalism, Patriarchy and Job Segregation by Sex, In: Zillah EISENSTEIN (Hg.), Capitalist Patriarchy and the Case for Socialist Feminism, New York-London 1979, 206–248.

Gunnar HEINSOHN, Otto STEIGER, Rolf KNIEPER (1979), Menschenproduktion. Allgemeine Bevölkerungslehre der Neuzeit, Frankfurt a. M. 1979.

Imre HERMANN (1949), The Giant Mother, the Phallic Mother, Obscenity, in: Psychoanalytic Review, vol. 36, 1949, 302–307.

Magnus HIRSCHFELD (1899), Die objektive Diagnose der Homosexualität, in: Jahrbuch für sexuelle Zwischenstufen, Band 1, 1899.

Magnus HIRSCHFELD (1906), Vom Wesen der Liebe, Leipzig 1906.

Lissy HOLTEGAARD (1981), Knap gylpen Freud, Honsetryk 1981.

Klaus HORN (1971), Insgeheime kulturistische Tendenzen der modernen psychoanalytischen Orthodoxie, in: Psychoanalyse als Sozialwissenschaft, hg. von Karola BREDE u. a., Frankfurt a. M. 1971, 93–152.

Karen HORNEY (1923), Zur Genese des weiblichen Kastrationskomplexes, in: Internationale Zeitschrift für Psychoanalyse 9, 1923, 12–26.

Karen HORNEY (1926), Flucht aus der Weiblichkeit. Der Männlichkeitskomplex der Frau im Spiegel männlicher und weiblicher Betrachtung, in: Internationale Zeitschrift für Psychoanalyse 12, 1926, 360–374.

Karten HORNEY (1927), Der Männlichkeitskomplex der Frau, in: Archiv für Frauenkunde und Konstitutionsforschung 13, 1927, 141–154.

Karen HORNEY (1932), Die Angst vor der Frau. Über einen spezifischen Unterschied in der männlichen und weiblichen Angst vor dem anderen Geschlecht, in: Internationale Zeitschrift für Psychoanalyse 18, 1932, 5–18.

Karen HORNEY (1933), Die Verleugnung der Vagina. Ein Beitrag zur Frage der spezifisch weiblichen Genitalängste, in: Internationale Zeitschrift für Psychoanalyse 19, 1933, 372–384.

Karen HORNEY (1937), New Ways in Psychoanalysis, New York 1937.

Karen Horney (1937), Feminine Psychology, hg. von Harold KELMAN, New York 1967.

Hermine von HUG-HELLMUTH (1921), Tagebuch eines halbwüchsigen Mädchens, Leipzig-Wien-Zürich 1919.

Hermine von HUG-HELLMUTH (1921), Psychoanalytische Erkenntnis über die Frau, in: Archiv für Frauenkunde und Eugenik 7 (2), 1921, 130–137.

Luce IRIGARAY (1974), Speculum de l'autre femme, Paris 1974. Deutsche Ausgabe: Spiegel des anderen Geschlechts, Frankfurt a. M. 1980.

Luce IRIGARAY (1977), Ce sexe qui n'en est pas un, Paris 1977. Deutsche Ausgabe: Das Geschlecht das nicht eins ist, Berlin 1979.

Luce IRIGARAY (1979), Et l'une ne bouge pas sans l'autre, Paris 1979.

Luce IRIGARAY (1981), Le corps-á-corps avec la mère, Montreal 1981.

Edith JACOBSON (1937), Wege der weiblichen Über-Ich-Bildung, in: Internationale Zeitschrift für Psychoanalyse 33, 1937, 402–412. Nachdruck in: Psyche 8, 32. Jahrg., 1978, 764–775.

Elizabeth JANEWAY (1974), On „Female Sexuality", in: Women & Analysis, hg. von J. STROUSE 1974, 73–88.
Jorgen Dines JOHANSEN (1977), Psykoanalyse litteratur, tekstteori. Bind 1: Traditionen og perspektiver. Bind 2: Psykoanalytiske begreber, kommentar, bibliografi. Kopenhagen 1977.
Ernest JONES (1922), Notes on Dr. Abraham's Article on tne Female Castration Complex, in: International Journal of Psycho-Analysis, vol. 8, 1922, 329–330.
Ernest JONES (1928), Die erste Entwicklung der weiblichen Sexuelität, in: Internationale Zeitschrift für Psychoanalyse 14, 1928, 11–25.
Ernest JONES (1933), Die phallische Phase, in: Internationale Zeitschrift für Psychoanalyse 19, 1933, 322–357.
Ernest JONES (1935), Über die Frühstadien der weiblichen Sexualentwicklung, in: Internationale Zeitschrift für Psychoanalyse 21, 1935, 331–341.
Ernest JONES (1953,55,57), Sigmund Freud. Life and Work, Band 1–3, London 1974, 1980.

Alfred KINSEY u. a. (1953), Sexual Behaviour in the Human Female, Philadelphia 1953.
Melanie KLEIN (1926), Die psychologischen Grundlagen der Frühanalyse, in: Imago 12, 1926, 365–376.
Melanie KLEIN (1928), Frühstadien des Ödipuskonfliktes, in: Internationale Zeitschrift für Psychoanalyse 14, 1928, 65–77.
Melanie KLEIN (1932), The Psycho-Analysis of Children, London 1932.
Alexandra KOLLONTAJ (1913), Die neue Fau, in: Die neue Moral und die Arbeiterklasse, Berlin 1920. Urspr. russische Ausgabe in: Sovremennyj Mir, 9, 1913.
Silvia KONTOS (1979), Die Partei kämpft wie ein Mann, Basel-Frankfurt a. M. 1979.
Richard von KRAFFT-EBING (1886), Psychopathia Sexualis, Stuttgart 1886.
Richard von KRAFFT-EBING (1894), Zur Erklärung der conträren Sexualempfindung, in: Jahrbücher für Psychiatrie und Neurologie, vol. 13, 1894, 1–16.
Julia KRISTEVA (1974), Des Chinoises, Paris 1974. Deutsche Ausgabe: Die Chinesin. Die Rolle der Frau in China, München 1976.
Julia KRISTEVA (1984), Revolution in Poetic Language, New York 1984. Deutsche Ausgabe: Die Revolution der poetischen Sprache, Frankfurt a. M. 1978.
Hilde KRONBERG (1979), Frigidität und weibliche Sozialisation, München 1979.

Jacques LACAN (1958), La signification du phallus, Écrits, Paris 1966, 685–695.
Wilhelm LAIBLIN (Hg.) (1975), Märchenforschung und Tiefenpsychologie, Darmstadt 1975.
Jeanne LAMPL-de GROOT (1927), Zur Entwicklungsgeschichte des Ödipuskomplexes der Frau, in: Internationale Zeitschrift für Psychoanalyse 13, 1927, 269–282.
Jeanne LAMPL-de GROOT (1933), Zu den Problemen der Weiblichkeit, in: Internationale Zeitschrift für Psychoanalyse 19, 1933, 385–415.
Jeanne LAMPL-de GROOT (1937), Masochismus und Narzißmus, in: Internationale Zeitschrift für Psychoanalyse 23, 1937, 479–489.
Jeanne LAMPL-de GROOT (1952), Re-evaluation of the Rôle of the Oedipus Complex, in: The International Journal of Psycho-Analysis, vol. 33, 4, 1952, 335–342.

Jeanne LAMPL-de GROOT (1965), The Development of the Mind, Hogarth Press, USA 1965.
Andrew LANG (1903), Social Origins, in: Andrew LANG, Social Origins, J. J. ATKINSON, Primal Law, London 1903, 1–209.
J. LAPLANCHE, J.-B. PONTALIS (1967), Vocabulaire de la Psychoanalyse, Paris 1967. Deutsche Ausgabe: Das Vokabular der Psychoanalyse, 1–2, Frankfurt. a. M. 1973.
John LAURITSEN, David THORSTAD (1974), The Early Homosexual Rights Movement (1864–1935), New York 1974.
John LEUBA (1948), Mère phallique et mère castratrice, in: Revue française de psychanalyse, vol. 12, 1948, 287–296.
Claude Lévi-Strauss (1958), Antropologie structurale, Paris 1958.
Friedrich von der LEYEN, Paul ZAUNERT (Hg.) (1926), Deutsche Märchen aus dem Donaulande, Jena 1926.
Ralph LINTON (1942), Age and Sex Categories, in: American Sociological Review, vol. 7, Nr. 5, 1942, 589–603.
Cesare LOMBROSO, G. FERERO (1893), Das Weib als Verbrecherin und Prostituierte, Hamburg 1894. Ursprüngliche italienische Ausgabe: La donna deliquente, la prostituta e la donna normale, 1893.
Alfred LORENZER (1970), Kritik des psychoanalytischen Symbolbegriffs, Frankfurt a. M., 2. Aufl. 1971.
Alfred LORENZER (1972), Zur Begründung einer materialistischen Sozialisationstheorie, Frankfurt a. M. 1972.
Alfred LORENZER (1973a), Über den Gegenstand der Psychoanalyse oder: Sprache und Interaktion, Frankfurt a. M. 1973.
Alfred LORENZER (1973b), Sprachzerstörung und Rekonstruktion, Frankfurt a. M. 1973.
Alfred LORENZER (1974), Die Wahrheit der psychoanalytischen Erkenntnis, Frankfurt a. M. 1974.
Alfred LORENZER (1981), Zum Beispiel „Der Malteser Falke". Analyse der psychoanalytischen Untersuchung literarischer Texte, in: Psychoanalytische und psychopathologische Literaturinterpretation, hg. von Bernd URBAN, Darmstadt 1981, 23–47.
Anders LUNDKVIST (1972), Kapitalens bevisthedsformer, Grenå 1972.
Anders LUNDKVIST (1973), Introduktion til metoden i Kapitalen, Århus 1973.
Nina LYKKE (1981), Bevinget, bestøvlet. Om kvindeligheden som kønskaraktermaske, AIL (arbejdspapirer fra institut for litteraturvidenskab), Nr. 121, Københavns Universitet 1981.
Nina LYKKE (1982), Mit køn er mig fremmed ... Nogle psykoanalytiske betragtninger over den frigide kvinde – og nogle feministiske betragtninger over psykoanalysen, in: Forum for kvindeforskning, 2. Jahrgang, Nr. 2, 1982, 46–56.
Nina LYKKE (1985), Kvindevidenskab – kvindeforsknings visioner om en anden og bedre viden, in: Kvindespor i videnskaben, red. Mette BRYLD, Nina LYKKE, Odense 1985, 17–25.
Nina LYKKE (1992), Til døden os skiller. Et fragment af den feministiske Freudreceptions historie, Odense University Press 1992.
Nina LYKKE (1993), Questing Daughters. Little Red Riding Hood, Antigone and the

Oedipus Complex, in: J. Mens-Verhulst et al (Hg.): Daughtering and Mothering, London: Routledge (forthcoming).
Nina LYKKE (1993), Between the Scylla of the Early Mother and the Charybdis of the Fatherlaw, in: Psychoanalysis and Contemporary Thought, New York 1993 (forthcoming).

Ruth MACK BRUNSWICK (1928), Die Analyse eines Eifersuchtswahnes, in: Internationale Zeitschrift für Psychoanalyse 14, 1928, 458–507.
Ruth MACK BRUNSWICK (1940), The Preoedipal Phase of the Libido Development, in: Psychoanalytic Quarterly 9, 1940, 293–319.
Elaine MARKS, Isabelle de COURTIVRON (Hg.) (1981), New French Feminisms. An Anthology, Brighton 1981.
Karl MARX (1843), Zur Judenfrage, in: Marx-Engels Studienausgabe, Band 1, Fischer Taschenbuch 6059, Frankfurt a. M. 1966, 31–61.
Karl MARX (1844a), Ökonomisch-Philosophische Manuskripte, in: Marx-Engels Studienausgabe, Band 2, Politische Ökonomie, Fischer Taschenbuch 6060, Frankfurt a. M. 1966, 38–130.
Karl MARX (1844b), Kritik der Hegelschen Dialektik und Philosophie überhaupt, in: Marx-Engels Studienausgabe, Band 1, Philosophie, Fischer Taschenbuch 6059, Frankfurt a. M. 1966, 61–82.
Karl MARX (1867/1885/1894), Das Kapital, Band 1–3, Berlin 1972, 1971.
Peter von MATT (1972), Literaturwissenschaft und Psychoanalyse, Freiburg 1972.
Jutta MATZNER (1964), Der Begriff der Charaktermaske bei Karl Marx, in: Soziale Welt, 15. Jahrg., 1964, 1, 130–140.
Juliet MITCHELL (1970), Women's Estate, London 1971.
Juliet MITCHELL (1974), Psychoanalysis and Feminism, London 1974. Deutsche Ausgabe: Psychoanalyse und Feminismus, Frankfurt a. M. 1976.
Juliet MITCHELL, Jacqueline ROSE (Hg.) (1982), Feminine Sexuality. Jacques Lacan and the école freudienne, London 1982.
Margarete MITSCHERLICH-NIELSEN (1978), Zur Psychoanalyse der Weiblichkeit, in: Psyche 8, 32. Jahrg., 1978, 669–695.
Josine MÜLLER (1931), Ein Beitrag zur Frage der Libidoentwicklung des Mädchens in der genitalen Phase, in: Internationale Zeitschrift für Psychoanalyse 17, 1931, 256–262.
Carl MÜLLER-BRAUNSCHWEIG (1926), Zur Genese des weiblichen Über-Ichs, in: Internationale Zeitschrift für Psychoanalyse 12, 1926, 375–378.
Carl MÜLLER-BRAUNSCHWEIG (1936), Die erste Objektbesetzung des Mädchens in ihrer Bedeutung für Penisneid und Weiblichkeit, in: Internationale Zeitschrift für Psychoanalyse 22, 1936, 137–176.
Alva MYRDAL, Viola KLEIN (1956), Women's Two Roles, 2. rev. Aufl., London 1968.
Paul Julius MÖBIUS (1900), Über den physiologischen Schwachsinn des Weibes, Halle 1900.

Oskar NEGT, Alexander KLUGE (1972), Öffentlichkeit und Erfahrung. Zur Organisationsanalyse von bürgerlicher und proletarischer Öffentlichkeit, Frankfurt a. M. 1972.

Ole Andkjær OLSEN, Borge KJÆR, Simo KOPPE (1974–76), Metapsykologi 1–2, Kopenhagen 1974–76.
Ole Andkjær OLSEN, Simo KOPPE (1981), Freuds psykoanalyse, Kopenhagen 1981.
Ole Andkjær OLSEN (1988), Odipus-komplekset, Kopenhagen 1988.
Axel OLRIK (1894), „Den lille Rodhætte" og andre Æventyr om Mennesker, der bliver slugt levende, in: Naturen og Mennesket, 1894, 24–39.
J. H. W. van OPHUIJSEN (1918), Beiträge zum Männlichkeitskomplex der Frau, in: Internationale Zeitschrift für Psychoanalyse 4, Wien 1916–18, 241–251.

Marie PANCRITIUS (1932), Aus mutterrechtlicher Zeit. Rotkäppchen, Anthropos, 27, 1932, 743–778.
Talcott PARSONS (1942), Age and Sex in the Social Structure of the United States, in: American Sociological Review vol. 7, Nr. 5, 1942, 604–617.
Vladimir PROPP (1928), Morphologie des Märchens, Frankfurt a. M. 1975. Urspr. russische Ausgabe: Morfologija skazki, Leningrad 1928.
Charles PERRAULT (1697), Le Petit Chaperon Rouge, in: Histoires ou Contes du temps passé, Paris 1697.

Sandor RADO (1934), Die Kastrationsangst des Weibes, Wien 1934.
Annie REICH (1953), Narcissistic Object Choice in Women, in: Bulletin of the American Psychoanalytic Association, vol. 1, Nr. 1–4, 1953, 22–44.
Helmut REICHELT (1970), Zur logischen Struktur des Kapitalbegriffs bei Karl Marx, 4. Aufl., Frankfurt a. M. 1973.
Ellen REINKE-KÖBERER (1978), Zur heutigen Diskussion der weiblichen Sexualität in der psychoanalytischen Bewegung, in: Psyche 8, 32. Jahrg. 1978, 695–732.
Hans RITZ (1981), Die Geschichte vom Rotkäppchen. Ursprünge, Analysen, Parodien, Göttingen, 8. geänderte Aufl. 1984.
Carl ROBERT (1915), Oidipus, Geschichte eines poetischen Stoffs im griechischen Altertum, Band 1–2, Berlin 1915.
Christa ROHDE-DACHSER (1991), Expedition in den dunklen Kontinent. Weiblichkeit im Diskurs der Psychoanalyse, Heidelberg und Berlin 1991.
Jacqueline ROSE (1986), Sexuality in the Field of Vision, London 1986.
Bent ROSENBAUM, Harly SONNE (1979), Det er et bånd der taler, Kopenhagen 1979.
Gayle RUBIN (1975), The Traffic in Women: Notes on the „Political Economy of Sex", in: Reyna REITER (Hg.), Toward an Anthropology of Women, New York 1975, 157–210.

Monika SAVIER, Carola WILDT (1978), Mädchen zwischen Anpassung und Widerstand, München 1978.
Janet SAYERS (1982), Biological Politics: Feminist and Anti-Feminist Perspectives, London 1982.
Janet SAYERS (1986), Sexual Contradictions: Psychology, Psychoanalysis, and Feminism, London 1986.
Janet SAYERS (1991), Mothering Psychoanalysis, London 1991.
Käthe SCHIRMACHER (1911), Das Rätsel: Weib. Eine Abrechnung, Weimar 1911.
Renate SCHLESIER (1981), Konstruktionen der Weiblichkeit bei Sigmund Freud.

Zum Problem von Entmythologisierung in der psychoanalytischen Theorie, Frankfurt a. M. 1981.
SCHÜLER einer fünften Klasse (1981), Das Gold-Lexikon, aufgezeichnet von Mette BRYLD, abgedruckt im vorliegenden Buch.
Georg SIMMEL (1911), Philosophische Kultur, Leipzig 1911, erw. Aufl. 1919, 1923.
SOPHOCLES (ca. 440 v. u. Z.), Antigone. Deutsche Ausgabe: Heinrich GASSNER, hg. von Leopold MALCHER, 3. Aufl., Wien 1965.
SOPHOCLES (vermutlich ca. 425 v. u. Z.), König Ödipus.
Jean STROUSE (1974), Women & Analysis, New York 1974.

Clara THOMPSON (1971), On Women, hg. von M. R. GREEN, New York 1971.
Maria TOROK (1964), La signification de l'„envie du pénis" chez la femme, in: la sexualité féminine, hg. von Janine CHASSEGUET-SMIRGEL, Paris 1964, 203–247. Deutsche Ausgabe: Die Bedeutung des „Penisneides" bei der Frau, in: J. CHASSEGUET-SMIRGEL (Hg.), Psychoanalyse der weiblichen Sexualität, Frankfurt a. M. 1974, 192–233.
Mathilde und Matthias VAERTING (1921–23), Die Neubegründung der Psychologie von Mann und Weib, Band 2, Karlsruhe 1921, 1923.

Yvonne VERDIER (1980), Chapéron Rouge, in: Le Débat 3, 1980.
Lilla VESZY-WAGNER (1966), Little Red Riding Hoods on the Couch, in: Psychoanalytic Forum, vol. 1, 1966, 399–415.

Barbara G. WALKER (1983), The Woman's Encyclopedia of Myths and Secrets, New York 1983.
Edith WEIGERT-VOWINKEL (1938), The Cult and Mythology of the Magna Mater from the Standpoint of Psychoanalysis, in: Psychiatry, 1938, 347–378.
Otto WEININGER (1903), Geschlecht und Charakter, Wien 1903.

Gregory ZILBOORG (1944), Masculine and Feminine: Some Biological and Cultural Aspects, in: Psychiatry 7, 1944, 257–296. Deutsche Ausgabe: Männlich und weiblich. Biologische und kulturelle Aspekte, in: Frauenbewegung und Psychoanalyse, hg. von Carol HAGEMANN-WHITE, Basel 1979, 183–277.
Jack ZIPES (1982), Rotkäppchens Lust und Leid. Biographie eines europäischen Märchens, Köln 1982.

Edition Passagen

Herausgegeben von
Peter Engelmann
Eine Auswahl

Band 7:
Das postmoderne Wissen
Ein Bericht
Von Jean-François Lyotard
Mit einem Vorwort von
Peter Engelmann

Band 10:
Jenseits vom Subjekt
Von Gianni Vattimo

Band 11:
Ethik und Unendliches
Von Emmanuel Lévinas

Band 13:
Postmoderne für Kinder
Briefe aus den Jahren
1982–1985
Von Jean-François Lyotard

Band 14:
Derrida lesen
Von Sarah Kofman

Band 15:
Das andere Selbst
Habilitation
Von Jean Baudrillard

Band 25:
Streifzüge
Gesetz, Form, Ereignis
Von Jean-François Lyotard
Mit einer Bibliographie
zum Gesamtwerk

Band 26:
Die Prüfungen der Neuzeit
Über Postmodernität,
Philosophie der Geschichte,
Metaphysik, Gnosis
Von Peter Koslowski

Band 32:
Chōra
Von Jacques Derrida

Band 33:
Ereignis Technik
Von Wolfgang Schirmacher

Band 36:
Minima Temporalia
Zeit – Raum – Erfahrung
Von Giacomo Marramao

Passagen Hefte

Heft 1:
Vortrag in Wien und Freiburg
Heidegger und „die Juden"
Von Jean-François Lyotard

Heft 2:
Perikles und Verdi
Von Gilles Deleuze

Heft 3:
Die Kulturen der Welt als
Experimente richtigen Lebens
Von Peter Koslowski

Heft 4:
Die Mauer, der Golf
und die Sonne
Eine Fabel
Von Jean-François Lyotard

Passagen Philosophie

Immanuel Kant zur
Geschlechterdifferenz
Aufklärerische
Vorurteilskritik
und bürgerliche
Geschlechtsvormundschaft
Von Ursula Pia Jauch

Schopenhauers-Aktualität
Ein Philosoph wird neu gelesen
(Schopenhauer-Studien 1/2)
Wolfgang Schirmacher (Hg.)

Vier Fragen zur Philosophie in
Afrika, Asien und Lateinamerika
Franz M. Wimmer (Hg.)

Randgänge der Philosophie
Erste vollständige deutsche
Ausgabe
Von Jacques Derrida

Freud-Legende
Vier Studien zum psycho-
analytischen Denken
Von Samuel Weber

Schopenhauer in der Postmoderne
(Schopenhauer-Studien 3)
Wolfgang Schirmacher (Hg.)

Der unbetrauerbare Tod
Von Laurence A. Rickels
Mit einem Vorwort von
Friedrich Kittler

Die Freimaurer und ihr
Menschenbild
Über die Philosophie der
Freimaurer
Von Giuliano Di Bernardo

Zur Möglichkeit von
Technikphilosophie
Versuch einer modernen Kritik
der Urteilskraft
Von Rainer Schubert

Diskurs und Dezision
Politische Vernunft in der
wissenschaftlich-technischen
Zivilisation
Hermann Lübbe in der
Diskussion
Georg Kohler/Heinz Kleger (Hg.)

Interkulturelle Philosophie
Geschichte und Theorie Band 1
Von Franz M. Wimmer

Gegenlicht
Diskurse zur philosophischen
Dialektik
Von Rudolf Gumppenberg

Rückkehr zu Freud
Jacques Lacans Ent–stellung
der Psychoanalyse
Von Samuel Weber

Postmoderne –
Anbruch einer neuen Epoche?
Eine interdisziplinäre Erörterung
Günter Eifler/Otto Saame (Hg.)

Verfolgung und Trauma
Zu Emmanuel Lévinas'
*Autrement qu'être ou
au-delà de l'essence*
Von Elisabeth Weber

Die Geschwindelten
Von Gunnar Schmidt

Philosophie und Totalitarismus
Zur Kritik dialektischer
Diskursivität
Eine Hegellektüre
Von Peter Engelmann

Profile der Ästhetik
Der Status von Kunst und
Architektur in der Postmoderne
Von Heinz Paetzold

Kant als Schriftsteller
Von Willi Goetschel

Damenphilosophie &
Männermoral
Von Abbé de Gérard
bis Marquis de Sade
Ein Versuch über die
lächelnde Vernunft
Von Ursula Pia Jauch

Das Einzigartige und die Sprache
Ein Essay
Von Markus Waldvogel

Verweigerte Versöhnung
Zur Philosophie von
Günter Anders
Von Werner Reimann

Echo
Von Heide Heinz/ Melanie Heinz/
Friedrich Kittler/Rudolf Heinz
(Hg.)

Das Fremde – Aneignung
und Ausgrenzung
Eine interdisziplinäre Erörterung
Günter Eifler/Otto Saame (Hg.)

Oedipus complex
Zur Genealogie von Gedächtnis
Von Rudolf Heinz

Dialogdenken – Gesellschaftsethik
Wider die allgegenwärtige Gewalt
gesellschaftlicher Vereinnahmung
Angelica Bäumer/
Michael Benedikt (Hg.)

Der de-projizierte Mensch
Meta-physik der Langeweile
Von Benno Hübner

Geschlechterdifferenz und
Ambivalenz
Ein Vergleich zwischen Luce
Irigaray und Jacques Derrida
Von Urs Schällibaum

Schopenhauer, Nietzsche
und die Kunst
(Schopenhauer-Studien 4)
Wolfgang Schirmacher (Hg.)

Seinspolitik
Das politische Denken
Martin Heideggers
Von Richard Wolin

Ohne Mitleid
Zum Begriff der Distanz als
ästhetische Kategorie mit
ständiger Rücksicht auf
Theodor W. Adorno
Von Konrad Paul Liessmann

Hegemonie und radikale
Demokratie
Zur Dekonstruktion des
Marxismus
Von Ernesto Laclau/
Chantal Mouffe

Passagen Politik

Politik und Postmoderne
Postmodernisierung als
Demokratisierung?
Von Frank Fechner

Die Bewegung
Hundert Jahre Sozialdemokratie
in Österreich
Erich Fröschl/Maria Mesner/
Helge Zoitl (Hg.)

Die demokratischen Revolutionen
in Mittel- und Osteuropa
Herausforderungen für die
Sozialdemokratie
Karl Duffek/Erich Fröschl (Hg.)

Gleichheit auf den Barrikaden
Die Revolution von 1848
in Europa
Versuch über die Demokratie
Von Robert Fleck

Staat und Nation in
multi-ethnischen Gesellschaften
Erich Fröschl/Maria Mesner/
Uri Ra'anan (Hg.)

Krieg, Konflikt, Kommunikation
Der Traum von einer
friedlichen Welt
Manfred Prisching/
Gerold Mikula (Hg.)

Passagen Kunst

Das gläserne U-Boot
Edith Almhofer/Ulli Lindmayr/
Eleonore Louis (Hg.)

Der Hund in der Kunst
Vom Rokoko zur Postmoderne
Von Robert Rosenblum

Videoarbeiten 1981–1991
Ein Werkverzeichnis
Von Romana Scheffknecht

Sinneswerkzeug
Kunst als Instrument
Bernhard Leitner/Max Peintner/
Alfons Schilling
Cathrin Pichler (Hg.)

Passagen Gesellschaft

Arbeiten und Essen
Politik an den Grenzen
des Arbeitsmarkts
Von Georg Vobruba

Tod und Verklärung
Über die elitäre Konstruktion
der Wirklichkeit
Von Wolfgang Fach

9783851650730